ultur	Naturwissenschaften, Technik, Medien
arolingische Renaissance: Pflege antiker Bildung m Hofe Karls des Großen (Alkuin); Klöster als Kultur- und ldungsträger; **ildung einer höfischen** (Ritter-)**Kultur;** niversitäten Heidelberg (1368), Köln (1388); ante: Göttl. Komödie (1336); Petrarca (1304–1374); **erausbildung einer bürgerlichen Kultur** (Anfänge in Oberitalien, enedig)	**1452 Johannes Gutenberg** (um 1397–1468) druckt die Bibel; **1492 Christoph Kolumbus** betritt Amerika; 1497/98 Vasco da Gama entdeckt den Seeweg nach Indien (um Afrika)
Aachiavelli: „Der Fürst“ (1513); 517 Paracelsus Stadtarzt in Basel; **Aaler:** Hieronymus Bosch, Leonardo da Vinci, T. Riemenschneider, lbrecht Dürer, L. Cranach, Michelangelo	1514 **Kopernikus** behauptet, dass sich die Erde um die Sonne dreht; Flugschriften (des Bauernkrieges)
h. Hobbes (1588–1679); Descartes (1596–1650): **„Cogito ergo sum“**; ervantes: Don Quijote (1605/15); P.P. Rubens (1577–1640) 523 Shakespeares Werke erstmals in London erschienen; embrandts „Nachtwache“ (1642); C. Thomasius hält 1687 erste niversitätsvorlesung in deutscher Sprache; Aolière leitet ab 1689 das Théâtre de la Comédie Française S. Bach (1685–1750): Fuge; G.F. Händel (1685–1759)	1633 Inquisitionsprozess gegen **Galileo Galilei;** 1650 erste deutsche Tageszeitung (Leipzig); 1656 Erfindung der Pendeluhr; 1667 entwickelt **Newton** die Differenzial- und Integralrechnung (Streit mit dem deutschen Philosophen **Leibniz** um die Urheberschaft)
llmähliche Durchsetzung der **allgemeinen Schulpflicht;** omponisten: Joseph Haydn (1732–1809); Wolfgang Amadeus Mozart (1756–1791); efoe: „Robinson Crusoe“ (1719); Rousseau: „Émile“ (1762); **Freier Schriftsteller“ als Beruf** (Lessing); 787 malt J.H.W. Tischbein „Goethe in der Campagna“; nton Raphael Mengs (1728–1779), angeregt durch Johann Joachim Winckelmann (1717–1768), bedeutendster Maler des Klassizismus; er Philosoph **Immanuel Kant** (1724–1804) als Vollender und berwinder der Aufklärung; Voltaire als französischer Aufklärer am ofe Friedrichs des Großen	1768 **James Watt** erfindet die **Dampfmaschine,** die wesentlich zur industriellen Revolution beiträgt; 1770 entdeckt James Cook erneut Australien; 1771 Galvani entdeckt die galvanische Elektrizität; 1775 erste Nähmaschine in England gebaut; 5.6.1783 Heißluftballon der **Brüder Montgolfier;** 1791/92 C. Chappe erfindet den optischen Flügeltelegrafen (bewegliche Flügel an einem Mast); 1796 Erfindung der Lithografie
810 Gründung der Universität Berlin (Bildungskonzeption W. v. umboldts; der Philosoph Fichte wird erster Rektor); Fichte, Schelling . Hegel formulieren die **klass. idealistische deutsche Philosophie;** chopenhauer schreibt dagegen 1818 „Die Welt als Wille und orstellung“ → Nietzsche: „Wille zur Macht“, → Freud: Das Unbewusste); ohann Gottfried Schadow (1764–1850): Luther-Denkmal, Plastik riedrich der Große (1821); **aspar David Friedrich** (1774–1840) als Maler der Romantik; arl Friedrich Schinkel als klassischer Baumeister und Maler 781–1841): Berlin, Schauspielhaus; Ausiker: **Ludwig van Beethoven** (1770–1827) vertont im Schlusschor einer 9. Symphonie Schillers „Ode an die Freude“ (1823); chubert (1797–1828); Schumann (1810–1856); Chopin (1810–1849)	1807 erste Straßengasbeleuchtung in London; 1809 beschreibt T. Sömmening einen elektr. Telegrafen; 1811 Friedr. Krupp gründet ein Stahlwerk in Essen; 1812 F. Koenig erfindet die **Buchdruck-Schnellpresse,** mit der ab 1814 die Londoner „Times“ gedruckt wird; 1817 K.F. Drais entwickelt das Laufrad (→ Fahrrad); 1819 der Raddampfer „Savannah“ überquert als erstes Dampfschiff den Atlantik in 26 Tagen; 1821 M. Faraday erfindet das Grundprinzip des Elektromotors; ab 1824 Druck einer Berliner Zeitung auf einer Schnellpresse (von Koenig); 1827 Ohm'sches Gesetz entdeckt
830 Delacroix malt „Die Freiheit auf der Barrikade“; 831 **Darwin** beginnt seine Weltreise; 835 Johann Strauß (Vater) wird Hofballmusikdirektor in Wien; 836 Gogol schreibt „Der Revisor“; **ournalist als eigenständiger Beruf;** harles Dickens: „Oliver Twist“ (1838/39); pitzweg (1808–1885): „Der arme Poet“, auch Gedichte; eine und Marx treffen sich 1843 in Paris; **Kommunistisches Manifest“** von Marx/Engels (1848); Bogardus baut ab 1848 „Wolkenkratzer“ in New York	1832 C.F. Gauß benutzt den Elektromagnetismus für Fernverständigung; 1835 optischer Telegraf von Koblenz nach Berlin; 1835 **Erfindung der Fotografie** (Daguerre) bis 1841 (Talbot); 7.12.1835 Eröffnung der Eisenbahnstrecke Nürnberg–Fürth; ab 1837 entwickelt Morse den elektromagnetischen Schreibtelegrafen (Morseapparat); 1843 Telegrafenlinie Washington–Baltimore (Morse-Technik)

Fortsetzung auf den letzten Seiten

OSCAR
KATE WINSLET
Der Vorleser
12

A Sprechen und Zuhören

1 Beschreiben Sie, welche Kommunikationssituationen auf den Abbildungen dargestellt sind.
2 Welche Kommunikationsprobleme werden auf den Cartoons angesprochen? Erläutern Sie, welche Ursachen die Kommunikationsprobleme haben.
3 Welche Erfahrungen haben Sie selbst mit den Kommunikationssituationen, die auf den Fotos abgebildet sind? Schildern Sie Beispiele.
4 Was sind Ihre Erwartungen an eine gelungene Kommunikation? Wenden Sie zur Beantwortung der Frage die **Placemat-Methode** an. Gehen Sie dazu wie folgt vor:
   - Notieren Sie in der Mitte eines großen Blattes die Fragestellung und lassen Sie darunter Platz für das Ergebnis.
   - Teilen Sie das restliche Blatt in vier Felder. Jedes Gruppenmitglied schreibt seine Gedanken in ein eigenes Feld.
   - Anschließend wird das Blatt gedreht. Schreiben Sie Kommentare und Ergänzungen zu den Beiträgen der anderen. Drehen Sie das Blatt so lange, bis Ihr Feld wieder vor Ihnen liegt.
   - Notieren Sie nach dem Schreibgespräch ein gemeinsames Ergebnis in der Mitte. Kommt es nicht zu einer Einigung, kann auch dies unter der Fragestellung dokumentiert werden.
   - Als Grundlage der folgenden Präsentation kann das Mittelfeld mit Frage und Ergebnis dienen.

1 Kommunikation im Alltag

Edward Hopper: Nachtschwärmer (1942)

1 Beschreiben Sie kurz die dargestellte Situation und die Atmosphäre, die das Bild ausstrahlt. Achten Sie dabei auf die Körperhaltung, Blickrichtung, Arme und Hände der Figuren.

2 Welches Bild entsteht in Ihrem Kopf, wenn Sie den Titel „Nachtschwärmer" hören? Versuchen Sie eine Deutung des Gemäldes.

3 Stellen Sie sich vor, die Szene sei ein Standbild aus einem Film. Machen Sie sich Notizen in Form eines Clusters zu folgenden Punkten: In welcher Beziehung könnte das Paar zueinander stehen? Welche Gedanken könnten den beiden durch den Kopf gehen? Welche Umstände könnten die beiden in diese Bar geführt haben?

4 **a** Arbeiten Sie mit einer Partnerin oder einem Partner. Stellen Sie sich Ihre Ideen aus Aufgabe 3 gegenseitig vor.

b Schreiben Sie einen Dialog, den die beiden Figuren in dieser Situation führen könnten.

c Spielen Sie diese Szene gemeinsam vor. Achten Sie dabei auf Mimik, Gestik und Körperhaltung.

d Besprechen Sie im Anschluss, inwiefern und auf welche Weise Sie die Kommunikation der beiden als gelungen oder als gestört dargestellt haben.

In diesem Kapitel erwerben Sie folgende Kenntnisse und Kompetenzen:

- Kommunikationsprobleme in Alltagssituationen beschreiben und analysieren,
- nonverbale Kommunikation in ihrer Wirkung erkennen und nutzen,
- unterschiedliche Kommunikationsmodelle und Sprachfunktionen kennen und erläutern,
- gesprächsfördernde Techniken kennen und anwenden,
- Modelle bei der Analyse von Kommunikationsproblemen im Alltag und in literarischen Texten anwenden,
- Möglichkeiten zur Überwindung von Kommunikationsproblemen aufzeigen und beurteilen.

1.1 Kontakt aufnehmen

Methode **Kontaktaufnahme mit der Marktplatz-Methode**

- Alle Schüler bewegen sich frei durch den Raum.
- Nach einem akustischen Signal finden sich Paare zusammen, die dann ein Alltagsgespräch miteinander führen.
- Nach einem weiteren akustischen Zeichen wiederholt sich das Verfahren. Auch mit dem nächsten Partner soll ein kurzes Alltagsgespräch geführt werden.
- Es sollten mindestens drei Gespräche mit unterschiedlichen Partnern geführt werden.

---

1 Führen Sie die Marktplatz-Methode in der Klasse durch.

a Notieren Sie, mit welchen Worten Sie in das jeweilige Gespräch eingestiegen sind.

b Diskutieren und begründen Sie die Schwierigkeiten und Unterschiede der Gesprächseinstiege.

2 Welche ersten Begegnungen waren Ihnen sympathisch und warum? Geben Sie sich ein positives Feedback (Methode, ► S. 34) mit Begründung.

3 Am Anfang eines Schuljahres in einer neuen Schule werden häufig Kennenlern-Spiele durchgeführt. Wie empfinden Sie diese Situation? Diskutieren Sie Vor- und Nachteile dieser Spiele. Machen Sie Verbesserungsvorschläge für den Neubeginn in einer fremden Schule.

Gespräche an der Haltestelle

A: Guten Morgen! Entschuldigen Sie bitte, fährt hier auch der Bus zum Hauptbahnhof ab?

B: Guten Morgen! Nein, da sind Sie an der falschen Haltestelle!

A: Ach du meine Güte, wohin muss ich denn dann, wenn ich zum Hauptbahnhof fahren will?

B: Ich kann es Ihnen zeigen. Sie müssen nur diese Straße 300 Meter hinuntergehen. Sehen Sie, dort ist auch eine Haltestelle. Dort fährt der Bus mit der Nummer 6 direkt zum Hauptbahnhof.

A: Vielen Dank, das ist einfach. Dann gehe ich gleich mal los.

B: Auf Wiedersehen! Und einen schönen Tag wünsche ich Ihnen.

A: Ich wünsche Ihnen auch einen schönen Tag, auf Wiedersehen!

A: Hallo, Bettina!

B: Hi, Claudia! Alles gerafft?

A: Nee, nichts. Nichts ist klar. BWL wieder.

B: Richtig kapiert hab ich das heute noch nicht.

A: Ich auch nicht. Wir können ja zusammen lernen. Bei mir.

B: Meinst du jetzt gleich?

A: Nein!

B: Ja ...

A: Also wann ...?

B: So um vier?

A: O.K., um vier. Bis dann! Tschüss!

B: Tschüss!

4 **a** Untersuchen Sie den Aufbau der beiden Gespräche und ermitteln Sie ihre Bestandteile.

b Vergleichen Sie Ihr Ergebnis mit der Grafik auf S. 14.

Gespräch
Handlungsplan, z.B.: Kontakt herstellen

Gesprächsrahmen

Gesprächseröffnung mit einzelnen Gesprächsschritten → *Gesprächsmitte* untergliedert in Teilphasen = Gesprächssequenzen → *Gesprächsbeendigung* mit einzelnen Gesprächsschritten

5 Beschreiben Sie, wie die Partner/innen in den beiden Gesprächen an der Haltestelle miteinander Kontakt aufnehmen.

6 Rufen Sie sich Ihre Alltagsgespräche aus Aufgabe 1 in Erinnerung. Vergleichen Sie sie mit den beiden Gesprächen an der Haltestelle. Mit welchem der beiden Gespräche hatten Ihre Gespräche eher Gemeinsamkeiten? Wo lagen die Unterschiede?

7 **a** Sammeln Sie Anreden oder Begrüßungsformeln und gliedern Sie diese nach den Situationen, in denen sie benutzt werden.

b Auf welche Art und Weise kommt der Kontakt zwischen Fremden zu Stande? Zum Beispiel:
- in einem Vorstellungsgespräch
- in einem Verkaufsgespräch
- an der Kinokasse
- auf dem Bahnsteig bei Zugverspätungen.

Dumme Sprüche ziehen nicht – Flirten ist ein Spiel ohne feste Regeln

Düsseldorf/Bielefeld (12.01.2000) Es ist das älteste Spiel der Menschheit: hinsehen, wegschauen, lächeln und erröten. Flirten gehört zum Leben wie Denken, Sprechen oder Laufen. „Schon kleine Kinder beherrschen diese Kunst der Kontaktaufnahme“, sagt die Psychologin Regina Hamburger aus Düsseldorf. Doch was in vergangenen Generationen ganz selbstverständlich und natürlich gewesen sei, hätten viele heute verlernt.

Die eigene Selbstverwirklichung steht nach Beobachtung der Psychologin zunehmend im Vordergrund – zwischenmenschliche Beziehungen werden dabei eher vernachlässigt. Früher habe es mehr Möglichkeiten für ein kultiviertes Kontaktspiel gegeben, Rituale wie große Familienfeste oder Tanzstunden.

Dabei spielt das Flirten vor allem für Jugendliche eine große Rolle: Für sie gehe es darum, die eigene Identität zu festigen und spielerisch die Wirkung auf das andere Geschlecht zu erproben. „Wer das verpasst hat, hat später oft Probleme bei der Partnersuche", so Regina Hamburger. Viele müssten das Flirten dann erst wieder in Seminaren lernen.

Lena Kirschner aus Bamberg benötigt dafür keine professionelle Hilfe – sie flirtet gern und oft. „Das Wichtigste geschieht mit den Augen", sagt sie. „Ihnen kann man sofort ansehen, ob der andere Interesse hat oder nicht." Hinschauen, wieder wegsehen und ein gezielter Augenaufschlag täten meist die gewünschte Wirkung, weiß die 21-jährige Studentin. Den nächsten Schritt müsse aber der Mann machen. Sie würde niemals als Erste den anderen ansprechen, sagt Lena.

Doreen Schüllinger aus Rostock hat damit keine Probleme. Trotzdem sei es nicht gut, gleich „in die Vollen zu gehen", findet die 16-jährige Schülerin. „Ich möchte schließlich nicht gleich mein ganzes Leben vor ihm ausbreiten", sagt sie. Unverfängliche Themen wie Freunde, Musik, Schule oder Arbeit und Hobbys sind ihrer Meinung nach besser geeignet, um den anderen kennen zu lernen. Es stelle sich dann sofort heraus, ob beide auf einer Wellenlänge liegen. Wichtig ist jedoch auch, wie jemand auftritt – die Ausstrahlung spielt beim Flirten eine große Rolle. „Jungen, die nur cool sind oder zu viel getrunken haben, können es gleich vergessen", sagt Doreen.

„Plumpe Anmache hat heute wohl nur noch selten Erfolg", bestätigt Inge Wolff, Vorsitzende des Arbeitskreises Umgangsformen International in Bielefeld. Junge Leute legten wieder sehr viel Wert auf gutes Benehmen, sagt sie und verweist auf eine Umfrage des Meinungsforschungsinstituts Emnid in Bielefeld. Danach finden zum Beispiel 82,5 Prozent der Befragten zwischen 14 und 29 Jahren angemessene Kleidung und 92 Prozent gute Tischsitten wichtig. Für 99,1 Prozent ist es selbstverständlich, den anderen ausreden zu lassen.

„Wer einen angenehmen Eindruck beim Gegenüber hinterlassen will, kommt also an guten Manieren nicht vorbei", sagt Wolff. Für das Flirten selbst dagegen gebe es keine Regeln, die Erfolg garantieren. Hier seien Einfühlungsvermögen und Charme gefragt.

Aus diesem Grund hört Ronny Klein aus Halle seinen Flirtpartnerinnen erst einmal aufmerksam zu und versucht dann, auf sie einzugehen. „Sie müssen das Gefühl haben, dass sie etwas ganz Besonderes sind", sagt der 25-jährige Student. Auf direkte Komplimente dagegen verzichtet er lieber, da sie oft falsch aufgefasst würden. „Zustimmende Gesten oder ein Lächeln an passender Stelle sind viel wirkungsvoller", meint er. [...]

---

1 **a** Vergleichen Sie: Was unterscheidet „Flirten" von anderen Formen der Kontaktaufnahme?

b Lesen Sie den Text genau und tragen Sie folgende Informationen zusammen:
- Welche Möglichkeiten der Kontaktaufnahme beschreibt der Text?
- Welche Schwierigkeiten bei der Kontaktaufnahme werden genannt?
- Welche nonverbalen Kommunikationsmittel werden als wichtig für die Kontaktaufnahme angesehen?

2 Beschreiben Sie Verhaltensweisen, die Sie als „plumpe Anmache" (vgl. Z. 52) empfinden würden.

3 „Sie müssen das Gefühl haben, dass sie etwas ganz Besonderes sind" (Z. 73 f.): Entwerfen Sie Szenen, in denen diese (Flirt-) Strategie angewendet wird, für folgende Situationen:
- Sie stehen in einer Schlange im Supermarkt.
- Sie suchen Kontakt in einer Disco.
- Sie sprechen im Bus mit den Fahrgästen.
- Sie suchen Kontakt zu Mitschülerinnen oder Mitschülern aus einem anderen Jahrgang.

4 Sammeln Sie Inhalte für ein Flirt-Seminar (Z. 25). Was muss Ihrer Meinung nach neu erlernt werden?

1.2 Nonverbale Kommunikation

Inszenierungen

... oder diesen beiden?

1 Der Grafiker Klaus Staeck hat als Hintergrund seiner Montage ein Bild des Malers Albrecht Dürer (1471–1528) gewählt, auf welchem die Mutter des Künstlers dargestellt ist.

a Erläutern Sie, was Staeck mit der Montage aussagen will.

b Beantworten Sie die Frage unter dem zweiten Bild und begründen Sie Ihre Antwort.

c Welche Art von Selbstinszenierung spricht Sie persönlich an? Welche finden Sie abschreckend, lächerlich oder unästhetisch? Suchen Sie Beispiele und vergleichen Sie Ihre Meinungen untereinander. Begründen Sie Ihre Auffassung jeweils.

Information **Inszenierungen**

Inszenierungen dienen der gezielten und geplanten Darstellung von Handlungen, Werten und Einstellungen. Öffentliche Medien wie Theater, Kino und Fernsehen setzen Dialoge und Handlungen in Inszenierungen um. Künstler inszenieren sich selbst, um mit ihrem jeweiligen Image ausgewählte Zielgruppen anzusprechen.
Im täglichen Leben sind Inszenierungen Indikatoren für kulturelle Werte und Normen, die gesellschaftlichen Veränderungen unterworfen sind. Der Körper wird durch seine bewusste Gestaltung (z. B. durch Figur, Mimik, Gestik, Haltung, Haare, Tattoos) und die gewählten Accessoires (z. B. Farben, Marken) zur Projektionsfläche und zum Träger der Merkmale einer gewünschten Identität. Er ist damit zugleich Akteur und Produkt. Auch elektronische Geräte und andere Statussymbole oder gerade der bewusste Verzicht auf solche gehören zur Inszenierung.

2 **a** Erläutern Sie, wie und warum sich die gesellschaftliche Wahrnehmung bezogen auf folgende Inszenierungen verändert hat: Tätowierung, Idealfigur, Bräunungsgrad der Haut.

b Beschreiben und kommentieren Sie weitere Beispiele für derartige Prozesse.

Persönlichkeitsurteile

Viele private und berufliche Entscheidungen werden auf der Basis von Persönlichkeitsurteilen gefällt, bei denen nonverbale Signale eine große Rolle spielen.

Die Qualität sozialer Beziehungen hat bedeutsame positive Effekte auf Wohlbefinden, Lebenszufriedenheit und Gesundheit. Dementsprechend kommt einer Analyse der psychologischen Prozesse des Kennenlernens und der Formung neuer Beziehungen große Bedeutung zu. Eindrücke gegenüber fremden Personen [...] stellen zugleich die zentrale Basis für unsere sozialen Entscheidungen dar, also dafür, wie wir auf andere im Allgemeinen reagieren, mit wem wir interagieren und mit wem wir kurz- und langfristige Beziehungen eingehen. [...]

Die Beurteilung der Persönlichkeit ist in unserem Alltag allgegenwärtig – ständig schätzen wir andere Menschen ein und werden von diesen beurteilt. Persönlichkeitsurteile vollziehen sich zum Teil sehr schnell und auf der Basis minimaler Informationen. Wie genau sind diese spontanen Einschätzungen fremder Personen? Es konnte gezeigt werden, dass naive Persönlichkeitsurteile auf der Basis so unterschiedlichen Materials wie Fotografien, Tonspuren, Videoaufnahmen, realen Interaktionen, der Eindrücke von Büros und Schlafzimmern oder der Kenntnis der Musikpräferenzen überzufällig genau mit Selbst- und Bekanntenangaben der Zielpersonen korrespondieren.

---

1 Fassen Sie die Aussagen des Textes kurz zusammen.

2 Berichten Sie, welche Erfahrungen Sie mit der spontanen Einschätzung von Personen gemacht haben. Hat sich Ihr erstes Urteil als richtig erwiesen?

3 Nennen Sie Kriterien, welche als Grundlage von Persönlichkeitsurteilen dienen.

4 Erörtern Sie an konkreten Beispielen aus dem privaten und beruflichen Bereich, welche Auswirkungen das spontane Entstehen von Persönlichkeitsurteilen hat bzw. haben kann.

Wenn der Zeuge sich irrt (Die Zeit, 2009)

[...] Gerichtsverhandlungen sind Psychologie. Ob zuletzt verurteilt oder freigesprochen wird, hat bisweilen viel mit der inneren Einstellung und der seelischen Befindlichkeit der Prozessbeteiligten zu tun – umso mehr, je weniger harte Fakten [...] vorliegen und je dringlicher es auf die Aussage und das Erinnerungsvermögen von Zeugen ankommt. [...] „Juristen besitzen fatalerweise eine überdurchschnittlich hohe Selbsteinschätzung, was ihre Fähigkeiten angeht, Lügen von Wahrheit zu unterscheiden", schreiben die beiden Oberlandesrichter Axel Wendler und Helmut Hoffmann in ihrem neuen Buch. [...] Wohingegen Tests in schöner Regelmäßigkeit zeigten, dass die richterliche Fähigkeit, den Schwindel zu erkennen, kaum über dem Durchschnitt liege. [...] Fast alle Falschbehaupter versenden kleine Zeichen, die Misstrauen wecken müssten – vorausgesetzt, ein aufmerksamer Beobachter kennt und bemerkt sie. Das können subtile Zeichen von Verlegenheit oder Anwandlungen unangemessener Heiterkeit sein, übertriebene Unterwürfigkeit oder Tränenausbrüche, die innere Erschütterung signalisieren sollen, in Wirklichkeit aber nur dazu dienen, unangenehme Nachfragen abzuwürgen. [...] So glauben Richter und Staatsanwälte fast alles, was Polizisten, und deutlich seltener, was absonderlich angezogene Personen oder Ausländer sagen. Dabei müssten sie doch wissen, dass auch Polizeibeamte lügen können und die Wahrheit manchmal in gebrochenem Deutsch daherkommt. Auch wird derselbe Text aus dem Mund eines Mannes, der als Skinhead auftritt, viel weniger gern geglaubt, als wenn er von einer gepflegten Dame vorgetragen wird. [...]

1 Nennen Sie mögliche Ursachen für die hohe Selbsteinschätzung von Richtern in Bezug auf ihre Fähigkeit, „Lügen von Wahrheit zu unterscheiden“ (Z. 11).

2 Erläutern Sie, welche Faktoren die Richter bei der Wahrnehmung der genannten Personen (Polizist, Ausländer, Skinhead, gepflegte Dame) beeinflussen.

3 Vergleichen Sie die im Cartoon dargestellte Wahrnehmung mit derjenigen von Richtern. Worin bestehen die Unterschiede? Nennen Sie mögliche Ursachen.

4 **a** Diskutieren Sie: Sollte man aus dem Wissen über Inszenierungen Konsequenzen ziehen, z. B. wenn man als Zeuge/Zeugin bei einer Gerichtsverhandlung aussagen soll, eine Anzeige bei der Polizei aufgeben will oder ein Interview mit einer Zeitung hat? Welche Art von Konsequenz würden Sie ziehen?
b Überlegen Sie sich berufliche Situationen, in denen es um ähnliche Fragestellungen geht: Wie würden Sie handeln?

Die folgenden Abbildungen zeigen Gerhard Schröder und Angela Merkel im Arbeitszimmer des Kanzleramts vor dem Gemälde, das sie für ihre Amtszeit als Dekoration des Kanzlerbüros ausgewählt haben. Diese Fotos wurden von den abgebildeten Personen autorisiert und zur Veröffentlichung freigegeben.

Gerhard Schröder vor dem Gemälde „Adler“ von Georg Baselitz

Angela Merkel vor dem Gemälde „Adenauer“ von Oskar Kokoschka

1 Erläutern Sie, welche Botschaften Gerhard Schröder und Angela Merkel mit der Wahl des Gemäldes und mit ihrer Körperhaltung vermitteln wollen.

2 Welche Inszenierung überzeugt Sie mehr? Begründen Sie.

3 Vor welchen (Kunst-) Gegenständen würden Sie sich gerne fotografieren lassen? Wem wollen Sie damit was vermitteln? Mit welcher Körpersprache (Information, ► S. 19) unterstützen Sie dieses Ziel?

Information **Nonverbale und paraverbale Kommunikation**

Man unterscheidet zwischen **nonverbaler und verbaler Kommunikation**. Unter nonverbaler Kommunikation versteht man alle Signale, die durch **Körpersprache** gesendet werden, wie z.B. Körperhaltung, Gestik und Mimik, aber auch durch die Accessoires, mit denen ein Mensch sich umgibt. Bei der Deutung dieser Signale kann es zu großen Unterschieden kommen, wobei die subjektive Wahrnehmung, der situative Kontext, das Vorwissen, unterschiedliche Kulturkreise und viele andere Faktoren eine Rolle spielen.
Bei der verbalen Kommunikation ist neben den Wörtern auch das **paraverbale Verhalten (Stimmsprache)** von Bedeutung. Darunter versteht man die Intonation, die Lautstärke, das Sprechtempo, die Pausen des Sprechers.

Mimik und Körpersprache

Paul Watzlawick u.a.: **Menschliche Kommunikation** (1969)

1 [...] Es muss [...] daran erinnert werden, dass das „Material" jeglicher Kommunikation keineswegs nur Worte sind, sondern auch paralinguistische Phänomene (wie z. B. Tonfall, Schnelligkeit oder Langsamkeit der Sprache, Pausen, Lachen oder Seufzen), Körperhaltung, Ausdrucksbewegungen (Körpersprache) usw. innerhalb eines bestimmten Kontextes umfasst – kurz, Verhalten jeder Art.

2 [...] Verhalten hat vor allem eine Eigenschaft, die so grundlegend ist, dass sie oft übersehen wird: Verhalten hat kein Gegenteil, oder um dieselbe Tatsache noch simpler auszudrücken: Man kann sich nicht *nicht* verhalten. Wenn man also akzeptiert, dass alles Verhalten in einer zwischenmenschlichen Situation [...] Mitteilungscharakter hat, d. h. Kommunikation ist, so folgt daraus, dass man, wie immer man es auch versuchen mag, nicht *nicht* kommunizieren kann. Handeln oder Nichthandeln, Worte oder Schweigen haben alle Mitteilungscharakter: Sie beeinflussen andere, und diese anderen können ihrerseits nicht *nicht* auf diese Kommunikation reagieren und kommunizieren damit selbst. [...]

---

1 Notieren Sie Thesen (Behauptungen), die Watzlawick im Text aufstellt.

2 Schildern Sie alltägliche Situationen, die diese Thesen Watzlawicks veranschaulichen (z.B. eine Situation im Wartezimmer). Was und in welcher Form wird jeweils kommuniziert?

Im Magazin der Süddeutschen Zeitung werden in der Artikelserie „Sagen Sie jetzt nichts" Interviewpartner aufgefordert, nonverbal zu einer Frage Stellung zu nehmen.

SZ: Lassen Sie uns mal Bilanz ziehen: Ihre Bücher, Ihre Stiftung, Ihr neuer Film – was hat das alles den Frauen in Somalia gebracht?

Waris Dirie im SZ-Interview

3 Interpretieren Sie die „Antwort" von Waris Dirie. Halten Sie jeweils Ihren Eindruck auf Karten fest. Vergleichen Sie anschließend Ihre Eindrücke im Plenum.

4 Führen Sie eine Internetrecherche (Methode, ▶ S. 245) zu Waris Dirie durch.

a Besorgen Sie sich das gesamte Interview aus dem Magazin der Süddeutschen Zeitung und sammeln Sie weiteres Material zur Person.

b Fertigen Sie einen kurzen Lebenslauf an.

c Entscheiden Sie, ob Ihre Interpretation der „Antwort" durch den Lebenslauf bestätigt wird.

5 Stellen Sie weitere Beispiele aus der Interviewserie „Sagen Sie jetzt nichts" im Plenum vor.

6 Führen Sie ähnliche Interviews in Ihrer Lerngruppe durch.

a Formulieren Sie Fragen aus Ihrem gemeinsamen Umfeld. („*Wie empfandest du die Zusammenarbeit in der Gruppe während unseres Projekts?*")

b Verschiedene Interviewpartner „beantworten" diese Fragen, die Zuschauer interpretieren.

c Vergleichen Sie, ob das Gemeinte mit den Interpretationen übereinstimmt.

7 Beschreiben Sie alltägliche Situationen, in denen Sie Mimik und Körpersprache bewusst einsetzen, um bei Ihrem Gegenüber eine bestimmte Wahrnehmung auszulösen.

Bundeskanzlerin Angela Merkel mit Chinas Ministerpräsident Wen Jiabao während des UN-Klimagipfels in Kopenhagen, Dezember 2009

Verteidigungsminister Karl-Theodor zu Guttenberg bei einem Truppenbesuch in Afghanistan, November 2009

8 Beschreiben Sie die dargestellten Personen.

a Benennen Sie die nonverbalen Signale, die Sie wahrnehmen, indem Sie Ihre Eindrücke ohne Angabe Ihres Namens stichwortartig auf Zettel schreiben.

b Sammeln Sie die Eindrücke im Plenum und werten Sie das Ergebnis aus.

9 Medien können durch die Auswahl der Bilder die Wahrnehmung bewusst steuern. Erläutern Sie, welche Botschaft das jeweilige Presseorgan mit der Wahl des Fotos vermitteln will.

Nonverbale Kommunikation untersuchen – Ein literarisches Beispiel

Franz Kafka: **Der Nachbar** (1917)

Mein Geschäft ruht ganz auf meinen Schultern. Zwei Fräulein mit Schreibmaschinen und Geschäftsbüchern im Vorzimmer, mein Zimmer mit Schreibtisch, Kasse, Beratungstisch, Klubsessel und Telefon, das ist mein ganzer Arbeitsapparat. So einfach zu überblicken, so leicht zu führen. Ich bin ganz jung und die Geschäfte rollen vor mir her. Ich klage nicht, ich klage nicht. Seit Neujahr hat ein junger Mann die kleine, leer stehende Nebenwohnung, die ich ungeschickterweise so lange zu mieten gezögert habe, frischweg gemietet. Auch ein Zimmer mit Vorzimmer, außerdem aber noch eine Küche. – Zimmer und Vorzimmer hätte ich wohl brauchen können – meine zwei Fräulein fühlten sich schon manchmal überlastet –, aber wozu hätte mir die Küche gedient? Dieses kleinliche Bedenken war daran schuld, dass ich mir die Wohnung habe nehmen lassen. Nun sitzt dort dieser junge Mann. Harras heißt er. Was er dort eigentlich macht, weiß ich nicht. Auf der Tür steht: „Harras, Bureau". Ich habe Erkundigungen eingezogen, man hat mir mitgeteilt, es sei ein Geschäft ähnlich dem meinigen. Vor Kreditgewährung könne man nicht geradezu warnen, denn es handle sich doch um einen jungen, aufstrebenden Mann, dessen Sache vielleicht Zukunft habe, doch könne man zum Kredit nicht geradezu raten, denn gegenwärtig sei allem Anschein nach kein Vermögen vorhanden. Die übliche Auskunft, die man gibt, wenn man nichts weiß. Manchmal treffe ich Harras auf der Treppe, er muss es immer außerordentlich eilig haben, er huscht förmlich an mir vorbei. Genau gesehen habe ich ihn noch gar nicht, den Büroschlüssel hat er schon vorbereitet in der Hand. Im Augenblick hat er die Tür geöffnet. Wie der Schwanz einer Ratte ist er hineingeglitten, und ich stehe wieder vor der Tafel „Harras, Bureau", die ich schon viel öfter gelesen habe, als sie es verdient.

Die elend dünnen Wände, die den ehrlich tätigen Mann verraten, den Unehrlichen aber decken. Mein Telefon ist an der Zimmerwand angebracht, die mich von meinem Nachbar trennt. Doch hebe ich das bloß als besonders ironische Tatsache hervor. Selbst wenn es an der entgegengesetzten Wand hinge, würde man in der Nebenwohnung alles hören. Ich habe mir abgewöhnt, den Namen der Kunden beim Telefon zu nennen. Aber es gehört natürlich nicht viel Schlauheit dazu, aus charakteristischen, aber unvermeidlichen Wendungen des Gesprächs die Namen zu erraten. – Manchmal umtanze ich, die Hörmuschel am Ohr, von Unruhe gestachelt, auf den Fußspitzen den Apparat und kann es doch nicht verhüten, dass Geheimnisse preisgegeben werden.

Natürlich werden dadurch meine geschäftlichen Entscheidungen unsicher, meine Stimme zittrig. Was macht Harras, während ich telefoniere? Wollte ich sehr übertreiben – aber das muss man oft, um sich Klarheit zu verschaffen –, so könnte ich sagen: Harras braucht kein Telefon, er benutzt meines, er hat sein Kanapee an die Wand gerückt und horcht, ich dagegen muss, wenn geläutet wird, zum Telefon laufen, die Wünsche des Kunden entgegennehmen, schwer wiegende Entschlüsse fassen, groß angelegte Überredungen ausführen – vor allem aber während des Ganzen unwillkürlich durch die Zimmerwand Harras Bericht erstatten.

Vielleicht wartet er gar nicht das Ende des Gesprächs ab, sondern erhebt sich nach der Gesprächsstelle, die ihn über den Fall genügend aufgeklärt hat, huscht nach seiner Gewohnheit durch die Stadt und, ehe ich die Hörmuschel aufgehängt habe, ist er vielleicht schon daran, mir entgegenzuarbeiten.

---

1 Untersuchen Sie den Text mit Hilfe der Aussagen von Watzlawick (▶ S. 19).

a Erläutern Sie, wie der Ich-Erzähler das Verhalten des Nachbarn deutet. Was könnte ihn zu dieser Deutung bewogen haben? Belegen Sie Ihre Einschätzung mit Textstellen.

b Beschreiben Sie die Wirkung, welche diese Deutung auf den Ich-Erzähler hat.

c Diskutieren Sie, ob das Verhalten des Nachbarn auch anders gedeutet werden könnte.

2 **a** Schreiben Sie in Gruppen einen Dialog, den der Ich-Erzähler mit Harras führen könnte.

b Üben Sie dieses Gespräch als Rollenspiel ein und tragen Sie es der Lerngruppe vor.

c Beurteilen Sie, ob es sich bei den Dialogen um gelungene oder misslungene Gespräche handelt. Begründen Sie und nennen Sie Faktoren, die den Gesprächsausgang bestimmt haben.

1.3 Kommunikationsstörungen

Sprachfunktionen klären – Das Organon-Modell von Karl Bühler

Yasmina Reza: **Der Gott des Gemetzels** (2006)

[Der Textauszug spielt im Wohnzimmer des Ehepaars Véronique und Michel Houillé, die mit Annette und Alain Reille zusammengekommen sind, um einen Vorfall zwischen ihren beiden Söhnen zu diskutieren. Der 11-jährige Ferdinand Reille hat den gleichaltrigen Bruno Houillé in der Schule mit einem Stock verprügelt und ihm zwei Schneidezähne dabei herausgeschlagen.]

Die Houilleés und die Reilles sitzen einander gegenüber. Es sollte sofort erkennbar sein, dass es sich um das Wohnzimmer der Houillés handelt und die beiden Ehepaare sich soeben kennen gelernt haben.
In der Mitte ein niedriger Tisch, bedeckt mit Kunstbänden.
Zwei große Tulpensträuße in Vasen.
Es herrscht eine erste, herzliche und tolerante Stimmung.

Véronique: Also, unsere Stellungnahme ... Sie fassen dann Ihre eigene ab ... „Am 3. November um 17 Uhr 30 schlug Ferdinand Reille, 11 Jahre, bewaffnet mit einem Stock, nach einer verbalen Auseinandersetzung auf dem Square de l'Aspirant Dunand unserem Sohn Bruno Houillé ins Gesicht. Die Folgen dieser Tat sind neben einer geschwollenen Oberlippe zwei abgebrochene Schneidezähne, beim rechten Schneidezahn einhergehend mit Schädigung des Nervs."
Alain: Bewaffnet?
Véronique: Bewaffnet? „Bewaffnet" gefällt Ihnen nicht, aha, was sollen wir sagen, Michel, ausgestattet, ausgerüstet, ausgestattet mit einem Stock, ist Ihnen das recht?
Alain: Ausgestattet ja.
Michel: Ausgestattet mit einem Stock.
Véronique: *(korrigiert)* Ausgestattet. Das Ironische an der Sache ist, dass wir den Square de l'Aspirant Dunand immer für einen Hort der Sicherheit gehalten haben, anders als den Parc Montsouris.

„Gott des Gemetzels" am St. Pauli Theater, Hamburg 2008

Michel: Ja, das stimmt. Wir haben immer gesagt, der Parc Montsouris nein, der Square de l'Aspirant Dunand ja.
Véronique: So kann man sich irren. Jedenfalls danken wir Ihnen, dass Sie gekommen sind. Keiner hat was davon, wenn wir uns von Gefühlsmechanismen steuern lassen.
Annette: Wir haben zu danken. Wir.
Véronique: Ich glaube, wir brauchen uns nicht gegenseitig zu danken. Zum Glück gibt es immer noch die Kunst des zivilisierten Umgangs miteinander, oder?
Alain: Die die Jungs offenbar nicht beherrschen. Also, ich meine unserer!
Annette: Ja, unserer! ... Und was wird aus dem Zahn, dessen Nerv verletzt ist? ...
Véronique: Tja, das ist noch unklar. Die Ärzte sind zurückhaltend mit einer Prognose. Anscheinend liegt der Nerv nicht gänzlich bloß.
Michel: Nur eine kleine Stelle liegt bloß.
[...]

Véronique: Dauerhafter Zahnersatz wird erst nach abgeschlossenem Wachstum eingesetzt.
Annette: Ich hoffe, dass ... Ich hoffe, dass alles gut wird.
Véronique: Hoffen wir's.

Leichte Unschlüssigkeit.
Annette: Hinreißend diese Tulpen.

Véronique: Die sind von dem kleinen Blumenladen im Mouton-Duvernet-Markt. Sie wissen schon, ganz oben der.

Annette: Ah ja.

Véronique: Sie kommen jeden Morgen frisch aus Holland, zehn Euro für einen Arm voll, fünfzig Stück.

Annette: Ach was!

Véronique: Sie wissen schon, ganz oben der.

Annette: Ja, ja.

Véronique: Haben Sie gewusst, dass er Ferdinand nicht verraten wollte.

Michel: Nein, wollte er nicht.

Véronique: Das war beeindruckend, dieses Kind mit seinem zerschmetterten Gesicht, den zerschmetterten Zähnen zu sehen, das ihn partout nicht verraten wollte.

Annette: Kann ich mir vorstellen.

Michel: Aber seien wir ehrlich, Véronique, das lag auch daran, dass er vor seinen Klassenkameraden nicht als Denunziant dastehen wollte, das war nicht nur Tapferkeit.

[...]

---

1 Analysieren Sie den Textauszug des Theaterstücks, indem Sie:
- den Inhalt des Dialogs zusammenfassen,
- die Gesprächssituation genau erläutern und ihre Bedeutung für das Gespräch benennen,
- die Beziehung der Figuren zueinander und ihre Gefühle beschreiben.

2 **a** Wie verstehen Sie Véroniques Äußerung: „So kann man sich irren. Jedenfalls danken wir Ihnen, dass Sie gekommen sind. Keiner hat was davon, wenn wir uns von Gefühlsmechanismen steuern lassen“ und Annettes Reaktion: „Wir haben zu danken. Wir.“ (Z. 35–39)?

b Überlegen Sie, welche nonverbalen (nichtsprachlichen) Ausdrucksmittel wie Gestik, Mimik, Körperhaltung Sie einsetzen würden, um diesen Sätzen eine besondere Bedeutung zu geben.

3 Spielen Sie die Szene zu viert als Improvisation. Achten Sie dabei auf die nonverbalen Ausdrucksmittel.

4 Lesen Sie den nachfolgenden Text und klären Sie die Bedeutung der drei Bühler'schen Sprachfunktionen. Ordnen Sie dann einigen Äußerungen der vier Protagonisten des Theaterstücks die Sprechabsichten (Intentionen) zu.

Karl Bühlers Organon-Modell – Die drei Grundfunktionen der Sprache (1934)

Das Organon-Modell Karl Bühlers (1879 – 1963), das auch das Dreifundamentenschema oder das Funktionsschema der Sprache genannt wird, diente späteren Kommunikationsmodellen als Grundlage und wurde etwa von Schulz von Thun (▶ S. 25 f.) weiterentwickelt. In seinem Buch „Sprachtheorie“ (1934) hat Bühler sein Modell grafisch dargestellt und erläutert:

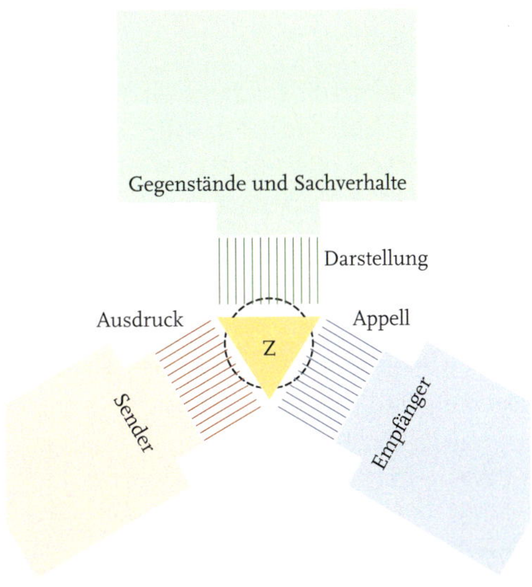

„Die Sprache“, sagt Bühler, „ist dem Werkzeug verwandt; auch sie gehört zu den Geräten des Lebens, ist ein Organon (gr. für Werkzeug) wie das dingliche Gerät.“ Nach Bühler sind beim Sprechen immer drei Komponenten beteiligt, die mit Hilfe des Sprachzeichens (Z) miteinander in Bezug treten: mindestens ein Sender, mindestens ein Empfänger und Objekte der gegenständlichen Welt. Diese Gegenstände oder Sachverhalte sind der hauptsächliche Anlass der Kommunikation zwischen Sendern und Empfängern. Sie verwenden das sprachliche Zeichen (Z), um sich über Objekte oder sich selbst zu verständigen. Bezieht sich der Schwerpunkt der Kommunikation auf den **Sender**, nennt Bühler diese Funktion des Sprachzeichens (Z) **Ausdruck**; befasst sich die Kommunikation hauptsächlich mit dem **Empfänger**, dann bezeichnet Bühler diese Funktion als **Appell**. Richtet sich der Sinnbezug des sprachlichen Zeichens (Z) hauptsächlich auf **Gegenstände und Sachverhalte**, nennt er die Funktion **Darstellung**.

Die **Absicht** des Sprechers **(Intention)** entscheidet darüber, welche dieser Funktionen in einer sprachlichen Äußerung jeweils überwiegt.
Eine Person, die z. B. für ein Produkt wirbt und eine Kaufhandlung auslösen will, rückt in ihrer Kommunikation die Appellfunktion in den Vordergrund. Eine Person, die eine Trauerrede während einer Beerdigung hält und damit ihre eigenen Gefühle ausdrückt, betont die Ausdrucksfunktion.
Aber: In jeder Mitteilung sind alle drei Funktionen der Sprache enthalten, wobei jedoch eine Funktion mehr oder weniger stark dominieren kann.

---

1 Erklären Sie am Beispiel des Sprachzeichens „Feuer" mit Hilfe des Organon-Modells mögliche Intentionen eines Senders.

2 Ordnen Sie den Sprachfunktionen des Organon-Modells verschiedene Textsorten zu, z. B.:
- s. u. politische Rede
- s. u. Gebrauchsanweisung
- s. u. Gedicht
- s. u. Gesetzestext
- s. u. privater Brief
- s. u. Werbe-Flyer
- s. u. Tagebucheintrag
- s. u. ...

3 Verwandeln Sie die Intention des vorliegenden Textes und legen Sie den Schwerpunkt auf die Appellfunktion.

> Reiseführer: Norwegen, Kristiansand
> Die Hafenstadt (76.000 Ew.) präsentiert sich gerne als Mittelpunkt der „Riviera des Nordens". Das Wetter ist stabil und die Freizeitangebote für Familien, Sonnenhungrige und Wassersportler sind dank des wunderschönen Schärengartens am Skagerrak vielfältig.

4 Ein Paar diskutiert:

> **Sie:** „Nie hast du Zeit für mich. Immer gehst du zu deinen Fußballerfreunden!"
> **Er:** „Was redest du da! Das stimmt doch gar nicht, gestern erst waren wir gemeinsam im Kino. Immer diese ungerechten Vorwürfe!"
> **Sie:** „Weil es ein Actionfilm war, den du unbedingt sehen wolltest. An mich hast du dabei gar nicht gedacht!"

Ordnen Sie dieses Gespräch den Sprachfunktionen des Organon-Modells zu. Reflektieren Sie ggf. auch die Schwierigkeiten, die dabei auftreten.

5 Gibt es außer Bühlers Sprachfunktionen weitere Faktoren, die für das Gespräch zwischen dem Paar aus Aufgabe 4 eine Rolle spielen? Überlegen Sie:
- Welche Vorgeschichte könnte die Frau zu ihrem Vorwurf verleitet haben?
- Was denkt der Mann von seiner Freundin?
- Was für eine Beziehung führen die beiden vermutlich?

Kommunikationsstörungen erkennen – Das Vier-Seiten-Modell von Friedemann Schulz von Thun

Friedemann Schulz von Thun: **Die vier Seiten einer Nachricht** (1981)

Schauen wir uns eine „Nachricht" genauer an. Für mich selbst war es eine faszinierende „Entdeckung", die ich in ihrer Tragweite erst nach und nach erkannt habe, *dass ein und dieselbe Nachricht stets viele Botschaften gleichzeitig enthält.* Dies ist eine Grundtatsache des Lebens, um die wir als Sender und Empfänger nicht herumkommen. Dass jede Nachricht ein ganzes Paket mit vielen Botschaften ist, macht den Vorgang der zwischenmenschlichen Kommunikation so kompliziert und störanfällig, aber auch so aufregend und spannend.

Um die Vielfalt der Botschaften, die in einer Nachricht stecken, ordnen zu können, möchte ich vier seelisch bedeutsame Seiten an ihr unterscheiden. Ein Alltagsbeispiel:

Der Mann (= Sender) sagt zu seiner am Steuer sitzenden Frau (= Empfänger): „Du, da vorne ist Grün!" – Was steckt alles drin in dieser Nachricht, was hat der Sender (bewusst oder unbewusst) hineingesteckt, und was kann der Empfänger ihr entnehmen?

1. Sachinhalt
(oder: Worüber ich informiere)

Zunächst enthält die Nachricht eine Sachinformation. Im Beispiel erfahren wir etwas über den Zustand der Ampel – sie steht auf Grün. Immer wenn es „um die Sache" geht, steht diese Seite der Nachricht im Vordergrund – oder sollte es zumindest. [...]

2. Selbstoffenbarung
(oder: Was ich von mir selbst kundgebe)

In jeder Nachricht stecken nicht nur Informationen über die mitgeteilten Sachinhalte, sondern auch Informationen über die Person des Senders. Dem Beispiel können wir entnehmen, dass der Sender offenbar deutschsprachig und vermutlich farbtüchtig ist, überhaupt, dass er wach und innerlich dabei ist. Ferner: dass er es vielleicht eilig hat usw. Allgemein gesagt: In

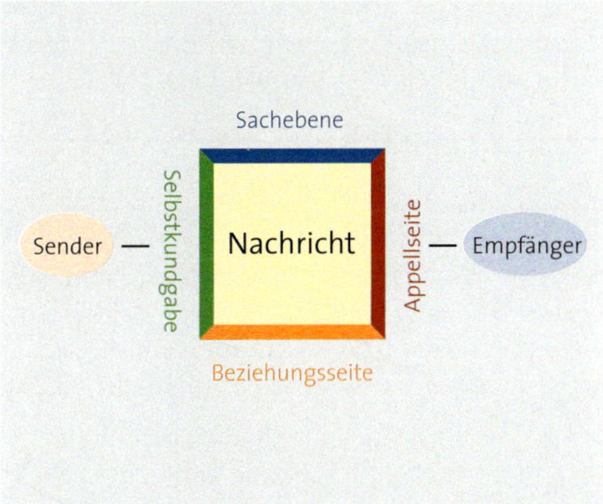

jeder Nachricht steckt ein Stück Selbstoffenbarung des Senders. Ich wähle den Begriff der Selbstoffenbarung, um damit sowohl die gewollte *Selbstdarstellung* als auch die unfreiwillige *Selbstenthüllung* einzuschließen. [...]

3. Beziehung
(oder: Was ich von dir halte und wie wir zueinander stehen)

Aus der Nachricht geht ferner hervor, wie der Sender zum Empfänger steht, was er von ihm hält. [...]

Allgemein gesprochen: Eine Nachricht senden heißt auch immer, zu dem Angesprochenen eine bestimmte Art von Beziehung auszudrücken. Streng genommen ist dies natürlich ein spezieller Teil der Selbstoffenbarung. [...]

Genau genommen sind auf der Beziehungsseite der Nachricht zwei Arten von Botschaften versammelt. Zum einen solche, aus denen hervorgeht, was der Sender vom Empfänger hält, wie er ihn sieht. In dem Beispiel gibt der Mann zu erkennen, dass er seine Frau für hilfebedürftig hält. – Zum anderen enthält die Beziehungsseite aber auch eine Botschaft darüber, wie der Sender *die Beziehung zwischen sich und dem Empfänger* sieht („so stehen wir zueinander"). [...]

4. Appell
(oder: Wozu ich dich veranlassen möchte)

Kaum etwas wird „nur so“ gesagt – fast alle Nachrichten haben die Funktion, auf den Empfänger *Einfluss zu nehmen*. In unserem Beispiel lautet der Appell vielleicht: „Gib ein bisschen Gas, dann schaffen wir es noch bei Grün!“ Die Nachricht dient also (auch) dazu, den Empfänger zu veranlassen, bestimmte Dinge zu tun oder zu unterlassen, zu denken oder zu fühlen. Dieser Versuch, Einfluss zu nehmen, kann mehr oder minder offen oder versteckt sein – im letzteren Falle sprechen wir von Manipulation.

1 Lesen Sie den Text und notieren Sie sich die wichtigsten Inhalte in Form einer Mindmap (Methode, ► S. 108 f.).

2 **a** Erläutern Sie, wie die beiden Äußerungen aus dem Cartoon auf den vier Ebenen nach Schulz von Thun jeweils gemeint bzw. verstanden werden können.
b Verfassen Sie jeweils zwei kurze Alltagsszenen zu den Äußerungen: „Willst du das anziehen?“, „Ist das dein neuer Freund?“ und „Sind die Perlen echt?“
c Vergleichen Sie Ihre Alltagsszenen und erklären Sie mit Hilfe des Kommunikationsmodells von Schulz von Thun, welche Seite der Nachricht in Ihren Szenen eine besondere Rolle spielt.

3 Arbeiten Sie mit zwei Partnerinnen/Partnern. Sagen Sie einen Satz zu einem der anderen. Dieser analysiert Ihren Satz, wie er ihn gehört hat, nach allen vier Seiten. Der Dritte macht sich dazu Notizen. Zu dritt werten Sie nun die Notizen aus. Achten Sie dabei auf Folgendes: Wurde häufiger eine Seite zuerst oder leichter erkannt? Gibt es eine Seite, die eher Schwierigkeiten macht, für die es nicht gelang, die Aussage herauszufinden?

4 Untersuchen Sie die Kommunikation zwischen Hägar und Helga mit Hilfe des Vier-Seiten-Modells: Welche Seite der Nachricht hört Hägar und welche überhört er? Welche Absicht verfolgt Hägar, indem er die Nachricht, die ihm Helga eigentlich überbringen will, nicht hört?

5 Führen Sie zu zweit ein kurzes Gespräch, bei dem der Hörer nur eine der Seiten heraushört, egal, was der Sender auch sagt bzw. sagen will.

6 Diskutieren Sie folgende Fragen:
- Inwiefern stellt das Modell von Schulz von Thun eine Weiterentwicklung des Modells von Bühler (► S. 23) dar?
- Welchen Nutzen können Sie aus dem Wissen über Kommunikationsmodelle ziehen?

Klaus Birker: **Vorwürfe sind verunglückte Wünsche** (1998)

Gerade wenn Stress und Hektik herrschen, geschieht es oftmals, dass Gespräche mit einem Vorwurf eröffnet werden: „Warum habe ich ... noch nicht ...?“, „Was haben Sie sich dabei nur gedacht?“, „Warum kommen Sie jetzt erst?“, „Ihr Äußeres ist völlig deplatziert!“ etc. Wer nur den Vorwurf, den Angriff, den Appell „Sei anders“ hört, neigt schnell dazu, sich abzugrenzen, zu verteidigen, Gegenangriffe zu starten etc. Das Gespräch wird dann weniger *mit*, sondern mehr *gegen* den anderen geführt.

Hier bietet der Grundgedanke des aktiven Zuhörens eine wertvolle Hilfe. So wie der andere sich jetzt ausdrückt, ist es die Kommunikationsmöglichkeit, die ihm gerade zur Verfügung steht. Sie ist oftmals nicht bewusst und ausgewogen gewählt, sondern die Reaktion auf Ereignisse oder Folge bestimmter Gedankengänge. Gerade in Stress- oder sonstigen schwierigen Situationen ist sie dabei Unzulänglichkeiten unterworfen.

Eine Hilfe, dass hier nicht auch der Empfänger in ein reines Reaktionsmuster verfällt, ist der Satz: „Vorwürfe sind verunglückte Wünsche!“ Dies besagt: Der Vorwurf entspringt einer Enttäuschung, deren Ursache ein unerfüllter Wunsch ist. Beispielsweise die Äußerung: *„Sie haben nie Zeit und überhaupt kein Interesse an Ihren Mitarbeitern“* könnte der als Vorwurf verkleidete Wunsch sein: *„Ich hätte gerne einen Vorgang mit Ihnen besprochen, mehr Kontakt zu Ihnen“* etc.

Erkennt der Angesprochene den dahinterstehenden Wunsch, so weiß er auch besser, worum es eigentlich geht. Oftmals wird erst durch die Formulierung dieses Anliegens durch den Empfänger auch dem Sender seine Erwartung deutlich. Durch aktives Zuhören können Sender und Empfänger so zu einem gemeinsamen Thema gelangen. Daran anschließend können sie sich dann auch gemeinsam um Lösungen bemühen. Oftmals ist jedoch bereits der größte Teil der Spannung heraus, wenn auch dem Sender klar wird, dass er nichts gegen den anderen hat, sondern eigentlich etwas von ihm möchte.

---

1 **a** Erklären Sie mit dem Vier-Seiten-Modell (▸ S. 25), warum Vorwürfe oftmals Wünsche sind.
b Stellen Sie dar, wie aktives Zuhören ein Gespräch mit Vorwürfen verändert.

2 **a** Berichten Sie, wie Sie selbst mit Vorwürfen umgehen.
b Beschreiben Sie Ihre Reaktion auf die folgenden Vorwürfe:

„Dein Zimmer ist nie aufgeräumt.“
„Sie haben die Arbeit wieder nicht fertig.“
„Immer reden Sie um den heißen Brei herum.“
„Nie kommst du pünktlich zum Essen.“
„Sie stören wieder den Unterricht.“

Information **Widersprüchliche Botschaften**

Die so genannte **Doublebind-Situation** (Double-bind = Doppelbindung) beschreibt ein Kommunikationsmuster, bei dem zwei widersprüchliche Botschaften gleichzeitig gesendet werden. Beispielsituation: „Es ist alles in Ordnung“, sagt sie auf die Frage, wie es ihr gehe. Ihre Stimme und ihre Mimik aber verraten etwas ganz anderes. Der mürrische Tonfall gibt zu erkennen: „Lass mich in Ruhe!“ Und ihre heruntergezogenen Mundwinkel signalisieren eigentlich: „Kümmere dich um mich“. Die innere Zerrissenheit, die solchen Aussagen zu Grunde liegt, entsteht dadurch, dass sich unbewusste Bedürfnisse einen nichtsprachlichen Weg bahnen und deshalb im Gegensatz zur formulierten Aussage stehen.

1 Beschreiben Sie Ihre Erfahrungen mit Doublebind-Kommunikationssituationen. Was zeichnete diese Situation als Doublebind-Situation aus? Wie hätten Sie ihr entgegentreten können?

2 **a** Erklären Sie die Doublebind-Struktur der folgenden Sätze. Beachten Sie dabei, welchen vordergründigen Sachinhalt die Sätze haben und was eigentlich damit gemeint sein könnte.
- *„Sei spontan!"*
- *„Hab mich endlich lieb!"*

b Suchen Sie Lösungen für diese Situationen.

Rollenverhalten und situativer Kontext

1 **a** Erklären Sie, auf welche Weise der Cartoon komisch wirkt. Unterscheiden Sie dabei zwischen der Wirkung der Worte und der des Bildes.

b Inwiefern sind die Rollen und Rollenerwartungen von Bedeutung?

c Erläutern Sie nach Schulz von Thun (▶ S. 25) die möglichen Botschaften des Mannes an die Frau. Was könnte die Frau auf den vier Ebenen antworten?

2 Entwerfen Sie entweder eine Spielszene, deren Komik darin besteht, dass Erwartungen an eine Rolle gezielt enttäuscht werden, oder schildern Sie alltägliche Situationen, in denen eine Person den (vermeintlichen) geschlechtsspezifischen Rollenerwartungen nicht entspricht.

3 Rollenkonflikte entstehen nicht nur zwischen den Geschlechtern. Finden Sie weitere Felder für Rollenkonflikte und berichten Sie über eigene Erfahrungen und deren Folgen für die Kommunikation.

Information **Symmetrische und komplementäre Kommunikation**

Kommunikation findet in gesellschaftlichen Zusammenhängen statt und wird daher auch geprägt von den unterschiedlichen Rollen, welche die Gesprächspartner einnehmen. Diese Rollen werden bestimmt durch die Beziehung zwischen den Beteiligten und die Situation, in welcher die Kommunikation eingebettet ist. Nach den unterschiedlichen Rollen, welche Gesprächspartner in Kommunikationssituationen einnehmen, unterscheidet man symmetrische und komplementäre Kommunikation.
Symmetrische Kommunikation ist eine Kommunikation unter gleichgestellten Partnern (z. B. Arbeitskollegen, Schülern). Sie zeichnet sich dadurch aus, dass die Kommunizierenden gleiche soziale Rollen, gleiche Funktionen oder Positionen ausfüllen, dass sie gleiche Handlungsmöglichkeiten besitzen und ihr Gespräch insgesamt ausgewogen ist.

Komplementäre Kommunikation: Kommunikation zwischen Menschen mit unterschiedlichen Positionen (z.B. Arbeitnehmer – Chefin; Schülerin – Lehrer). Sie zeichnet sich durch eine hierarchische Ordnung aus, in der die Handlungsmöglichkeiten von der Position abhängig sind. Die Positionen sind nicht austauschbar, der Gesprächsanteil ist zumeist ungleich verteilt. Bei Nichtakzeptanz der Rollen kommt es in der Regel zu Konflikten.

4 Diskutieren Sie anhand von Beispielen, inwieweit auch in symmetrischen Kommunikationssituationen komplementäre Elemente enthalten sind. Untersuchen Sie dabei zuerst die Situation des Cartoons (► S. 28).

5 Entwerfen Sie in Kleingruppen ein Gespräch, in welchem eine Arbeitnehmerin/ein Arbeitnehmer wegen einer nicht fristgerecht erledigten Aufgabe zur Rechenschaft gezogen wird:
- in einer symmetrischen Kommunikationssituation,
- in einer komplementären Kommunikationssituation, in der die Rollen akzeptiert und nicht ausgenutzt werden,
- in einer komplementären Kommunikationssituation, in der die Rollen nicht akzeptiert und ausgenutzt werden.

Mann ersticht Ehefrau!
Sie lebte zu freizügig!

Konflikt im Nahen Osten spitzt sich wieder zu.
Palästinenser und Israelis wieder im Kampf!

Bundeskanzlerin widerspricht Opposition.
Niemand muss in Deutschland hungern!

Bundestrainer und Beckenbauer streiten!
Wer darf mit zur WM?

6 Untersuchen Sie die Headlines aus verschiedenen Zeitungen. Um welche Konflikte (► Information) geht es hier? Wodurch sind sie entstanden und wie unterscheiden sie sich?

Information Konfliktarten

Soziale/äußere Konflikte

Als soziale (interpersonelle) Konflikte bezeichnet man alle zwischenmenschlichen Konflikte, in die mindestens zwei Personen oder kleine Gruppen verwickelt sind. Unsere Grundeinstellung gegenüber anderen Menschen, Emotionen sowie unser Rollenverhalten verursachen diese Art von Konflikten. Man unterscheidet folgende soziale/äußere Konflikte voneinander:

- **Wertekonflikte:** Sie entstehen häufig durch kulturell und gesellschaftlich unterschiedliche Erziehung oder grundlegend unterschiedliche Haltungen und Anschauungen verschiedener Personen.
- **Strukturkonflikte:** Bei diesen Konflikten geht es um ungleich verteilte Machtverhältnisse. Strukturkonflikte spielen sich deshalb häufiger zwischen Schülern und Lehrern als unter Schülern ab.
- **Sachverhaltskonflikte:** Hauptursachen dieser Konflikte sind falsche oder unzureichende Informationen und verschiedene Interpretationen von Sachverhalten. Liegen allen Beteiligten die gleichen Informationen vor, kann dies zur Lösung des Konfliktes beitragen.

- **Interessenkonflikte:** Sie entstehen aus Konkurrenzsituationen. Bei diesen Konflikten sind grundsätzlich die dahinterliegenden Wünsche und Beweggründe entscheidende Größen für die Lösung des Problems.
- **Beziehungskonflikte:** Diese Konflikte resultieren zumeist aus wiederholten unangenehmen Erfahrungen mit bestimmten Personen. Auslöser können aber auch starke individuelle Emotionen sein.
- **Bedürfniskonflikte:** Eine andere Person stört mich mit ihrem Verhalten oder hindert mich daran, meine Wünsche und Bedürfnisse zu erfüllen.

Innere Konflikte

Innere (intrapersonelle) Konflikte sind solche, die wir mit uns selbst ausfechten. Meistens müssen wir dann Entscheidungen fällen, von denen wir wissen, dass sie sich auch als falsch herausstellen könnten. Je nachdem wie gut wir das schaffen, sind wir fähig, mit Konflikten umzugehen.

7 Analysieren Sie in der Gruppe verschiedene Konflikte, die Sie in Ihrer Schule beobachtet haben:
a Ordnen Sie diese den Konfliktarten zu.
b Untersuchen Sie diese in Bezug auf das Rollenverhalten der am Konflikt Beteiligten. Inwiefern trägt dieses Verhalten zur Entstehung des Konflikts bei?
c Suchen Sie nach Lösungsvorschlägen.

8 Finden Sie weitere Beispiele aus Ihrem Erfahrungsbereich für die oben genannten Konflikte. Welche Konflikte sind für Sie besonders schwerwiegend?

Beziehungs- und Kommunikationsstörungen in literarischen Texten

Gabriele Wohmann: **Der Rivale** (2006)

Simone hielt Ruodi ihre linke Hand ins Blickfeld, der Brillantring blitzte. Sie sagte ernst: Wenn nur eben das hier nicht wäre.

Schon neben ihm an der Bushaltestelle im Wartehäuschen zu sitzen, machte sie weich von der Gürtellinie abwärts, darüber schien sie nur aus Herzklopfen zu bestehen: Sie war von den Haarwurzeln bis zu den Zehen in Ruodi verliebt, Stufe sieben, hätte sie gesagt, wenn sie ihre Gefühle mit den Störstufen eines AKW vergleichen sollte. Größtmöglicher Unfall. Ihr GAU hieße: Hingabe. Greif endlich zu, beziehungsweise äußere doch wenigstens diesen dringenden Wunsch!

Ruodi nickte stumm und betrübt, Simone blieb zwar verliebt, aber ein wenig kämpferischer hätte sie sich Ruodi doch gewünscht. Wenn ihr Plan aufginge, sollte der Ring ihn anfeuern. In Rage den Rivalen tilgen. Sie sagte, weil er vielleicht nur begriffsstutzig war: Ich bin mit diesem Mann verlobt. Und sie tippte auf den Ring. Ich bin mit ihm verlobt, obwohl er bis jetzt noch verheiratet ist. Es ist verdammt romantisch. Es ist ein Melodram, weiß Gott. Pech, oder? Oder kann man was dagegen tun? Sie wartete, dann setzte sie hinzu: Ringe, Schmuck-

stücke überhaupt, sie haben etwas sehr Bindendes. Das findest du doch auch, oder?

Kann sein, kann nicht sein. Ruodi klang lahm.

Simone drehte auf: Der Mann, mit dem ich da so unglücklich verlobt bin, es ist eine Passion weißt du, er ist sehr großzügig, denn das hier ist ein echter Brillant ... er ist viel älter als ich, ich meine, der Mann, und er leidet ...

Macht das was?

Ich leide auch, was denkst du denn! Ich kriege allmählich den Eindruck, du hörst überhaupt nicht zu. Ich leide auch! Und zwar *unseretwegen*!

Was meinst du?

Ruodi sagte: Der Bus kommt.

Über Eifersucht schien bei ihm wenig zu machen zu sein. Bis auf ein Pärchen vorne beim Fahrer war der Bus leer, sie setzten sich auf die hintersten Sitze rechts. Simone ärgerte sich über Ruodi, aber verliebt, höchste Alarmstufe, blieb sie. Es war Nacht geworden, und sie betrachtete ihr mattes Spiegelbild in der Fensterscheibe. Sie sah gut aus.

Es sollte sich wie eine Warnung anhören, als sie sagte: Junge Mädchen verlieben sich oft in viel ältere Männer. Die jungen sind zu unerfahren.

Es wäre nicht die erste Verlobung, die gelöst wird, sagte Ruodi. Warum kriege ich eigentlich diesen ganzen Schlamassel erst jetzt zu hören? Neugierig wäre ich schon ein bißchen.

Geriet Ruodi endlich in Fahrt? Und Simone in Verlegenheit? Denn diese Frage, obwohl sie doch so nahe lag, hatte sie nicht vorhergesehen.

Du hast dich bisher nicht gerade wie eine längst anderweitig verliebte Braut benommen. Ruodi lachte aufsässig.

Und warum wohl nicht? Bemühe mal deine ganze Phantasie, und gib dir dann selber die Antwort. Simone lobte sich für ihre Taktik.

Der Fahrer sagte *Nächster Halt: Kreuzplatz* durch, und sie mußten aussteigen. Während der zehn Minuten Fußweg bis zur Nummer 53, Zwinglistraße erklärte Ruodi die komplizierten Baseball-Spielregeln. Er hielt Simone beim Gehen um die Taille, und sie war sehr verliebt, und doch, allmählich fing sie an, einen älteren, erfahrenen Mann vor sich zu sehen. Hatte denn Ruodi die melodramatische Angelegenheit schon wieder vergessen? Bekam er mit, daß sie den üblichen langwierigen Abschiedskuß kürzte, sich ein wenig sträubte, daß es also nicht komplett und wie immer war, das Nacht-Ritual vor dem Gartentor? Und Simone inszenierte sich in eine Umarmung mit dem älteren, erfahrenen Mann, der ihr – inzwischen träumte sie wach auf ihrem Bett vor sich hin – inmitten einer gekonnten Umarmung jenen Ring auf den Finger steckte, den sie nachher nicht gleich wieder im Schmuckkasten ihrer Mutter deponieren müßte.

Und was ist mit Simone? fragte Evi am nächsten Abend, verblüfft über Ruodis Bitte, ihn zum Dia-Vortrag des berühmten Bergsteigers zu begleiten, sie Evi, statt Simone, Ruodis Angebetete und erst recht seine zweihundertprozentige Anbeterin.

Nichts weiter, sagte Ruodi, außer, sie trägt schon den Verlobungsring von einem andern, echter Brillant. R

1 Beschreiben Sie die Kommunikationsweise der Figur Simone. Wie versucht sie, ihr Ziel zu erreichen?

2 Analysieren Sie die Kommunikationssituation der Kurzgeschichte mit Hilfe des Vier-Seiten-Modells von Schulz von Thun (► S. 25):
- Was ist Sachinhalt des Textes? – Um was geht es eigentlich?
- An welchen Stellen sind Selbstoffenbarungen zu erkennen? – Wo wären sie zu erwarten?
- Wie ist die Beziehung der Figuren gestaltet? – Wie standen und stehen Sie zueinander?
- Welche Appelle sind erkennbar? – Welche davon werden nur indirekt vermittelt?

3 Schreiben Sie einen inneren Monolog (Methode, ► S. 204) entweder aus Simones oder aus Ruodis Perspektive. Beide machen sich darüber Gedanken, was sie in einem klärenden Gespräch sagen werden und in welcher Form.

1.4 Gelingende Kommunikation

Gesprächsfördernde Techniken

Harry Holzheu: **Aktives Zuhören: Rückkopplung schafft Klarheit** (1992)

Missverständnisse und Konflikte entstehen immer dann, wenn der Gesprächspartner nicht klar alle vier Seiten einer Nachricht entschlüsseln konnte oder womöglich auf der „falschen Seite“ gehört und geantwortet hat. Missverständnisse lassen sich leichter verhindern, wenn im Gespräch genügend nachgefragt wird, so lange, bis man den anderen zweifelsfrei verstanden hat.

Versuchen Sie darum, besonders auch in Gesprächen am Telefon, das Gesagte mit Ihren Worten zusammenzufassen. Wiederholen Sie den Inhalt des Gesprächs mit Ihren eigenen Worten, z. B. „Ich wiederhole noch einmal ...“ oder „Habe ich Sie richtig verstanden, dass ...“. Mit diesen Sätzen zeigen Sie Ihrem Gesprächspartner, dass Sie sich Mühe geben, ihn richtig zu verstehen.

Aktives Zuhören bedeutet auch, sich ganz mit Blick und Körper auf den anderen einzustellen und nicht noch nebenher andere Unterhaltungen zu führen. Das würde eine Verletzung des Selbstwertgefühls des Gesprächspartners bedeuten. Auch gelangweiltes Aus-dem-Fenster-Schauen, Bleistiftspitzen, Kringelmalen etc. sind Verhaltensweisen, die Desinteresse und Langeweile signalisieren, aber keine partnerorientierte Kommunikation.

Aktives Zuhören ist eine Methode

Im Gegensatz zum passiven Nur-Zuhören ist das aktive Zuhören eine Methode, die Sie anwenden können. Sie beachten bestimmte Regeln dabei.

Wenn Sie aktives Zuhören anwenden, bringen Sie Ihren Partner zum Sprechen. Ihr Partner realisiert nicht, dass Sie eine Methode anwenden, doch Sie versetzen sich in die Lage, zuhören zu können.

Die Initiative geht von Ihnen aus. Mit dem aktiven Zuhören bringen Sie Ihren Partner zum Reden und halten ihn dann am Reden. Gleichzeitig versuchen Sie, ihn zu öffnen. Er soll sich über die Dinge aussprechen, die ihn wirklich interessieren und beschäftigen. Er soll sich „alles von der Seele reden“. [...] Er wird sich Ihnen gegenüber emotional öffnen. Wenn dieses geschieht und Sie [...] wenden eine Zeit lang das aktive Zuhören mit ihm an, dann entsteht zwischen Ihnen beiden eine Verbindung, die sonst nicht im gleichen Maße möglich ist. Es ist ein gewissen Gefühl: „Der versteht mich!“, das im Partner entsteht. Dieses Gefühl trägt sicherlich zur zwischenmenschlichen Beziehung positiv bei und wird sich natürlich auch auf geschäftliche Beziehungen auswirken.

Aktives Zuhören ist also eine Methode zur Verbesserung des zwischenmenschlichen Kontaktes zwischen Partnern. [...]

Der Gesprächspartner beginnt, über sich selbst zu sprechen. Worüber er sprechen wird, können Sie nicht im Voraus wissen. Er wird selbst das Thema bestimmen. Voraussetzung ist, dass Sie ihm kein Thema vorgeben oder aufzwingen. Durch das Anwenden des aktiven Zuhörens bringen Sie den Partner dazu, dass er seine Emotionen verbalisiert. Und das ist fast schon Therapie. Es ist befreiend und entlastend, wenn man seine Emotionen in Worte fasst. Vielleicht liegt es an der heutigen Zeit, dass aktives Zuhören so erfolgreich ist. Gerade weil man so selten die Gelegenheit bekommt, seine Gefühle auszusprechen, ist man dankbar, wenn sich dazu eine Chance ergibt. Man ist auch demjenigen gegenüber dankbar, der einem zuhört!

1 **a** Stellen Sie eine Liste der Regeln zusammen, die in diesem Text für das aktive Zuhören genannt werden. Unterscheiden Sie nach nonverbalen und verbalen Mitteln.

b Ergänzen Sie die Liste mit eigenen Beispielen so genannter Aufmerksamkeitsreaktionen.

2 Wenden Sie diese Regeln bei der folgenden Übung mit einem Partner an. Setzen Sie sich Ihrem Partner gegenüber und entscheiden Sie, wer zuerst welche Rolle übernimmt.

- Der Sprecher wählt ein Thema aus und stellt dazu eine These auf.

Beispiel: *Amokläufe werden durch so genannte Killerspiele verursacht.*

- Der Zuhörer gibt diese These des Sprechers wieder, indem er seinen Satz mit „Du meinst also ...“ beginnt.

Beispiel: *Du meinst also, dass Amokläufe durch Killerspiele verursacht werden.*

- Er ergänzt im Anschluss seine eigene Meinung.
- Der erste Sprecher wiederholt nun die These seines Vorgängers wieder mit „Du meinst also ...“
- Diese Vorgehensweise kann so oft wiederholt werden, wie die Gesprächspartner eine eigene Meinung ergänzen können und wollen.

Diese Übung kann auch mit einem Beobachter durchgeführt werden, der den Gesprächsteilnehmern im Anschluss Rückmeldung gibt.

3 Erproben Sie die Reaktionen Ihrer Gesprächspartner in verschiedenen Kommunikationssituationen:

- Führen Sie ein Gespräch, bei dem Sie kurzzeitig auf alle Formen des Rückmeldeverhaltens verzichten.
- Nutzen Sie während eines Gesprächs möglichst viele gesprächsfördernde Techniken (► Information).
- Sagen Sie bei einem Telefongespräch mit einer Freundin/einem Freund längere Zeit einmal nichts, wenn Ihnen etwas erzählt wird.

Information **Gesprächsfördernde Techniken**

Umschreiben, mit eigenen Worten wiedergeben	„Sie meinen also, der Donnerstag wird zu anstrengend für uns.“
Zusammenfassen	„Ich fasse zusammen, was Sie gerade gesagt haben. Erstens: ...“
Klären, auf den Punkt bringen	„Ich verstehe es so, dass wir am Donnerstag weniger unternehmen sollten.“
Einschränkende Wiederholung	Mit Wörtern wie *noch, im Moment, jetzt, gerade, zurzeit, heute, augenblicklich*: „Zurzeit gibt es keine andere Möglichkeit, vielleicht ändert sich dies aber wieder.“
In Beziehung setzen	Mit Wörtern wie *einerseits – andererseits, teils – teils, sowohl – als auch, weder – noch*: „Einerseits wollen alle zu vielen Veranstaltungen gehen, andererseits möchten sie viel Freizeit haben. Das widerspricht sich doch.“
Nachfragen	Mit Wendungen wie „Können Sie mir ein Beispiel geben?“ oder „Was meinen Sie mit ...?“
Gefühle ansprechen	Mit gefühlsorientierten Fragen wie „Was empfinden Sie dabei, wenn Sie dies hören?“ oder „Was löst diese Aussage bei Ihnen aus?“

Zu einem gelingenden Gespräch gehört natürlich nicht nur das aufmerksame, aktive Zuhören, sondern auch der eigene Sprachgebrauch. Vieles kann man mit kleinen Veränderungen in der Wortwahl positiv ausdrücken.

4 Formen Sie die negativen Aussagen in positive um:

Die Flasche ist halbleer. (Beispiel: Die Flasche ist halbvoll.)
Er hat sehr kurze Beine.
Das Kind ist unglaublich schlampig.
Der Tee ist viel zu heiß.
Der Sommer ist unerträglich heiß.

5 Formen Sie in Ich-Botschaften um:

Du hörst mir nie zu! (Beispiel: Ich bitte dich, mir zuzuhören!)
Du redest ständig über Fußball!
Du musst mir jetzt helfen!
Was du sagst, ist unlogisch!

6 Bewerten Sie die beiden folgenden Schülerbeispiele zum Feedback-Geben. Stellen Sie sich dabei vor, dass Sie derjenige sind, der das Feedback erhält.

Ein Feedback geben

1. Schülerin: *Dein Referat war viel zu lang. Ich konnte mich so lange gar nicht konzentrieren. Außerdem finde ich, dass du da ziemlich viel Unsinn geschrieben hast, du bist doch sonst besser in diesem Fach. Du hast dagestanden und immer nur den Lehrer angeschaut, wie das Kaninchen die Schlange.*

2. Schülerin: *Ich fand die Medien, die du zur Präsentation deines Referates benutzt hast, sehr gut gewählt, sie passten prima zum Inhalt. Ich schlage dir vor, zwischen dem zweiten und dritten Unterpunkt die längeren Ausführungen zur Kindheit des Autors etwas zu kürzen und stattdessen in deine Präsentation einen Lebenslauf einzufügen, damit wir uns nicht nur auf das Zuhören verlassen müssen. Alles in allem habe ich deinem Referat gerne zugehört und von dir sehr viele interessante Informationen über den Autor bekommen.*

7 Erarbeiten Sie aus dem zweiten Beispiel die Regeln für das Feedback-Geben nach einem Referat, einer Präsentation oder einer Facharbeit.

8 Verwenden Sie die erarbeiteten Regeln bei der nächsten Gelegenheit im Unterricht.

Methode **Feedback**

Das Wort **Feedback** kommt aus dem Englischen und bedeutet **Rückkoppelung**. Geben wir zum Beispiel nach einem Referat ein Feedback, so stellen wir in subjektiver Form dem Feedback-Nehmer unsere Sicht und Bewertung des Gehörten dar. Am Ende einer Unterrichtsstunde oder eines Seminars wird eher eine der auf der nächsten Seite beschriebenen Methoden angewendet, um die Befindlichkeit bzw. Meinung der ganzen Gruppe zu erfragen.

Stimmungsbarometer
Dies ist eine einfache, schnelle, nonverbale Methode, um das momentane Gruppengefühl zu klären und darzustellen. Auf einem Bogen Packpapier wird ein Koordinatenkreuz aufgezeichnet, dessen Mitte den neutralen Nullpunkt darstellt. Das untere Ende der senkrechten Achse ist der absolute Tiefpunkt, das obere Ende kennzeichnet die absolute Hochstimmung. Die Endpunkte des Stimmungsbarometers können mit schematisierten Gesichtern („Smileys") verdeutlicht werden. Jedes Gruppenmitglied hat die Möglichkeit, mit farbigen Klebepunkten oder Plakatschreibern seine aktuelle Stimmungslage zu visualisieren. Es sind keinerlei Erklärungen notwendig.

Schuhsoziogramm
Ein Schüler nimmt alle linken Schuhe sämtlicher Schülerinnen und Schüler der Gruppe und stellt sie rund um ein symbolisches Zentrum auf. Jeder Schuh symbolisiert seinen Besitzer und erhält den für ihn typischen Platz in der Anordnung, d.h., der Schüler ordnet die Schuhe so an, wie er die Gruppe bzw. Klasse empfindet. Es können Rangunterschiede und Kontraste, Distanz und Nähe, Miteinander und Gegeneinander, Außenseiterprobleme und anderes dargestellt werden. Die rechten Schuhe bleiben zur Identifizierung angezogen. In der anschließenden Diskussionsrunde kann jeder Schüler sagen, ob er sich richtig platziert fühlt und wo er sich selbst sieht.

Stummes Schreibgespräch
Maximal vier Schülerinnen und Schüler bilden eine Gruppe. Sie notieren stumm auf einem großen Stück Papier, was sie zu dem vorgegebenen Thema (Fragestellung, Meinungsbild etc.) äußern wollen. Sie dürfen sich gegenseitig kommentieren, aber dabei nicht sprechen.
Nach einer vorgegebenen Zeit ertönt ein akustisches Signal und die Gruppe wandert an den Nachbartisch. Dort liest sie sich die Notizen der anderen durch, kommentiert diese wieder.
Dieser Vorgang wiederholt sich so oft, bis alle Schüler an allen Tischen gewesen sind.

9 **a** Diskutieren Sie: In welchen Unterrichtssituationen sind Feedback-Methoden sinnvoll?
b Stellen Sie die unterschiedlichen Feedback-Methoden einander gegenüber und notieren Sie Vor- und Nachteile. Welche der Methoden bevorzugen Sie? Begründen Sie.

10 Rekapitulieren Sie Ihre Erkenntnisse aus diesem Kapitel (A 1.4) und stellen Sie abschließend Gesprächsregeln für die Klasse auf, die Sie zukünftig beachten wollen, um während des Unterrichts eine gelingende Kommunikation zu gewährleisten.
a Erstellen Sie mit Hilfe der Schneeball-Methode (▸ Methode unten) ein erstes Regelplakat.
b Entscheiden Sie sich per Punkteabfrage für die Gesprächsregeln, die Sie in der Klasse als die wichtigsten erachten und auf ein endgültiges Regelplakat schreiben wollen.
c Fertigen Sie ein Gesprächsregel-Plakat an.

Methode **Schneeball-Methode am Beispiel der Gesprächsregeln**

Jeder Schüler notiert sich drei Gesprächsregeln auf ein Blatt. Er geht mit einem Partner zusammen, beide einigen sich auf vier gemeinsame Gesprächsregeln. Danach gehen zwei Tandems zusammen und einigen sich auf sechs gemeinsame Gesprächsregeln.
Diese werden auf einem Plakat notiert und anschließend der Klasse präsentiert.

Konstruktiv mit Konflikten umgehen

Mutter: Ich erwarte von dir, dass du mindestens 20 Bewerbungen für eine Ausbildungsstelle schreibst.
Tochter: Ich hab mich doch schon längst beim Arbeitsamt nach Adressen erkundigt!
Vater: Du hättest dich besser auch noch bei der Industrie- und Handelskammer erkundigt!
Tochter: Ich habe doch noch nicht so viel Erfahrung in diesen Dingen!
Mutter: Du hast doch in der Schule schon oft Bewerbertraining gemacht. Ist da nichts hängen geblieben?
Tochter: …

1 **a** Beurteilen Sie die Wirkung des Gesprächs der Eltern mit ihrer Tochter.
b Schreiben Sie aus dem Gespräch die von der Tochter als unangenehm empfundenen Ausdrucksweisen heraus.
c Wie antworten Sie, wenn Ihnen ein Freund oder eine Freundin sagt, dass er/sie nicht so viel Erfahrung hat in manchen Dingen?
d Mit welcher Bemerkung würden Sie als Tochter auf die letzte Frage der Mutter reagieren und warum?
e Finden Sie eine Möglichkeit, mit der der Konflikt wahrscheinlich gelöst werden könnte.

2 Wie reagieren Sie, wenn Ihnen Folgendes gesagt wird? Formulieren Sie um, so dass aus Ihrer Bemerkung kein Konflikt entsteht.

Ich erwarte von Ihnen … / Immer machst du das so … / Sie hätten besser … getan. / Sie sind verpflichtet, auf … Rücksicht zu nehmen. / Ich meine, Sie sollten eher … / Sie reden Unsinn. / Machen Sie es doch so, wie ich es Ihnen gezeigt habe.

Evelyn Horsch: **Das „innere Team": Wie Selbstgespräche unsere Kommunikation steuern** (1999)

Nach außen hin mögen wir mit einer Stimme sprechen. Doch in uns laufen in jeder Situation blitzschnelle Selbstgespräche ab, an denen mehr als nur eine Stimme beteiligt ist. Dieses Stimmengewirr erschwert häufig Entscheidungen und lässt unsere Kommunikation uneindeutig werden. Eine neue Theorie kann helfen, das „innere Team" zu moderieren und „Einstimmigkeit" zu erreichen.

„War das ein Stress im Büro!" Hans Bütler betritt den Flur seiner Wohnung und wirft Jacke und Mütze auf die Bank. „Puh, jetzt erst einmal einen Tee!" – „Kannst du vielleicht mal deine Klamotten aufhängen?", kommt ihm seine Frau Heidrun entgegen. „Da rackere ich mich ab, um das Haus in Schuss zu halten, und du verbreitest Unordnung, wo du gehst und stehst!" Hans Bütler sagt nichts mehr. Seine Stimmung ist im Eimer. Den Rest des Abends geht er seiner Frau aus dem Weg. Würde Hans Bütler jetzt aufmerksam in sich hineinhören, könnte er feststellen, dass es in seinem Inneren ziemlich turbulent zugeht. Er mag schweigen, doch in ihm reden einige Stimmen durcheinander. Da empört sich ein aufgebrachtes Familienoberhaupt: „Was fällt ihr denn ein, mich so anzumachen! Schließlich verdiene ich hier die Brötchen!" An seiner Seite ein gekränkter Liebhaber: „Da freut man sich aufs Nachhausekommen, hat auf dem Heimweg so richtig warme Gefühle, und dann so etwas!" Irgendwo aus einer Ecke meldet sich vielleicht auch ein schuldbewusster Junge: „Na ja, ich bin auch wirklich ziemlich schlampig. Jetzt ist sie bestimmt sauer.“ Und im Hintergrund tönt ein verständnisvoller Heiliger: „Sie war doch überlastet, bei der vielen Arbeit, die sie hat, da kann sie schon mal die Beherrschung verlieren.“

Der Chor dieser inneren Stimmen wogt in Herrn Bütler vermutlich hin und her. Da er aber nicht weiß, welche dieser Stimmen er nach außen tönen lassen soll, ist er lieber still. Und begibt sich einer Chance, seine Kommunikation mit seiner Frau zu bereichern, meint Friedemann Schulz von Thun. Der Hamburger Psychologieprofessor und Kommunikationstrainer hat eine neue Theorie entworfen, bei der es vor allem um eines geht: um den Umgang mit unserer inneren Vielfalt.

Lange Zeit haben sich Kommunikationswissenschaftler mehr damit beschäftigt, was *zwischen* Menschen abläuft, wenn sie miteinander reden, und weniger mit dem, was *in* ihnen vorgeht. Auch Schulz von Thun forschte jahrelang auf dem Gebiet der zwischenmenschlichen Kommunikation. Heute jedoch meint er: „Kommunikationstrainings bleiben oberflächlich, solange sie sich nur mit Äußerungen befassen. Dann können sie allenfalls Sprechblasen verändern.“ Gute Kommunikation erfordert nach seiner Auffassung eine „doppelte Stimmigkeit“ – nach außen und nach innen. Stimmigkeit nach außen bedeutet: Was wir sagen, muss einerseits die Situation einbeziehen, in der wir uns befinden, und andererseits die Menschen, mit denen wir sprechen. Stimmigkeit nach innen bedeutet: Wir sollten so sprechen, dass möglichst die ganze Vielschichtigkeit unserer Persönlichkeit darin zum Ausdruck kommt.

Letzteres ist gar nicht so einfach. Denn oft sind wir innerlich keineswegs so klar, wie dies nach außen den Anschein hat, sondern sehr widersprüchlich. Innere Selbstgespräche, die blitzschnell in uns ablaufen, verhindern oft genug eine eindeutige Antwort.

„Kann ich deine Vorlesungsmitschriften kopieren?“, fragt ein Kommilitone eine Mitstudentin. Diese zögert. Innerlich bauen sich in rasanter Geschwindigkeit die Mitglieder ihres Stimmenorchesters auf: „Meine ganze Arbeit? Soll ich seine Faulheit unterstützen?“ – „Ach komm, sei doch nicht so penibel – Studenten untereinander müssen sich helfen!“ – „Eine Hand wäscht die andere – wer weiß, vielleicht kann der dir auch mal unter die Arme greifen!“ Ergebnis dieses inneren Disputes: Die Studentin druckst herum – und ärgert sich hinterher noch über ihre Unklarheit.

Diese innerseelische Vielfalt, Schulz von Thun nennt sie das „innere Team“, trägt dazu bei, dass wir indirekt, ausweichend oder weitschweifig antworten, schlecht Ja oder Nein sagen können oder empört auffahren, nur um hinterher verlegen „Entschuldigung“ zu murmeln. [...]

1 a Was sagt Ihr „inneres Team“ zu Ihnen, wenn ein Bettler/eine Freundin Sie um einen Euro bittet? Machen Sie sich zu beiden Fällen Notizen.

b Entwickeln Sie Vorschläge, wie Sie den inneren Konflikt lösen könnten.

c Diskutieren Sie Ihre Lösungsvorschläge und mögliche Probleme.

2 Lesen Sie noch einmal Z. 10–38. Verfassen Sie einen Dialog, den das Ehepaar Bütler doch noch im Laufe des Abends führt. Arbeiten Sie in Partnerarbeit.

- Eine Schülerin/Ein Schüler schreibt einen Dialog, in dem der Streit des Ehepaars eskaliert.
- Die zweite Schülerin/Der zweite Schüler schreibt zum gleichen Thema einen Dialog, der von gegenseitigem Verständnis geprägt ist.
- Tauschen Sie anschließend Ihre Dialoge aus und analysieren Sie, warum der eine Dialog zwangsläufig zum Streit führen musste und warum der andere Dialog dies vermieden hat.

3 Stellen Sie in Gruppenarbeit eine Regelsammlung zusammen: Wie können mit Hilfe guter Gesprächsführung Konflikte vermieden bzw. entschärft werden?

2 Besondere Gesprächsformen

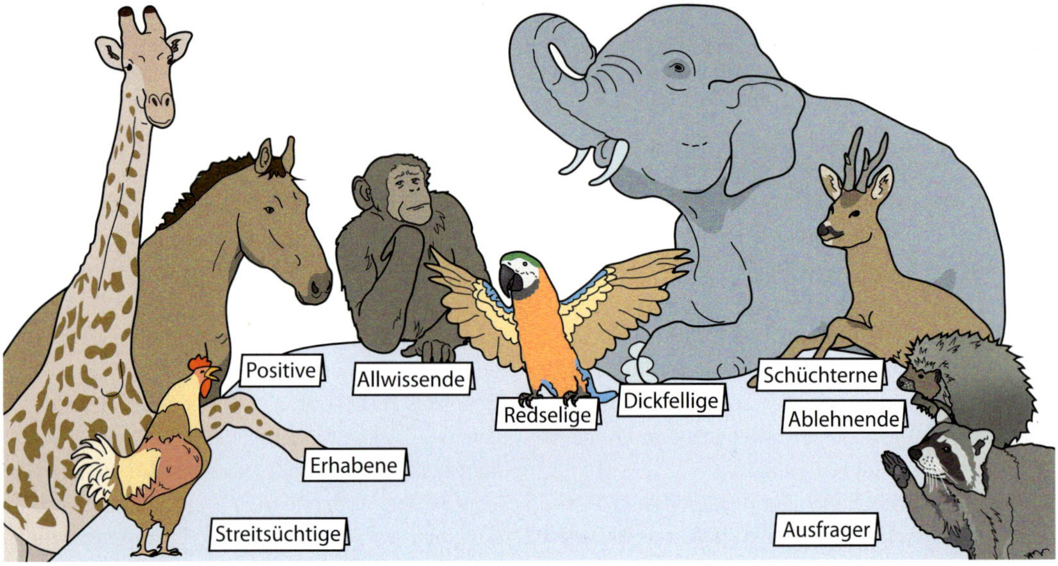

1 Werten Sie die Karikatur mit Hilfe der Tabelle aus. Charakterisieren Sie die Gesprächstypen und entwerfen Sie Strategien für den Umgang mit ihnen.

Gesprächstypen	Charakteristika	Strategien
Redselige	*– fallen anderen ins Wort* *– schweifen vom Thema ab* *– beanspruchen lange Redezeiten*	*– Liste für Redebeiträge anlegen* *– Thema visualisieren und darauf hindeuten* *– feste Redezeiten vereinbaren*
Schüchterne	*– schweigen trotz Interesse* *– sind unsicher* *– geringes Selbstvertrauen*	*– direkt ansprechen* *– leichte Fragen stellen* *– Lob und Anerkennung*

2 Berichten Sie von eigenen Erfahrungen mit Diskussionen.

a Nennen Sie Themen und Anlässe von Diskussionen, die Sie geführt oder verfolgt haben.

b Beschreiben Sie Diskussionsstrategien, die Sie angewendet oder beobachtet haben. Erläutern Sie, welche Sie als erfolgreich erlebt haben. Handelte es sich um sachliche und faire Diskussionen?

In diesem Kapitel erwerben Sie folgende Kenntnisse und Kompetenzen:

- Texte in ihrer Argumentation analysieren, die Argumente bewerten,
- Argumentationstechniken kennen und anwenden,
- Diskussionsformen und deren Anforderungen unterscheiden,
- Funktion der Moderation in einer Diskussion beschreiben sowie selbst moderieren,
- ein Thema frei erörtern.

2.1 Diskussion und Debatte

Argumente als Kern von Diskussionen und Debatten

1 **a** Tauschen Sie sich in Partnerarbeit über Ihre Zukunftspläne aus: Möchten Sie nach der Schule studieren oder bevorzugen Sie eine Lehre?
b Beziehen Sie auch gesellschaftsrelevante Überlegungen mit ein, indem Sie einige Pro- und Kontra-Argumente für beide Möglichkeiten sammeln. Sollten Ihnen dabei die Argumente ausgehen, so ist es sinnvoll, sich Material zum Thema zu besorgen und es auszuwerten:

Brauchen wir mehr Studenten? (Die Zeit, 2010)

Ja, sagt Jutta Allmendinger, weil ein Studium ein breites Fundament für die berufliche Weiterbildung aller bietet.

Alle Berechnungen kommen zum selben Ergebnis: Wir brauchen mehr Hochschulabsolventen pro Geburtsjahrgang. Das gilt selbst dann, wenn wir die Zahl der Akademiker in Deutschland nur stabil halten wollen – die im internationalen Vergleich ohnehin schon niedrig ist. Grund ist der sich abzeichnende drastische Bevölkerungsrückgang. Wollen wir zukunftsfähig bleiben, brauchen wir sogar mehr als nur stabile Zahlen, nämlich einen deutlichen Zuwachs bei der Gruppe der Hochschulabsolventen. Denn neue Jobs in Deutschland entstehen überwiegend bei den wissensbasierten Dienstleistungen, und für diese Tätigkeiten ist eine sehr gute und breit fundierte Qualifikation die Voraussetzung.
Deutschland hatte der OECD-Veröffentlichung *Bildung auf einen Blick* zufolge 2007 eine Studienanfängerquote von 34 Prozent und lag damit deutlich unter dem OECD-Durchschnitt von 56 Prozent. [...]
Was wir für die Zukunft brauchen, ist eine gute und breite Bildung. Es kann nicht mehr die eine, berufspezifische Ausbildungsphase in der Jugend sein, die ein Leben lang tragen muss.
Gefragt ist ein belastbares Fundament, das eine spätere Weiterentwicklung in unterschiedliche Bereiche erlaubt. Hierzu bedarf es zunächst einer Grund(aus)bildung für alle und einer hohen Bildung für möglichst viele. Gemeint ist damit nicht die rein akademische Bildung, die weit entfernt vom realen Berufsleben ist. Eine hohe Bildung bedeutet, theoretisches Wissen mit Erfahrung zu verknüpfen und gleichzeitig soziale Kompetenzen und Gemeinsinn zu entwickeln. [...]
Wir brauchen mehr Kraft für die Lehre, mehr Teilzeitstudiengänge, die selbstverständliche Öffnung von Hochschulen für die Weiterbildung, eine bessere Vereinbarkeit von Studium und Familie. Kurzum: An den Hochschulen muss sich noch vieles ändern. Dies alles aber ist zu leisten.
Und wir sollten es uns leisten.
Technische Innovationen, zentral für die Wirtschaftsdynamik, sind von Hochschulabsolventen zu erwarten, nicht aus der beruflichen Bildung, so wichtig diese auch ist. In den Spitzentechnologien liegt Deutschlands Zukunft. Die Forderungen nach mehr Studierenden und der Erhaltung des dualen Systems schließen sich nicht aus. Wir reden über einen Standort Deutschland, der sich ein differenziertes, durchlässiges Bildungssystem leisten sollte. Dann können auch mehr dual Ausgebildete studieren. [...]
(Jutta Almendinger ist Präsidentin des Wissenschaftszentrums Berlin)

Nein, sagt Felix Rauner, weil bei einem Studium für alle die Qualität der Berufsbildung verloren geht.

Deutschland braucht qualifizierte Fachkräfte – und die werden eben häufig nicht an Hochschulen ausgebildet.

Hierzulande können Jugendliche eine Lehre machen und anschließend einen Meister, dann gehören sie im internationalen Vergleich zu den Besten. Doch statt etwa eine Lehre als Industriekauffrau oder Mediengestalter zu absolvieren, entscheiden sich Jugendliche heute für ein Bachelorstudium in Betriebswirtschaft oder Medieninformatik. Dass sie danach für den Arbeitsmarkt schlechter qualifiziert sind als Lehrlinge nach der Berufsausbildung, wurde vielfach nachgewiesen. [...]

Wie viele Studienanfänger also braucht das Land? Die Beschäftigungssysteme hoch entwickelter Länder haben derzeit etwa einen Bedarf an 20 Prozent Hochqualifizierten. Diese Quote wird in Zukunft kaum steigen, weil Betriebe zunehmend Hierarchien abbauen und Kompetenzen und Verantwortung „nach unten" in die direkt wertschöpfenden Prozesse verlagern. Zugleich ist mit steigendem Bedarf an Hochqualifizierten in der Forschung und Entwicklung zu rechnen. Die aktuelle Studentenanfängerquote in Deutschland reicht aus, diesen Bedarf zu decken, vor allem dann, wenn die sehr hohe Abbrecherquote gesenkt wird.

Mit einer Erhöhung der Studentenquote handeln wir uns dagegen allerlei Probleme ein: Die Studenten sind frustriert, wenn sie nach einem überlangen Bildungs(um)weg schließlich eine Beschäftigung aufnehmen, die aus ihrer Sicht unter ihrem Niveau liegt. Die Hochschulen betreuen eine unverhältnismäßig große Zahl von Studenten, die schon bald ihr Interesse an einer wissenschaftlichen Ausbildung verlieren und nur noch eins wollen: die Universität schnell verlassen. Und die Gesellschaft kommt dieses Umwegsystem teuer zu stehen.

Es spricht alles dafür, zwei Zugänge zur höheren Bildung, den akademischen und den beruflichen, beizubehalten und die Durchlässigkeit zwischen akademischen und beruflichen Bildungsgängen [...] auszubauen. Dazu gehört, Meister nicht einfach zu einem Bachelorstudium zu ermutigen und zuzulassen. Denn die theoretischen Grundlagenveranstaltungen des Studiums sind auf Abiturienten zugeschnitten, nicht jedoch auf die fortgeschrittenen beruflichen Kompetenzen und Erfahrungen eines Meisters. Ein Meister in einem Bachelorstudiengang verliert drei Jahre Arbeitserfahrung und wird eher dequalifiziert als weitergebildet. Sinnvoll ist es, dass Hochschulen berufsbegleitende Masterstudiengänge einrichten, die auf der Kompetenz von Meistern aufbauen.

Innovativ wäre außerdem die bundesweite Einführung des Berufsabiturs [...] auch als Regelzugang für ein Fachhochschulstudium sowie eine Regelung zur Einstufung von Abiturienten mit abgeschlossener Berufsausbildung in verwandte hochschulische Studiengänge oder auch ihre Zulassung zum Bachelorexamen.

(Felix Rauner leitet die Forschungsgruppe Berufliche Bildung an der Universität Bremen)

2 Fassen Sie die beiden unterschiedlichen Standpunkte kurz zusammen.

3 Untersuchen Sie die Positionen der Verfasser genauer.

a Notieren Sie die Argumente von Almendinger und Rauner.

b Beurteilen Sie, ob die Argumente der Verfasserin/des Verfassers den Anforderungen entsprechen, die ein Argument erfüllen muss (Information, ▸ S. 41, 348).

Information **Argumentieren**

In vielen Kommunikationssituationen geht es darum, Argumente auszutauschen, um z.B. Lösungen zu finden oder Ziele zu vereinbaren. Jeder Kommunikationsteilnehmer ist bestrebt, die anderen von seinem Standpunkt zu überzeugen. Dies gelingt nur dann, wenn die Argumente angemessen formuliert und aufgebaut sind. Eine überzeugende Argumentation besteht in der Regel aus den drei Bestandteilen **Behauptung (These) – Begründung (Argument) – Stützebene (Beispiel, Beleg, Zitat).**

Behauptung, Werturteil, Empfehlung

These

z.B.: „Junge Menschen müssen gezielt darauf vorbereitet werden, Mangelfächer zu studieren."

↓

wird begründet durch Fakten, Beobachtungen, Erfahrungen, Aussagen von Experten

Argument

z.B. „... denn eine bloße Steigerung der Zahl an Studierenden reicht nicht aus. Angebot und Nachfrage des Arbeitsmarktes müssen bei der Studienwahl bedacht werden, sonst bekommen die Studenten später keinen Arbeitsplatz und die Arbeitgeber keine qualifizierten Mitarbeiter."

↙ ↓ ↘

wird gestützt durch

Beispiel | **Beleg** | **Zitat**

z.B.: „Schon heute fehlen an zahlreichen Schulen Lehrkräfte für naturwissenschaftliche Fächer, vor allem in Mathematik und Physik."

Harald Staun: Wir wollen: Drama, Aufregung und Chaos (Frankfurter Allgemeine Zeitung, 2010)

[...] Seit 7. April 2005 diskutieren die Nutzer des Forums von „Spiegel Online" nun über die Frage „Was lohnt es noch zu lesen?" [...] Windbraut meint, es sei prinzipiell egal, was man lese, Hauptsache, es mache Spaß. Aristophanes meint, von ihm aus könne jeder lesen, was er wolle, das interessiere ihn nicht. Shopgirl meint, es liege an 1968, dass die Leute so gerne Schund läsen, Schlobies meint, es liege daran, dass unserer Gesellschaft in Wahrheit die großen Geister völlig schnurz sind, und Schlobies beizeichnet sich immerhin als „Kampfdenker". Tzscheche dagegen meint, Kunst sei immer „elitär", woraufhin der Administrator meint, man solle sich bitte enger ans Thema halten, aber Muffin Man meint, das Thema selbst sei weitläufig und umfasse nichts weniger als alle Aspekte des Lebens und die Möglichkeiten, darüber nachzudenken; Bersie wiederum meint, Muffin Man sei ein selbstverliebter Runtermacher, der den meisten schon lange auf den Wecker falle. Easystreets meint, es sei blöd, Meinungen zu haben, egal von wem und worüber; KLMO meint, keine Meinungen zu haben, sei blöd [...].

1 Untersuchen Sie die Stellungnahmen zum Thema: „(Was) Lohnt es noch zu lesen?“

a Entscheiden Sie, welche Grundgedanken als Argumente geeignet sind oder sich zu einem Argument ausarbeiten lassen. Formulieren Sie die Argumente aus.

b Begründen Sie, welche Äußerungen ungeeignet sind.

2 Beurteilen Sie, ob die folgenden Stellungnahmen geeignete Argumente enthalten.

3 **a** Wie ist Ihre Meinung zu diesem Thema? Arbeiten Sie für eine überzeugende Argumentation mit der Metaplan-Technik (► Methode) und schreiben Sie eine Stellungnahme.

b Erstellen Sie im Unterrichtsgespräch ein Meinungsbild.

a „Lesen ist eine Möglichkeit, die großen Werke der Literatur nicht in Vergessenheit geraten zu lassen. Ich teile die Meinung des bekannten Literaturkritikers Marcel Reich-Ranicki, der sich für einen Kanon an Werken ausgesprochen hat, um die Kulturleistungen eines Volkes zu bewahren. Das z.B. von ihm aufgenommene Drama ‚Faust I‘ von Goethe ist ein Meisterwerk der Klassik und daher wert, im kulturellen Gedächtnis verankert zu werden.“

b „Ich finde, belesene Menschen sind meist arrogant. Sie wollen mit ihrem Wissen doch nur Eindruck schinden und sind meist Besserwisser. Wenn jemand in Gesprächen aus dem ‚Faust‘ zitiert, dann will er damit doch nur angeben.“

c „Frühere Generationen haben doch auch einen Kanon bewältigen müssen. Ich finde, dabei sollte man einfach bleiben. Den ‚Faust‘ zu lesen, hat noch niemandem geschadet.“

d „Lesen kann in vielen Situationen des Lebens eine Entlastungsfunktion haben. Wenn ich z.B. eine Romanfigur kennen lerne, die ähnliche Probleme hat wie ich, so erfahre ich zunächst, dass ich mit diesen Problemen nicht allein bin. Darüber hinaus kann mir die Art, wie eine Romanfigur damit umgeht, Wege aufzeigen, die ich auch beschreiten könnte oder die ich nicht einschlagen möchte. Gerade im ‚Faust‘ gibt es unendlich viele Themen, die uns auch heute noch berühren, angefangen von der Frage des Werts von Bildung über die Liebe bis zur Suche nach dem Sinn des Lebens.“

e „Mit Lesen verschwendet man nur seine Zeit. Ich habe Wichtigeres zu tun, als mich mit dem ‚Faust’ herumzuschlagen.“

f „Lesen ist keine Bereicherung meines Lebens. Es kostet viel Zeit und bringt mir doch nur Gedanken nahe, die ich selten nachvollziehen kann, da sie sehr subjektiv sind und meist nicht zu der konkreten Situation passen, in der ich mich gerade befinde. Die gesellschaftliche Situation z.B. im ‚Faust‘ ist mit unserer heutigen gar nicht zu vergleichen. Daher kann ich die Gedanken und Handlungen der Personen weder nachvollziehen noch als Maßstab für mein eigenes Denken und Handeln gelten lassen.“

Methode **Metaplan-Technik**

Die Metaplan-Technik dient dazu, Argumente zu finden und zu bewerten.

- Formulieren Sie Ihre Argumente zum Thema. Notieren Sie jedes Argument auf eine neue Karte. Nutzen Sie dazu verschiedenfarbige Karten: grüne für Pro-, rote für Kontra-Argumente.
- Heften Sie die Karten auf Pinnwände und ermitteln Sie eine Rangfolge nach der Wichtigkeit. Doppelte und ungeeignete Argumente werden entfernt.
- Notieren Sie eine Argumentationskette. Je nach Aufgabenstellung kann sie linear oder dialektisch (Methode, ► S. 357 f.) aufgebaut sein. Auch zur Vorbereitung einer Diskussion ist diese Methode nutzbar.

Eine Diskussion analysieren und durchführen

1 Zeichnen Sie eine Fernsehdiskussion auf, z.B. zum Thema „Globalisierung". Schauen Sie sich die Diskussion gemeinsam an und beschreiben Sie Ihren ersten Eindruck. Gehen Sie dabei auf einzelne Teilnehmerinnen und Teilnehmer und auf den Moderator/die Moderatorin ein.

2 **a** Untersuchen Sie das Diskussionsverhalten genauer. Nutzen Sie den Beobachtungsbogen und arbeiten Sie arbeitsteilig. Eine Gruppe sollte sich nur auf die Moderatorenrolle konzentrieren, die anderen beobachten die Diskutierenden.

b Werten Sie Ihre Beobachtungen aus. Informieren Sie sich dazu auch mit Hilfe des Informationskastens (▶ Information) über die Rolle der Moderatorin/des Moderators.

c Beurteilen und begründen Sie: Handelt es sich um eine sachliche und faire Diskussion?

3 Erstellen Sie mit Hilfe des Informationskastens einen Beobachtungsbogen zum Verhalten von Moderatoren und Moderatorinnen, den Sie bei der nächsten Diskussion in der Klasse anwenden.

Beobachtungsbogen zum Diskussionsverhalten

Der/die Diskutierende XY ...

– formuliert stichhaltige Argumente:	trifft zu	1	2	3	4	5	trifft nicht zu
– bezieht sich auf seine/n Vorredner/in:	trifft zu	1	2	3	4	5	trifft nicht zu
– formuliert sachlich-konstruktiv:	trifft zu	1	2	3	4	5	trifft nicht zu
– reagiert sachlich, nicht emotional:	trifft zu	1	2	3	4	5	trifft nicht zu
– stört nicht (z.B. durch Zwischenrufe):	trifft zu	1	2	3	4	5	trifft nicht zu
– spricht mit passender Mimik und Gestik:	trifft zu	1	2	3	4	5	trifft nicht zu
– lässt andere ausreden:	trifft zu	1	2	3	4	5	trifft nicht zu
– lässt sich unterbrechen:	trifft zu	1	2	3	4	5	trifft nicht zu

Information Eine Diskussion moderieren

Eine **Moderatorin/Ein Moderator** soll eine Gesprächsrunde leiten. Der Begriff „moderat" stammt aus dem Lateinischen und bedeutet „maßvoll", „mäßigend", aber auch „lenkend". Damit ist die Rolle einer Gesprächsleiterin oder eines Gesprächsleiters klar umschrieben: Sie/Er nimmt sich selbst so weit wie möglich zurück und steuert so stark wie nötig die Diskussion, bleibt aber inhaltlich und personell neutral.

Anmoderation: Die Moderatorin/Der Moderator begrüßt die Teilnehmer, gibt Hinweise zur Organisation, führt zum Thema hin und formuliert die Zielsetzung.

Diskussion: Die Moderatorin/Der Moderator

- sorgt für die Einhaltung der Gesprächsregeln (alle Teilnehmer einbeziehen, auf gleiche Redeanteile achten, ggf. um Sachlichkeit bzw. Beachtung des Themas bitten etc.).
- sorgt durch aktives Zuhören für inhaltliche Klarheit („Habe ich Sie so richtig verstanden, dass Sie zu dieser Frage folgende Einstellung haben ... ?").
- lenkt bei Bedarf durch Fragen die Diskussion, z.B. indem sie/er Beiträge aufeinander bezieht („Nun hat aber A gerade ausgeführt, dass ... Wie stehen Sie dazu?").
- greift bei Konflikten vermittelnd ein, erkennt Störungen (Unsachlichkeit, Lustlosigkeit, Müdigkeit, Ärger, Aggressivität) und gleicht sie aus.

- sorgt für die Visualisierung und Dokumentation der wichtigsten Ergebnisse (Protokollführer bestimmen, Ergebnisse z. B. auf Flip-Chart notieren und fotografieren).

Abschluss: Die Moderatorin/Der Moderator formuliert eine Zusammenfassung, zieht ein Fazit, dankt der Gesprächsrunde und sorgt für die Vervielfältigung der Ergebnisse.

Will man sich mit zwei oder mehr Gesprächspartnerinnen und -partnern über ein strittiges Thema konstruktiv austauschen, bietet es sich an, in einer Diskussion die verschiedenen Ansichten zusammenzutragen. So können Meinungen gebildet, verschiedene Aspekte einer Frage näher beleuchtet, Lösungen entwickelt oder Problemstellungen nach unterschiedlichen Pro- und Kontra-Argumenten bewertet werden. Will man zu einer solchen Diskussion beitragen, sollte man sich vorher entsprechend mit dem Thema befasst haben und dabei Expertenmeinungen zu Rate ziehen, z. B.:

Klaus von Dohnanyi (ehem. Hamburger Bürgermeister): „Der Prozess der wachsenden globalen Herausforderung läuft [...] seit Beginn der 80er. Er ist durch den Fall der Mauer ungeheuer beschleunigt worden. Im Kern bedeutete Globalisierung eben einen Zuwachs an Freiheit. Die Welt ist freier geworden, und eine freiere Welt bedeutet mehr Konkurrenz. Darauf müssen wir uns einrichten."

Muhammad Yunus (Friedensnobelpreisträger): „Ich unterstütze Globalisierung und bin davon überzeugt, dass sie armen Menschen mehr nützt als jede andere Entwicklung. Aber es muss die richtige Form von Globalisierung sein. Derzeit kommt es mir vor, als sei Globalisierung eine hundertspurige Autobahn, die die Welt umspannt. Wenn die Nutzung dieser Autobahn für alle gebührenfrei ist, werden darauf nur große Lastwagen aus starken, reichen Staaten fahren – die Riksche aus Bangladesch wird von der Straße gefegt. Um eine Win-win-Situation zu erreichen, brauchen wir Verkehrsregeln, eine Polizei und eine Verkehrsbehörde für diese globale Autobahn. Das Gesetz ‚Der Stärkste bestimmt alles' muss durch Regeln ersetzt werden, die den Armen ihren Platz und ihren Anteil an allem geben, ohne von den Starken weggedrängelt zu werden. Globalisierung darf auf keinen Fall Finanzimperialismus werden."

Joseph Stiglitz (Wirtschaftsnobelpreisträger): „Sowohl in den Industriestaaten als auch in Ländern wie Indien und China, die ja immer gern als Globalisierungsgewinner bezeichnet werden, gibt es Hunderte Millionen Menschen, die unter der Globalisierung leiden. Gerade in China und Indien sieht man die negativen Folgen ganz deutlich: Nur wenige Menschen werden sagenhaft reich, die Ärmsten der Armen bleiben arm."

Ludwig Eichinger (Direktor des Instituts für Deutsche Sprache): „Tatsächlich macht die Globalisierung vor unserer Sprache nicht halt. Der Einfluss des Englischen war schon Mitte des 19. Jahrhunderts spürbar, verstärkte sich nach dem Zweiten Weltkrieg noch einmal merklich, um in den zurückliegenden 20 Jahren dramatisch anzuwachsen. Diese Entwicklung findet nicht nur Freunde, sondern sorgt auch für Irritationen. Misstrauen gegen fremdsprachige Einsprengsel ist jedoch nichts Neues. Anfang des 20. Jahrhunderts gab es eine ähnliche Bewegung gegen französische Lehnwörter. Bei aller Sorge um den Erhalt des Deutschen sollte man sich aber vor Augen halten: Fremde Einflüsse haben die europäischen Sprachen zu dem gemacht, was sie sind."

1 Wählen Sie eines der Zitate aus, das Ihnen am ehesten zusagt. Überlegen Sie, für welchen Aspekt des Themas „Globalisierung" es sich als Expertenmeinung verwenden ließe.

2 Entscheiden Sie, ob es sich um eine Stellungnahme für oder gegen Globalisierung handelt, und finden Sie weitere Argumente und Beispiele zu der jeweiligen Position.

3 Bereiten Sie im Sinne der Diskussionsvorbereitung mit Hilfe Ihrer bisherigen Ergebnisse Thesen und Argumente zum Thema auf:

a Fertigen Sie stichwortartige Notizen auf einzelnen Karteikarten an.

b Ordnen Sie diese Karten den Gruppen Pro und Kontra zu. Nummerieren Sie diese dann jeweils nach ihrer Stichhaltigkeit so, dass eine hohe Nummerierung eine hohe Stichhaltigkeit anzeigt.

4 Erproben Sie einige Argumente in einem Partnergespräch. Verwenden Sie dabei Argumentationstechniken, wie sie im Folgenden beschrieben werden (▶ Methode).

Methode Argumentationstechniken

Angriffstechniken

Bestreitetechnik
Die Gültigkeit der Argumente bestreiten: *„Sie haben behauptet, dass ... Damit unterstellen Sie ... Dabei übersehen Sie ..."*

Übertreibungstechnik
„Wollen Sie mit Ihrer Behauptung andeuten, dass alle ..."

Gegenfragetechnik
„Wieso sagen Sie ..."

Umkehrtechnik
Umkehrung des Arguments durch Umkehrung des Kerns des Arguments: *„Das wäre richtig, wenn die Annahme stimmte ..., aber dazu möchte ich ..."*

Vorfragetechnik
Mit einer Frage den Standpunkt anderer Diskussionsteilnehmer ermitteln und sie darauf festlegen, um sie dann argumentativ angreifen zu können: *„Habe ich Sie richtig verstanden, dass Sie ... behaupten wollen? – Dann muss ich Ihnen entgegenhalten ..."*

Vorwegnahmetechnik
„Sie werden vermutlich einwenden, dass ... Darauf möchte ich antworten ..."

Verteidigungstechniken

Relativierungstechnik
„Das kann man auch anders sehen: ..." – „Sehen Sie das nicht zu dramatisch?"

Kehrseitentechnik
„Ihr Standpunkt ist in einigen Aspekten richtig (oder nicht falsch). Sie übersehen dabei allerdings die Nachteile, dass ..."

Einschränkungstechnik
„So problematisch, wie Sie es darstellen, ist die Sache gar nicht: ..." – „Welche Wirkung hat denn ... überhaupt?"

Umformungstechnik
Sachverhalte und Standpunkte werden zu Problemen oder Fragen: *„Sie haben eben das Problem ... angeführt."*

Leerlauftechnik
Den Diskussionspartner seinen Standpunkt vortragen lassen, durch Zusammenfassen Zeit gewinnen: *„Zur besseren Übersicht fasse ich noch einmal zusammen: Sie sind also der Auffassung, dass ..."*

5 Nutzen Sie anschließend Ihre Karteikarten, um sich in einer größeren Runde (Methode, ▶ S. 46) über möglichst viele verschiedene Thesen, Argumente und Beispiele zum Thema auszutauschen.

6 Reflektieren Sie die durchgeführte Diskussion mit Hilfe des Beobachtungsbogens (▶ S. 43). Welche Tipps für künftige Diskussionen nehmen Sie mit?

7 Bereiten Sie mit Hilfe der Metaplan-Technik (Methode, ► S. 42) zu dem folgenden Thema eine weitere Diskussion vor:
„Sollen Schulabgänger sich bei der Wahl ihrer beruflichen Ausbildung nach den Bedürfnissen des Arbeitsmarktes richten?"
Reflektieren und bewerten Sie auch diese Diskussion abschließend.

Methode **Eine Diskussion durchführen und beobachten – Die Fünfsatzmethode**

- Teilen Sie die Klasse in zwei Gruppen. Die erste Gruppe führt die Diskussion, die zweite beobachtet das Diskussionsverhalten (Fishbowl-Diskussion, ► Information).
- Setzen Sie sich im Kurs so, dass Sie sich alle gut sehen und hören können.
- Zur besseren Nachverfolgung bzw. zur Ergebnissicherung sollte ein Mitglied der Beobachtungsgruppe die Diskussion zusätzlich protokollieren (► S. 70 f.).

Durchführung – Fünfsatzmethode:

1. Knüpfen Sie an Ihre/n Vorredner/in an: *Sie behauptet …; Die gerade geäußerte Meinung, dass …*
2. Stellen Sie die Gegenposition oder Ihre eigene dar: *Es ist angeführt worden …; ich glaube aber …*
3. Entkräften Sie die Argumente oder nennen Sie Ihre: *Dem ist entgegenzuhalten …/Dafür spricht …*
4. Schlussfolgern Sie ggf.: *Deshalb meine ich …/Daher erscheint es mir offensichtlich, dass …*
5. Formulieren Sie ggf. einen Appell/Vorschlag: *Ich schlage vor, …/Ich meine, wir müssten …*

Information **Diskussionsformen**

Abhängig vom Hauptzweck, der mit einer Diskussion verfolgt wird, bieten sich verschiedene Arten der Diskussion an.
An einer **Plenumsdiskussion** nehmen alle Anwesenden teil (Plenum: Vollversammlung).
Eine **Fishbowl-Diskussion** dient der Stärkung der Kommunikationskompetenz in Lerngruppen. In einem Innenkreis sitzen die Diskutierenden. Ihr Diskussionsverhalten wird von den anderen Mitgliedern der Lerngruppe beobachtet, die im Außenkreis stehen. Ein einheitlicher Beobachtungsbogen (► S. 43) erleichtert die spätere Auswertung.
In einer **Podiumsdiskussion** kommen Expertinnen und Experten zu Wort, die vor einem interessierten Publikum zu einem Thema diskutieren und im Anschluss an diesen Austausch Fragen der Zuhörenden beantworten.
An einer **Talkshow** nehmen Gäste teil, die vor einem Publikum zu einem bestimmten Thema Stellung beziehen. Ihr gesellschaftlicher Hintergrund und ihr Vorwissen können sehr unterschiedlich sein. Der Verlauf einer Talkshow wird stark von der Moderatorin/dem Moderator gesteuert. Sie/Er kann das Publikum in die Diskussion mit einbeziehen. Bei dieser Gesprächsform steht der Unterhaltungswert stärker im Vordergrund.
Die Debatte ist eine besondere Form des Austauschs von Argumenten. Schon die Herkunft des Wortes Debatte betont den eher kämpferischen Charakter dieser gedanklichen Auseinandersetzung: Das lateinische Wort „battuere" bedeutet „den Gegner mit Worten schlagen". Debatten werden nötig, wenn in Gremien der Politik und Arbeitswelt über Anträge, Gesetzesvorhaben oder unternehmerische Maßnahmen entschieden werden muss. Es stehen sich meist zwei klar abgegrenzte Pro- und Kontra-Positionen gegenüber. Am Schluss einer Debatte steht in der Regel eine Abstimmung.

2.2 Ein Thema frei erörtern

Jörg Blech u.a.: **„Wow, was für ein Gefühl!“** (Der Spiegel, 2009)

Mühelos lernen, alles erinnern, immer fit sein – eine neue Generation von Medikamenten verspricht geistige Höhenflüge für jedermann. Segen oder Teufelszeug? Die Möglichkeit des IQ-Dopings ist umstritten, doch schon versuchen Hunderttausende, heimlich ihre Hirnleistung hochzujagen.

[...] Welch eine Verlockung: Pille einwerfen, Überflieger sein. Mühelos lernen, alles behalten, den Intellekt anschalten können wie einen Motor – wer wünschte sich das nicht? Derart gewappnet, ließen sich Prüfungen, Vorträge oder Konferenzen lässig bewältigen; feinst eingestellte Hirnchemie machte es kinderleicht, die Konkurrenz auszustechen, seinen Traumberuf zu ergreifen und eine glänzende Karriere hinzulegen.

Es ist ein Menschheitstraum: eine Technik zu erfinden, mit der der Homo sapiens sich selbst perfektionieren kann. Ob Zen-Meditation, Anti-Aging oder Genmanipulation, alles ist recht. Pillen, die scheinbar ohne nennenswerte Nebenwirkungen die Neuronen im Hirn auf Zack bringen, ihnen einen höheren IQ abringen, kommen da wie gerufen.

Und die Wissenschaft ist so weit. Es gibt die ersten Mittel, die das Gehirn auf Vordermann bringen. Noch sind es Blindschüsse, unverhoffte Nebeneffekte von Präparaten, die entwickelt wurden, um unkonzentrierten Kindern, Menschen mit Schlafstörungen oder Demenzkranken zu helfen. Aber sie wirken auch bei Gesunden. Sie lassen auch deren Hirn schneller oder konzentrierter arbeiten. Das ist den Ehrgeizigen und Überforderten nicht verborgen geblieben. [...] Das ist die gute, die faszinierende Seite der Tabletten. Nur: Die Langzeitfolgen für die Gesundheit sind noch weitgehend ungeklärt. Und es stellen sich, zieht man die Freigabe der Mittel in Betracht, komplexe ethische Fragen. Zum Beispiel das Problem der Chancengleichheit. Schließlich verschafft sich jeder Konsument von Hirnverstärkern, ähnlich wie der Doper bei der Tour de France, Vorteile gegenüber Konkurrenten. Es beginnt ein Wettrennen, bei dem jeder verliert, der sich den neuen Hirncocktails verweigert. [...] Aber dieses Problem, oft schon für den Sport diskutiert, wirkt geradezu trivial angesichts der großen Philosophenfrage nach dem Ich. Sie stellt sich neu, wenn Menschen Mittel nehmen, die ihr Gehirn, Sitz des Bewusstseins, gezielt verändern. Das Gedächtnis ist ein maßgeblicher Teil des Selbst; das Individuum formiert sich um das Puzzle all der Geschichten, die es gespeichert hat, sie sind Wegmarken der eigenen Persönlichkeit. Bin ich also noch ich, wenn meine Vergangenheit plötzlich aus Erinnerungen besteht, die ein chemischer Stoff im Kopf verankert hat?

---

1 Notieren Sie sich die Argumente, die im Text genannt werden.

2 Tragen Sie weitere Informationen bzw. Argumente zum Thema „Hirndoping“ zusammen.

3 Simulieren Sie eine Bundestagsdebatte, in der über eine Gesetzesvorlage zur Freigabe von Medikamenten zur Steigerung der Hirnleistung abgestimmt werden soll.

a Formulieren Sie in Gruppen von Verfechtern und Gegnern der bedingungslosen bzw. einer eingeschränkten Freigabe („Wir könnten einer eingeschränkten Freigabe unter folgenden Bedingungen zustimmen ...“) Argumente und ordnen Sie diese nach ihrer Wichtigkeit.

b Stellen Sie eine Rednerliste zusammen, legen Sie verbindliche Redezeiten fest und entscheiden Sie, ob Zwischenfragen aus dem Plenum zugelassen werden.

c Die Redner führen die Debatte durch. Eine Moderatorin/Ein Moderator lenkt als Bundestagspräsidentin/-präsident die Debatte.

3 Besondere Gesprächssituationen

1 Beschreiben Sie die Gesprächssituationen auf den Bildern.
a Welche verschiedenen Gespräche werden geführt?
b Wo liegen die Unterschiede und Gemeinsamkeiten dieser Gespräche?
c Welche Schwierigkeiten können jeweils auftreten? Was haben die abgebildeten Personen jeweils im Gespräch zu beachten?

2 Beschreiben Sie Ihre Erfahrungen mit solchen Situationen. Wählen Sie Positiv- und Negativbeispiele und begründen Sie Ihre Meinung über die Gespräche.

In diesem Kapitel erwerben Sie folgende Kenntnisse und Kompetenzen:

- ein Telefongespräch strukturiert vorbereiten und über verschiedene Fragearten steuern,
- ein Formular für eine Telefonnotiz erstellen und anwenden,
- ein Beratungsgespräch analysieren, bewerten und führen,
- Phasen eines Verkaufsgesprächs untersuchen und bewerten,
- eine Prüfungsaufgabe für ein Prüfungsgespräch bearbeiten, das Gespräch simulieren und auswerten.

3.1 Telefongespräche

Ein Telefongespräch vorbereiten

Kunde: Struck und Co. – Marianne Schmitt.
Unternehmen: Hierscheid GmbH – Abteilung Verkauf – Horst Müller. Guten Tag, Frau Schmitt. Es freut mich, dass ich Sie erreiche. Wie geht es Ihnen?
Kunde: Guten Tag, Herr Müller. Danke, es geht mir gut. Wir haben momentan sehr viel zu tun, wegen der neuen Produktionsstraße, die wir von Ihnen bekommen haben.
Unternehmen: Sind Sie denn mit der Funktion der neuen Produktionsstraße zufrieden? Läuft sie einwandfrei?
Kunde: Bis jetzt gab es noch keinen Grund zur Beanstandung. Aber Herr Müller, was kann ich für Sie tun?
Unternehmen: Nun, wir wollten unser Angebot für die Wartung der neuen Maschine noch einmal verbessern. Haben Sie Interesse daran?
Kunde: Sicher. Eine Verbesserung kann nichts schaden. Was wollen Sie uns anbieten?
Unternehmen: Wir würden gerne zum gleichen Preis die Wartungsintervalle verkürzen. Außerdem haben wir modernere Schmierstoffe zur Verfügung. Wir könnten diese gegen die, die Sie derzeit von uns bekommen, austauschen.
Kunde: Das Angebot klingt gut. Könnten Sie mir ein Fax dazu schicken? Ich könnte dies Herrn Koch, dem Abteilungsleiter, vorlegen.
Unternehmen: Das ist kein Problem und beschleunigt sicherlich Ihre Entscheidungsfindung.
Kunde: Dann verbleiben wir so. Herzlichen Dank für Ihren Anruf, Herr Müller. Auf Wiederhören.
Unternehmen: Ich habe zu danken, auf Wiederhören, Frau Schmitt.

---

1 Lesen Sie mit verteilten Rollen Rücken an Rücken sitzend das Telefongespräch vor. Besprechen Sie im Anschluss die Wirkung des Gesprächs.

2 **a** Ermitteln Sie den Aufbau des Telefonats.
b Vergleichen Sie das Gespräch mit den Hinweisen zum Telefonieren (▸ Methode). Beurteilen Sie, ob Herr Müller sich an die Vorgaben gehalten hat.

Methode **Telefonieren**

- Bereiten Sie Ihre Eröffnungssätze gedanklich vor. Benutzen Sie einen Gesprächsaufhänger.
- Halten Sie alle notwendigen Informationen bereit.
- Melden Sie sich mit dem Firmennamen und Ihrem eigenen Namen sowie einer Grußformel.
- Sprechen Sie im Gespräch den Kunden mit seinem Namen an und lächeln Sie dabei „hörbar".
- Legen Sie das Ziel des Gesprächs fest.
- Fassen Sie sich möglichst kurz.
- Am Ende des Gesprächs ist es wichtig, alle ausstehenden Fragen zu klären und die Ergebnisse zusammenzufassen.
- Bedanken und verabschieden Sie sich höflich.

3 Sie erhalten den Auftrag, einen Kunden telefonisch darüber zu informieren, dass das von ihm bestellte Produkt nicht mehr lieferbar ist und er nun nur noch das Nachfolgemodell zum gleichen Preis geliefert bekommen kann. Entwerfen Sie eine Gesprächsvorlage, in der Sie die Hinweise zum Telefonieren beachten. Erfinden Sie die notwendigen Informationen.

Offene Fragen sind W-Fragen, sie beginnen mit einem Fragewort und lassen großen Antwortspielraum. Sie werden gestellt, wenn man umfangreich informiert werden will, z. B.: „Welche Vorstellungen haben Sie von ...?"

Geschlossene Fragen grenzen den Antwortspielraum ein, z. B.: „Gefällt Ihnen unser neues Produkt?"

Alternativfragen geben zwei Antwortmöglichkeiten vor, die meist mit dem Wort „oder" verbunden werden, z. B.: „Wollen Sie lieber die kleine oder die große Packungsgröße?"

Suggestivfragen sind Fragen mit eingebauter Antwort. Dazu werden Wörter wie „doch", „sicher", „gewiss" oder „nicht wahr" benutzt. Achtung: Kunden können sich manipuliert fühlen. Beispiel: „Es kommt Ihnen doch besonders auf schnelle Lieferung an?"

4 Sie sollen ein Telefoninterview mit einer Person aus dem öffentlichen Leben führen. Bereiten Sie das Interview in Partnerarbeit vor.

- Wählen Sie eine Person aus und notieren Sie sich passende Fragen zu allen vier Fragearten.
- Proben Sie Ihr Telefonat als Rollenspiel. Beachten Sie dabei auch die Hinweise für das Telefonieren (Methode, ▶ S. 49).
- Stellen Sie Ihr Rollenspiel der Klasse vor. Währenddessen machen sich die Zuschauer Notizen zu folgenden Punkten: Wie häufig werden die vier Fragearten verwendet? Wie wirken die verschiedenen Fragearten im Interview?
- Werten Sie die Ergebnisse aus und überarbeiten Sie Ihr Interview daraufhin.

5 Wandeln Sie auf einem eigenen Blatt die negativen Formulierungen oder geschlossenen Fragen in positiv wirkende Fragen um:

negativ	***positiv***
Haben Sie sich noch nicht entschieden?	*Wie haben Sie sich entschieden?*
Haben Sie keine Zeit?	
Gibt es Probleme?	
Können wir so verbleiben?	
Sagt Ihnen das Angebot zu?	

6 **a** Begründen Sie, warum die nachfolgenden Sätze einen Gesprächspartner oder Kunden verärgern.
b Formulieren Sie die negativen in positive Aussagen um.

Das sehen Sie nicht richtig. / Da haben Sie mich falsch verstanden. / Dafür bin ich nicht zuständig. / Ja, ja, ich weiß schon, was Sie mir sagen wollen. / Da muss ich bei Herrn Berner rückfragen.

7 Vergleichen Sie die beiden Antworten, die ein Kunde über seine Zahlung erhalten hat:

A: *Ich bin da nicht ganz sicher. Das sollte vielleicht eine andere Abteilung überprüfen. Ich versuche Sie später anzurufen. Wann würde es Ihnen passen?*
B: *Ich kann Ihre Frage nicht sofort beantworten. In der Buchhaltung lasse ich gern klären, ob und wann Ihre Zahlung eingegangen ist. Ich rufe Sie heute Nachmittag zurück. Passt es Ihnen um 14 Uhr oder wäre es später günstiger?*

8 Wandeln Sie die folgenden Aussagen um, indem Sie positive, aktive Begriffe verwenden:

Ich kann nicht vor Freitag liefern. → Ich kann Ihnen die Lieferung für Freitag zusagen.
Ich will es versuchen.
Ich würde Ihnen ungern eine falsche Auskunft geben.
Ich bin nicht sicher, ob die nötigen Angaben da sind.
Ich bin nur Auszubildende.

9 Beschreiben Sie die Vor- und Nachteile eines Telefonats gegenüber einem Geschäftsbrief, einem Fax und einer E-Mail.
10 Recherchieren Sie im Internet nach einem kabarettistischen Telefongespräch (z. B. von „Paul Panzer") und hören Sie es sich in der Klasse an. Was macht die Komik in diesem Telefonat aus?

Gesprächsnotiz

Information **Gesprächsnotiz**

Während eines Telefongesprächs sollten immer wichtige Informationen oder Sachverhalte notiert werden. Dies gilt besonders für berufliche Vorgänge und Mitteilungen. Häufig liegen deshalb an betrieblichen Telefonen spezielle Formulare für eine Telefonnotiz, mit deren Hilfe Sie sich die wichtigsten Inhalte des Gesprächs schnell und übersichtlich notieren können. Es fällt Ihnen dann später leichter, Kollegen und Vorgesetzte über die Inhalte des Gesprächs zu informieren.

Gesprächsnotiz/Kurzmitteilung

von | Telefon

an

Betreff ☐ Telefonat mit ☐ Besuch von

Notiz

Datum, Uhrzeit | Unterschrift

1 Erstellen Sie eine Telefonnotiz auf einem eigenen Formular zum Telefongespräch von Seite 49.
2 Planen Sie gemeinsam mit einem Partner ein Reklamationsgespräch als Telefonat.
a Erfinden Sie den Sachverhalt und proben Sie das Telefonat als Rollenspiel.
b Die Zuhörer haben die Aufgabe, eine Telefonnotiz mit Hilfe des Formulars anzufertigen und die Informationen im Anschluss mündlich wiederzugeben.
c Beurteilen Sie das Telefonat: Entsprach es den Hinweisen zum Telefonieren (Methode, ▸ S. 49)?

3.2 Verkaufsgespräche

Beraten

1 Berichten Sie über Ihr letztes Einkaufsgespräch. Ist es für Sie zufriedenstellend verlaufen? Wurden Sie gut beraten? Wie verlief die Beratung?

2 Vergleichen Sie eine berufliche und eine private Beratungssituation miteinander. Wo liegen die Unterschiede? Nutzen Sie die ▸ Methode zur Informationsgewinnung.

3 Wie verlief der Entscheidungsprozess für den Besuch Ihrer jetzigen Schule?

a Rekapitulieren Sie Ihre eigene Entscheidungsfindung.

b Beraten Sie einen anderen Schüler, der wie Sie eine weiterführende Schule besuchen möchte.

4 **a** Sie benötigen für Ihre neue Wohnung eine Waschmaschine/ein Festnetztelefon/einen Fernseher etc. Wie gehen Sie vor?

b Notieren Sie stichwortartig Ihre Vorstellungen und die daraus entstehenden Fragen.

c Suchen Sie ein Fachgeschäft auf und lassen Sie sich beraten.

d Analysieren Sie das Beratungsgespräch. Hat es zur Problemlösung beigetragen? Was war gut, was könnte verbessert werden?

Methode **Beratungsgespräch**

Bei einem Beratungsgespräch möchte ein Kunde ein Problem klären, das er nicht alleine lösen kann oder will. Er wendet sich deshalb an jemanden, von dem er Klärung und Hilfestellung erwartet. Die Beratung geht daher über ein Informationsgespräch, in dem bloße Auskünfte gegeben werden, hinaus. Der Beratende unterstützt den Hilfesuchenden, indem er aktiv zuhört. Er ermuntert ihn so, sich mit seinen Gedanken auseinanderzusetzen und sie differenzierter zu sehen. Möglich ist, dass der Ratsuchende auf diese Weise selbst Lösungsmöglichkeiten erkennt.

Die **Schritte eines Beratungsgesprächs** sind folgende:
Problembestimmung → Untersuchen der Bedingungen → Analyse des Ziels und der Lösungswege → Lösungswege auflisten

Phasen des Beratungsgesprächs

1. **Vorbereitungsphase:** Nicht zu lange allgemeine Kommunikation (Kontakt).
2. **Eröffnungsphase:** Gemeinsame Festlegung von Beratungsschwerpunkten. Der/Die Ratsuchende erklärt seine/ihre Absicht.
3. **Zentrale Beratungsphase:** Wichtig sind dabei:
   - Gemeinsame Verantwortung beider Gesprächspartner für Inhalt, Verlauf und Stil/ Stimmung des Gesprächs
   - Einfühlung und Sachlichkeit als Aufgaben des Beratenden
   - Angebote sollten Alternativen enthalten, aus denen der/die Ratsuchende auswählen kann.
4. **Auswertungsphase:** Lösungsvorschlag bzw. -vorschläge

Verkaufen

Hans Fallada: **Pinnebergs Verkaufserfolg** (1932)

Langsam kommt Leben in das Geschäft ... Schon hat auch Pinneberg seinen Käufer, jüngeren Herrn, einen Studenten. Doch Pinneberg hat kein Glück: Der Student verlangt kurz und knapp einen blauen Trenchcoat. Es schießt durch Pinnebergs Hirn: „Keiner am Lager. Der lässt sich nichts aufschwatzen. Keßler wird grinsen, wenn ich ne Pleite schiebe. Ich muss die Sache machen ..."

Und schon hat er den Studenten vor einem Spiegel: „Blauer Trenchcoat, jawohl. Einen Moment bitte. Wenn wir erst einmal diesen Ulster[1] probieren dürften?"

„Ich will doch keinen Ulster", erklärt der Student.

„Nein, selbstverständlich nicht. Nur der Größe wegen. Wenn der Herr sich bemühen wollen. Sehen Sie – ausgezeichnet, was?"

„Na ja", sagt der Student. „Sieht gar nicht so schlecht aus. Und nun zeigen Sie mal einen blauen Trenchcoat."

„Neunundsechzig fünfzig", sagt Pinneberg beiläufig und fühlt vor, „eines unserer Reklameangebote. Im vorigen Winter kostete der Ulster noch neunzig. Angewebtes Futter. Reine Wolle ..."

„Schön", sagt der Student. „Den Preis wollte ich ungefähr anlegen, aber ich möchte einen Trenchcoat. Zeigen Sie mir mal ..."

Pinneberg zieht ihm langsam und zögernd den schönen Marengo[2]-Ulster aus. „Ich glaube nicht, dass Ihnen irgendetwas anderes so gut stehen würde. Blauer Trenchcoat ist eigentlich ganz abgekommen." „Also, nun zeigen Sie mir endlich – !", sagt der Student energisch.

„Doch, doch. Alles, was Sie wollen." Und er lächelt auch, wie der Student bei seiner Frage eben gelächelt hat. „Nur –", er überlegt fieberhaft. Nein, nicht schwindeln, man kann es ja versuchen: „Nur, ich kann Ihnen keinen blauen Trenchcoat verkaufen." Pause. „Wir führen keinen Trenchcoat mehr."

„Warum haben Sie mir das nicht gleich gesagt?!", sagt der Student, halb verblüfft, halb ärgerlich.

„Weil ich Sie nur davon überzeugen wollte, wie ausgezeichnet Ihnen dieser Ulster steht. Bei Ihnen kommt er wirklich zur Geltung. Sehen Sie", sagt Pinneberg halblaut und lächelt, wie um Entschuldigung bittend, „ich wollte Ihnen nur zeigen, wie viel besser der ist als so ein blauer Trenchcoat. Das war so eine Mode – na ja! Aber dieser Ulster ..."

Pinneberg sieht ihn liebevoll an, streicht einmal über den Ärmel, hängt ihn wieder über den Bügel und will ihn in den Ständer zurückhängen.

„Halt!", sagt der Student. „Ich kann ja immer noch mal ..., schlecht sieht er ja nicht gerade aus ..."

„Nein, schlecht sieht er nicht aus", sagt Pinneberg und hilft dem Herrn wieder in den Mantel. „Der Ulster sieht direkt vornehm aus. Aber vielleicht darf ich dem Herrn noch andere Ulster zeigen? Oder einen hellen Trenchcoat?"

Er hat gesehen, die Maus ist beinah in der Falle, sie riecht den Speck schon, jetzt darf er es riskieren.

„Helle Trenchcoats haben Sie also doch!", sagt der Student grollend.

„Ja, wir haben da was ...", sagt Pinneberg und geht an einen anderen Ständer.

In diesem Ständer hängt ein gelbgrüner Trenchcoat, zweimal ist er schon im Preis zurückgesetzt worden.

Jedermann sieht in diesem Mantel irgendwie komisch verbogen, falsch oder halb angezogen aus ...

„Wir haben da was ...", sagt Pinneberg. Er wirft den Mantel über seinen Arm. „Ich bitte sehr, ein heller Trenchcoat. Fünfunddreißig Mark."

Der Student fährt in den Ärmel. „Fünfunddreißig?", fragt er erstaunt.

1 **Ulster:** weiter, schwerer Herrenmantel
2 **Marengo:** grau-melierter Stoff

„Ja", antwortet Pinneberg verächtlich. „Solche Trenchcoats kosten nicht viel."
Der Student prüft sich im Spiegel. Und wieder bewährt sich die Wunderwirkung dieses Stücks. Der eben noch nette junge Mann sieht aus wie eine Vogelscheuche.
„Ziehen Sie mir das Ding nur schnell wieder aus", ruft der Student, „das ist ja grauenhaft".
„Das ist ein Trenchcoat", sagt Pinneberg ernst. Und dann schreibt Pinneberg den Kassenzettel über neunundsechzigfünfzig aus, er gibt ihn dem Herrn, er macht seine Verbeugung. „Ich danke auch verbindlichst."
„Nee, ich danke", lacht der Student und denkt jetzt sicher an den gelben Trenchcoat.
„Na also, geschafft", denkt Pinneberg. [...]

---

1 Während des Verkaufsgesprächs entwickeln sich in Pinneberg zwei Arten von Konflikten: ein innerer und ein äußerer (sozialer) (Information, ► S. 29 f.). Beschreiben Sie beide Konflikte.

2 Beschreiben Sie die Phasen des Verkaufsgesprächs und deren Merkmale.

3 Schreiben Sie die Textstellen mit Zeilenangaben heraus, in denen Sie manipulative Verhaltensweisen des Verkäufers entdecken. Ordnen Sie sie den Manipulationsstrategien zu (► Information).

Information **Manipulationen in einem Verkaufsgespräch**

Aufwerten: das Produkt oder einzelne seiner Eigenschaften hervorheben
Diffamieren/Herabsetzen: andere Produkte schlechtmachen
Schmeicheln: dem Kunden Komplimente machen
Verniedlichen: schlechte Eigenschaften des Produktes abschwächen
Beschönigen: kleine Fehler des Produktes verharmlosen
Gefühle erregen: positive Empfindungen mit dem Produkt verbinden und verstärken
Vor-Augen-Führen: das Produkt probieren bzw. anfassen lassen oder vorführen

3.3 Prüfungsgespräche

Mündliche Prüfungen sind mit Anspannung und Aufregung verbunden. Gerade deshalb sollte man sich besonders gut darauf vorbereiten, denn wer sich auf sein Wissen verlassen kann und die Situation geübt hat, kann mit dem nötigen Selbstbewusstsein in eine mündliche Prüfung gehen.

Die Aufgabenstellung erarbeiten – Das Gespräch vorbereiten

Heinrich Böll:
Mein teures Bein (1950)

Sie haben mir jetzt eine Chance gegeben. Sie haben mir eine Karte geschrieben …

Aufgabenstellung
1. Analysieren und interpretieren Sie die Kurzgeschichte „Mein teures Bein“.
2. Untersuchen Sie die Kommunikationssituation. Bestimmen Sie, ob eine symmetrische oder komplementäre Kommunikation vorliegt, und erläutern Sie die Auswirkungen auf das Ergebnis der Kommunikation.

---

1 **a** Lesen Sie die Kurzgeschichte „Mein teures Bein“ (▸ S. 145 ff.) und bearbeiten Sie für eine mündliche Prüfung die Aufgabenstellung innerhalb von 20 Minuten. Machen Sie sich zur Vorbereitung stichwortartig Notizen.
b Strukturieren Sie Ihre Notizen so, dass Ihr Vortrag übersichtlich gegliedert ist.
2 Vergleichen Sie Ihr Konzept mit dem folgenden Beispiel. Überarbeiten Sie ggf. Ihren Entwurf.

Einleitung
Nennung von Aufgabenstellung, Autor, Textsorte, Titel, Erscheinungsjahr, Thema, Interpretationsthese, z. B.: *Ein junger Mann, der im Krieg sein Bein verloren hat, widersetzt sich der Aufforderung, eine Stelle zur Sicherung seines Lebensunterhalts anzunehmen, und leistet damit nachträglich Widerstand gegen den Krieg.*

Hauptteil
- Aspekte der Analyse und Interpretation:
  - Aufbau/Struktur/Gedankengang
  - Figuren
  - Sprache/Rhetorische Mittel
  - ...
- Aspekte der Kommunikationssituation
  - ...
- Deutungsfazit für beide Teilaspekte

Schluss
Zusammenfassung der wichtigsten Gedanken, Schlussfolgerungen

Den ersten Prüfungsteil simulieren – Einen Beobachtungsbogen einsetzen

1 Simulieren Sie vor der Klasse, vor Freunden oder vor der Familie eine mündliche Prüfung.
a Stellen Sie mit Hilfe der Textbausteine (▸ S. 56) einen Beobachtungsbogen zusammen.
b Diskutieren Sie die Gewichtung der Teilbereiche für die Bewertung der Prüfung. Kopieren Sie Ihren Bogen und teilen Sie den Zuschauern Beobachtungsaufträge zu.
c Beantworten Sie die Prüfungsfragen. Nehmen Sie dies, wenn möglich, auf Video auf.
d Zunächst gibt der Prüfling eine eigene Einschätzung seiner Leistung ab. Besprechen Sie die Prüfung dann anhand der Beobachtungsaufträge und ggf. der Videoaufnahme.
e Überarbeiten Sie je nach Kritik Ihren Kurzvortrag und üben Sie erneut vor Publikum.

Textbausteine eines Beobachtungsbogens für mündliche Prüfungen

... hat die Aufgabenstellung richtig verstanden.	**Darstellungsleistung**	... erkennt ggf. Schwierigkeiten im Gespräch und trägt zur Klärung bei.	... stellt sachliche und logische Zusammenhänge her.	... zeigt ein sicheres Textverständnis (Textstruktur).
... zeigt ein sicheres Textverständnis (inhaltlich).	... beantwortet die Fragen präzise und vom Umfang her angemessen.	... begründet Deutungen und eigene Bewertungen.	**Verstehensleistung**	... verwendet ein angemessenes Vokabular und vollständige Sätze.
... erfasst die gestellten Fragen richtig.	... verwendet die korrekten Fachbegriffe.	... setzt Körpersprache, Mimik und Gestik zur Unterstützung der Aussagen ein.	... benennt thematische Zusammenhänge.	... bezieht mögliche Gegenargumente ein.
... verwendet fachliche Methoden.	**Argumentationsleistung**	... gliedert die Ausführungen sinnvoll und präsentiert diese entsprechend.	...belegt seine Aussagen am Text.	**Kommunikationsleistung im Prüfungsgespräch**

Beobachtungsbogen

Teilbereiche	Der Prüfling ...	++	+	–	– –
Verstehensleistung	... hat die Aufgabenstellung richtig verstanden.				

Den zweiten Prüfungsteil reflektieren – Das Gesprächsverhalten beobachten

Aus zwei Prüfungsgesprächen

Beispiel A

[...]

PRÜFER: Wir haben uns ja im Unterricht mit Kurzgeschichten der Nachkriegszeit beschäftigt. Könnten Sie uns umreißen, welche Bedeutung die Zeit für diese spezielle literarische Untergattung hat? Kennen Sie Autoren dieser Zeit?

SCHÜLER: Ja, kenne ich, natürlich. Also, wenn ich mal mit den Autoren anfange, da gibt es natürlich den Wolfgang Borchert, mit dem „Nachts schlafen die Ratten doch", der passt auch in die Zeit, weil er viel über die schlimmen Ereignisse nach dem Zweiten Weltkrieg geschrieben hat. Wie die eben, wo der Junge auf seinen toten Bruder aufpassen muss. Ja, also da gab es dann noch weitere Autoren ...

PRÜFER: Entschuldigen Sie, dass ich unterbreche, könnten Sie zuerst einmal auf die Bedeutung der Nachkriegszeit eingehen?

SCHÜLER: Ja, also die Nachkriegszeit brachte viele Autoren hervor. Berühmt ist Günter Grass, der 1959 den Roman „Die Blechtrommel" schrieb.

PRÜFER: Warum wurden denn in dieser Zeit besonders viele Kurzgeschichten geschrieben?

SCHÜLER: Es gab in den USA die Tradition der Shortstorys.

PRÜFER: Gab es vielleicht noch weitere Gründe, warum gerade die Kurzgeschichte bevorzugt wurde?

SCHÜLER: Ja, sicher. [...]

Beispiel B

PRÜFER: Wir haben uns ja im Unterricht mit Kurzgeschichten der Nachkriegszeit beschäftigt.

Könnten Sie uns umreißen, welche Bedeutung die Zeit für diese spezielle literarische Untergattung hat? Kennen Sie Autoren dieser Zeit?

SCHÜLER: Ich hoffe, ich habe die Frage richtig verstanden: Ich soll also die Bedeutung der Nachkriegszeit für die Gattung der Kurzgeschichte darstellen und Autoren dazu nennen?

PRÜFER: Ja, Sie haben die Aufgabe richtig verstanden.

SCHÜLER: Gut, danke. Nun, in der Nachkriegszeit, damit ist die Zeit nach dem Zweiten Weltkrieg von 1945 bis ca. 1960 gemeint, erwies sich die Form der Kurzgeschichte für viele Autoren als besonders geeignet für einen literarischen Neuanfang. Kurzgeschichten waren von geringem Seitenumfang und konnten über Zeitungen und Zeitschriften direkt ein großes Publikum erreichen. Die Autoren verarbeiteten häufig die Armut und den Hunger der Zeit, die menschlichen Verluste und Tragödien des Alltags.

PRÜFER: Welche Autoren kennen Sie denn?

SCHÜLER: Ich wollte gleich welche nennen, auch beispielhaft Titel nennen, zuerst jedoch die Untergattung Kurzgeschichten noch mehr kennzeichnen.

PRÜFER: Sehr gut, fahren Sie fort. [...]

---

1 Tragen Sie die Dialoge aus den beiden Prüfungsgesprächen vor. Versuchen Sie dabei, die jeweilige Reaktion der Prüflinge auch nonverbal (Information, ► S. 19) darzustellen.

2 Bewerten Sie die beiden Prüfungsgespräche und ziehen Sie ein Fazit.
- Welchen Eindruck hinterlassen die Prüflinge bei Ihnen?
- Welche Unterschiede lassen sich feststellen?
- Untersuchen Sie an Beispielen die Reaktionen und Strategien der beiden Prüflinge.

3 Sie haben in einer Prüfung auf eine Frage keine Antwort. Überlegen Sie, welche Strategie hier sinnvoll ist. Diskutieren Sie verschiedene Möglichkeiten.

4 Simulieren Sie auch diesen zweiten Prüfungsteil – am besten, nachdem Sie Ihren Vortrag vor Freunden oder Ihrer Familie gehalten haben (Aufgabe 1, ► S. 55). Bitten Sie um Nachfragen, z. B.:
- zu weiteren Werken einer Autorin/eines Autors,
- zu vergleichbaren oder unterschiedlichen Darstellungen eines literarischen Motivs,
- zur eigenen Wertung.

Methode **Prüfungscheckliste**

☑ Die Aufgabenstellung durch mehrmaliges Lesen klären.
☑ Den Text mit Hilfe der Fünf-Schritt-Lesetechnik (Methode, ►S. 85) vorbereiten.
☑ Notizen bei der Vorbereitung leserlich schreiben und strukturieren.
☑ Die Zeit stets im Auge behalten. In der Vorbereitung nur Stichworte verwenden.
☑ Zu Beginn der Prüfung einen Überblick über die Vorgehensweise geben, z. B.: *„Ich beginne mit ..., dann werde ich ...“*
☑ Den Schwerpunkt beachten, nicht in Einzelheiten verlieren.
☑ Die Ergebnisse zügig und sprachlich angemessen vortragen.
☑ Unsicherheiten bei Fragestellungen durch Nachfragen ausräumen.

4 Vortragssituationen

1 Beschreiben Sie die dargestellten Situationen aus der Perspektive der Vortragenden sowie der Zuhörenden. Welche Probleme beeinträchtigen den Erfolg des Vortrags?

2 Berichten Sie über eigene Erfahrungen, die Sie in ähnlichen Situationen als Vortragende/Zuhörende gemacht haben.

3 Diskutieren Sie, wie sich solche Probleme verhindern lassen.

In diesem Kapitel erwerben Sie folgende Kenntnisse und Kompetenzen:

- Informationen recherchieren, strukturieren und für einen Vortrag aufbereiten,
- Referate und Vorträge vorbereiten, halten und bewerten,
- Präsentationstechniken und -medien kennen und adäquat einsetzen,
- Mitschriften und Protokolle anfertigen.

4.1 Referate und Kurzvorträge

Information **Referate und Kurzvorträge**

Referate und Kurzvorträge sind Formen öffentlichen Redens, deren Wirkung von der adressatengerechten Aufbereitung des Inhalts, dem sinnvollen Einsatz von Medien und Visualisierungstechniken sowie von der rhetorischen Kompetenz und der körpersprachlichen Ausdruckskraft der Vortragenden abhängt.
In einem **Referat** wird ein **abgegrenztes Thema sachlich und informativ** dargestellt. Am Ende kann jedoch durchaus eine eigene Einschätzung formuliert werden. Geeignete **Medien** und **Visualisierungstechniken** erleichtern die Vermittlung und Aufnahme der Informationen.
Ein **Kurzvortrag** behandelt ebenfalls ein **abgegrenztes Thema** und sollte **nicht länger als zehn Minuten** dauern. Er endet mit einer eigenen Einschätzung. Visualisierungstechniken werden nur sehr begrenzt eingesetzt, z.B. in Form einer Folie, auf der knapp die Struktur des Vortrags verdeutlicht wird.

Den Arbeitsprozess organisieren

1 Sprechen Sie das Thema Ihres Referats oder Kurzvortrags und den Vortragstermin mit der Lehrkraft genau ab. Dabei geht es besonders darum, das Thema präzise einzugrenzen.

2 Erstellen Sie einen konkreten Zeitplan (Zeitmanagement, ► S. 77 f.) für alle notwendigen Arbeitsschritte wie: Bibliotheks- und Internetrecherche, Materialauswertung, Gliederung des Materials, Zusammenfassung der Ergebnisse und Vorbereitung des Referats bzw. Kurzvortrags.

3 Bereits zu Beginn, aber auch während der Arbeit, sollten Sie sich folgende Fragen stellen:

1. **Worüber** spreche ich? Wie und wo können Informationen beschafft werden? Welche Inhalte sind wichtig? Wie werden sie komprimiert und strukturiert?
2. **Zu wem** spreche ich? Wie ist die Gruppe zusammengesetzt? Welche Erwartungen hat sie? Über welches Vorwissen verfügt sie? Wie kann ich sie aktivieren?
3. **Wie** spreche ich? Welche verbalen, paraverbalen und nonverbalen Mittel setze ich ein? Welche Medien nutze ich?

Informationen beschaffen, bewerten und bearbeiten

Sie planen eine Klassenfahrt nach Lübeck. Als Vorbereitung sollen im Deutschunterricht Referate über die Stadt und einen ihrer berühmtesten Söhne, Thomas Mann, gehalten werden. Sie haben den Auftrag bekommen, über das Verhältnis Thomas Manns zu seiner Geburtsstadt zu referieren. Ihre erste Internetrecherche und ein Gang in die Bibliothek haben Folgendes ergeben:

Text 1: Biografie – Thomas Mann

- geboren: 06.06.1875 (Lübeck), gestorben: 12.08.1955 (Kilchberg/Zürich)
- einer der bedeutendsten deutschen Schriftsteller, Vater von Erika (1905–1969), Klaus (1906–1949), Golo (1909–1994), Monika (1910–1992), Elisabeth (1918–2002) und Michael (1919–1977) sowie Bruder von Heinrich Mann (1871–1950)

[...] Von 1896–1898 bereiste er mit seinem Bruder Heinrich Italien. Von 1898–1899 arbeitete er als Redakteur beim „Simplicissimus“. Die wohlhabende Patrizierwelt, in der er aufwuchs, porträtierte er in seinem ersten großen Roman „Die Buddenbrooks“ (1901). 1905 heiratete er die aus einer wohlhabenden jüdischen Familie stammende Katia Pringsheim (1883–1980).
Während des Ersten Weltkriegs bezog Thomas Mann in den „Betrachtungen eines Unpolitischen“ (1918) als „Befürworter des Kaiserreichs“ eine nationale Position, was zu einem Zerwürfnis mit seinem Bruder Heinrich führte. Erst 1922 kam es zur Aussöhnung.

Nach dem Krieg änderte sich die Einstellung Manns zu einer liberal-demokratischen Position. Zugleich wandte er sich gegen den Aufstieg der NSDAP. In seinem Roman „Der Zauberberg“ (1924) [...] beschreibt er die Jahre vor dem Weltkrieg.
1929 erhielt er den Literatur-Nobelpreis „in Anerkennung v.a. des Romans ‚Buddenbrooks‘ [...]“.
Während der Machtübernahme Hitlers befand sich Thomas Mann im Ausland. Er kehrte nicht mehr nach Deutschland zurück. 1936 wurde er offiziell ausgebürgert und emigrierte 1938 in die USA. In zahlreichen Vorträgen und Radioansprachen wandte er sich in aufwühlenden Appellen gegen den Nationalsozialismus. Ab 1952 lebte Thomas Mann wieder in der Schweiz.

Quelle: http://www.oppisworld.de/zeit/biograf/mannt.html (07.06.2010)

Text 2: Otto Anthes, der kurz nach dem Erscheinen der „Buddenbrooks" nach Lübeck zog, schilderte später seine Eindrücke.

[...] Ich fand die Stadt in einer ungeheuren Erregung über das Buch, das den einen als niedrige Rache eines Missvergnügten, den anderen als der Ausfluss einer ehrfurchtlosen Frechheit, allen gleichermaßen aber als ein übles Machwerk erschien, mit dem ein missratener Sohn die Vaterstadt geschändet habe.

Ich war zunächst fassungslos. Ich versuchte, von künstlerischen und schriftstellerischen Eigenschaften des Werks zu sprechen; aber man sah mich an, als ob ich den Verstand verloren hätte. Ein Lehrer des Katharineums, der alten, von Bugenhagen gegründeten Gelehrtenschule, der Thomas Mann unterrichtet hatte, schrie mich empört an: „Das soll ein bedeutender Schriftsteller sein? Ich habe ihn im Deutschen gehabt. Er hat nie einen ordentlichen Aufsatz schreiben können." Und die dem Roman seine künstlerische Bedeutsamkeit nicht abzusprechen wagten, meinten: Das sei umso schlimmer, dass eine solche Begabung sich derart missbraucht habe. [...]

Hunderte von Personen, die das Buch vorführte, wurden in ihren Urbildern wiedererkannt. Es war ein richtiger Sport, dem Dichter hinter seine Schliche zu kommen, wo er etwa durch Zusammenlegung mehrerer wirklicher einen Menschen seines Romans gewonnen hatte. Eine ältere Dame erschien in einer Kaffeegesellschaft, legte das Buch auf den Tisch und sagte triumphierend: „Ich hab' es dreimal gelesen; jetzt hab' ich sie alle heraus!" [...]

Quelle: Peter Mendelssohn: Der Zauberer – Das Leben des deutschen Schriftsteller Thomas Mann. Band 1. Frankfurt am Main 1975, S. 471.

Text 3: Radioansprache Thomas Manns vom 10. April 1942 aus dem Exil in den USA. Anlass war die Bombardierung seiner Heimatstadt Lübeck durch ein britisches Bombergeschwader.

[...] Beim jüngsten britischen Raid[1] über Hitlerland hat das alte Lübeck zu leiden gehabt. Das geht mich an, es ist meine Vaterstadt. Die Angriffe galten dem Hafen, den kriegsindustriellen Anlagen, aber es hat Brände gegeben in der Stadt, und lieb ist es mir nicht zu denken, dass die Marienkirche, das herrliche Renaissance-Rathaus oder das Haus der Schiffer-Gesellschaft sollten Schaden gelitten haben. Aber ich denke an Coventry[2] – und habe nichts einzuwenden gegen die Lehre, dass alles bezahlt werden muss. Es wird mehr Lübecker geben, mehr Hamburger, Kölner und Düsseldorfer, die dagegen auch nichts einzuwenden haben und, wenn sie das Dröhnen der RAF [Royal Air Force] über ihren Köpfen hören, ihr guten Erfolg wünschen. [...]

Quelle: http://www.dradio.de/dlr/sendungen/merkmal/347464/ (07.06.2010)

1 **Raid:** ein Überraschungsangriff
2 **Coventry:** eine Stadt in England, auf die die deutsche Luftwaffe im November 1940 einen verheerenden Angriff flog

---

1 Beurteilen Sie, ob Sie die Texte für Ihr Referat mit dem Thema: „Thomas Mann und seine Vaterstadt Lübeck – ein ambivalentes Verhältnis" nutzen können, und begründen Sie Ihre Einschätzung.
2 Prüfen Sie die Quellen der Texte und schätzen Sie deren Zuverlässigkeit ein (Methode, ► S. 61).
3 Exzerpieren Sie aus den Quellen relevante Informationen für Ihr Thema.

Text 1: 1875 in Lübeck geboren, aufgewachsen in wohlhabender Kaufmannsfamilie, die familiären Verhältnisse spiegeln sich in seinem Roman „Die Buddenbrooks"
Text 2: wegen der unverkennbaren Parallelen ...
Text 3: ...

4 Sammeln Sie weiteres Material zu Ihrem Thema. Recherchieren Sie möglichst vielschichtig und qualitätsorientiert. Gehen Sie so vor:

a Prüfen Sie, welche Publikationen Sie zu Ihrem Thema in einer Ihnen zugänglichen Bibliothek finden. Sichten Sie bei literarischen Themen Primär- und Sekundärliteratur sowie Lexika.

b Schließen Sie eine Internetrecherche an, z. B. mit den Stichwörtern „Lübeck“, „Buddenbrook-Haus“, „Ehrenbürgerwürde“.

c Überfliegen Sie die Materialien (Methode, ▸ S. 84) und wählen Sie die passenden Texte aus.

d Exzerpieren Sie die relevanten Texte bzw. Textstellen.

5 Gliedern Sie das recherchierte Material evtl. mit Hilfe einer Mindmap. Erstellen Sie anhand Ihrer Gliederung eine Reihenfolge für Ihr Referat.

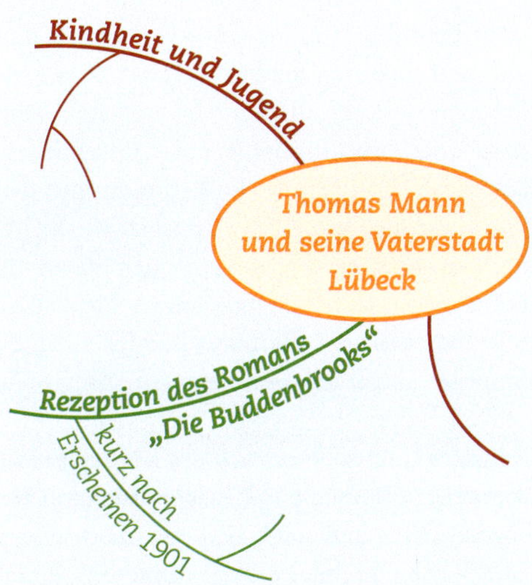

Referat zum Thema: Thomas Mann und seine Vaterstadt Lübeck – ein ambivalentes Verhältnis

Inhaltsverzeichnis

1. Kindheit und Jugend
1.1 Das Elternhaus
1.2 …

2. Der Schriftsteller und sein Roman
2.1 Die Buddenbrooks – Inhalt
2.2 Die Buddenbrooks als Schlüsselroman
2.3 Romanrezeption in Lübeck
2.4 …
…

5. Resümee

6 **a** Arbeiten Sie Ihr Referat aus.

b Bereiten Sie für das Resümee eine persönliche Stellungnahme zum Thema vor. Erläutern Sie z. B., wie Sie die Reaktion der Lübecker auf den Roman beurteilen.

Methode **Überprüfung von Quellen**

Die **Zuverlässigkeit** von Quellen ist – insbesondere bei der Internetrecherche – nicht immer leicht zu beurteilen. Folgende Angaben sollten zu entnehmen sein bzw. geprüft werden:

- **Name** der Autorin/des Autors und **Datum** der Veröffentlichung,
- Angaben zum **Publikationsorgan** (z. B. Zeitschrift oder Buch mit Erscheinungsdaten, Internetseite mit Adresse),
- ob es sich bei der Verfasserin/dem Verfasser um **eine Expertin/einen Experten** für das Thema handelt,
- Angaben über eine für den Text verantwortliche **Redaktion**, einen **Herausgeber** oder **Verlag** sind zusätzliche Indizien für die Zuverlässigkeit,
- Quellen einer **anerkannten publizierenden Instanz** (z. B. Behörden, Universitäten) sind solchen unbekannter Herkunft vorzuziehen.

Den Vortrag vorbereiten – Sprechtechniken

Julia Bönisch: **Richtig reden** (Süddeutsche Zeitung, 2009)

„Ähm …“

Ein gelungener Vortrag sollte das Thema erschöpfen, nicht die Zuhörer. Doch viele Redner scheitern an Lampenfieber, quälen ihr Publikum mit Stottern und Nuscheln. Sprechtrainings helfen.

„Das menschliche Gehirn ist eine großartige Sache. Es funktioniert bis zu dem Zeitpunkt, an dem du aufstehst, um eine Rede zu halten.“ Dieser Satz Mark Twains bewahrheitet sich jeden Tag in Hunderten von Meetings und Konferenzen. […]

„Rund 90 Prozent der Zeit stecken Redner in die Produktion schöner Folien“, bestätigt Ingeborg Grosz, die in ihrem Münchner Institut für Sprechkultur Führungskräften das Reden beibringt. „Aber auf den Vortrag und die Sprache wird viel zu wenig Wert gelegt.“

Viele Redner seien so beschäftigt mit sich selbst, dass sie ihr Publikum völlig vernachlässigten. „Vor lauter Nervosität sieht der Sprecher nicht, dass die Zuhörer schon längst abgeschaltet haben.“ […]

Der häufigste Fehler, den sie ihren Kunden austreiben muss, ist die Langeweile: Eine monotone Stimme, Redner, die in der immer gleichen Stimmlage präsentieren und so viel Energie wie eine Schlaftablette ausstrahlen.

Um all diese Fehler zu korrigieren, stehen bei den meisten Sprechtrainings auch Atemübungen und Stimmtraining auf dem Programm. „Das Sprechen ist ein muskulärer Vorgang, also kann man die beteiligten Muskeln auch trainieren“, erklärt Grosz. „Das ist wie bei Sportlern.“ […]

Artikulation und Konzentration müssen die Teilnehmer in anschließenden Übungen trainieren: Wer den Spruch „Jäh aus Schlingen und Schleifen schlüpfen geschmeidig, schnell verschwinden, schreckende Schlangen“ langsam und deutlich sprechen kann, scheitert vielleicht an den H- und T-Lauten in folgendem Satz: „Helfe, Held, dem, der elend lebte, eh' er erkennend gelernt, fremder Herren Geld zu verwerfen.“

„Um die Zuhörer zu fesseln, sollte jeder Redner auf fünf Faktoren achten“, erklärt Grosz, die Sprecherziehung an den Universitäten Bamberg und Passau gelehrt hat. „Entscheidend sind das Sprechtempo, die Betonung mit dem Wechsel zwischen leise und laut sowie die Modulation, also der Wechsel zwischen hohen und tiefen Tönen. Am Satzende etwa sollte sich die Stimme senken.“ Darüber hinaus solle ein Sprecher inhaltlich zwischen anspruchsvollen und leichteren Textpassagen wechseln.

Zu guter Letzt gehe es auch um Körpersprache, mit der ein Redner das Gesagte unterstreichen könne. „Niemand sollte sich mit übertriebener Gestik behelfen oder andere imitieren“, erklärt Grosz. „Ein Redner sollte nur Bewegungen ausführen, die ihm auch liegen.“

Nervösen Sprechern empfiehlt sie, sich auf ihre ersten fünf Sätze zu konzentrieren. „Der Einstieg ist entscheidend“, erklärt Grosz. „Wenn am Anfang alles sitzt, zieht ein Redner seine Zuhörer sofort auf seine Seite.“ Spätere Patzer verzeihe ein Publikum fast immer – vor allem, wenn sie von einem charmanten Lächeln begleitet würden. „Ein nettes Lachen schafft immer Sympathie.“

---

1 **a** Stellen Sie die Fehler beim Vortrag zusammen, die in dem Artikel genannt werden. Unterscheiden Sie nach verbalem, nonverbalem und paraverbalem Verhalten.

b Diskutieren Sie die Lösungsansätze der Verfasserin.

c Ergänzen Sie aus eigener Erfahrung Strategien zur Optimierung von Sprechtechnik und -tempo.

d Überlegen Sie, ob und wie Sie diese Lösungsansätze in der täglichen Praxis umsetzen können.

Mediengestützt referieren – Auswahl der Vortragsweise und der Visualisierungstechnik

Methode **Vortragsweisen**

Ein **ausformulierter Text** kann als Grundlage für den Vortrag dienen. Markierte Kernaussagen erleichtern die Orientierung und ermöglichen so den Blickkontakt mit den Zuhörenden. Wer mit dem Referieren schon Erfahrung hat, sollte **Karteikarten als Stichwortzettel** nutzen. Sie enthalten auf knappem Raum, kurz formuliert und übersichtlich angeordnet die wichtigsten Zusammenhänge sowie Informationen, die schwer zu behalten sind bzw. ganz korrekt wiedergegeben werden müssen: Daten, Zahlen, Fachbegriffe, Zitate. Zu allen Abschnitten des Vortrags werden gesonderte, fortlaufend nummerierte Karteikarten angelegt. Hervorhebungen, Symbole und Abkürzungen helfen bei der Strukturierung.

1 **a** Nehmen Sie zur Übung die Textexzerpte der Texte 1–3, S. 59–60, und übertragen Sie die Informationen mit wenigen Notizen für einen möglichst freien Vortrag auf einige Karteikarten. Versehen Sie jede Karteikarte mit einer Überschrift.
b Vergleichen Sie Ihre Ergebnisse in Partnerarbeit und begründen Sie Ihre Auswahl.

Methode **Visuelle Unterstützung bei Referaten und Kurzvorträgen**

Die Aufmerksamkeit der Anwesenden wird erhöht, wenn man außer über den akustischen noch über den optischen Kanal Informationen aufnehmen kann. Als Hilfsmittel eignen sich v. a. die Tafel, der Tageslichtprojektor, eine PowerPoint-Präsentation (► S. 67) oder ein Handout.

- **Folien** dienen dem Vortragenden und den Zuhörern als Orientierung. Sie sollten logisch strukturiert sein und in einer gut lesbaren Schriftgröße übersichtlich beschrieben werden.
- Ein **Handout** von zwei bis maximal vier DIN-A4-Seiten ergänzt als Tischvorlage den Vortrag und erleichtert den Zuhörenden die Orientierung. Es enthält Angaben über die Veranstaltung (Titel, Ort, Datum, Referentin/Referent) sowie stichwortartig Informationen über den Inhalt (Frage/Problemstellung, Gliederung, Argumentationsstruktur, Definitionen, Fazit, Ausblick). Als Anhang können ein Literaturverzeichnis sowie die Materialien (Schaubilder, Statistiken usw.) angefügt werden.
- Ein **Thesenpapier** kann Bestandteil eines Handouts oder ein eigenes Begleitblatt sein. Es fasst – möglichst auf einer DIN-A4-Seite – mit knappen und prägnanten Sätzen den Inhalt in Thesen zusammen. Ein Thesenpapier wird häufig als Grundlage für die nachfolgende Diskussion genutzt und kann daher auch streitbare, polarisierende Behauptungen enthalten, die im Vortrag erläutert werden sollten.
  Auf dem Begleitmaterial sollte Platz für Notizen der Zuhörenden bleiben.

2 Bereiten Sie für Ihren Vortrag ein Handout vor.

3 **a** Halten Sie Ihr Referat vor einem Testpublikum. Spielen Sie dabei mit den Möglichkeiten des gestaltenden Sprechens, indem Sie unterschiedliche Varianten von Gestik, Mimik, Sprechtempo und Stimmführung in ihrer Wirkung erproben.
b Verteilen Sie Beobachtungsaufträge für alle Bestandteile des Vortrags und lassen Sie sich ein Feedback geben. Korrigieren Sie gegebenenfalls Ihren Vortrag.

4.2 Präsentationen

Die Klassenfahrt nach Lübeck war ein großer Erfolg. An einem Projekttag wollen Sie mit einer Präsentation anderen Klassen Eindrücke vermitteln, die Sie gewonnen haben. Eine Präsentation unterscheidet sich von einem Kurzvortrag und einem Referat dadurch, dass sie stärker mediengestützt ist.

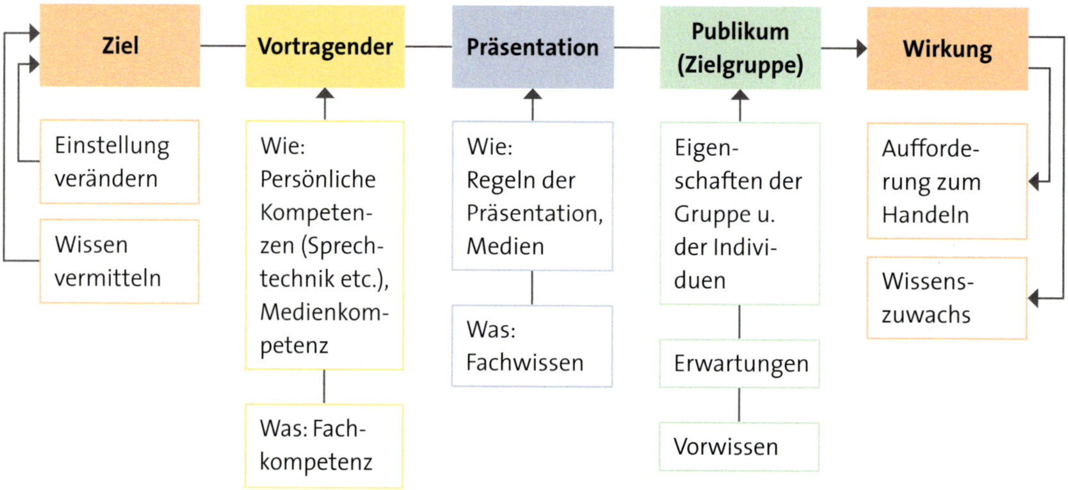

1 Beschreiben Sie das Schema.

2 Nennen Sie aus dem Alltags- und Berufsleben Beispiele für Präsentationen:

a Erläutern Sie die Auswirkungen unterschiedlicher Anlässe und Zielsetzungen auf die Art der Präsentation.

b Welche Konsequenzen ergeben sich für die Präsentation durch unterschiedliche Zielgruppen? Nennen Sie auch hier Beispiele.

3 Klären Sie zu Beginn der Erarbeitung Ihrer Präsentation die Ziele und machen Sie sich Gedanken über Ihre Zielgruppe. Notieren Sie Ihre Ergebnisse stichwortartig.

Präsentationen vorbereiten – Den Arbeitsprozess organisieren

Methode **Eine Präsentation planen**

Eine Präsentation erfolgt in **drei Schritten: Eröffnung**, **Hauptteil**, **Abschluss**.

A Eröffnung: Begrüßung, abgestimmt auf den Teilnehmerkreis; **Vorstellung** der eigenen Person, **Informationen** zu Anlass, Thema, Ziel, Organisation

Vorbereitung: Machen Sie sich klar:
- wie Sie die Zuhörenden begrüßen
- wie Sie sich selbst vorstellen
- was Sie über Anlass, Thema und Zielsetzung sagen wollen
- ob Sie die Verteilung von Material ankündigen, Fragen zulassen etc.
- ...

B Hauptteil
Darstellung der Inhalte: Wichtig ist ein logischer und nachvollziehbarer Aufbau, der auf das Thema abgestimmt ist. Die **Strukturierung** kann z. B. nach der Sachlogik (wie in einem Fachbuch), nach der zeitlichen Abfolge oder im Dreischritt (z. B. Vorteile – Nachteile – Lösung; Was war? – Was ist? – Was wird sein?) erfolgen.
Vorbereitung: Vergewissern Sie sich, dass Sie folgende Vorarbeiten geleistet haben:
- die Inhalte sinnvoll gegliedert
- für die einzelnen Teile ausreichend Zeit eingeplant
- aussagekräftige Visualisierungen gewählt
- Raum und Technik kontrolliert
- Mittel geplant, um die Aufmerksamkeit der Zuhörenden zu gewinnen und zu erhalten
- ...

C Abschluss
Zusammenfassende Abrundung, Dank an die Zuhörenden, abgestimmt auf die Gruppe und den Ablauf der Präsentation, evtl. **weitere Vorgehensweise**, z. B. Diskussion, Feedback
Vorbereitung: Planen Sie,
- was Sie in die Zusammenfassung aufnehmen
- mit welchen Worten Sie schließen
- ob eine Diskussion folgen soll, wie Sie diese eröffnen wollen, wie lange sie dauern kann
- ...

1 Erstellen Sie eine Checkliste für Ihre Präsentationsvorbereitung. Nutzen Sie dazu die Vorlage aus dem Methoden-Kasten (▸ S. 64 f.). und ergänzen Sie sie nach Ihren Belangen. Tipp: Kopieren Sie Ihre Checkliste, damit Sie sie auch bei den kommenden Präsentationen nutzen können.
2 Entwerfen Sie kurz vor der Präsentation einen Ablaufplan, vor allem, wenn Sie **im Team präsentieren**.

Phase	*Wer?*	*Medien*	*Dauer*	*Beachten!*
Begrüßung	*Helga*	*---*	*2 Min.*	*Zitat: „...“*
Anlass, Thema, Ziel	*Klaus*	*Folie 1 PowerPoint*	*3 Min.*	*Blickkontakt!*
Organisatorisches	*Philipp*	*Handout, Flip Chart*	*2 Min.*	

Präsentationsmedien

Matthias Pöhm: **„Präsentieren Sie noch oder faszinieren Sie schon?“** (2006)

[...] Am 28. Juli 1963 stieg ein Mann vor dem Kapitol in Washington auf eine Rednertribüne und erhob seine Stimme zu über 250.000 versammelten Menschen. Es wurde eine der größten Reden des Jahrhunderts. Der Mann war Martin Luther King, jener charismatische Führer der Afro-Amerikaner, der gewaltlos gegen die Rassentrennung in den USA kämpfte. Heute kennt man diese seine berühmteste Rede unter dem Titel „I have a dream“. Mit flammenden Worten beschrieb Martin Luther King sein Amerika der Zukunft. Immer wieder begann er seine Sätze mit: „I have a dream." Wer diese Rede einmal im Fernsehen gesehen hat, kann die Ehrfurcht gebietende Wirkung seiner Worte von damals nachempfinden.

Stellen wir uns folgendes Szenario vor: Schon damals hätte es PowerPoint gegeben, und Martin Luther King hätte zur Verdeutlichung seiner Botschaft auf einem riesigen Bildschirm seine Kernaussagen mit PowerPoint unterstützt. Das hätte dann in etwa so aussehen können:

Traumvorstellung für die Zukunft Amerikas

1) Erhebung der Nation mit dem Ziel der Gleichheit aller Menschen
2) Gemeinsames Zusammensitzen früherer Sklaven und Sklavenhalter am Tisch der Brüderlichkeit in Georgia
3) Händeschütteln von schwarzen und weißen Kindern im rassistischen Staat Alabama
4) Umwandlung des früheren Sklavenstaates Mississippi in eine Oase der Freiheit und Gerechtigkeit
5) Leben in einer Nation, wo die Beurteilung nicht nach der Hautfarbe, sondern nach dem Charakter stattfindet

Diese Texte wären natürlich unter Ausschöpfung aller spielerischen PowerPoint-Möglichkeiten in Farbe von links nach rechts wie von Geisterhand auf dem Bildschirm eingeschwebt ... 250.000 Menschen hätten bereits vorher gelesen, was Herr King danach noch einmal fast wörtlich wiederholt hätte ... Seine sonst so bildhafte Sprache hätte sich notgedrungen an den Akademikertext auf der Folie angepasst ... Und eine der größten Reden der Menschheit hätte sich um den Faktor Zehn verschlechtert! Niemand mehr würde diese Rede heute zitieren. Und ich vermute, dass die Rassentrennung in den USA noch immer nicht abgeschafft wäre. [...]

---

1 Erläutern Sie, was der Verfasser mit seinem Beispiel aussagen will. Berücksichtigen Sie den Titel.

2 Recherchieren Sie die Rede (z. B. auf YouTube) und analysieren Sie, wie Martin Luther King die beschriebene Wirkung erzielt hat.

3 Medien sollen bei der Vermittlung und Aufnahme von Informationen helfen, d. h., sie sollten **sinnvoll und ökonomisch eingesetzt** werden. Je nach Inhalt und Ziel der Präsentation bieten sich bei den meisten Themen verschiedene Varianten an. Vervollständigen Sie die Tabelle und ergänzen Sie weitere Medien.

	Einsetzbarkeit	**Vorbereitungsgrad**	**Vorteile**	**Nachteile**
Beamer	*für alle Gruppengrößen geeignet* ...	*hoch: Anfertigen von Folien, Bereitstellung der Geräte* ...	*vielfältige Darstellungsmöglichkeiten* ...	*Perfektion kann steril wirken, Abhängigkeit von Technik* ...
Flip-Chart	*nur für kleine Gruppen geeignet*	*für die Bereitstellung gering*	...	...

4 Wählen Sie für Ihre Zwecke die entsprechenden Medien aus. Machen Sie sich dabei stets auch die Nachteile des Mediums bewusst und versuchen Sie, sie auszugleichen.
5 Bereiten Sie dann die Inhalte medial auf (▸ Information).
6 Planen Sie, mit welchen Worten Sie Visualisierungen und Einspielungen verbal begleiten können.

Information **Regeln für eine PowerPoint-Präsentation**

Mit dem weit verbreiteten Präsentationsprogramm PowerPoint kann man Inhalte sehr ansprechend und abwechslungsreich aufbereiten, doch darf dies nie Selbstzweck sein. Um das zu verhindern, sollten Sie die folgenden Regeln beachten:

- Der Inhalt sollte stets im Mittelpunkt stehen, erst in einem zweiten Schritt kommt es auf die Visualisierung an.
- Beschränken Sie die Visualisierungen auf zentrale Aussagen.
- Reduzieren Sie die Textmenge auf einer Folie so weit, dass die Zuhörer alles gut erfassen können. Bedenken Sie dabei, dass Ihr Vortrag durch die Folien unterstützt, aber nicht abgebildet werden soll.
- Gehen Sie sparsam mit unterschiedlichen Schriftgrößen und -arten, Hervorhebungen, Animationen und Farben um, so dass die Übersichtlichkeit gewahrt bleibt.
- Achten Sie auf eine gute Lesbarkeit und eine einheitliche Gestaltung.
- Bereiten Sie einen Sprechtext vor, der mehr sagt als die Aussagen auf den Folien. Achten Sie auf schlüssige Überleitungen, Beispiele und die Ansprache des Publikums.

Zuhörer einbeziehen und aktivieren

Viele Vorträge und Referate werden nicht primär aus persönlichem Interesse verfolgt. Oft gehören sie zum Pflichtprogramm, das Lernende und Berufstätige absolvieren müssen. Umso wichtiger ist es für die Referentin/den Referenten, das Interesse zu wecken und zu erhalten. Um den Zugang zum Thema zu erleichtern, sollten Vortragende z.B. an das **Vorwissen** des Auditoriums anknüpfen und **aktuelle Bezüge** herstellen. **Zitate** oder **Karikaturen** fördern ebenfalls die Aufmerksamkeit. Mit der Schilderung **persönlicher Erfahrungen** bekommt das Thema einen konkreten Bezug zur Lebenswirklichkeit. Sehr effektiv kann auch eine Aktivierung der Zuhörenden durch ein **Impuls- oder Sandwichreferat** sein.

Methode **Impuls- und Sandwichreferat**

Beim **Impulsreferat** laufen die Darstellung und Erarbeitung eines Themas in einem Prozess ab, in dessen Verlauf die/der Vortragende und die Zuhörenden ihre **Rollen wechseln**: Nach einer kurzen Phase der Informationsvermittlung erarbeiten die Zuhörenden arbeitsteilig z.B. Beiträge zu Thesen oder werten Schaubilder aus und präsentieren ihre Ergebnisse. Die/Der Vortragende stellt die Aufgaben und moderiert die Präsentation. Dieser Rollentausch kann je nach Länge des Referats mehrmals erfolgen.
Für ein **Sandwichreferat** bereitet die/der Vortragende **Fragen** vor, welche die Zuhörenden vor Beginn des Referats in Partnerarbeit oder in Gruppen kurz diskutieren, die Ergebnisse werden schriftlich festgehalten. Im Anschluss an das Referat bewerten die Zuhörenden ihre Antworten vor dem Hintergrund des hinzugewonnenen Wissens.

1 Erläutern Sie, welche Anforderungen diese Methoden an die Vortragenden stellen.
2 Erklären Sie, inwiefern die Methoden geeignet sind, die Zuhörenden zu aktivieren.
3 Weitere Möglichkeiten zur Aktivierung des Publikums finden Sie im Folgenden. Ergänzen Sie andere Beispiele und beurteilen Sie, welche Methoden zu Ihrem Vortrag passen.

Kartenabfrage oder Brainstorming: *„Was ist eurer Meinung nach das Ziel einer Klassenfahrt?"*
Punktabfrage *(evtl. vergleichend vor und nach der Präsentation): „Würdet ihr gern eine Klassenfahrt nach Lübeck machen: Ja – nein?"*
Murmelpause: *„Welche Erfahrungen habt ihr mit Klassenfahrten gemacht? Tauscht euch leise mit eurem Sitznachbarn aus. Ihr habt fünf Minuten Zeit."*
Fragen stellen *(Die Präsentierenden stellen Fragen und müssen auf die Antworten aus dem Publikum Bezug nehmen): „Mara stellte gerade fest, dass Mann erst 1955 die Ehrenbürgerwürde der Stadt Lübeck erhielt. Das ist richtig, allerdings … "*
Blitzlicht: *„Bitte äußert spontan eure Eindrücke von diesem Vortrag."*
Galeriegang, Fotogalerie, Zeitleiste: *„Unsere Erlebnisse auf der Klassenfahrt haben wir in einer Fotogalerie zusammengestellt. Ihr könnt sie euch jetzt gerne anschauen."*
Fragen zulassen: *„Habt ihr Fragen zu dem Unterpunkt ‚Thomas Manns Kindheit'?"*

Eine Präsentation bewerten

1 Erarbeiten Sie – bevor Sie eine Präsentation hören – einen Bewertungsbogen. Berücksichtigen Sie neben inhaltlichen Kriterien (z. B. logische Strukturierung, fachlich korrekte Darstellung) auch das Agieren der Vortragenden (rhetorische Kompetenz, Auftreten, Kontakt zum Publikum), den Einsatz von Medien, die Qualität des Begleitmaterials sowie Ablauf und Ertrag einer Diskussion.

Bewertungsbogen für eine Präsentation

Bewertung	-3	-2	-1	+1	+2	+3
Gesamteindruck des Referenten						
Eröffnung						hat ruhig eröffnet und gleich Interesse geweckt
Auftreten …					freundlich, sicher, bei Fragen etwas ungeduldig	
Inhalt						
Thema eingehalten?						
Sprachliche Gestaltung …		viele Floskeln				

2 Halten Sie die Präsentation vor Ihrer Lerngruppe und lassen Sie sich ein Feedback geben.

4.3 Mitschrift und Protokoll

Mitschriften – Aktiv zuhören

Methode **Mitschriften anfertigen**

Regeln für die Gestaltung einer Mitschrift

- Wählen Sie karierte, **lose Blätter** im DIN-A4-Format.
- Versehen Sie jedes Blatt mit dem **Thema** und dem **Datum**.
- **Nummerieren** Sie die Einzelblätter.
- Arbeiten Sie mit **Symbolen**, z. B. mit Pfeilen, Frage- und Ausrufezeichen.
- **Differenzieren** Sie Ihre Notizen je **nach Wichtigkeit**, z. B. durch Kästen, Unterstreichungen, Druckschrift, Großbuchstaben.
- **Strukturieren** Sie das Geschriebene auch optisch, z. B. durch Abschnitte, Einrückungen, Unterstreichungen.
- Beschreiben Sie das Blatt **nicht zu eng**, so dass Sie jederzeit, z. B. bei einer späteren Besprechung des Inhalts, **Ergänzungen einfügen** können.
- Benutzen Sie **Abkürzungen**.
- Nehmen Sie eine **Dreiteilung des Blattes** vor:
  - **Teil A** ist der Raum für Ihre Notizen während des Vortrags.
  - **Teil B** wird reserviert für Ergänzungen, die Sie später vornehmen wollen, z. B. bei der Nacharbeit zu Hause.
  - **Teil C** bleibt frei für weiterführende Fragen, Querverweise, eigene Kommentare etc.

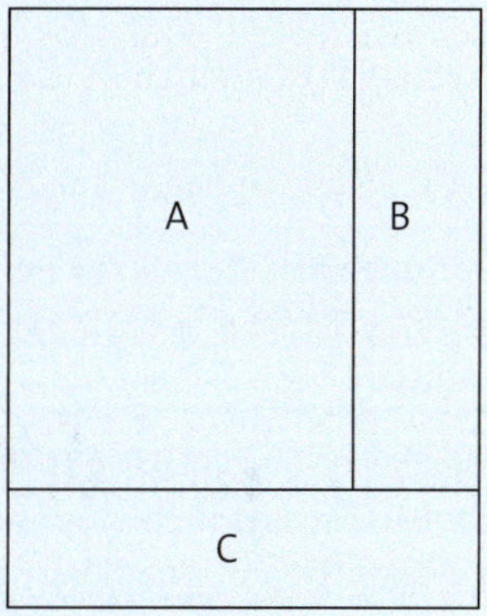

Regeln für den Inhalt einer Mitschrift

- Versuchen Sie **nicht, wörtlich** mitzuschreiben, sondern notieren Sie nur **stichwortartige Formulierungen**, z. B. Kurzsätze, Schlüsselwörter.
- Beschränken Sie sich auf die **wichtigsten Informationen**, z. B. Kernthesen, Argumente, evtl. Zahlen, Daten, Definitionen.

Regeln für das Lernen mit Hilfe von Mitschriften

- **Bearbeiten** Sie die Notizen **so schnell wie möglich**, damit die Erinnerung noch frisch ist.
- **Sammeln** Sie Ihre Unterlagen in **Ordnern** oder **Dateien**, die eine flexible Zusammenstellung ermöglichen.
- **Nutzen** Sie die Mitschriften als Grundlage **für die Vorbereitung** auf den folgenden Unterricht.

Vorteile des Anfertigens von Mitschriften

- Das **Gedächtnis** wird **entlastet**.
- Es erfolgt eine **aktive Auseinandersetzung** mit dem Gehörten.
- Die Fähigkeit, **Wichtiges von Unwichtigem** zu unterscheiden, wird trainiert.
- **Mehrere Sinne** werden aktiviert.
- Die **Konzentration** wird **erleichtert**.
- Es entsteht eine **Grundlage für Wiederholungen** und weiterführende Auseinandersetzungen mit dem Thema.

Heinrich Mann

**1871 Lübeck, †1950 Kalifornien*
Schriftsteller, er ist der ältere Bruder von Thomas Mann
zeitweise Bruch mit Thomas wg. Nähe zur kommunist. Partei
1933: verlässt D, wird ausgebürgert

Stationen:
- Frankr.
- Tschechoslowakei → Staatsbürgerschaft
- USA (zus. mit Golo Mann)
Er stirbt vor der geplanten Rückkehr nach D

Wichtige Werke
- Prof. Unrat 1904 (1930 Film „Der blaue Engel“ mit Marlene Dietrich)
- Der Untertan 1914 (1951 DDR-Film)
persifliert Gesellschaft des Wilhelminischen Zeitalters

2001 Film „Die Manns“
Regie: Heinrich Breloer
→ Kommunismus: Heinrich oder Thomas?
„Leben und Literatur – Ein polit. Bruderzwist“
www.br-online.de

Golo?

?

- Inhalt „Untertan“? Sekundärliteratur!
- Bruderzwist: Thema für Referat?

1 Beurteilen Sie das Beispiel für eine Mitschrift.
2 Stellen Sie eine für die Lerngruppe verbindliche Liste von Symbolen und Kürzeln zusammen.
3 Fertigen Sie von einem Vortrag, einem Film, einer Unterrichtsstunde arbeitsteilig Mitschriften in linearer Form bzw. in Mindmaps oder Diagrammen an. Vergleichen Sie die Ergebnisse. Stellen Sie Vor- und Nachteile zusammen.

Protokolle – Wichtiges dokumentieren

Information **Protokolle**

Protokolle richten sich an andere, d.h., sie müssen sachlich und neutral verfasst werden und alle relevanten Informationen enthalten. Als Grundlage dienen Stichwortprotokolle, die nach denselben Regeln angefertigt werden wie eine Mitschrift. Je nach Verwendungszweck werden unterschiedliche Protokolle angefertigt:

Ergebnisprotokoll: Festhalten von Resultaten
Sie dienen der knappen Wiedergabe von Anträgen, Abstimmungsergebnissen oder Absprachen, etwa über die Verteilung von Aufgaben, und enthalten daher keine Informationen über den Verlauf von Diskussionen oder Beratungen. Eine chronologische Reihenfolge ist nicht zwingend.

Verlaufsprotokoll: Wiedergabe von Abläufen
Sie sind umfangreicher als ein Ergebnisprotokoll und orientieren sich am chronologischen Ablauf. Redebeiträge werden entweder in indirekter Rede („Herr Schmidt führt aus, er sei enttäuscht über die fehlende Unterstützung ...") oder in der Form des Redeberichts („Herr Schmidt äußert sich enttäuscht über die fehlende Unterstützung ...") wiedergegeben. Anträge werden wörtlich festgehalten.

Methode **Ein Protokoll anfertigen**

Ein Protokoll gliedert sich in drei Teile:
- Der **Kopf** enthält alle Rahmendaten: Ort, Datum, Zeit, Anlass, Leitung, Teilnehmende, Protokollantin/Protokollant, Verteiler.
- Der **Hauptteil** hält die Resultate fest bzw. gibt den Hergang wieder.
- Im **Schlussteil** wird angegeben, wann, wo und von wem das Protokoll erstellt wurde. Er enthält außerdem die Unterschriften der Protokollantin/des Protokollanten sowie der Leiterin/des Leiters der Veranstaltung.

Protokolle werden im **Präsens** formuliert.

Protokoll der SV-Sitzung am 22.06.2011
in der Berufsbildenden Schule Wirtschaft 2, Ludwigshafen, Raum 311

Anwesende: Andrea Hilbert, Katja Lehmann, Marius Schubert, Jens Sievers, Sarah Stern
entschuldigt: Cedrik Thomaschek
Leitung: Marius Schubert
Protokollantin: Katja Lehmann
Zeit: 14.00 Uhr bis 15.30 Uhr

Tagesordnung:
1. Einrichtung einer Schulbibliothek
2. ...

TOP 1: Bücherspenden für die Schulbibliothek
Sarah Stern berichtet von ersten Erfolgen der Spendenaktion für die Schulbibliothek. Neben nicht mehr benötigten Lehr- und Fachbüchern seien vor allem neuere Romane eingegangen. Ein Gespräch mit der Schulleitung habe allerdings ergeben, dass die Raumsituation nach wie vor ungeklärt sei.
TOP 2: ...

Ludwigshafen, 22.06.2011

Marius Schubert, Leitung	*Katja Lehmann, Protokoll*

1 Kommentieren Sie das Beispielprotokoll anhand des vermittelten Wissens über Protokolle.

2 Verfassen Sie ein Protokoll zu einer passenden Veranstaltung, z. B. Unterrichtsstunde, Teambesprechung etc. Schreiben Sie ein Ergebnis- und ein Verlaufsprotokoll und vergleichen Sie diese.

5 Team- und Projektarbeit

1 Berichten Sie über Ihre Erfahrungen mit der Arbeit in Projekten.

2 Führen Sie eine **Gruppenanalyse** durch zu dem Thema: „Wie kann Teamarbeit erfolgreich gestaltet werden?“

a Bilden Sie Kleingruppen. Jedes Mitglied formuliert drei Vorschläge auf einem Arbeitsblatt nach folgendem Muster:

Wie kann Teamarbeit erfolgreich gestaltet werden?

Vorschläge	*Kommentar 1*	*Kommentar 2*	*Kommentar 3*	*Quintessenz*
1. Verbindliche Verteilung der Funktionen	*Funktionen sollten sich abwechseln*			
2. …	…			

b Geben Sie das Blatt im Uhrzeigersinn weiter. Setzen Sie sich mit den Vorschlägen auseinander und kommentieren Sie diese. Im weiteren Verlauf können Sie auch Stellungnahmen zu den Kommentaren vermerken. Das Blatt kreist so lange, bis es wieder am Ausgangspunkt angelangt ist.

c Formulieren Sie eine Zusammenfassung der wesentlichen Ergebnisse sowie eine Stellungnahme zu Ihren Vorschlägen.

3 **a** Diskutieren Sie die Ergebnisse in der Gruppe.

b Einigen Sie sich auf ein gemeinsames Ergebnis und stellen Sie es im Plenum vor.

In diesem Kapitel erwerben Sie folgende Kenntnisse und Kompetenzen:

- Elemente des kooperativen Lernens kennen und anwenden,
- Gruppenarbeitsprozesse durchführen und reflektieren,
- Regeln für Besprechungen kennen und anwenden,
- Projekte planen und durchführen,
- Arbeitsprozesse und -ergebnisse im Team bewerten.

5.1 Kooperatives Lernen

Leserbrief eines Schülers: „Spielend zum Abi" (Die Zeit, 2008)

Im Biologieunterricht einer engagierten Lehrerin ist Ausschneiden, Kleben, Basteln und Spielen nichts Ungewöhnliches. Wir Schüler der elften Klasse schneiden Abbildungen der DNA aus, die wir später korrekt aufkleben müssen. In einer anderen Stunde malen wir Zeichnungen vom Zellkern aus und basteln Mitochondrien aus Teebeuteln. Guter Unterricht ist kreativer Unterricht, so haben es vor allem unsere jungen Lehrer auf Fortbildungen gelernt. Nur scheint ihnen keiner gesagt zu haben, welche Klassenstufe welches Bastelausmaß am besten verkraftet. Was in der Grundschule für Begeisterung sorgt, schafft in der Oberstufe Unmut. „Man behält den Stoff besser, wenn man aktiv mit ihm konfrontiert wird", argumentieren die Lehrer auf genervtes Nachfragen. Deshalb erläutern sie uns mit leuchtenden Augen das „Ballonspiel", in dem wir entscheiden sollen, welche politischen Sparten wir als Erstes aus einem sinkenden Heißluftballon werfen würden, weil sie am unwichtigsten sind. Später wird gepuzzelt, selbstverständlich in Gruppenarbeit, der effektivsten Arbeitsform schlechthin. Die Schüler freut es: Wer arbeiten möchte, kann arbeiten, wer nicht, lässt die anderen ran. Nur: Auf Dauer werden die Kindergartenmethoden zum echten Ärgernis, vor allem wenn sämtliche Gedanken um's Abi kreisen, um Studium und Beruf. Wenn Lehrer aber aus Seminaren für vermeintlich besseren Unterricht Arbeitsblätter in die Klassen tragen, auf denen Anweisungen stehen wie: „Stellt eure Stühle leise zusammen. Denkt daran, sie hochzuheben", dann wird es den Schülern irgendwann lieber sein, dass sie einfach bleiben, was sie mal waren: gute Lehrer, die etwas von ihrem Handwerk verstehen und erprobte Methoden einsetzen, die echtes Interesse wecken. Sobald aber Schule nur noch lächerlich erscheint, ist schlechte Laune programmiert. Und am besten lernt man doch bei guter Laune, oder was genau sagen die Fortbilder dazu?

Ruben Karschnick; der Autor ist Schüler einer elften Klasse in Hamburg

1 a Fassen Sie die Kritik des Schülers kurz zusammen.
b Vergleichen Sie Ihre eigenen Erfahrungen mit den Aussagen im Leserbrief.

Information **Kooperatives Lernen**

Mit dem Begriff **kooperatives Lernen** wird eine Lernkultur beschrieben, die den veränderten Bedingungen in Ausbildung und Beruf Rechnung trägt. Die Entwicklung in Technik und Wirtschaft hin zu global vernetzten, sich ständig verändernden Strukturen wirkt sich auf die Anforderungen aus, welche man an Lernende stellt. Darüber hinaus geben neue Erkenntnisse der Hirnforschung bisher unbekannte Einblicke in den Prozess des Lernens. Lernen wird als **Konstruktion** einer **individuellen Wissenslandschaft** definiert und als **output-orientierter Prozess** organisiert, der sich nicht auf die Vermittlung von Faktenwissen beschränkt, sondern neben der fachlichen Kompetenz auch die Vertiefung von sozialen, personalen und methodischen Kompetenzen fördert, um so den Lernenden einen eigenständigen, lebenslangen Lernprozess zu ermöglichen.

Kooperatives Lernen läuft in folgenden **Phasen** ab:

Denken (Think) →	**Austauschen** (Pair) →	**Vermitteln** (Share)
Individuelle Erarbeitung eines Teilgebiets	Vertiefung in Expertenpaaren oder -gruppen	Weitergabe und Sicherung
Konstruktion →	**Ko-Konstruktion** →	**Instruktion**

In einer **Präsentation** werden die Ergebnisse vorgestellt.

2 Das Gruppenpuzzle ist eine für das kooperative Lernen besonders geeignete Methode. Stellen Sie den Ablauf der Phasen eines Gruppenpuzzles (▸ Methode) grafisch dar.

Methode **Gruppenpuzzle**

1. In Gruppen von möglichst vier Mitgliedern bearbeitet jeder individuell eine **Teilaufgabe des Themas.** Neben der Erschließung des Themas macht sich jedes Gruppenmitglied Gedanken zur Methode der Vermittlung und zu der Frage, wie die Ergebnisse gesichert werden können (z.B. Visualisierung, Kontrollfragen, Merksätze).
2. Die Gruppen werden so gemischt, dass nun die **Experten**, d.h. alle, die sich mit dem gleichen Teilthema beschäftigt haben, eine Gruppe bilden. Sie vergleichen, berichtigen und ergänzen ihre Ergebnisse aus der ersten Arbeitsphase.
3. Alle kehren in ihre **Ursprungsgruppe** zurück, stellen nacheinander die Informationen zu ihrem Teilthema vor und beantworten Fragen der anderen Gruppenmitglieder.

Eine erneute Expertenrunde kann angeschlossen werden, falls in der dritten Phase noch Fragen offen geblieben sind. Im Anschluss daran werden die Ergebnisse **präsentiert**.

3 Erproben Sie die Methode „Gruppenpuzzle“ am Thema „Kooperatives Lernen“.
a Bearbeiten Sie zunächst einzeln das Thema „Kooperatives Lernen“ unter einem der folgenden Aspekte (die Zuordnung erfolgt nach dem Zufallsprinzip):
- Vorteile des kooperativen Lernens
- Mögliche Probleme beim kooperativen Lernen
- Kooperatives Lernen und Leistungsbeurteilung – Ergänzung oder Widerspruch?
- Kooperatives Lernen aus der Sicht der Schüler – entlastend oder zu arbeitsintensiv?

b Führen Sie die einzelnen Schritte durch und präsentieren Sie Ihre Ergebnisse im Plenum.

4 Auch Projektarbeit erfolgt grundsätzlich in Teams. **Teamarbeit** ist besonders effizient, wenn die Mitglieder eine Rolle einnehmen können, die ihren Kompetenzen entspricht.

Teamrolle	Aufgaben im Team	wichtige Eigenschaften	mögliche Schwächen
Koordinator	*sichert Kooperation, bringt Entscheidungsprozesse in Gang und steuert sie*	*selbstsicher, kann delegieren, energisch*	*wenig produktiv, manipuliert*
Macher	*achtet auf Resultate, gibt Anstöße*	*dynamisch, mutig, kann gut unter Druck arbeiten*	*ungeduldig, wenig verständnisvoll*

a Vervollständigen Sie die Tabelle für folgende Rollen: Beobachter, Umsetzer, Vermittler, Wegbereiter, Perfektionist.
b Vergleichen und ergänzen Sie Ihre Ergebnisse.

5 Schätzen Sie das Potenzial Ihrer Lerngruppe ein.
a Heften Sie Karten mit den Rollenbezeichnungen auf Pinnwände.
b Überlegen Sie, welche Rolle Ihnen am meisten liegt.
c Heften Sie eine grüne Karte mit Ihrem Namen zu Ihrer bevorzugten Rolle.
d Heften Sie blaue Karten mit den Namen der anderen Mitglieder Ihrer Lerngruppe zu der Rolle, welche diese Person Ihrer Meinung nach im Team einnehmen sollte.
e Vergleichen Sie Ihre Selbsteinschätzung mit der Fremdeinschätzung.

5.2 Projektarbeit

Projektarbeit – Phasen und Arbeitsformen

Üblicherweise werden fünf Phasen eines Projekts unterschieden:
1. Initiativ- und Informationsphase, 2. Planungsphase, 3. Arbeits- oder Produktionsphase, 4. Präsentationsphase, 5. Evaluationsphase. In allen Phasen geht es darum, dass die Arbeits- bzw. Projektgruppen lernen, eigenverantwortlich und selbstständig im Team zu arbeiten.

Phase I: Initiativ- und Informationsphase

Bei der Planung eines Projekts muss gewährleistet sein, dass die Teammitglieder ihre Interessen, Kenntnisse und Kompetenzen einbringen können. Darüber hinaus müssen Rahmenbedingungen wie Lehrplan, Leistungsüberprüfungen, Räumlichkeiten, Termine berücksichtigt werden. Andere Entscheidungen, etwa zu den Arbeitsweisen und Materialien oder zur Form der Präsentation, können durch die Projektgruppe selbst getroffen werden. Handelt es sich bei dem Projekt um einen vorgegebenen Auftrag, z. B. eines externen Projektpartners, so müssen Rahmenbedingungen und Vorgaben genau abgesprochen und berücksichtigt werden.

1 Führen Sie die Vorbereitung einer Klassenfahrt als Projekt durch. Sammeln Sie spontan Ihre ersten Ideen in einem Blitzlicht (Methode, ► S. 76). Danach werden diese Ideen kritisch besprochen und die besten ausgewählt.

2 Organisieren Sie Ihre Arbeit, indem Sie Fragen zu den anstehenden Aufgaben klären: *„Welche Teilaspekte hat unser Thema?“ – „Was brauchen wir an Informationen?“ – „Wer übernimmt was und wer bringt was mit?“ – „Welche besonderen Kompetenzen sind für die unterschiedlichen Teilaspekte erforderlich und wer verfügt darüber?“ etc.*
Ergänzen Sie die Fragen und klären Sie möglichst viele von ihnen.

3 Verschaffen Sie sich einen Überblick über Ihr Thema, indem Sie eine erste (evtl. bereits arbeitsteilige) Recherche durchführen. Nutzen Sie hierfür Medien, die Ihnen schnell zur Verfügung stehen, z. B. Bibliotheken, Internet. Fertigen Sie Notizen an.

Methode **Blitzlicht**

Die Mitglieder einer Lerngruppe oder eines Arbeitsteams äußern reihum kurz und spontan ihre Gedanken, Wünsche, Erwartungen zu einem klar abgegrenzten Thema. Die Beiträge nehmen dabei nicht auf andere Äußerungen Bezug und werden nicht kommentiert. Diese Methode kann in verschiedenen Phasen eines Lern- oder Arbeitsprozesses eingesetzt werden: Am Anfang als erste Sammlung von Ideen, als Zwischenbilanz (z. B., um Störungen aufzudecken) oder als Schlussbilanz. Die Beiträge werden dokumentiert.

Phase II: Planungsphase

Die Komplexität von Projekten erfordert eine präzise und für alle Teammitglieder transparente Planung. Ein Projekt muss strukturiert, sinnvoll aufgeteilt, in seinem Ablauf geplant, zeitlich eingeschätzt und von seinem Ergebnis her bedacht werden. Es muss also inhaltlich, zeitlich und personell durchdacht werden. Zu Beginn wird das Projekt in **Teilprojekte** aufgegliedert. Jedem Teilprojekt werden planbare und kontrollierbare **Arbeitspakete** zugeordnet, die wiederum in einzelne Aufgaben unterteilt werden. Ein **Projektablaufplan** (▶ S. 77 f.) bildet die konkrete Zeitplanung ab.

---

1 Tragen Sie zusammen, welche Ergebnisse Ihre ersten Recherchen ergeben haben.

2 Einigen Sie sich in der Gruppe auf die wichtigsten inhaltlichen Aspekte.

3 **a** Formulieren Sie Ihre Zielvorgaben. Führen Sie dazu ein Brainstorming (▶ Methode unten) durch.
b Recherchieren Sie unter dem Begriff „SMART-Formel“ und überprüfen Sie Ihre Ziele mit Hilfe dieser Formel.
c Nehmen Sie eine hierarchische Ordnung der Ziele vor: Was ist das Projektziel? Welches sind Unterziele?

4 **a** Gliedern Sie Ihr Projekt in Teilprojekte. Ordnen Sie diese den einzelnen Gruppen zu.
b Definieren Sie in den Gruppen die Arbeitspakete und unterteilen Sie diese in Aufgaben.

5 Führen Sie eine Schätzklausur (Methode, ▶ S. 77) zum zeitlichen Aufwand der Arbeitspakete durch.

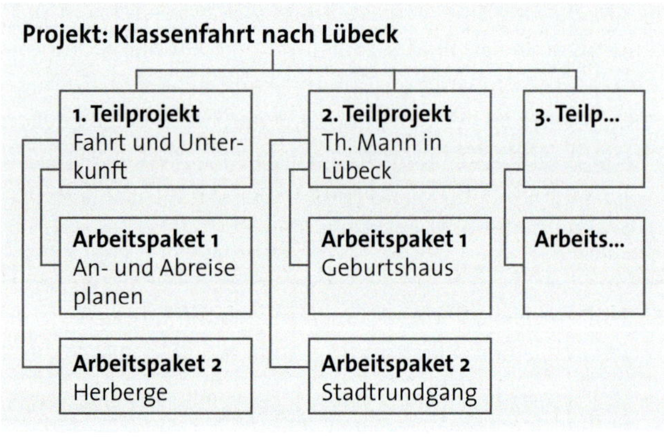

Methode **Brainstorming**

Gruppen von mindestens fünf, höchstens 30 Personen haben zehn bis 20 Minuten Zeit, um spontane Äußerungen zu sammeln, zu dokumentieren und nach Schwerpunkten zu ordnen. Die Beiträge werden nicht kommentiert oder bewertet. Variation: Die Teilnehmerinnen und Teilnehmer können ihre Ideen auf Karten notieren, die eingesammelt und geordnet werden.

Methode **Schätzklausur**

Die Einschätzung des Aufwands für einzelne Arbeitspakete ist bei der Projektarbeit einer der wichtigsten und schwierigsten Schritte. Eine Schätzklausur ist ein Verfahren, mit dem der zeitliche und finanzielle Rahmen geplant werden kann.
Der Verantwortliche stellt sein Arbeitspaket vor. Die Teammitglieder (TM) tragen den geschätzten Zeitaufwand in eine Tabelle ein. Weisen die Werte extreme Abweichungen auf, bittet die Leiterin/der Leiter die Teammitglieder mit den deutlich abweichenden Einschätzungen, diese zu begründen. In dieser Phase werden Argumente ausgetauscht und Fragen gestellt. Anschließend wird eine neue Schätzung vorgenommen. Aus den Einzelschätzwerten wird der Durchschnitt errechnet.

Zeitaufwand für das Arbeitspaket 1

	TM 1	*TM 2*	*TM 3*	*TM 4*	*Durchschnitt*
1. Schätzrunde	*11 Tage*	*9 Tage*	*6 Tage (!)*	*18 Tage (!)*	*11 Tage*
2. Schätzrunde	*11 Tage*	*9 Tage*	*8 Tage*	*12 Tage*	*10 Tage*

6 Bevor Sie in die detaillierte Planung gehen, entscheiden Sie, welches Produkt Sie als Ergebnis Ihrer Arbeit erstellen und wie Sie dieses präsentieren wollen, z.B. mittels Ausstellung, Kurzfilm, PowerPoint-Präsentation, Wandzeitung etc.

7 Legen Sie nach dem geschätzten Zeitaufwand einen **Ablaufplan** für Ihre Arbeitspakete an und verteilen Sie die Aufgaben. Legen Sie dabei auch bestimmte Funktionen fest, z.B. Protokollant, Koordinator außerschulischer Kontakte etc.

Ablaufplan
Projekt: Vorbereitung einer Klassenfahrt; Arbeitspaket „An- und Abreise planen"

Aufgaben	***Beginn***	***Abschluss***	***verantwortlich***	***wichtige Termine***	***erledigt***
Angebote für Hin- und Rückfahrt einholen	*06.06.*	*13.06.*	*Katja, Marius, Jens, Sarah*	*08.06.: Sarah besucht ihren Onkel (Busunternehmer) wg. Angebot*	*x*
Kosten und Zeiten verschiedener Verkehrsmittel vergleichen	*13.06.*	*20.06.*	*alle Protokolle: Jens*	*15.06. um 15.00 Uhr: Treffen in der Kantine*	

8 Übernehmen Sie die Planung der Arbeitspakete in einen **Projektablaufplan** (▸ S. 78), in welchem die Zeitplanung für das gesamte Projekt festgehalten wird. Planen Sie Termine für Besprechungen ein (Methode, ▸ S. 79).

Information **Projektablaufplan**

Projektablaufplan (Auszug)

	Termin	23. KW	24. KW	25. KW	26. KW	**Verantwortliches Team**	**erledigt**
Arbeitspaket	**Beginn**					Katja u. a.	
1. An- und Abreise planen	06.06.						

Bei der Arbeit in Projekten, aber auch bei der individuellen Bewältigung von Aufgaben, spielt das **Zeitmanagement** eine wichtige Rolle. Der oft enge zeitliche Rahmen und die Gleichzeitigkeit vieler Anforderungen im Alltag erfordern eine durchdachte Planung, z. B. mit Hilfe der ALPEN-Methode.

Methode **Zeitmanagement mit der A-L-P-E-N-Methode**

Mit der ALPEN-Methode kann man einen relativ kurzen Zeitraum strukturieren und das Zeitmanagement trainieren. Sie ist in fünf Schritte gegliedert:
A–ufgaben: In einem Zeitplaner werden für den kommenden Tag alle Aufgaben mit Angaben über Ort und Uhrzeit festgehalten.
L–änge: Der Zeitaufwand für eine Aufgabe wird festgelegt. Diese zeitlichen Vorgaben müssen eingehalten werden.
P–uffer: Verplant werden maximal 60 Prozent der Zeit. 20 Prozent bleiben für Unvorhergesehenes reserviert, weitere 20 Prozent bieten Gelegenheit für spontane soziale Aktivitäten, z. B. eine Kaffeepause mit Kolleginnen und Kollegen.
E–ntscheidungen: Die anstehenden Aufgaben werden nach ihrer Priorität klassifiziert:
A-Aufgaben: dringend, müssen sofort und eigenhändig erledigt werden
B-Aufgaben: wichtig, können aber noch etwas warten
C-Aufgaben: unwichtig bzw. können delegiert werden
N–achkontrolle: Es wird überprüft, welche Aufgaben nicht erledigt wurden, welche Ursachen das hatte und wie sich diese Probleme vermeiden lassen.

9 **a** Berichten Sie, welche Erfahrungen Sie mit der zeitlichen Planung von Aufgaben haben.
b Planen Sie die nächsten Tage mit der ALPEN-Methode.

Phase III: Arbeits- und Produktionsphase

In dieser Phase finden die Ausarbeitung des Themas und die Vorbereitung der Präsentation statt. Das Projekt zur Vorbereitung einer Klassenfahrt enthält als ein Arbeitspaket die Planung von unterrichtsbezogenen Veranstaltungen. Je nach Unterrichtsthema und gewähltem Ziel bieten sich Verbindungen zu bestimmten Autoren an, z. B.: Lübeck und Thomas Mann (► S. 59 f.), Prag und Franz Kafka. Mit einer konkreten Fragestellung lässt sich das Material auswählen und ordnen. Während dieser Phase sollten Sie in regelmäßigen Abständen Besprechungen organisieren, um die Zwischenergebnisse zu bündeln, Probleme zu erörtern etc.

1 Stellen Sie sicher, dass Sie ausreichend Material zur Bearbeitung Ihres Themas zur Verfügung haben. Recherchieren und sammeln Sie ggf. erneut passende Informationen.

2 Wählen Sie aus und ordnen Sie Ihr Material unter einer konkreten Fragestellung. Beispiel zum Arbeitspaket „Stadtrundgang“: *Welche markanten Punkte der Stadt sind geeignet, um Stationen im Leben des Autors eindrucksvoll darzustellen? Was spricht für diese Auswahl?*

3 Entscheiden Sie in einer Besprechung (► Methode), welchen Schwerpunkt Sie setzen wollen.

Methode **Besprechung**

Für alle Besprechungen sind **drei Phasen** wichtig:

Vorbereitung:
- Einladung mit selbsterklärender Agenda: Datum, Ort, Zeitrahmen (auch Ende), Teilnehmerinnen und Teilnehmer, Moderatorin/Moderator, Protokollführerin/Protokollführer, Zeitmanagerin/Zeitmanager, Verteiler
- Tagesordnung nach Punkten geordnet

Durchführung:
- Die Moderatorin/Der Moderator achtet auf Einhaltung der Tagesordnung und der zeitlichen Vorgaben. Einvernehmliche Einigungen oder Kompromisse sind Abstimmungen vorzuziehen.
- Ergebnisse werden protokolliert: Was soll getan werden? Wie, von wem, bis wann wird es umgesetzt? Eine Liste nach dem LoP-Prinzip (Liste offener Punkte) dient der Planung zukünftiger Aktivitäten.
- Die Sonderform der Meilensteinsitzung dient der fortwährenden Evaluation und markiert Haltepunkte im Ablauf eines Projekts, um rückblickend das bisher Erreichte zu kontrollieren und auszuwerten und vorausblickend zu entscheiden, ob der Verlauf des Projekts wie geplant umgesetzt werden kann oder ob Änderungen vorgenommen werden müssen.

Nachbereitung:
- Regelmäßige Rücksprachen über den Fortschritt und Erfolgsmeldungen an die Teilnehmerinnen und Teilnehmer

4 **a** Verfassen Sie auf der Grundlage Ihres gemeinsamen Ergebnisses informative Texte.
b Ergänzen Sie diese mit passendem Bildmaterial und erarbeiten Sie so Ihre Vorschläge für unterrichtsbezogene Veranstaltungen am Zielort.

Phase IV: Präsentationsphase

1 Bereiten Sie die Präsentation vor (► S. 64–68).
a Erarbeiten Sie die Hilfsmittel, welche Sie für die Präsentation benötigen, z. B. Karteikarten, Folien.

b Üben Sie die Präsentation vor den Teammitgliedern oder anderen Personen.

c Laden Sie evtl. Besucher zu der Präsentation ein, z. B. Parallelklassen, Lehrkräfte, Presse, Firmenvertreter.

2 Führen Sie die Präsentation durch.

Phase V: Evaluationsphase

Wichtig ist, am Ende der Projektarbeit ein Gespräch über die geplanten und tatsächlich erreichten Ziele zu führen, um auf diese Weise die eigene Arbeit einzuschätzen und für spätere Aufgaben zu lernen. Auch hierfür haben sich unterschiedliche Dokumentationsformen bewährt.

1 Welche Erfahrungen haben Sie mit der Auswertung und Beurteilung von Projekten gesammelt? Was wissen Sie über Anforderungen an gute Feedback- und Kritikgespräche?

2 Reflektieren Sie Ihre geleistete Projektarbeit, indem Sie folgende Fragen beantworten:
- Wurden die gesetzten Ziele erreicht?
- Was haben wir als Team, Gruppe oder Kurs, was habe ich als Einzelperson gelernt?
- Wie funktionierte die Arbeit in der Gruppe? Wie haben wir Entscheidungen getroffen?
- War unsere Arbeitszeit gut geplant? Wo haben wir uns aus welchem Grund mit der Zeit verschätzt?

Tipp: Sie können auch einen Fragebogen erstellen, um Unterschiede im Hinblick auf die Wahrnehmung und Beurteilung herauszufinden, z. B.: *Habe ich … vs. Hat er/sie Ideen eingebracht? Bin ich … vs. Ist er/sie bei der Sache geblieben? …*

3 Stellen Sie weitere Kriterien für die Bewertung zusammen und erarbeiten Sie einen einheitlichen Bewertungsbogen für Ihr Projekt.

4 Erstellen Sie nach der Evaluationsphase einen Projektabschlussbericht (▶ Information).

Information Projektdokumentation

Alle projekt- und prozessbezogenen Daten werden fortlaufend dokumentiert, damit der Arbeitsprozess für alle Teammitglieder transparent ist. Diese **Projektdokumentation** ist die Grundlage für den **Projektabschlussbericht**, der erst nach der Präsentation entsteht und auch die Ergebnisse der Evaluation enthält. Er belegt Umfang und Qualität der geleisteten Arbeit und besteht aus folgenden Teilen:

1. Deckblatt

2. Inhaltsverzeichnis

3. Einleitung: Thema, Projektantrag und -auftrag, Projektbeschreibung und -ziel (IST- und SOLL-Analyse), Aufgabe des Teams

4. Hauptteil: Beschreibung der Teilprojekte und Arbeitspakete, des Ablaufs; Darstellung und Bewertung der Ergebnisse

5. Schluss: Bewertung der Arbeit, Ausblick, Ideen für zukünftige Arbeiten
Die Bewertung kann z. B. nach Kriterien erfolgen wie etwa Vollständigkeit, Sorgfalt und Gestaltung der Dokumentation.

6. Anhang: wichtige Dokumente, z. B. Protokolle, evtl. Literaturverzeichnis

B Lesen: Textsorten und literarische Gattungen

Jan van Eyck: Heiliger Hieronymus im Gehäuse (1440)

Edward Hopper: Nachts im Büro (1940)

Edward Hopper: Abteil C, Waggon 293 (1938)

Mary Cassatt: Lesende Familie (ca. 1901)

1 Beschreiben Sie, wie das Lesen auf den Gemälden dargestellt wird:
  a Welche Funktion hat das Lesen jeweils und welche Erwartungen verbinden die abgebildeten Personen mit dem Lesen?
  b Beurteilen Sie, welche gesellschaftliche Aufgabe das Lesen hat. Berücksichtigen Sie dabei auch den historischen Kontext und die geschlechtsspezifischen Rollenzuschreibungen.
2 Vergleichen Sie die Darstellungen früherer Jahrhunderte mit zeitgenössischen Gemälden oder Fotografien:
  a Stellen Sie in Gruppen eine Bildergalerie oder Collage zusammen unter dem Thema: „Lesen im 21. Jahrhundert".
  b Diskutieren Sie mit Hilfe Ihrer Collage und der oben abgebildeten Gemälde, ob und wie sich die Funktion des Lesens geändert hat.

1 Texte erschließen – Lesetechniken nutzen

Hans Magnus Enzensberger: Altes Medium (1995)

Was Sie vor Augen haben,
meine Damen und Herren,
dieses Gewimmel,
das sind Buchstaben.
Entschuldigen Sie.
Entschuldigen Sie.
Schwer zu entziffern,
ich weiß, ich weiß.
Eine Zumutung.
Sie hätten es lieber audiovisuell,
digital und in Farbe.

Aber wem es wirklich ernst ist
mit virtual reality,
sagen wir mal:
Füllest wieder Busch und Tal[1],
oder: Einsamer nie
als im August[2], oder auch:
Die Nacht schwingt ihre Fahn[3],
der kommt mit wenig aus.
Sechsundzwanzig
dieser schwarz-weißen Tänzer,
ganz ohne Graphik-Display
und CD-ROM,
als Hardware ein Bleistiftstummel –
das ist alles.

Entschuldigen Sie.
Entschuldigen Sie bitte.
Ich wollte Ihnen nicht zu nahe treten.
Aber Sie wissen ja, wie das ist:
Manche verlernen es nie. R

1 Erste Zeile aus dem Gedicht „An den Mond" von Johann Wolfgang Goethe (1749–1832)
2 Erste Zeile aus dem Gedicht „Einsamer nie" von Gottfried Benn (1886–1956)
3 Teil der ersten Zeile aus dem Gedicht „Abend" von Andreas Gryphius (1616–1664)

Lajos Major: beUU

1 Verständigen Sie sich mit einem Partner über Inhalt und Bedeutung des Gedichts:
a Fassen Sie kurz zusammen, welche Erwartungen ein heutiger Leser nach Enzensberger an einen Text hat.
b Fühlen Sie sich durch die persönliche Anrede Enzensbergers angesprochen? Begründen Sie.
c Deuten Sie die zweite Strophe des Gedichts.

2 Assoziieren Sie frei zu dem Bild. Können Sie einen Bezug zu Ihren Erfahrungen herstellen? Berichten Sie.

In diesem Kapitel erwerben Sie folgende Kenntnisse und Kompetenzen:

- Lesestrategien und Lesetechniken kennen und situationsgemäß nutzen,
- Methoden der Texterschließung und der Textwiedergabe kennen und anwenden,
- Aussagekraft von kontinuierlichen und diskontinuierlichen Texten beurteilen,
- Diagramme erstellen,
- Informationen aus Sachtexten und literarischen Texten visualisieren.

1.1 Lesen – Warum und wie?

Peter Bichsel: **Das Lesen** (1997)

Mein erstes Buch war Zwangslektüre, eine echte Qual. Ich bekam es von einer Tante geschenkt, die glaubte, höheren Geist in der Familie vertreten zu müssen, und sogar ein Modejournal abonniert hatte. Es war ein Weihnachtsgeschenk, ich war neunjährig, und es war ein richtiges Buch, dick und ohne Bilder: „Christeli" von Elisabeth Müller, sehr sehr traurig und sentimental, sehr sehr brav und unspannend. Ich begann einen Kampf mit diesem Buch. Ich hatte es zu lesen – selbst meine Eltern beharrten darauf, vor allem, weil meine Schwäche in Orthografie sich bereits zeigte und die Hoffnung bestand, durch Lesen zu besseren Diktaten zu kommen, durch bessere Diktate zu besseren Noten, dadurch zu besseren Erfolgschancen, zu einem besseren Lohn und einer schöneren Frau, zu einem größeren Haus und vielleicht einem Auto. Lesen war in diesem Zusammenhang immerhin noch karrierefreundlich. Zweitens hatte meine Mutter nicht die Absicht, sich von ihrer Schwester mit Modejournal blamieren zu lassen. Sie wollte zum Mindesten einen Sohn haben, der auch liest, genauso liest wie der Sohn ihrer Schwester. Das Buch war grauenhaft langweilig. Ich hatte zwei Lesezeichen darin: Das erste zeigte an, wie weit ich schon war, das zweite zeigte mein selbst gestecktes Ziel, bis da und da – bis auf Seite 48 – will ich heute durchhalten. Ich hielt nie durch und erreichte mein Tagesziel nicht. Immerhin war ich stolz darauf, dass mich die Tante für erwachsen genug hielt, ein Leser zu sein. Immerhin war ich einer mit einem Buch und fühlte mich im Geheimen allen Fußballern und Bäumekletterern ohne Buch überlegen. Ich hatte eine Ahnung davon, dass Bücherlesen etwas Besseres sei. Ein Jahr später, am 23. Dezember, las ich die letzten zwei Seiten. Ich hatte ein ganzes Buch gelesen, ich hatte es geschafft, ich war stolz darauf und beschloss, ein Leser zu bleiben – einer, der richtige Bücher von der ersten bis zur letzten Seite liest. Als Fußballer war ich ohnehin schlecht.

Peter Bichsel (geb. 1935), Schriftsteller

Gabriele Wohmann: **Was hat mich zum Lesen gebracht?** (1987)

Was hat mich zum Lesen gebracht? Das neugierige Verlangen, in fremde Welten einzutauchen, ziemlich wahllos war ich büchersüchtig. Da fehlen selbstverständlich beim Rückblick Titel und erst recht die Namen der Verfasser. Und ebenso selbstverständlich waren Kinderbücher meine erste Lektüre, denn sobald ich das Lesen gelernt hatte, wurde das Lesen meine wichtigste Passion[1] und, durch die Bücher, das selbständige Weiterphantasieren der Handlung; ein ausgelesenes Buch hat ein Loch in den

Gabriele Wohmann (geb. 1932), Schriftstellerin

1 **Passion:** Leidenschaft

Lebenszusammenhang gerissen, und sofort, während ich noch ein ausgelesenes Buch in mir selber durchs Weitererfinden verlängerte, mußte ich mich in neuen Lesestoff vertiefen. „Lesen wir?“ war eine Frage zwischen meiner Schwester, Freundinnen und mir, und zwischen anderem Zeitvertreib hieß immer auch die Antwort: „Ja, wir lesen.“ Stets brauchten wir Vorrat, und dauernd wurde Vorrat verbraucht. „Die Kinder am Meer“ – ein Lieblingsbuch, mit dessen Personen ich in einer Extra-Welt lebte – aber wer hat es überhaupt geschrieben? Ein bißchen Kranksein war schön, denn das Lesen wurde durch nichts unterbrochen. Ich las sehr gerne auch alte UHU-Hefte und ein dickes, altertümliches, interessant bebildertes Astronomiebuch. Später, als ich etwas älter war, wanderte ich durch die große Bibliothek meines Vaters, speziell auf der Suche nach Literatur, die noch zu schwierig für mich war: wie soll ich diesen Genuß deuten? Als Eitelkeit oder als Erfahrungstrieb? Ach, angenehme Zeiten, als das Lesen noch beides war: Zugriff und Schutz, und zwei Chancen gleichermaßen bot: die Zufuhr von Wirklichkeit, die sich erweiterte, und die Isolation mit der eigenen Phantasie. [R]

1 Vergleichen Sie, was die beiden Schriftsteller zum Lesen gebracht hat, indem Sie die Texte mündlich zusammenfassen.
2 Visualisieren Sie, welchen Einfluss die Umwelt bei der Annäherung an das Lesen hatte, z. B. in Form einer Tabelle oder eines Flussdiagramms (▸ S. 96).
3 Berichten Sie, wie der Prozess Ihres Lesens als Vorbereitung auf die beiden Aufgaben abgelaufen ist. Vergleichen Sie Ihre Vorgehensweisen.

In der Wissensgesellschaft des 21. Jahrhunderts kann das Leben – privat und beruflich – nur mit Hilfe der Lesekompetenz bewältigt werden. **Sachtexte** spielen dabei eine besondere Rolle. Sie sind in unübersehbaren Mengen und schwer einzuschätzender Qualität verfügbar. Nur mit Hilfe gezielt eingesetzter **Lesestrategien** sind eine Orientierung in der Flut von Texten und eine Erfassung des einzelnen Textes möglich. Der **Zweck**, zu dem ein Text gelesen wird, und die damit verfolgte **Absicht** sind bestimmend für die Lesestrategie.

Methode **Lesestrategien**

	Selektives Lesen (punktuell)	**Überfliegendes Lesen (diagonal)**	**Fortlaufendes Lesen (intensiv)**
Technik	Der Text wird durchsucht auf Hinweise für seine Verwendungsrelevanz (z. B. Fettdruck, Überschriften), einzelne, interessierende Stellen werden genauer gelesen.	Der gesamte Text wird überflogen, um einen Überblick über Thema, Inhalt und Aufbau zu erhalten. Wichtige Abschnitte werden ggf. „angelesen“.	Der gesamte Text wird gelesen, der Inhalt wird erarbeitet: Text mehrfach intensiv lesen, unbekannte Begriffe klären, Wichtiges markieren, Fragen notieren usw.
Absicht	Die Relevanz des Textes für seine Verwendung prüfen	Einen ersten Überblick gewinnen	Umfassende Informationen gewinnen

1 Berichten Sie von Ihren Leseerfahrungen: Was lesen Sie und warum? Welcher Lesestrategie (Methode, ▶ S. 84) bedienen Sie sich dabei?

2 Begründen Sie, welche Lesestrategie Sie bei der Bearbeitung folgender Aufgaben anwenden würden:
- Für eine Präsentation wollen Sie die Informationen eines Sachtextes in einer Grafik darstellen.
- Sie bearbeiten Texte zu einem Autor, über dessen politische Einstellung Sie ein Kurzreferat halten wollen.
- Als Vorbereitung auf die Beschäftigung mit einem Drama wollen Sie sich Informationen über die Epoche verschaffen, in welcher das Werk entstand.

3 a Erörtern Sie, was unter einem Hypertext zu verstehen ist, wie Sie damit umgehen und welche Vor- und Nachteile ein solcher Text hat.
b Begründen Sie, mit welcher Lesestrategie Sie Hypertexte bearbeiten würden.

4 Nennen Sie Aufgabenbeispiele aus dem Deutschunterricht, bei denen Sie sich unterschiedlicher Lesestrategien bedient haben, und begründen Sie den Einsatz der entsprechenden Strategie.

1.2 Lesen mit Methode – Die Fünf-Schritt-Lesemethode und ihre Erweiterung

Methode **Die Fünf-Schritt-Lesemethode und ihre Erweiterung**

Die Fünf-Schritt-Lesemethode wurde in den 1950er Jahren im angloamerikanischen Raum als effiziente Lesetechnik entwickelt. Nach neueren Erkenntnissen der Hirnforschung müssen diese Schritte ergänzt werden, um neu erworbenes Wissen mit schon vorhandenem zu vernetzen und so eine individuelle Wissenslandschaft zu konstruieren.

- Vorwissen aktivieren – Erwartungen an den Inhalt klären
- 1. Schritt: Einen ersten Überblick gewinnen
- 2. Schritt: Fragen an den Text stellen
- 3. Schritt: Den Text gründlich und aktiv lesen
- 4. Schritt: Den Inhalt abschnittweise rekapitulieren
- 5. Schritt: Den Inhalt des ganzen Textes rekapitulieren
- Den Inhalt des Textes mit dem Vorwissen vernetzen

Vorwissen aktivieren – Erwartungen an den Inhalt klären

1 Werten Sie in Einzelarbeit zunächst nur den Titel und den Nachrichtenkopf des Textes „Ära der Unsicherheit“ (▶ S. 86) aus. Beziehen Sie auch das Foto in Ihre Überlegungen ein.
a Formulieren Sie schriftlich Ihre Vermutungen über den Inhalt des Textes.
b Was wissen Sie bereits über das Thema? Legen Sie ein Cluster an.

2 Vergleichen Sie Ihre Ergebnisse mit Ihrer Tischnachbarin/Ihrem Tischnachbarn. Diskutieren Sie die Unterschiede.

1. Schritt: Einen ersten Überblick gewinnen

1 Begründen Sie, welcher Lesestrategie (▶ S. 84) Sie sich bedienen wollen, um einen ersten Eindruck von Inhalt und Aufbau des nachstehenden Textes zu gewinnen.

2 Lesen Sie den Text zügig durch und berichten Sie kurz über den Inhalt. Lassen Sie die Markierungen dabei noch unberücksichtigt. Achten Sie auf die Gliederung. Das „Anlesen" von Abschnitten hilft bei der ersten Durchsicht.

Markus Dettmer u. a.: **Ära der Unsicherheit** (Der Spiegel, Nr. 12, 22.03.2010)

Die deutsche Gesellschaft erlebt einen tiefgreifenden Wandel, angetrieben von radikalen Veränderungen in der Arbeitswelt. Klassische Vollzeitjobs werden rar, die Menschen müssen sich auf scharfe Brüche im Erwerbsleben einstellen – und mehr Risiken auf sich nehmen.

[...] Dank Internet und PC kann der Mensch jeden Ort der Welt erreichen, ohne sich selbst zu bewegen, Millionen Menschen können kommunizieren und Geschäfte abschließen. Informationen sind digitalisierbar und nicht mehr an einen Ort gebunden. Ein Computer und eine Idee reichen heute aus, um ein Imperium zu gründen, genauso schnell kann es wieder verschwinden. [...]

In der alten Welt konnte die Mehrheit halbwegs sicher die Zukunft planen, Kredite aufnehmen, viele sogar ein Häuschen bauen, Kinder kriegen, deren Bildung zu finanzieren man in der Lage war. Der berufliche Aufstieg war für die meisten programmiert.

„Heute muss jeder permanent strampeln", sagt der Arbeitssoziologe Klaus Dörre, „sobald man nachlässt, droht der Fall nach unten." Dass man sich anstrengen muss, sei zwar schon immer so gewesen. „Doch der Mensch hält das nur eine befristete Zeit aus, aber nicht ein ganzes Berufsleben." Die Ausbeutung wird abgelöst von der Selbstausbeutung. [...]

Der US-Soziologe Richard Sennett glaubt nicht, dass der Wandel den Menschen mehr Freiheit gebracht habe – im Gegenteil, ihnen fehle „ein mentaler und emotionaler Anker". Nachdem sich der soziale Kapitalismus aufgelöst habe, „erzeugen die neuen Institutionen nur ein geringes Maß an Loyalität und Vertrauen, dafür aber ein hohes Maß an Angst vor Nutzlosigkeit", so Sennett. Die Folge ist eine fortschreitende Entsolidarisierung.

Die Gruppe der Gutverdienenden beschleicht das Gefühl, sie zahlten für die Schlechtverdienenden mit. Die Empfänglichkeit für Privatversicherungen steigt, Privatschulen erleben eine Renaissance, und die Mittelklasse hängt sich zunehmend an die Sonderinteressen der Oberschicht, um das Gefühl zu behalten, den Anschluss nicht zu verpassen. Die Elite sondert sich ab. „Das führt zur Delegitimierung des Sozialstaats", sagt der Arbeitsmarktexperte Gerhard Bosch.

Früher seien die unterschiedlichen Klassen stärker vermischt gewesen, sie hätten in den gleichen Stadtteilen gelebt, die gleichen Schulen besucht. Heute dagegen entwickle sich die Gesellschaft auseinander, es gebe immer weniger soziale Begegnungen zwischen den Schichten. [...]

Die Folgen des Wandels stellen das Gemeinwesen vor eine immense Herausforderung. Noch immer fußen die sozialen Sicherungssysteme Deutschlands auf den Sozialreformen des vorvergangenen Jahrhunderts und orientieren sich am Arbeitnehmerbild des Wirtschaftswunderlands der sechziger Jahre. Ob Renten-, Kranken- oder Arbeitslosenversicherung – ihre Finanzierung stützt sich vor allem auf die traditionelle Lohnarbeit, ihr Schutz gilt noch immer dem Vollzeitarbeiter. In einer Welt jedoch, in welcher der Wechsel zwischen selbstständiger und abhängiger Arbeit zur Normalität wird, verlieren sie Basis und Funktion. Und sie bluten aus.

Denn der Rückzug der klassischen Arbeitsverhältnisse entzieht dem hiesigen Wohlfahrtsstaat seine Grundlage. Immer weniger Steuer- und Abgabenzahler müssen die steigenden Kosten der Sicherungssysteme finanzieren. Zugleich sorgt der wachsende Niedriglohnsektor dafür, dass immer mehr Menschen keine oder nur noch geringe Beiträge zum Erhalt des Sozialstaats beisteuern – aber zugleich Leistungen von ihm erhalten. [...]

Was kann, was soll er künftig leisten? Und wie kann, wie soll er finanziert werden? Denn der Weg in die neue Arbeitswelt ist unumkehrbar. Dabei kann sich die Diskussion nicht nur auf Arbeitsmarktpolitik beschränken. Vor allem der Bildungssektor ist betroffen.

Noch immer ist Bildungspolitik Sache der Bundesländer. In Zeiten aber, in denen von den Erwerbstätigen permanente Mobilität erwartet wird, stößt auch das föderale Prinzip an seine Grenzen. Wie sollen Kinder, deren Eltern ihren Jobs übers ganze Bundesgebiet hinterherziehen, damit zurechtkommen, wenn sie in Bayern diese Schulpolitik vorfinden, in Berlin jene? Dort dauert die Grundschule vier Jahre, da sechs. In Hamburg gibt es Grundschulen, in denen von der ersten Klasse an Englisch unterrichtet wird, in anderen Städten fehlen diese Angebote. [...]

Dieses Chaos in der Schulpolitik stiftet mehr als nur Verwirrung – es produziert neue Verlierer. Schon heute leistet sich Deutschland mehr als 20 Prozent Schüler auf unterstem und unterem Kompetenzniveau. Die deutsche Wirtschaft könnte laut einer Studie der Brüsseler Denkfabrik Centre for European Policy Studies bis zum Jahr 2040 europaweit absteigen und hinter das derzeit noch wirtschaftlich schwache Polen zurückfallen. Schuld daran seien Reformscheue und fehlende Investitionen in die Bildung.

„Es wird nie mehr, wie es war“, sagt Hans-Jörg Bullinger, Präsident der Fraunhofer-Gesellschaft, „der Trend geht zu einer weitreichenden Flexibilisierung des Arbeitslebens.“ Paare werden an getrennten Orten leben und arbeiten. Was heute prekär erscheint, wird morgen Normalität. Freiberufler verdrängen das Leitbild des Festangestellten. Viele Menschen werden mehrere Jobs zugleich haben. Der Auftrag auf Zeit ersetzt die feste Stelle. Möglich, dass man fünf verschiedene Arbeitgeber hat, die einen jeweils nur für ein paar Tage buchen. [...]

2. Schritt: Fragen an den Text stellen

Ausgehend von den Ergebnissen der ersten beiden Schritte, können Sie Fragen an den Text stellen, welche die Leseabsicht und das Vorwissen mit einbeziehen. Auch W-Fragen können Sie nutzen (Was? Wer? Wo? Wann? Wie? Warum?). **Die Methode des reziproken Lesens** (Methode, ▸ S. 88) ist für eine Gruppenarbeit zur Erschließung eines Textes geeignet. Eine Gliederung in **Sinnabschnitte (Textsegmentierung)** dient als Vorbereitung für diese Lesemethode und als Grundlage einer Textzusammenfassung. Äußere Merkmale des Textes, wie z. B. (Zwischen-)Überschriften oder andere Hervorhebungen, geben manchmal Hinweise für die Gliederung eines Textes in inhaltliche Blöcke (Sinnabschnitte).

1 Unterteilen Sie den Text in Sinnabschnitte, die z. B. inhaltlich eine Einheit bilden.
2 Erschließen Sie den Text in Kleingruppen nach der Methode des reziproken Lesens (Methode, ▸ S. 88).

Methode **Reziprokes Lesen**

- Lesen Sie den ersten Sinnabschnitt des Textes in Einzelarbeit: *Erster Sinnabschnitt (Z. 1–29); Thema: Veränderungen in der Gesellschaft und technische Neuerungen haben Auswirkungen auf die Arbeitswelt und damit weitreichende Konsequenzen für den Einzelnen und die Gesellschaft.*
- Bilden Sie 4er-Teams. Jedes Mitglied hat bei der kooperativen Erschließung eine Aufgabe:
  A stellt Fragen, die von den anderen beantwortet werden, z. B.: *Was meint der Arbeitssoziologe mit dem Satz „sobald man nachlässt, droht der Fall nach unten"? Was bedeutet der Gegensatz Ausbeutung – Selbstausbeutung?*
  B fasst den Sinnabschnitt zusammen, die anderen ergänzen oder korrigieren bei Bedarf.
  Die moderne Technik hat einen globalen Austausch von Informationen ermöglicht, in dessen Folge sich die Arbeitswelt radikal verändert hat. Daraus ergeben sich Konsequenzen für den Einzelnen, aber auch für die Gesellschaft insgesamt. Das Leben des Einzelnen ist geprägt von Unsicherheit, Zukunftsangst und permanentem Leistungsdruck. Um beruflich nicht abzurutschen, muss er sich selbst ausbeuten und gegen die Konkurrenz behaupten.
  C weist auf schwierige und unklare Textstellen hin, die Gruppe erläutert.
  Bedeutung klären: alte Welt, Arbeitssoziologe
  D formuliert eine Vorhersage darüber, wie der Text (im nächsten Sinnabschnitt) weitergehen könnte, z. B.: *Im nächsten Sinnabschnitt könnte es darum gehen, was die genauen Konsequenzen der „Selbstausbeutung" für den Einzelnen sind.*
- Nach der Erarbeitung eines Sinnabschnitts werden die Rollen getauscht: B stellt Fragen usw.

3. Schritt: Den Text gründlich und aktiv lesen

1 Untersuchen Sie die Markierungen im ersten Teil des Textes. Erläutern Sie, unter welchem Aspekt der Artikel bearbeitet wurde.

2 Legen Sie eine Folie über den Text oder fertigen Sie eine Kopie an und lesen Sie den Text aktiv durch (▶ Methode unten). Entscheiden Sie, wie Sie die vorgegebenen Markierungen fortsetzen wollen bzw. welche Art von Markierung Sie für was nutzen möchten.

3 Notieren Sie auch Stichwörter an den Rand des Textes. Entscheiden Sie zur Übung, zu welchen Textstellen folgende Randbemerkungen gehören:
Gegensatz früher – heute; soziale Sicherungssysteme gefährdet; Hindernis Bildungspolitik; Aussichten

Methode **Aktiv lesen – Stifte oder Textmarker verwenden**

Ein einheitliches **Repertoire von Markierungen** (möglichst fächerübergreifend für die Lerngruppe) erleichtert die **Orientierung im Text**. Durch den kreativen, gezielten, sparsamen Einsatz von Farben, Symbolen, Unterstreichungen und Vermerken kann ein Text so bearbeitet werden, dass Struktur, Inhalt und Sprache optisch leichter erfassbar sind.

- **Stifte:** Farben, Symbole, Zeichen, Unterstreichungen, Rahmen. Variationen ermöglichen eine große Vielfalt von Ausdrucksmöglichkeiten, z. B. unterschiedliche Unterstreichungen (einfach, doppelt, unterbrochen, wellenförmig).

- **Textmarker:** Verschiedene Farben als Signale für unterschiedliche Textpassagen, z.B.
  - Aufbau: Einleitung, Sinnabschnitte
  - Aussage: Argumente pro und kontra, Fazit, Wertung
  - Besondere Angaben: Fakten, Zitate, Beispiele, Namen, Zahlen
  - Sprachliche Besonderheiten: umgangssprachliche Wendungen, wertende Formulierungen
- **Abkürzungen/Vermerke am Rand:** Merkhilfen für die Einordnung einzelner Textstellen, z.B. vgl. Z. ... (Hinweis auf Textzusammenhang), Def. (Definition), Bsp. (Beispiel), Lex. (unbekannten Begriff nachschlagen), ugs. (umgangssprachlich), Zus. (Zusammenfassung), iron. (ironisch). Zeichen/Symbole legen die Bedeutung einzelner Textpassagen für die Arbeit fest. Beispiele: ? = noch unklar, ! = sehr wichtig, +/- = gut/abwegig, → = Folgerung, ↔ = Widerspruch

4. Schritt: Den Inhalt abschnittweise rekapitulieren

1 Machen Sie sich nach jedem Sinnabschnitt bewusst, was Sie inhaltlich verstanden haben. Formulieren Sie dazu Zwischenüberschriften zum jeweiligen Abschnitt.

2 Schreiben Sie zu den einzelnen Abschnitten Exzerpte (▸ Information). Wählen Sie dabei eigene Formulierungen, nur so können Sie überprüfen, ob Sie den Text wirklich verstanden haben. Nehmen Sie das Muster zu Hilfe und ergänzen Sie es.

Information Exzerpt

Beim Exzerpieren (lat. „herausklauben", „auslesen") werden gezielt Informationen aus einem Text ausgewählt und in kurzer, prägnanter Form aufgeschrieben. Wichtig ist, dass Sie die Vielzahl der Textinformationen reduzieren und sie mit eigenen Worten formulieren.
Das **objektive Exzerpt** gibt den Text als Ganzes wieder, d.h., alle wesentlichen Informationen werden der Reihe nach in knapper Form schriftlich fixiert.
Beim **subjektiven Exzerpt** geht man aspektorientiert vor und filtert die Inhalte heraus, die für das Erkenntnisinteresse und die Fragestellung relevant sind. Der Vorteil eines Exzerpts ist, dass man später auf wichtige Inhalte zurückgreifen kann, ohne den ganzen Text erneut lesen zu müssen. Eingangs sollten Autor, Überschrift und Quelle des Textes notiert werden, um die Zuordnung des Exzerpts zu gewährleisten.

Markus Dettmer u.a.: Ära der Unsicherheit, in „Der Spiegel", Nr. 12/2010, S. 82ff.

- *Die Verfasser beschäftigen sich mit dem Wandel der deutschen Gesellschaft, der durch eine veränderte Arbeitswelt hervorgerufen wurde.*
- *Sie vergleichen die Sicherheit der Arbeitnehmer in der „alten Welt" (Z. 16) mit den zunehmend unsicheren Verhältnissen in einer durch technischen Fortschritt und Globalisierung geprägten Erwerbsbiografie. Die Konkurrenzsituation führt zudem zu einer Polarisierung in der Gesellschaft, da die Schere zwischen den Menschen in prekären Arbeitsverhältnissen und den Besserverdienenden immer größer wird und die Letztgenannten sich zunehmend absondern.*
- *Das Ergebnis ist eine „fortschreitende Entsolidarisierung" (Z. 38 f.) der Gesellschaft ...*

5. Schritt: Den Inhalt des ganzen Textes rekapitulieren

1 Gewinnen Sie zum Schluss einen Gesamtüberblick über den Text. Nutzen Sie dazu die Form des Konspekts (▸ Methode). Gehen Sie als Vorbereitung die Schritte 1 bis 4 noch einmal gedanklich durch. Vervollständigen Sie dann den Konspekt aus dem Methodenkasten.

Methode **Konspekt**

Beim Konspekt (lat. „Anblick", „Betrachtung") handelt es sich um eine sinngemäße, übersichtliche **Inhaltszusammenfassung**, die sich vor allem als Vorarbeit bei unterschiedlichen Aufgaben wie Textwiedergabe, Textinterpretation, textgebundener Erörterung eignet. Der gedankliche Aufbau und die logische Struktur des Textes werden in einer **grafischen Darstellung** veranschaulicht. Zentrale Begriffe, Argumente etc. werden so auf einem Blatt notiert, dass ihre Beziehung zu anderen Teilen des Textes deutlich wird (Über- und Unterordnung, Gegensätze, Zusammenhänge etc.). Dabei wird mit Bezugspfeilen und weiteren Symbolen gearbeitet. Der Kopf enthält die wichtigsten Angaben zum Text und zu der Fundstelle. Der gesamte Inhalt wird knapp und paraphrasierend, d.h. sinngemäß und mit eigenen Worten, wiedergegeben (auch Stichwörter sind möglich).

Markus Dettmer u.a.: Ära der Unsicherheit, in „Der Spiegel", 12/2010, S. 82ff.

Moderne Medien (PC, Internet) → globale Kommunikation (Z. 7ff.)

↓

Veränderungen in der Arbeitswelt (Z. 22ff.)

↓

Folgen

↙ ↘

für den Einzelnen
↓
- *permanenter Leistungsdruck*
- *Selbstausbeutung*
- *Konkurrenz*

für die Gesellschaft
↓
- *unregulierter Kapitalismus*
- *Einzelinteressen dominieren*
- *Ende der Solidargemeinschaft*

2 Vergleichen Sie die Methoden Exzerpt und Konspekt hinsichtlich ihrer Funktion. Nennen Sie Aufgaben, für deren Vorbereitung die jeweilige Form der Wiedergabe besonders geeignet ist.

3 Bereiten Sie eine Inhaltsangabe (▸ Methode) vor. Nutzen Sie hierfür Ihren Konspekt:

Methode **Inhaltsangabe**

Eine Inhaltsangabe besteht aus den Teilen **Einleitung**, **Hauptteil** und **Schluss**. Jeder Teil enthält bestimmte Informationen. Die Inhaltsangaben von Sachtexten und literarischen Texten haben viele gemeinsame, aber auch einige unterschiedliche Merkmale.

Aufbau	Sachtexte	Literarische Texte
Einleitung	Verfasser, Titel, Textsorte, Quelle, Erscheinungsdatum, Thema	Verfasser, Titel, Textsorte, Thema; möglich: Erscheinungsdatum
Hauptteil	Sachliche Wiedergabe der Aussagen des Textes	Ablauf des Geschehens: Ort, Zeit, Figuren, Abfolge der Handlung
Schluss	Meinung des Autors bzw. die Hauptaussage des Textes zusammenfassen	Hauptaussage zusammenfassen

Weiterhin zeichnet eine Inhaltangabe aus:
- sachlich, knapp, präzise, paraphrasierend
- indirekte Rede („Der Verfasser führt aus, er sei davon überzeugt ...")
- Zeitstufe Präsens: Wiedergabe eines Handlungs- oder Gedankengangs; Perfekt: Wiedergabe von Sachverhalten oder Handlungen, die zeitlich zurückliegen („Der Verfasser erläutert über längere Passagen, welche Ergebnisse frühere Umfragen erbracht haben.")
- auf das Wesentliche beschränkt , wertneutral
- chronologisch, wenn die Abfolge für das Verständnis oder den Handlungsverlauf wichtig ist, andere Ordnungen sind möglich, z. B. Ursache – Wirkung, Vor- und Nachteile

a Legen Sie in Einzelarbeit fest, welche Informationen so wichtig sind, dass sie in eine Inhaltsangabe übernommen werden müssen. Stimmen Sie Ihre Ergebnisse in einer Kleingruppe ab.
b Formulieren Sie kurze Zusammenfassungen für ausgewählte Abschnitte.

4 Schreiben Sie die Inhaltsangabe nach folgendem Muster:

Der Artikel „Ära der Unsicherheit" erschien im Nachrichtenmagazin „Der Spiegel" Nr. 12 vom 22.03.2010. Zu dem Autorenteam gehören Markus Dettmer u. a. Thema sind Umstrukturierungen in der Arbeitswelt und deren Auswirkungen auf die Gesellschaft in Deutschland. Ausgehend von den Veränderungen der Arbeitswelt, die durch technische Neuerungen ausgelöst wurden, beschreiben die Autoren die immer größeren Anstrengungen, die heutigen Menschen bei der Sicherung ihrer beruflichen Position und damit ihres Lebensstandards abverlangt werden. Eine weitere Folge der Veränderungen ist die fehlende Planungssicherheit der Arbeitnehmer. Nach Meinung führender Soziologen sind die Menschen einem solchen Druck auf Dauer nicht gewachsen …

Den Inhalt mit dem Vorwissen vernetzen

1 Kehren Sie noch einmal zur Ausgangsaufgabe (▸ S. 85) zurück und werten Sie die Aufzeichnungen aus, welche Sie vor der gründlichen Lektüre zu Ihren Erwartungen an den Text gemacht haben.
a Entscheiden Sie, ob der Text Ihre Erwartungen erfüllt hat. Begründen Sie Ihre Antwort.
b Berichten Sie im Plenum darüber, inwiefern der Text Ihr Vorwissen ergänzt oder Ihre Einstellung zu dem Thema verändert hat. Bewerten Sie dabei auch den Einsatz geeigneter Lesestrategien.

Lesemethoden bei literarischen Texten nutzen

1 **a** Verschaffen Sie sich einen ersten Eindruck von dem folgenden Text: Lesen Sie die Überschrift, den Vorspann und schauen Sie sich das Bild der Autorin an.
b Machen Sie sich Notizen (möglicherweise in Form einer Mindmap) zu Ihren Erwartungen und Ihrem Vorwissen: Was erwarten Sie von einem Roman und was wissen Sie über Romane? Was assoziieren Sie mit dem Titel? Welche Handlung erwarten Sie nach dem Vorspann?
c Vergleichen und diskutieren Sie Ihre Ergebnisse mit einer Partnerin/einem Partner.

2 Lesen Sie den Text zügig durch, um sich einen ersten Überblick zu verschaffen. Machen Sie sich kurze Notizen zum Thema und zu den Hauptfiguren. Begründen Sie, welche Lesestrategie Ihnen dafür geeignet erscheint.

Marlene Streeruwitz: **Verführungen** (Romanauszug)

Im 1996 erschienenen Roman „Verführungen. 3. Folge. Frauenjahre" schildert Marlene Streeruwitz das Leben der 30 Jahre alten Helene, die nach der Trennung von ihrem Mann Gregor das Studium der Kunstgeschichte abgebrochen hat und in einer PR-Agentur den Lebensunterhalt für sich und ihre beiden Kinder verdient.

Marlene Streeruwitz (geb. 1950)

[...] Montag rief Herr Nadolny Helene in sein Büro. Sie sollte Kaffee mitbringen für ihn. Und sich selbst auch gleich einen. Helene stellte die Zuckerdose und das Milchkännchen auf das Tablett. Ihre Hände begannen zu zittern. Sie musste alle Aufmerksamkeit aufwenden, den Kaffee in die Tassen zu gießen. Ohne auszuschütten. Sie wusste ganz sicher, Nadolny würde ihr sagen, er könne sie nicht länger brauchen. Sie hatte das gewusst. Und sie hätte ihm zuvorkommen sollen. Sie war nun 2 Monate hier. Sie hatte nie das Gefühl gehabt, etwas zu tun, das nur sie hätte tun können. Das gab es auch gar nicht. Sie konnte nett aussehen. Sie konnte Briefe schreiben, ohne sie diktiert zu bekommen. Sie konnte keine Stenografie. Ein Studium der Kunstgeschichte. Und das nicht abgeschlossen. Helene trug den Kaffee in das Büro und setzte sich vor den Schreibtisch Nadolnys. Sie wusste nicht, ob sie lange genug gearbeitet hatte, um Arbeitslosengeld zu beziehen. Sie sollte mit jemandem reden. Was sie tun sollte. Und mit Gregor über das Geld. Und ihren Eltern sollte sie sagen, wie das mit Gregor war. Und sie um Hilfe bitten. Das Flattern im Magen verwandelte sich in eine Steinplatte in der Brust. Als würde ihr Herzschlag gegen eine Wand gepresst, ginge langsam und dann nicht mehr. Helene saß sehr aufrecht. Sie nahm ihre Kaffeetasse nicht in die Hand. Das Zittern wäre nicht zu übersehen gewesen. Sie hoffte, sie würde erst nachher zu weinen beginnen. Nadolny hatte stumm seinen Kaffee ausgetrunken und sie angesehen. Helene schaute auf ihre Knie. Nadolny begann dann. Er sah zum Fenster hinaus beim Reden. Sie wäre ja nun einige Zeit da. Und eigentlich wäre sie als Sekretärin da. Aber. Sie müsse zugeben. Sie könne sicherlich mehr. Helene wunderte sich, wie höflich Nadolny ihren Hinauswurf begann. Ihr wurde noch schwerer. Er. Fuhr Nadolny fort. Er habe gerade eine Reihe von Projekten, die ihn voll in Anspruch nähmen. Er sei ausgelastet. Versuchsweise könnte doch sie einmal etwas Eigenes beginnen. Sie solle recherchieren. Und dann einen Text schreiben. Einen Bericht zuerst. Das könne sie sicher. Eine Firma für Sonnencremes bräuchte Hilfe. Wegen der Sonnenstudios. Und wegen der neuen Gefahren. Beim Sonnen. Da wäre eine Liste von Leuten, mit denen zu reden wäre. Die Adresse. Sie sollte das gleich angehen. Sie hätte die ganze Woche Zeit. Dann sollte es den Text geben. Und irgendwelche Vorstellungen, wie diese Firma in der Öffentlichkeit auftreten sollte. In Zukunft. Er wüsste, sie würde dafür nicht bezahlt. Aber. Wäre das nicht eine Chance. Würde sie das nicht interessieren? Und man könnte über das Geld ja dann noch sprechen. Jetzt erst sei sie ja so etwas wie eine Art Lehrling. Nadolny lachte über diesen Scherz. Helene nickte nur. Nadolny ging dann. Er käme heute nicht mehr zurück, sagte er. Fröhlich. Helene trug das Geschirr in die Küche zurück. Sie schüttete ihren Kaffee weg und schenkte neuen ein. Frau Sprecher hielt sie auf dem Weg in ihr Zimmer auf. Was denn los sei. Helene sagte ihr nur, Nadolny wäre für heute weg. Frau Sprecher verdrehte die Augen und ging schnell selbst einen Kaffee holen. Helene holte die Unterlagen aus Nadolnys Zimmer. Sie begann zu lesen. Sie machte Termine aus und sah zufrieden auf einen gefüllten Terminkalender. Sie sagte Frau Sprecher, wann sie wo sein würde. Sie kam sich wichtig vor. [...]

3 Stellen Sie (W-)Fragen an den Text. Diese können ausgelöst werden durch den ersten Leseeindruck, durch Ihr Vorwissen und durch Ihr Interesse am Thema.

4 Lesen Sie den Text nun gründlich durch und gliedern Sie ihn in Sinnabschnitte. Versehen Sie jeden Sinnabschnitt mit einer Zwischenüberschrift. Vergleichen Sie Ihre Ergebnisse im Plenum.

5 **a** Lesen Sie den Text noch einmal aktiv durch (Methode, ▸ S. 88 f.), um die folgenden Fragen beantworten zu können:
- Mit welchen Erwartungen geht Helene in das Gespräch mit Herrn Nadolny? Warum hat sie diese Erwartungen?
- Wie interpretiert Helene die nonverbalen und verbalen Signale von Herrn Nadolny? Weshalb kommt sie zu dieser Deutung?
- Welche Merkmale hat die von der Autorin benutzte Sprache? Was will sie damit erreichen?

Bearbeiten Sie die Aufgabe zunächst allein. Machen Sie sich dabei Notizen und belegen Sie am Text.

b Vergleichen Sie Ihre Ergebnisse mit denen einer Partnerin/eines Partners und korrigieren Sie ggf.

6 Reflektieren Sie den Prozess des Lesens: Berichten Sie, wie die jeweilige Aufgabe den Prozess des Lesens beeinflusst hat.

7 Lesen Sie den Text in Ihrer Lerngruppe vor. Üben Sie vorher ein, wie der Text am wirkungsvollsten vorgelesen wird. Vergleichen Sie die Wirkung von vorgelesenem und leise gelesenem Text.

8 Entscheiden Sie, ob Sie den Roman von Marlene Streeruwitz gern lesen würden.

a Notieren Sie Argumente für Ihre Meinung.

b Führen Sie in der Klasse eine Diskussion durch.

9 Stellen Sie verschiedene Werke vor, die Sie im Unterricht gern lesen würden.

1.3 Strukturen erkennen – Texte visualisieren

Informationen aus Sachtexten visualisieren

Sachtexte unterscheidet man je nach Aufbereitung der Informationen nach **kontinuierlichen** und **diskontinuierlichen Texten**. Zur ersten Gruppe gehören alle Fließtexte mit einer kontinuierlichen sprachlichen Darstellung, also mit fortlaufendem Text. Diskontinuierliche Texte sind grafisch aufbereitete Informationen wie man sie in Tabellen, Grafiken, Schaubildern etc. findet. Häufig ergänzt ein diskontinuierlicher Text einen kontinuierlichen zur Veranschaulichung der Informationen.

Alterndes Deutschland nur mit Miniwachstum (Frankfurter Allgemeine Zeitung, 2010)

Prognos-Institut rechnet mit einem Prozent Wirtschaftswachstum im Jahresdurchschnitt bis zum Jahr 2035.

ppl./svs. FRANKFURT, 2. Juli. Die alternde und zugleich schrumpfende Gesellschaft stellt Deutschland in den kommenden Jahren vor enorme Herausforderungen. Ohne längere Lebensarbeitszeiten, eine stärkere Beteiligung von Frauen, Älteren und Migranten und sinnvolle Bildungsinvestitionen wird das heutige Wohlstandsniveau nicht zu halten sein. Doch selbst im günstigen Fall wächst die deutsche Wirtschaft bis zum Jahr 2025 im Durchschnitt nur noch um ein Prozent. Davor warnt das Baseler Institut Prognos in seinem neuen „Deutschland Report 2025", der am Freitag vorgestellt wurde.

In dieser umfangreicheren Studie werden langfristige Entwicklungen und Trends in Wirtschaft und Gesellschaft untersucht. „Die wirtschaftliche Dynamik geht zurück", kommentierte Prognos-Geschäftsführer Christian Böllhoff die Ergebnisse der Studie. Die mittelfristigen Folgen der Finanz- und Wirtschaftskrise seien nur ein Faktor. „Langfristig bremst vor allem die ungünstige demographische Entwicklung." Diese ist vor allem durch den starken Rückgang der Geburtenraten geprägt, der Mitte der sechziger Jahre begann. Im Rekordjahr 1964 kamen 1,35 Millionen Kinder in Gesamtdeutschland auf die Welt. Im vergangenen Jahr wurden nur noch 651 000 Kinder geboren, so wenige wie nie zuvor. „Wir rechnen mit einer konstant niedrigen Geburtenrate von 1,4 Kindern je Frau", sagte Böllhoff. Das ist ein Drittel weniger als zur Erhaltung der Bevölkerungszahl notwendig wäre. In Europa bildet Deutschland bei der Geburtenziffer das Schlusslicht.

Heute leben in Deutschland knapp 82 Millionen Menschen. Innerhalb von 25 Jahren wird die Bevölkerungszahl nach der Prognose um rund 4 Millionen (minus 5 Prozent) sinken. Durch Wanderungsbewegungen innerhalb Deutschlands wird der Osten deutlich stärker betroffen sein als der Westen. Auch die Altersstruktur wird sich verschieben: Die Zahl der Menschen im Alter von 20 bis 65, die der Wirtschaft potenziell als Arbeitskräfte zur Verfügung steht (Erwerbspersonenpotenzial), wird um 5,5 Prozent schrumpfen, die Zahl der Rentner steigt danach schnell an, weil die so genannten Babyboomer in den Ruhestand gehen. Das Verhältnis von Älteren zu Erwerbsfähigen wird sich von heute 34 Prozent auf 58 Prozent erhöhen. Deutlich abgemildert werde diese Entwicklung durch die schrittweise Einführung der Rente mit 67, heißt es.

Klare Auswirkungen erwarten die Prognos-Autoren für die umlagefinanzierten Sozial-

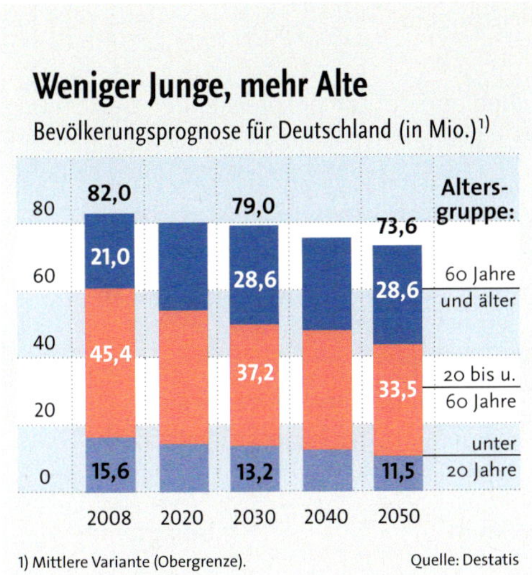

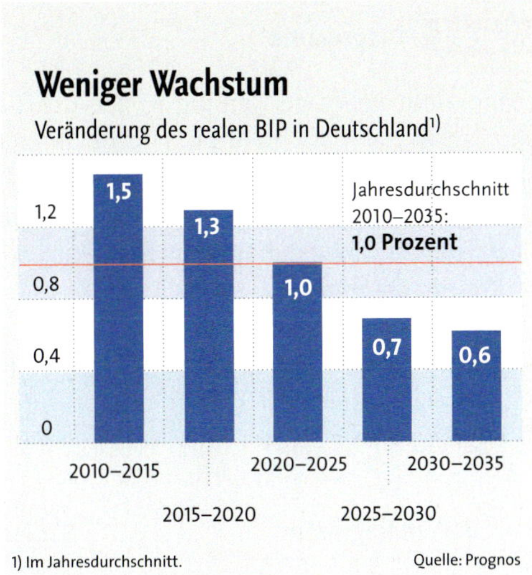

versicherungssysteme. Mit Ausnahme der Arbeitslosenversicherung werden die Beiträge steigen, vor allem in der Pflegeversicherung. Der Gesamtbeitragssatz steigt bis zum Jahr 2035 um 6 Punkte auf 46 Prozent. Dieser Anstieg sei allerdings geringer als noch vor einigen Jahren erwartet wurde. Deshalb sei die Kernbotschaft positiv: „Die Sicherungssysteme funktionieren und bilden auch in Zukunft ein stabiles Netz in Deutschland.“

Als Folge dieser Verschiebungen erwartet Prognos-Geschäftsführer Böllhoff, dass das Bruttoinlandsprodukt je Kopf nur noch um 1,2 Prozent wachsen wird.[...]. Um das Wachstum von 1,2 Prozent überhaupt zu schaffen, müsse die Erwerbstätigenquote gesteigert werden. Gemeint ist der Anteil der arbeitsfähigen Menschen zwischen 20 und 65 Jahren, die einer Erwerbsarbeit nachgehen. Diese Quote müsse von 75 Prozent auf 83 Prozent steigen. Dies ist ein ehrgeiziges Ziel, heißt es aus dem Bundeswirtschaftsministerium. Für Europa strebt die EU-Kommission an, die Erwerbstätigenquote von derzeit 68 auf 75 Prozent zu steigern.

Drei Bevölkerungsgruppen haben die Prognos-Forscher im Blick: „Wir müssen Jüngere früher in den Beruf bringen und die Zahl der Jungen ohne Berufsausbildung senken, die arbeitslos sind“, fordert Böllhoff. Zudem müsse die Erwerbsbeteiligung der Älteren steigen. Am wichtigsten sei eine höhere Erwerbsbeteiligung der Frauen, da gebe es die größte Reserve.

1 **a** Erschließen Sie sich den Inhalt des Textes: Legen Sie eine Folie über den Text und markieren Sie unbekannte Begriffe und schwierige Passagen.

b Tauschen Sie sich mit einer Partnerin/einem Partner aus. Klären Sie schwierige Begriffe und Textstellen.

c Gliedern Sie den Text in Sinnabschnitte und finden Sie Zwischenüberschriften. Erläutern Sie sich gegenseitig den Inhalt der einzelnen Abschnitte: Einer gibt den Inhalt wieder, der andere stellt Verständnisfragen und umgekehrt.

2 Diskutieren Sie, ob die Diagramme und das Foto eine sinnvolle Ergänzung des Textes sind. Beurteilen Sie, was sie im Vergleich zum Fließtext leisten.

3 Vergleichen Sie unterschiedliche Diagrammarten (Information, ▸ S. 96).

a Visualisieren Sie das Zahlenmaterial der Diagramme oben auf dieser Seite in einer anderen Darstellungsart, z. B. in einem Kurven-, Balken oder Kreisdiagramm.

b Vergleichen Sie Aussagekraft und Anschaulichkeit der verschiedenen Diagrammarten.

Information **Diagramme**

Diagramme dienen der komprimierten, übersichtlichen und optisch ansprechenden Darstellung von Zahlenmaterial, Entwicklungen, Abläufen etc. Je nach darzustellendem Sachverhalt bieten sich unterschiedliche Diagrammarten an.

- **Tabellen, Listen** verwendet man zur Darstellung von Zahlen, Werten, Eigenschaften.
- **Balken- und Säulendiagramme** zeigen vergleichend Größen, Mengen und Entwicklungen.
- **Kreisdiagramme** veranschaulichen die Aufteilung eines Ganzen in Teilmengen. Die Teile werden in Prozent angegeben.
- **Kurvendiagramme** bilden Entwicklungen und Prozesse ab.
- **Flussdiagramme** stellen Handlungsabläufe und -anweisungen bzw. Prozesse dar.
- **Organigramme** zeigen Organisationen (Aufbau, Hierarchie) oder Prozesse (Netzplan).

Balkendiagramm

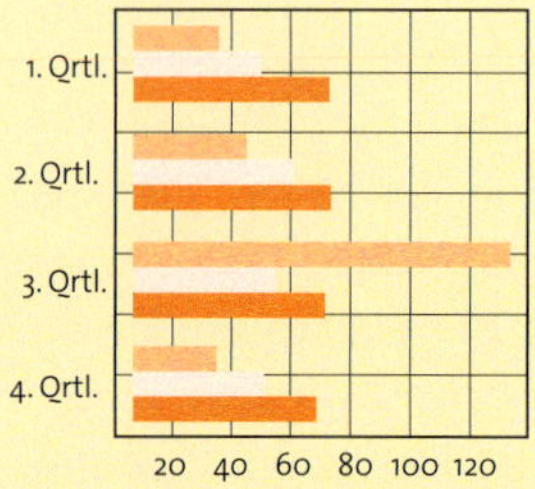

Säulendiagramm

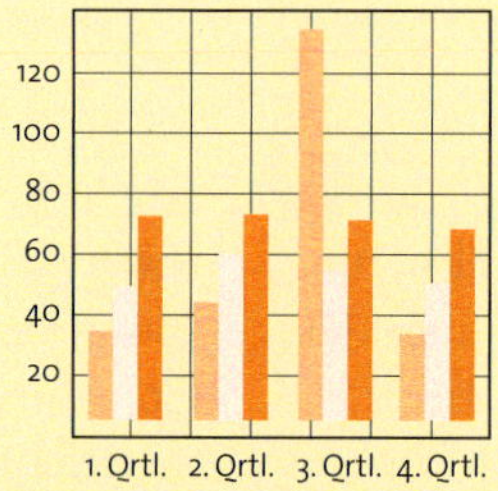

Kreisdiagramm

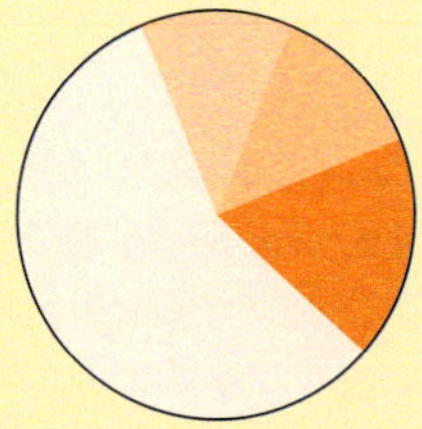

Kurvendiagramm

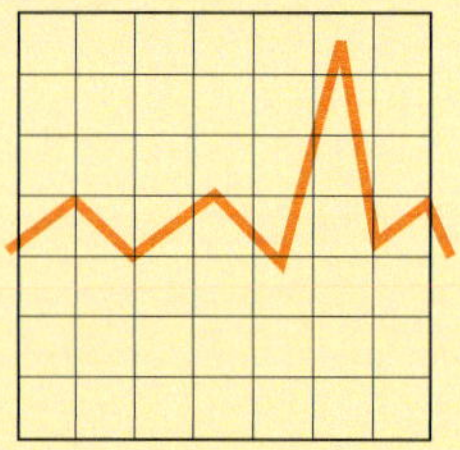

Flussdiagramm

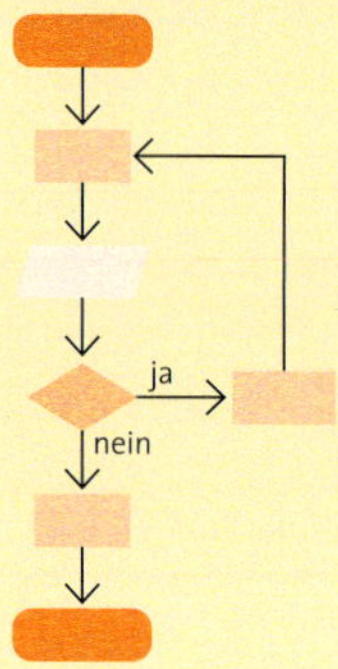

Organigramm

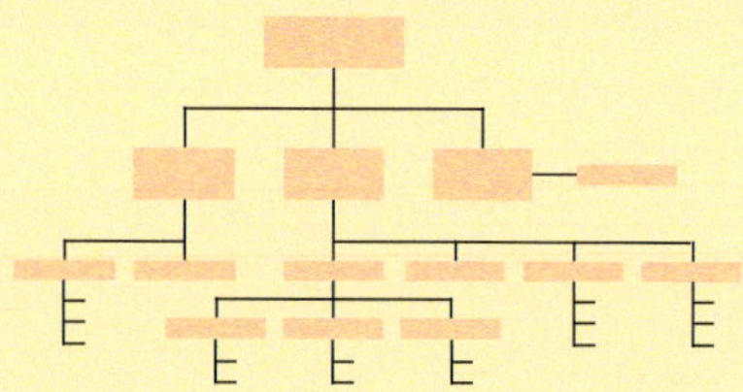

4 Sammeln Sie Beispiele zu den unterschiedlichen Arten von Diagrammen. Stellen Sie diese im Plenum vor und beurteilen Sie, ob die Sachverhalte ansprechend, aussagekräftig und schlüssig dargestellt sind.

5 **a** Wählen Sie für die Visualisierung der folgenden Sachverhalte eine geeignete Diagrammart:
- Ablauf eines Bestellvorgangs per Post
- Geburtenentwicklung in einem Land Ihrer Wahl
- Altersstruktur Ihrer Mitschülerinnen und Mitschüler
- Kursentwicklung des Euro
- Funktionsträger eines Vereins
- Sitzverteilung nach einer Wahl

b Recherchieren Sie Material für eines der Themen und gestalten Sie ein Diagramm (Methode, ▸ S. 97).

c Präsentieren Sie ausgewählte Ergebnisse und begründen Sie Ihre Wahl der Diagrammart.

Methode **Diagramme zu Texten anfertigen**

- Erarbeiten Sie gründlich den Inhalt des Textes. Beurteilen Sie daraufhin, ob er sich für eine Darstellung als Diagramm eignet und welcher Aspekt im Vordergrund stehen soll.
- Entscheiden Sie, zu welchem Zweck (Ergänzung eines Vortrags, Handout etc.) und mit welcher Absicht (informieren, erklären, Schlussfolgerung nahelegen, Entscheidungsfindung anbahnen etc.) Sie das Diagramm anfertigen.
- Bearbeiten Sie den Text erneut, um die relevanten Informationen herauszufiltern.
- Wählen Sie die geeignete Diagrammart und überlegen Sie, wie Sie die Informationen inhaltlich (absolute oder relative Zahlen, reine oder grafisch aufbereitete Zahlen etc.) und ästhetisch (Farben, Layout etc.) adressatengerecht aufbereiten wollen.
- Nutzen Sie für die Erstellung des Diagramms nach Möglichkeit eine geeignete Software.

Pressemeldung des Statistischen Bundesamtes vom 14.10.2009

In den vergangenen zehn Jahren ist nach Mitteilung des Statistischen Bundesamtes (Destatis) der Anteil teilzeitbeschäftigter Mütter in Deutschland stark angestiegen. Im Jahr 2008 gingen 69 % der erwerbstätigen Mütter, die minderjährige Kinder im Haushalt betreuten, einer Teilzeittätigkeit nach. 1998 war es erst gut die Hälfte (53 %). Die Teilzeitquote erhöhte sich somit in diesem Zeitraum um 16 Prozentpunkte. Das zeigen die Ergebnisse des Mikrozensus, der größten jährlichen Haushaltsbefragung in Europa.

Väter arbeiten deutlich seltener in Teilzeit als Mütter. Im Jahr 2008 übten nur 5 % der erwerbstätigen Väter mit minderjährigen Kindern eine Beschäftigung in Teilzeit aus. Die Teilzeitquote der Mütter von 69 % war somit mehr als zehn Mal so hoch wie bei den Vätern. Gegenüber 1998 ist bei den Vätern der Anteil Teilzeitbeschäftigter ebenfalls angestiegen (+ 3 Prozentpunkte). Ihre Teilzeitquote betrug damals 2 %.
Auch ohne Kinderbetreuung im eigenen Haushalt hat die Teilzeitbeschäftigung zugenommen – allerdings nicht so stark wie bei den Müttern: Bei den Frauen ohne minderjährige Kinder erhöhte sich die Teilzeitquote im betrachteten Zeitraum um 6 Prozentpunkte auf 36 % im Jahr 2008. Bei den Männern stieg sie um 4 Prozentpunkte auf 9 %. Sowohl bei den Frauen als auch den Männern handelt es sich dabei um Personen, bei denen keine oder ausschließlich volljährige Kinder im Haushalt lebten.

1 Stellen Sie das im Text enthaltene Zahlenmaterial grafisch dar.
a Bilden Sie Kleingruppen und diskutieren Sie, welche Diagrammart die geeignete ist.
b Fertigen Sie einen Entwurf des Diagramms an.
c Vergleichen Sie Ihren Entwurf mit den Entwürfen anderer Kleingruppen, einigen Sie sich auf eine Darstellungsweise und erstellen Sie nun jeweils das Diagramm.

2 Erörtern Sie Vor- und Nachteile der Darstellung in einem Fließtext bzw. in einem Diagramm. Entscheiden Sie, für welchen Verwendungszweck die jeweilige Aufbereitung geeigneter ist.

Inhalt und Struktur von literarischen Texten visualisieren

Heinrich Böll: **Anekdote zur Senkung der Arbeitsmoral** (1963)

In einem Hafen an einer westlichen Küste Europas liegt ein ärmlich gekleideter Mann in seinem Fischerboot und döst. Ein schick angezogener Tourist legt eben einen neuen Farbfilm in seinen Fotoapparat, um das idyllische Bild zu fotografieren: blauer Himmel, grüne See mit friedlichen schneeweißen Wellenkämmen, schwarzes Boot, rote Fischermütze. Klick. Noch einmal: klick, und da aller guten Dinge drei sind und sicher sicher ist, ein drittes Mal: klick. Das spröde, fast feindselige Geräusch weckt den dösenden Fischer, der sich schläfrig aufrichtet, schläfrig nach seiner Zigarettenschachtel angelt; aber bevor er das Gesuchte gefunden, hat ihm der eifrige Tourist schon eine Schachtel vor die Nase gehalten, ihm die Zigarette nicht gerade in den Mund gesteckt, aber in die Hand gelegt, und ein viertes Klick, das des Feuerzeuges, schließt die eilfertige Höflichkeit ab. Durch jenes kaum messbare, nie nachweisbare Zuviel an flinker Höflichkeit ist eine gereizte Verlegenheit entstanden, die der Tourist – der Landessprache mächtig – durch ein Gespräch zu überbrücken versucht.

„Sie werden heute einen guten Fang machen."

Kopfschütteln des Fischers.

„Aber man hat mir gesagt, dass das Wetter günstig ist."

Kopfnicken des Fischers.

„Sie werden also nicht ausfahren?"

Kopfschütteln des Fischers, steigende Nervosität des Touristen. Gewiss liegt ihm das Wohl des ärmlich gekleideten Menschen am Herzen, nagt an ihm die Trauer über die verpasste Gelegenheit.

„Oh, Sie fühlen sich nicht wohl?"

Endlich geht der Fischer von der Zeichensprache zum wahrhaft gesprochenen Wort über. „Ich fühle mich großartig", sagt er. „Ich habe mich nie besser gefühlt." Er steht auf, reckt sich, als wolle er demonstrieren, wie athletisch er gebaut ist. „Ich fühle mich fantastisch."

Der Gesichtsausdruck des Touristen wird immer unglücklicher, er kann die Frage nicht mehr unterdrücken, die ihm sozusagen das Herz zu sprengen droht: „Aber warum fahren Sie dann nicht aus?"

Die Antwort kommt prompt und knapp. „Weil ich heute morgen schon ausgefahren bin."

„War der Fang gut?"

„Er war so gut, dass ich nicht noch einmal auszufahren brauche, ich habe vier Hummer in meinen Körben gehabt, fast zwei Dutzend Makrelen gefangen ..."

Der Fischer, endlich erwacht, taut jetzt auf und klopft dem Touristen beruhigend auf die Schultern. Dessen besorgter Gesichtsausdruck erscheint ihm als ein Ausdruck zwar unangebrachter, doch rührender Kümmernis.

„Ich habe sogar für morgen und übermorgen genug", sagt er, um des Fremden Seele zu erleichtern. „Rauchen Sie eine von meinen?"

„Ja, danke."

Zigaretten werden in Münder gesteckt, ein fünftes Klick, der Fremde setzt sich kopfschüttelnd auf den Bootsrand, legt die Kamera aus der Hand, denn er braucht jetzt beide Hände, um seiner Rede Nachdruck zu verleihen.

„Ich will mich ja nicht in Ihre persönlichen Angelegenheiten mischen“, sagt er, „aber stellen Sie sich mal vor, Sie führen heute ein zweites, ein drittes, vielleicht sogar ein viertes Mal aus und Sie würden drei, vier, fünf, vielleicht gar zehn Dutzend Makrelen fangen ... stellen Sie sich das mal vor.“

Der Fischer nickt.

„Sie würden“, fährt der Tourist fort, „nicht nur heute, sondern morgen, übermorgen, ja, an jedem günstigen Tag zwei-, dreimal, vielleicht viermal ausfahren – wissen Sie, was geschehen würde?“

Der Fischer schüttelt den Kopf.

„Sie würden sich in spätestens einem Jahr einen Motor kaufen können, in zwei Jahren ein zweites Boot, in drei oder vier Jahren könnten Sie vielleicht einen kleinen Kutter haben, mit zwei Booten oder dem Kutter würden Sie natürlich viel mehr fangen – eines Tages würden Sie zwei Kutter haben, Sie würden ...“, die Begeisterung verschlägt ihm für ein paar Augenblicke die Stimme, „Sie würden ein kleines Kühlhaus bauen, vielleicht eine Räucherei, später eine Marinadenfabrik, mit einem eigenen Hubschrauber rundfliegen, die Fischschwärme ausmachen und Ihren Kuttern per Funk Anweisung geben. Sie könnten die Lachsrechte erwerben, ein Fischrestaurant eröffnen, den Hummer ohne Zwischenhändler direkt nach Paris exportieren – und dann ...“, wieder verschlägt die Begeisterung dem Fremden die Sprache. Kopfschüttelnd, im tiefsten Herzen betrübt, seiner Urlaubsfreude schon fast verlustig, blickt er auf die friedlich hereinrollende Flut, in der die ungefangenen Fische munter springen. „Und dann“, sagt er, aber wieder verschlägt ihm die Erregung die Sprache.

Der Fischer klopft ihm auf den Rücken, wie einem Kind, das sich verschluckt hat. „Was dann?“, fragt er leise.

„Dann“, sagt der Fremde mit stiller Begeisterung, „dann könnten Sie beruhigt hier im Hafen sitzen, in der Sonne dösen – und auf das herrliche Meer blicken.“

„Aber das tu ich ja schon jetzt“, sagt der Fischer, „ich sitze beruhigt am Hafen und döse, nur Ihr Klicken hat mich dabei gestört.“

Tatsächlich zog der solcherlei belehrte Tourist nachdenklich von dannen, denn früher hatte er auch einmal geglaubt, er arbeite, um eines Tages einmal nicht mehr arbeiten zu müssen, und es blieb keine Spur von Mitleid mit dem ärmlich gekleideten Fischer in ihm zurück, nur ein wenig Neid.

1 Stellen Sie die Unterschiede zwischen den beiden Protagonisten zusammen. Vervollständigen bzw. erweitern Sie die Tabelle.

	Fischer	**Tourist**
Kleidung	*ärmlich gekleidet (Z. 2)*	...
Sprache	*– wortkarg (Z. ...)* *– kurze Sätze (Z. ...)* *– ...* *→ Ausdruck von Ruhe, Ausgeglichenheit*	*– anfangs einfache Aussage- oder Fragesätze* *– später immer längere Sätze, stakkatohaft* *→ Ausdruck von ...*
Empfindungen	*– anfangs zufrieden (Z. ...)* *– später ... (Z. ...)*	...
Einstellung zur Arbeit	...	...

2 Stellen Sie die Ergebnisse Ihrer Erarbeitung in einer Mindmap dar und vergleichen Sie sie innerhalb der Lerngruppe.

3 Bereiten Sie die folgende Aufgabe mit Hilfe einer Visualisierung vor (▸ Methode):

Am Abend des Tages schildert der Fischer seinen Freunden in einer Taverne die Begegnung mit dem Touristen. Entwerfen Sie einen Dialog.

a Geben Sie die entscheidenden Schlüsselbegriffe aus der Aufgabenstellung an.

b Die Aufgabenstellung enthält mehrere Aufforderungen. Sie müssen im Text eine Situation (hier: die der Personen) und einen Prozess (hier: einen Gesprächs- und Handlungsverlauf) erkennen und auf Grund dieser Analyse eine gestaltende Übertragung vornehmen (hier: in die Dialogform). Begründen Sie, welche der Methoden der Visualisierung Sie bei der Vorbereitung nutzen könnten.

Methode **Visualisierungen zu literarischen Texten**

Anforderungen der Aufgabe	**Methoden der Erarbeitung**
Die Situation erkennen ■ die in einem literarischen Text entworfene Situation strukturieren	**Tabelle:** Die in einem literarischen Text dargestellten Elemente einer Situation (z. B. einer Urlaubssituation) stellen Sie in einer Tabelle systematisch in Spalten und Zeilen gegliedert dar. **Mindmap:** Von einem Kernbegriff ausgehend stellen Sie die Elemente auf Ästen dar. **Strukturdiagramm:** Sie stellen grafisch dar, welche Faktoren in der Situation wie wirken. Neben Stichworten können Sie auch Pfeile, Gegensatzpfeile, Umkreisungen, Barrieren etc. verwenden (Beispiel, ▸ S. 101).
Den Prozess nachvollziehen ■ Handlungsabläufe bzw. gedankliche Entwicklungen in Texten beschreiben	**Flussdiagramm:** Sie drücken in Stichworten den dargestellten Handlungsverlauf in einer vertikalen grafischen Anordnung aus, die zeitliche und/oder logische Zusammenhänge klarmacht. **Zeitleiste:** Sie stellen Handlungsabläufe in horizontaler Anordnung linear dar, indem Sie den im Text behandelten Zeitraum auf einer Leiste eintragen, ihn unterteilen und die Hauptereignisse stichwortartig den verschiedenen Zeitpunkten zuordnen.
Die Gestaltung vornehmen ■ aus einem Text gewonnene Einsichten zur Gestaltung eines Dialogs, einer Parallel- oder Fortsetzungsgeschichte verwenden	**Tabelle:** In der ersten Spalte einer Tabelle notieren Sie zunächst stichwortartig wichtige Ergebnisse der Textanalyse. In der zweiten Spalte ordnen Sie diesen dann in jeder Zeile Ideen zu, mit denen Sie die im Text vorgefundene Ausgangslage in dem Dialog, Parallel- bzw. Fortsetzungstext aufgreifen und fortentwickeln könnten.

Beispiel: Ein Strukturdiagramm zu H. Böll: Anekdote zur Senkung der Arbeitsmoral

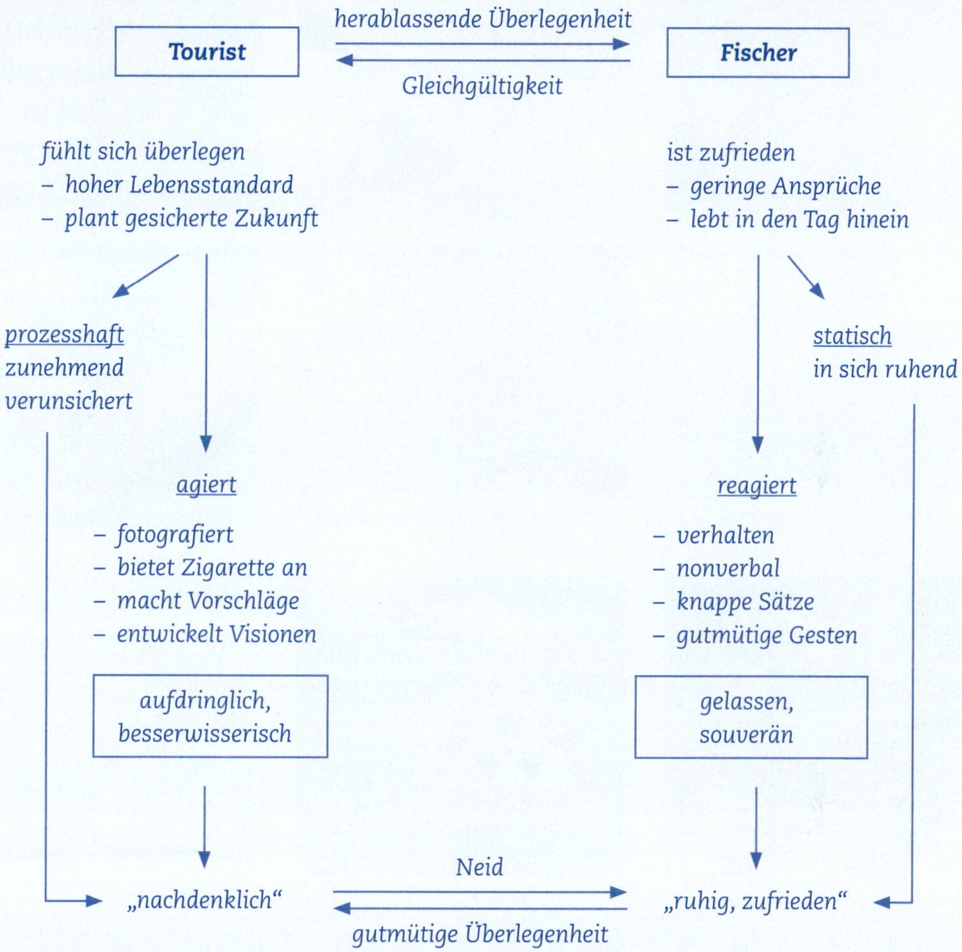

4 Beschreiben Sie den Verlauf des Gesprächs zwischen dem Touristen und dem Fischer. Verwenden Sie das Strukturdiagramm als Stütze. Beurteilen Sie danach dessen Nutzen für die Bearbeitung der Aufgabe.

5 Erproben Sie Möglichkeiten der Visualisierung am Beispiel des Romanauszugs von Marlene Streeruwitz (▸ S. 92 f.).

a Stellen Sie folgende Aspekte dar:
- die private und berufliche Situation Helenes,
- den Ablauf der Unterredung mit Herrn Nadolny,
- den Spannungsverlauf.

b Erfassen Sie die Zusammenhänge in einem Strukturdiagramm.

6 Welche Visualisierungsmethode hat Sie besonders überzeugt? Begründen Sie.

2 Sachtexte

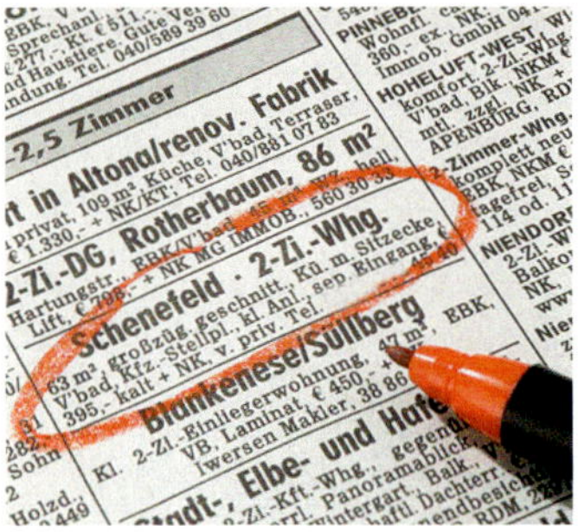

…, -
fertig ist das Mondgedicht.

Robert Gernhardt

1 Bilden Sie Kleingruppen. Diskutieren Sie folgende Fragestellungen und notieren Sie Ihre Ergebnisse. Halten Sie dabei auch stichwortartig fest, an welchen Entscheidungskriterien Sie sich jeweils orientieren.

a Welche der Beispiele lassen sich überhaupt als Texte bezeichnen?

b Welche dieser Texte sind Sachtexte, welche literarische Texte?

In diesem Kapitel erwerben Sie folgende Kenntnisse und Kompetenzen:

- Sachtexte nach Typen und Intentionen unterscheiden,
- informierende und argumentierende Sachtexte analysieren,
- normierende Texte verstehen und anwenden,
- Informationen aus diskontinuierlichen Sachtexten entnehmen.

2.1 Sachtexttypen im Überblick – Intentionen unterscheiden

Jens Mende: **Ein Spiel für die Geschichtsbücher**

Bloemfontein, 27.06.2010 – Fußball-Deutschland steht kopf – die „Boy-Group" von Joachim Löw hat ihre WM-Reifeprüfung in Südafrika mit Bravour bestanden. Die junge deutsche Nationalmannschaft fertigte den Erzrivalen England am Sonntag im Achtelfinal-Klassiker in Bloemfontein deutlich mit 4:1 (2:1) ab. [...]
Die Routiniers Miroslav Klose (20. Min.) und Lukas Podolski (32. Min.) sowie Youngster Thomas Müller (67./70. Min.) mit seinen WM-Toren zwei und drei machten vor 40 510 Zuschauern im Free State Stadion den Erfolg perfekt und schickten die „Three Lions" nach Hause. [...]

Torhüter Manuel Neuer beobachtet, wie der Ball hinter die Linie springt. Zweifellos ein Tor, das der Schiedsrichter aber nicht gibt.

Matthew Upsons Kopfballtor zum 1:2 konnte die höchste Schlappe der Engländer in einem WM-Spiel nicht verhindern. Allerdings haderten die Briten wegen eines „Torklaus" zu Recht mit Referee Jorge Larrionda aus Uruguay. 44 Jahre nach dem legendären Wembley-Tor erhitzte auch bei der 32. Auflage des Klassikers [zwischen Deutschland und England] eine Fehlentscheidung des Schiedsrichters die Gemüter – diesmal die der Engländer. Beim Schuss von Frank Lampard in der 38. Minute prallte der Ball von der Unterkante der Latte deutlich sichtbar hinter der Torlinie auf, doch weder Larrionda noch sein Assistent an der Seite hatten dies bemerkt. Die wütenden Proteste der „Three Lions" blieben ohne Wirkung. [...]

Regel 10 – Wie ein Tor erzielt wird

Erzielen eines Tores

Ein Tor ist gültig erzielt, wenn der Ball die Torlinie zwischen den Torpfosten und unterhalb der Querlatte in vollem Umfang überquert, ohne dass ein vorgängiges Vergehen des Teams vorliegt, das den Treffer erzielt hat. [...]

Auslegung der Spielregeln und Richtlinien der FIFA für Schiedsrichter

Kein Tor

Wenn ein Schiedsrichter auf Tor entscheidet, bevor der Ball die Torlinie in vollem Umfang überquert hat, seinen Irrtum jedoch sofort bemerkt, wird das Spiel mit einem Schiedsrichter-Ball an der Stelle fortgesetzt, an der sich der Ball zum Zeitpunkt der Unterbrechung befand. Wurde das Spiel innerhalb des Torraums unterbrochen, erfolgt der Schiedsrichter-Ball auf der Torraumlinie parallel zur Torlinie so nahe wie möglich bei der Stelle, an der sich der Ball zum Zeitpunkt der Unterbrechung befand.

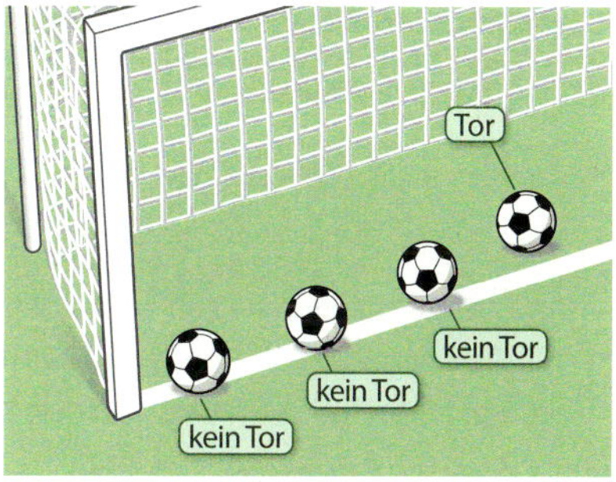

Anweisungen des DFB

1. Ein Pfiff bei der Torerzielung sollte nur in unklaren Fällen erfolgen.
2. Bestehen Zweifel, ob der Ball vollständig im Tor war, soll der Schiedsrichter das Spiel weiterlaufen lassen.

1 Lesen Sie die beiden Sachtexte und klären Sie dann, wer die jeweiligen Adressaten der Texte sind.

2 a Bestimmen Sie jeweils den Sachtexttyp und die Textsorte und ordnen Sie beiden Texten eine Intention zu (▶ Information). Belegen Sie Ihre Ergebnisse an konkreten Textstellen.

b Der Text von Jens Mende enthält auch wertende Passagen. Suchen Sie diese heraus. Widerspricht diese Tatsache der von Ihnen gewählten Zuordnung?

Information Sachtexttypen und ihre Intentionen im Überblick

Sachtexte haben im Gegensatz zu fiktionalen Texten einen pragmatischen Zweck. Autorinnen und Autoren verfolgen in der Regel bestimmte **Intentionen**: Sie wollen z. B. belehren, informieren, dokumentieren, überzeugen oder beeinflussen. Für das Lesepublikum hat ein Sachtext ebenso eine Funktion: Es will z. B. Zusammenhänge verstehen, Fähigkeiten erwerben, Tatsachen dokumentiert oder die eigene Meinung bestätigt sehen. Wegen ihrer Zweckorientierung nennt man Sachtexte auch **Gebrauchstexte** oder **pragmatische Texte**. Die Geburtsurkunde gehört ebenso zu dieser Gattung wie das Pamphlet, der Essay oder der Aufsatz in einer Fachzeitschrift. Sachtexte kann man am besten nach ihrer Intention unterscheiden (entsprechend den Sprachfunktionen in **Karl Bühlers** Organon-Modell, ▶ S. 23 f.). Die wichtigsten Sachtexttypen sind:

Sachtexttyp	Intention	Textsorte/Beispiel
informierend	darstellend/sachbezogen	Bericht, Lexikonartikel, Dokumentation, Protokoll, Reportage
argumentierend →	darstellend/sach- und adressatenbezogen	Kommentar, Konzertkritik, Buchrezension, Erörterung, Interpretation,
↘	appellativ/adressatenbezogen	Leserbrief, Predigt
appellierend	appellativ/adressatenbezogen	Wahlaufruf, Werbetext
normierend	darstellend/sach- und adressatenbezogen	Hausordnung, Anordnung, Satzung, Gesetz
ausdrucksbetont/kreativ	expressiv/ich- und adressatenbezogen	Tagebuch, Liebesbrief

In konkreten Sachtexten kommen die **verschiedenen Intentionen häufig gemischt** vor. Beispielsweise enthält auch eine Wahlkampfrede, die die Zuhörerschaft für eine bestimmte politische Position gewinnen will, informative, darstellende Passagen. In der Regel ist der intentionale Schwerpunkt aber eindeutig.

3 a Machen Sie sich mit dem Organon-Modell (▶ S. 23 f.) vertraut bzw. wiederholen Sie es kurz.

b Ordnen Sie den beiden Texten auf S. 103 bestimmte Sprachfunktionen zu. Achten Sie darauf,
- wer oder was im Mittelpunkt des Interesses steht,
- ob und in welcher Weise die Meinung des Autors zum Ausdruck gebracht wird,
- ob der Leser unmittelbar angesprochen wird.

4 Wählen Sie eine Ihnen gut bekannte Soap-Opera oder eine andere Fernsehserie und verfassen Sie entweder einen informativen Text mit primär darstellender Intention oder eine Rezension, d. h. einen argumentierenden Text mit appellativer Intention. Entscheiden Sie sich für eine positive oder kritisch-ablehnende Wertung.

Text 1

WDR-Sportreporter Armin Lehmann: England kommt. Lampaaaaaard. An die Unterkante und Tor! Nein! Kein England-Tor! Kein England-Tor. Das ist das Gleiche wie in Wembley. Unglaublich. An die Unterkante und rausgesprungen, Sabine.

WDR-Sportreporterin Sabine Töpperwien: Aber das war ein Tor! Das war ein echtes Tor! Glück für Deutschland! Fehlentscheidung ...

Lehmann: Skandalös, Sabine.

Töpperwien: ... der Schiedsrichter.

Lehmann: Das ist skandalös; das war ein halber Meter.

Töpperwien: Das muss der Schiedsrichter-Assistent doch sehen!

Text 2

Als **Wembley-Tor** wird im deutschen Fußball ein Lattentreffer bezeichnet, bei dem der Ball von der Unterkante der Torlatte nach unten springt und dabei die Torlinie möglicherweise nicht überschreitet und anschließend wieder ins Spielfeld springt. Nach derartigen Spielszenen ist es oft umstritten, ob der Ball im Tor war oder nicht. Im Speziellen wird damit ein Tor der englischen Fußballnationalmannschaft gemeint, welches diese in der Verlängerung des Finales der Weltmeisterschaft 1966 schoss und zum 3:2 führte.

WM 1966. Der Engländer Geoffrey Hurst schießt unter die Latte, der Linienrichter Bachramow entscheidet auf 3:2. England gewinnt das Finale gegen Deutschland schließlich mit 4:2.

Text 3

Frage: Was haben Sie gedacht, als der Uruguayer Larrionda einem klaren Tor der Engländer gegen Deutschland die Anerkennung verweigerte? [...]

Urs Meier (ehemaliger FIFA-Schiedsrichter): Ich habe starkes Mitgefühl empfunden, denn die Fernsehbilder haben diesen krassen Schnitzer deutlich offengelegt. [...] Aber mir war völlig klar, dass so etwas irgendwann passieren und man die Alleinschuld den Schiedsrichtern in die Schuhe schieben würde. [...] Jetzt hat es die ganze Welt gesehen – bis auf Larrionda und seinen Assistenten. Ich habe mir die Szene genau angeschaut und sage: Sie konnten es nicht sehen, sie haben alles richtig gemacht.

Frage: Wie bitte?

Meier: Ja, so bewerte ich das. Der Assistent stand genau auf der Abseitslinie, also dort, wo er stehen muss. Und er kann einfach nicht schneller sein als der Ball. [...]

Berliner Morgenpost, 01.07.2010

Text 4

Jan Christian Müller: **Jahrhundertspiel** (fr-online, 2010)

Man ist im Fußball ja mitunter schnell, vielleicht auch zu schnell bei der Hand mit Superlativen. Aber in diesem Fall trägt der ewige Kalender seinen Teil dazu bei, dass das Aufeinandertreffen von Deutschland und England bei der Weltmeisterschaft 2010 aus deutscher Sicht als „Jahrhundertspiel“ bezeichnet werden darf. In diesem Jahrhundert hat es nämlich noch kein besseres und dramatischeres Spiel einer deutschen Fußballnationalmannschaft zu besichtigen gegeben. Dass

44 Jahre nach dem Wembley-Tor, das keines war, wieder ein Wembley-Tor fällt, das ganz sicher eines war, macht dieses 4:1 im Achtelfinale von Bloemfontein erst recht zu einem unvergesslichen Ereignis der jüngeren Sportgeschichte. Und ehrlicherweise muss man hinzufügen, dass dieser Treffer von Frank Lampard, wenn er denn gegeben worden wäre, am Sonntagabend für eine völlig andere Stimmung auf Deutschlands Straßen hätte sorgen können: für Katerstimmung nämlich.

Text 5

Frankfurter Allgemeine FAZ.NET

Michael Horeni: **4:1 gegen England**

Deutschland spielt sich ins Viertelfinale

WM 2010, Bloemfontein Dieses Duell bleibt noch lange in Erinnerung: Mit einem 4:1 zieht Deutschland ins WM-Viertelfinale ein, Klose und Podolski treffen früh, Upson verkürzt. Dann wird ein „Wembley-Tor“ der Engländer nicht anerkannt. In der zweiten Halbzeit macht Müller mit einem Doppelpack den Einzug in die Runde der letzten Acht perfekt.

Lesermeinung zum Beitrag

Bernhard Auge: Unsterblich werden mit einem freiwilligen Eigentor 27. Juni 2010 20:47

Ein schaler Beigeschmack bleibt durch das nicht gegebene Tor für die Engländer. Ich weiß nicht, ob Manuel Neuer gleich wusste, dass der Ball klar hinter der Linie war und dass es alle im Stadion gesehen hatten – außer dem Schiedsrichter. Eine wirklich großartige Tat wäre dann gewesen, statt eines Abschlags den Ball freiwillig ins eigene Tor zu schießen. Das wäre Fairplay gewesen, eine Aktion, durch die er sich selbst und dieses Spiel absolut unvergesslich gemacht hätte. Das wäre ein Zeichen gewesen, dass Fairness und Gerechtigkeit wichtiger sind, als ein Spiel zu gewinnen. Selbst wenn wir so am Ende verloren hätten – es wäre ein grandioser Sieg des Fairplay gewesen. Nur: Niemand kann Manuel Neuer vorwerfen, binnen weniger Sekunden nicht auf diese Idee gekommen zu sein! Aber ich finde es gut und richtig, dass nun kein Spieler von der „Hand Gottes“ spricht – wir kennen diese Story. [...] Bewerten: schlecht □□□□□ gut Wertung abgeben

1 **a** Bestimmen Sie für die Sachtexte jeweils den Sachtexttyp, die Intention und die Adressaten (Information, ▶ S. 104).
b Im Folgenden finden Sie eine Liste möglicher Sachtextsorten:
Bildstrecke – Blogeintrag – Interview – Kommentar – Leserbrief – Lexikoneintrag – Nachricht – Porträt – Protokoll – Rundfunkreportage – Twittermeldung
Ordnen Sie die Sachtexte 1–5 einer der genannten Textsorten zu und begründen Sie Ihre Zuordnung.

2 **a** Arbeiten Sie im Rückgriff auf die konkreten Textbeispiele die Gemeinsamkeiten und Unterschiede folgender Textsorten heraus:
- Interview und Rundfunkreportage,
- Blogeintrag und Zeitungskommentar.

b Suchen Sie für eine Sachtextsorte Ihrer Wahl mindestens drei weitere aktuelle Beispiele und zeigen Sie anhand dieser Beispiele die charakteristischen Merkmale dieser Textsorte auf.

3 Verfassen Sie eine Antwort auf den abgedruckten Blogeintrag. Berücksichtigen Sie dabei gegebenenfalls die Informationen und Positionen aus den übrigen Sachtexten dieses Kapitels (▶ S. 103–106).

4 Recherchieren Sie die aktuelle Haltung des Weltfußballverbandes (FIFA) zum Einsatz technischer Hilfsmittel für Schiedsrichter. Dokumentieren Sie Ihre Ergebnisse in einem Sachtext mit informierendem oder appellierendem Charakter.

2.2 Informierende Texte untersuchen

Informationen aus Sachtexten gewinnen und strukturieren

Sibylle Haas: **Auf das Klima kommt es an** (sueddeutsche.de, 2008)

Frustrierte Mitarbeiter bringen weniger Leistung. Werden Angestellte nicht respektiert und anerkannt, schadet das dem Unternehmensgewinn.

Nicht hohe Bonuszahlungen und Aufstiegschancen motivieren deutsche Arbeitnehmer zu guten Leistungen, sondern – Respekt und Anerkennung. Der höfliche Umgang miteinander und die Wertschätzung der Arbeit durch den Vorgesetzten haben in Deutschland die höchste Bedeutung für das Engagement der Beschäftigten. Zu diesem Ergebnis kommen Studien der Unternehmensberatung Mercer, die in 22 Ländern etwa 20.000 Berufstätige befragt hat. „Motivationsaspekte wie ein gutes Betriebsklima und die Sinnhaltigkeit der eigenen Arbeit werden für viele Mitarbeiter immer wichtiger", sagt Dagmar Wilbs, die den Bereich Personal-Management bei Mercer Deutschland leitet und damit die Untersuchung in Deutschland betreut hat. „Mitarbeiter fragen sich zunehmend, wie wichtig der Beitrag ihrer Arbeit für die Firma ist. Sie wünschen sich Anerkennung", betont sie.

Die Befragung erklärt nicht, warum bestimmte Aspekte von den Beschäftigten als besonders wichtig für deren Motivation genannt wurden. Möglich sei, so Fachfrau Wilbs, dass der auf nackte Zahlen ausgerichtete Umgangston der jüngsten Vergangenheit ein Grund dafür ist, dass hierzulande der Wunsch nach Wertschätzung an erster Stelle steht. Viele Beschäftigte haben in Zeiten von Kosteneinsparungen, Stellenabbau und Werksschließungen auch erlebt, wie hart Vorgesetzte mit ihren Mitarbeitern und wie rücksichtslos Kollegen miteinander umgehen können. Es gilt in wirtschaftlich schwachen Zeiten eben mehr als in guten: Der Starke kommt durch, der Schwache bleibt auf der Strecke.

Leistungsgerechte Bezahlung

„Viele Mitarbeiter hatten das Gefühl, den Entscheidungen oft hilflos ausgeliefert zu sein und selbst wenig beeinflussen zu können. Entsprechend frustriert sind sie", sagt Wilbs. Sie weiß, dass Frustration die Arbeitsleistung mindert und damit auch die Wertschöpfung der Unternehmen belastet. [...]

Wilbs warnt zugleich vor dem Umkehrschluss, die Bezahlung spiele eine untergeordnete Rolle für die Motivation. „Arbeitnehmer setzen eine leistungsgerechte Vergütung voraus", betont sie. Mit ihrem Wunsch nach Respekt und Wertschätzung liegen die Deutschen über dem weltweiten Durchschnitt. Nur für Franzosen und Briten ist ein respektvoller Umgang noch wichtiger als für die Deutschen. In Japan dagegen wird dem Motivationsfaktor Respekt viel weniger Bedeutung beigemessen als im weltweiten Durchschnitt. Für japanische Arbeitnehmer spielt dagegen das Grundgehalt eine überragende Rolle bei der Leistungsbereitschaft.

Neben Respekt, Anerkennung und der Art der Arbeit ist den Beschäftigten weltweit ein ausgewogenes Verhältnis von Arbeits- und Privatleben – die so genannte Work-Life-Balance – wichtig. Führend sind hier die Franzosen, die diese Ausgewogenheit mit der höchsten Punktzahl bewerten und damit deutlich über dem weltweiten Durchschnitt liegen. Deutsche Arbeitnehmer liegen dagegen mit ihrem Wunsch nach einer guten Balance zwischen Arbeit und Freizeit unter dem globalen Durchschnitt. Damit bestätigt die Studie ein altes Vorurteil: Die Franzosen arbeiten, um zu leben – bei den Deutschen ist es umgekehrt.

1 Klären Sie mit einer Partnerin/einem Partner, welcher Textsorte der Text angehört und welche Intention die Autorin verfolgt (Information, ▶ S. 104). Begründen Sie Ihre Antwort.

2 Untersuchen Sie die Ausführungen von Sibylle Haas auf Merkmale informierender Texte (▶ Information).

3 a Legen Sie eine Folie über den Text und markieren Sie die wichtigsten Informationen.
b Vergleichen Sie Ihre Ergebnisse in Gruppen. Begründen Sie jeweils, warum Ihnen bestimmte Informationen wichtig erscheinen. Einigen Sie sich auf ein gemeinsames Ergebnis.
c Notieren Sie das Ergebnis arbeitsteilig: eine Gruppe notiert auf einem Stichwortzettel, die andere Gruppe erstellt eine Mindmap (▶ Methode).

4 Beurteilen Sie drei verschiedene Varianten zur Strukturierung der Inhalte (Stichwortzettel, Mindmap und das Strukturierungsbeispiel unten). Welches halten Sie für besonders gelungen (vollständig, aussagekräftig, übersichtlich, gut strukturiert)? Begründen Sie Ihre Antwort, indem Sie Vor- und Nachteile der Varianten aufzählen.

„Auf das Klima kommt es an"
Unternehmensberatung Mercer: Ländervergleichende Studien

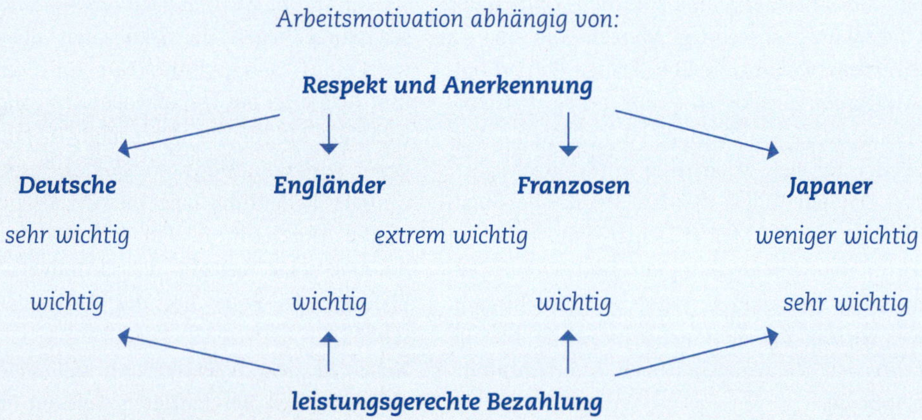

Information **Informierende Texte**

Informierende Texte setzen sich mit einem Gegenstand, einer Handlung oder einem Sachverhalt auseinander. Sie haben den **Anspruch auf Objektivität**, können kritisch sein, aber beinhalten in der Regel **keine ausdrücklichen Meinungsäußerungen**. Ihre Intention besteht in der Darstellung von nachweisbaren Fakten, mit denen sie den Rezipienten die Möglichkeit zu sachlich begründeten Urteilen und Handlungen geben.

Methode **Mindmap**

Eine Mindmap (Gedankenlandkarte) ist eine kreative Visualisierungsmethode. Sie ist in unterschiedlichen Lern- und Arbeitssituationen einsetzbar, z. B. zur Ideenfindung, bei der Projektplanung, aber auch als Methode zur Texterfassung.

Das Thema steht als Wort, Bild oder Symbol im Zentrum. Ordnen Sie Ihre Assoziationen oder Informationen auf Haupt- bzw. Unterzweigen an. Auf den Hauptzweigen stehen die allgemeinen Oberbegriffe, auf den Unterzweigen notieren Sie die Besonderheiten, Details zum Oberbegriff. Beschreiben Sie jeden Aspekt mit einer kurzen, prägnanten Formulierung, die Sie auf die passende Linie schreiben (Mindmap, ▶ S. 61). Arbeiten Sie mit Bildern, Symbolen, Farben, Hervorhebungen.

5 a Beurteilen Sie, ob die folgenden Beispiele zum Sachtexttyp der informierenden Texte gehören (Information, ▶ S. 104, 108). Nutzen Sie dabei Ihre Kenntnisse über Kommunikationsmodelle (Bühler, ▶ S. 23 f.): *Nachricht, Horoskop, Gebrauchsanweisung, Kommentar, Bericht, Gesetzestext, Garantieschein, Testament, Protokoll einer Mieterversammlung, Angebot, Kapitel in einem Schulbuch, Anzeige zur Partnersuche, Beschreibung, Ansichtskarte, Referat, Beipackzettel eines Medikaments, Wahlkampfrede.*

b Erläutern Sie, welche Probleme Sie bei der Zuordnung erkannt haben. Welche Konsequenzen ergeben sich daraus für den Umgang mit Texten, die einen hohen Informationsanteil haben?

Informationen vergleichen und bewerten

Text 1: Frust im Büro (sueddeutsche.de, 2008)

[...] Viele Deutsche gehen nur mit mäßigem Elan zur Arbeit. Gerade einmal zwölf Prozent der Beschäftigten fühlen sich einer Erhebung zufolge ihrem Arbeitgeber gegenüber verpflichtet und sind im Job motiviert und engagiert. Im Vorjahr waren es noch 15 Prozent. Die Mehrheit der Beschäftigten (64 Prozent) spule am Arbeitsplatz ein Pflichtprogramm ab, so das Arbeitsklima-Barometer 2008 des IFAK Instituts[1] aus Taunusstein.

Der Anteil derer, die innerlich bereits gekündigt haben, liegt demnach bei 24 Prozent – zwei Prozentpunkte über dem Vorjahreswert. Jeder Siebte würde am liebsten seinen Chef entlassen. Das geringe Maß an Verbundenheit von Beschäftigten mit ihrem Arbeitgeber hat durchaus Folgen: Es führt laut dem IFAK Institut zu vielen Fehltagen. Arbeitnehmer mit hoher Bindung an ihr Unternehmen fehlten im Schnitt 4,3 Tage. Bei Angestellten mit geringer Bindung waren es dagegen zehn Tage. Die Arbeitnehmer der ersten Gruppe seien außerdem deutlich engagierter, wenn es um Verbesserungen und Innovationen am Arbeitsplatz geht. Sie haben im Schnitt in den zurückliegenden zwölf Monaten 17,5 Ideen und Vorschläge eingebracht. Bei den Kollegen ohne Identifikation mit dem Betrieb waren es nur 8,4.

Kündigung nicht ausgeschlossen.

Arbeitnehmer denken auch eher über einen Arbeitsplatzwechsel nach, wenn sie sich nur wenig mit dem Unternehmen identifizieren. [...] Schuld an der geringen Verbundenheit der Mitarbeiter sind dem Marktforschungsinstitut zufolge häufig Defizite in der Personalführung. So könnten Führungskräfte ihre Mitarbeiter besser ans Unternehmen binden, wenn sie die Bedürfnisse und Erwartungen der Beschäftigten berücksichtigten. Der Einfluss der Führungskräfte lasse sich auch daran messen, dass Chefs bei Beschäftigten mit hoher Unternehmensbindung besser wegkommen als Vorgesetzte von Mitarbeitern, die sich nicht mit dem Betrieb identifizieren. [...]

1 **IFAK** ist das Institut für angewandte Kulturforschung

Text 2: Deutsche vermissen ihren Schreibtisch (sueddeutsche.de, 2008)

[...] Die Mehrheit der Arbeitnehmer in Deutschland freut sich laut einer repräsentativen Umfrage nach dem Urlaub darauf, beruflich wieder durchstarten zu können. 56 Prozent gehen nach den Ferien guter oder sehr guter Dinge in ihren ersten Arbeitstag, wie die [...] vom IFAK-Institut in Taunusstein vorgelegte Umfrage ergab.

Dabei ist die Vorfreude bei den Frauen (63 Prozent) größer als bei den erwerbstätigen Männern (50 Prozent) [...] Zudem kehren mehr Teilzeitbeschäftigte (63 Prozent) freudig an ihren Arbeitsplatz zurück als Vollzeitbeschäftigte (54 Prozent).

Auch das Alter spielt der Umfrage zufolge eine Rolle. So stimmen bei den Arbeitnehmern im Alter über 50 Jahren 63 Prozent voll und ganz der Aussage zu: „Nach dem Urlaub freue ich mich immer wieder auf meine Arbeit“. Bei den 18- bis 29-Jährigen sagen dies dagegen nur 45 Prozent.

Insgesamt herrscht eine sehr positive Einstellung zur Arbeit vor: Fast drei Viertel der 2000 Befragten (73 Prozent) geben an, ihre Arbeit zu „lieben“. Dies wird auch dadurch begünstigt, dass mit 72 Prozent beinahe ebenso viele Erwerbstätige im Kollegenkreis sehr gute Freunde gefunden haben.

1 Gehen Sie beim Untersuchen der Texte arbeitsteilig vor:

a Eine Partnerin/ein Partner stellt die wesentlichen Informationen aus Text 1, die/der andere die Informationen aus Text 2 grafisch dar (Mindmap, ▶ S. 108 f.; Strukturdiagramm, ▶ S. 96; etc.).

b Tauschen Sie Ihre Ergebnisse aus und vergleichen Sie die Darstellung Ihrer Partnerin/Ihres Partners mit dem entsprechenden Text. Fehlt etwas oder ist es zu ausführlich? Beurteilen Sie die Informationswiedergabe.

c Korrigieren Sie ggf. Ihr Ergebnis.

2 Setzen Sie die Informationen der beiden Texte in Bezug zueinander. Welche Informationen decken, ergänzen oder widersprechen sich? Wie erklären Sie sich die Widersprüche?

3 **a** Lesen Sie erneut den Text „Auf das Klima kommt es an“ (▶ S. 107). Beschreiben Sie, inwieweit sich Ihr Leseverhalten und Ihr Textverständnis dadurch geändert haben, dass Sie nun über weitere Informationen aus den beiden anderen Texten verfügen.

b Vergleichen Sie, wie das Thema „Motivation und Arbeitszufriedenheit“ in den drei Texten aufbereitet wurde.

4 **a** Erstellen Sie einen Stichwortzettel aus Ihren bisher erarbeiteten Aufzeichnungen zu den drei Texten. Notieren Sie darauf alle Ihnen wichtig erscheinenden Informationen zu dem Zweck, einen informierenden Text über das Thema „Motivation und Arbeitszufriedenheit“ zu schreiben.

b Erarbeiten Sie mit diesem Ziel auch den folgenden Text auf der nächsten Seite:

- Stellen Sie die von Maslow entwickelte Hierarchie der Bedürfnisse in der im Text angelegten Visualisierungsform dar.
- Erklären Sie den Unterschied zwischen „Defizitbedürfnissen“ und „Wachstumsbedürfnissen“.
- Notieren Sie wesentliche Informationen.

c Schreiben Sie einen Informationstext zum Thema.

Die Bedürfnispyramide von Maslow

Der Psychologe Abraham Maslow (1908–1970) hat eine Theorie entwickelt, die das Streben des Menschen nach Anerkennung und Selbstverwirklichung in den Mittelpunkt stellt.

[...] Die fünf Bedürfnisklassen nach Maslow können kurz in folgender Weise charakterisiert werden:

1. Die Grundbedürfnisse (V) umfassen das elementare Verlangen nach Essen, Trinken, Kleidung und Wohnung. Ihr Vorrang vor den übrigen Bedürfnisarten ergibt sich aus der Natur des Menschen.

2. Das Sicherheitsbedürfnis (IV) drückt sich aus in dem Verlangen nach Schutz vor unvorhersehbaren Ereignissen des Lebens (Unfall, Beraubung, Krankheit etc.), die die Befriedigung der Grundbedürfnisse gefährden können.

3. Die sozialen Bedürfnisse (III) umfassen das Streben nach Gemeinschaft, Zusammengehörigkeit und befriedigenden sozialen Beziehungen.

4. Wertschätzungsbedürfnisse (II) spiegeln den Wunsch nach Anerkennung und Achtung wider. Dieser Wunsch bezieht sich sowohl auf Anerkennung von anderen Personen als auch auf Selbstachtung und Selbstvertrauen. Es ist der Wunsch, nützlich und notwendig zu sein.

5. Als letzte und höchste Klasse werden die Selbstverwirklichungsbedürfnisse (I) genannt. Damit ist das Streben nach Unabhängigkeit und nach Entfaltung der eigenen Persönlichkeit gemeint.

Die pyramidale Anordnung bedeutet nicht nur, dass die „unteren" Bedürfnisse im Entwicklungsprozess früher in Erscheinung treten, sondern auch, dass sie in einem engeren Sinne physiologisch bestimmt sind und deshalb auch weniger individuelle oder soziale Ausdrucksvarianz kennen. Der Maslow'sche Ansatz baut auf zwei Thesen auf, dem Defizitprinzip und dem Progressionsprinzip. Das Defizitprinzip besagt, dass Menschen danach streben, unbefriedigte Bedürfnisse zu befriedigen. Ein befriedigtes Bedürfnis hat keine Motivationskraft. Das Progressionsprinzip besagt, dass menschliches Verhalten grundsätzlich durch das hierarchisch niedrigste unbefriedigte Bedürfnis motiviert wird. Der Mensch versucht zunächst, seine Grundbedürfnisse zu befriedigen. Ist das geschehen, dann bedeuten diese keinen Handlungsanreiz mehr. Gesättigte Bedürfnisse bauen keine Spannungszustände auf, zu deren Beseitigung Kräfte mobilisiert werden. Im Motivationsprozess werden deshalb die nächsthöheren Motive, die Sicherheitsbedürfnisse, aktiviert. Dieser Prozess setzt sich fort bis zum Bedürfnis nach Selbstverwirklichung, wobei für dieses Bedürfnis [...] postuliert wird, dass es nie abschließend befriedigt werden kann. Letzteres stellt also einen Bedürfnistypus besonderer Art dar, Maslow nennt sie Wachstumsbedürfnisse im Unterschied zu den Defizitbedürfnissen. Dieser Lauf der Motiventwicklung wird gestoppt, wenn auf einer der bezeichneten Ebenen keine Befriedigung des Bedürfnisses erfolgt. Das nächsthöhere Bedürfnis wird dann nicht verhaltensbestimmend.

Information und Wertung unterscheiden

Maja Roedenbeck: **Ein Hoch auf die Antriebslosigkeit** (sueddeutsche.de, 2008)

[...] Eben noch fühlte sie sich müde und dachte enttäuscht: „Schon wieder eine Aufgabe, die mir nicht wirklich Spaß macht." Dann sieht sie das Poster mit den grellgrünen Blitzen. Aus schwarzen Wolken brechen sie hervor, und darunter steht: „Auch der Blitz macht zickzack, aber er trifft." Und plötzlich weiß sie: „Was so ein Blitz kann, kann ich schon lange, Karriere-Zickzack sowieso, aber jetzt wird endlich mal getroffen!" Und ehe sie sich versieht, ist sie wieder voll da, geht total motiviert ins Personalbüro und bewirbt sich für einen Auslandseinsatz. Ob ihr Chef sich das so vorgestellt hat, als er für 39,50 Euro ein Motivationsposter [...] bestellte und es neben der Tür zum Konferenzraum aufhängen ließ?

Im Job einfach nur verlässlich zu funktionieren, ist verpönt. Hochmotiviert muss es am Schreibtisch zugehen. Für bewusst erlebte Antriebslosigkeit ist in unserer Arbeitswelt kein Platz. Zum Glück kann man Motivation kaufen: 2299 Ratgeber gibt es bei Amazon, schon für 6,50 Euro ist was dabei [...]

Egal wie, der müde Mitarbeiter muss handeln

[...] Es wäre übers Ziel hinausgeschossen, die Motivation gleich zum Teufel zu wünschen. Natürlich geht die Arbeit leichter von der Hand, wenn man Lust auf sie hat. Aber: Anstatt sich darüber zu grämen, dass das nicht immer der Fall ist, könnte man auch einfach versuchen, sich daran zu gewöhnen. „Es frustriert nur, dem Ideal des ständig zu Höchstleistungen motivierten Menschen nachzulaufen, das wir selten einmal erreichen", bestätigt Coach Thomas Schmidt. „Denn so erleben wir eine ewige Abweichung zwischen unserem Leben und dem Ideal." Demnach produzieren Chefs, die ihre Mitarbeiter zu Motivationskursen schicken, und Magazine, die einem die neuesten Motivationstipps aufdrängen, genau das Gegenteil von dem, was sie wollen: eine Überdosis an Anforderungen, die ganz schnell demotiviert. Ohnehin stellt sich die Frage, worauf all diese Mutmacherprodukte hinarbeiten: eine Berufswelt, in der jeder Beschäftigte jeden Tag 24 Stunden lang begeistert seine Projekte vorantreibt? Das könnten wir gar nicht durchhalten, sagt Berater Schmidt.

Experten unterscheiden zwischen Motivation und Motiviertheit, also zwischen den grundsätzlichen Beweggründen, die uns im Leben leiten, und dem aktuellen Gefühl, etwas mit Begeisterung zu tun. [...] Was auch immer wir tun oder lassen, es fehlt also nicht an einem tieferen Sinn, sondern höchstens an akuter Begeisterung. Klingt schon viel weniger schlimm.

Zwischenziele setzen

Man könnte jetzt skandieren: Nieder mit den Motivationssprüchen! Ein Hoch auf die Antriebslosigkeit! Besser wäre es zu differenzieren: Wenn es nur darum geht, eine unangenehme Aufgabe hinter sich zu bringen, können viel zitierte Expertentipps helfen, wie beispielsweise: „Setzen Sie sich Zwischenziele!" Bezogen auf die zweifelhafte Anforderung, chronisch grundbegeistert zu sein, die die arbeitende Bevölkerung unglücklich macht, bringt Tricksen allerdings wenig. [...]

Heute weiß man, dass Motivation für jeden etwas anderes bedeutet. Nur in den Chefetagen ist das noch nicht angekommen. Unternehmensberater Reinhard Sprenger erklärt, warum etwa Verdienstprämien und Medaillen für den „Mitarbeiter des Monats" in Sachen Motivation nichts bringen: „Diese Art von Belohnungen fördern nicht, sie zerstören nur die Zusammenarbeit." Und trotzdem werden Zusatzzahlungen für besondere Leistungen eher als die längst fällige Gehaltserhöhung bewilligt.

Vielleicht kommt irgendwann der Tag, an dem ein Angestellter seinem Chef gestehen darf: „Ich bin im Moment ein wenig lustlos, und Sie können weder mit einem Blackberry noch mit einem Extraurlaubstag etwas dagegen tun. Sie haben aber nichts zu befürchten, denn ich bin ein verantwortungsbewusster Erwachsener und weiß, dass die Arbeit auch unmotiviert erstklassig erledigt werden muss." [...]

1 Analysieren Sie, warum es sich bei diesem Artikel nicht um einen rein informierenden Text handelt.
  a Notieren Sie die Informationen des Textes.
  b Stellen Sie die im Text enthaltenen Thesen zusammen und entscheiden Sie, ob diese schlüssig begründet werden.
  c Finden Sie Belegstellen, die zeigen, dass der Text nicht nur informiert. Welche Konsequenzen hat das auf die Wirkung des Textes?

2 Erörtern Sie, ob die Darstellung von Motivationsanreizen der Theorie von Maslow (▶ S. 111) entspricht.

2.3 Argumentierende Sachtexte analysieren

1 **a** Führen Sie in Ihrer Lerngruppe ein Blitzlicht (Methode, ▸ S. 76) durch zur Frage „Was fällt Ihnen zum Thema Umweltschutz ein?"

b Fertigen Sie auf der Grundlage der Beiträge eine Mindmap (Methode, ▸ S. 108 f.) zum Thema Umweltschutz an.

c Schauen Sie sich die Cover und die Schlagzeilen der Titelgeschichten der abgedruckten Magazine genauer an und klären Sie, welche Themenbereiche und Aspekte des Umweltschutzes hier angesprochen werden. Ergänzen Sie Ihre Mindmap oder strukturieren Sie diese gegebenenfalls sogar um.

2 Verfassen Sie für ein naturwissenschaftlich ausgerichtetes Kindermagazin (z. B. GEOlino) eine adressatengerechte Definition des Begriffs „Umweltschutz".

Thema, These und Argumente eines Kommentars erschließen

Im April 2010 versank nach einer Explosion die Ölbohrplattform „Deepwater Horizon" im Golf von Mexiko (nahe den Küsten einiger US-Bundesstaaten) und löste damit eine Ölpest aus, die zu den größten Umweltkatastrophen dieser Art zählt. Über mehrere Monate hinweg gelangten aus dem Bohrloch täglich bis zu 8.200 Tonnen Rohöl unkontrolliert ins Meer mit katastrophalen Folgen für das Ökosystem, aber auch für die Menschen in der Region. Die Katastrophe wurde dadurch begünstigt, dass Warnhinweise aus Kostengründen ignoriert und auf Sicherheitsmaßnahmen verzichtet wurde.

Kai Biermann: Der Stoff ist das Problem, nicht der Dealer (ZEITonline, 2010)

Thema des Textes → Sind Sie auch wütend auf BP? Wollen Sie auch etwas tun?

Das ist verständlich. Aber den Konzern zu boykottieren ist nicht sinnvoll. ← **These**

Es wäre vielmehr so, als würde man zu einem anderen Dealer gehen, bloß weil man erfahren hat, dass der alte seine Droge auch an Kinder verkauft. ← **Argument 1:** analogisierendes Argument

Natürlich würde ein Boykott von BP-Tankstellen (beziehungsweise in Deutschland: Aral) die Firma treffen und ihr die Macht der Käufer demonstrieren. Aber es wäre eine sinnlose Demonstration. Getankt wird weiter, und wenn nicht bei der weltweiten Nummer drei, dann vielleicht beim größten Ölkonzern, bei Shell.

Argumentationsstützen zu Argument 1: **Belege** →

Shell war in Nigeria nicht nur daran beteiligt, dass dort die Umwelt ruiniert wurde. Der Konzern kooperierte auch mit dem früheren Militärregime[1]. Jenes Regime ließ Umweltaktivisten ermorden. Müsste man also Shell nicht eigentlich auch boykottieren? Dann tanken wir also bei der Nummer zwei: ExxonMobil. Doch jenem Ölmulti[2] gehörte der schrottreife Tanker, welcher Alaskas Küste verpestete. Jahrelang wehrte sich der Konzern dagegen, Entschädigungen zahlen zu müssen. New York hat Exxon übrigens auch einmal verölt. Die Liste lässt sich beliebig fortsetzen. Nummer vier? Chevron wird von Menschen in Ecuador verklagt, die dem Unternehmen vorwerfen, es habe ihr Grundwasser verseucht, indem es giftigen Ölschlamm in die Landschaft kippte. Der Stoff soll Krebs verursachen. Nummer fünf? Total soll für eine Pipeline in Myanmar[3] Dörfer zerstört haben. Der Konzern wurde wegen Zwangsarbeit und Mord verklagt – die Geschichte gibt es auch als Film.

Alle Ölkonzerne haben also Dreck und Blut an den Händen, Öl ist ein schmutziges Geschäft. Aber es ist zu wichtig für unsere Volkswirtschaften, als dass sich ethische Maßstäbe durchsetzten.

Argumentationsstützen zu Argument 1: **Erläuterungen**

Argument 2: Plausibilitätsargument → Wen also soll man boykottieren? Wenn überhaupt, dann alle.

Argumentationsstützen zu Argument 2: **Erläuterung, Aufzeigen von Konsequenzen** → Denn es hilft niemandem, wenn sich der Kundenzorn nur gegen eine Firma richtet. Das wäre Heuchelei, um Wut abzulassen und ein wenig das Gewissen zu beruhigen. Doch es verhindert nicht die nächste Katastrophe – was das Ziel und der Zweck einer solchen Aktion sein muss.

Wir alle sollten vielmehr häufiger und gründlicher darüber nachdenken, wie wir uns fortbewegen, von wem wir unseren Strom beziehen, welche Produkte wir kaufen. Die Nachfrage nach Biolebensmitteln ← **Fazit:** Verbesserungsvorschlag ließ diesen Industriezweig erst entstehen. Das ist Kundenmacht. Warum sie nicht einsetzen, um den Ölhunger zu begrenzen? Warum sie nicht nutzen, um die seit Jahrzehnten geforderte Energiewende endlich einzuleiten?

Selbstverständlich ist das sehr viel mühsamer und langwieriger, als zwei Wochen lang nicht bei BP zu tanken. Aber es ist der einzige Weg, zu verhindern, dass wir unsere Welt mit Öl versauen.

1 **Militärregime:** eine Diktatur, in der die politische Führung eines Landes vom Militär oder Teilen des Militärs ausgeübt wird.
2 **Ölmulti:** Bezeichnung für die großen, international tätigen Mineralölunternehmen
3 **Myanmar** (auch Birma oder Burma genannt): ein Staat in Südostasien

1 Vollziehen Sie den Aufbau der Argumentation nach, indem Sie die unvollständige Argumentationspyramide (unten, Methode, ▸ S. 116) in Ihr Heft übernehmen und die fehlenden Elemente ergänzen.
2 Beurteilen Sie die Argumentation abschließend: Hat der Autor Sie bzw. Ihre Lerngruppe von seiner Meinung überzeugen können? Begründen Sie Ihre Antwort.

THEMA:
Soll der Mineralölkonzern BP boykottiert werden? (Z. 1 f.)

THESE:
… … …

ARGUMENT 1:
… … …

ARGUMENT 2:
Ein Boykott eines einzelnen Mineralölkonzerns wäre sinnlos; nur ein Boykott aller Ölkonzerne wäre wirksam (vgl. Z. 29).
[Plausibilitätsargument]

ARG.-STÜTZE 1:
… … …

ARG.-STÜTZE 2:
Die anderen Mineralölkonzerne (Shell, Exxon-Mobil, Chevron, Total) sind in ökologischer und ethischer Hinsicht auch nicht besser als BP, z. B. … (vgl. Z. 11 ff.).
[Belege]

ARG.-STÜTZE 1:
… … …

ARG.-STÜTZE 2:
Der Boykott eines einzelnen Ölkonzerns „verhindert nicht die nächste Katastrophe" (Z. 29–33).
[Aufzeigen von Konsequenzen]

FAZIT:
… … …

Methode **Argumentationspyramide**

Thema eines Textes

⋮

These
(Meinung, Werturteil, Forderung, Prognose)

↑

Argumente
begründen den Geltungsanspruch der These

↗ ↗ ↗ ↖ ↖ ↖

Beispiele | **Belege** | **Erläuterungen** | **Aufzeigen von Konsequenzen** | **Zitate** | ...

stützen und sichern die Argumente ab

⋮

Fazit
(Zusammenfassung, Verbesserungsvorschlag, Zukunftsidee, Appell, Warnung usw.)

In jeder Woche befasst sich die überregionale „tageszeitung" (taz) mit einem strittigen Thema und bittet auch ihre Leserinnen und Leser um einen kurzen, prägnanten Beitrag. In der Wochenendausgabe werden ausgewählte Stellungnahmen in der Rubrik „Streit der Woche" abgedruckt. Anfang Januar 2010 lautete das Streitthema: „Müssen wir wegen des Klimas auf Fleisch verzichten?" Im Folgenden finden Sie zwei Antworten:

Text 1

Es gibt viele Gründe, weniger Fleisch zu essen! Experten empfehlen 300 bis 600 Gramm Fleisch pro Woche. Das wäre gut für die Umwelt und die Gesundheit. Die Fleischproduktion ist für rund 18 Prozent der Treibhausgase verantwortlich. Bis 2050 müssen wir auf der Erde klimaneutral produzieren, sonst werden wir den Klimawandel nicht stoppen. Da steht auch die Fleischproduktion auf dem Prüfstand. Ein zweiter Grund für weniger Fleischgenuss ist die Gerechtigkeit: Schon heute werden weltweit 30 Prozent der Ackerflächen für die Fleischerzeugung benötigt. Wenn die Menschen in China und Indien so viel Fleisch wie wir essen, werden wir die Menschheit nicht mehr ernähren können. Für das Einschränken des eigenen Fleischkonsums sprechen auch ethische Gründe: In Deutschland werden pro Kopf wöchentlich 1,7 Kilo Fleisch gegessen. Riesige Käfiganlagen und Schweinemastbetriebe mit zehntausenden von Tieren sorgen für den Nachschub. Der Tierschutz bleibt da häufig auf der Strecke.

Bärbel Höhn, 57, ist Bundestagsabgeordnete von Bündnis 90/Die Grünen und war NRW-Umweltministerin

Text 2

Ein klares Nein! Mit einer Verteufelung von Fleischprodukten durch die Politik ist der Klimawandel nicht aufzuhalten. Das Spielen mit Verbotsszenarien ist reiner Populismus und schadet der deutschen Land- und Ernährungswirtschaft. Fakt ist, dass seit 1990 durch eine effizientere Tierhaltung und Fütterung der CO_2-Ausstoß in der Landwirtschaft um 22 Prozent gesenkt wurde. Kühe tragen in Deutschland umgerechnet nur 2 Prozent zur CO_2-Belastung bei. Unsere Kühe sind also eindeutig keine „Klimakiller". Die FDP wird den Menschen nicht vorschreiben, was auf ihre Teller kommt. Interessierte VerbraucherInnen können selbst auf ihre Ernährung achten. Auch für mich privat gilt: Eine gesunde und ausgeglichene Ernährung ist die Grundvoraussetzung, um meine physische und psychische Fitness im Einklang zu halten. Und dazu gehört auch die eine oder andere Mahlzeit mit Fleisch.

Hans-Michael Goldmann, 63, FDP, ist Vorsitzender im Agrarausschuss

1 Führen Sie in Ihrer Lerngruppe zur Frage, ob man wegen des Klimas auf den Fleischkonsum verzichten soll, ein Meinungsbarometer (▸ Methode) durch.

Methode **Meinungsbarometer**

Diese Methode ist geeignet, um das differenzierte Stimmungs- oder Meinungsbild einer Gruppe zu einem umstrittenen Thema räumlich darzustellen. Dazu wird der (Klassen-)Raum in zwei Hälften geteilt. Auf der einen Seite des Raumes wird zum Beispiel ein Schild mit der Aufschrift „ja" aufgehängt, auf der gegenüberliegenden Seite ein Schild mit „nein". In der Mitte des Raumes wird ein Trennstrich gezogen (z. B. mit Klebeband). Die Gruppenmitglieder beziehen nun Position zu einer strittigen Frage oder Behauptung, indem sie sich – je nach Zustimmung oder Ablehnung – im Raum aufstellen.
Der Trennstrich in der Mitte des Raumes markiert den Übergang von „ja" zu „nein". Mit dem Strich sind zugleich auch Haltungen wie „sowohl – als auch", „weder – noch" oder „ich weiß nicht" möglich. Wenn alle ihre Position gefunden haben, können die Teilnehmerinnen und Teilnehmer ihren eigenen Standpunkt begründen.

2 **a** Arbeiten Sie in Partnerarbeit und identifizieren Sie in den beiden Texten die jeweilige These des Autors sowie die eingesetzten Argumente und Argumentationsstützen.
b Erstellen Sie für jeden Text eine eigene Argumentationspyramide (Methode, ▸ S. 116).
c Diskutieren Sie mit Ihrem Partner, welche Argumentation Sie überzeugt, und begründen Sie.
d Vergleichen Sie Ihre Ergebnisse im Plenum.

Franz Alt: **Arbeit und Wohlstand durch erneuerbare Energien** (2010)

Dass erneuerbare Energien kein Arbeitsplatzkiller sind – wie in der Vergangenheit so oft behauptet wurde –, sondern *der* Arbeitsplatzknüller des 21. Jahrhunderts, wird immer offensichtlicher. 300.000 Menschen sind 2010 in Deutschland bereits in den Ökoenergie-Branchen beschäftigt – 500.000 werden es wohl bis 2020 sein und eine Million bis 2030. Erneuerbare Energien werden so immer mehr zu einer der tragenden Säulen der deutschen Wirtschaft. In dieser Woche wurde bekannt, dass sich die jährlichen Investitionen in die neuen Energieträger bis 2020 gegenüber heute verdoppeln werden – dies sind dann jedes Jahr 28 Milliarden Euro. Allein in Deutschland wird die Branche zur Erzeugung von Strom, Wärme und

Kraftstoffen in den nächsten zehn Jahren 235 Milliarden Euro investieren. Das ist das Ergebnis einer neuen Prognos-Studie, die der Bundesverband der Erneuerbaren Energien gemeinsam mit der Messe AG in Auftrag gegeben hatte.

Mit den anstehenden Milliardeninvestitionen erhöhen sich die Zahl der Beschäftigten und die ökonomische Wertschöpfung in Deutschland, ohne dabei das Klima zu belasten und ohne Ressourcen zu verschwenden. Mit erneuerbaren Energien gelingen regionale Wertschöpfung, der Aufbau von Arbeitsplätzen und Klimaschutz zugleich. Das Geld für erneuerbare Energien bleibt in der Region und fließt nicht zu den Ölscheichs in Arabien und zu den Gasbaronen in Russland.

Voraussetzung für den weiteren Ausbau der erneuerbaren Energien sind freilich verlässliche politische Rahmenbedingungen.

Die Investitionen in erneuerbare Energien liegen schon heute über denen in herkömmliche Energieträger. Der Abstand zugunsten der Erneuerbaren wächst von Jahr zu Jahr. Ein unschlagbarer ökonomischer Vorteil der ökologischen Energien ist, dass ihr Einsatz keine Folgekosten verursacht, wie dies bei Kohle, Gas, Erdöl und Atomkraft in Milliardenhöhe der Fall ist.

Richtig ist: Der Ausbau der erneuerbaren Energien kostet Geld. Aber keine erneuerbaren Energien kosten die Zukunft. [...]

Alle alten Energieträger gehen in den nächsten Jahrzehnten zu Ende und werden immer teurer. Die erneuerbaren Energien halten „ewig“ und werden von Jahr zu Jahr preiswerter. [...]

1 Untersuchen Sie den Text von Franz Alt:

a Klären Sie unbekannte Begriffe wie zum Beispiel „erneuerbare Energien“ (Z. 1).

b Notieren Sie das Thema des Textes in Form einer Entscheidungsfrage.

c Geben Sie die Position des Autors (These) in einem Satz wieder und belegen Sie dies am Text.

d Ermitteln Sie die Argumente und Argumentationsstützen des Textes und tragen Sie diese in eine Argumentationspyramide ein (Methode, ▶ S. 116).

e Bestimmen Sie jeweils den Argumenttyp (▶ Information) und begründen Sie Ihre Zuordnung.

f Überprüfen Sie, ob der Text über ein Fazit verfügt. Ergänzen Sie gegebenenfalls Ihre Argumentationspyramide.

2 Recherchieren Sie den gegenwärtigen Stand zum Einsatz erneuerbarer Energien und erläutern Sie, inwieweit die aktuelle Entwicklung Franz Alts Argumentation relativiert oder bestätigt.

Information **Argumenttypen und ihre Funktionen – Beschreibungsvokabular**

Tipp: Die folgenden fett hervorgehobenen sowie die kursiv gesetzten Wörter können Sie bei der Analyse vor Argumentationen als Beschreibungsvokabular nutzen.

Argumente sollen Zuhörende oder Lesende dazu bewegen, den **Geltungsanspruch einer These** anzuerkennen. Eine These gewinnt besonderes Gewicht, wenn sie von *stichhaltigen*, möglichst *unstrittigen* Argumenten untermauert wird. Man unterscheidet folgende Argumenttypen:

- **Faktenargument:** Dieses Argument bringt eine These in Beziehung mit *unstrittigen, verifizierbaren (nachprüfbaren)* **Tatsachenaussagen und Daten** (Zahlenangaben, Statistiken). Faktenargumente gelten in der überwiegenden Mehrzahl der Fälle als *überzeugend*. Handelt es sich dabei allerdings um einen Hinweis auf einen **Einzelfall**, so ist ein solches Argument nicht besonders *beweiskräftig*, da ein *Einzelfall* oft durch andere Einzelfälle *widerlegt* werden kann.

- **Autoritätsargument:** Diese Argumentart *stützt* eine These dadurch, dass die ähnlich lautende **Position einer weithin akzeptierten Autorität** hinzugezogen wird. Dabei kann es sich zum Beispiel um einen Experten oder eine anerkannte Persönlichkeit handeln. *Zwingend* muss ein solches Argument jedoch nicht sein, da ebenso andere Autoritäten mit gegenteiligen Positionen angeführt werden können.
- **Plausibilitätsargument:** Dieses Argument bezieht sich auf die **eigenen Lebenserfahrungen**, die die Begründung allgemein einleuchtend und nachvollziehbar erscheinen lassen soll. Ähnliches kann durch die **Berufung auf den gesunden Menschenverstand** oder den **Hinweis auf Gewohnheit und Tradition** bewirkt werden. Das Problem von Plausibilitätsargumenten besteht darin, dass die Erfahrung *rein zufällig* sein kann und den Erfahrungen der Hörer oder Leser nicht entsprechen muss, was die *Verallgemeinerbarkeit erheblich einschränkt* und wodurch das Argument an *Überzeugungskraft verliert*. Ein Fehlschluss ist möglich, indem vom Teil aufs Ganze geschlossen und ein *Pauschalurteil* ausgesprochen wird.
- **Normatives Argument:** Die These soll *fundiert* werden, indem sie mit **weithin akzeptierten Wertmaßstäben** (Normen) verknüpft wird (z. B. mit Gesetzen oder gesellschaftlichen Konventionen). In Gesellschaften, in denen auch fundamentale Normen stetig an Gültigkeit verlieren, ist ein solches Argument allerdings nicht mehr für jeden einleuchtend.
- **Analogisierendes Argument:** Eine These soll damit *abgesichert* werden, dass ein **Beispiel aus einem anderen Bereich** als dem gerade diskutierten hinzugezogen wird. Das möglichst *glaubwürdig* gewählte Beispiel wird genutzt, um die zu vertretende These durch eine **Parallelisierung von Sachverhalten** zu *bekräftigen*. Es lässt sich *entkräften*, indem man deutlich macht, dass das Beispiel einige andere Begleitumstände aufweist und daher als Argument nicht *hieb- und stichfest* ist.
- **Indirektes Argument:** Dieses Argument soll eine These dadurch *plausibel erscheinen lassen*, dass die **gegenteilige Meinung als unstimmig**, *in sich widersprüchlich, logisch nicht zwingend* oder *realitätsfern* vorgeführt wird.

Hans-Werner Sinn: **Tanken statt essen?** (WirtschaftsWoche, 2007)

Die Nahrungsmittelpreise steigen in Europa. Sie steigen, weil es zu heiß war und zu wenig geregnet hat. Und weil zunehmend landwirtschaftliche Flächen statt für die Nahrungsmittelproduktion für die Produktion von Biosprit genutzt werden. Aus Raps gepresstes Öl kann man wie Diesel verwenden, und aus Mais oder Zuckerrüben kann man Ethanol machen, das Benzin ersetzt. Der Präsident des Bauernverbandes Helmut Born erwartet, dass die Preise für Nahrungsmittel langfristig an die Energiepreise gekoppelt sind.

Ähnlich war es bei der so genannten Tortillakrise[1], die zu Jahresbeginn in Mexiko City zu Ausschreitungen geführt hatte. Dass der Preis des zur Hälfte aus den USA importierten Maises sich binnen Jahresfrist mehr als verdoppelt hatte, lag vor allem an der Verwendung des Maises für die Produktion von Bioethanol. Die mexikanische Hungersnot konnte nur durch eine staatlich ausgehandelte Preisobergrenze für die aus Mais hergestellten Tortillas verbunden mit der Zulassung zollfreier Importe von Mais gemildert werden.

Der Sachverhalt offenbart auf geradezu sarkastische[2] Weise ein Erklärungsdefizit der deutschen Umweltpolitik, die den Treibhauseffekt auch durch die Förderung biologischer Brennstoffe verringern möchte, wie Bundeskanzlerin Angela Merkel zuletzt beim EU-Klimagipfel im März 2007 deutlich machte. Das Erklärungsdefizit besteht darin, dass Aussagen darüber fehlen, welchen anderen Verwendungen das für Biosprit und andere natürliche Brennstoffe verwendete Land entzogen werden soll. Bevor diese Aussagen nicht auf dem Tisch liegen, kann man die Rationalität einer Förderung von Biotreibstoffen und anderen natürlichen Brennstoffen kaum nachvollziehen.

Prinzipiell gibt es nur drei Möglichkeiten, das für die biologischen Brennstoffe benötigte Land zu beschaffen. Erstens kann es der Produktion von Nahrungsmitteln entzogen werden. Zweitens der Produktion von natürlichen Baustoffen, insbesondere der Holzproduktion. Und drittens der Natur. Die Perversität des ersten Weges ist offenkundig, er kann nicht guten Gewissens gegangen werden, denn es gibt auf der Welt keine überschüssige Nahrungsmittelproduktion.

Wer Biosprit und andere biologische Brennstoffe auf Flächen erzeugen möchte, die bislang für die Nahrungsmittelproduktion verwendet wurden, muss wissen, dass er die Nahrungsmittelpreise hochtreibt und damit gerade die Ärmsten der Armen in besonderer Weise belastet. Brot soll man nicht wegwerfen, aber verbrennen sollte man es auch nicht.

So bleiben eigentlich nur die beiden anderen Wege, doch auch die sind kaum überzeugend. Biosprit auf Flächen zu erzeugen, die sonst für Baustoffe verwendet worden wären, treibt die Preise dieser Baustoffe hoch und regt ihren Ersatz durch andere Materialien an. So wird weniger Holz verbaut und dafür mehr Beton und Stahl. Das ist zwar ethisch und sozialpolitisch unbedenklich, nur hilft es der Umwelt nicht.

Holz speichert Kohlenstoff, der auf dem Wege der Fotosynthese aus der Luft geholt wird. Je größer der Bestand an Holz auf der Erde ist, sei es in Form von lebenden Bäumen oder in Form von verbautem Holz, desto geringer ist der Anteil des Kohlendioxids in der Luft und desto kühler bleibt die Erde. [...]

Es bleibt die Verwendung von natürlichen Landflächen, die bislang nicht kommerziell genutzt waren. Aber auch hier ist die Analyse kaum eine andere, denn solche Flächen sind normalerweise bewaldet. Der Ersatz des Waldes durch Mais, Raps und andere Ölsaaten verringert den Bestand an Biomasse auf der Fläche und führt deshalb ebenfalls zu einer Vermehrung der Konzentration von Kohlendioxid in der Luft. Brasilien hat riesige Waldflächen zum Zwecke der Produktion von Bioethanol gerodet, und heute steuert dieser Brennstoff bereits ein Viertel der vom Verkehr verwendeten Energie bei. Dem Weltklima hat das Land damit einen Bärendienst geleistet. [...]

Die Analyse zeigt, dass es wenig Sinn macht, Landflächen für die Produktion von Biotreibstoffen anderen Verwendungen zu entziehen. Allein die Möglichkeit, Biotreibstoff ohne die Verwendung von Land zu erzeugen, lässt sich umwelt- und sozialpolitisch rechtfertigen. Dabei geht es vor allem um die Verwendung landwirtschaftlicher Abfälle, die sonst verrotten und dabei etwa zur Hälfte Kohlendioxid und Methan, ein noch viel gefährlicheres Treibhausgas, erzeugen würden. Alle Möglichkeiten, die in diese Richtung gehen, sind auszuschöpfen und können auch vom Staat gefördert werden. Aber Hände weg von der gezielten Erzeugung des Biosprits auf Landflächen, die man anderweitig hätte verwenden können!

Der Autor ist Professor für Nationalökonomie und Finanzwissenschaft in München und Präsident des ifo-Instituts

1 Tortilla: mexikanischer Brotfladen aus Mais
2 sarkastisch: von Sarkasmus = beißender, bitterer Spott und Hohn

1 Analysieren Sie die Argumentationsstruktur des Textes von Hans-Werner Sinn:
a Erstellen Sie eine vollständige Argumentationspyramide. Ermitteln Sie dabei auch die Argumenttypen des Textes (Information, ▸ S. 118 f.).
b Verfassen Sie eine ausformulierte Textanalyse; belegen Sie dabei Ihre Aussagen durch angemessenes und korrektes Zitieren (▸ S. 396 f.).

Die sprachlichen Mittel, ihre Absicht und Wirkung untersuchen

Thomas Kastura: **Der Klimawandel in der deutschen Literatur** (2007)

Alles redet von der globalen Erwärmung: Meeresspiegel steigen, Gletscher schmelzen, Vegetationszonen verschieben sich. Es drohen Überschwemmungen und Dürren, ebenso die Ausbreitung von Parasiten. Das klingt wie die biblischen Plagen und ist uns bereits fürchterlich vertraut. Aber welche Folgen hat die Klimaveränderung eigentlich für die Literatur? Werden bestimmte Teile der deutschsprachigen Dichtkunst nicht völlig unglaubwürdig, wenn die Durchschnittstemperatur auf der Erde um mehrere Grade ansteigt?

Nehmen wir Fausts Osterspaziergang. Wie das Wanderverhalten von Zugvögeln zeigt, beginnt der Frühling jetzt zwei Wochen früher. Kann der alte Winter im April überhaupt noch ohnmächtige Schauer körnigen Eises in Streifen über die grünende Flur schicken? Oder ist die wuchernde Vegetation dann nicht schon längst dabei, das Gefild[1] zu verkrauten, die Wasserläufe zu beschatten und das gesamte Revier mit Quecke[2] und Knöterich[3] zu überziehen? Anders formuliert: Vor 200 Jahren mochte Faust an Ostern noch das Fehlen von Blumen beklagt haben. Heute kommen die Gartenbauämter kaum noch nach mit dem Entfernen der spontanen Begleitvegetation bzw. des Unkrauts. Ökologisch korrekt müsste es dann bei Goethe heißen:

Von Algen befreit sind Strom und Bäche
durch Rückschnitt gewässerbegleitender
Gehölze.
Im Tale blinken offene Grünlandbrachen.

Hört sich etwas holprig an, aber angewandter Umweltschutz geht leider auf Kosten von Rhythmus und Versmaß. Jedenfalls wird deutlich: Es muss einiges umgeschrieben oder angeglichen werden, damit unsere Klassiker plausibel bleiben. Außerdem wäre ein gewisser

1 **Gefild:** Gegend, Landschaft
2 **Quecke:** Pflanze aus der Familie der Süßgräser, gilt als Unkrautpflanze
3 **Knöterich** (hier: Schlingknöterich): stark wuchernde Rank- und Kletterpflanze

J. W. Goethe (1749–1832): **Faust** (Auszug)

Vom Eise befreit sind Strom und Bäche
Durch des Frühlings holden, belebenden
Blick;
Im Tale grünet Hoffnungsglück;
Der alte Winter, in seiner Schwäche,
Zog sich in raue Berge zurück.
Von dorther sendet er, fliehend, nur
Ohnmächtige Schauer körnigen Eises
In Streifen über die grünende Flur;
Aber die Sonne duldet kein Weißes,
Überall regt sich Bildung und Streben,
Alles will sie mit Farben beleben;
Doch an Blumen fehlt's im Revier,
sie nimmt geputzte Menschen dafür.
Kehre dich um, von diesen Höhen
Nach der Stadt zurückzusehen.
Aus dem hohlen finstern Tor
Dringt ein buntes Gewimmel hervor.
Jeder sonnt sich heute so gern.
Sie feiern die Auferstehung des Herrn,
Denn sie sind selber auferstanden,
Aus niedriger Häuser dumpfen Gemächern,
Aus Handwerks- und Gewerbesbanden,
Aus dem Druck von Giebeln und Dächern,
Aus der Straßen quetschenden Enge,
Aus der Kirchen ehrwürdiger Nacht
Sind sie alle ans Licht gebracht.
Sie nur, sieh! wie behend sich die Menge
Durch die Gärten und Felder zerschlägt,
Wie der Fluss, in Breit und Längen
So manchen lustigen Nachen bewegt,
Und bis zum Sinken überladen
Entfernt sich dieser letzte Kahn.
Selbst von des Berges fernen Pfaden
Blinken uns farbige Kleider an.
Ich höre schon des Dorfs Getümmel,
Hier ist des Volkes wahrer Himmel,
Zufrieden jauchzet groß und klein:
Hier bin ich Mensch, hier darf ich's sein!

Aufklärungseffekt wünschenswert. „Jeder sonnt sich heute so gern", heißt es weiter im „Faust". Doch nirgendwo findet sich ein Hinweis auf Hautkrebsgefahr und wirksamen UVA- und UVB-Schutz. [...]

Wie gesagt, mit dem Versmaß gibt es immer Probleme, wenn Fachbegriffe einfließen. Aber die grobe Richtung stimmt. Was seit dem Klimawandel leider gar nicht mehr stimmt, ist das berühmte Gedicht „Frühlingsglaube" von Ludwig Uhland[4]. „Die linden Lüfte sind erwacht, sie säuseln und weben Tag und Nacht ..." So harmlos hebt der Tübinger Dichter an, während heutzutage eher eine Warnung vor Stürmen und Orkanen angezeigt wäre, ganz zu schweigen von der steigenden Waldbrandgefahr im Lee des Schwarzwalds. Beim Rest des Gedichts sind glücklicherweise nur minimale Eingriffe vonnöten. Möge es die Leserinnen und Leser zu eigenen Umdichtungen im Dienst der Umwelt inspirieren:

Die Welt wird wärmer mit jedem Tag,
Man weiß nicht, was noch werden mag,
Das Blühen will nicht enden.
CO2-Ausstoß und Treibhausgas:
Nun, armes Herz, verstehst du Spaß?
Nun muss sich alles, alles wenden.

4 Ludwig Uhland (1787–1862): dt. Dichter, Literaturwissenschaftler, Politiker

1 Bestimmen Sie das Thema und die These der Glosse (▸ Information). Berücksichtigen Sie dabei die ironische Grundhaltung des Textes. Gehen Sie folgendermaßen vor:
- Vergegenwärtigen Sie sich die Fragen, die sich der Autor in dem Text stellt.
- Notieren Sie anschließend zentrale Aussagen, die Antworten auf diese Fragen geben.
- Überlegen Sie nun, ob es dem Autor tatsächlich um diese Fragen geht oder ob sich hinter diesen Fragen – durch ironische Brechung – ein weiteres Thema mit entsprechender These des Autors verbirgt.

Information **Glosse**

Als Glosse (von griech.-lat. *glossa* = Zunge, Sprache) bezeichnet man eine journalistische Textsorte der Meinungsäußerung, die einen Sachverhalt auf eine besondere, meist humorvolle, ironische oder satirische Art kommentiert. Eine Glosse ist sehr subjektiv und emotional gefärbt und nimmt pointiert Stellung zu politischen und kulturellen Tagesereignissen.

Methode **Leselupe – Einen Text auf sprachliche Mittel untersuchen**

Um die besondere Wirkung einer Glosse zu erfassen, muss man den Text auf der Ebene der sprachlich-rhetorischen Mittel genauer untersuchen. Zuvor sollte man aber das Thema und die Argumentationsstruktur der Glosse erfasst haben, damit man die Bedeutung der eingesetzten Mittel versteht und ihre Funktion im Kontext der Glosse erläutern kann. Die Methode Leselupe lässt sich natürlich auch auf andere Textsorten übertragen.

Leselupe

Nehmen wir Fausts Osterspaziergang. Wie das Wanderverhalten von Zugvögeln zeigt, beginnt der Frühling jetzt zwei Wochen früher.	Gegenüberstellung: Klassiker – Gegenwart
Kann der alte Winter im April überhaupt noch ohnmächtige Schauer körnigen Eises in Streifen über die grünende Flur schicken?	Anspielung/Zitat
Oder ist die wuchernde Vegetation dann nicht schon längst dabei,	Alliteration (Gleichklang)
das Gefild zu verkrauten,	Archaismus
die Wasserläufe zu beschatten und das gesamte Revier mit Quecke und Knöterich zu überziehen? Anders formuliert: Vor 200 Jahren mochte Faust an Ostern noch das Fehlen von Blumen beklagt haben. Heute kommen die Gartenbauämter	Stilbruch (der Fachbegriff entstammt der Geo-Biologie oder der Jägersprache)
kaum noch nach mit dem Entfernen der spontanen Begleitvegetation bzw. des Unkrauts. Ökologisch korrekt müsste es dann bei Goethe heißen:	Doppelung (gleicher Sachverhalt wird auf unterschiedlichen Stilebenen ausgedrückt (hier: *amtssprachlich* und *umgangssprachlich*))
Von Algen befreit sind Strom und Bäche **durch Rückschnitt gewässerbegleitender Gehölze.** **Im Tale blinken offene Grünlandbrachen.**	amtssprachliche Ausdrücke

2 Machen Sie sich mit den Ergebnissen der sprachlichen Analyse aus der Leselupe oben vertraut und setzen Sie einige davon in einen argumentierenden Dreischritt (▸ Methode unten) um.

3 Untersuchen Sie für die übrigen Abschnitte des Textes von Kastura die sprachlich-rhetorische Gestaltung. Nutzen Sie dazu eine Folie oder eine Kopie und greifen Sie dabei auf das „Haus der Stile" (Information, ▸ S. 320) und die Liste der rhetorischen Mittel (Information, ▸ S. 313) zurück.

4 Bereiten Sie die Ergebnisse Ihrer Analyse in Form argumentierender Dreischritte auf.

5 Verfassen Sie auf der Grundlage Ihrer Vorarbeiten eine zusammenhängende Sprachanalyse, die aufzeigt, wie die sprachliche Gestaltung das eigentliche Grundanliegen der Glosse unterstützt.

Methode — Analyseergebnisse umsetzen – Der argumentierende Dreischritt

Die Ergebnisse einer Detailanalyse müssen in einen erklärenden und deutenden Text umgesetzt werden. Dies kann in einem **argumentierenden Dreischritt** geschehen:

1. Eine Behauptung über einen Textausschnitt aufstellen, zum Beispiel: *„Der Autor ist der Auffassung, dass sich bestimmte Ebenen menschlicher Naturerfahrung (hier: Freude über den beginnenden Frühling) einer öko-politischen Betrachtungs- und Beschreibungsweise gänzlich entziehen."*
2. Die Behauptung mit einer oder zwei Textstellen belegen und fachbegrifflich einordnen, zum Beispiel: *„Der Autor ersetzt die dichterische Begrifflichkeit durch Ausdrücke anderer Stilebenen, im Besonderen durch amtssprachliche Formulierungen, die dem öko-politischen Jargon ähneln, beispielsweise ‚durch Rückschnitt gewässerbegleitender Gehölze' (Z. 31 f.) statt ‚Durch des Frühlings holden, belebenden Blick'."*
3. Die Funktion der genannten Mittel erläutern und zeigen, dass sie die Behauptung stützen, zum Beispiel: *„Die Ersatzbegriffe wirken befremdlich und komisch zugleich und beweisen damit, dass sie für eine angemessene Beschreibung des Frühlingserlebens untauglich sind."*

Susann Klossek: **Ökomanie** (OpenReport, 2009)

Öko ist in. Ich zum Beispiel habe ja mal vor Urzeiten ein bisschen Öko-Nomie studiert. Ich weiß allerdings nicht, ob das auch zählt. Immerhin steckt zumindest etwas Ökologisches im Wortstamm. Öko, griechisch oikos, das Haus, und nomos, das Gesetz. Ja, in meinem Haus herrschen neue Gesetze. Zum Beispiel das Antirauch-Gesetz, der Umwelt zuliebe. Und für meinen Kater, der sowieso schon eine Menschenallergie hat. Rauch verträgt der gleich gar nicht. Gut, meine Freunde gehen jetzt lieber woandershin, trinken mir so aber wenigstens meinen Biowein – aus von naturgedüngten Hängen handgeschöpften glücklichen Trauben – nicht mehr weg.

Die Öko-Logie wiederum ist ein Teilbereich der Biologie. Biologie ist immer gut. Seit ich mich nachhaltig ernähre, fühle ich mich wie ein Grundbestandteil meines Biotops, das ich in meinem Garten von einem Greenpeace-Aktivisten habe anlegen lassen. Ich setze quasi schon Moos an und bin noch immer (null Schönheitsoperationen) komplett biologisch abbaubar. Können Sie das von sich auch behaupten? Nein? Dachte ich mir. Haben Sie dann wenigstens Ihren spritfressenden, Kinder und Kleintiere plattwalzenden Geländewagen von der Straße verbannt? Auch nicht? Egal. Ich zum Beispiel bremse mit dem Auto aus ökologischer Rücksichtnahme neuerdings viel weniger. Tut ja auch den Fußgängern gut, wenn sie ein bisschen hurtiger über den Fußgängerstreifen sprinten müssen. Wer zu langsam ist, naja ... Ein paar Opfer für die Umwelt müssen wir schließlich alle bringen.

Apropos Opfer: Was tun Sie denn nun eigentlich für ein besseres Klima? Lüften Sie morgens noch immer Ihr Schlafzimmer? Wissen Sie, wie viel Energie dabei verloren geht und vor allem, wie viel Methangas an die Umwelt abgegeben wird? Nicht umsonst wurde in Neuseeland vor einigen Jahren The Flatulent Animal Tax eingeführt. Auf Deutsch: Furzsteuer. Angeblich soll unser Planet ja zu retten sein, wenn man die zahlreichen Schafe des Landes am Pupsen hindert. [...]

Ab-Gase einfangen ist aber nun mal offensichtlich der letzte Schrei: Der kanadische Energieversorger Transalta und Tokyo Electric Power haben beispielsweise schon vor drei Jahren dem chilenischen Schweinefleischproduzenten Agrosuper einen Millionenbetrag gezahlt, dass dieser die Methanemissionen, also Furze, seiner Viecher auffängt und das Gas verbrennt, wofür diese dann wiederum „Emissionsrechte“ [1] erhalten, um in ihren Kraftwerken Energie zu erzeugen. Kyoto [2]-Schweine-Deal nannte sich das. Ich nenne das Öko-Wahn allererster Güte. Können Sie da mithalten? Nein? Machen Sie sich nichts draus. Die echten Öko-Zausel sind in Wahrheit sowieso die schlimmsten Umweltzerstörer. Sie waschen ihren Joghurtbecher fünfmal unter fließendem Wasser aus, um ihn dann in einem VW-Bus – katalysatorfrei [3] – auf die nächstgelegene Sondermülldeponie zu transportieren. [...]

1 **Emissionsrechte:** Emissionsrechte (auch Emissionszertifikate genannt) erlauben es ihren Inhabern, Schadstoffe (beispielsweise Abgase) in vorgegebenen Mengen zu emittieren (abgeben, ausstoßen).

2 **Kyoto:** Stadt in Japan, Verhandlungsort des am 11. Dezember 1997 beschlossenen Zusatzprotokolls zur Ausgestaltung der Klimarahmenkonvention der UN mit dem Ziel des Klimaschutzes (Kyoto-Protokoll)

3 **katalysatorfrei:** Ein Katalysator ist ein Teil der Auspuffanlage, der die Abgase von Fahrzeugen reinigt und dadurch den Schadstoffausstoß stark reduziert.

---

1 Verfassen Sie eine Analyse zur Glosse von Susann Klossek.
- **a** Bestimmen Sie das Thema und die These.
- **b** Analysieren Sie die Argumente und die Argumentationsstruktur des Textes.
- **c** Untersuchen Sie die sprachlich-rhetorische Gestaltung der Glosse.
- **d** Verbinden Sie Ihre Ergebnisse zu argumentierenden Dreischritten (Methode, ▶ S.123).

2.4 Normierende Texte verstehen

1 a Tragen Sie Textsorten zusammen, die unter den Sachtexttyp „normierende Texte" fallen.
b Was kennzeichnet normierende Texte? Stellen Sie Vermutungen an.

2 Lesen Sie den folgenden Gesetzestext und benennen Sie die Schwierigkeiten, die beim Lesen dieser Art von Texten auftreten.

Gesetz gegen den unlauteren Wettbewerb (UWG)
(in der Fassung 03.03.2010)

§ 6 Vergleichende Werbung

(1) Vergleichende Werbung ist jede Werbung, die unmittelbar oder mittelbar einen Mitbewerber oder die von einem Mitbewerber angebotenen Waren oder Dienstleistungen erkennbar macht.
(2) Unlauter handelt, wer vergleichend wirbt, wenn der Vergleich
1. sich nicht auf Waren oder Dienstleistungen für den gleichen Bedarf oder dieselbe Zweckbestimmung bezieht,
2. nicht objektiv auf eine oder mehrere wesentliche, relevante, nachprüfbare und typische Eigenschaften oder den Preis dieser Waren oder Dienstleistungen bezogen ist,
3. im geschäftlichen Verkehr zu einer Gefahr von Verwechslungen zwischen dem Werbenden und einem Mitbewerber oder zwischen den von diesen angebotenen Waren oder Dienstleistungen oder den von ihnen verwendeten Kennzeichen führt,
4. den Ruf des von einem Mitbewerber verwendeten Kennzeichens in unlauterer Weise ausnutzt oder beeinträchtigt,
5. die Waren, Dienstleistungen, Tätigkeiten oder persönlichen oder geschäftlichen Verhältnisse eines Mitbewerbers herabsetzt oder verunglimpft oder
6. eine Ware oder Dienstleistung als Imitation oder Nachahmung einer unter einem geschützten Kennzeichen vertriebenen Ware oder Dienstleistung darstellt.

Im Weiteren führt das UWG aus, dass gegen diejenigen, deren vergleichende Werbung als unlauter erkannt wird, von Mitbewerbern, Verbänden, Industrie- und Handelskammern oder Handwerkskammern ein Beseitigungsanspruch (zum Beispiel Anspruch auf Berichtigung einer irreführenden Werbung oder rufschädigenden Äußerung über einen Mitbewerber) und ein Unterlassungsanspruch geltend gemacht werden können.

Information **Normierende Texte**

Normierende Texte richten sich an einen Adressaten, der bereit ist, den Text als Anweisung zu verstehen und sich entsprechend zu verhalten. Dieses Verhältnis zwischen Autor und Adressat ist in der Regel Ausdruck bestimmter gesellschaftlicher Rollenverteilungen und/oder institutionell festgelegter Beziehungen.
Normierende Texte sind im Allgemeinen trotz des Fehlens entsprechender Signalwörter oder grammatischer Strukturen – wie zum Beispiel dem Imperativ – appellativ, ihre Vorgehensweise dagegen ist weitgehend beschreibend.
Sie definieren einen Tatbestand oder Sachverhalt, indem sie ihn beschreiben, und treffen Entscheidungen zwischen verschiedenen Möglichkeiten, indem sie Urteile fällen, die von Werten bestimmt werden.

---

1 Das Organon-Modell des Sprachwissenschaftlers Karl Bühler über die „Funktionen der Sprache" (▶ S. 23 f.) geht davon aus, dass jedes Sprachzeichen, also auch jeder Text, einen Sender und einen Empfänger hat. Klären Sie für den Gesetzestext von S. 125 Sender und Empfänger.

2 Normierende Texte sind oft aufgrund ihrer **Fachbegriffe** besonders schwer zu lesen. Daher gilt es, schwierige und unbekannte bedeutungstragende Begriffe genau zu klären:
a „Unlauter" ist ein zentraler Begriff des Gesetzes über die vergleichende Werbung. Recherchieren Sie die Bedeutung dieses Begriffes (zum Beispiel in einem Wörterbuch) und finden Sie zehn Synonyme (sinn- oder verwendungsgleiche Wörter).
b Das Gesetz gegen den unlauteren Wettbewerb (UWG) trat 1909 in Kraft. Viele sprachliche Formulierungen des Gesetzes entstammen noch immer dem Sprachgebrauch der damaligen Zeit, zum Beispiel „mittelbar" (Z. 1), „unmittelbar" (Z. 1) oder „verunglimpft" (Z. 14). Klären Sie auch für diese Begriffe die Bedeutung.

3 Suchen Sie in der Vorschrift Begrifflichkeiten und Formulierungen, die Ihrer Ansicht nach unbestimmt sind (▶ Information unten). Erläutern Sie, durch welche Ungenauigkeiten und Unschärfen der Begriff jeweils gekennzeichnet ist.

4 Der Gesetzgeber gibt mit § 6 UWG einen Kriterienkatalog vor, wann vergleichende Werbung als unlauter zu gelten hat. Die Kriterien werden oft mit „oder"-Verknüpfung aneinandergereiht, so dass der Eindruck entstehen muss, dass es sich um unterschiedliche, klar abgrenzbare Merkmale handelt.
a Erläutern Sie – ggf. mit Hilfe von erdachten Beispielen –, inwieweit die Formulierungen „für den gleichen Bedarf" und für „dieselbe Zweckbestimmung" (§ 6 Abs. 2 Nr. 1 UWG) sich auf unterschiedliche Gegebenheiten beziehen.
b Klären Sie, in welchem Verhältnis die Formulierungen „herabsetzt" und „verunglimpft" (§ 6 Abs. 2 Nr. 5 UWG) stehen.

Information **Unbestimmte Rechtsbegriffe**

In normierenden Texten sind trotz aller Präzision in der Formulierung keineswegs alle Begriffe genau bestimmt. Maß-, Zeit- und Geldbegriffe beispielsweise sind genau bestimmt; Formulierungen wie „Eintritt der Dunkelheit", „wichtiger Grund", „Stand der Technik" oder „öffentliches Interesse" dagegen sind Rechtsbegriffe, denen sprachlich kein eindeutig feststehender Inhalt zukommt. Sie bedürfen deswegen der Auslegung und Konkretisierung durch Verwaltungsbehörden oder Gerichte.

Unbestimmte Rechtsbegriffe sind notwendig, da ein abstrakt-generelles Gesetz nicht alle Lebenssachverhalte vorweg aufnehmen kann. Sie geben der Verwaltung und dem Gericht die Flexibilität, die sie brauchen, um den jeweiligen Sach- und Lebensumständen entsprechend entscheiden zu können. Außerdem lassen unbestimmte Rechtsbegriffe Raum für einen Wandel der sozialen Verhältnisse und Wertvorstellungen der Gesellschaft, ohne dass dadurch eine permanente Anpassung des geschriebenen Rechts notwendig wird.

Eine Anzeige der ALU-RAD GmbH, eines Herstellers von Aluminiumfelgen, enthält die Werbeaussage „So wie Kleider Leute machen, so verändern Räder Autos. Wir von ALU-RAD machen Mode fürs Auto". Zur Veranschaulichung nutzt die Firma ein Bild wie das nebenstehende, das einen exklusiven Sportwagen zeigt, der jedoch nicht mit den Originalfelgen, sondern mit für diesen Fahrzeugtyp bestimmten Felgen des Aluminiumherstellers ausgerüstet ist.

5 Lesen Sie nochmals Abs. 1 von § 6 UWG und erklären Sie, warum es sich bei dieser Werbeanzeige um *keine* vergleichende Werbung handelt.

6 Vergleichende Werbung ist nach § 6 UWG grundsätzlich zulässig, aber nur, wenn bestimmte Voraussetzungen eingehalten werden. Überprüfen Sie, ob es sich bei den nachfolgenden (fiktiven) Werbeaussagen um lautere oder unlautere Werbung handelt. Begründen Sie Ihre Aussagen mit Bezug auf die einschlägigen Regelungen in § 6 Abs. 2 UWG.

a „A-Markt, B-Markt und C-Markt: Überall bekommen Sie die Orangenlimonade O-Li, aber bei uns zahlen Sie den niedrigsten Preis!"
b „In unserer Auto-Werkstatt ist der Service freundlicher als bei KFZ Bauer!"
c „Unser preiswerter Kaffee schmeckt besser als bei vielen das Beste vom Besten."
d „Sammler aufgepasst! Bei uns finden Sie Trödel und Gebrauchtes, bei ABC-Antikhandel GmbH nur Ramsch!"
e „Unser frisches Obst schmeckt besser als das Brot aus dem Supermarkt!"
f „66 % der Testpersonen schmeckt die Orangenlimonade O-Li besser als FANTA."
g „Vergessen Sie alle Shampoos, die Sie bisher benutzt haben! Keines ist besser als X-WASH, denn X-WASH hat als einziges Haarwaschmittel von der Stiftung Warentest die Note ‚sehr gut' erhalten."
h „Wir haben unsere neue Orangenlimonade O-Li streng nach dem Vorbild FANTA entwickelt. Sie werden keinen Unterschied feststellen – außer beim Preis! Erleben Sie den FANTA-Geschmack zu einem sensationell günstigen Preis!"
i Eine Werbeanzeige für Kindersitze zeigt zwei Bilder: Auf dem einen Bild ist ein Kindersitz des Anbieters A mit einer intakten Crashpuppe zu sehen; das andere Bild zeigt den Kindersitz des Anbieters B mit einem verunglückten Kind. Darunter steht die Aussage: „Sie sehen: Unsere Kindersitze sind sicherer!"
j „Staunen Sie selbst: Unsere Fernsehsessel sind die einzigen, die regenfest sind."

2.5 Aufbereitete Information – Diskontinuierliche Sachtexte

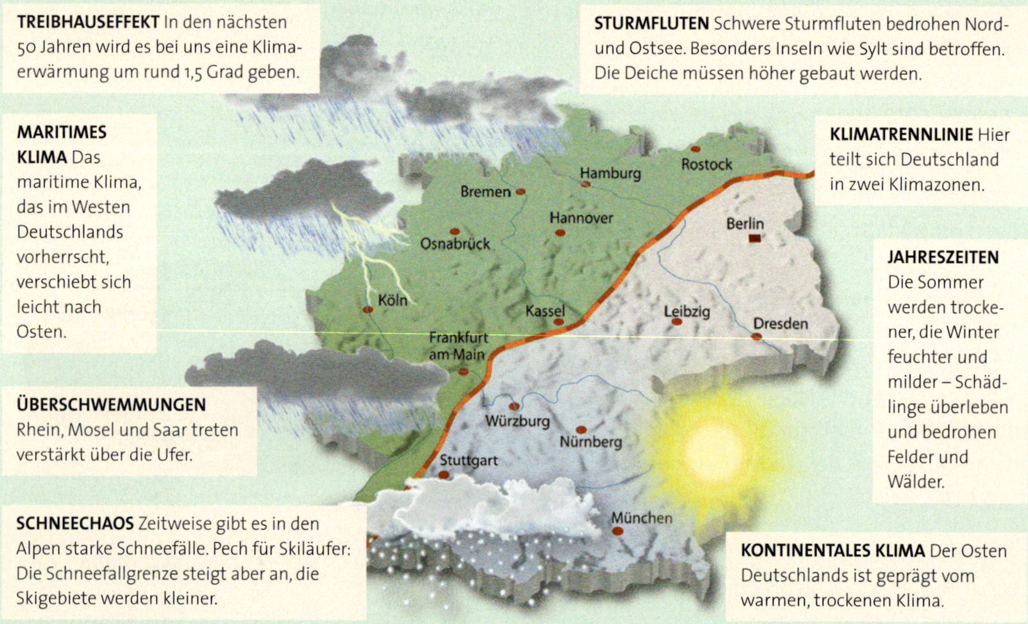

Anja Tischendorf: **So sieht Deutschland in 50 Jahren aus** (Bild am Sonntag, 2005)

Hamburg – Im Westen pfui – im Osten hui ... Die weltweiten Klimaveränderungen haben auch Auswirkungen auf unser Wetter. Wie es in 50 Jahren in Deutschland aussieht, erklärt Dr. Peter Werner (54) vom Potsdam-Institut für Klimaforschung: „Die Sommer werden heißer, die Winter milder. Außerdem nehmen die Wetterextreme zu: Stürme, starke Niederschläge und Hitzeperioden wird es dann häufiger geben.“ Und der klimatische Unterschied zwischen Ost und West wird extremer: Im Westen des Landes wird es feuchter, im Osten hingegen wärmer und trockener. Dr. Werner: „Das birgt aber große Probleme für die Vegetation. Durch die Wärme gibt es mehr Schädlinge, die unsere Wälder befallen.“ Doch nicht nur die Waldgebiete sind betroffen, sondern auch die Felder: Durch die geringeren Niederschläge im Osten kommt es zu einem Wassermangel, der zu schlechten Ernten führt.

1 Geben Sie in einem Satz an, welches Problem in dem Zeitungsartikel thematisiert wird.
2 Informationsgrafiken werden häufig im Zusammenhang mit Sachtexten veröffentlicht. Ihre Inhalte beziehen sich aufeinander oder ergänzen sich.
   a Beschreiben Sie die Gestaltung des Zeitungsartikels und gehen Sie dabei besonders auf die Text-Bild-Relation ein.
   b Erläutern Sie, welche Funktion die Informationsgrafik im Hinblick auf den Fließtext hat.
3 Das vorliegende Beispiel ist einer Boulevardzeitung entnommen worden. Erläutern Sie, inwieweit die Gestaltung dieses Zeitungsartikels im Allgemeinen und der Informationsgrafik im Besonderen auf die Leserschaft der Boulevardpresse ausgerichtet ist.
4 Entscheiden Sie, welcher Typ von Informationsgrafik hier vorliegt; orientieren Sie sich dabei an der nachstehenden Übersicht.

Information **Informationsgrafiken**

Informationsgrafiken sind Mittel der visuellen Kommunikation, um komplexe Sachverhalte grafisch aufzubereiten und leicht verständlich darzustellen. Wie der Name Informationsgrafik – kurz: Infografik – schon sagt, verschmelzen hier Information und Grafik zu einer Darstellungsform. Infografiken visualisieren Zahlen und Zusammenhänge oder stellen Abläufe, Geschehnisse und Situationen dar.
Informationsgrafiken spielen als Gestaltungs- und Erläuterungselemente in allen Medien (Zeitungen, Zeitschriften, Fernsehen, Internet) eine bedeutende Rolle und werden besonders in Sachtexten mit technischen, ökonomischen oder naturwissenschaftlichen Themenstellungen eingesetzt. Je nach ihrem Darstellungszweck lassen sich drei Typen von Informationsgrafiken unterscheiden, die in der Praxis häufig auch kombiniert auftreten:

Bildstatistiken beantworten die Fragen „Wie viele?“ und „Wann?“. Sie setzen Zahlen visuell um und ermöglichen eine zeitliche Einordnung von Daten. Typische statistische Infografiken sind Diagramme wie beispielsweise Säulen-, Balken- oder Kreisdiagramme (vgl. Information, ▸S. 96).

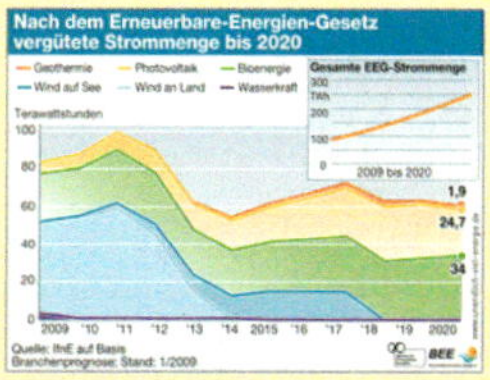

Kartografische Infografiken beantworten die Frage nach dem „Wo?“. Sie visualisieren Informationen mit einem Raumbezug und zeigen einen Ereignisraum oder die räumliche Verteilung von bestimmten Aspekten eines Themas. Regionale oder globale Sachzusammenhänge können so leichter nachvollzogen werden.

Prinzipdarstellungen beantworten die Fragen nach dem „Was?“ und „Wie?“. Sie beschreiben die Funktionsweise oder geben den Aufbau von Dingen wieder, zum Beispiel aus der Welt der Technik oder der Naturwissenschaft. Prinzipdarstellungen können zum Beispiel Sachbilder, Strukturbilder oder Prozessgrafiken sein.

5 **a** Suchen Sie – zum Beispiel aus Zeitungen und Zeitschriften – mehrere typische Beispiele für alle drei Arten von Informationsgrafiken heraus.
b Finden Sie zudem Beispiele für Informationsgrafiken, die Mischformen sind, und bestimmen Sie, welche Typen von Informationsgrafiken kombiniert wurden.

Der Strommarkt der Zukunft – Bildstatistiken verstehen und analysieren

Die folgenden Informationsgrafiken Nr. 1 und 2 wurden gemeinsam von der Agentur für Erneuerbare Energien e. V. (AEE) und dem Bundesverband Erneuerbare Energie e.V. (BEE) erstellt (www.unendlich-viel-energie.de). Die AEE ist ein Interessenverband. Ziel der AEE ist es, der Öffentlichkeit die Vorteile einer nachhaltigen Energieversorgung auf der Basis erneuerbarer Energien zu kommunizieren.

1

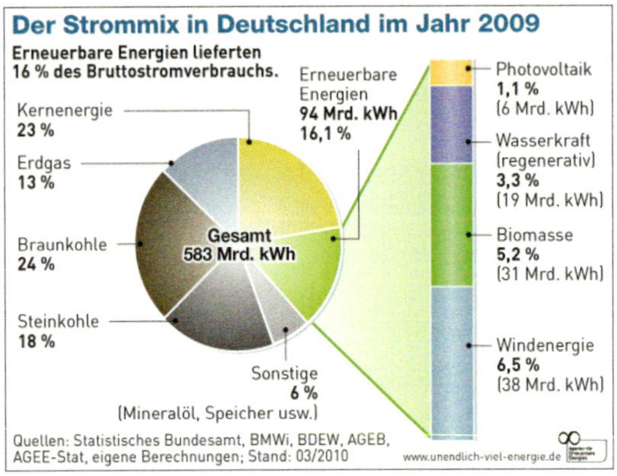

2

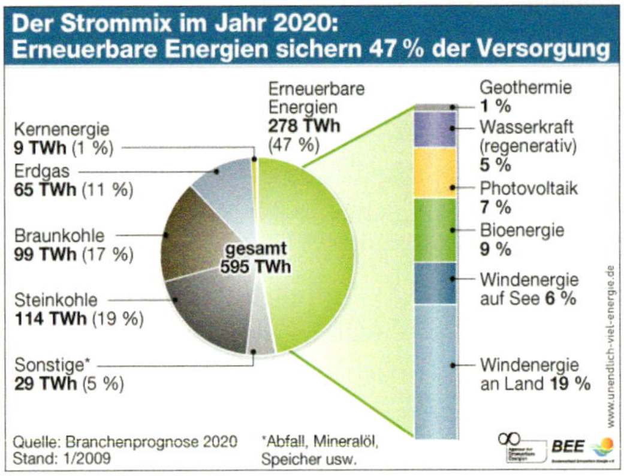

Erläuterungen:
1 Kilowattstunde (kWh): Maßeinheit für Energie und Arbeit; in dieser Einheit werden vor allem Stromkosten abgerechnet
1 Terawattstunde (TWh) = 1 Milliarde kWh

1 **a** Beschreiben Sie Ihren ersten Eindruck von den beiden Informationsgrafiken.
b Stellen Sie mündlich die Situation der Stromversorgung in Deutschland im Jahr 2009 dar.
c Bilden Sie Arbeitsgruppen und analysieren Sie die Bildstatistik Nr. 2. Orientieren Sie sich dabei an der nachfolgenden Checkliste und halten Sie Ihre Ergebnisse stichwortartig fest.

Information – Checkliste zur Analyse einer Informationsgrafik

A Einleitung
- ☑ Art der Informationsgrafik
- ☑ Erscheinungsdatum und -ort
- ☑ Herausgeber, Verfasser
- ☑ Datenquelle der Infografik
- ☑ Titel, Untertitel
- ☑ Thema und Kernaussage
- ☑ Adressatenkreis und Funktion der Infografik (Information, ▶ S. 129)

B Hauptteil
Gestaltungsaspekte
- ☑ Art der Visualisierung des Zahlenmaterials (z. B. Diagrammart)
- ☑ Einsatz sprachlicher und bildlicher Elemente sowie Text-Bild-Relation
- ☑ grafische, typografische und fotografische Gestaltung
- ☑ Symbole, Zeichnungen, Bilder
- ☑ Vordergrund und Hintergrund
- ☑ Farbgestaltung

Inhaltliche Analyse
- ☑ Beschriftung, Legende
- ☑ Aussageinhalt(e) der Infografik (Aussagegehalt der einzelnen Teile sowie des Zusammenspiels der Teile)
- ☑ Art des Zahlenmaterials (absolute Zahlen/Prozentzahlen/Schätzungen)

Zusammenspiel von inhaltlichen Aussagen und grafischer Gestaltung

C Schluss
Beurteilung der ...
- ☑ Gestaltung, Text-Bild-Relation usw.
- ☑ Zweckmäßigkeit der Infografik in Bezug auf die Aussageabsicht

2 Im Folgenden ist eine Gesamtanalyse der Bildstatistik Nr. 2 in Form eines zusammenhängenden Textes abgedruckt.

a Legen Sie eine Folie über den Text und tragen Sie am Rand ein, wo welche Punkte der Checkliste berücksichtigt wurden.

b Vergleichen Sie die (stichwortartigen) Ergebnisse Ihrer Analyse aus Aufgabe 1c (▸ S. 130) mit den Aussagen der Beispiellösung.

3 In der Checkliste werden für den Hauptteil eine ganze Reihe von Analyseaspekten aufgezählt, die nach drei Schwerpunkten sortiert sind, ohne dass sich daraus eine bestimmte Systematik für die Niederschrift der Analyse ergibt. Beurteilen Sie, inwieweit die gewählte Gliederung in der Beispiellösung zweckmäßig ist, und diskutieren Sie gegebenenfalls Alternativen.

Schaubildanalyse der Informationsgrafik „Der Strommix im Jahr 2020"

Die vorliegende Informationsgrafik mit dem Titel „Der Strommix im Jahr 2020" wurde gemeinsam von der Agentur für Erneuerbare Energien e.V. (AEE) und dem Bundesverband Erneuerbare Energie e.V. (BEE) im Januar 2009 veröffentlicht. Die Informationsgrafik in Gestalt einer Bildstatistik zeigt, wie nach einer Prognose der Branche der erneuerbaren Energien der Strommix im Jahr 2020 aussehen wird. Danach können die erneuerbaren Energien im Jahre 2020 bereits 47 % der Stromversorgung in Deutschland sichern. Die Berechnungen basieren auf Datenmaterial vom Januar 2009. Die Informationsgrafik steht öffentlich seit Anfang 2009 über den Internetauftritt der Agentur (www.unendlich-viel-energie.de) kostenlos zur Ansicht und zum Herunterladen bereit. Mit der Informationsgrafik soll für das Anliegen der Herausgeber geworben werden. Der Adressatenkreis ist die an Energiepolitik und Energieversorgung interessierte Öffentlichkeit, und diese soll für erneuerbare Energien im Ganzen positiv eingenommen werden, indem die Leistungsfähigkeit der alternativen Energieerzeugung aufgezeigt wird. Die Informationsgrafik erfüllt damit zugleich informative und appellative Funktionen.

← **Titel**

← **Thema**

← **Kernaussage**

Die Bildstatistik besteht aus zwei miteinander verbundenen Diagrammelementen: einem Kreisdiagramm (links) und einem gestapelten Säulendiagramm (rechts). Die beiden Diagramme stehen eindeutig im Zentrum der Informationsgrafik. In der bilddominanten Informationsgrafik fehlen eigenständige textliche Elemente nahezu gänzlich. Am auffälligsten sind noch die Beschriftungen und Zahlenangaben sowie der Titel; hingegen sind die Angaben der Datenquelle (unten links), der Herausgeber (unten rechts) und der Internetadresse (rechts am Rand) recht unscheinbar.

Aus dem Kreisdiagramm geht hervor, dass nach der „Branchenprognose 2020" der Unternehmen und Verbände der erneuerbaren Energien für Deutschland im Jahre 2020 insgesamt ein Stromverbrauch von 595 TWh erwartet wird. Die prognostizierte Stromproduktion aus erneuerbaren Energien liegt bei 278 TWh und entspricht einem Anteil am Stromverbrauch von 47 %. Die anderen 317 TWh (53 %) Strom werden, wie aus dem Kreisdiagramm und seiner Beschriftung hervorgeht, durch konventionelle Energieträger erzeugt: 114 TWh (19 %) durch Steinkohle, 99 TWh (17 %) durch Braunkohle, 65 TWh (11 %) durch Erdgas, 9 TWh (1 %) durch Kernenergie und 29 TWh (5 %) durch sonstige Energieträger (Abfall, Mineralöl, Speicher usw.).

Das gestapelte Säulendiagramm schließt den Anteil der erneuerbaren Energien an der Stromproduktion 2020 näher auf, ohne jedoch absolute Produktionszahlen zu liefern;

es werden lediglich die relativen Zahlenwerte genannt (Prozentangaben). Die prognostizierte Produktionsleistung von 278 TWh verteilt sich auf die erneuerbaren Energien wie folgt: 19 % werden von der Windenergie an Land erbracht, 6 % von der Windenergie auf See, 9 % entstammen der Bioenergie (Energie aus Biomasse), 7 % der Photovoltaik (Solarstrom), 5 % der Wasserkraft und 1 % der Geothermie (Erdwärme).
Es überwiegt die Farbe Grün. Im Kreisdiagramm ist entsprechend dem Anteil der erneuerbaren Energien fast die Hälfte der Kreisfläche grün ausgefüllt. In einem abgetönten Grün ist zudem der Bereich zwischen Kreisdiagramm und Säulendiagramm gehalten. Die Farbwahl steht wohl im Zusammenhang mit dem Umstand, dass erneuerbare Energien in ihrer Eigenschaft als ökologische Alternative gerne als „grüne Energien“ gesehen werden.
Auch mit den anderen Farben wird in der Regel auf die jeweiligen Energieträger Bezug genommen: Schwarz für die Steinkohle, Braun für die Braunkohle, Gelb für Photovoltaik (Sonnenenergie), Dunkelblau für Wasserkraft, Hellblau für Windkraft. Der Hintergrund der Informationsgrafik ist in einem neutralen Weiß gehalten.
An der Farbgestaltung fällt insgesamt auf, dass auf kräftige Farben zugunsten von blasseren Farbtönen verzichtet wurde und dass ebenso aggressive Signalfarben (zum Beispiel Rot) fehlen. Dadurch erhält die Informationsgrafik im Ganzen ein freundliches Erscheinungsbild, was dem Kommunikationsziel des Herausgebers entgegenkommt, für die erneuerbaren Energien dergestalt zu werben, dass sie als vollwertige Alternative zur konventionellen Stromerzeugung dargestellt werden.
Die verarbeiteten Daten für die Bildstatistik stammen nicht aus einer amtlichen, sondern aus einer privaten Quelle, nämlich von der Branche selbst, deren Verband diese Informationsgrafik in Auftrag gegeben und veröffentlicht hat. Dass die Informationsgrafik die Ergebnisse einer (unsicheren) Prognose ins Bild setzt, wird für den Betrachter nicht auf Anhieb deutlich. Dies hätte zum Beispiel im Titel verdeutlicht werden können.
Schließlich setzt die Prognose für den Strommix im Jahr 2020 voraus, dass der Anteil der Kernenergie an der Gesamtproduktion deutlich zurückgeht (auf 1 %). Im Jahr 2009 lag der Anteil der Kernenergie jedoch bei rund 25 % und angesichts der engagierten politischen Diskussion um die Kernenergie, die schon mehrere Jahrzehnte anhält, ist nicht davon auszugehen, dass in derartig kurzer Zeit der Anteil der Kernenergie so stark zurückgeht wie vorhergesagt. Solche und ähnliche Annahmen der Prognose für den Strommix im Jahr 2020 hätten in der Informationsgrafik kenntlich gemacht werden sollen.

Die Informationsgrafik wirkt trotz der vielen Zahlen übersichtlich und auf den ersten Blick auch seriös. Die gestalterisch gelungene Bildstatistik vermittelt den Eindruck, dass sie den Betrachter über den Strommix in Deutschland im Jahre 2020 informiert; durch die Umstände jedoch, dass für die Bildstatistik lediglich eine unsichere Datenbasis und keine Fakten benutzt wurden und dass der Bezug auf die Prognose der eigenen Branche nur wenig transparent gemacht wird, erweist sie sich als tendenziös und entpuppt sich mithin als PR-Informationsgrafik. Im Vordergrund der Informationsgrafik steht weniger die informierende, sondern vielmehr die appellierende (manipulierende) Funktion; die Informationsgrafik kann insoweit als ein Werbetext angesehen werden.

❸

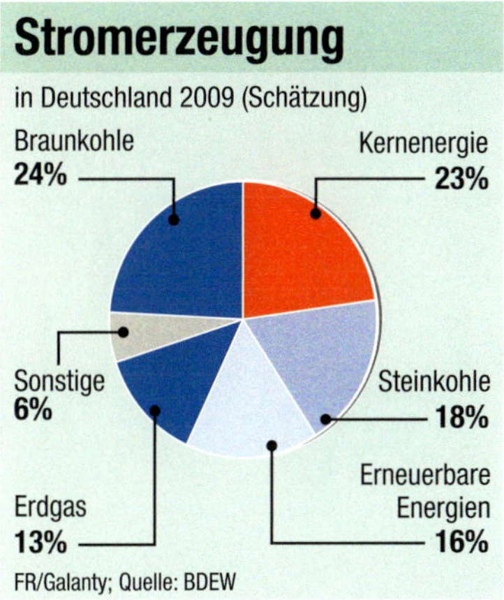

❹

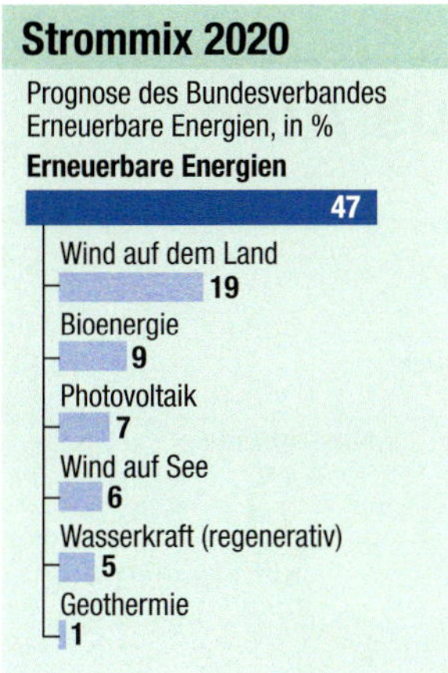

❺

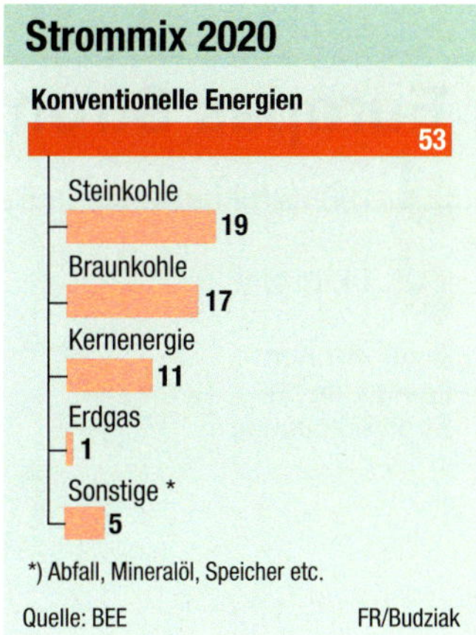

4 Die Informationsgrafiken Nr. 3 bis 5 verarbeiten das gleiche Datenmaterial wie die beiden Bildstatistiken Nr. 1 und 2 von S. 130. Die Informationsgrafiken wurden von der Frankfurter Rundschau erstellt und veröffentlicht.

a Vergleichen Sie den Informationsgehalt und die grafische Gestaltung der Bildstatistiken aus der Frankfurter Rundschau mit denen der AEE (▸ S. 130).

b Beschreiben Sie, wie sich die Wahrnehmung der verarbeiteten Daten durch die grafische Umgestaltung seitens der Frankfurter Rundschau ändert.

5 Verfassen Sie für die Informationsgrafik Nr. 6 „Energiehunger der Welt" eine vollständige Analyse. Gehen Sie dabei folgendermaßen vor:

a Erstellen Sie mit Hilfe der Checkliste zur Analyse einer Informationsgrafik (▸ S. 130) ausführliche Notizen zu den genannten Aspekten.

b Strukturieren Sie Ihre Notizen und fertigen Sie eine Gliederung Ihrer Analyse an.

c Verfassen Sie eine vollständige Analyse.

6 Recherchieren Sie die aktuellen Daten des Strommixes in Deutschland und erstellen Sie auf der Basis dieser Daten eine Grafik (Balken- oder Kreisdiagramm).

❻

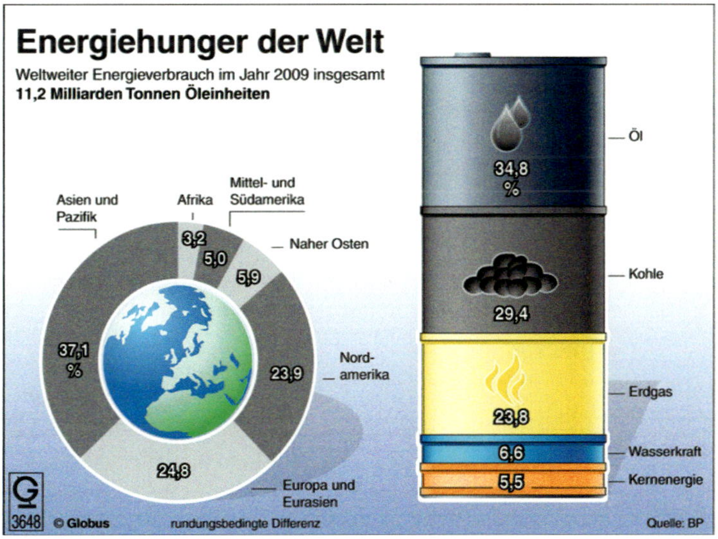

Kernkraft in der Diskussion – Kartografische Infografiken verstehen und beschreiben

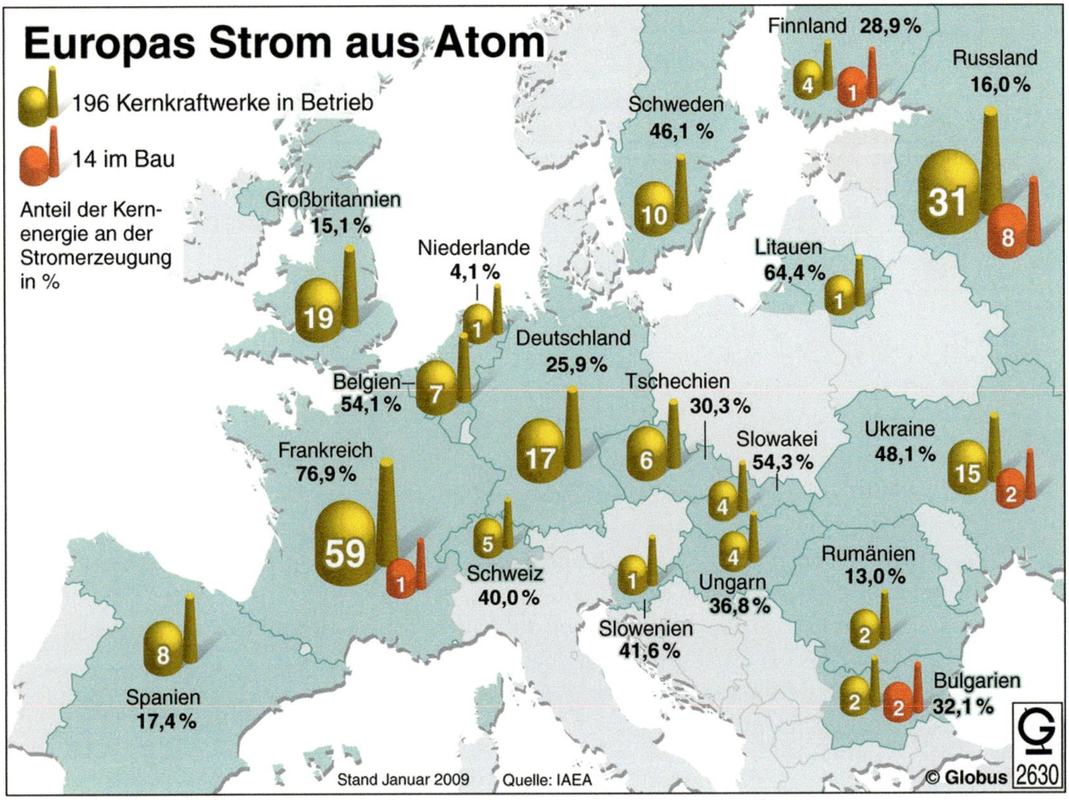

1 **a** Nennen Sie das Thema und die Kernaussage der Informationsgrafik.

b Erörtern Sie, warum eine kartografische Informationsgrafik gewählt worden ist und zum Beispiel kein Balken- oder Kreisdiagramm, die beide ebenfalls geeignet wären, Häufigkeitsverteilungen darzustellen.

2 Untersuchen Sie die Informationsgrafik genauer:
- Wählen Sie einige auffällige Länderbeispiele aus und vergleichen Sie sie untereinander.
- Erläutern Sie kurz die Gestaltung der Infografik.
- Wie beurteilen Sie das Zusammenspiel zwischen Information und Gestaltung?

3 Die nebenstehende Grafik findet sich unter Google Maps im Internet.

a Benennen Sie auch für diese Grafik das Thema und die Kernaussage.

b Welchen ersten Eindruck macht diese Infografik auf Sie?

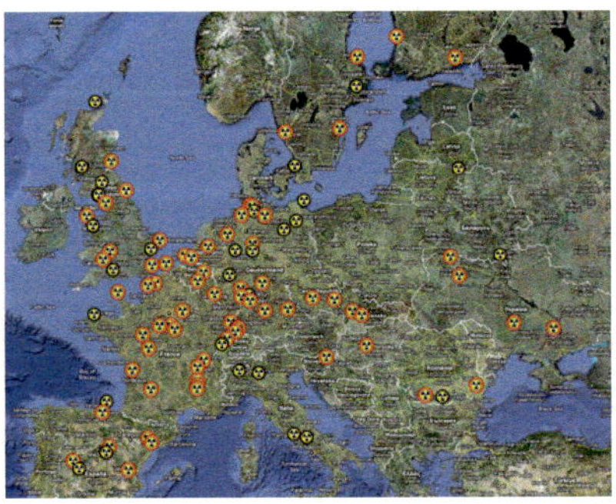

4 Vergleichen Sie die beiden kartografischen Informationsgrafiken. Übertragen Sie dazu die nachfolgende Tabelle (▸ S. 135) in Ihr Heft und beantworten Sie die Hilfsfragen jeweils für beide Informationsgrafiken.

	Informationsgrafik Nr. 1	Informationsgrafik Nr. 2
Welche Aussagen werden über die regionale Verteilung von Kernkraftwerken in Europa gemacht?	*Genaue Angaben über die Anzahl der Kraftwerke in …*	…
Inwieweit werden über die regionale Verteilung hinaus weitere Informationen geliefert?	…	…
Wie übersichtlich ist die Darstellung?	…	…
Wie ist die farbliche Gestaltung?	…	…
Welche Zeichen werden eingesetzt?	*Schematische Atomkraftwerke mit verschiedenen Farben und Zahlen …*	…
Welchen Informationsgehalt hat die Legende?	…	*keine Legende vorhanden*
Welchen Gesamteindruck vermittelt die Gestaltung der Informationsgrafik?	…	…
Welche Intention wird mit der Informationsgrafik (vermutlich) verfolgt?	…	…
Fazit: Wie ist die Informationsgrafik zu bewerten?	…	…

Wie funktioniert ein Atomkraftwerk? – Prinzipdarstellungen verstehen und anwenden

1 Erläutern Sie, was die Prinzipdarstellung leistet.

2 Beschreiben Sie in einem zusammenhängenden Text, wie ein Kernkraftwerk funktioniert.

3 **a** Fertigen Sie selbst zu einem Ihnen vertrauten Ablauf eine Prinzipdarstellung an.
b Präsentieren Sie Ihre erstellten Informationsgrafiken in Form eines „Museumsrundgangs“.

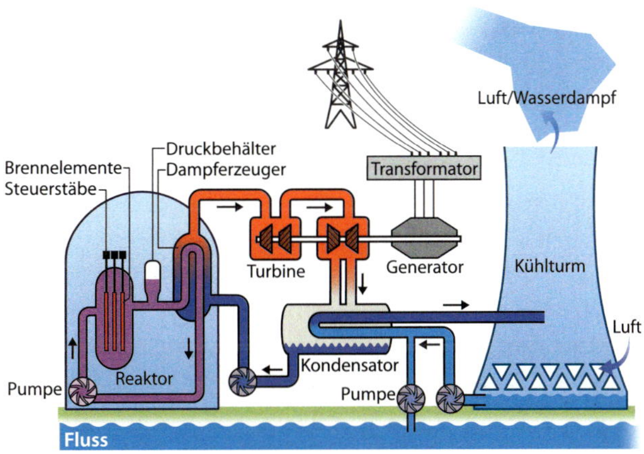

c Die Qualität einer Informationsgrafik lässt sich nicht absolut beurteilen, sondern ist immer in Abhängigkeit von der Intention des Auftraggebers und vom Adressatenkreis zu sehen. Dennoch kann man den Eindruck, den eine grafische Aufbereitung von Daten und Informationen vermittelt, beschreiben. Geben Sie eine Einschätzung der erstellten Informationsgrafiken, indem Sie zunächst Gegensatzpaare bilden („herkömmlich – überraschend", „neutral – tendenziös", „übersichtlich – überladen" usw.) und anschließend passende Informationsgrafiken zuordnen.

Text und Bild – Das Zusammenspiel unterschiedlicher Informationsmedien untersuchen

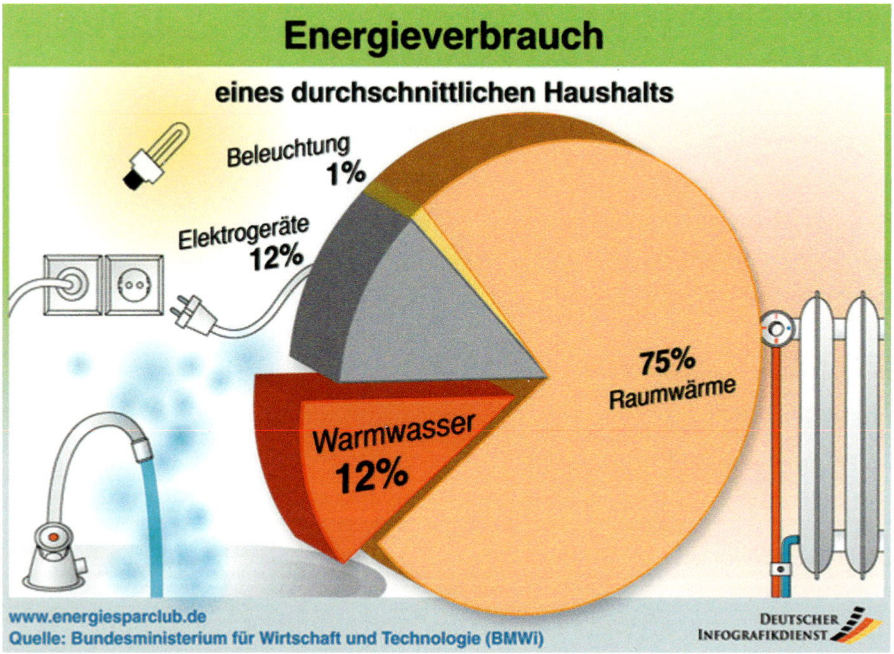

Benjamin Reuter: Mehr Licht (Die Zeit, 2010)

Alle müssen raus. Im vergangenen Jahr traf der Bannfluch die Glühlampen mit 100 Watt, nun verschwinden die Leuchtbirnen mit 75 Watt aus den Läden. In den nächsten zwei Jahren folgen dann die Schwachglüher mit 60, 40 und 25 Watt. Erst wenn die letzten Glühbirnen verkauft und schließlich in ihren Fassungen erloschen sind, ist dem Willen der EU-Bürokratie Genüge getan. Doch wird die Verordnung ihr Ziel erreichen und den Energieverbrauch tatsächlich senken? Zweifel sind angebracht.

Zwar versprechen uns die Propheten der Lichtrevolution eine strahlende Zukunft dank der Zauberformel LED. Leuchtdioden sollen die Nachfolge der altehrwürdigen Glühlampe antreten. Auch ihren schlanken Schwestern, den Leuchtstoffröhren, würden die LEDs bald den Garaus machen. Die Dioden[1] mit ihrer hohen Leuchtkraft könnten die Welt heller machen und gleichzeitig dank ihrer Effizienz Klima und Geldbeutel der Stromkunden schonen, heißt es.

Aber die Beleuchtungsgeschichte der letzten Jahrzehnte wirft einen dunklen Schatten auf die von Brüssel oktroyierte[2] Lichtrevolution. So haben Forscher der Sandia National Laboratories[3] in den USA jetzt errechnet, dass die neuen Leuchten keineswegs zu einer Einsparung von Strom führen, sondern sogar einen Mehrverbrauch auslösen werden. Dies, obwohl die Entwicklung der Beleuchtungstechnik der vergangenen vierzig Jahre eigentlich ein klarer Erfolg ist: Die Effizienz der Beleuchtungssysteme stieg um das Dreifache. Doch das hat zu keinem geringeren Stromverbrauch geführt. Im Gegenteil.

Auf dieser Grundlage rechnen die Forscher vor, dass sich die Beleuchtungseffizienz in den nächsten zwanzig Jahren zwar noch einmal verdreifachen wird, aber trotzdem doppelt so viel Energie verbraucht wird. Der simple Grund ist die kollektive Sehnsucht nach mehr Licht: Wenn die Wirtschaft wächst, die Produktivität steigt und das Licht billiger wird, schalten wir immer mehr Lampen ein. Das Land leuchtet heute heller, länger und auf einer größeren Fläche als je zuvor. Bessere und günstigere Technik fördert eben Nachfrage und Verbrauch.

Das gilt nicht nur fürs Licht, sondern für viele andere Techniksparten: Auch Haushaltsgeräte verbrauchen immer weniger Energie. Dennoch stieg der Stromverbrauch für Kühlschrank und Co. zwischen 2000 und 2007 um zwölf Prozent. Denn die Zahl der Haushalte nimmt zu, und jeder hat mehr elektronische Helfer als früher zur Hand. Beim energiefressenden Auto ist es kaum anders: Zwar verbrauchen die neuen Modelle zumindest auf dem Papier etwas weniger Sprit. In der Praxis jedoch fährt jeder Deutsche heute tausend Kilometer mehr als vor zehn Jahren, möglichst mit laufender Klimaanlage und unterstützt von zahlreichen komfortsteigernden Elektromotoren.

Man kann technische Änderungen und Energieeffizienz zwar durch Vorschriften erzwingen. Dem Klima nutzt das jedoch wenig, wenn die Psychologie der Verbraucher nicht mitspielt.

1 **Dioden:** Eine Leuchtdiode ist ein elektronisches Halbleiterbauelement. Fließt durch die Diode Strom, so strahlt sie Licht aus.
2 **oktroyieren:** jemandem etwas aufzwingen, aufdrängen
3 **Sandia National Laboratories:** Forschungs- und Entwicklungseinrichtung des US-Energieministeriums

1 Analysieren Sie sowohl die Bildstatistik als auch den Sachtext. Ziel Ihrer Untersuchung ist das Verfassen eines Leserbriefs, in dem Sie zu Benjamin Reuters Position Stellung nehmen.
  a Notieren Sie alle Informationen, die Sie in Ihrem Leserbrief nutzen wollen.
  b Recherchieren Sie ggf. nach weiterem Informationsmaterial.
  c Verfassen Sie einen Leserbrief (▶ Information).

Information **Leserbrief**

Ein **Leserbrief** ist eine Stellungnahme zu einem Sachverhalt oder Zeitungsartikel.
In der **Einleitung** wird knapp dargestellt, worauf sich der Leserbrief bezieht. Achten Sie darauf, fremde Äußerungen als solche kenntlich zu machen (indirekte Rede, Zitat).
Im **Hauptteil** formulieren Sie Ihre Meinung und begründen diese schlüssig mit überzeugenden Argumenten und Beispielen.
Formulieren Sie einen **Schlusssatz**, der das Thema abrundet, zum Beispiel mit einer Empfehlung oder einem Vorschlag.

3 Epik

1 Zu welchen Büchern greifen Sie, wenn Sie vor solch einem Bücherregal stehen?

a Was war das letzte Buch, das Sie gelesen haben? Berichten Sie kurz über den Inhalt und ob es Ihnen gefallen hat.

b Wann lesen Sie und mit welcher Absicht?

c Bevorzugen Sie Romane oder lesen Sie lieber andere Textsorten? Gibt es eine Textsorte, die Sie gar nicht mögen? Begründen Sie dies.

2 **a** Epik ist nicht gleich Epik. Unter diesem Gattungsbegriff werden vielerlei Arten und Formen fiktiver Erzählungen zusammengefasst. Folgende Untergattungen kann man unterscheiden:

Epos Kurzgeschichte Schauerroman Novelle Volksmärchen Anekdote Fabel Sage Legende Bildungsroman Kalendergeschichte Volksbuch Kriminalroman Parabel Schwank Tierepos Kunstmärchen Erzählung Gesellschaftsroman Märchen Heldenepos Briefroman

Bilden Sie Kleingruppen und suchen Sie sich eine Untergattung aus. Führen Sie nun eine Internetrecherche durch und suchen Sie die Merkmale der Untergattung heraus. Wählen Sie anschließend zwei bis drei Beispielwerke aus und erkundigen Sie sich genauer über den Inhalt eines der Beispielwerke. Verfassen Sie eine kurze Inhaltsangabe.

b Gestalten Sie ein einseitiges Informationsblatt zur Untergattung.

c Stellen Sie Ihre Ergebnisse vor. Hängen Sie dazu Ihre Informationsblätter im Klassenraum auf. Achten Sie dabei auf eine sinnvolle Anordnung.

In diesem Kapitel erwerben Sie folgende Kenntnisse und Kompetenzen:

- verschiedene Untergattungen der Gattung Epik kennen, in ihrer Besonderheit erfassen,
- Kenntnisse über verschiedene literaturgeschichtliche Epochen erwerben,
- erzähltheoretische Grundkenntnisse in Erinnerung rufen, erweitern und systematisieren,
- Erzählstrategien in idealtypischen Erzählungen erkennen, sich ihrer Funktion bewusst werden und sie in der Analyse und eigenen Produktionen anwenden.

Information **Epik**

Werke der Gattung Epik gehören heutzutage sicherlich zu den meistgelesenen Büchern und Texten. Der Begriff Epik leitet sich von dem antiken griechischen **Epos** ab. Früher waren dies Texte, die in Versen geschrieben waren und mündlich vorgetragen wurden. Die Geschichten handelten von Göttern und Helden. Am bekanntesten sind die „Ilias" und die „Odyssee" von **Homer**, der vermutlich Ende des 8. Jh. v. Chr. lebte. Die **Versform** blieb noch eine ganze Weile bestehen. Man findet sie in den Ritterromanen des Mittelalters und auch vereinzelt in späteren Erzählungen, z. B. im Tierepos „Reineke Fuchs" (1794) von **Johann Wolfgang Goethe** oder in „Deutschland – ein Wintermärchen" (1844) von **Heinrich Heine**. Doch immer mehr – nicht zuletzt seitdem in der zweiten Hälfte des 15. Jahrhunderts der Buchdruck erfunden wurde – setzte sich die Prosa in allen Untergattungen der Epik durch.

3.1 Kurzgeschichten und andere epische Kurzformen

Lebensentwürfe und Lebenskrisen – Kurzgeschichten

1 Erstellen Sie eine (strukturierte) Mindmap zum Thema: Wie stellen Sie sich Ihr weiteres Leben vor? Was ist wichtig für Sie? Was möchten Sie erreichen? Tauschen Sie sich über Ihre Ergebnisse aus.

Irene Dische: **Liebe Mom, lieber Dad** (2007)

Liebe Mom, lieber Dad, bitte entschuldigt, dass ich mich so lange nicht gemeldet habe. Ich kann mir vorstellen, dass ihr euch meinetwegen Sorgen gemacht habt, aber ich konnte wirklich nicht anrufen. Bis gestern lag ich im Krankenhaus. Zum ersten Mal seit anderthalb Monaten sitze ich wieder an einem Tisch. Nach unserem Streit vor sechs Wochen wegen Ralph, der euch nicht gefällt, weil er so viel älter als ich und überhaupt eine seltsame Wahl ist, weil er kein Arzt oder Anwalt ist wie alle anderen, die ich kenne, war ich so wütend, dass ich mich besser nicht ans Steuer gesetzt hätte. Jackie hatte die ganze Zeit im Wagen auf mich gewartet. Sie ist immer meine beste Freundin gewesen. Ich war doch bloß vorbeigekommen, um euch kurz zu umarmen. Danach wollten wir weiterfahren – über das Wochenende nach Maine, wo Ralph eine Farm hat. So arm ist er nämlich gar nicht, wisst Ihr. Ich war hereingekommen und sagte: „Ich wollte euch bloß Guten Tag sagen, ich bin auf dem Weg nach Maine." Da habt ihr gleich angefangen, mir Vorwürfe wegen Ralph zu machen. Ihr werdet euch daran erinnern. Als du, Dad, meine Beziehung zu ihm eine „Katastrophe" nanntest und Mom zu weinen anfing, da habe ich eben kehrtgemacht und bin gegangen. Ihr seid hinter mir her, aber ich war schneller. Ich habe mich in den Wagen gesetzt, mit zitternden Händen. Jackie bot an, sie könne fahren. Aber ich wollte nicht. Ich fuhr auf den Highway. Alles in mir war im Aufruhr. Ich konnte mich nicht konzentrieren. Ich fuhr zu schnell. Ich fuhr viel zu schnell. Jackie schrie mich an. Ich stand einfach auf dem Gaspedal. Hundertfünfzig bin ich gefahren. An einer Baustelle verengte sich die Straße und ich übersah die Warnschilder. Ich geriet auf den Mittelstreifen, der Wagen brach durch die Leitplanke und schoss auf die Gegenfahrbahn. Ein kleiner Wagen, eine indische Familie mit vier Kindern, kam mir entgegen – ich krachte mitten in sie rein. Noch immer habe ich Jackies „Nein! Nein!" im Ohr. Es waren ihre letzten Worte. Jackie ist tot. Ein siebenjähriger Junge in dem anderen Wagen hat überlebt, die Eltern und seine drei Geschwister sind tot. Er aber hat nicht die kleinste Schramme, die ihn von der neuen Wirklichkeit wenigstens einen Moment lang ablenken könnte. Was mich angeht – um beim Sichtbarsten anzufangen: Die Hüften und beide Beine sind zerquetscht. Das Gesicht ist völlig kaputt – die Nase gebrochen, die Wangenknochen gebrochen, ein Riss in der Stirn, sieben Rippen, der linke Arm und die linke Hand an fünf Stellen gebrochen. Ich habe auch innere Verletzungen – unter anderem einen Lungenriss. Drei Tage war ich auf der Intensivstation. Ralph kam mit dem Flugzeug von Maine, um bei mir zu sein. In

Dorothea Tanning: Familienporträt (1954)

Boston sollte eine Ausstellung mit seinen Bildern eröffnet werden, für die er seit mehr als einem Jahr gearbeitet hatte. Er fuhr nicht hin, sondern blieb, solange er konnte, bei mir. Irgendwann musste er zurück nach Maine, sich um die Tiere kümmern, und kam dann an den Wochenenden herüber. Die übrige Zeit war ich allein. Ich habe vier Operationen hinter mir – in vier Wochen. Im Gesicht werde ich noch operiert. Vielleicht kann ich nie mehr richtig laufen. Kinder werde ich auch keine bekommen können. Aber das alles macht mir längst nicht so viel Kummer wie mein Gewissen. Ich habe fünf Menschen umgebracht. Jackies Eltern haben ihr einziges Kind verloren. Ein kleiner Junge hat alle seine Angehörigen verloren. Und ich bin schuld.

Liebe Mom, lieber Dad. Nichts von alledem ist wahr. Die Wahrheit ist, ich hatte bei euch angehalten, um euch eine freudige Nachricht zu bringen. Aber weil ihr derart über Ralph hergezogen seid, konnte ich euch nicht sagen, dass ich schwanger bin. Jetzt bin ich im fünften Monat. Letzte Woche haben Ralph und ich geheiratet. Entschuldigt den ersten Absatz: Ich wollte nur, dass ihr meine Neuigkeiten im richtigen Licht seht. Wir leben in Maine, ich bin ungeheuer glücklich, und ich hoffe, ihr besucht uns bald mal.

In Liebe
eure Tochter Sarah

---

1 **a** Welche Stimmung löst diese Kurzgeschichte in Ihnen aus? Wodurch wird sie erzeugt?

b Untersuchen Sie die Figurenkonstellation (Information, ▸ S. 169), um den Konflikt besser erläutern zu können.

c Beschreiben Sie mögliche Reaktionen der Eltern auf den Brief.

2 Bauen Sie ein **Standbild** (Methode, ▶ S. 142) der Familiensituation: Die Beziehung der Figuren wird, ohne zu sprechen, allein durch Gestik, Mimik und Körperhaltung zum Ausdruck gebracht. Dann äußern die Betrachter/innen sowie die Darsteller/innen die Gedanken oder Gefühle der Figuren in der Ich-Form, indem sie abwechselnd hinter die Figuren treten (Alter-Ego-Technik).

3 Welche Alternative ist denkbar, um den Konflikt zu lösen? Entwickeln Sie in Kleingruppen einen Dialog zwischen Tochter und Eltern, in dem es zu einer offenen Aussprache kommt.

4 Vergleichen Sie das Gemälde von Dorothea Tanning und die Kurzgeschichte von Irene Dische inhaltlich und formal.

Information **Merkmale der Kurzgeschichte**

Die Kurzgeschichte wurde nach dem Vorbild der amerikanischen Short Story zu einer wichtigen Textsorte der Nachkriegsliteratur (▶ S. 148 f.). Mit neuen Akzenten versehen ist sie bis heute populär. Ihre Merkmale sind:

- unvermittelter Anfang und offenes Ende,
- wenig ausgearbeitete Charaktere, geringes Identifikationspotenzial,
- einsträngiger Handlungsgang,
- Verdichtung des Geschehens auf einen Augenblick, der für die dargestellten Figuren von besonderer Bedeutung ist,
- Wiedergabe des inneren Geschehens durch erlebte Rede, inneren Monolog usw.,
- Alltäglichkeit von Thematik und Sprache,
- Verwendung von Andeutungen, Mehrdeutigkeiten und Metaphern.

Gabriele Wohmann: **Ein netter Kerl** (1978)

Ich habe ja so wahnsinnig gelacht, rief Nanni in einer Atempause. Genau wie du ihn beschrieben hast, entsetzlich.

Furchtbar fett für sein Alter, sagte die Mutter. Er sollte vielleicht Diät essen. Übrigens, Rita, weißt du, ob er ganz gesund ist?

Rita setzte sich gerade und hielt sich mit den Händen am Sitz fest. Sie sagte: Ach, ich glaub schon, daß er gesund ist. Genau wie du es erzählt hast, weich wie ein Molch, wie Schlamm, rief Nanni. Und auch die Hand, so weich.

Aber er hat dann doch auch wieder was Liebes, sagte Milene, doch, Rita, ich finde, er hat was Liebes, wirklich.

Na ja, sagte die Mutter, beschämt fing auch sie wieder an zu lachen; recht lieb, aber doch gräßlich komisch. Du hast nicht zuviel versprochen, Rita, wahrhaftig nicht. Jetzt lachte sie laut heraus. Auch hinten im Nacken hat er schon Wammen, wie ein alter Mann, rief Nanni. Er ist ja so fett, so weich, so weich! Sie schnaubte aus der kurzen Nase, ihr kleines Gesicht sah verquollen aus vom Lachen.

Rita hielt sich am Sitz fest. Sie drückte die Fingerkuppen fest ans Holz.

Er hat so was Insichruhendes, sagte Milene. Ich find ihn so ganz nett, Rita, wirklich, komischerweise.

Nanni stieß einen winzigen Schrei aus und warf die Hände auf den Tisch; die Messer und Gabeln auf den Tellern klirrten.

Ich auch, wirklich, ich find ihn auch nett, rief sie. Könnt ihn immer ansehn und mich ekeln.

Der Vater kam zurück, schloß die Eßzimmertür, brachte kühle nasse Luft mit herein. Er war ja so ängstlich, daß er seine letzte Bahn noch kriegt, sagte er. So was von ängstlich.

Er lebt mit seiner Mutter zusammen, sagte Rita.

Sie platzten alle heraus, jetzt auch Milene. Das Holz unter Ritas Fingerkuppen wurde klebrig. Sie sagte: Seine Mutter ist nicht ganz gesund, soviel ich weiß.

Das Lachen schwoll an, türmte sich vor ihr auf, wartete und stürzte sich dann herab, es spülte über sie weg und verbarg sie: lang genug für einen kleinen schwachen Frieden. Als erste brachte die Mutter es fertig, sich wieder zu fassen.

Nun aber Schluß, sagte sie, ihre Stimme zitterte, sie wischte mit einem Taschentuchklümpchen über die Augen und die Lippen. Wir können ja endlich mal von was anderem reden.

Ach, sagte Nanni, sie seufzte und rieb sich den kleinen Bauch, ach ich bin erledigt, du liebe Zeit. Wann kommt die große fette Qualle denn wieder, sag, Rita, wann denn? Sie warteten alle ab.

Er kommt von jetzt an oft, sagte Rita. Sie hielt den Kopf aufrecht.

Ich habe mich verlobt mit ihm.

Am Tisch bewegte sich keiner. Rita lachte versuchsweise und dann konnte sie es mit großer Anstrengung lauter als die anderen, und sie rief: Stellt euch das doch bloß mal vor: mit ihm verlobt! Ist das nicht zum Lachen!

Sie saßen gesittet und ernst und bewegten vorsichtig Messer und Gabeln.

He, Nanni, bist du mir denn nicht dankbar, mit der Qualle hab ich mich verlobt, stell dir das doch mal vor!

Er ist ja ein netter Kerl, sagte der Vater. Also höflich ist er, das muß man ihm lassen.

Ich könnte mir denken, sagte die Mutter ernst, daß er menschlich angenehm ist, ich meine, als Hausgenosse oder so, als Familienmitglied.

Er hat keinen üblen Eindruck auf mich gemacht, sagte der Vater.

Rita sah sie alle behutsam dasitzen, sie sah gezähmte Lippen. Die roten Flecken in den Gesichtern blieben noch eine Weile. Sie senkten die Köpfe und aßen den Nachtisch. R

1. Bauen Sie drei Standbilder (▸ Methode), die die Konstellation in der Familie am Anfang, in der Mitte und am Ende der Geschichte darstellen. Beurteilen Sie die Ergebnisse.
2. Geben Sie den Inhalt der Kurzgeschichte wieder.
3. Verfassen Sie einen Tagebucheintrag, den Rita nach dem Essen niederschreibt.
4. Verfassen Sie selbst über ein einschneidendes (erfundenes oder erlebtes) Ereignis eine Kurzgeschichte.

Methode **Standbild**

Ein Standbild ist eine Methode, mit der man bestimmte Konstellationen in Texten darstellen und somit auch interpretieren kann. Grundlage eines Standbildes ist eine Textstelle, z.B. ein paar Zeilen einer Kurzgeschichte oder einige Verse eines Dramas. Um ein Standbild zu bauen, muss sich eine Schülergruppe zusammenfinden.

- Einige Schüler übernehmen die Rollen der Figuren aus dem Text.
- Ein oder mehrere „Standbildbauer“ arrangieren die Schüler, die die Protagonisten des Textes darstellen, entsprechend der Textstelle. Dabei müssen sich diese wie Gliederpuppen biegen lassen.
- Sobald das Standbild fertig ist, verharren die Schüler in dieser Position für etwa 30 Sekunden.
- Die Zuschauer sollten das Standbild erst beschreiben, um dann zu formulieren, wie sie das Arrangement interpretieren.
- Die Darsteller und der Standbildbauer dürfen anschließend ihr Standbild kommentieren.
- Nicht fehlen darf natürlich die Überprüfung des Standbildes auf dessen Richtigkeit anhand des Textes.

Trümmerliteratur – Die Kurzgeschichte als literarische Neuentdeckung in der Nachkriegszeit

1 **a** Beschreiben Sie, wie diese Bilder auf Sie wirken, und sammeln Sie Ihre Eindrücke in einem Cluster.
b Stellen Sie Vermutungen darüber an, wie sich die Menschen damals gefühlt haben müssen.
c Überlegen Sie, welchen Einfluss der überstandene Krieg auf die Literatur der Nachkriegsjahre gehabt haben könnte.

Information **Trümmer- oder Kahlschlagliteratur**

Der Begriff der „Trümmer-“ oder „Kahlschlagliteratur“ kennzeichnet die Literatur der Nachkriegsjahre. Deutschland lag in Schutt und Asche, die Städte waren zerstört und viele Menschen hatten ihr Zuhause verloren. Aber auch im übertragenen Sinne war alles kaputt: Bisherige Werte und Ideale waren durch die Nazizeit zerstört. Diese Situation schildern vor allem Autoren wie **Wolfgang Borchert** (1921–1947) und **Heinrich Böll** (1917–1985) auf ungeschminkte und drastische Art und Weise in ihren Werken. Angeekelt von dem wortgewaltigen, dröhnend-pompösen Jargon der Nazipropaganda zeichnen sich ihre Arbeiten durch Abwesenheit jedes sprachlichen Pathos und Vorherrschen sprachlicher Nüchternheit aus.

Wolfgang Borchert: **Die drei dunklen Könige** (1946)

Er tappte durch die dunkle Vorstadt. Die Häuser standen abgebrochen gegen den Himmel. Der Mond fehlte, und das Pflaster war erschrocken über den späten Schritt. Dann fand er eine alte Planke. Da trat er mit dem Fuß gegen, bis eine Latte morsch aufseufzte und losbrach. Das Holz roch mürbe und süß. Durch die dunkle Vorstadt tappte er zurück. Sterne waren nicht da.

Als er die Tür aufmachte (sie weinte dabei, die Tür), sahen ihm die blassblauen Augen seiner Frau entgegen. Sie kamen aus einem müden Gesicht. Ihr Atem hing weiß im Zimmer, so kalt war es. Er beugte sein knochiges Knie und brach das Holz. Das Holz seufzte. Dann roch es mürbe und süß ringsum. Er hielt sich ein Stück davon unter die Nase. Riecht beinahe wie Kuchen, lachte er leise. Nicht, sagten die Augen der Frau, nicht lachen. Er schläft.

Der Mann legte das süße, mürbe Holz in den kleinen Blechofen. Da glomm es auf und warf eine Hand voll warmes Licht durch das Zimmer. Die fiel hell auf ein winziges rundes Gesicht und blieb einen Augenblick. Das Gesicht war erst eine Stunde alt, aber es hatte schon alles, was dazugehört: Ohren, Nase, Mund und Augen. Die Augen mussten groß sein, das konnte man sehen, obgleich sie zu waren. Aber der Mund war offen, und es pustete leise daraus. Nase und Ohren waren rot. Er lebt, dachte die Mutter. Und das kleine Gesicht schlief.

Da sind noch Haferflocken, sagte der Mann. Ja, antwortete die Frau, das ist gut. Es ist kalt. Der Mann nahm noch von dem süßen, weichen Holz. Nun hat sie ihr Kind gekriegt und muss frieren, dachte er. Aber er hatte keinen, dem er dafür die Fäuste ins Gesicht schlagen konnte. Als er die Ofentür aufmachte, fiel wieder eine Hand voll Licht über das schlafende Gesicht. Die Frau sagte leise: Kuck, wie ein Heiligenschein, siehst du? Heiligenschein!, dachte er, und er hatte keinen, dem er die Fäuste ins Gesicht schlagen konnte.

Dann waren welche an der Tür. Wir sahen das Licht, sagten sie, vom Fenster. Wir wollen uns zehn Minuten hinsetzen.

Aber wir haben ein Kind, sagte der Mann zu ihnen. Da sagten sie nichts weiter, aber sie kamen doch ins Zimmer, stießen Nebel aus den Nasen und hoben die Füße hoch. Wir sind ganz leise, flüsterten sie und hoben die Füße hoch. Dann fiel das Licht auf sie.

Drei waren es. In drei alten Uniformen. Einer hatte einen Pappkarton, einer einen Sack. Und der Dritte hatte keine Hände. Erfroren, sagte er und hielt die Stümpfe hoch. Dann drehte er dem Mann die Manteltaschen hin. Tabak war drin und dünnes Papier. Sie drehten Zigaretten. Aber die Frau sagte: Nicht, das Kind.

Da gingen die vier vor die Tür, und ihre Zigaretten waren vier Punkte in der Nacht. Der eine hatte dicke umwickelte Füße. Er nahm ein Stück Holz aus einem Sack. Ein Esel, sagte er, ich habe sieben Monate daran geschnitzt. Für das Kind. Das sagte er und gab es dem Mann. Was ist mit den Füßen?, fragte der Mann. Wasser, sagte der Eselschnitzer, vom Hunger. Und der andere, der Dritte?, fragte der Mann und be-

fühlte im Dunkeln den Esel. Der Dritte zitterte in seiner Uniform: Oh, nichts, wisperte er, das sind nur die Nerven. Man hat eben zu viel Angst gehabt. Dann traten sie die Zigaretten aus und gingen wieder hinein.

Sie hoben die Füße hoch und sahen auf das kleine schlafende Gesicht. Der Zitternde nahm aus seinem Pappkarton zwei gelbe Bonbons und sagte dazu: Für die Frau sind die.

Die Frau machte die blassen blauen Augen weit auf, als sie die drei Dunklen über das Kind gebeugt sah. Sie fürchtete sich. Aber da stemmte das Kind seine Beine gegen ihre Brust und schrie so kräftig, dass die drei Dunklen die Füße aufhoben und zur Tür schlichen. Hier nickten sie noch mal, dann stiegen sie in die Nacht hinein.

Der Mann sah ihnen nach. Sonderbare Heilige, sagte er zu seiner Frau. Dann machte er die Tür zu. Schöne Heilige sind das, brummte er und sah nach den Haferflocken. Aber er hatte kein Gesicht für seine Fäuste.

Aber das Kind hat geschrien, flüsterte die Frau, ganz stark hat es geschrien. Da sind sie gegangen. Kuck mal, wie lebendig es ist, sagte sie stolz. Das Gesicht machte den Mund auf und schrie.

Weint er?, fragte der Mann.

Nein, ich glaube, er lacht, antwortete die Frau.

Beinahe wie Kuchen, sagte der Mann und roch an dem Holz, wie Kuchen. Ganz süß.

Heute ist ja auch Weihnachten, sagte die Frau.

Ja, Weihnachten, brummte er, und vom Ofen her fiel eine Hand voll Licht hell auf das kleine schlafende Gesicht.

1 Fassen Sie den Inhalt der Geschichte in nur einem Satz oder zwei Sätzen zusammen. Beginnen Sie so: *„In der Kurzgeschichte ‚Die drei dunklen Könige' von Wolfgang Borchert aus dem Jahr 1946 geht es um …"*
2 Analysieren und interpretieren Sie die Kurzgeschichte mit Hilfe der Fragen im Methodenkasten.
3 Stellen Sie einen Bezug zwischen den drei Männern, die plötzlich an der Tür stehen, und der biblischen Weihnachtsgeschichte her. Sammeln Sie Parallelen und Unterschiede.
4 Begründen Sie anhand der Merkmale einer Kurzgeschichte (Information, ► S. 141), dass es sich bei diesem Text um eine solche handelt.

Methode **Interpretation von Kurzprosa – Grundlegende Fragen zur Analyse**

- Was ist das **Thema** des Textes und welches sind seine zentralen **Motive**?
- Welche **Figuren** kommen vor und in welcher **Beziehung** stehen sie zueinander?
- Was sind die entscheidenden **Handlungen** oder **Ereignisse**? Wie ist der Handlungsablauf? Wie ist der **Aufbau** der Erzählung? Gibt es z. B. einen unvermittelten Anfang und ein offenes Ende?
- Wie sind **Ort**, **Zeit** und **Atmosphäre** der Geschichte gestaltet? Gibt es Besonderheiten in der **Zeitstruktur**, z. B. Rückblenden oder Vorausdeutungen? Wie sind verschiedene Zeitebenen miteinander verbunden, z. B. durch Assoziationen oder durch „Schnitt" wie im Film?
- Wer ist der **Erzähler/**die **Erzählerin** der Geschichte? Handelt es sich um eine **Ich-Erzählung** oder um eine **Er-/Sie-Erzählung**?
- Welches **Erzählverhalten** herrscht vor: auktorial (kommentierend, bewertend), personal (an eine Figur gebunden) oder neutral? Wie werden Äußerungen und Gedanken einer Figur wiedergegeben, z. B. durch direkte oder indirekte Rede, durch inneren Monolog oder erlebte Rede?
- Gibt es Besonderheiten in der **Sprache**, z. B. verschiedene Stilebenen (Haus der Stile, ► S. 320), Metaphern und Vergleiche, Wiederholungen etc. (Rhetorische Mittel, ► S. 313)? Wie wirken diese?

Heinrich Böll: **Mein teures Bein** (1950)

Sie haben mir jetzt eine Chance gegeben. Sie haben mir eine Karte geschrieben, ich soll zum Amt kommen, und ich bin zum Amt gegangen. Auf dem Amt waren sie sehr nett. Sie nahmen meine Karteikarte und sagten: „Hm." Ich sagte auch: „Hm." – „Welches Bein?", fragte der Beamte.

„Rechts."

„Ganz?"

„Ganz."

„Hm", machte er wieder. Dann durchsuchte er verschiedene Zettel. Ich durfte mich setzen. Endlich fand der Mann einen Zettel, der ihm der richtige zu sein schien. Er sagte: „Ich denke, hier ist etwas für Sie. Nette Sache. Sie können dabei sitzen. Schuhputzer in einer Bedürfnisanstalt auf dem Platz der Republik. Wie wäre das?"

„Ich kann nicht Schuhe putzen; ich bin immer schon aufgefallen wegen schlechten Schuhputzens."

„Das können Sie lernen", sagte er. „Man kann alles lernen. Ein Deutscher kann alles. Sie können, wenn Sie wollen, einen kostenlosen Kursus mitmachen."

„Hm", machte ich.

„Also gut?"

„Nein", sagte ich, „ich will nicht. Ich will eine höhere Rente haben."

„Sie sind verrückt", erwiderte er sehr freundlich und milde.

„Ich bin nicht verrückt, kein Mensch kann mir mein Bein ersetzen, ich darf nicht einmal mehr Zigaretten verkaufen, sie machen jetzt schon Schwierigkeiten."

Der Mann lehnte sich weit in seinen Stuhl zurück und schöpfte eine Menge Atem. „Mein lieber Freund", legte er los, „Ihr Bein ist ein verflucht teures Bein. Ich sehe, dass Sie neunundzwanzig Jahre sind, von Herzen gesund, überhaupt vollkommen gesund, bis auf das Bein. Sie werden siebzig Jahre alt. Rechnen Sie sich bitte aus, monatlich siebzig Mark, zwölfmal im Jahr, also einundvierzig mal zwölf mal siebzig. Rechnen Sie das bitte aus, ohne die Zinsen, und denken Sie doch nicht, dass Ihr Bein das einzige Bein ist. Sie sind auch nicht der Einzige, der wahrscheinlich lange leben wird. Und dann Rente erhöhen! Entschuldigen Sie, aber Sie sind verrückt."

„Mein Herr", sagte ich, lehnte mich nun gleichfalls zurück und schöpfte eine Menge Atem, „ich denke, dass Sie mein Bein stark unterschätzen. Mein Bein ist viel teurer, es ist ein sehr teures Bein. Ich bin nämlich nicht nur von Herzen, sondern leider auch im Kopf vollkommen gesund. Passen Sie mal auf."

„Meine Zeit ist sehr kurz."

„Passen Sie auf!", sagte ich. „Mein Bein hat nämlich einer Menge von Leuten das Leben gerettet, die heute eine nette Rente beziehen. Die Sache war damals so: Ich lag ganz allein irgendwo vorne und sollte aufpassen, wann sie kämen, damit die anderen zur richtigen Zeit stiften gehen konnten. Die Stäbe hinten waren am Packen und wollten nicht zu früh, aber auch nicht zu spät stiften gehen. Erst waren wir zwei, aber den haben sie totgeschossen, der kostet nichts mehr. Er war zwar verheiratet, aber seine Frau ist gesund und kann arbeiten, Sie brauchen keine Angst zu haben. Der war also furchtbar billig. Er war erst vier Wochen Soldat und hat nichts gekostet als eine Postkarte und ein bisschen Kommissbrot. Das war einmal ein braver Soldat, der hat sich wenigstens richtig totschießen lassen. Nun lag ich aber da allein und hatte Angst, und es war kalt, und ich wollte auch stiften gehen, ja, ich wollte gerade stiften gehen, da ..."

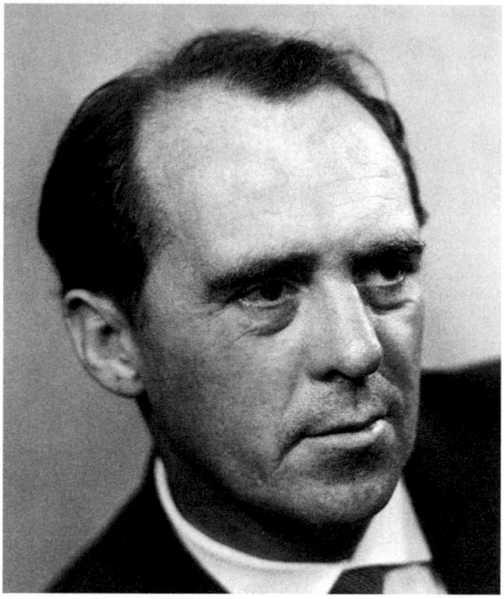

„Meine Zeit ist sehr kurz", sagte der Mann und fing an, nach seinem Bleistift zu suchen.

„Nein, hören Sie zu", sagte ich, „jetzt wird es erst interessant. Gerade, als ich stiften gehen wollte, kam die Sache mit dem Bein. Und weil ich doch liegen bleiben musste, dachte ich, jetzt kannst du's auch durchgeben, und ich hab's durchgegeben, und sie hauten alle ab, schön der Reihe nach, erst die Division, dann das Regiment, dann das Bataillon, und so weiter, immer hübsch der Reihe nach. Eine dumme Geschichte, sie vergaßen nämlich, mich mitzunehmen, verstehen Sie? Sie hatten's so eilig. Wirklich eine dumme Geschichte, denn hätte ich das Bein nicht verloren, wären sie alle tot, der General, der Oberst, der Major, immer schön der Reihe nach, und Sie brauchten ihnen keine Rente zu zahlen. Nun rechnen Sie mal aus, was mein Bein kostet. Der General ist zweiundfünfzig, der Oberst achtundvierzig und der Major fünfzig, alle kerngesund, von Herzen und im Kopf, und sie werden bei ihrer militärischen Lebensweise mindestens achtzig, wie

Hindenburg. Bitte rechnen Sie jetzt aus: einhundertsechzig mal zwölf mal dreißig, sagen wir ruhig durchschnittlich dreißig, nicht wahr? Mein Bein ist ein wahnsinnig teures Bein geworden, eines der teuersten Beine, die ich mir denken kann, verstehen Sie?"

„Sie sind doch verrückt", sagte der Mann.

„Nein", erwiderte ich, „ich bin nicht verrückt. Leider bin ich von Herzen ebenso gesund wie im Kopf, und es ist schade, dass ich nicht auch zwei Minuten, bevor das mit dem Bein kam, totgeschossen wurde. Wir hätten viel Geld gespart."

„Nehmen Sie die Stelle an?", fragte der Mann.

„Nein", sagte ich und ging.

---

1 Bilden Sie Gruppen und stellen Sie den Anfang und das Ende der Geschichte in jeweils einem Standbild dar (Methode, ▶ S. 142). Besprechen Sie Ihre Ergebnisse und beziehen Sie sie auf den Text.

2 **a** Stellen Sie einen Vergleich zwischen den beiden Kurzgeschichten an. Übernehmen Sie dazu die Tabelle in Ihr Heft/Ihren Block und füllen Sie sie in Partnerarbeit aus (Information zu Erzählstrategien etc., ▶ S. 166 ff.).

b Notieren Sie in vollständigen Sätzen Schlussfolgerungen aus Ihrem Vergleich.

c Besprechen Sie anschließend im Plenum Ihre Ergebnisse.

	Die drei dunklen Könige	***Mein teures Bein***
Thema		
Figuren		*Ein Mann, ehemaliger Soldat, und ein Beamter*
Ort		
Zeit		
Atmosphäre	*düster, traurig, bedrückend*	
Zeitstruktur		
Erzähler und Erzählverhalten		
Sprache	*Personifizierungen (seufzendes Holz …)*	

3 **a** Charakterisieren Sie die beiden Hauptfiguren der Geschichte „Mein teures Bein" (Methode, ▶ S. 148). Beziehen Sie Ihre Erkenntnisse aus Aufgabe 1 ein.

b Untersuchen Sie ebenfalls die Verhaltensweisen und Charaktereigenschaften des Mannes aus der Kurzgeschichte „Die drei dunklen Könige" von W. Borchert. Überlegen Sie, warum er sich so verhält.

c Arbeiten Sie die Gemeinsamkeiten und Unterschiede der Figuren beider Geschichten heraus.

4 Untersuchen Sie, ob und inwiefern beide Geschichten mit dem Etikett „Trümmerliteratur" versehen werden können.

5 Recherchieren Sie nach einer weiteren Kurzgeschichte der Nachkriegsliteratur.

a Untersuchen Sie die Kurzgeschichte nach inhaltlichen, sprachlichen und formalen Kriterien.

b Stellen Sie einige Kurzgeschichten in der Lerngruppe vor.

Methode **Figuren charakterisieren**

Literarische Figuren werden auf zwei Arten gestaltet: 1) direkt, d.h. durch Äußerungen und Gedanken anderer Figuren oder des Erzählers über die entsprechende Figur und 2) indirekt, d.h. durch die Reden, Handlungen, Reaktionen der Figur selbst, aus denen der Leser bzw. Zuschauer dann Schlüsse über deren Charakter ziehen muss.
Zur Charakterisierung einer Figur sollten (wenn vorhanden) Textstellen beider Gestaltungsweisen herausgesucht und schlüssig zusammengeführt werden.

Information **Epochenüberblick: Nachkriegsliteratur (1945 – ca. 1960)**

Geschichtlicher Hintergrund: Der Zweite Weltkrieg war zu Ende, Deutschland lag in Trümmern und wurde in **Besatzungszonen** aufgeteilt – die amerikanische, englische, französische und die sowjetische. Ein Neuanfang musste sowohl im politischen als auch im gesellschaftlich-kulturellen Leben gefunden werden, und zwar in Auseinandersetzung mit der Schuld am Krieg und dem begangenen Völkermord. Bald schon entzweiten sich die Siegermächte und der **Kalte Krieg** begann. Ein **Eiserner Vorhang** trennte die westlichen Zonen von der Ostzone. Schließlich wurden 1949 zwei deutsche Staaten gegründet: die **Bundesrepublik Deutschland** und die **Deutsche Demokratische Republik**. Zementiert wurde die Teilung durch die Einbindung der beiden Staaten in die Bündnissysteme von westlicher NATO und östlichem Warschauer Pakt 1955.

Weltbild und Lebensauffassung: Durch die Aufbauhilfe der USA und die Einführung der sozialen Marktwirtschaft gab es in Westdeutschland bald bessere Lebensverhältnisse und einen regelrechten wirtschaftlichen Aufschwung (**Wirtschaftswunder**), was sich auch in der Stimmung der Gesellschaft niederschlug. Privater wirtschaftlicher Erfolg und die Möglichkeit, die vielfältigen Konsummöglichkeiten auszuschöpfen, führten dazu, dass man die **Restauration der gesellschaftlichen Strukturen der Vorkriegszeit** hinnahm und Versuche der Diener des NS-Systems, in alte Positionen zurückzukehren, nicht vehement bekämpfte. Die Jugend brachte seit Mitte der 1950er Jahre Unruhe in die eher konservative Gesellschaft.
In der DDR hingegen waren die Interessen der Sowjetunion anders gelagert. Die Bevölkerung sollte nach planwirtschaftlichen und ideologischen Gesichtspunkten umgeformt werden. Weder die materiellen Bedürfnisse wurden hierdurch befriedigt noch der Wunsch nach freier, selbstbestimmter Lebensführung. Der Verwaltungs- und der Justizapparat wurden von ehemaligen Nazis gesäubert, alle Lehrer mit NS-Vergangenheit wurden entlassen (**Entnazifizierung**). Die Zwangskollektivierung von Landwirtschaft, Gewerbe und Industrie sowie die Erziehung der eigenen Bevölkerung zum „richtigen" Denken gipfelte in der Gründung der **Stasi**, eines Bespitzelungsapparats, der als politische Geheimpolizei errichtet wurde. Dies führte dazu, dass viele Menschen die DDR verließen, bis die Führung 1961 daraus die Konsequenzen zog und die Berliner **Mauer** errichtete, das Land vom Westen abriegelte.

Literatur: Zunächst waren die Leser an den Werken der Autoren interessiert, die Deutschland während des Nazi-Regimes nicht verlassen hatten und stattdessen in die **innere Emigration** gegangen waren, und weniger an den **Exilautoren**, die nun zurückkehrten. Lediglich der aus Amerika in die Schweiz zurückkehrende Thomas Mann (1875–1955) war mit seinen Werken fester Bestandteil des Literaturkanons und galt als deutscher Beitrag zur Weltliteratur. Keiner der neuen Generation der Nachkriegsautoren sah sich vorerst im Stande, große Zeit- und Gesellschaftsromane zu schreiben. Vielmehr entstand eine ganz neue Form: die **Kurzgeschichte**. In Anlehnung an die amerikanische Short Story wurde sie zur dominierenden Gattung der **Trümmer- oder Kahlschlagliteratur**.

In der DDR versuchte der Staat, die Autoren in den Dienst zum Aufbau einer sozialistischen Gesellschaft zu stellen. Daher spricht man auch von **Aufbauliteratur**. Als Vorbild wurden diejenigen Exilautoren gesehen, die von jeher dem Marxismus nahestanden, wie z. B. **Bertolt Brecht** (1898–1956) oder **Anna Seghers** (1900–1983); sie wurden mit offenen Armen willkommen geheißen. Die Schriftsteller der DDR sollten auf den sozialistischen Realismus festgelegt werden, andernfalls waren sie von einem Veröffentlichungsverbot bedroht. Diese Vorgehensweise hatte die Flucht vieler Autoren in den Westen zur Folge. Die Prinzipien des **sozialistischen Realismus** waren unter anderem: direkte Widerspiegelung der gesellschaftlichen Realität, Verständlichkeit und die Darstellung einer positiven Zukunftsperspektive.

Wichtige Autorinnen/Autoren:
West: **Marie Luise Kaschnitz** (1901–1974), **Max Frisch** (Schweiz, 1911–1991), **Alfred Andersch** (1914–1980), **Heinrich Böll** (1917–1985), **Wolfgang Borchert** (1921–1947), **Friedrich Dürrenmatt** (Schweiz, 1921–1990)
Ost: **Bruno Apitz** (1900–1979), **Erwin Strittmatter** (1912–1994), **Erich Loest** (*1926), **Heiner Müller** (1929–1995)

1 a Suchen Sie weitere Autoren der Nachkriegsliteratur und deren Werke.
b Wählen Sie ein Werk der Aufbauliteratur und ein Werk der Trümmerliteratur aus Ihren Rechercheergebnissen aus und stellen Sie sie gegenüber. Welche Unterschiede finden Sie? Gibt es auch Gemeinsamkeiten?

2 Recherchieren Sie, was man unter der „Gruppe 47" versteht. Tragen Sie Informationen zusammen über Mitglieder, Absichten und Engagement, die Darstellung in der Öffentlichkeit usw.

Umgang mit Herrschaft und Macht – Fabeln und Parabeln

1 Beschreiben Sie das Bild. Welche Merkmale der Fabel können Sie aus diesem Bild herauslesen?

2 Schlagen Sie die Merkmale der Fabel in einem Literaturlexikon nach oder suchen Sie im Internet. Ziehen Sie auch den Informationskasten (▶ S. 150) zu Rate.

3 Schreiben Sie eine kurze Fabel zum Bild. Berücksichtigen Sie dabei Ihre Rechercheergebnisse.

Information **Die Fabel**

Der Grieche **Aesop** (etwa 6. Jh. v. Chr.) wird als der Begründer der abendländischen **Fabeldichtung** gesehen. Man weiß wenig über Aesop, nimmt aber an, dass er zum niederen Volk gehörte und als Sklave mehreren Herren diente, bevor er von einem von ihnen frei gelassen wurde. Die Fabeln Aesops gehörten zum mündlich überlieferten Kulturgut des Volkes, das sich in ihnen über die herrschende Klasse, den Adel, ausließ. Die Menschen fanden Gefallen an Streichen von Schelmen und Tieren, in denen sie sich selbst und andere mit ihren Schwächen und Fehlern wiedererkannten. Fabeln gaben dem „kleinen Mann" die Gelegenheit, sich mit Worten gegen die Ungerechtigkeit der Mächtigen zur Wehr zu setzen. Ein ähnliches Motiv bewegte **Lessing** dazu, sich in der Zeit der **Aufklärung** (Information, ▸ S. 197) der Fabel zu bedienen. Auch hier wird in den Fabeln über die beste Staatsform, die Position des Einzelnen in der Gesellschaft und die Verfehlungen der Mächtigen diskutiert.
Fabeln vermitteln den Lesern eine Einsicht über menschliches Verhalten, die man „Lehre" oder „Moral" nennt.

Aesop: **Zeus und der Fuchs** (6. Jh. v. Chr.)

Da Zeus den Fuchs wegen seines scharfen und geschmeidigen Verstandes bewunderte, machte er ihn zum König der Tiere. Er wollte aber sehen, ob er mit der Änderung seiner Stellung auch seine behäbige und knickrige Gesinnung geändert habe, und als er einmal in der Sänfte getragen wurde, ließ er vor seinen Augen einen Mistkäfer fliegen. Da dieser um die Sänfte herumflog, konnte der Fuchs es nicht mehr mit ansehen. Ganz gegen die höfische Sitte sprang er auf und wollte ihn fangen. Da ärgerte sich Zeus über ihn und versetzte ihn wieder in seinen früheren Stand.
Die Fabel lehrt, dass gewöhnliche Menschen, auch wenn sie in bessere äußere Verhältnisse kommen, ihren Charakter nicht ändern.

Jean de La Fontaine: **Die Frösche, die einen König erbitten** (um 1670)

Der demokratischen Verfassung überdrüssig,
bewirkten die Frösche
durch ihr Gequake, dass
Klein Jupiter sie der Monarchie unterwarf.
Es fiel ihnen vom Himmel ein ganz friedfertiger König herab.
Dieser König machte indessen beim Fallen einen solchen Lärm,
dass die Sumpfnation,
ein sehr dummes und sehr ängstliches Volk,
sich unter den Wassern versteckte,
inmitten der Binsen, inmitten des Rohrs,
in den Löchern des Sumpfes,
ohne lange Zeit zu wagen, dem ins Gesicht zu schauen,
den sie für einen neuartigen Riesen hielten.
Es war jedoch ein Holzklotz nur,
dessen würdevolle Erscheinung dem ersten Furcht einjagte,
der sich mutig aufmachte, ihn zu sehen,
und tatsächlich seine Höhle zu verlassen wagte.

Er näherte sich, zitternd zwar;
ein anderer folgte ihm; ein Dritter tat desgleichen;
sie kamen bald in ganzen Scharen.
Und ihre Truppe wurde schließlich so zutraulich,
dass sie dem König auf die Schulter sprangen.
Der gute Herr lässt's zu und hält fein still.
Klein Jupiter platzt bald der Kragen.
„Gebt uns", sprach das Volk, „einen König, der sich rührt."
Der Herr der Götter schickt ihnen einen Kranich,
der sie knackt, der sie tötet,
der sie verschlingt, wie's ihm gefällt.
Und die Frösche stimmen ein Klagelied an;
und Klein Jupiter spricht zu ihnen: „Was denn? Glaubt ihr etwa,
ich würde mich von euren Wünschen zwingen lassen?
Ihr hättet zuerst einmal
eure vorige Regierung behalten sollen.
Doch da ihr es nicht tatet, hättet ihr damit euch begnügen müssen,
dass euer erster König gutmütig und sanft war.
Mit diesem hier gebt euch zufrieden,
aus Furcht, einen noch schlimmeren zu kriegen."

Gotthold Ephraim Lessing: **Die Wasserschlange** (1759)

Zeus hatte nunmehr den Fröschen einen anderen König gegeben; anstatt eines friedlichen Klotzes eine gefräßige Wasserschlange. „Willst du unser König sein", schrien die Frösche, „warum verschlingst du uns?" – „Darum", antwortete die Schlange, „weil ihr um mich gebeten habt." – „Ich habe nicht um dich gebeten!", rief einer von den Fröschen, den sie schon mit den Augen verschlang. – „Nicht?", sagte die Wasserschlange. „Desto schlimmer! So muss ich dich verschlingen, weil du nicht um mich gebeten hast."

Franz Kafka: **Kleine Fabel** (1920)

„Ach", sagte die Maus, „die Welt wird enger mit jedem Tag. Zuerst war sie so breit, dass ich Angst hatte, ich lief weiter und war glücklich, dass ich endlich rechts und links in der Ferne Mauern sah, aber diese langen Mauern eilen so schnell aufeinander zu, dass ich schon im letzten Zimmer bin, und dort im Winkel steht die Falle, in die ich laufe." – „Du musst nur die Laufrichtung ändern", sagte die Katze und fraß sie.

1 Untersuchen Sie die vier Fabeln auf Gemeinsamkeiten und prüfen Sie, welche Merkmale der Fabel vorhanden sind.

2 Erarbeiten Sie in Gruppen die Aussagen – die Lehre – der Fabeln. (Die erste Fabel können Sie vernachlässigen.) Stimmen Sie diesen zu? Begründen Sie Ihre Ergebnisse auch unter Berücksichtigung der Epoche, in der die Fabeln verfasst wurden. Beurteilen Sie die Qualität der Lehre.

3 Wie Sie bereits wissen, will die Fabel eine Lehre erteilen oder eine menschliche Schwäche offenlegen. Besonders in der Aufklärung (▸ S. 197), u. a. von G. E. Lessing, wurde sie auch dazu benutzt, politische Missstände zu kritisieren. Suchen Sie sich eine menschliche Schwäche oder einen politischen Missstand der heutigen Zeit aus und schreiben Sie darüber eine Fabel.

Franz Kafka: **Vor dem Gesetz** (1914)

Vor dem Gesetz steht ein Türhüter. Zu diesem Türhüter kommt ein Mann vom Lande und bittet um Eintritt in das Gesetz. Aber der Türhüter sagt, dass er ihm jetzt den Eintritt nicht gewähren könne. Der Mann überlegt und fragt dann, ob er also später werde eintreten dürfen. „Es ist möglich", sagt der Türhüter, „jetzt aber nicht." Da das Tor zum Gesetz offen steht wie immer und der Türhüter beiseitetritt, bückt sich der Mann, um durch das Tor in das Innere zu sehn. Als der Türhüter das merkt, lacht er und sagt: „Wenn es dich so lockt, versuche es doch, trotz meines Verbotes hineinzugehn. Merke aber: Ich bin mächtig. Und ich bin nur der unterste Türhüter. Von Saal zu Saal stehn aber Türhüter, einer mächtiger als der andere. Schon den Anblick des dritten kann nicht einmal ich mehr ertragen." Solche Schwierigkeiten hat der Mann vom Lande nicht erwartet; das Gesetz soll doch jedem und immer zugänglich sein, denkt er, aber als er jetzt den Türhüter in seinem Pelzmantel genauer ansieht, seine große Spitznase, den langen, dünnen, schwarzen tatarischen Bart, entschließt er sich doch, lieber zu warten, bis er die Erlaubnis zum Eintritt bekommt. Der Türhüter gibt ihm einen Schemel und lässt ihn seitwärts von der Tür sich niedersetzen. Dort sitzt er Tage und Jahre. Er macht viele Versuche, eingelassen zu werden, und ermüdet den Türhüter durch seine Bitten. Der Türhüter stellt öfters kleine Verhöre mit ihm an, fragt ihn über seine Heimat aus und nach vielem andern, es sind aber teilnahmslose Fragen, wie sie große Herren stellen, und zum Schlusse sagt er ihm immer wieder, dass er ihn noch nicht einlassen könne. Der Mann, der sich für seine Reise mit vielem ausgerüstet hat, verwendet alles, und sei es noch so wertvoll, um den Türhüter zu bestechen. Dieser nimmt zwar alles an, aber sagt dabei: „Ich nehme es nur an, damit du nicht glaubst, etwas versäumt zu haben." Während der vielen Jahre beobachtet der Mann den Türhüter fast ununterbrochen. Er vergisst die andern Türhüter, und dieser erste scheint ihm das einzige Hindernis für den Eintritt in das Gesetz. Er verflucht den unglücklichen Zufall, in den ersten Jahren rücksichtslos und laut, später, als er alt wird, brummt er nur noch vor sich hin. Er wird kindisch, und da er in dem jahrelangen Studium des Türhüters auch die Flöhe in seinem Pelzkragen erkannt hat, bittet er auch die Flöhe, ihm zu helfen und den Türhüter umzustimmen. Schließlich wird sein Augenlicht schwach und er weiß nicht, ob es um ihn wirklich dunkler wird oder ob ihn nur seine Augen täuschen. Wohl aber erkennt er jetzt im Dunkel einen Glanz, der unverlöschlich aus der Türe des Gesetzes bricht. Nun lebt er nicht mehr lange. Vor seinem Tode sammeln sich in seinem Kopfe alle Erfahrungen der ganzen Zeit zu einer Frage, die er bisher an den Türhüter noch nicht gestellt hat. Er winkt ihm zu, da er seinen erstarrenden Körper nicht mehr aufrichten kann. Der Türhüter muss sich tief zu ihm hinunterneigen, denn der Größenunterschied hat sich sehr zu Ungunsten des Mannes verändert. „Was willst du denn jetzt noch wissen?", fragt der Türhüter. „Du bist unersättlich." – „Alle streben doch nach dem Gesetz", sagt der Mann, „wieso kommt es, dass in den vielen Jahren niemand außer mir Einlass verlangt hat?" Der Türhüter erkennt, dass der Mann schon an seinem Ende ist, und um sein vergehendes Gehör noch zu erreichen, brüllt er ihn an: „Hier konnte niemand sonst Einlass erhalten, denn dieser Eingang war nur für dich bestimmt. Ich gehe jetzt und schließe ihn."

1 Nähern Sie sich der Parabel mit produktiv-handlungsorientierten Verfahren an.
a Zeichnen Sie die Szenerie der Parabel. Begründen Sie Ihre Zeichnung mit Hilfe des Textes.
b Stellen Sie das Machtverhältnis zwischen dem Mann und dem Türhüter durch ein Standbild (Methode, ▶ S. 142) dar.

2 Untersuchen und interpretieren Sie die Geschichte.
a Arbeiten Sie das Thema der Erzählung heraus. Beziehen Sie dazu den Titel mit ein.
b Bearbeiten Sie die Parabel von Franz Kafka anhand der Fragen zur Analyse und Interpretation von Kurzprosa (Methode, ▶ S. 145).
c Zeichnen Sie die Parabel der Abbildung ab. Stellen Sie in Partnerarbeit Gesagtes und Gemeintes einander gegenüber. Nehmen Sie auch den Informationskasten zu Hilfe.
d Tauschen Sie Ihre Ergebnisse in der Lerngruppe aus und korrigieren Sie ggf. Ihre Notizen.

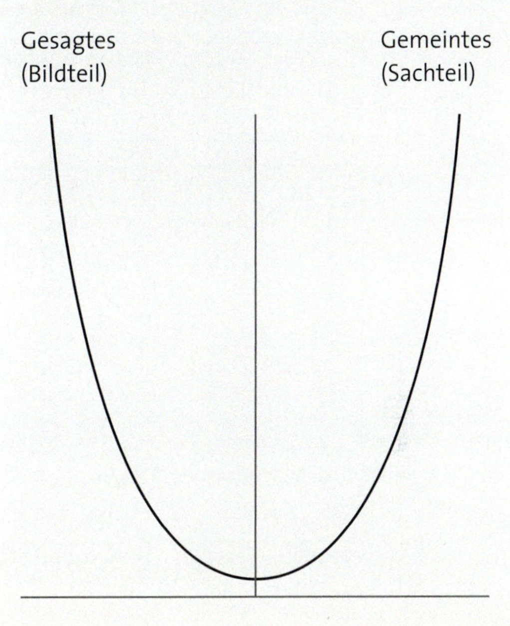

Information **Die Parabel**

Wie die Fabel spricht auch die Parabel in Bildern, die übertragen werden müssen, um sie zu verstehen. Die Parabel enthält meist eine allgemeine Erkenntnis oder eine Lebensweisheit. Dabei müssen die Leser durch den Denk- und Übertragungsvorgang der Analogiebildung (Finden von Ähnlichkeiten bzw. eines Vergleichspunktes) den dargestellten Bildteil der Parabel (metaphorischer Bereich) mit einem Sachteil (thematischer Bereich, Deutungsebene) verknüpfen.
Parabeln findet man oft in der Bibel. Dort nennt man sie allerdings Gleichnisse. Sie werden dazu genutzt, den Gläubigen Dinge mittels eines Bildes zu erläutern. Im 20. Jahrhundert schrieben vor allem **Franz Kafka** (1883–1924) und **Bertolt Brecht** (1898–1956) bedeutende Parabeln. Die Merkmale einer Parabel sind:

- zumeist kurze Erzählung,
- ein Bildteil wird auf einen Sachteil bezogen,
- will eine Erkenntnis vermitteln,
- ermöglicht persönliche Deutungen, auch eigene Ideen und Erfahrungen können einfließen.

3 Suchen Sie bekannte Gleichnisse aus der Bibel heraus und stellen Sie diese vor.

4 Recherchieren Sie nach Parabeln von Bertolt Brecht und interpretieren Sie sie mit Hilfe der Methode auf S. 145.

Methoden des Interpretierens

Eine zentrale Aufgabe im Deutschunterricht ist die Interpretation von epischen, lyrischen oder dramatischen Texten. Hierfür stehen unterschiedliche Interpretationsansätze zur Verfügung.

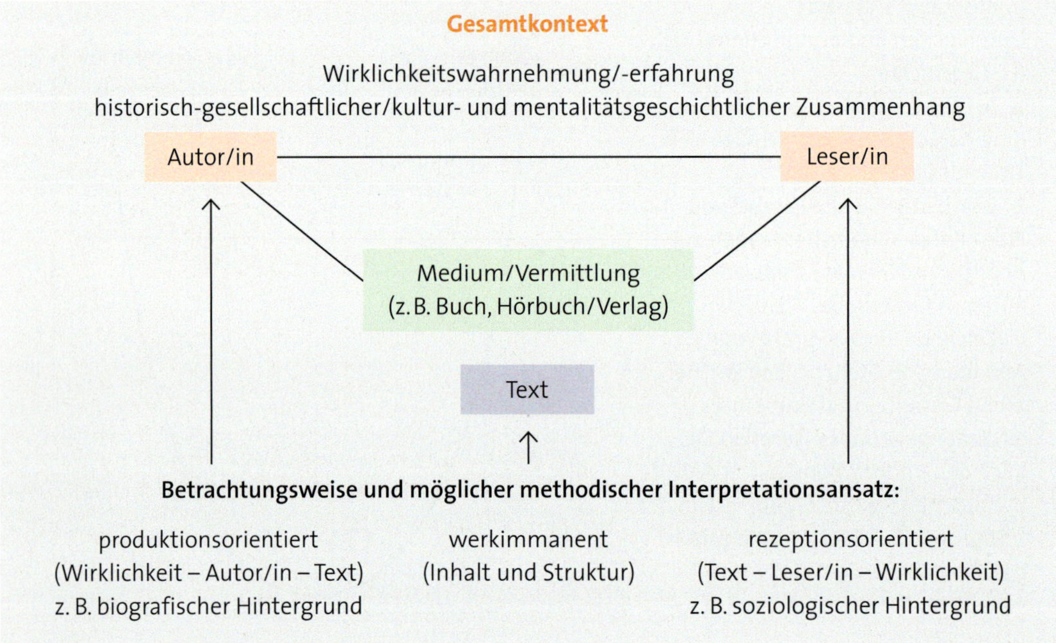

1 Erklären Sie in Partnerarbeit wechselseitig das Modell. Berücksichtigen Sie dabei besonders die drei Ansätze der Interpretation. Nehmen Sie dazu auch den Informationstext zu Hilfe.

Information **Verstehen und Interpretieren von Texten**

Hermeneutik: Unter Hermeneutik versteht man die Lehre des Verstehens. Sie untersucht, wie die Leser/innen den Text als einen einheitlichen Bedeutungszusammenhang verstehen. Das **hermeneutische Dreieck** zwischen Autor/in, Text und Leser/in liefert einen ersten Anhaltspunkt für die verschiedenen methodischen Vorgehensweisen beim Textverstehen. Die Hermeneutik geht von der Fragestellung aus, welche Bedingungen den Verständigungsprozess bei der Deutung literarischer Texte steuern. Dabei sind der historische und der gegenwärtige **Verstehenshorizont** zu unterscheiden, die innerhalb des Verstehensprozesses miteinander verschmelzen. Sowohl die Autoren als auch die Leser früherer Zeiten lebten unter anderen Umständen, in anderen Lebensverhältnissen und hatten andere Ideen, Vorstellungen, Erfahrungen und Normen als heute.
Soziologische und biografische Methode: Sie orientiert sich an den Produktionsbedingungen des Werks: am geschichtlich-gesellschaftlichen Umfeld und den Lebensbedingungen des Autors.
Die werkimmanente Methode: Bei dieser Methode bleibt die Deutung ganz bei dem Text und stellt keine über den Text hinausgehenden Fragen, wie z. B. die nach den Lebensbedingungen des Autors. Der Text wird ausschließlich aus sich selbst heraus verstanden.

3.2 Erzählen in großer Form

Romanvorstellungen

Buch:

Die siebzehnjährige Effi von Briest heiratet den früheren Verehrer ihrer Mutter, Baron von Innstetten, und folgt ihm in ein Provinzstädtchen in Hinterpommern. Von ihrem Mann vernachlässigt und angeödet von der Provinzialität ihrer Umgebung, geht sie eine Liaison mit dem Frauenhelden Crampas ein. Durch die Entdeckung von Crampas' Liebesbriefen wird der Fehltritt Jahre später entlarvt. Baron von Innstetten, durchaus wissend um die Hohlheit der ihm auferlegten Moral, fordert den Liebhaber seiner Frau zum Duell und tötet ihn; es folgten die Scheidung und Effi Briests gesellschaftliche Ächtung. Für Thomas Mann ist der Roman aus dem Jahr 1895 Fontanes „modernstes Werk, das am deutlichsten über die bürgerlich realistische Epoche hinaus in die Zukunft weist".

Autor:

Theodor Fontane (1819–1898) ist der bedeutendste Erzähler des literarischen Realismus in Deutschland. Der gelernte Apotheker machte mit 30 Jahren das Schreiben zum Beruf, zunächst als Journalist und Theaterkritiker. Erst spät begann er, erfolgreich Epik und Lyrik zu schreiben. Seine Romane und Novellen, die vielfach verfilmt wurden, zählen zu den meistgelesenen Klassikern des 19. Jahrhunderts.

Buch:

Neben dem „Ulysses" von James Joyce gehört Döblins „Berlin Alexanderplatz" zu den bedeutendsten Großstadtromanen der Weltliteratur. Erstmals 1929 im Berliner S. Fischer Verlag erschienen, erzählt der Roman die bewegende Geschichte des Franz Biberkopf, der nach seiner Entlassung aus dem Gefängnis in einen Strudel aus Verrat und Verbrechen gerät. Darüber hinaus aber erzählt der Roman auch die Geschichte Berlins, und er findet mit seinem berühmten „Kinostil" zum ersten Mal in der deutschen Literatur eine eigene, ganz neue Sprache für das Tempo der Stadt.

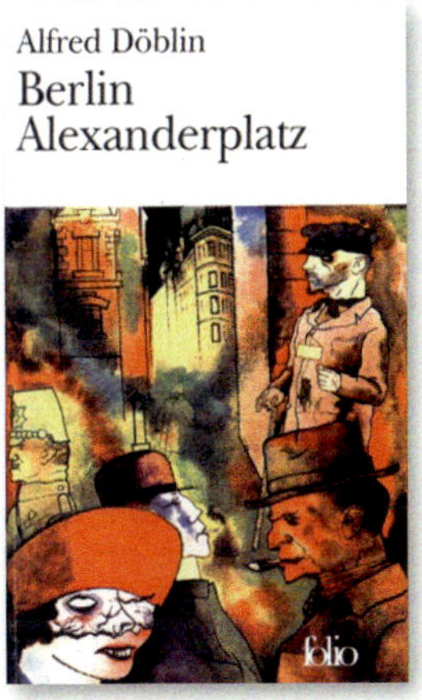

Autor:

Alfred Döblin wurde am 10. August 1878 in Stettin an der Oder geboren. Nach dem Studium der Medizin arbeitete er fünf Jahre lang als Assistenzarzt in verschiedenen Kliniken und eröffnete 1911 in Berlin eine eigene Praxis als Kassenarzt. Nach ersten Veröffentlichungen in der expressionistischen Zeitschrift „Der Sturm" und einem Novellenband im Verlag Georg Müller erschien Döblins erster großer Roman „Die drei Sprünge des Wang-lun" im Jahr 1916 bei S. Fischer. Sein größter internationaler Erfolg war der 1929 ebenfalls bei S. Fischer publizierte Roman „Berlin Alexanderplatz". 1933 flüchtete Döblin vor den Nationalsozialisten nach Zürich. Die meiste Zeit seiner Jahre im Exil verbrachte er in Frankreich und den USA. Aus dem Exil zurückgekehrt, lebte Döblin zunächst wieder in Deutschland, zog dann aber 1953 mit seiner Familie nach Paris. Alfred Döblin starb am 26. Juni 1957.

Buch:

Alev ist neu in der Klasse und gewinnt sofort Adas volle Aufmerksamkeit. Er ist schön, intelligent und arrogant. Zwischen den beiden entwickelt sich eine obsessive Abhängigkeit, eine leidenschaftliche Hassliebe. Daraus ergibt sich erst die Bereitschaft, dann der Zwang zu Taten, die alle Grenzen der Moral, des menschlichen Mitgefühls und des vorhersehbaren Verhaltens überschreiten. Sie haben nicht nur ihre Mitschüler im Griff, sondern machen auch noch ihren hilflosen Lehrer Smutek zum Opfer einer ausgeklügelten Erpressung. Es beginnt ein perfides Spiel um Sex, Verführung, Macht und Liebe ...

Autorin:

Juli Zeh wurde 1974 in Bonn geboren. Sie studierte Jura in Passau und Leipzig und begann während des Jurastudiums ein weiteres Studium am Deutschen Literaturinstitut Leipzig. Zahlreiche Reisen, Stipendien und Arbeitsaufenthalte führten sie ins Ausland, u. a. nach New York City und Krakau. Juli Zeh lebt heute in Berlin. 2001 veröffentlichte sie ihren ersten Roman „Adler und Engel" und erhielt im gleichen Jahr den Bremer Literaturpreis. Es folgten weitere Romane und andere Veröffentlichungen, für die Juli Zeh vielfach ausgezeichnet wurde.

---

1 Lesen Sie sich die drei Buchvorstellungen durch und schauen Sie sich die Cover an. Welches Cover spricht Sie am meisten an? Welche Buchbeschreibung finden Sie am interessantesten? Begründen Sie Ihre Einschätzung.

2 Suchen Sie sich ein Buch aus, das Sie gelesen haben, und verfassen Sie eine ähnliche Buchvorstellung auf einer DIN-A4-Seite. Es kann ein Buch sein, das Ihnen gefallen hat, oder eines, das Sie nicht mochten. Gestalten Sie im Kurs eine Wand mit Buchvorstellungen, an der Sie sich in den nächsten Monaten Anregungen für die Lektüre holen können.

Romane aus drei Epochen im Vergleich – Realismus, Neue Sachlichkeit, Postmoderne

Theodor Fontane: **Effi Briest** (1895) – Romananfang

In Front des schon seit Kurfürst Georg Wilhelm[1] von der Familie von Briest bewohnten Herrenhauses zu Hohen-Cremmen fiel heller Sonnenschein auf die mittagsstille Dorfstraße, während nach der Park- und Gartenseite hin ein rechtwinklig angebauter Seitenflügel einen breiten Schatten erst auf einen weiß und grün quadrierten Fliesengang und dann über diesen hinaus auf ein großes, in seiner Mitte mit einer Sonnenuhr und an seinem Rande mit Canna indica[2] und Rhabarberstauden besetztes Rondell[3] warf. Einige zwanzig Schritte weiter, in Richtung und Lage genau dem Seitenflügel entsprechend, lief eine ganz in kleinblättrigem Efeu stehende, nur an einer Stelle von einer kleinen weiß gestrichenen Eisentür unterbrochene Kirchhofsmauer, hinter der der Hohen-Cremmener Schindelturm mit seinem blitzenden, weil neuerdings erst wieder vergoldeten Wetterhahn aufragte. Fronthaus, Seitenflügel und Kirchhofsmauer bildeten ein einen kleinen Ziergarten umschließendes Hufeisen, an des-

1 Georg Wilhelm (1595–1640): von 1620 bis 1640 Kurfürst von Brandenburg

2 Canna indica: tropisches Staudengewächs mit großen roten und gelben Blüten

3 Rondell: rundes Beet

sen offener Seite man eines Teiches mit Wassersteg und angeketteltem Boot und dicht daneben einer Schaukel gewahr wurde, deren horizontal gelegtes Brett zu Häupten und Füßen an je zwei Stricken hing – die Pfosten der Balkenlage schon etwas schief stehend. Zwischen Teich und Rondell aber und die Schaukel halb versteckend standen ein paar mächtige alte Platanen.

Auch die Front des Herrenhauses – eine mit Aloekübeln[4] und ein paar Gartenstühlen besetzte Rampe – gewährte bei bewölktem Himmel einen angenehmen und zugleich allerlei Zerstreuung bietenden Aufenthalt; an Tagen aber, wo die Sonne niederbrannte, wurde die Gartenseite ganz entschieden bevorzugt, besonders von Frau und Tochter des Hauses, die denn auch heute wieder auf dem im vollen Schatten liegenden Fliesengange saßen, in ihrem Rücken ein paar offene, von wildem Wein umrankte Fenster, neben sich eine vorspringende kleine Treppe, deren vier Steinstufen vom Garten aus in das Hochparterre des Seitenflügels hinaufführten. Beide, Mutter und Tochter, waren fleißig bei der Arbeit, die der Herstellung eines aus Einzelquadraten zusammenzusetzenden Altarteppichs galt; ungezählte Wollsträhnen und Seidendocken lagen auf einem großen, runden Tisch bunt durcheinander, dazwischen, noch vom Lunch her, ein paar Dessertteller und eine mit großen, schönen Stachelbeeren gefüllte Majolikaschale[5]. Rasch und sicher ging die Wollnadel der Damen hin und her, aber während die Mutter kein Auge von der Arbeit ließ, legte die Tochter, die den Rufnamen Effi führte, von Zeit zu Zeit die Nadel nieder und erhob sich, um unter allerlei kunstgerechten Beugungen und Streckungen den ganzen Kursus der Heil- und Zimmergymnastik durchzumachen. Es war ersichtlich, dass sie sich diesen absichtlich ein wenig ins Komische gezogenen Übungen mit ganz besonderer Liebe hingab, und wenn sie dann so dastand und, langsam die Arme hebend, die Handflächen hoch über dem Kopf zusammenlegte, so sah auch wohl die Mama von ihrer Handarbeit auf, aber immer nur flüchtig und verstohlen, weil

sie nicht zeigen wollte, wie entzückend sie ihr eigenes Kind finde, zu welcher Regung mütterlichen Stolzes sie voll berechtigt war. Effi trug ein blau und weiß gestreiftes, halb kittelartiges Leinwandkleid, dem erst ein fest zusammengezogener, bronzefarbener Ledergürtel die Taille gab; der Hals war frei und über Schulter und Nacken fiel ein breiter Matrosenkragen. In allem, was sie tat, paarte sich Übermut und Grazie, während ihre lachenden braunen Augen eine große, natürliche Klugheit und viel Lebenslust und Herzensgüte verrieten. Man nannte sie die „Kleine", was sie sich nur gefallen lassen musste, weil die schöne, schlanke Mama noch um eine Handbreit höher war.

Eben hatte sich Effi wieder erhoben, um abwechselnd nach links und rechts ihre turnerischen Drehungen zu machen, als die von ihrer Stickerei gerade wieder aufblickende Mama ihr zurief: „Effi, eigentlich hättest du doch wohl Kunstreiterin werden müssen. Immer am Trapez, immer Tochter der Luft. Ich glaube beinah, dass du so was möchtest."

„Vielleicht, Mama. Aber wenn es so wäre, wer wäre schuld? Von wem hab ich es? Doch nur

4 Aloe: tropische Lilienart

5 Majolikaschale: getöpferte Schale bzw. Steingut mit Zinnglasur von dir. Oder meinst du von Papa? Da musst du nun selber lachen. Und dann, warum steckst du mich in diesen Hänger, in diesen Jungenskittel? Mitunter denk ich, ich komme noch wieder in kurze Kleider. Und wenn ich die erst wieder habe, dann knicks ich auch wieder wie ein Backfisch[6], und wenn dann die Rathenower herüberkommen, setze ich mich auf Oberst Goetzes Schoß und reite hopp, hopp. Warum auch nicht? Drei Viertel ist er Onkel und nur ein Viertel Courmacher[7]. Du bist schuld. Warum kriege ich keine Staatskleider? Warum machst du keine Dame aus mir?"

„Möchtest du's?"

„Nein." Und dabei lief sie auf die Mama zu und umarmte sie stürmisch und küsste sie.

„Nicht so wild, Effi, nicht so leidenschaftlich. Ich beunruhige mich immer, wenn ich dich so sehe ..." Und die Mama schien ernstlich willens, in Äußerung ihrer Sorgen und Ängste fortzufahren. Aber sie kam nicht weit damit, weil in ebendiesem Augenblicke drei junge Mädchen aus der kleinen, in der Kirchhofsmauer angebrachten Eisentür in den Garten eintraten und einen Kiesweg entlang auf das Rondell und die Sonnenuhr zuschritten. Alle drei grüßten mit ihren Sonnenschirmen zu Effi herüber und eilten dann auf Frau von Briest zu, um dieser die Hand zu küssen. Diese tat rasch ein paar Fragen und lud dann die Mädchen ein, ihnen oder doch wenigstens Effi auf eine halbe Stunde Gesellschaft zu leisten. „Ich habe ohnehin noch zu tun, und junges Volk ist am liebsten unter sich. Gehabt euch wohl." Und dabei stieg sie die vom Garten in den Seitenflügel führende Steintreppe hinauf.

Und da war nun die Jugend wirklich allein.

Zwei der jungen Mädchen – kleine, rundliche Persönchen, zu deren krausem, rotblondem Haar ihre Sommersprossen und ihre gute Laune ganz vorzüglich passten – waren Töchter des auf Hansa[8], Skandinavien und Fritz Reuter[9] eingeschworenen Kantors Jahnke, der denn auch, unter Anlehnung an seinen mecklenburgischen Landsmann und Lieblingsdichter und nach dem Vorbilde von Mining und Lining, seinen eigenen Zwillingen die Namen Bertha und Hertha gegeben hatte. Die dritte junge Dame war Hulda Niemeyer, Pastor Niemeyers einziges Kind; sie war damenhafter als die beiden anderen, dafür aber langweilig und eingebildet, eine lymphatische[10] Blondine, mit etwas vorspringenden, blöden Augen, die trotzdem beständig nach was zu suchen schienen, weshalb denn auch Klitzing von den Husaren gesagt hatte: „Sieht sie nicht aus, als erwarte sie jeden Augenblick den Engel Gabriel?" Effi fand, dass der etwas kritische Klitzing nur zu sehr Recht habe, vermied es aber trotzdem, einen Unterschied zwischen den drei Freundinnen zu machen. Am wenigsten war ihr in diesem Augenblick danach zu Sinn, und während sie die Arme auf den Tisch stemmte, sagte sie: „Diese langweilige Stickerei. Gott sei Dank, dass ihr da seid."

„Aber deine Mama haben wir vertrieben", sagte Hulda.

„Nicht doch. Wie sie euch schon sagte, sie wäre doch gegangen; sie erwartet nämlich Besuch, einen alten Freund aus ihren Mädchentagen her, von dem ich euch nachher erzählen muss, eine Liebesgeschichte mit Held und Heldin und zuletzt mit Entsagung. Ihr werdet Augen machen und euch wundern. Übrigens habe ich Mamas alten Freund schon drüben in Schwantikow gesehen; er ist Landrat, gute Figur und sehr männlich."

[...]

6 Backfisch: eine heute eher veraltete Bezeichnung für Mädchen im Teenager-Alter

7 Courmacher: jemand, der einem Mädchen „den Hof macht", mit ihm flirtet

8 Hansa (Hanse): Bündnis von Handelsstädten vorwiegend des Nord- und Ostseeraums vom 13. bis ins 17. Jh.

9 Fritz Reuter (1810–1874): Sein dichterisches Werk in niederdeutscher Mundart (► S. 295) befasst sich mit dem Alltag der mecklenburgischen Landbevölkerung.

10 lymphatisch: blass und gedunsen

1 Untersuchen Sie den Romanauszug genauer:
a Zeichnen Sie Haus und Garten des Herrenhauses zu Hohen-Cremmen.
b Vergleichen Sie Effi und ihre Mutter. Welche charakterlichen Unterschiede und/oder Gemeinsamkeiten stellen Sie fest?

„[...] Das erste Kapitel ist immer die Hauptsache und in dem ersten Kapitel die erste Seite, beinah die erste Zeile.
Die kleinen Pensionsmädchen haben so Unrecht nicht, wenn sie bei Briefen oder Aufsätzen alle Heiligen anrufen: ‚Wenn ich nur erst den Anfang hätte.' Bei richtigem Aufbau muss in der ersten Seite der Keim des Ganzen stecken. Daher diese Sorge, diese Pusselei. Das Folgende kann mir nicht gleiche Schwierigkeiten machen [...]."

Theodor Fontane

2 **a** Fassen Sie das Fontane-Zitat in eigene Worte.
b Wie geht der Roman weiter? Erstellen Sie in Gruppenarbeit eine Ideensammlung und begründen Sie Ihre Ideen durch den vorliegenden Romananfang, ziehen Sie auch die Örtlichkeiten und Ihre Untersuchungen zum Charakter der beiden Frauen (Aufgabe 1a und b) heran.
3 Untersuchen Sie die Sprache, die Theodor Fontane verwendet. Was fällt Ihnen auf?
4 Analysieren Sie die Erzählstrategie (▸S. 166 ff.) des Textauszuges.
5 **a** Recherchieren Sie im Internet oder in einem Literaturlexikon, wie der Roman tatsächlich weitergeht.
b Stellen Sie Informationen über Theodor Fontane und seine Werke zusammen.
c Nennen Sie Aspekte, die Fontane als einen Autor des Realismus ausweisen (▸ Information).

Information **Epochenüberblick: Realismus (ca. 1850–1890)**

Geschichtlicher Hintergrund: Die bürgerliche Revolution von 1848/1849 verfehlte ihr Ziel, einen einheitlichen und demokratisch verfassten Nationalstaat zu errichten. Dies lag nicht zuletzt an der Spaltung des Bürgertums in einen konservativen und einen radikaldemokratischen Flügel. Daher ergriff nun die preußische Regierung die Initiative zur Bildung eines Nationalstaates. Preußen war damals der mächtigste deutsche Einzelstaat. Der preußische Ministerpräsident **Otto von Bismarck** setzte 1871 die **Proklamation des Deutschen Reiches** mit dem preußischen **König Wilhelm I.** als Kaiser durch. Große Teile des Bürgertums akzeptierten bald den Mangel an demokratischen Freiheiten und waren mehr oder weniger mit der so genannten „Realpolitik" einverstanden. Dazu trug vor allem der **wirtschaftliche Aufschwung** in den Bereichen Industrie, Technik und Handel bei, der in dem neu entstandenen Großraum des Reiches stattfand.
Nach wie vor stand im Kaiserreich der **Adel** an der Spitze der Gesellschaft. Die führenden Positionen bei Hof, in der Diplomatie, in der Verwaltung und beim Militär waren durch ihn besetzt. Allerdings gab es nun auch eine neue Oberschicht: das wirtschaftlich erfolgreiche **Großbürgertum** (= die Bourgeoisie). Es eiferte dem Adel in seinem Lebensstil nach und setzte sich aus Unternehmern, Bankiers und Geschäftsleuten zusammen. Eine weitere Spielart des Bürgertums war das **Bildungsbürgertum**. Zu dieser Schicht gehörten höhere Beamte, Ärzte, Rechtsanwälte,

Architekten und Ingenieure. Am unteren Ende der Hierarchie hingegen wurde die **Industriearbeiterschaft** immer größer und wichtiger. Sie kämpfte für bessere Arbeits- und Lebensbedingungen und für die Möglichkeit zur Teilnahme am gesellschaftlichen und politischen Leben. Die Regierung unter Bismarck reagierte zum einen mit Unterdrückungsmaßnahmen, zum anderen wurden die ersten Schritte hin zu einer Sozialgesetzgebung gemacht mit einer Krankenversicherung (1883), einer Unfallversicherung (1884) und einer Alters- und Invalidenversicherung (1889).

Weltbild und Lebensauffassung: Der Siegeszug von Naturwissenschaften, Technik und industrieller Produktion, die Nationalstaatsgründung und der ökonomische Aufschwung führten zu **Fortschrittsoptimismus**, aber auch zu Erfahrungen des Verlusts traditioneller Werte und Orientierungen. Das materielle Streben der Menschen wurde von vielen Denkern verurteilt. Doch der Idealismus der Klassik war passé. **Karl Marx** etwa erklärte die Kultur zum bloßen „Überbau", der gänzlich von den Produktionsverhältnissen der Gesellschaft abhängig sei. In der **Evolutionstheorie** von **Charles Darwin** verliert der Mensch, der bisher als die Krone der Schöpfung galt, seine biologische Sonderstellung. **Pessimismus und Skeptizismus** stehen als neue geistige Haltungen dem weiterhin propagierten Fortschrittsoptimismus entgegen.

Literatur: Im Realismus standen die herrschenden Gesellschaftsverhältnisse im Zentrum der Betrachtung. Es wurde das Leben dargestellt, wie es war, allerdings musste die Fiktion glaubwürdig und stimmig sein. Berühmte Autoren im Ausland – die Realismusdefinition galt für einen großen Teil der Kunst und Literatur in ganz Europa des 19. Jahrhunderts – waren **Gustave Flaubert**, **Charles Dickens** und **Leo Tolstoi**. Analytisch zeichneten diese Autoren ein genaues Bild vom Menschen und seiner Umgebung. Der deutsche Realismus war ein wenig anders und wurde deshalb auch als **poetischer Realismus** bezeichnet. Hier wurde die Wirklichkeit poetisch-verklärend bearbeitet, was konkret bedeutete, dass sich der Autor weniger distanziert-kritisch zu seinen Figuren verhält als in den anderen europäischen Ländern. Er war in gewisser Weise sentimental und versöhnlich. In Deutschland wendete man sich mehr der engeren, oft ländlich-dörflichen Heimat zu, was als Regionalismus bezeichnet wird, oder man wich in die Vergangenheit aus (Historismus).

Wichtige Autorinnen und Autoren:
Gustav Freytag (1816–1895), **Theodor Storm** (1817–1888), **Gottfried Keller** (1819–1890), **Theodor Fontane** (1819–1898), **Wilhelm Busch** (1832–1908)

1 Bilden Sie Gruppen. Jede Gruppe übernimmt einen anderen Aspekt der Zeit des Realismus: Politik, Wissenschaft (Erfindungen), Religion, Kultur (Literatur). Gestalten Sie einen Zeitstrahl mit der chronologischen Abfolge der Ereignisse (in Streifen geschnittenes Metaplan-Papier eignet sich gut). Hängen Sie Ihre Ergebnisse untereinander im Klassenzimmer auf und stellen Sie diese vor.
2 Stellen Sie einen der folgenden Romane der Klasse vor und arbeiten Sie dabei epochentypische Merkmale heraus: Theodor Fontane: „Frau Jenny Treibel"; Gustav Freytag: „Soll und Haben"; Gottfried Keller: „Der grüne Heinrich".

Alfred Döblin: Berlin Alexanderplatz (1929) – Romanauszug

Zwei sitzen mittags in der Rosenthalerstraße, löffeln Erbsensuppe, einer hat die B. Z.[1] neben sich, lacht: „Entsetzliche Familientragödie in Westdeutschland." „Wieso, wat is da zu lachen." „Hör mal weiter zu. Ein Vater wirft seine drei Kinder ins Wasser. Drei auf einmal. Ein rabiater Kerl." „Wo is det?" „Hamm, Westfalen. Det ist ein Aufwaschen. Mensch, dem muss es bis da gewesen sein. Aber auf den kann man sich verlassen. Wart mal, wollen mal sehen, wat er mit der Frau gemacht hat. Die wird er doch ooch –. Nee, die hat es alleen, die hat es schon selber vorher getan. Wat sagste? Ne lustige Familie, Max, die versteht zu leben. Brief von der Frau: Betrüger! Überschrift mit Ausrufungszeichen, det soll er hören. ‚Da ich das Leben so weiterzuführen leid bin, hab ich den Entschluss gefasst, in den Kanal zu gehen. Nimm dir einen Strick und häng dich auf. Julie.' Punkt." Er krümmt sich vor Lachen: „Es herrscht keene Eintracht in der Familie: sie in den Kanal und er den Strick. Die Frau sagt: häng dich uff, und er schmeißt die Kinder ins Wasser. Der Mann kann nicht hören. Aus die Ehe konnte nischt werden."

Es sind zwei ältere Leute, Bauarbeiter von der Rosenthaler Straße. Der andere missbilligt das, was der eine redet. „Det ist ein trauriger Fall, wenn du so wat auf dem Theater siehst oder im Buch liest, dann heulste." „Du vielleicht. Aber Maxe, wird eener über so wat heulen, warum denn?" „Die Frau, drei Kinder, nu hör schon uff." „Wie ick bin, mir macht det Spaß, der Mann gefällt mir, die Kinder können ja einem leidtun, aber so mit einem Mal, auf einen Tisch die ganze Familie kaltmachen, ick hab Respekt davor, und dann –." Er platzt wieder los: „Dann find ick det, du kannst mir kleinschlagen, ick find det nu mal so furchtbar komisch, wie die sich noch bis zuletzt zanken. Die Frau sagt, einen Strick soll er nehmen, und er sagt: grade nicht, Julie, und schmeißt die Kinder rin."

Der andere hat sich seine Stahlbrille aufgesetzt, liest die Geschichte noch mal. „Der Mann lebt. Den haben sie gefasst. Na. Ick möchte nicht in dem seine Haut stecken." „Wer weeß. Du weeßt gar nischt." „Det weeß ick aber nu doch." „Weeßtu. Von dem kann ick mir schon denken. Der sitzt in der Zelle, raucht seinen Tabak, wenn er welchen kriegt, und sagt: Ihr könnt mir alle." „So, dann weeßte was. Gewissensbisse, mein Junge. Der heult in de Zelle oder sagt gar nichts. Der kann nicht einschlafen. Mensch, du redest dir geradezu in ne Sünde rein." „Det bestreite ick nu eben ganz entschieden. Der kann ausgezeichnet schlafen. Wenn det ein so rabiater Kerl ist, dann schläft der auch gut und isst und trinkt vielleicht besser als draußen. Da garantier ick für." Der andere sieht ihn ernst an. „Dann ist det eben ein ganz roher Hund. Wenn man sonen köpft, da geb ich meinen Segen zu." „Hast du auch Recht. Würd er ooch sagen, haste ganz Recht." „Nu hör schon auf mit dem Mist. Ick bestell mir Gurke." „Is doch interessant sone Zeitung. Ein rabiater Hund, vielleicht tut ihm aber doch schon die Geschichte leid, manch einer übernimmt sich in der Arbeit." „Ick esse Gurke und Schweinskopf." „Ick ooch."

1 **B. Z.:** Abkürzung für „Berliner Zeitung"

---

1 Beschreiben Sie den Sprachstil des vorliegenden Romanauszugs. Stellen Sie Vermutungen an, warum sich der Autor für diesen Stil entschieden hat.

2 Arbeiten Sie heraus, inwiefern in der Textstelle Gesellschaftskritik steckt.

3 Schreiben Sie die Zeitungsmeldung, über die die beiden Männer reden.

4 **a** Inwiefern ist die Gesellschaftskritik, die in diesem Romanauszug geäußert wird, auch heute noch aktuell? Stellen Sie Bezüge zur Gegenwart her.

b Schreiben Sie eine aktuelle Zeitungsmeldung zu den von Ihnen unter a genannten Beispielen.

5 Recherchieren Sie im Internet oder in einem Literaturlexikon den Inhalt des Romans. Stellen Sie außerdem Informationen über Alfred Döblin und sein Werk zusammen.

Information **Epochenüberblick: Weimarer Republik – Neue Sachlichkeit (1919–1933)**

Geschichtlicher Hintergrund: Diese Zeit war von großen politischen, gesellschaftlichen und wirtschaftlichen Belastungen geprägt. Nach der Niederlage im **Ersten Weltkrieg** begann mit der Weimarer Republik ein erster Versuch, Deutschland als demokratischen Staat zu organisieren. Jedoch führten die ökonomischen und psychosozialen Folgen der Niederlage zu den Wirren der **Novemberrevolution 1918/1919**. Weitere Putschversuche und Generalstreiks folgten und 1924 kam es zur **Inflation**, 1929 zur **Weltwirtschaftskrise**. Viele Menschen aus dem Bürgertum und aus der Arbeiterschicht rutschten in die Armut. Links- und vor allem Rechtsextreme stießen bei den verzweifelten Menschen auf offene Ohren. 1933 kam es zur „Machtergreifung" Hitlers, der als Reichskanzler das demokratische System gänzlich beseitigte.

Weltbild und Lebensauffassung: Große Teile der Bevölkerung lehnten die Demokratie ab. Viele trauerten dem Kaiserreich nach. Die **Untertanenmentalität** und der **„autoritäre Charakter"** blieben in Deutschland daher erhalten. Der Begriff der **„Goldenen Zwanziger"** beschreibt das schillernde Nachtleben und das Aufkommen eines modernen Lebensstils im Großstadtmilieu.

Literatur: Bezeichnend für die Zeit war die Vielzahl der verschiedenen Stile. Besondere Bedeutung erhielt eine neue Form des Realismus: die **Neue Sachlichkeit.** Dieser Begriff steht für **eine kritische Sicht der Wirklichkeit**, die zwischen kühl-distanzierter Betrachtung und satirischer Zuspitzung steht. Die großen **Gesellschaftsromane** beschreiben die Entwicklungen in der Gesellschaft und die Rolle des Individuums darin, ohne jedoch althergebrachte Sinndeutungen und Wertungen übernehmen zu wollen. Das Erzählen wurde nun modern, komplex vielschichtig und von Reflexionen durchzogen. Das Theater wollte gesellschaftliche Mechanismen aufdecken und zur Veränderung aufrufen, es wurde politisch. Ein Beispiel ist hier **Bertolt Brechts „episches Theater"**. Die Lyrik wurde zur **„Gebrauchslyrik"**, sie wollte nicht mehr klassisch-romantisch sein.

Wichtige Autorinnen und Autoren: **Alfred Döblin** (1878–1957), **Egon Erwin Kisch** (1885–1948), **Erich Maria Remarque** (1898–1970), **Bertolt Brecht** (1898–1956), **Erich Kästner** (1899–1974)

Otto Dix: Großstadt (Triptychon, 1927/28)

1 Beschreiben Sie das Gemälde von Otto Dix. Wie zeigt der Maler das Großstadtleben der 1920er Jahre? Warum malte er ein Triptychon? Finden Sie heraus, wo man normalerweise Triptychen findet und stellen Sie eine Verbindung her.

2 Stellen Sie eine Verbindung zwischen dem Romanauszug von Döblin, dem Gemälde von Otto Dix und der Neuen Sachlichkeit (Information, ▶ S.162) her. Begründen Sie inhaltlich, weshalb der Roman und das Gemälde der gleichen Epoche zugeordnet werden.

Juli Zeh: **Spieltrieb** (2004) – Romanauszug

Seit Kurzem umgab ein Bauzaun das Gelände der Villa Kahn. Der neue Hausherr hatte als Schüler selbst in den Gewölben und auf den Zinnen des seltsamen Schlösschens das Kiffen und Küssen erlernt und hielt deshalb bis zum Aufmarsch der ersten Baufahrzeuge ein Loch in der Absperrung offen, durch das die jungen Gäste weiterhin Einlass in sein Grundstück fanden.

Sie sprangen durch ein Kellerfenster ins Haus. Drinnen war alles wie immer. Die Mauern atmeten einen Dunst wie von schlechten Zähnen und Verdauungsstörungen, wenig Licht fiel durch die Schächte unter der gewölbten Decke herein. In den Wänden waren auf Hüfthöhe starke Eisenringe angebracht, von denen niemand wissen wollte, was einst an ihnen befestigt gewesen war. Alev hob ein paar zerknüllte Taschentücher und Bierflaschen auf und räumte sie in eine Ecke. Er war ein Anhänger des selbstverwalteten Chaos. Wie im Innern eines Schneckenhauses stiegen sie die eng gewundene Wendeltreppe zum Turm hinauf. Oben zwang der Wind sie dicht zusammengekauert in einen Winkel. Die Brüstung war an einigen Stellen heruntergebrochen und gab den Blick frei auf den trägen Fluss in seinem Nachthemd aus Lichtern. Wegen der guten Akustik im Rheintal drang der schnelle Herzschlag der Dampfer in voller Lautstärke herauf.

„Wenn du weitermachen willst, musst du umdenken“, sagte Alev, während er die Hüfte vom Boden hochstemmte, um in seinen Hosentaschen zu kramen. Er förderte einen Tabaksbeutel und ein Filmdöschen mit grünem Deckel zu Tage. „Das Nichts ist eine Bedrohung, der Verstand lernt schnell, es vor sich selbst zu verstecken. Du musst lernen, es freizulegen.“

„Moment mal. Weitermachen womit?“ „Auf diese Frage habe ich immer noch keine Antwort. Einstweilen spielt es auch keine Rolle. Willst du oder nicht?“

Es klang, als ob er Ada auffordern wollte, eine obligatorische Mutprobe abzulegen, um Mitglied in einer Bande zu werden. Dass sie lächeln musste, konnte er nicht sehen, weil er den Blick beim Sprechen auf die kleine Baustelle zwischen seinen Knien gerichtet hielt, auf der seine Finger drei Zigarettenpapiere pyramidenförmig miteinander verklebten. Konzentriert wie beim Entschärfen einer Bombe sah er sich selbst bei der Arbeit zu.

„Ja, ich will. Sag mir, wie man etwas freilegt, das nicht vorhanden ist.“

„Durch Gedankenspiele. Stell dir eine Leiche vor.“

Ada strengte sich an und erschuf einen Toten, der gleich am Ende ihrer ausgestreckten Beine auf dem Steinboden lag. Der Mann war Mitte vierzig und nur mit einer Unterhose bekleidet. Er war mit schwarzen Flecken gescheckt wie eine Kuh und musste schon lange dort liegen. Die Kälte hatte die Aufgabe der Totenstarre übernommen. Beim bloßen Betrachten war die Steifheit seiner Glieder zu spüren, die sich nicht mehr biegen, sondern nur noch brechen ließen.

„Was empfindest du?“, fragte Alev.

„Ekel und Faszination.“

„Das ist eine Reaktion der Instinkte. Jedes Tier schreckt vor toten Artgenossen zurück. Jetzt stell dir vor, das sei dein Stiefvater.“

„Hab ich schon."

Alevs Lachen kam von den Mauern zurück. Während er das dreiblättrige Papier mit der Zunge befeuchtete und samt Inhalt zur Form einer kleinen Schultüte rollte, betrachtete er Ada mit nach oben gedrehten Augen wie ein Tier, das aus einer Pfütze trinkt. Für gewöhnlich mied sie den Anblick seiner Zungenspitze, die über den Kleberand des Blättchens fuhr. Er brachte sie aus dem Gleichgewicht. Als die überdimensionierte Zigarette brannte, bot Alev ihr an. Es schmeckte nach Waldboden, vor lauter Würzigkeit ließ sich nicht beurteilen, was alles darin herumgekrochen war.

„Siehst du!" Alevs Augen röteten sich nach wenigen Zügen, während Ada überhaupt nichts spürte. „Es gibt Menschen, für die das Grauen einer Beerdigung darin besteht, dass sie nicht im Stande sind, etwas zu empfinden. Sie erschrecken zu Tode vor dieser Leerstelle, sie schämen sich, und ihre Verwirrung wird von den Angehörigen als natürlicher Ausdruck des Verlustschmerzes verstanden. Man spricht ihnen das herzlichste Beileid aus. Sie tragen *Nothing* in sich."

„Und sind das alles Teufel?"

„Nein. Aber ihnen wurde beigebracht, dass das, was sie da fühlen, oder besser, nicht fühlen, böse sei."

Alev nahm noch ein paar schnelle Züge und drückte die Zigarette aus. Als er zurück gegen die Schlossmauer sank, legte Ada den Kopf auf seinen Oberschenkel und eine Hand am Hosenbund über sein Geschlecht, von dem sie wusste, dass er es auf der linken Seite trug.

„Und wenn sie es nutzten", frage sie versonnen, „wären sie Mörder, Räuber und Vergewaltiger?"

„Möglich, aber nicht notwendig", nuschelte Alev. „Ein Mord kann ebenso viele Gründe haben wie ein Akt der Güte, und ebenso wie jener kann er grundlos geschehen. Diese Menschen wären vor allem eins." Er gähnte, was nicht zu seiner enthusiastischen Art des Sprechens passte. „Sie wären Spieler." Seine Rede wurde langsam und schwerfällig wie bei einem Betrunkenen, der Verstand aber spazierte leichtfüßig auf verschlungenen Wegen, die keine gerade Verbindung zwischen zwei Punkten zogen und dennoch verblüffend schnell zu den anvisierten Zielen führten. Ada las von seinen Lippen und verstand ihn wie eine Mutter ihr sprachgestörtes Kind. Nur im Spiel sei dem Menschen echte Freiheit möglich. Das Spielen verpflichte zur Gleichheit, da allen Spielern dieselben Voraussetzungen eingeräumt würden, und verwirkliche außerdem den Gedanken der Rechtssicherheit, weil ein Spiel nur innerhalb der eigenen Regeln stattfinden könne. „Freiheit, Gleichheit, Rechtssicherheit", lallte Alev. „Das Spiel ist der Inbegriff demokratischer Lebensart. Es ist die letzte uns verbliebene Seinsform. Der Spieltrieb ersetzt die Religiosität, beherrscht die Börse, die Politik, die Gerichtssäle, die Pressewelt, und er ist es, der uns seit Gottes Tod mental am Leben erhält."

„Das also bist du", sagte Ada auf Alevs Oberschenkel. „Spieler."

Mit den letzten Sätzen war Alevs Kraft zu Ende gegangen, er antwortete nicht mehr und hing mit offenen Augen Gedanken und Träumen nach, die er nicht im Gedächtnis behalten würde und die deshalb nur für die jeweilige Sekunde bestimmt waren. Ada strich ihm mit der flachen Hand über die Stirn, ganz leicht, als sollte er es nicht bemerken. Ab diesem Moment gehörten seine Nase, sein Mund, sein Körper, der Geruch seines Scheitels und die Wärme seiner Handflächen für eine Stunde ihr allein.

1 Was ist ein Spieler?

a Machen Sie sich Gedanken zu diesem Begriff und halten Sie Ihre Ideen in Form eines Ideensterns (Methode, ▸ S.165) fest.

b Vergleichen Sie Ihre Ergebnisse mit dem, was Alev über Spieler sagt.

c Alev stellt einen Gegensatz zum Spieler dar. Formulieren Sie seine Gesellschaftskritik in eigenen Worten und nehmen Sie Stellung zur geäußerten Kritik.

2 Stellen Sie aufgrund Ihrer Untersuchungen zu den Themen „Spieler“ und „Spiel“ einen Bezug zum Titel her. Begründen Sie, inwiefern der Roman „Spieltrieb“ zur Postmoderne (▸ Information) gerechnet werden kann.

3 Welcher Erzählstrategie bedient sich der Erzähler (Information, ▸ S. 166 ff.)? Belegen Sie dies an Textstellen.

Methode **Ideenstern**

- Schreiben Sie das Thema/die Frage mittig auf ein großes Blatt, kreisen Sie es/sie ein und legen Sie das Blatt in die Mitte eines Gruppentisches.
- In Stillarbeit notiert jedes Gruppenmitglied eine Idee/einen Gedanken zum Thema, kreist seine Idee ein und verbindet sie durch eine Linie mit dem Thema.
- Drehen Sie anschließend das Blatt im Uhrzeigersinn, so dass jedes Gruppenmitglied die Idee eines anderen lesen kann. Diese Idee wird nun ergänzt, erweitert oder eine gänzlich neue hinzugefügt. Die weiterführenden Gedanken werden eingekreist und durch eine Linie mit der ursprünglichen Idee verbunden. Drehen Sie das Blatt so lange, bis die meisten Ideen ergänzt worden sind.

Information **Epochenüberblick: Postmoderne**

Der Begriff **Postmoderne** bezeichnet eine literarische Phase nach der Moderne (etwa seit den 80er Jahren des vorigen Jahrhunderts). Besonders typisch für diese Phase ist, dass im Prinzip alles möglich ist. Es erfolgt keine Trennung mehr zwischen Trivialem und Ernstem. Drogen und Mode werden ebenso thematisiert wie Kindheit, Pubertät, Gewalt, Liebe usw. Man zitiert bewusst das Alte, mischt es mit Neuem, fertigt Collagen an und feiert den Stilmix. Medien und die neuen Kommunikationsmöglichkeiten spielen eine große Rolle. Elemente der Geschichte werden spielerisch eingesetzt. Das Subjekt, Geist und Körper, werden als feste Größe in Frage gestellt. Ein großes Thema ist der Verlust alter Ordnungen. Die Frage des Daseins wird im Sinne einer ewigen Diskrepanz von Ideal und Wirklichkeit thematisiert.

3.3 Elemente literarischen Erzählens

Günter Grass: **Die Blechtrommel** (1959) – Der Romananfang

Zugegeben: ich bin Insasse einer Heil- und Pflegeanstalt, mein Pfleger beobachtet mich, läßt mich kaum aus dem Auge; denn in der Tür ist ein Guckloch, und meines Pflegers Auge ist von jenem Braun, welches mich, den Blauäugigen, nicht durchschauen kann. [...]

Ich beginne weit vor mir; denn niemand sollte sein Leiden beschreiben, der nicht die Geduld aufbringt, vor dem Datieren der eigenen Existenz wenigstens der Hälfte seiner Großeltern zu gedenken. Ihnen allen, die Sie außerhalb meiner Heil- und Pflegeanstalt ein verworrenes Leben führen müssen, Euch Freunden und allwöchentlichen Besuchern, die Ihr von meinem Papiervorrat nichts ahnt, stelle ich Oskars Großmutter mütterlicherseits vor. [...] R

1 **a** Untersuchen Sie den Romanauszug von Günter Grass (▸ S. 165) und beschreiben Sie in eigenen Worten, wie der Erzähler auftritt.

b Stellen Sie Überlegungen zu den Konsequenzen für den Roman an: Was wird der Erzähler der Leserin/dem Leser erzählen können, was nicht?

c Testen Sie den Unterschied zwischen Ich- und Er-Erzählform, indem Sie den Textauszug in die Er-Form umschreiben.

Erzählstrategien – Eine Idealtypik

Der folgende Versuch, die Fülle der bekannten erzählerischen Möglichkeiten auf drei idealtypische Erzählstrategien zu reduzieren, erhebt keinen Anspruch auf eine verbindliche Vollständigkeit. Es handelt sich um Konstrukte, die drei Grundmöglichkeiten erzählerischen Vorgehens zusammenfassen. In längeren Erzählgattungen wie Romanen oder Novellen kann die Erzählstrategie wechseln bzw. können Kombinationen auftauchen. Als Ansatz der Konstruktion dient die Kategorie des Erzählverhaltens, das auktorial, personal oder neutral sein kann.

Information **Erzählstrategien – 1. auktorial**

Beim auktorialen Erzählen erscheint der Erzähler als souveräner Schöpfer der erzählten Welt, durch die er die Lesenden sicher leitet. Häufig wählt er einen **Erzählstandort**, der als „olympisch" bezeichnet wird, d.h., der Erzähler thront göttergleich über der erzählten Welt, ist prinzipiell allwissend und allgegenwärtig, kennt alle Zusammenhänge und kann jederzeit in die Köpfe und Herzen der Figuren schauen, also zwischen **Außensicht** und **Innensicht** wechseln. Von dieser Allwissenheit macht er jedoch nicht durchgehend Gebrauch, um nicht immer zu viel zu verraten und um die Spannung zu erhöhen. Der auktoriale Erzähler gibt den Lesenden dadurch Orientierung, dass er z. B. die Figuren direkt charakterisiert, Vorausdeutungen und Rückblenden einfügt und das Geschehen oder das Verhalten der Figuren kommentiert. Dabei kann er Zustimmung und Wohlwollen oder kritische Distanz ausdrücken **(Erzählhaltung)**. Da der Erzähler nicht zu den Handlungsträgern der Geschichte gehört, also nicht primär von sich selbst erzählt, bedient er sich in der Regel der **Er-/Sie-Erzählform**. Dabei herrscht als **Darbietungsform** der **Erzählbericht** vor, in dem der Erzähler das Wort behält und Beschreibungen, Reflexionen und Kommentare einwebt. Er lässt

Beispiele:
Da wir Madame Gaillard an dieser Stelle der Geschichte verlassen und ihr auch später nicht mehr wiederbegegnen werden, wollen wir in ein paar Sätzen das Ende ihrer Tage schildern. Madame, obwohl als Kind schon innerlich gestorben, wurde zu ihrem Unglück sehr, sehr alt. Anno 1782, mit fast siebzig Jahren, gab sie ihr Gewerbe auf, kaufte sich wie vorgehabt in eine Rente ein, saß in ihrem Häuschen und wartete auf den Tod. Der Tod kam aber nicht. Statt seiner kam etwas, womit kein Mensch auf der Welt hätte rechnen können und was es im Lande noch nie gegeben hatte [...]
Patrick Süskind: Das Parfum

Alphons Clenin, der Polizist von Twann, fand am Morgen des dritten November neunzehnhundertachtundvierzig dort, wo die Straße von Lamboing (eines der Tessenbergdörfer) aus dem Walde der Twannbachschlucht hervortritt, einen blauen Mercedes, der am Straßenrande stand. Es herrschte Nebel, wie oft in diesem Spätherbst, und eigentlich war Clenin am Wagen schon vorbeigegangen, als er doch wieder zurückkehrte. Es war ihm aber auch die Figuren zu Wort kommen: Diese **Figurenrede** kann in Form der direkten oder indirekten Rede, des Redeberichts oder der zusammenfassenden Gedankenwiedergabe erfolgen.

nämlich beim Vorbeischreiten gewesen, nachdem er flüchtig durch die trüben Scheiben des Wagens geblickt hatte, als sei der Fahrer auf das Steuer niedergesunken. […]
F. Dürrenmatt: Der Richter und sein Henker

1 Beschreiben Sie, inwieweit die beiden Romanauszüge in der rechten Spalte der oben beschriebenen auktorialen Erzählstrategie entsprechen. Arbeiten Sie dazu in Partnerarbeit.
a Jeder Partner untersucht einen Textauszug und notiert seine Beobachtungen. Nutzen Sie so viele Fachbegriffe wie möglich. Belegen Sie Ihre Beobachtungen mit der entsprechenden Textstelle.
b Tauschen Sie Ihre Texte und überprüfen Sie die Ergebnisse und Beobachtungen Ihres Partners.
c Diskutieren Sie die strittigen Punkte und klären Sie offene Fragen im Kurs.

Information **Erzählstrategien – 2. neutral**

Beim neutralen Erzählen steht der Erzähler wie beim auktorialen Erzählen außerhalb der Figurenwelt. Im Gegensatz zum auktorialen Erzählen fehlen aber die Kommentare und Reflexionen sowie die direkten Figurencharakterisierungen und Erläuterungen.
Der **Erzählstandort** liegt in der Distanz, in der ein um Objektivität bemühtes Registrieren der Vorgänge möglich ist.
Eine Form der neutralen Erzählstrategie ist es auch, die Geschehnisse **multiperspektivisch** darzubieten, d.h., sie aus Sicht verschiedener Figuren unvermittelt und unkommentiert aneinanderzureihen. Im Übrigen dominiert die **Außensicht** auf die Figuren.
Die **Erzählhaltung** ist neutral, also weder affirmativ noch kritisch. Es herrscht die **Er-/Sie-Erzählform** vor, unterbrochen von Passagen, in denen die Figuren in der Ich-Form zu Wort kommen.
Überhaupt nimmt unter den **Darbietungsformen** neben dem referierend-sachlichen **Erzählbericht** die **Figurenrede** einen breiten Raum ein, da der neutrale Erzähler es vorzieht, dass sich die Figuren selbst präsentieren. Daher ist die favorisierte **Darbietungsform** neben dem unkommentierten Referieren der Geschehnisse **das szenische Erzählen**, die Wiedergabe der **Wechselrede der Figuren** ohne erläuternde Zwischenbemerkungen des Erzählers.

Beispiele:
10.53 Uhr – Ein kanariengelber Fiat tastete sich vorsichtig in die Kurve, schlitterte trotzdem, die junge Frau am Steuer hatte Mühe, das Fahrzeug in der Gewalt zu behalten. Sie fuhr Schritt-Tempo aus der Kurve heraus, sie bemerkte den Wagen am Baum, sie schloss einen Moment die Augen, sie schrie leise auf. Ihre Mutter, die neben ihr saß, bekreuzigte sich, flüsterte: Else, um Himmels willen, fahr weiter … – Wir müssen das der Polizei melden, Mutter. – Polizei? Kind, fahr weiter […]
Max von der Grün: Das Stenogramm

Er kam spät heim, um zehn Uhr, zuweilen um Mitternacht. Dann wollte er essen, und da die Dienstmagd zu Bett gegangen war, wurde er von Emma bedient. Er zog seinen Gehrock aus, um es sich bequemer munden zu lassen. Er zählte einen nach dem anderen sämtliche Leute auf, denen er begegnet, sämtliche Dörfer, wo er gewesen war, sämtliche Rezepte, die er verschrieben hatte, und mit sich selbst zufrieden aß er den Rest des Zwiebelfleisches, schälte seinen Käse, biss in einen Apfel, leerte seine Karaffe, begab sich sodann zu Bett, legte sich auf den Rücken und schnarchte. […]
Gustave Flaubert: Madame Bovary

2 Beschreiben Sie, inwieweit die Romanauszüge in der Information (▶ S.167) der neutralen Erzählstrategie entsprechen.

3 Verändern Sie die Erzählstrategie: Bringen Sie auktoriale Elemente in einen Textauszug ein.

Information **Erzählstrategien – 3. personal**

Beim personalen Erzählen schlüpft der Erzähler in die Rolle einer der Figuren der erzählten Welt, aus deren Sicht er dann in diese Welt blickt. Der **Erzählstandort** liegt häufig in einer relativ geringen Distanz zum erzählten Geschehen, was seinen Überblick einschränkt. Der Erzähler sieht und hört nichts anderes als die Figur, deren Sicht er gewählt hat, und weiß auch nicht mehr als diese. So kann er die Gedanken und Gefühle anderer Figuren auch nicht unmittelbar wiedergeben, sondern muss sie aus deren Verhalten und deren Äußerungen schließen. Dennoch ist das personale Erzählen weitgehend von der **Innensicht** geprägt, nämlich von der Innensicht des miterlebenden Erzählers, seinen Gedanken und Gefühlen.
In der **Erzählhaltung** ergibt sich dieselbe Bandbreite wie beim auktorialen Erzählen. Sehr häufig ist die personale Erzählstrategie mit der **Ich-Erzählung** verbunden. Das Ich erzählt dabei von eigenen Erlebnissen und gehört somit zu den Handlungsträgern der Geschichte. In einer im modernen Erzählen nicht seltenen Variante kann der Erzähler jedoch auch die **Er-/Sie-Erzählform** wählen und gleichwohl aus der Sicht einer Figur erzählen. Der Erzähler nimmt dann trotz der Er-/Sie-Erzählform ganz die Position einer Figur ein und erlebt die erzählte Welt mit den Gedanken und Empfindungen dieser Figur. Es handelt sich dann um die **Darbietungsform der erlebten Rede** (z.B.: *Er wusste nicht, was er machen sollte. Sollte er sich getäuscht haben?*). Werden die Gedanken, Wahrnehmungen und Gefühle (Bewusstseinsstrom) dagegen in der Ich-Erzählform dargeboten, spricht man von einem **inneren Monolog**.

Beispiele:
Sie sind da. Pille kann das sehen. Was draußen ist, sieht er sowieso besser als das, was hier drin geschieht. Auch wenn die Rollläden fast ganz heruntergelassen sind. Alles nur wegen dieser öden Dias. Wen juckt´s, was vor mehr als fünfzig Jahren in einem Hinterhaus in der Prinsengracht in Amsterdam abgegangen ist, wenn draußen ein Auto vorfährt. Lass ihn die Dias zeigen; lass ihn reden [...]
Peter Grosz: Unerlaubter Weitschuss

Die Straße war frei. Es nieselte, wie oft bei uns in der Gegend, und die Dämmerung ging in Schwärze über – man kann also nicht sagen, dass die Sicht besonders gut war. Vielleicht habe ich ihn deshalb erst sehr spät gesehen, wahrscheinlich aber doch, weil ich in Gedanken war. Ich bin oft in Gedanken. Nicht, dass etwas dabei herauskäme. [...]
Elke Schmitter: Frau Sartoris

4 Beschreiben Sie, inwieweit die Romanauszüge in der rechten Spalte der Information der personalen Erzählstrategie entsprechen.

5 a Ordnen Sie die folgenden Romanauszüge jeweils einer Erzählstrategie zu und begründen Sie Ihre Wahl unter Verwendung von Fachbegriffen und Zitaten.

b Untersuchen Sie daraufhin ebenfalls die Romanauszüge in Kapitel 3.2 (▶ S.156–164).

6 Wählen Sie einen der beiden Romanauszüge unten aus und verändern Sie das Erzählsystem, also z. B. die Erzählform, die Erzählhaltung oder die Darbietungsformen.

Thomas Mann: **Der Zauberberg** (1924)

Ein einfacher junger Mensch reiste im Hochsommer von Hamburg, seiner Vaterstadt, nach Davos-Platz im Graubündischen. Er fuhr auf Besuch für drei Wochen.
Von Hamburg bis dort hinauf, das ist aber eine weite Reise; zu weit eigentlich im Verhältnis zu einem so kurzen Aufenthalt. [...]
Hans Castorp – dies der Name des jungen Mannes – befand sich allein mit seiner krokodilsledernen Handtasche, einem Geschenk seines Onkels und Pflegevaters, Konsul Tienappel, um auch diesen Namen hier gleich zu nennen –, seinem Wintermantel, der an einem Haken schaukelte, und seiner Plaidrolle in einem kleinen grau gepolsterten Abteil; er saß bei niedergelassenem Fenster, und da der Nachmittag sich mehr und mehr verkühlte, so hatte er, Familiensöhnchen und Zärtling, den Kragen seines modisch weiten, auf Seide gearbeiteten Sommerüberziehers aufgeschlagen. [...]

Christoph Hein: **Der fremde Freund** (1982)

Noch am Morgen der Beerdigung war ich unschlüssig, ob ich hingehen sollte. Und da ich nicht wusste, wie ich mich bis zum Mittag entscheiden würde, nahm ich den Übergangsmantel aus dem Schrank. Es war ein dunkelblauer Mantel, man konnte ihn für schwarz halten, mit einer Pelzschale von Kanin. Es war gewiss kein geeignetes Kleidungsstück für einen Sommertag, aber ich wollte auch nicht die ganze Zeit in einem dunklen Kostüm herumspazieren. Und in einem hellen Kleid auf dem Friedhof zu erscheinen, falls ich mich entschließen sollte, schien mir gleichfalls unpassend. Der Mantel war ein Kompromiss. Falls ich wirklich hingehen würde. Ich legte ihn über den Arm, bevor ich die Wohnungstür verschloss. [...]

Information **Die Geschichte – Story und Figuren, Raum und Zeit, Chronologie und Montage**

- **Geschichte (Story):** Das Geschehen, also die Kette der aufgegriffenen und erdachten Ereignisse, wird zur Geschichte (Story) erst dadurch, dass vom Erzähler im Erzählvorgang ein Sinnzusammenhang hergestellt wird.
- **Fabel (Plot):** Von der Fabel (oder dem Plot) eines epischen Textes spricht man, wenn die oft in Nebenhandlungen sich auffächernde oder zeitlich kompliziert verschachtelte Geschichte auf das chronologisch geordnete Handlungsgerüst, z. B. in Form einer Inhaltsangabe, reduziert wird.
- **Figuren:** Eine wichtige Rolle im Aufbau einer Geschichte spielen die Figuren mit ihrem Aussehen, ihrer Herkunft, ihrer Bildung, ihrer beruflichen und sozialen Stellung, ihrem Charakter, ihrem Weltbild, ihren Fähigkeiten und Schwächen, ihren Wünschen und Zielen sowie die **Figurenkonstellation**, in der sich das Verhältnis der Figuren zueinander im Sinne eines durchaus wechselnden Beziehungsgeflechts abbildet.
- **Raum:** Der Raum in einem Erzähltext ist nicht einfach der zufällige Ereignisort. Er enthält z. B. über seine reine Gegenständlichkeit hinaus Bedeutung, indem er mit den Gefühlslagen und Stimmungen der Figuren oder mit dem Handlungsverlauf korrespondieren kann. Derart kann eine Landschaft mit ihrer Atmosphäre zur Dramatik der Handlung beitragen oder im Extremfall auch reine „Seelenlandschaft“ sein, das nach außen projizierte Lebensgefühl einer Figur.

- **Zeit:** Im Hinblick auf die Zeit ist zu fragen, ob und inwieweit die Geschichte historisch verortet ist, ob sie sich also klar erkennbar einer historischen Situation zuordnen lässt und welche Bedeutung diese Situation für das erzählte Geschehen hat. Darüber hinaus ist unter erzähltechnischem Aspekt zu beachten, wie das Verhältnis von **Erzählzeit** und **erzählter Zeit** gestaltet ist. **Erzählzeit:** Dies ist die Zeit, in der die Geschichte erzählt bzw. gelesen werden kann. **Erzählte Zeit:** Dies ist der Zeitraum, in dem sich das erzählte Geschehen abspielt.

  Drei Möglichkeiten sind zu unterscheiden:
  Zeitdeckung: Erzählzeit und erzählte Zeit decken sich in etwa, z. B. beim szenischen Erzählen.
  Zeitraffung: Die Erzählzeit ist kürzer als die erzählte Zeit, z. B. im Erzählbericht, wenn Zeitspannen übersprungen oder Vorgänge stark zusammengefasst wiedergegeben werden.
  Zeitdehnung: Die Erzählzeit ist länger als die erzählte Zeit, z. B. wenn Gedanken und Gefühle einer Figur in einem kurzen Handlungsmoment ausführlich wiedergegeben werden.

- **Chronologie:** Zur Zeitgestaltung gehört auch der Umgang des Erzählers mit der zeitlichen Abfolge, der Chronologie. Es kann kontinuierlich (linear) im Sinne der zeitlichen Abfolge erzählt werden oder diskontinuierlich in Form von **Vorausdeutungen** und **Rückblenden.**
- **Rahmenerzählung**: Es ist auch möglich, dass die zeitliche Ebene zu Beginn einer Erzählung dadurch verlassen wird, dass eine Figur ihrerseits eine Geschichte erzählt, nach der die Erzählung dann wieder auf die erste Ebene zurückkehrt; in diesem Fall handelt es sich um eine Rahmenerzählung, in die eine **Binnenerzählung** eingeschlossen ist.
- Schließlich können auch mehrere **Parallelhandlungen** in einer Art **Montagetechnik** ineinander verschachtelt werden, wobei komplizierte, schwer zu überblickende Erzählstrukturen entstehen können.

Daniel Kehlmann: **Die Vermessung der Welt** (2005)

In Madrid regierte der Minister Manuel de Urquijo. Jeder wusste, dass er mit der Königin schlief. Der König war machtlos, seine Kinder verachteten ihn, das Land fand ihn komisch. An Urquijo führte kein Weg vorbei, denn die Kolonien waren für Ausländer gesperrt, und eine Ausnahme hatte es noch nie gegeben. Humboldt suchte den preußischen, den österreichischen, den niederländischen und den französischen Botschafter auf. Nachts lernte er Spanisch.
Bonpland fragte, ob er denn niemals schlafe.
Wenn er es vermeiden könne, antwortete Humboldt, nicht.
Nach einem Monat hatte er es geschafft, eine Audienz bei Urquijo im Palast von Aranjuez zu bekommen. [...]

Kurt Tucholsky: **Schloss Gripsholm** (1931)

Das Kind stand am Fenster und dachte so etwas wie: Wann hört dies auf? Dies hört nie auf. Wann hört dies auf? Es hatte beide Arme auf das Fensterbrett gestützt, das durfte es nicht – aber es war für einen Augenblick, für einen winzigen, gestohlenen Augenblick allein. Gleich würden die anderen kommen; man spürte das zuerst im Rücken, der nun der Tür zugewendet war, der Rücken kitzelte erwartungsvoll. Wenn die anderen kommen, ist es aus. Denn dann kommt *sie.* [...]

1 Untersuchen Sie die Romanauszüge (► S.170) im Hinblick auf die Gestaltung der Zeit: Liegt eine Zeitdeckung, Zeitraffung oder Zeitdehnung vor? Belegen Sie mit Textstellen.

2 Analysieren Sie den Roman, den Sie zuletzt gelesen haben, auf die Aspekte Plot, Figur, Raum hin:
a Verfassen Sie eine Inhaltsangabe, die den Plot des Romans wiedergibt.
b Visualisieren Sie die Figurenkonstellation des Romans. Verwenden Sie auch Symbole, mit denen Sie das Verhältnis der Figuren untereinander veranschaulichen.
c Beschreiben Sie den Raum, in dem wesentliche Handlungen stattfinden. Nutzen Sie ihn zur Deutung der Handlung.

Theodor Storm: **Der Schimmelreiter** (1888)

Was ich zu berichten beabsichtige, ist mir vor reichlich einem halben Jahrhundert im Hause meiner Urgroßmutter, der alten Frau Senator Feddersen, kund geworden, während ich, an einem Lehnstuhl sitzend, mich mit dem Lesen eines in blaue Pappe eingebundenen Zeitschriftenheftes beschäftigte; ich vermag mich nicht mehr zu entsinnen, ob von den „Leipziger“ oder von „Pappes Hamburger Lesefrüchten“. Noch fühl ich es gleich einem Schauer, wie dabei die linke Hand der über Achtzigjährigen mitunter liebkosend über das Haupthaar ihres Urenkels hinglitt. Sie selbst und jene Zeit sind längst begraben; vergebens auch habe ich seitdem jenen Blättern nachgeforscht, und ich kann daher umso weniger weder die Wahrheit der Tatsachen verbürgen, als, wenn jemand sie bestreiten wollte, dafür aufstehen; nur so viel kann ich versichern, dass ich sie seit jener Zeit, obgleich sie durch keinen äußeren Anlass in mir aufs Neue belebt wurden, niemals aus dem Gedächtnis verloren habe.

Es war im dritten Jahrzehnt unseres Jahrhunderts, an einem Oktobernachmittag – so begann der damalige Erzähler –, als ich bei starkem Unwetter auf einem nordfriesischen Deich entlangritt. [...]

1 Beschreiben Sie den Handlungsverlauf des Textauszuges. Welche Erwartung haben Sie an den Aufbau der gesamten Novelle?

2 a Lesen Sie sich die Information (► S.170) zur Rahmen- und Binnenerzählung durch und übertragen Sie die Informationen auf den Textauszug.
b Stellen Sie Vermutung darüber an, welchen Effekt der Autor erreicht, wenn er eine Handlung in eine andere einbettet. Wie wirkt diese Art des Erzählens auf Sie als Leserin/Leser?

3 Recherchieren Sie den Inhalt der Novelle „Der Schimmelreiter“ und visualisieren Sie die drei ineinander verwobenen Handlungen durch ineinander geschachtelte Quadrate, die Sie in Ihr Heft übernehmen und anschließend mit Inhalt füllen.

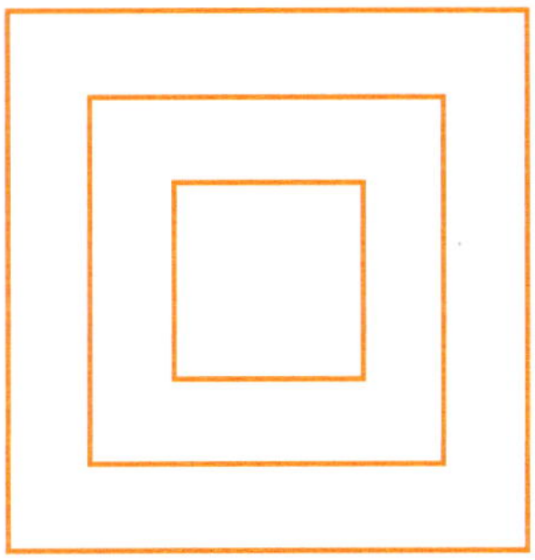

4 Kennen Sie weitere Romane, Novellen etc. oder Spielfilme, die mit Rahmenhandlungen arbeiten? Berichten Sie von Ihren Lese- und Filmerfahrungen.

5 Stellen Sie die Informationen über Erzählstrategie, Konstruktion und Struktur einer Geschichte (► S.166–170) mittels einer Mindmap grafisch dar.

6 Suchen Sie Beispiele zu den beschriebenen Kategorien, indem Sie Ihre Leseerfahrungen zu Rate ziehen (oder im Internet nach geeigneten Beispielen recherchieren). Stellen Sie sich Ihre Ergebnisse gegenseitig mit Textbeispielen vor.

4 Bernhard Schlink/Stephen Daldry: „Der Vorleser“ – Literaturverfilmung

Der Roman

Bernhard Schlink schrieb den Roman 1995. Er wurde in 35 Sprachen übersetzt und avancierte zum internationalen Bestseller.

Sie ist reizbar, rätselhaft und viel älter als er ... und sie wird seine erste Leidenschaft. Sie hütet verzweifelt ein Geheimnis. Eines Tages ist sie spurlos verschwunden. Erst Jahre später sieht er sie wieder. Die fast kriminalistische Erforschung einer sonderbaren Liebe und bedrängenden Vergangenheit.

Der Film

Regie: Stephen Daldry
Drehbuch: David Hare, nach dem Roman von Bernhard Schlink
Kamera: Chris Menges, Roger Deakins
Schnitt: Claire Simpson
Musik: Nico Muhly
Darsteller: Kate Winslet, David Kross, Ralph Fiennes, Lena Olin, Bruno Ganz, Alexandra Maria Lara, Karoline Herfurth, Hannah Herzsprung
2008, 119 Minuten, FSK: ab 12 Jahre

1 Vergleichen Sie Buchcover und Filmplakat. Welches von beiden finden Sie ansprechender gestaltet? Begründen Sie.

2 Was kennzeichnet Ihrer Meinung nach einen guten Film, was eine gute Literaturverfilmung?

3 Diskutieren Sie die Aussage, dass man immer erst das Buch gelesen haben sollte, bevor man den Film anschaut. Teilen Sie diese Meinung?

In diesem Kapitel erwerben Sie folgende Kenntnisse und Kompetenzen:

- über wesentliche Kategorien der Analyse von Expositionen in Roman und Film verfügen,
- im konkreten Vergleich von Film und Roman erfassen, wie beide Medien Handlung und Thematik sowie die Erzählweise gestalten,
- die filmsprachlichen Mittel bei der Analyse konkreter Einstellungen beschreiben und bewerten: Kamera, Schnitt, Montage, Ton und Musik,
- die filmische Adaption analysieren und Filmrezensionen bewerten.

4.1 Roman und Film – Szenen im Vergleich

Der Beginn von Roman und Film

Bernhard Schlink: Der Vorleser (1995) – Romananfang

Als ich fünfzehn war, hatte ich Gelbsucht. Die Krankheit begann im Herbst und endete im Frühjahr. Je kälter und dunkler das alte Jahr wurde, desto schwächer wurde ich. Erst mit dem neuen Jahr ging es aufwärts. Der Januar war warm, und meine Mutter richtete mir das Bett auf dem Balkon. Ich sah den Himmel, die Sonne, die Wolken und hörte die Kinder im Hof spielen. Eines frühen Abends im Februar hörte ich eine Amsel singen.

Mein erster Weg führte mich von der Blumenstraße, in der wir im zweiten Stock eines um die Jahrhundertwende gebauten, wuchtigen Hauses wohnten, in die Bahnhofstraße. Dort hatte ich mich an einem Montag im Oktober auf dem Weg von der Schule nach Hause übergeben. Schon seit Tagen war ich schwach gewesen, so schwach wie noch nie in meinem Leben. Jeder Schritt kostete mich Kraft. Wenn ich zu Hause oder in der Schule Treppen stieg, trugen mich meine Beine kaum. Ich mochte auch nicht essen. Selbst wenn ich mich hungrig an den Tisch setzte, stellte sich bald Widerwillen ein. Morgens wachte ich mit trockenem Mund und dem Gefühl auf, meine Organe lägen schwer und falsch in meinem Leib. Ich schämte mich, so schwach zu sein. Ich schämte mich besonders, als ich mich übergab. Auch das war mir noch nie in meinem Leben passiert. Mein Mund füllte sich, ich versuchte, es herunterzuschlucken, presste die Lippen aufeinander, die Hand vor den Mund, aber es brach aus dem Mund und durch die Finger. Dann stützte ich mich an die Hauswand, sah das Erbrochene zu meinen Füßen und würgte hellen Schleim.

Die Frau, die sich meiner annahm, tat es fast grob. Sie nahm meinen Arm und führte mich durch den dunklen Hausgang in den Hof. Oben waren von Fenster zu Fenster Leinen gespannt und hing Wäsche. Im Hof lagerte Holz; in einer offen stehenden Werkstatt kreischte eine Säge und flogen die Späne. Neben der Tür zum Hof war ein Wasserhahn. Die Frau drehte den Hahn auf, wusch zuerst meine Hand und klatschte mir dann Wasser, das sie in ihren hohlen Händen auffing, ins Gesicht. Ich trocknete mein Gesicht mit dem Taschentuch.

„Nimm den anderen!" Neben dem Wasserhahn standen zwei Eimer, sie griff einen und füllte ihn. Ich nahm und füllte den anderen und folgte ihr durch den Gang. Sie holte weit aus, das Wasser platschte auf den Gehweg und schwemmte das Erbrochene in den Rinnstein. Sie nahm mir den Eimer aus der Hand und schickte einen weiteren Wasserschwall über den Gehweg.

Sie richtete sich auf und sah, dass ich weinte. „Jungchen", sagte sie verwundert, „Jungchen." Sie nahm mich in die Arme. Ich war kaum größer als sie, spürte ihre Brüste an meiner Brust, roch in der Enge der Umarmung meinen schlechten Atem und ihren frischen Schweiß und wusste nicht, was ich mit meinen Armen machen sollte. Ich hörte auf zu weinen.

Sie fragte mich, wo ich wohnte, stellte die Eimer in den Gang und brachte mich nach Hause. Sie lief neben mir, in der einen Hand meine Schultasche und die andere an meinem Arm. Es ist nicht weit von der Bahnhofstraße in die Blumenstraße. Sie ging schnell und mit einer Entschlossenheit, die es mir leicht machte, Schritt zu halten. Vor unserem Haus verabschiedete sie sich.

Am selben Tag holte meine Mutter den Arzt, der meine Gelbsucht diagnostizierte. Irgendwann erzählte ich meiner Mutter von der Frau. Ich glaube nicht, dass ich sie sonst besucht hätte. Aber für meine Mutter war selbstverständlich, dass ich, sobald ich könnte, von meinem Taschengeld einen Blumenstrauß kaufen, mich vorstellen und bedanken würde. So ging ich Ende Februar in die Bahnhofstraße. [...]

1 Sammeln Sie in einer Mindmap Ihre ersten Einschätzungen zu den beiden Hauptfiguren, deren Charaktereigenschaften, Aussehen und Verhalten.
2 Stellen Sie Ihren Eindruck von dieser Szene bzw. den Figuren in einem Standbild (Methode, ▸ S. 142) dar.
3 Beschreiben Sie das Verhältnis der beiden Hauptfiguren am Ende dieses ersten Kapitels.

Der Filmanfang

1 Schauen Sie sich den Anfang des Films an:
a Notieren Sie Ihre ersten Eindrücke von der Szene, den Figuren und deren Beziehung zueinander. Welche Informationen bekommt der Zuschauer/die Zuschauerin in den ersten Filmminuten?
b Vergleichen Sie das Gesehene mit dem Buchanfang. Stellen Sie Vermutungen zu der Frage an, warum der Regisseur die Handlung an einer anderen Stelle beginnen lässt.
2 Analysieren Sie die filmsprachlichen Mittel (Information, ▸ S. 181–182) der Exposition und deren Funktion (▸ Information). Beurteilen Sie: Halten Sie den Anfang für gelungen?

Information **Formen des Filmanfangs – Die Exposition**

Der Filmanfang, die **Exposition**, ist aus Sicht der Wahrnehmungspsychologie von außerordentlicher Bedeutung, da hier die Aufmerksamkeit des Publikums besonders hoch ist. Die Exposition stimmt emotional auf den Film ein und gibt Informationen zu Figuren, Motivationen und Situationen. Oft ist mit den ersten Bildern schon das Genre des Films präsent.
Im Film sind (wie auch in der Literatur) als Extremformen die deduktive und die induktive Exposition zu unterscheiden. Die **deduktive** Informationsvermittlung führt vom Allgemeinen zum

Besonderen, von der Weit-Einstellung zu immer kleiner werdenden Bildausschnitten. Die Zuschauer/innen erhalten so einen genauen Überblick, wo sie sich in der erzählten Welt befinden. Die **induktive** Informationsvermittlung führt vom Besonderen zum Allgemeinen. Dabei nimmt die Kamera den entgegengesetzten Weg. Sie beginnt mit einer Detail-/Großaufnahme und entfernt sich zunehmend vom Protagonisten und seiner (seelischen) Verfassung. Die Kamera verschafft dem Publikum erst langsam einen Überblick über die größeren Zusammenhänge. Die subjektive Wahrnehmung der Figur steht im Vordergrund und bindet das Publikum an sie. Häufig gibt es Mischformen zwischen den beiden Typen der Exposition.

Der Film als Ganzes – Handlungsgefüge im Vergleich zum Roman

Methode **Sequenzplan**

Um sich einen Gesamtüberblick über den Film zu verschaffen, ist es hilfreich, einen **Sequenzplan** zu erstellen. Eine Sequenz ist eine Handlungseinheit, die durch Ortswechsel oder Veränderung der Figurenkonstellation von anderen inhaltlichen Einheiten abgegrenzt ist. Handlungsführung und Figurenkonstellation werden dabei in ihrer Abfolge festgehalten.

Sequenz	*Dauer*	*Inhalt*	*Kommentar*
Frühstück bei Berg	*1.-2. Minute*	*Michael Berg gießt Kaffee ein und stellt ein Ei in den Eierbecher*	*zeigt die Akribie der Figur, alles hat seinen Platz*
...	...	...	...

1 Sehen Sie sich den gesamten Film an und erstellen Sie einen Sequenzplan. Gehen Sie dazu arbeitsteilig vor: Bilden Sie vier Gruppen. Jede Gruppe übernimmt 30 Minuten des Films und notiert ihre Beobachtungen in einen Sequenzplan wie oben. Vergleichen Sie am Ende Ihre Ergebnisse und erstellen Sie einen endgültigen Sequenzplan.

2 Um Buch und Film vergleichen zu können, erstellen Sie nun – falls noch nicht geschehen – eine Übersicht über den Roman.

3 Setzen Sie den Handlungsverlauf des Romans in Beziehung zum Sequenzplan: Markieren Sie Gemeinsamkeiten und Unterschiede in der Handlung. Überlegen Sie, warum einiges weggelassen oder anders gemacht wurde.

Die erste Begegnung der Hauptfiguren

Nachdem zu Beginn des Films eine so genannte Rahmenhandlung das Geschehen eröffnet hat und Erwartungen an den weiteren Verlauf geweckt wurden, beginnt nun die Rückschau in die Vergangenheit und mit ihr die eigentliche Geschichte. Die Hauptfiguren begegnen sich zum ersten Mal:

1 Welchen Eindruck machen die beiden Figuren auf Sie?
- **a** Erstellen Sie eine kurze Charakterisierung und beschreiben Sie auch die Beziehung der Figuren.
- **b** Vergleichen Sie Ihre Notizen mit den Arbeitsergebnissen von Aufgabe 1–3, S. 174 oben.

Welche Unterschiede und Gemeinsamkeiten stellen Sie fest?

2 Beschreiben Sie die Art des filmischen Erzählens (▸ Information). Beurteilen Sie die Wirkung.

Information Filmisches Erzählen

Die Kamera übernimmt im Film die **Funktion der Erzählerin**. Ihre Sprache ist die Bildsprache, die sich aus **Kameraeinstellungen** (*z. B. Panorama, Halbtotale, Detail*), **Kameraperspektiven** (*Normalsicht, Vogel- oder Froschperspektive*) und **Kamerabewegungen** (*Bewegung der Objekte vor der Kamera, Bewegung der Kamera selbst, z. B. in Form von Schwenken, Neigen, Fahrt*) zusammensetzt. Diese bestimmen die Haltung zum gezeigten Geschehen und zu den Filmfiguren.
Die Einstellungsgröße ist der **Bildausschnitt**, den die Kamera zeigt. Mit ihr kann unsere emotionale **Beziehung zum Gezeigten** beeinflusst werden. Extreme Nähe zwingt in der Regel zu Teilnahme, genauer Beobachtung und zu gesteigerter Aufmerksamkeit, während zunehmende Entfernung auch emotional distanziert.

Filmisches Erzählverhalten
- **Allwissende Kamera**: verfügt über das Geschehen und kommentiert, z. B. durch die Perspektive
- **Subjektive Kamera**: Der Kamerablick deckt sich mit dem der Figuren.
- **Mindscreen**: innere Bilder der Filmfigur, wie z. B. Erinnerungen, Wahrnehmungen
- **Neutrale Kamera**: sachlich-objektive Distanz auf Augenhöhe, Beobachtung der Handelnden

Michael und Hanna – Eine ganz normale Beziehung?

1 Untersuchen Sie die Beziehung der beiden Figuren:

a Denken Sie sich in Hanna hinein, indem Sie einen inneren Monolog verfassen. Wählen Sie die Szene in der Straßenbahn: Sie sieht Michael, kommt aber nicht zu ihm.

b Stellen Sie die Phasen der Beziehung als Spannungskurve grafisch dar. Wählen Sie für jede Figur eine Farbe.

c Beschreiben Sie das Verhältnis zwischen Hanna und Michael bis zu Hannas Verschwinden.

2 In der folgenden Tabelle finden Sie einige wichtige Szenen aus der Beziehung von Hanna und Michael. Übertragen und bearbeiten Sie die Tabelle. Schauen Sie sich dazu die Szenen im Film an bzw. lesen Sie sie im Buch nach. Beziehen Sie bei der Beschreibung der Wirkung auch die filmsprachlichen Mittel (▶ S. 176, 181–183) mit ein.

	Vorhanden in: Film/Buch	Gemeinsamkeiten	Unterschiede	Wirkung und Funktion in	
				Film	Buch
Hanna hält Michael zum Lernen an					
Michael trifft Hanna in der Straßenbahn					
Michael auf der Suche nach einer Rose zum Frühstück					
Michael und Hanna auf der Fahrradtour; später mit Kellnerin					

3 **a** Suchen Sie zusätzliche Stellen in Film und Roman, die Sie für aussagekräftig in Bezug auf die Beziehung der beiden halten. Gehen Sie dabei auch über den Zeitpunkt von Hannas Verschwinden hinaus.

b Werten Sie diese Stellen im Sinne der Tabelle aus.

4 Ziehen Sie ein Fazit der Beziehung zwischen Hanna und Michael. Berücksichtigen Sie dabei Ihre Untersuchungsergebnisse.

Die Verhandlung – Umgang mit Schuld

Film

1 Sehen Sie sich die Szenen der Gerichtsverhandlung im Film (Kapitel 7, 49:00 bis 51:40 und 53:50 bis 56:35, Kapitel 9, 1:06:24 bis 1:10:12 und Kapitel 10, 1:17:20 bis 1:18:55) an. Analysieren Sie die Montagetechnik und die Kameraeinstellungen (Information, ▶ S. 181 f.).

2 Untersuchen Sie die Wirkung der Filmsprache: Für welche Figuren in diesen Szenen empfindet der Zuschauer Sympathie, zu welchen entwickelt er eher eine Abneigung oder Antipathie.

3 Beschreiben Sie Hannas Rechts- bzw. Unrechtsverständnis, das sie in diesen Szenen zeigt. Untersuchen Sie, inwiefern sie sich schuldig fühlt und ob bzw. wie sie ihre Schuld akzeptiert.

Der Begriff „Schuld" im Brockhaus, Band 19 (gekürzter Auszug)

Schuld […] 1) Philosophie und Religion: etwas, das man tun soll, eine Schuldigkeit, im Alltagsverständnis Verpflichtung zu einer (Geld-)Leistung […]; S. haben: „Urheber von etwas Verderblichem sein", Verantwortung für die Verletzung eines rechtl., sittl. oder religiösen Gesetzes oder Gebotes (Schuldigwerden; lat. culpa); auch unrechte Tat. – Beim S.-Begriff im Sinne des Schuldigwerdens handelt es sich um eine Kategorie der Selbst- und Fremdbewertung menschl. Handelns, wobei das Verschulden – im Sinne einer fahrlässigen oder vorsätzl. Unterlassung, Tat oder eines Vorsatzes dazu und deren Folgen – immer ein benachteiligendes oder schädigendes Verhalten gegen Menschen bezeichnet. Beurteilungsinstanzen der S. sind das eigene Gewissen, vor dem das Individuum sich als schuldig erfährt (S.-Erfahrung, S.-Bewusstsein, S.-Gefühl), Gott, die anderen Menschen, Beurteilungskriterien, auch die in einer Gruppe oder Gesellschaft geltenden Normen, im jurist. Sinne das geltende Recht. Mit der Anerkenntnis einer S. ist der Gedanke der möglichen Tilgung der S. durch Wiedergutmachung, Sühnung (Strafe), Reue, auch durch ein Verzeihen vonseiten des Betroffenen verbunden. […]

Im eth. Sinne setzt Schuldigwerden die Freiheit, Verantwortlichkeit und Moralität des Menschen voraus, d.h. die Möglichkeit, zw. Alternativen zu wählen, sich der eigenen Entscheidungen unter Berücksichtigung ihrer mögl. Tragweite bewusst zu sein, wie auch ein Bewusstsein sittlicher Werte [...]. Für die Zurechenbarkeit moral. S. spielen demnach die Größe des Unrechts, die subjektive Einsicht in den Unwertcharakter und der Grad der dabei gegebenen Willensfreiheit des Handelnden eine Rolle. So kann etwa unter Zwang, aus Bedrohung oder Notwehr begangenes Unrecht nicht im eigentl. Sinne als moral. S. angesehen werden. Mangelndes Unrechtsbewusstsein oder die Berufung auf einen blinden Befehlsgehorsam reichen andererseits aber nicht aus, um den Einzelnen von moral. S. freizusprechen. [...]

2) Strafrecht: die Vorwerfbarkeit der Willensbildung des Täters. Sie setzt voraus, dass der Täter statt des rechtswidrigen einen normgemäßen Handlungswillen hätte bilden können; S. liegt vor bei Vorsatz oder Fahrlässigkeit. [...] Das Vorliegen von S. ist die Voraussetzung jeder Bestrafung.

1 Bereiten Sie die Informationen des Lexikontextes grafisch auf, z.B. in Form eines Konspekts (Methode, ▸ S. 90) oder Strukturdiagramms (Beispiel, ▸ S. 101).

2 Überlegen Sie, ob und inwiefern Hanna nach obiger Definition schuldig ist und begründen Sie.

Roman

Wie die Beharrlichkeit, mit der Hanna widersprach, den Vorsitzenden Richter ärgerte, so ärgerte die Bereitwilligkeit, mit der sie zugab, die anderen Angeklagten. Für deren Verteidigung, aber auch für Hannas eigene Verteidigung war sie fatal.

Eigentlich war die Beweislage für die Angeklagten günstig. Beweismittel für den ersten Hauptanklagepunkt waren ausschließlich das Zeugnis der überlebenden Mutter, ihrer Tochter und deren Buch. Eine gute Verteidigung hätte, ohne die Substanz der Aussagen von Mutter und Tochter anzugreifen, glaubhaft bestreiten können, dass gerade die Angeklagten die Selektionen vorgenommen hatten. Insoweit waren die Zeugenaussagen nicht präzise und konnten nicht präzise sein; immerhin gab es einen Kommandanten, Wachmannschaften, weitere Aufseherinnen und eine Aufgaben- und Befehlshierarchie, mit der die Gefangenen nur partiell konfrontiert wurden und die sie nur entsprechend partiell durchschauen konnten. Ähnlich war es beim zweiten Anklagepunkt. Mutter und Tochter waren in der Kirche eingesperrt gewesen und konnten über das, was draußen passiert war, keine Aussagen machen. Die Angeklagten konnten zwar nicht vorgeben, nicht dort gewesen zu sein. Die anderen Zeugen, die damals in dem Dorf gelebt hatten, hatten mit ihnen gesprochen und erinnerten sich an sie. Aber diese anderen Zeugen mussten aufpassen, dass auf sie nicht der Vorwurf fiel, sie hätten selbst die Gefangenen retten können. Wenn nur die Angeklagten da waren – konnten dann die Bewohner des Dorfs die paar Frauen nicht überwältigen und selbst die Türen der Kirche aufschließen? Mussten sie nicht auf eine Linie der Verteidigung einschwenken, bei der die Angeklagten unter einem auch sie, die Zeugen, entlastenden Zwang handelten? Unter der Gewalt oder dem Befehl von Wachmannschaften, die doch noch nicht geflohen waren oder von denen die Angeklagten immerhin angenommen hatten, sie seien nur kurz weg, etwa um Verwundete in ein Lazarett zu schaffen, und bald wieder zurück?

Als die Verteidiger der anderen Angeklagten merkten, dass solche Strategien an Hannas bereitwilligem Zugeben scheiterten, stellten sie auf eine Strategie um, die das bereitwillige Zugeben ausnutzte, Hanna be- und dadurch die anderen Angeklagten entlastete. Die Verteidiger taten es mit fachlicher Distanz. Die anderen Angeklagten sekundierten mit empörten Einwürfen.

„Sie haben gesagt, Sie hätten gewusst, dass Sie die Gefangenen in den Tod schicken – das gilt nur für Sie, nicht wahr? Was Ihre Kolleginnen gewusst haben, können Sie nicht wissen. Sie können es vielleicht vermuten, aber letztlich nicht beurteilen, nicht wahr?"

Hanna wurde vom Anwalt einer anderen Angeklagten befragt.

„Aber wir alle wussten ..."

„ ‚Wir', ‚wir alle' zu sagen, ist einfacher, als ‚ich' zu sagen, ‚ich allein', nicht wahr? Stimmt es, dass Sie, Sie allein, im Lager Ihre Schützlinge hatten, junge Mädchen jeweils, eines für eine Weile und dann für eine Weile ein anderes?"

Hanna zögerte. „Ich glaube, dass ich nicht die einzige war, die ..."

„Du dreckige Lügnerin! Deine Lieblinge – das war deines, deines allein!" Eine andere Angeklagte, eine derbe Frau, nicht ohne gluckenhafte Behäbigkeit und zugleich mit gehässigem Mundwerk, war sichtbar erregt.

„Könnte es sein, dass Sie ‚wissen' sagen, wo Sie allenfalls glauben können, und ‚glauben', wo Sie einfach erfinden?"

Der Anwalt schüttelte den Kopf, als nehme er ihre bejahende Antwort bekümmert zur Kenntnis. „Stimmt es auch, dass alle Ihre Schützlinge, wenn Sie ihrer überdrüssig waren, in den nächsten Transport nach Auschwitz kamen?"

Hanna antwortete nicht.

„Das war Ihre spezielle, Ihre persönliche Selektion, nicht wahr? Sie wollen sie nicht mehr wahrhaben, Sie wollen sie verstecken hinter etwas, was alle gemacht haben. Aber ..."

„O Gott!" Die Tochter, die sich nach ihrer Vernehmung unter die Zuschauer gesetzt hatte, schlug die Hände vors Gesicht. „Wie habe ich das vergessen können?" Der Vorsitzende Richter fragte sie, ob sie ihre Aussage ergänzen wolle. Sie wartete nicht, bis sie nach vorne gerufen wurde. Sie stand auf und redete von ihrem Platz unter den Zuschauern aus.

„Ja, sie hatte Lieblinge, immer eine von den jungen, schwachen und zarten, und die nahm sie unter ihren Schutz und sorgte, dass sie nicht arbeiten mussten, brachte sie besser unter und versorgte und verköstigte sie besser, und abends holte sie sie zu sich. Und die Mädchen durften nicht sagen, was sie abends mit ihnen machte, und wir dachten, dass sie mit ihnen ..., auch weil sie alle in den Transport kamen, als hätte sie mit ihnen ihren Spaß und sie dann satt gehabt. Aber so war es gar nicht, und eines Tages hat doch eines geredet, und wir haben gewusst, dass die Mädchen ihr vorgelesen haben, Abend um Abend um Abend. Das war besser, als wenn sie ..., auch besser, als wenn sie sich an dem Bau zu Tode gearbeitet hätten, ich muss gedacht haben, dass es besser war, sonst hätte ich es nicht vergessen können. Aber war es besser?"

Sie setzte sich.

Hanna drehte sich um und sah mich an. Ihr Blick fand mich sofort, und so merkte ich, dass sie die ganze Zeit gewusst hatte, dass ich da war. Sie sah mich einfach an. Ihr Gesicht bat um nichts, warb um nichts, versicherte oder versprach nichts. Es bot sich dar. Ich erkannte, wie angespannt und erschöpft sie war. Sie hatte Ringe unter den Augen, und in jeder Backe führte eine Falte von oben nach unten, die ich nicht kannte, die noch nicht tief war, sie aber schon wie eine Narbe zeichnete. Als ich unter ihrem Blick rot wurde, wandte sie ihn ab und kehrte sich wieder der Gerichtsbank zu.

[...]

1 Interpretieren Sie den Romanauszug: Wer erzählt das Geschehen? Wie ist der Spannungsbogen aufgebaut? Wie beurteilen Sie Hannas Rolle in dieser Szene? Was bedeutet der Blickkontakt?
2 Analysieren und interpretieren Sie Hannas Verhalten und suchen Sie nach möglichen Gründen.
3 Vergleichen Sie die Szenen mit dem Romanausschnitt. Begründen Sie die Abweichungen.
4 Beurteilen Sie, ob es noch andere Figuren im Roman/Film gibt, die sich eines Vergehens schuldig gemacht haben (z. B. Michael).

4.2 Grundlagen der Filmanalyse – Ein Überblick

Durch eine detaillierte Analyse ausgewählter Einstellungen oder Sequenzen wird das inszenierte Zusammenwirken der einzelnen filmischen Gestaltungsmittel erkennbar. Die Detailanalyse der filmsprachlichen Struktur schärft die Wahrnehmung der mehrdimensionalen Beziehungen zwischen den verschiedenen Zeichensystemen Bild, Bewegung und Ton.

1 a Untersuchen Sie die Szenen des Films, die auf der Zeitebene von 1995 spielen (zu Beginn und am Ende des Films): Welche Ergänzungen im Vergleich zum Buch werden vorgenommen?
b Analysieren Sie die Filmsprache (▸ Information).
c Beschreiben Sie die Wirkung und die Bedeutung dieser Szenen für den Film. Beziehen Sie Ihre Antworten aus a und b mit ein.

Information **Filmsprache – Fachbegriffe und Funktionen im Überblick I**

Einstellungsgrößen
Die Einstellungsgröße bestimmt, wie groß das Dargestellte auf der Leinwand zu sehen ist:

- **Panorama/Weit**: Überblick über den Ort des Geschehens → Vermittlung von Atmosphäre
- **Totale**: Übersicht über den Schauplatz →räumliche Orientierung
- **Halbtotale**: Figuren in ihrer gesamten Körperlänge → Wahrnehmung der unmittelbaren Umgebung
- **Halbnah/Amerikanisch**: Figuren in kommunikativen Situationen etwa vom Knie an aufwärts
- **Nah**: Figuren von der Brust an, häufig in Sprechsituationen → Gestik, Mimik im Vordergrund
- **Groß**: z. B. nur das Gesicht → Nähe und genaue Beobachtung des mimischen Ausdrucks
- **Detail**: extremste Nähe → Steigerung der Aufmerksamkeit, besondere Bedeutung der Dinge

Totale

Nah

Detail

Kameraperspektiven
Durch die Position der Kamera werden die Zuschauer/innen in eine bestimmte Wahrnehmungsperspektive gedrängt.

- **Normalsicht** (auf Augenhöhe): suggeriert Authentizität und Objektivität

- **Froschperspektive** (Untersicht, niedriger Standpunkt): Personen/Gegenstände werden als überlegen, mächtig, bedrohlich erlebt. Die Zuschauer/innen fühlen sich klein und unterlegen.
- **Vogelperspektive** (Aufsicht, erhöhter Standpunkt): Personen/Gegenstände werden als untergeordnet, schwach, verloren erlebt. Die Zuschauer/innen fühlen sich überlegen, können aber auch die angstvolle Situation der Filmfigur miterleben.

Froschperspektive

2 Erproben Sie mit einer Digitalkamera die unterschiedlichen Einstellungsgrößen und Kameraperspektiven und beschreiben Sie deren Wirkung mit eigenen Worten.

Information **Filmsprache – Fachbegriffe und Funktionen im Überblick II**

Kamerabewegung

Im Film können sich zwei Dinge bewegen: die Objekte vor der Kamera **(Handlungsachse)** und die Kamera selbst **(Kameraachse)**. Verläuft die Handlung vor der stillstehenden Kamera, so hat der Betrachter das Gefühl, distanzierter Beobachter der Szene zu sein. Die Bewegung der Kamera selbst erzeugt zumeist eine hohe Realitätsillusion und das Gefühl unmittelbaren Dabeiseins. Beim **Kameraschwenk** verändert die stillstehende Kamera den Winkel schräg zum Objekt, so dass dem Betrachter suggeriert wird, die Kamerabewegung entspreche seiner Kopfbewegung. Bei der **Kamerafahrt** bewegt sich die Kamera ohne Winkelveränderung zum Objekt von der Stelle. Mit dem **Zoom** kann man Bewegung vortäuschen, indem bei unbewegter Kamera Objekte „herangeholt“ bzw. „entfernt“ werden.

Ton: Filmmusik und Geräusche

- **Musik:** ein unterschwellig im **Unbewussten** wirkendes Gestaltungsmittel; sie erzeugt und verdichtet **Emotionen.** Bestimmte Klänge können Gefühlslagen erzeugen (z. B. sinfonische Streichmusik: Liebe; Popmusik: Lebensfreude; atonale Musik: Gefahr; hallende Musik: Träume). Figuren, Gegenständen oder Situationen wird durch **musikalische Leitmotive** eine besondere Bedeutung zugewiesen. Filmmusik kann atmosphärisch **historische, soziale oder kulturelle Authentizität** suggerieren. Sie rhythmisiert und strukturiert Filmbilder und beeinflusst das **Zeitempfinden** des Zuhörers und Zuschauers.
- **Geräusche** sind meistens unmittelbar präsent und steigern die **Wirklichkeitsillusion. Geräuschverstärkung** oder Plötzlichkeit können alarmieren und schockieren.
- **On-Ton/Synchron-Ton:** Die Quelle des Tons ist sichtbar oder ergibt sich aus dem Zusammenhang.
- **Off-Ton:** Die Quelle des Tons ist im Bild nicht sichtbar.

Montage

Der französische Begriff „Montage“ meint das Zusammenfügen einzelner Einstellungen, also die Schnittfolge der Filmbilder. Sie ist das wesentlichste Gestaltungsmittel des Films, da sie den Rhythmus vorgibt, Assoziationen lenkt und einen Sinnzusammenhang erzeugt.

- **Erzählende Montage**: Die Einstellungen sind inhaltlich so aufeinander bezogen, dass man die Schnitte kaum wahrnimmt (z. B. Wechsel von Totale auf Nah bei demselben Motiv). Es können aber auch räumlich und zeitlich sehr unterschiedliche Einstellungen verbunden werden, solange die erzählerische Kontinuität, z. B. die Fortsetzung einer Handlung, gewahrt wird.

- **Kontrastmontage**: Hier prallen Gegensätze aufeinander, die zu einer Stellungnahme auffordern (z. B. lachende Person in Gesellschaft/dieselbe Person traurig und allein).
- **Assoziationsmontage**: Auch hier werden unterschiedliche Einstellungen miteinander konfrontiert, allerdings müssen die Zuschauer/innen selbst eine gedankliche Verbindung schaffen (z. B. schlafendes Gesicht/ Südseelandschaft = die Person träumt von der Landschaft; Gesicht/Messer = Mörder).
- **Analogmontage**: Kontraste in Raum und Zeit werden überbrückt, indem in unterschiedlichen Zusammenhängen eine gemeinsame Handlung/Haltung gezeigt wird (z. B. ein Astronaut steigt aus seinem Raumschiff/eine Person steigt aus ihrem Auto).
- **Parallelmontage**: Unterschiedliche Begebenheiten werden miteinander verschachtelt, indem sie mehrfach hintereinander abwechselnd gezeigt werden. So werden Handlungen miteinander in Beziehung gesetzt (z. B. wartende Person an einer Straßenecke/ein heranrasendes Auto).
- **Schuss-Gegenschuss**: Mit dem Wechsel der Kameraposition zwischen miteinander sprechenden Figuren wird die unmittelbare Teilnahme des Publikums am Gespräch suggeriert.

3 Projekt: Planen Sie nun selbst die Verfilmung einer kurzen Szene.

a Situation: Beim Fahrradausflug geht Michael morgens los, um Frühstück zu besorgen. Er hat Hanna einen Zettel geschrieben. Diesen lässt Hanna nun verschwinden. Überlegen Sie sich die Szene, in der Hanna allein im Zimmer ist. Welche Wirkung wollen Sie mit ihr erzielen?

b Verfassen Sie ein Storyboard – das ist eine Abfolge von skizzierten Bildern, die Kameraperspektive, -einstellung und abzubildende Gegenstände und Personen umfassen.

c Stellen Sie Ihre Ergebnisse in der Klasse vor.

4.3 Verfilmung von Literatur – Zwei Filmkritiken

Margarethe Padysz: **Eine Frau mit schlimmem Geheimnis als Objekt der Begierde** (2009)

„Was hätten Sie denn getan?", fragt sie den Richter. Hätte er auf Arbeit verzichtet? Hätte er seine Aufsichtspflichten vernachlässigt? Hätte er sich gegen Vorgesetzte aufgelehnt oder sogar sein Leben für andere aufs Spiel gesetzt? Der Richter bleibt stumm. Ebenso ihr ehemaliger Geliebter, der ihr die lebenslange Haft ersparen könnte. Die Aufarbeitung einer Generation ist bewegend, weil eine Täterin in all ihren menschlichen Facetten dargestellt wird. Sie ist auch die Einzige, die der Regisseur Stephen Daldry gekonnt darzustellen vermag. Andere Kontroversen von Bernhard Schlinks Roman erweckt Daldry nur dürftig zum Leben.

Was ist geblieben von den 218 Seiten des „Vorlesers" von Bernhard Schlink, die weltweit Leser, Oprah Winfrey eingeschlossen, tief berührte? Schlink fasst auf wenigen Seiten zusammen, was zwei Generationen von Deutschen in vielerlei Hinsicht beschäftigte. Obwohl der Drehbuchautor David Hare bezeugt, keinen typischen Holocaust-Film fabriziert zu haben, grenzt den „Vorleser" nur wenig vom altbekannten Genre ab. Der Film wird den im Roman angesprochenen Problemen nicht gerecht. Es fehlt eine klare Darstellung der Sozialisation der Generation der 1950er, die zwischen anerzogenen moralischen Werten und emotionalen

Bedürfnissen hin und her gerissen ist. Die Liebesbeziehung eines Teenagers mit einer Frau mittleren Alters wirkt auf der Leinwand dadurch generationsunabhängig. Analphabetismus taucht in dezenten Hinweisen verstreut auf. Die Adaption des Films profitiert von Kate Winslets Auftritt, der die männlichen Hauptdarsteller in den Schatten stellt.

Ruppig wirkt sie, eher abschreckend als ein Objekt der Begierde. Dennoch zieht Kate Winslet als Hanna Schmitz den 15-jährigen Michael Berg an, der von David Kross gespielt wird. Ist es ihre Einfachheit, die Einsamkeit oder gar die Sehnsucht nach den Erlebnissen eines jungen Menschen, die sie nie hatte? Ihr einfaches, pflichtbewusstes Wesen meistert die prekäre Liebesbeziehung nicht. Sie behandelt Michael wie einen Liebhaber, der es vermag, sie wie ein erwachsener Mann zu kränken. Erst später bemerkt sie seine Unreife, den Altersunterschied. Gerade diese Zusammensetzung der Gefühle, Hoffnungen und der Einfachheit spielt Kate Winslet mit einer atemberaubenden Überzeugung. Eine einfache Frau, der ihre tiefen Bedürfnisse ihr mit der Zeit über den Kopf wachsen.

David Kross verleiht der Romanfigur Michael Berg hingegen eine gehörige Portion Naivität, die durch den anschließenden überzogenen emotionalen Fall zu hilflos erscheint. Mit einem breiten Grinsen lernt er den Frauenkörper kennen und dürstet stets nach Erfahrungen. Seiner Ungezwungenheit machen bald leicht geschlossene, nachdenkliche Blicke und immer tiefer werdende Augenringe Platz. Die Dilemmata des jungen und älteren Michael Berg fallen allerdings schwach aus. Die ewig flehenden Augen von Ralph Fiennes als erwachsener Michael ziehen die innere Zerrissenheit zu sehr ins eine Extrem. Man bemerkt nur wenig von seiner Zuneigung für Hanna. Eine wirklich ausgeprägte Auseinandersetzung mit den Tätern und ihren Motiven findet nicht statt. Vielmehr lässt Kross seinen Helden in einem Fatalismus versinken, der ihn von seinen Altersgenossen entfernt. Der erwachsene Michael will Ordnung in sein Leben bringen, damit die Gefühlsunordnung überdeckt wird. Seine Wohnung sieht wie das Vorzeigebild eines Hochglanzheftes aus. In seinem Blick entdeckt man Verwirrung auf Schritt und Tritt. Sein fortwährendes Leiden gibt nicht viel von den komplexen Reflexionen der Romanfigur wieder.

Buchadaptionen sind ein heißes Eisen, das nur mit Vorsicht zu handhaben ist. Ein Regisseur sollte zunächst eine klare Entscheidung treffen, ob er eine getreue Wiedergabe des Literaturinhalts will. So sklavisch sich Heinrich Breloer an die Buchvorlage „Buddenbrooks“ von Thomas Mann gehalten hat, so wenig tut es ihm Daldry – zu Recht – nach. Die fehlenden Bruchstücke des Romans geben ihm Zeit, sich wunderbaren Bildern und stillen Szenen zu widmen. Andererseits darf die Wahl der Darstellung der Buchproblematik nicht in einer unvollkommenen filmischen Abhandlung enden. Bei einem ausgezeichneten Roman, wie „Der Vorleser“, muss man sich der Herausforderungen bewusst sein, die aus ganz konkreten Erwartungen der Zuschauer erwachsen. Wer sich also eine getreue Verfilmung des Romaninhalts verspricht, wird zwangsläufig enttäuscht. Wer sehen will, welche schauspielerischen Leistungen oscarreif sind, wird um Kate Winslet als Hanna Schmitz nicht herumkommen.

Jan Schulz-Ojala: **Der Vorleser: Die Unmoral der Liebe** (2009)

[...] Diese Frau ist eine Erloschene, innerlich tot, von der ersten Einstellung an. Die Straßenbahnschaffnerin Mitte dreißig, die Ende der fünfziger Jahre Dienst tut in einer westdeutschen Mittelstadt, beginnt zwar eine Affäre mit einem Fünfzehnjährigen, aber eine Liebesgeschichte in tieferem Wortsinn erwächst daraus nicht, zumindest für sie. Einen Sommer lang schenkt er ihr – und inszeniert sie sich – einen Raum, in dem sie sich von ihrem Erloschensein ablenken kann. Indem sie den Schüler, den sie immer nur „Jungchen“ nennt, aus Büchern vorlesen lässt, ihre zunächst eigentümlich erscheinende Bedingung für Sex, erschließt sie sich die Welt über die Fiktion, hält sie sich aber gleichzeitig einmal mehr vom Leibe.

Diese Frau, sie heißt Hanna Schmitz, ist Gefangene zweier Geheimnisse. Das eine, der Analphabetismus, treibt sie – wie viele Analphabeten – in Scham. Und in Verhaltensweisen, die Lese- und Schreibkundigen unverständlich bleiben. Das andere gründet auf eine durch keine Liebe aufhebbare und kein Gericht tauglich zu bemessende Schuld. Als Aufseherin in einem KZ-Außenlager [...] hat sie Gefangene, die ihr hatten vorlesen müssen, turnusmäßig nach Auschwitz geschickt. Und kurz vor Kriegsende hat sie, zusammen mit vier anderen Wärterinnen, Hunderte von Jüdinnen verbrennen lassen – nachts in einer verrammelten, von einer Bombe getroffenen Kirche.

Michael Berg, der Ich-Erzähler aus Bernhard Schlinks Roman „Der Vorleser“, dem Stephen Daldrys Verfilmung mit hoher Intelligenz folgt, ist ein Außenseiter [...]. Die Affäre ist sein Geheimnis, das ihn zum Einsiedler in der Familie und unter den Mitschülern macht. Hanna aber, der er sein sexuelles Erweckungserlebnis verdankt, folgt eigenen Geheimnissen, stellt die Begegnungsregeln auf, beherrscht ihn mit jäh wechselnden Stimmungen und verschwindet nach kurzen Wochen des Glücks ohne Erklärung. Nein, das Zusammentreffen zwischen einer, die sich vor der Welt verschlossen hat, und einem, den sie benutzt und zur Belohnung an ihren Körper heranlässt, kann keine Liebesgeschichte sein.

Dass diese Begegnung das gesamte Leben Michaels dennoch tragisch prägt, weil er an beiden Geheimnissen Hannas auf seine Weise zugrunde geht, ist die Prämisse und existenzielle Moral des „Vorlesers“ [...]. Erst erfährt der Jurastudent, acht Jahre später im Gerichtssaal, von Hannas Schuld: Sie ist eine der KZ-Aufseherinnen, denen der Prozess gemacht wird. Dann von ihrer Scham: Weil die Mitangeklagten sie fälschlich beschuldigen, den Einsatz in der Mordnacht angeführt und selber protokolliert zu haben, nimmt Hanna die Höchststrafe auf sich – und Michael erkennt, dass er der Vorleser einer Analphabetin war. Fortan trägt er an einem doppelt verschwiegenen Wissen: Niemand weiß von seiner Verbindung zu der Nazi-Verbrecherin, und nur er ist Mitwisser ihres Analphabetismus. Das eine beschämt ihn, das andere macht ihn auf seine Weise schuldig. Diese beiden Schweigegespenster zerstören sein Leben.

Eine ungeheure, manche sagen: überdehnte Metapher ist das für den Schlagschatten der Schuld, den die deutsche Kriegsgeneration an die nächste weiterreicht. Und indem Bernhard Schlink sie auf sein eigentlich harmlos verliebtes „Jungchen“ anwendet, kommentiert er auch die tragisch verdorbene Liebe der Nachkriegsgeneration zu ihren Eltern. Das moralische Dilemma: Man kann nicht verurteilen und verstehen zugleich [...]. In seiner romantischen, von Kate Winslet und David Kross fantastisch verkörperten ersten Halbzeit geht es um Passion. Und um eine jungmännliche Projektion. Doch ist sie – auch für den Zuschauer – nicht zu haben ohne die Ernüchterungsarbeit des Erwachsenen, der einen fundamentalen Schrecken in seine Biografie einarbeiten muss. Er tut dies, indem er Hanna über Jahre Kassetten mit Vorgelesenem ins Gefängnis schickt, aber nicht auf ihre Zweizeiler antwortet, als sie mühsam lesen und schreiben gelernt hat. Der Widerspruch ist zwangsläufig: Als Mitwisser ihrer Scham kann er trostweise Signale senden. Für einen Briefwechsel aber, einen echten Dialog, ist ihre Schuld zu groß. [...]

1 Analysieren und bewerten Sie die Filmrezensionen (vgl. auch ▸ S. 235 f.).
  a Stellen Sie die Argumente der Autoren einander gegenüber.
  b Formulieren Sie mit eigenen Worten jeweils ein Resümee mit Beurteilung der Rezension.

2 Schreiben Sie selbst eine Filmrezension, in die Sie die Buchvorlage mit einbeziehen.

5 Drama

„Die Räuber" im Thalia Theater, Hamburg 2008

„Die Räuber" im Landestheater Halle, 1971

1 Beschreiben und vergleichen Sie die beiden Szenenfotos. Was fällt Ihnen im Hinblick auf das Bühnenbild und die Figuren auf?

2 Erfinden Sie kleine Geschichten zu den Bildern.

3 a Welche der beiden Inszenierungen würden Sie gerne sehen? Begründen Sie.

b Tragen Sie Ihre Erwartungen an eine Theaterinszenierung zusammen: Was wünschen Sie sich von einem Theaterbesuch und weshalb?

c Berichten Sie über Ihre eigenen Theatererfahrungen.

In diesem Kapitel erwerben Sie folgende Kenntnisse und Kompetenzen:

- Dramenszenen analysieren und vergleichen,
- Möglichkeiten des szenischen Interpretierens erproben,
- anhand von Inhaltsübersichten Dramenstrukturen erfassen,
- Grundmuster des geschlossenen und des offenen Dramas (er)kennen und unterscheiden,
- literaturtheoretische Positionen zu Wirkungsabsicht und Wirkungsweise des Theaters kennen und sich damit auseinandersetzen.

5.1 Grundelemente dramatischer Texte – Schiller: „Die Räuber“

Friedrich Schiller: **Die Räuber** (1781) – I/1

[Schillers Erstlingswerk führt an zwei feindlichen Brüdern die beiden in seiner Zeit vorherrschenden Denkrichtungen vor: Karl, der Ältere der beiden, wird als edel denkender, seinem Gefühl folgender Mensch dargestellt (Bedürfnis nach Freiheit, Gefühl für Gerechtigkeit, enthusiastische Liebe, Freundschaft). Franz, der jüngere Bruder, ist hingegen ein kalter Rationalist, ein Machtmensch ohne Glauben und moralische Skrupel. Die Sympathie des Autors Friedrich Schiller gehört eindeutig seinem „edlen Verbrecher“ und Rebellen gegen die Gesellschaft, Karl Moor.]

Franken. Saal im Moorischen Schloss.
Franz. Der alte Moor

FRANZ: Aber ist Euch auch wohl, Vater? Ihr seht so blass.

DER ALTE MOOR: Ganz wohl, mein Sohn – was hattest du mir zu sagen?

FRANZ: Die Post ist angekommen – ein Brief von unserem Korrespondenten in Leipzig –

DER ALTE MOOR *begierig*: Nachrichten von meinem Sohne Karl?

FRANZ: Hm! Hm! – So ist es. Aber ich fürchte – ich weiß nicht – ob ich – Eurer Gesundheit? – Ist Euch wirklich ganz wohl, mein Vater?

DER ALTE MOOR: Wie dem Fisch im Wasser! Von meinem Sohne schreibt er? – Wie kommst du zu dieser Besorgnis? Du hast mich zweimal gefragt.

FRANZ: Wenn Ihr krank seid – nur die leiseste Ahndung habt, es zu werden, so lasst mich – ich will zu gelegenerer Zeit zu Euch reden. *Halb vor sich.* Diese Zeitung ist nicht für einen zerbrechlichen Körper.

DER ALTE MOOR: Gott! Gott! was werd ich hören?

FRANZ: Lasst mich vorerst auf die Seite gehn und eine Träne des Mitleids vergießen um meinen verlornen Bruder – ich sollte schweigen auf ewig – denn er ist Euer Sohn; ich sollte seine Schande verhüllen auf ewig – denn er ist mein Bruder. – Aber Euch gehorchen ist meine erste, traurige Pflicht – darum vergebt mir.

DER ALTE MOOR: O Karl! Karl! Wüsstest du, wie deine Aufführung das Vaterherz foltert! Wie eine einzige frohe Nachricht von dir meinem Leben zehen Jahre zusetzen würde – mich zum Jüngling machen würde – da mich nun jede, ach! – einen Schritt näher ans Grab rückt!

FRANZ: Ist es das, alter Mann, so lebt wohl – wir alle würden noch heute die Haare ausraufen über Eurem Sarge.

DER ALTE MOOR: Bleib! – Es ist noch um den kleinen kurzen Schritt zu tun – lass ihm seinen Willen! *Indem er sich niedersetzt.* Die Sünden seiner Väter werden heimgesucht im dritten und vierten Glied – lass ihns vollenden.

FRANZ *nimmt den Brief aus der Tasche.* Ihr kennt unsern Korrespondenten! Seht! Den Finger meiner rechten Hand wollt ich drum geben, dürft ich sagen, er ist ein Lügner, ein schwarzer, giftiger Lügner –– Fasst Euch! Ihr vergebt mir, wenn ich Euch den Brief nicht selbst lesen lasse – noch dürft Ihr nicht alles hören.

DER ALTE MOOR: Alles, alles – mein Sohn, du ersparst mir die Krücke.

FRANZ *liest.* „Leipzig, vom 1. Mai. – Verbände mich nicht eine unverbrüchliche Zusage, dir auch nicht das Geringste zu verhehlen, was ich von den Schicksalen deines Bruders auffangen kann, liebster Freund, nimmermehr würde meine unschuldige Feder an dir zur Tyrannin geworden sein. Ich kann aus hundert Briefen von dir abnehmen, wie Nachrichten dieser Art dein brüderliches Herz durchbohren müssen, mir ists, als säh ich dich schon um den Nichtswürdigen, den Abscheulichen“ –– *Der alte Moor verbirgt sein Gesicht.* Seht, Vater! ich lese Euch nur das Glimpflichste – „den Abscheulichen in tausend Tränen ergossen“, – ach, sie flossen – stürzten stromweis von dieser mitleidigen Wange – „mir ists, als säh ich schon deinen alten, frommen Vater totenbleich“ – Jesus Maria! Ihr seids, eh Ihr noch das mindeste wisset?

Der alte Moor: Weiter! Weiter!

Franz: „Totenbleich in seinen Stuhl zurücktaumeln und dem Tage fluchen, an dem ihm zum ersten Mal *Vater* entgegengestammelt ward. Man hat mir nicht alles entdecken mögen, und von dem Wenigen, das ich weiß, erfährst du nur Weniges. Dein Bruder scheint nun das Maß seiner Schande gefüllt zu haben; ich wenigstens kenne nichts über dem, was er wirklich erreicht hat, wenn nicht sein Genie das meinige hierin übersteigt. Gestern um Mitternacht hatte er den großen Entschluss, nach vierzigtausend Dukaten Schulden" – ein hübsches Taschengeld, Vater! – „nachdem er zuvor die Tochter eines reichen Bankiers allhier entjungfert und ihren Galan, einen braven Jungen von Stand, im Duell auf den Tod verwundet, mit sieben andern, die er mit in sein Luderleben gezogen, dem Arm der Justiz zu entlaufen." – Vater! Um Gotteswillen, Vater! Wie wird Euch?

Der alte Moor: Es ist genug. – Lass ab, mein Sohn!

Franz: Ich schone Eurer – „Man hat ihm Steckbriefe nachgeschickt, die Beleidigte schreien laut um Genugtuung, ein Preis ist auf seinen Kopf gesetzt – der Name Moor" – Nein! meine armen Lippen sollen nimmermehr einen Vater ermorden! *Zerreißt den Brief.* Glaubt es nicht, Vater! Glaubt ihm keine Silbe!

Der alte Moor *weint bitterlich.* Mein Name! Mein ehrlicher Name!

---

1 Fassen Sie in eigenen Worten zusammen, um welche Situation es in dem Textauszug geht, welche Figuren eine Rolle spielen und welche Handlung stattfindet.

2 Aus dem Einleitungstext haben Sie erfahren, dass Schillers Sympathie – und mit seiner auch diejenige des Lesers und Zuschauers – dem Bruder Karl gehört. Stellen Sie Vermutungen dazu an, weshalb Schiller die Zuschauer mit dieser Eingangsszene auf die falsche Spur lenkt.

3 Lesen Sie die Textstelle aufmerksam durch, indem Sie die Methode „Textnahes Lesen" anwenden (Methode, ▶ S. 189). Arbeiten Sie aspektorientiert nach den Vorgaben der Tabelle unten, z. B.: Was erfahren Sie über den Schauplatz, die Zeit, die Figuren? Wodurch werden die Charaktere der Figuren deutlich? Auf welche Weise wird die Handlung vorangetrieben?

a Legen Sie dazu eine Folie über den Textauszug und markieren Sie die relevanten Informationen. Notieren Sie Ihre Ergebnisse dann in einer Tabelle, wie Sie sie unten sehen.

b Vergleichen Sie nun diesen Dramenauszug mit dem Anfang des Romans „Effi Briest" von Theodor Fontane (▶ S. 156 ff.). Machen Sie sich auch hierzu Notizen in Ihrer Tabelle.

c Klären Sie in einem Unterrichtsgespräch die Unterschiede zwischen Dramatik und Epik.

Darstellung von ...	... in dramatischen Texten	... in epischen Texten
Schauplatz		
Figuren – Charaktereigenschaften – Gedanken		
Zeit		
Handlung		

4 Verfassen Sie einen zusammenhängenden Text über die Gattung „Drama". Bringen Sie darin Ihre Erkenntnisse aus Aufgabe 3 ein und möglichst viele der folgenden Begriffe:

Inszenierung **Bühne** **Publikum** **Szene** **Rolle** **Botenbericht**
Regisseur **Regieanweisung** **Schauspieler** **Aufführung** **Monolog**
Dialog **Beiseitesprechen** **Akt** **Kostüme** **Bühnenbild**

Methode **Textnahes Lesen**

Der Methode „Textnahes Lesen" oder „Close reading" bedient man sich, will man einen Text möglichst genau, also textnah, lesen. Man kann den Schwerpunkt sowohl auf inhaltliche als auch auf formale und sprachliche Aspekte legen oder aspektorientiert arbeiten.
Als Markierungen können Sie wählen zwischen: Schlüsselstellen unterstreichen und/oder am Rand markieren; Schlüsselwörter beim Lesen markieren; Textstellen am Rand kommentieren; auffällige Textstellen oder Worte umkreisen.

Friedrich Schiller: Die Räuber (1781) – Personenverzeichnis

Maximilian, *regierender Graf von Moor*
Karl, Franz } *seine Söhne*
Amalia von Edelreich, *Nichte des Grafen*
Spiegelberg, Schweizer, Grimm, Razmann, Schufterle, Roller, Kosinsky, Schwarz } *Libertiner*[1], *nachher Banditen*
Hermann, *Bastard von einem Edelmann*
Daniel, *ein alter Diener im Moorischen Hause*
Pastor Moser
Ein Pater
Räuberbande

„Die Räuber" im Thalia Theater, Hamburg 2008

Der Ort der Geschichte ist Deutschland,
die Zeit der Geschichte um die Mitte des achtzehnten Jahrhunderts,
die Zeit des Schauspiels ungefähr zwei Jahre.

1 **Libertiner:** ausschweifende Menschen, aber auch Freigeister

1 **a** Stellen Sie Vermutungen zur Figurenkonstellation an: Wer könnte mit wem was zu tun haben? Erstellen Sie dazu ein vorläufiges Soziogramm (▸ Methode). Berücksichtigen Sie den Ihnen bekannten Anfang des Dramas (▸ S. 187 f.).

b Erfinden Sie eine mögliche Handlung des Dramas „Die Räuber" mit Hilfe Ihrer Überlegungen zu den Personen.

2 **a** Recherchieren Sie, was in Schillers Stück „Die Räuber" tatsächlich geschieht, und verfassen Sie eine Inhaltsangabe, die maximal 150 Wörter umfasst.

b Gestalten Sie ein weiteres Soziogramm nach der tatsächlichen Handlung und vergleichen Sie es mit Ihrem ersten.

Methode **Soziogramm**

Ein **Soziogramm** ist eine grafische Darstellung, die der Visualisierung bzw. Veranschaulichung von **Figurenkonstellationen** in literarischen Texten dient. Die Figuren werden zeichnerisch miteinander in Beziehung gebracht. Nähe und Ferne zwischen den Figuren, aber auch ihre wechselseitig Abneigung und Zuneigung werden durch unterschiedliche Abstände zwischen ihnen, durch (beschriftete) Pfeile → und Gegenpfeile ⟷ in unterschiedlicher Stärke, durch Einkreisungen, Barrierestriche etc. ausgedrückt.

Friedrich Schiller: **Die Räuber** (1781) – III/1

[Amalia, die Nichte des Grafen von Moor, ist mit Karl verlobt. Während Karl in der Ferne ein leichtsinniges Studentenleben führt, hält sie an ihrer Liebe fest und bleibt ihm treu.]

Im Garten.
Amalia spielt auf der Laute.
Franz tritt auf.

FRANZ: Schon wieder hier, eigensinnige Schwärmerin? Du hast dich vom frohen Mahle hinweggestohlen und den Gästen die Freude verdorben.

AMALIA: Schade für diese unschuldige Freuden! Das Totenlied muss noch in deinen Ohren murmeln, das deinem Vater zu Grabe hallte –

FRANZ: Willst du denn ewig klagen? Lass die Toten schlafen und mache die Lebendigen glücklich! Ich komme –

AMALIA: Und wann gehst du wieder?

FRANZ: O weh! Kein so finsteres, stolzes Gesicht! du betrübst mich, Amalia! Ich komme, dir zu sagen –

AMALIA: Ich muss wohl hören, Franz von Moor ist ja gnädiger Herr worden.

FRANZ: Ja recht, das wars, worüber ich dich vernehmen wollte – Maximilian ist schlafen gegangen in der Väter Gruft. Ich bin Herr. Aber ich möchte es vollends ganz sein, Amalia. – Du weißt, was du unserm Hause warst, du wardst gehalten wie Moors Tochter, selbst den Tod überlebte seine Liebe zu dir, das wirst du wohl niemals vergessen? –

AMALIA: Niemals, niemals. Wer das auch so leichtsinnig beim frohen Mahle hinwegzechen könnte!

FRANZ: Die Liebe meines Vaters musst du in seinen Söhnen belohnen, und Karl ist tot – staunst du? schwindelt dir? Ja wahrhaftig, der Gedanke ist auch so schmeichelnd erhaben, dass er selbst den Stolz eines Weibes betäubt. Franz tritt die Hoffnungen der edelsten Fräuleins mit Füßen, Franz kommt und bietet einer armen, ohne ihn hilflosen Waise sein Herz, seine Hand und mit ihr all sein Gold an und alle seine Schlösser und Wälder. – Franz, der Beneidete, der Gefürchtete, erklärt sich freiwillig für Amalias Sklaven –

AMALIA: Warum spaltet der Blitz die ruchlose

Zunge nicht, die das Frevelwort ausspricht! Du hast meinen Geliebten ermordet, und Amalia soll dich Gemahl nennen! du –

Franz: Nicht so ungestüm, allergnädigste Prinzessin! – Freilich krümmt Franz sich nicht wie ein girrender Seladon vor dir – freilich hat er nicht gelernt, gleich dem schmachtenden Schäfer Arkadiens, dem Echo der Grotten und Felsen seine Liebesklagen entgegen zu jammern – Franz spricht, und wenn man nicht antwortet, so wird er – *befehlen.*

Amalia: Wurm, du, befehlen? mir befehlen? – und wenn man den Befehl mit Hohnlachen zurückschickt?

Franz: Das wirst du nicht. Noch weiß ich Mittel, die den Stolz eines einbildischen Starrkopfs so hübsch niederbeugen können – Kloster und Mauren!

Amalia: Bravo! herrlich! und in Kloster und Mauren mit deinem Basiliskenanblick auf ewig verschont, und Muße genug, an Karln zu denken, zu hangen. Willkommen in deinem Kloster! auf auf mit deinen Mauren!

Franz: Haha! ist es das? – Gib acht! Itzt hast du mich die Kunst gelehrt, wie ich dich quälen soll – diese ewige Grille von Karl soll dir mein Anblick gleich einer feuerhaarigen Furie aus dem Kopfe geißeln, das Schreckbild *Franz* soll hinter dem Bild deines Lieblings im Hinterhalt lauern, gleich dem verzauberten Hund, der auf unterirdischen Goldkästen liegt – an den Haaren will ich dich in die Kapelle schleifen, den Degen in der Hand, dir den ehlichen Schwur aus der Seele pressen, dein jungfräuliches Bette im Sturm ersteigen und deine stolze Scham mit noch größerem Stolze besiegen.

Amalia *gibt ihm eine Maulschelle.* Nimm erst das zur Aussteuer hin.

Franz *aufgebracht.* Ha! wie das zehnfach und wieder zehnfach geahndet werden soll! – Nicht meine Gemahlin – die Ehre sollst du nicht haben – meine Mätresse sollst du werden, dass die ehrlichen Bauernweiber mit Fingern auf

„Die Räuber" im Thalia Theater, Hamburg 2008

dich deuten, wenn du es wagst und über die Gasse gehst. Knirsche nur mit den Zähnen – speie Feuer und Mord aus den Augen – mich ergötzt der Grimm eines Weibes, macht dich nur schöner, begehrenswerter. Komm – dieses Sträuben wird meinen Triumph zieren und mir die Wollust in erzwungnen Umarmungen würzen – Komm mit in meine Kammer – ich glühe vor Sehnsucht – itzt gleich sollst du mit mir gehn. *Will sie fortreißen.*

Amalia *fällt ihm um den Hals.* Verzeih mir, Franz! *Wie er sie umarmen will, reißt sie ihm den Degen von der Seite und tritt hastig zurück.* Siehst du, Bösewicht, was ich itzt aus dir machen kann? – Ich bin ein Weib, aber ein rasendes Weib – wag es einmal, mit unzüchtigem Griff meinen Leib zu betasten – dieser Stahl soll deine geile Brust mitten durchrennen, und der Geist meines Oheims wird mir die Hand dazu führen. Fleuch auf der Stelle! *Sie jagt ihn davon.* Ah! wie mir wohl ist – Itzt kann ich frei atmen – ich fühlte mich stark wie das funkensprühende Ross, grimmig wie die Tigerin dem siegbrüllenden Räuber ihrer Jungen nach – In ein Kloster, sagt er – dank dir für diese glückliche Entdeckung! – Itzt hat die betrogene Liebe ihre Freistatt gefunden – das Kloster – das Kreuz des Erlösers ist die Freistatt der betrognen Liebe.

1 Führen Sie eine szenische Lesung durch (Methode, ▸ S. 192). Probieren Sie unterschiedliche Sprechweisen aus und lassen Sie sich anschließend ein Feedback geben.

2 Formieren Sie drei Standbilder (▸ Methode). zur Unterhaltung zwischen Amalia und Franz, und zwar zu folgenden Textstellen: Z. 17–27, 40–51 und 94–103. Untersuchen Sie, was diese Standbilder jeweils über die Figuren und über den Dialog, den sie führen, ausdrücken.

3 Analysieren Sie die Szene unter folgenden Gesichtspunkten: Was ist der Gegenstand des Gesprächs? Wie verläuft das Gespräch? Zeichnen Sie hierzu eine Spannungskurve.

Methode **Möglichkeiten des szenischen Spiels**

Dramen sind für eine Inszenierung auf der Bühne bestimmt. Erst dort erreichen sie ihre volle Wirkungskraft. Das bloße Lesen kann also dem Text nicht gerecht werden. Ratsam ist es, die textanalytische Lektüre durch ein szenisches Interpretieren zu ergänzen:
Standbilder bauen: Durch Standbilder lässt sich die Bedeutung einer Textstelle besser erschließen, etwa wenn Macht- oder Abhängigkeitsverhältnisse oder sonstige Konstellationen zwischen Personen dargestellt werden (Methode, ▸ S. 142).
Eine szenische Lesung durchführen: Eine Textstelle erschließt sich oft besser, wenn sie laut und betont vorgelesen wird. Probieren Sie beim Lesen verschiedene Sprechweisen, aber auch Haltungen, Bewegungen und Gebärden aus. Tragen Sie die Szene vor.
Szenen improvisiert spielen: Die Szene wird ohne Textbuch gespielt. Wichtig sind dabei Haltung, Gestik, Mimik und Betonung. Der Text wird frei improvisiert. Das Publikum teilt seine Beobachtungen mit und vergleicht das Spiel der Figuren mit seinem Textverständnis.
Rollengespräche führen: Eine Möglichkeit, sich einen Charakter zu erschließen und sich in eine Figur einzufühlen, ist das Rollengespräch. Dieses Gespräch wird vom Spieler spontan aus der Rolle heraus improvisiert. Es kann sich dabei um einen Rollenmonolog (Selbstgespräch) handeln oder um einen Rollendialog (ein Gespräch zwischen zwei Figuren).

4 a Untersuchen Sie die Figur Franz genauer: Teilen Sie die Klasse in zwei Gruppen. Die eine Gruppe bearbeitet in Partnerarbeit den ersten Textauszug (▸ S. 187 f.), die andere den zweiten (▸ S. 190 f.). Führen Sie einen Rollenmonolog (▸ Methode) in Fortsetzung der beiden Gespräche durch.
b Vergleichen Sie Ihre Ergebnisse.

5 Schreiben Sie eine Charakterisierung (▸ S. 381 f.) zur Figur Franz.

Information **Die vier Analysekategorien der werkimmanenten Ebene**

Eine Dramenszene lässt sich auf unterschiedliche Aspekte hin untersuchen:
Bei der **Handlungsanalyse** werden die Art (z. B. Intrige, Verschwörung) und der Verlauf der Handlung untersucht, also z. B. wie sich der Konflikt entwickelt, wie er sich aufbaut, seinen Höhepunkt erreicht und sich wieder auflöst, welche Ursachen er hat und wie er gelöst wird.
Die **Figurenanalyse** widmet sich den Lebensumständen und dem Verhalten einzelner Figuren, fragt nach ihren Charaktereigenschaften, Überzeugungen und Wertvorstellungen.
Die **Dialoganalyse** (Methode, ▸ S. 194) untersucht das kommunikative Verhalten der Figuren, ihre Standpunkte und Argumente, die sprachliche Gestaltung sowie die Gesprächsentwicklung.
Bei der **Situationsanalyse** schließlich geht es um die Bedingungen oder Voraussetzungen einer Szene, die sich aus dem Vorausgegangenen ergeben. Hier sind auch zeittypische Eigenschaften, z. B. Herrschaftsstrukturen, von Bedeutung.

5.2 Strukturen des klassischen und des modernen Dramas

Das Drama in der Aufklärung

Gotthold Ephraim Lessing: **Emilia Galotti** (1772) – V/7

[Der Fürst von Guastalla hat sich in Emilia Galotti verliebt. Sein Helfer am Hof, Marinelli, lässt die Kutsche, in der Emilia und ihr Verlobter Appiani fahren, überfallen. Appiani wird ermordet und Emilia auf das Schloss des Fürsten „gerettet". Der Vater Odoardo durchschaut das Spiel. Er erhält von Orsina, der verlassenen Geliebten des Fürsten, einen Dolch, um diesen zu töten. Er trifft auf seine Tochter.]

ODOARDO: Ich meine, du bist ruhig, mein Kind.

EMILIA: Das bin ich. Aber was nennen Sie ruhig sein? Die Hände in den Schoß legen? Leiden, was man nicht sollte? Dulden, was man nicht dürfte?

ODOARDO: Ha! Wenn du so denkest! – Lass dich umarmen, meine Tochter! – Ich hab es immer gesagt: Das Weib wollte die Natur zu ihrem Meisterstücke machen. Aber sie vergriff sich im Tone, sie nahm ihn zu fein. Sonst ist alles besser an euch als an uns. – Ha, wenn das deine Ruhe ist, so habe ich meine in ihr wiedergefunden! Lass dich umarmen, meine Tochter! – Denke nur: Unter dem Vorwande einer gerichtlichen Untersuchung – o des höllischen Gaukelspieles! – reißt er dich aus unsern Armen und bringt dich zur Grimaldi[1].

EMILIA: Reißt mich? Bringt mich? – Will mich reißen, will mich bringen: will! will! – Als ob wir, wir keinen Willen hätten, mein Vater!

ODOARDO: Ich ward auch so wütend, dass ich schon nach diesem Dolche griff *ihn herausziehend,* um einem von beiden – beiden! – das Herz zu durchstoßen.

EMILIA: Um des Himmels willen nicht, mein Vater! – Dieses Leben ist alles, was die Lasterhaften haben. – Mir, mein Vater, mir geben Sie diesen Dolch.

ODOARDO: Kind, es ist keine Haarnadel.

EMILIA: So werde die Haarnadel zum Dolche! – Gleichviel.

„Emilia Galotti" in den Münchner Kammerspielen, 1984

ODOARDO: Was? Dahin wäre es gekommen? Nicht doch; nicht doch! Besinne dich. – Auch du hast nur ein Leben zu verlieren.

EMILIA: Und nur eine Unschuld!

ODOARDO: Die über alle Gewalt erhaben ist.

EMILIA: Aber nicht über alle Verführung. – Gewalt! Gewalt! Wer kann der Gewalt nicht trotzen? Was Gewalt heißt, ist nichts: Verführung ist die wahre Gewalt. – Ich habe Blut, mein Vater, so jugendliches, so warmes Blut als eine. Auch meine Sinne sind Sinne. Ich stehe für nichts. Ich bin für nichts gut. Ich kenne das Haus der Grimaldi. Es ist das Haus der Freude. Eine Stunde da, unter den Augen meiner Mutter – und es erhob sich so mancher Tumult in meiner Seele, den die strengsten Übungen der Religion kaum in Wochen besänftigen konnten! – Der Religion! Und welcher Religion? – Nichts Schlimmers zu vermeiden, sprangen Tausende in die Fluten und sind Heilige! – Geben Sie mir, mein Vater, geben Sie mir diesen Dolch. [...]

ODOARDO: Sieh, wie rasch! – Nein, das ist nicht für deine Hand.

1 **Grimaldi:** eine Familie der Stadt, bei der der Fürst seine Bälle und Feste feiert

EMILIA: Es ist wahr, mit einer Haarnadel soll ich – *Sie fährt mit der Hand nach dem Haare, eine zu suchen, und bekommt die Rose zu fassen.* Du noch hier? – Herunter mit dir! Du gehörest nicht in das Haar einer – wie mein Vater will, dass ich werden soll!

ODOARDO: Oh, meine Tochter!

EMILIA: Oh, mein Vater, wenn ich Sie erriete! – Doch nein, das wollen Sie auch nicht. Warum zauderten Sie sonst? – *In einem bittern Tone, während dass sie die Rose zerpflückt.* Ehedem wohl gab es einen Vater, der seine Tochter von der Schande zu retten, ihr den ersten, den besten Stahl in das Herz senkte – ihr zum zweiten Male das Leben gab[2]. Aber alle solche Taten sind von ehedem! Solcher Väter gibt es keinen mehr!

ODOARDO: Doch, meine Tochter, doch! *Indem er sie durchsticht* – Gott, was hab ich getan! *Sie will sinken, und er fasst sie in seine Arme.*

EMILIA: Eine Rose gebrochen, ehe der Sturm sie entblättert. – Lassen Sie mich sie küssen, diese väterliche Hand.

2 Emilia erinnert hier an die Geschichte der Römerin Virginia, die von ihrem Vater erstochen wurde, um ihre Unschuld und ihren guten Namen zu bewahren.

---

1 Formieren Sie Standbilder (Methode, ▸ S. 142) zu folgenden Textstellen: Z. 1–7, 25–29 und 70–78. Untersuchen Sie, was diese Standbilder über die Beziehung zwischen Vater und Tochter aussagen.

2 Führen Sie eine Dialoganalyse (▸ Methode) durch. Untersuchen Sie die unten genannten Aspekte.

3 Halten Sie die Ergebnisse aus Aufgabe 1 und 2 in Form einer Charakterisierung (▸ S. 381 f.) von Vater und Tochter stichwortartig fest.

Methode – Analyse von Dramenszenen – Dialoganalyse

- **Kontextuierung der Szene:** Stellung im Dramenzusammenhang und -aufbau, Vorgeschichte, Bedeutung der Szene für den weiteren Verlauf, Vorerwartungen des Publikums ...
- **Gesprächssituation:** Ort, Zeit, Atmosphäre ...
- **Figuren:** Motive, persönliche Situation, Weltanschauung, Verhaltensweisen, Eigenschaften ...
- **Figurenkonstellation:** Beziehungen zueinander, gesellschaftlicher Kontext ...
- **Formaler Aufbau:** Gliederung, Verteilung von Dialog und Monolog, Regieanweisungen ...
- **Gesprächsgegenstand:** Inhalt des Gesprächs, Position, Argumente ...
- **Gesprächsverlauf:** Art des Beginns und des Endes, Konfliktentwicklung, Wendepunkt/e ...
- **Gesprächsart:** Diskussion, Verhör, Streit, Entscheidungssuche, Plauderei ...
- **Gesprächsverhalten:** Redeanteil, Sprecherwechsel, Gesprächsbeteiligung, Redeinitiative, symmetrisch (gleichberechtigt), komplementär (sich ergänzend), überlegen (superior), unterlegen (inferior), Formen sprachlichen Handelns (fragen, vorwerfen, bitten, informieren ...)
- **Gesprächsstörung:** Missverständnisse, Widersprüche, Täuschungen ...
- **Sprachschicht, Sprachstil** (Information, ▸ S. 320): Hochsprache – Alltagssprache – Jargon, geschlechtsspezifisch, zeittypisch, sprachliche Brüche
- **Rhetorische Figuren und ihre Funktion** (Information, ▸ S. 313): Antithesen, Ellipsen, Euphemismen, Hyperbeln, Ironie, Metaphern ...
- **Adressatenbezug:** Adressaten in und außerhalb der Szene, Art der Ansprache

4 Vergleichen Sie die Dolchszene in „Emilia Galotti" mit der Degenszene aus „Die Räuber" (▸ S. 191, Z. 94 ff.). Welche Gemeinsamkeiten und Unterschiede stellen Sie fest?

5 Projekt: Bauen Sie eine Guckkasten-Bühne von dieser Szene. Nehmen Sie dazu einen Schuhkarton. Schneiden Sie eine Wand ab, so dass Sie drei Wände und einen Boden haben (ähnlich einer Puppenstube). Gestalten Sie nun das Bühnenbild so, dass die Stimmung der Szene darin zum

Ausdruck kommt. Sie können die Szene auch in eine andere Zeit oder in eine andere Gesellschaftsschicht verlegen, müssen dies aber begründen. Sollten Sie sich für eine zeitgetreue Bühne entscheiden: Recherchieren Sie, was in der damaligen Zeit bezüglich der Einrichtung üblich war. Stellen Sie Ihre Bühnen vor und besprechen Sie diese.

Gotthold Ephraim Lessings **Emilia Galotti** (1772) – Eine Inhaltsangabe

I. Aufzug, 1.–8. Auftritt
Ort: Ein Kabinett des Prinzen
Der Prinz des italienischen Fürstentums Guastalla, Hettore Gonzaga, bearbeitet Klagen und Bittschriften. Das Schreiben einer gewissen Emilia Bruneschi erinnert ihn an Emilia Galotti, eine Bürgerstocher, auf die er ein Auge geworfen hat. Der Kammerdiener bringt ihm einen Brief der Gräfin Orsina, seiner letzten Geliebten, für die er nichts mehr empfindet und die ihm lästig geworden ist. Der Maler Conti tritt auf und übergibt das vor langer Zeit bestellte Bild der Gräfin, doch hat Conti noch ein weiteres Bild mitgebracht, auf dem Emilia Galotti zu sehen ist. Der Prinz ist bereit, jeden Preis zu zahlen. Marinelli, der Kammerherr des Prinzen, erscheint. Er erzählt dem Prinzen beiläufig von der am gleichen Tag anstehenden Hochzeit zwischen Emilia Galotti und dem Grafen Appiani. Der Prinz ist bestürzt und verzweifelt über diese Nachricht. Der Kammerherr begegnet dem Aufbrausen des Prinzen mit einem Plan: Der Prinz soll auf sein Lustschloss Dosalo reisen, während Appiani mit einem Auftrag als Gesandter nach Massa geschickt werden soll. Der Prinz überlässt Marinelli die Ausführung des Plans, hin und her gerissen zwischen Zweifel und Hoffnung. Seine Staatsgeschäfte – ein Todesurteil ist zu unterzeichnen – erledigt er in seiner inneren Erregtheit, ohne nachzudenken.

II. Aufzug, 1.–11. Auftritt
Ort: Ein Saal in dem Hause der Galotti
Es ist der gleiche Tag, der Morgen der Hochzeit. Odoardo, Emilias Vater, erscheint überraschend. Er lebt auf dem Land, während seine Frau und Emilia in der Stadt leben. Wie er hört, ist Emilia allein in der Kirche.
Währenddessen wird Pirro, ein Bedienter der Familie Galotti, von Angelo, einem von Marinelli beauftragten Verbrecher, ausgehorcht und gezwungen, den geplanten Überfall zu begünstigen.
Odoardo und Claudia, Emilias Eltern, unterhalten sich über den zukünftigen Schwiegersohn, der ganz im Sinne von Odoardo ist. Odoardo ist jedoch erzürnt, als er erfährt, dass der Prinz Emilia gesehen und Gefallen an ihr gefunden hat. Er entfernt sich. Kurz darauf kommt Emilia völlig aufgelöst nach Hause. Sie ist in der Kirche vom Prinzen bedrängt worden.
Appiani erscheint im Hause der Galottis. Er ist ungewöhnlich ernst und niedergeschlagen. Nun taucht Marinelli auf, der Appiani die Botschaft überbringt, dass er als Gesandter des Prinzen nach Massa reisen müsse. Doch Appiani lehnt den Auftrag ab. Marinellis Plan, den Grafen von seiner Hochzeit abzuhalten, ist damit gescheitert.

III. Aufzug, 1.–8. Auftritt
Ort: Lustschloss Dosalo
Der Prinz ist in Dosalo. Marinelli berichtet ihm das Scheitern seines Vorhabens, erzählt ihm jedoch sogleich von einem neuen Plan: Die Kutsche mit dem Grafen und Emilia soll überfallen werden. Angelo erscheint und berichtet Marinelli vom (geglückten) Überfall. Appiani ist tot und Emilia auf dem Weg ins Schloss. Sie kommt und wird von einem Diener hereingeleitet. Emilia ist sehr aufgeregt, denn sie weiß nicht, wie es ihrer Mutter und Graf Appiani geht. Marinelli spielt den Unwissenden. Er bereitet

sie darauf vor, dass sie gleich dem Prinzen begegnen wird. Dieser erscheint und versucht, Emilia zu beruhigen. Emilia fleht ihn jedoch an, ihr die Wahrheit zu sagen. Der Prinz entschuldigt sich wegen seines Überfalls in der Kirche. Sie verlassen gemeinsam den Saal. Der Diener Battista kündigt die Ankunft Claudias an. Sie tritt aufgeregt herein und erkennt in Marinelli jenen Mann, der am Morgen die Auseinandersetzung mit Appiani hatte. Claudia wird sich der Zusammenhänge bewusst, und als sie erfährt, dass sie auf dem Lustschloss des Prinzen ist, weiß sie vollends, welches Spiel gespielt wird. Sie stürzt zu Emilia ins Nebenzimmer.

„Emilia Galotti" im Deutschen Theater, Berlin 2005

IV. Aufzug, 1.–8. Auftritt
Ort: Lustschloss Dosalo
Marinelli klärt den Prinzen über die wahren Umstände des Todes von Appiani auf. Der Prinz ist erschüttert über die Folgen des Plans, während Marinelli andeutet, dass das Verhalten des Prinzen in der Kirche unbedacht war. Unterdessen meldet sich Orsina an. Der Prinz lässt sie durch Marinelli empfangen. Die Gräfin erwartet eine standesgemäße Begrüßung, da sie glaubt, dass der Prinz ihretwegen nach Dosalo gefahren ist. Marinelli versucht, sie abzuweisen, doch gelingt ihm das nicht. Der Prinz kommt ihm zu Hilfe. Er weist Orsina mit dem Hinweis zurück, dass er nicht allein sei. Marinelli erzählt ihr daraufhin von dem Überfall und Appianis Tod. Der Name Emilia Galotti fällt. Orsina durchschaut die Zusammenhänge, da sie von der Begegnung des Prinzen mit Emilia in der Kirche weiß. Sie nennt den Prinzen einen Mörder. Odoardo betritt das Schloss und bleibt mit Orsina allein, während Marinelli ihn dem Prinzen meldet. Orsina erzählt Odoardo die Wahrheit über den Überfall und drängt ihm einen Dolch auf. Claudia kehrt zurück und bestätigt die Nachrichten der Orsina. Sie soll nun gemeinsam mit Orsina in die Stadt fahren, um einen Wagen zu senden, der Emilia und ihren Vater vom Schlosse fortbringt.

V. Aufzug, 1.–8. Auftritt
Ort: Lustschloss Dosalo
Marinelli bereitet Odoardo darauf vor, dass Emilia nicht mit ihm fahren wird, sondern trotz des Überfalls nach Guastalla geleitet werden solle. Er will dadurch verhindern, dass Emilia dem Einflussbereich des Prinzen gänzlich entzogen wird. Odoardo ist empört, versucht sich aber zu beruhigen. Marinelli drängt im Beisein des Prinzen auf eine amtliche Untersuchung des Mordes an Appiani. Dazu hält er es für notwendig, dass Emilia von ihren Eltern getrennt wird. Sie soll bis zum Abschluss der Untersuchung im Hause des Kanzlers untergebracht werden. Odoardo äußert den Wunsch, Emilia vor ihrer Reise unter vier Augen zu sprechen. Odoardo ist verzweifelt. Während er alleine seine Verzweiflung in Worte fasst, tritt Emilia auf. Odoardo bestätigt ihr den Tod Appianis. Emilia ist gefasst und fordert ihren Vater auf, ihr den Dolch zu geben, um sich damit erstechen zu können. Doch Odoardo will nicht zulassen, dass Emilia sich selbst das Leben nimmt. Er ersticht sie eigenhändig. Marinelli und der Prinz kommen und sehen Emilia sterben. Odoardo bekennt sich zu der Tat und will sich seinen Richtern stellen.

---

1. Stellen Sie die Figurenkonstellation in „Emilia Galotti" grafisch dar. Vergleichen Sie Ihre Ergebnisse in der Klasse.
2. Benennen Sie die Ihrer Ansicht nach zentralen Handlungsmomente im Drama.
3. Informieren Sie sich über die Epoche der Aufklärung (Information, ▸ S.197). Ordnen Sie das Drama „Emilia Galotti" begründet dieser Epoche zu.

Information **Epochenüberblick: Aufklärung (ca. 1720–1800)**

Geschichtlicher Hintergrund: Nach dem Ende des Dreißigjährigen Krieges musste in Deutschland Aufbauarbeit geleistet werden. Dies organisierten ganz überwiegend die mächtigen Territorialfürsten, die gleichzeitig ihre Macht ausbauten. Alle staatliche Gewalt war auf diese Herrscher konzentriert **(Absolutismus)**, was sie auch gerne öffentlich demonstrierten: Sie ließen prächtige Schlösser bauen und beschafften so etlichen Handwerkern, Künstlern und Bauleuten Arbeit. Durch die Bautätigkeit kamen der Handel und die Produktion in Schwung und die Einführung des Wirtschaftssystems des **Merkantilismus** unterstützte diese Entwicklung. Vorbild für die neuen Schlösser war Versailles, das Schloss des französischen „Sonnenkönigs", **Ludwigs XIV**. Vor allem der Adel und der Klerus, die Geistlichen, profitierten von dieser Entwicklung und stützten die ständische Gesellschaftsordnung. Die Sprache bei Hof war Französisch.

Weltbild und Lebensauffassung: Anstöße zu einem neuen Denken gingen u.a. von Frankreichs bürgerlichen Intellektuellen aus. Im Zentrum stand das Individuum, dessen Streben nach Freiheit im Denken und im wirtschaftlichen Handeln zu seinem Recht kommen sollte. Das Bürgertum wurde sowohl in den großen Städten als auch an den Fürstenhöfen immer stärker. Von den absolutistischen Herrschern forderte man die (Menschen-) Rechte des Einzelnen ein, von der Kirche wurde Toleranz verlangt. In Philosophie und Wissenschaft berief man sich auf Erfahrung **(Empirismus)** und Verstand **(Rationalismus)**. Das Wissen und Können eines Menschen sollten künftig die Stellung in der Gesellschaft bestimmen und nicht, in welche Gesellschaftsschicht er geboren worden war. Die bürgerlichen Wertvorstellungen besagten, dass alle Menschen als vernunftbegabte Wesen von Natur aus einander gleich seien. Sie unterscheiden sich nur durch Verstand und Bildung.

Literatur: Die Literatur sollte unterhalten und belehren. Letzteres war die wichtigste Aufgabe bei der Bildung des bürgerlichen Individuums. Auch sollte ein fremdes Schicksal nacherlebt werden können. Besonders das Drama spielte hierbei eine wichtige Rolle, es sollte das Publikum erziehen und „aufgeklärte" Einsichten bewirken. Das **bürgerliche Trauerspiel** ist die wichtigste literarische Neuerung in der Aufklärung. Im Zentrum steht hier die bürgerliche Weltauffassung. Standeskonflikte zwischen Adel und Hof einerseits und dem Bürgertum andererseits werden darin auf die Bühne gebracht. Wichtige Werke sind „Emilia Galotti" und „Minna von Barnhelm" von **Lessing**, „Kabale und Liebe" von **Schiller**.

Wichtige Autorinnen und Autoren: **Johann Christoph Gottsched** (1700–1766), **Immanuel Kant** (1724–1804), **Gotthold Ephraim Lessing** (1729–1781), **Sophie von La Roche** (1730–1807), **Christoph Martin Wieland** (1733–1813), **Friedrich Schiller** (1759–1805)

4 Recherchieren Sie nach anderen bürgerlichen Trauerspielen. Fassen Sie den Inhalt dieser Werke kurz zusammen und erläutern Sie deren Zugehörigkeit zur Epoche der Aufklärung.

5 **a** Lesen Sie den Text von Kant (▶ S. 198) gründlich durch und paraphrasieren Sie wichtige Passagen.
b Beantworten Sie folgende Fragen: Was versteht Kant unter der „selbstverschuldeten Unmündigkeit"? Weshalb bleibt der größte Teil der Menschheit nach Kant gerne unmündig? Was ist also Aufklärung?

6 Erläutern Sie, wie Kant die Situation der Frauen darstellt. Nehmen Sie dazu Stellung.

7 Wie würde Kant die Situation Emilias beschreiben und beurteilen?

8 Diskutieren Sie: Leben wir heute in einem aufgeklärten Zeitalter im Sinne Kants?

Immanuel Kant: **Beantwortung der Frage: Was ist Aufklärung?** (1784)

Immanuel Kant (1724–1804), geboren in Königsberg, war dort Professor für Philosophie.

Aufklärung ist der Ausgang des Menschen aus seiner selbst verschuldeten Unmündigkeit. Unmündigkeit ist das Unvermögen, sich seines Verstandes ohne Leitung eines anderen zu bedienen. *Selbstverschuldet* ist diese Unmündigkeit, wenn die Ursache derselben nicht am Mangel des Verstandes, sondern der Entschließung und des Mutes liegt, sich seiner ohne Leitung eines andern zu bedienen! Sapere aude! Habe Mut, dich deines *eigenen* Verstandes zu bedienen!, ist also der Wahlspruch der Aufklärung.

Faulheit und Feigheit sind die Ursachen, warum ein so großer Teil der Menschen, nachdem sie die Natur längst von fremder Leitung freigesprochen (naturaliter majorennes[1]), dennoch gerne zeitlebens unmündig bleiben; und warum es anderen so leicht wird, sich zu deren Vormündern aufzuwerfen. Es ist so bequem, unmündig zu sein. Habe ich ein Buch, das für mich Verstand hat, einen Seelsorger, der für mich Gewissen hat, einen Arzt, der für mich die Diät beurteilt usw., so brauche ich mich ja nicht selbst zu bemühen. Ich habe nicht nötig zu denken, wenn ich nur bezahlen kann; andere werden das verdrießliche Geschäft schon für mich übernehmen. Dass der bei Weitem größte Teil der Menschen (darunter das ganze schöne Geschlecht) den Schritt zur Mündigkeit außer dem, dass er beschwerlich ist, auch für sehr gefährlich halte: Dafür sorgen schon jene Vormünder, die die Oberaufsicht über sie gütigst auf sich genommen haben [...].

Zu dieser Aufklärung aber wird nichts erfordert als *Freiheit;* und zwar die unschädlichste unter allem, was nur Freiheit heißen mag, nämlich die: von seiner Vernunft in allen Stücken *öffentlichen Gebrauch* zu machen. Nun höre ich aber von allen Seiten rufen: *Räsoniert[2] nicht!* Der Offizier sagt: Räsoniert nicht, sondern exerziert! Der Finanzrat: Räsoniert nicht, sondern bezahlt! Der Geistliche: Räsoniert nicht, sondern glaubt! (Nur ein einziger Herr in der Welt sagt: *Räsoniert,* so viel ihr wollt und worüber ihr wollt; *aber gehorcht!*[3]) Hier ist überall Einschränkung der Freiheit. Welche Einschränkung aber ist der Aufklärung hinderlich? Welche nicht, sondern ihr wohl gar beförderlich? – Ich antworte: Der *öffentliche* Gebrauch seiner Vernunft muss jederzeit frei sein, und der allein kann Aufklärung unter Menschen zu Stande bringen; der *Privatgebrauch* derselben aber darf öfters sehr enge eingeschränkt sein, ohne doch darum den Fortschritt der Aufklärung sonderlich zu hindern. Ich verstehe aber unter dem öffentlichen Gebrauche seiner eigenen Vernunft denjenigen, den jemand als Gelehrter von ihr vor dem ganzen Publikum der Leserwelt macht. Den Privatgebrauch nenne ich denjenigen, den er in einem gewissen ihm anvertrauten *bürgerlichen Posten* oder Amte von seiner Vernunft machen darf. [...]

Wenn denn nun gefragt wird: Leben wir jetzt in einem *aufgeklärten Zeitalter?* So ist die Antwort: Nein, aber wohl in einem Zeitalter der *Aufklärung.* Dass die Menschen, wie die Sachen jetzt stehen, im Ganzen genommen, schon im Stande wären oder darin auch nur gesetzt werden könnten, in Religionsdingen sich ihres eigenen Verstandes ohne Leitung eines andern sicher und gut zu bedienen, daran fehlt noch sehr viel. Allein, dass jetzt ihnen doch das Feld geöffnet wird, sich dahin frei zu bearbeiten und die Hindernisse der allgemeinen Aufklärung oder des Ausganges aus ihrer selbst verschuldeten Unmündigkeit allmählich weniger werden, davon haben wir doch deutliche Anzeigen.

1 **naturaliter majorennes:** lat. von Natur aus volljährig/mündig; erwachsen

2 **räsonieren:** franz. nachdenken, seinen Verstand gebrauchen (und das öffentlich und kritisch bekunden); negativ: nörgeln

3 Anspielung auf den „aufgeklärten" preußischen König Friedrich II.

Das klassische (aristotelische) Drama

Das europäische Drama hat seinen Ursprung im antiken Griechenland. Das zeigen schon einige gattungsspezifische Bezeichnungen, die aus dem Griechischen stammen: **Drama** (Handlung, Schauspiel), **Theater** (Zuschauerraum, Schauspielhaus), **Szene** (Bühne, Teil der Bühnenhandlung), **Dialog** (Wechselrede der Figuren) und **Monolog** (Einzelrede), **Tragödie** (Trauerspiel) und **Komödie** (Lustspiel).
Das Drama hat religiöse Wurzeln und entwickelte sich aus kultischen Handlungen mit Umzügen, Verkleidungen, Gesang und Tanz. Aus diesen volkstümlichen Traditionen schufen die attischen Dichter wie die drei berühmtesten, **Aischylos** (ca. 525–456 v. Chr.), **Sophokles** (497/96–406/405 v. Chr.) und **Euripides** (480–406 v. Chr.), eine künstlerische Ausdrucksform, die als „klassische" Tragödie oder Komödie Eingang in die Literatur des Abendlandes gefunden hat.
Inhalte der griechischen **Tragödien** waren Mythen (Geschichten von Göttern und Heroen) und historische Ereignisse. Als Thema stand die Beschränktheit des menschlichen Wollens und Könnens im Hinblick auf ethische Maßstäbe und göttliche Schicksalsmächte im Mittelpunkt.
Der Erste, von dem eine Theorie des Dramas überliefert wurde und der dabei Grundsätzliches zu dessen Funktion und Struktur beschrieb und festlegte, war der griechische Philosoph **Aristoteles** (384–321 v. Chr.). Seine nur in Bruchstücken erhaltene **„Poetik"** (Lehre von Wesen, Form und Wirkung der Dichtung) führt Maßstäbe und Regeln auf, die in der Geschichte des Theaters lange Zeit als verbindlich galten. Auch moderne Theaterschriftsteller, wie z. B. **Bertolt Brecht** (1898–1956), setzten ihre theoretischen Überlegungen meist bei **Aristoteles** an, um das Neue und Andersartige ihrer Stücke aufzuzeigen.

Aristoteles: Kennzeichen der Tragödie (um 335 v. Chr.)

- Die Tragödie ist die Nachahmung einer edlen und abgeschlossenen Handlung von einer bestimmten Größe in gewählter Rede, derart, dass jede Form solcher Rede in gesonderten Teilen erscheint und dass gehandelt und nicht berichtet wird, und dass mit Hilfe von Mitleid und Furcht eine Reinigung (Katharsis) von eben derartigen Affekten bewerkstelligt wird.
- Es dürfen also Handlungen, die gut aufgebaut sind, weder an einem beliebigen Punkte beginnen noch an einem beliebigen Punkte aufhören.
- Die Teile der Handlungen müssen so zusammengesetzt sein, dass das Ganze sich verändert und in Bewegung gerät, wenn ein einziger Teil umgestellt oder weggenommen wird. Wo aber Vorhandensein oder Fehlen eines Stückes keine sichtbare Wirkung hat, da handelt es sich gar nicht um einen Teil des Ganzen.
- Die Tragödie versucht so weit wie möglich, sich in einem einzigen Sonnendurchlauf oder doch nur wenig darüber hinaus abzuwickeln.

1 Erstellen Sie eine Checkliste für Tragödien-Autoren des klassischen, aristotelischen Dramas.
2 Überprüfen Sie, welche Kennzeichen einer Tragödie nach Aristoteles Lessings Drama „Emilia Galotti" erfüllt.

Information: Das geschlossene Drama nach Aristoteles

Die **geschlossene Form** des Dramas folgt den Regeln, die **Aristoteles** aufgestellt hat. Die Hauptform des Dramas ist die Tragödie. Sie besteht in der Regel aus **fünf Akten**.
Gustav Freytag (1816–1895), Schriftsteller und Literaturwissenschaftler, betont in seiner Abhandlung „Die Technik des Dramas" die auf Aristoteles zurückgehenden drei Einheiten: **die Einheit der Handlung, der Zeit und des Ortes**. Was die Einheit der Handlung angeht, so sollte sich jede Szene zwingend aus der vorigen ergeben und somit die Ursache bilden für das Geschehen der nächsten: Nichts geschieht zufällig (**„Prinzip der durchgängigen Kausalität in der Handlungsführung"**). Einheit der Zeit meint: Die Handlung spielt sich an einem einzigen Tag ab, Einheit des Ortes bedeutet, dass der Handlungsort immer gleich bleibt. **Freytags** pyramidales Schema stellt die Theorie des klassischen, aristotelischen Dramas in idealtypischer Weise dar:

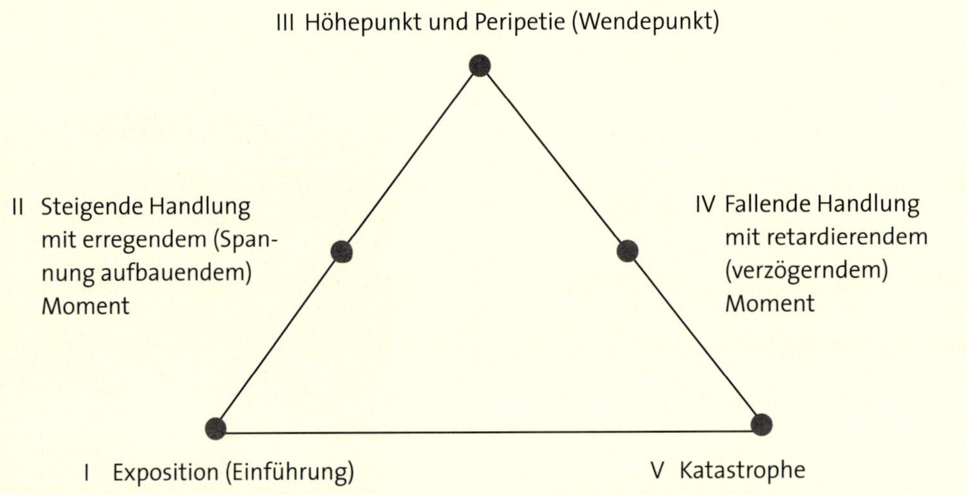

1. Akt, Exposition: Die Zuschauer werden in Zeit und Ort der Handlung eingeführt. Sie lernen die wichtigsten Personen des Stückes kennen und erfahren, was vorher passierte. In der Exposition wird der Konflikt des Dramas bereits angedeutet.
2. Akt, steigende Handlung mit erregendem Moment: Die Handlung gewinnt nun an Dynamik: Der Konflikt entwickelt sich und spitzt sich so weit zu, bis eine Entladung unausweichlich scheint. Es werden Intrigen gesponnen und Ränke geschmiedet.
3. Akt, Höhepunkt/Wendepunkt: In diesem Akt nun erreicht der Konflikt seinen Höhepunkt. Der Held/Die Heldin steht in der entscheidenden Auseinandersetzung, in der sich das weitere Schicksal entscheidet. Der Wendepunkt (die Peripetie) führt zu Sieg oder Niederlage, zu Absturz oder Erhöhung.
4. Akt, fallende Handlung: Die Handlung treibt dem Ende zu, dennoch wird die Spannung noch einmal gesteigert, indem die Entwicklung im so genannten **retardierenden Moment** verzögert wird. Die Handlung scheint einen anderen Verlauf zu nehmen, als im Wendepunkt angedeutet. Kurzzeitig scheint es so, als könne es noch zu einem guten Ende kommen.
5. Akt, Katastrophe: Im Schlussakt entwickelt sich die Lösung des Konflikts mit dem Untergang des Helden/der Heldin. Der Tod ist jedoch oft mit einem inneren Sieg, einer tiefgreifenden Erkenntnis oder Verklärung des Helden/der Heldin verbunden.

3 Klären Sie, ob „Emilia Galotti“ ein geschlossenes Drama ist.
a Lesen Sie erneut die Inhaltsangabe auf S. 195 f. und veranschaulichen Sie die Aktbeschreibung der Information (▶ S. 200) anhand der Akte des Dramas.
b Zeichen Sie ein Schema nach Gustav Freytag und tragen Sie dort den Handlungsverlauf ein.
4 Gleichen Sie auch Schillers „Die Räuber“ mit den Kriterien eines geschlossenen Dramas ab.
5 Diskutieren Sie: Welche Vor- und Nachteile, welchen Zweck hat eine derart streng festgelegte Form?

Bertolt Brechts episches Theater

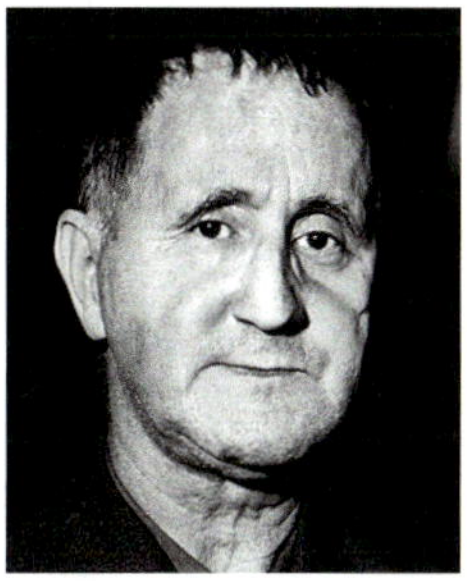

Die wohl wichtigste Variante der offenen Dramenform entwickelte seit Ende der 1920er Jahre **Bertolt Brecht** (1898–1956) mit seinem **epischen Theater**. Der „dramatischen Form“ des aristotelischen Theaters setzte Brecht seine „epische Form“ entgegen. Unter „episch“ verstand er eine Art der Darbietung des Geschehens, wie sie der Erzähler in der epischen Gattung verwendet. Dem Publikum sollte die Illusion genommen werden, es verfolge ein unmittelbares Geschehen. Die so genannte „vierte Wand“, die sich im klassischen Theater fiktiv zwischen Bühnen- und Zuschauerraum befindet und die suggeriert, man erlebe unbemerkt von den Akteuren die Bühnenhandlung mit, sollte aufgebrochen werden, indem das Publikum z. B. direkt angesprochen wird. Mit dieser **offenen** Form des Theaters verfolgt **Brecht** eine ganz andere Wirkungsabsicht als die, die er dem traditionellen, **geschlossenen**, aristotelischen Drama zuschrieb.

Bertolt Brecht: **Die Bühne begann zu erzählen** (1936)

Zum Verständnis der Vorgänge war es nötig geworden, die *Umwelt*, in der die Menschen lebten, „groß“ und „bedeutend“ zur Geltung zu bringen.
Diese Umwelt war natürlich auch im bisherigen Drama gezeigt worden, jedoch nicht als selbständiges Element, sondern nur von der Mittelpunktsfigur des Dramas aus. Sie erstand aus der Reaktion des Helden auf sie. Sie wurde gesehen, wie der Sturm gesehen werden kann, wenn man auf einer Wasserfläche die Schiffe ihre Segel entfalten und die Segel sich biegen sieht. Im epischen Theater sollte sie aber nun selbständig in Erscheinung treten.
Die Bühne begann zu erzählen. Nicht mehr fehlte mit der vierten Wand zugleich der Erzähler. Nicht nur der Hintergrund nahm Stellung zu den Vorgängen auf der Bühne, indem er auf großen Tafeln gleichzeitig andere Vorgänge an andern Orten in die Erinnerung rief, Aussprüche von Personen durch projizierte Dokumente belegte oder widerlegte, zu abstrakten Gesprächen sinnlich faßbare, konkrete Zahlen lieferte, zu plastischen, aber in ihrem Sinn undeutlichen Vorgängen Zahlen und Sätze zur Verfügung stellte – auch die Schauspieler vollzogen die Verwandlung nicht vollständig, sondern hielten Abstand zu der von ihnen dargestellten Figur, ja forderten deutlich zur Kritik auf.
Von keiner Seite wurde es dem Zuschauer weiterhin ermöglicht, durch einfache Einfühlung in dramatische Personen sich kritiklos (und praktisch folgenlos) Erlebnissen hinzugeben. Die Darstellung setzte die Stoffe und Vorgänge einem Entfremdungsprozeß aus. Es war die Entfremdung, welche nötig ist, damit verstanden werden kann. Bei allem „Selbstverständlichen“ wird auf das Verstehen einfach verzichtet. Das „Natürliche“ muß das Moment des *Auffälligen* bekommen. Nur so konnten die Gesetze von Ursache und Wirkung zutage treten. Das Handeln der Menschen mußte zugleich so sein und mußte zugleich anders sein können.

R

1 **a** Erstellen Sie eine Liste mit den Veränderungen in der Dramenkonzeption, die Brecht im Text beschreibt.
b Erläutern Sie, welche Folgen nach Brecht die Episierung des Theaters für Inhalt, Handlungsaufbau, Bühne, Bühnenbild und Schauspieler hat.

Bertolt Brecht: **Der gute Mensch von Sezuan** (1943)

Vorspiel

Eine Straße in der Hauptstadt von Sezuan
Es ist Abend. Wang, der Wasserverkäufer, stellt sich dem Publikum vor.

WANG: Ich bin Wasserverkäufer hier in der Hauptstadt von Sezuan. Mein Geschäft ist mühselig. Wenn es wenig Wasser gibt, muß ich weit danach laufen. Und gibt es viel, bin ich ohne Verdienst. Aber in unserer Provinz herrscht überhaupt große Armut. Es heißt allgemein, daß uns nur noch die Götter helfen könnten. Zu meiner unaussprechlichen Freude erfahre ich von einem Viehverkäufer, der viel herumkommt, daß einige der höchsten Götter schon unterwegs sind und auch hier in Sezuan erwartet werden dürften. Der Himmel soll sehr beunruhigt sein wegen der vielen Klagen, die zu ihm aufsteigen. Seit drei Tagen warte ich hier am Eingang der Stadt, besonders gegen Abend, damit ich sie als erster begrüßen kann. Später hätte ich ja dazu wohl kaum mehr Gelegenheit, sie werden von Hochgestellten umgeben sein und überhaupt stark überlaufen werden. Wenn ich sie nur erkenne! Sie müssen ja nicht zusammen kommen. Vielleicht kommen sie einzeln, damit sie nicht so auffallen. Die dort können es nicht sein, die kommen von der Arbeit. *Er betrachtet vorübergehende Arbeiter.* Ihre Schultern sind ganz eingedrückt vom Lastentragen. Der dort ist auch ganz unmöglich ein Gott, er hat Tinte an den Fingern. Das ist höchstens ein Büroangestellter in einer Zementfabrik. Nicht einmal diese Herren dort – *zwei Herren gehen vorüber* – kommen mir wie Götter vor, sie haben einen brutalen Ausdruck wie Leute, die viel prügeln, und das haben die Götter nicht nötig. Aber dort, diese drei! Mit denen sieht es schon ganz anders aus. Sie sind wohlgenährt, weisen kein Zeichen irgendeiner Beschäftigung auf und haben Staub auf den Schuhen, kommen also von weit her. Das sind sie! Verfügt über mich, Erleuchtete! *Er wirft sich zu Boden.*

DER ERSTE GOTT *erfreut:* Werden wir hier erwartet?

WANG *gibt ihnen zu trinken:* Seit langem. Aber nur ich wußte, daß ihr kommt.

DER ERSTE GOTT: Da benötigen wir also für heute Nacht ein Quartier. Weißt du eines?

WANG: Eines? Unzählige! Die Stadt steht zu euren Diensten, o Erleuchtete! Wo wünscht ihr zu wohnen?

Die Götter sehen einander vielsagend an.

DER ERSTE GOTT: Nimm das nächste Haus, mein Sohn! Versuch es zunächst mit dem allernächsten!

WANG: Ich habe nur die Sorge, daß ich mir die Feindschaft der Mächtigen zuziehe, wenn ich einen von ihnen besonders bevorzuge.

DER ERSTE GOTT: Da befehlen wir dir eben: nimm den nächsten!

WANG: Das ist der Herr Fo dort drüben! Geduldet euch einen Augenblick! *Er läuft zu einem Haus und schlägt an die Tür. Sie wird geöffnet, aber man sieht, er wird abgewiesen. Er kommt zögernd zurück.*

WANG: Das ist dumm. Der Herr Fo ist gerade nicht zu Hause, und seine Dienerschaft wagt nichts ohne seinen Befehl zu tun, da er sehr streng ist. Er wird nicht wenig toben, wenn er erfährt, wen man ihm da abgewiesen hat, wie?

DIE GÖTTER *lächelnd:* Sicher.

WANG: Also noch einen Augenblick! Das Haus nebenan gehört der Witwe Su. Sie wird außer sich sein vor Freude. *Er läuft hin, wird aber anscheinend auch dort abgewiesen.*

WANG: Ich muß dort drüben nachfragen. Sie

sagt, sie hat nur ein kleines Zimmerchen, das nicht instand gesetzt ist. Ich wende mich sofort an Herrn Tscheng.

Der zweite Gott: Aber ein kleines Zimmer genügt uns. Sag, wir kommen.

Wang: Auch wenn es nicht aufgeräumt ist? Vielleicht wimmelt es von Spinnen.

Der zweite Gott: Das macht nichts. Wo Spinnen sind, gibt's wenig Fliegen.

Der dritte Gott *freundlich zu Wang:* Geh zu Herrn Tscheng oder sonstwohin, mein Sohn, ich ekle mich vor Spinnen doch ein wenig.

Wang klopft wieder wo an und wird eingelassen.

Stimme aus dem Hause: Verschone uns mit deinen Göttern! Wir haben andere Sorgen! [...]

Wang *schimpft ihm nach:* Du schieläugiger Schieber! Hast du keine Gottesfurcht? Ihr werdet in siedendem Pech braten für eure Gleichgültigkeit! Die Götter scheißen auf euch! Aber ihr werdet es noch bereuen! Bis ins vierte Glied werdet ihr daran abzuzahlen haben! Ihr habt ganz Sezuan mit Schmach bedeckt! *Pause.* Jetzt bleibt nur noch die Prostituierte Shen Te, die kann nicht nein sagen. *Er ruft „Shen Te". Oben im Fenster schaut Shen Te heraus.*

Wang: Sie sind da, ich kann kein Obdach für sie finden. Kannst du sie nicht aufnehmen für eine Nacht?

Shen Te: Ich glaube nicht, Wang. Ich erwarte einen Freier. Aber wie kann denn das sein, daß du für sie kein Obdach findest?!

Wang: Das kann ich jetzt nicht sagen. Ganz Sezuan ist ein einziger Dreckhaufen.

Shen Te: Ich müßte, wenn er kommt, mich versteckt halten. Dann ginge er vielleicht wieder weg. Er will mich noch ausführen.

Wang: Können wir nicht inzwischen schon hinauf?

Shen Te: Aber ihr dürft nicht laut reden. Kann man mit ihnen offen sprechen?

Wang: Nein! Sie dürfen von deinem Gewerbe nichts erfahren! Wir warten lieber unten. Aber du gehst nicht weg mit ihm?

Shen Te: Es geht mir nicht gut, und wenn ich bis morgen früh meine Miete nicht zusammenhabe, werde ich hinausgeworfen.

Wang: In solch einem Augenblick darf man nicht rechnen.

Shen Te: Ich weiß nicht, der Magen knurrt leider auch, wenn der Kaiser Geburtstag hat. Aber gut, ich will sie aufnehmen. *Man sieht sie das Licht löschen.* [...] R

---

1 Erfinden Sie eine Szene zu einer Leerstelle (Methode, ▶ S. 204). Wählen Sie entweder eine Situation, in der Wang erfolglos an eine Tür klopft, oder schreiben Sie ein Gespräch der Götter (Z. 52).

2 Informieren Sie sich über die Verfremdungseffekte bei Brecht (▶ Information) und wenden Sie Ihr Wissen auf den Dramenauszug an: Welche Effekte können Sie feststellen?

Information **Verfremdungseffekt**

- **Prinzip der Historisierung:** Die Handlung, an der vertraute gesellschaftliche Verhältnisse gezeigt werden sollen, wird in andere historische oder geografische Räume verlegt.
- **Dialektisches Prinzip:** Das Publikum stößt immer wieder auf Widersprüche:
  a im Aufbau der Handlung, indem Szenen mit gegensätzlichen Aussagen einander folgen;
  b im Verhalten der Figuren, deren Sagen und Handeln nicht übereinstimmen oder die als gespaltene Persönlichkeiten dargestellt werden.
- **Prinzip der Demonstration und Desillusionierung:**
  a Die Darstellerinnen und Darsteller identifizieren sich nicht mit ihren Rollen, sondern treten aus diesen Rollen heraus, indem sie sich plötzlich an das Publikum wenden. Sie treten dabei an die Rampe, um einen Text, z. B. ein Lied, vorzutragen, der die Handlung kommentiert. Sie *sind* nicht die darzustellende Figur, sondern sie *zeigen* sie.

b Das Bühnenbild bietet keinen vermeintlich realen Schauplatz bzw. keine stimmungsvolle Kulisse, sondern durch Tafeln, Projektionen und andere Mittel der Bühnentechnik werden zusätzliche Informationen zur Handlung sowie Kommentare abgegeben.

- **Prinzip verschiedener „Sprachebenen“:** Die Sprache ist weder die gehobene literarische Sprache des traditionellen Theaters noch eine gebräuchliche Alltagssprache, sondern eine eigene Kunstsprache mit verschiedenen Sprachebenen. Dabei wechseln die Figuren z.T. sprunghaft ihre Sprachebene und verwenden, häufig unangemessen, Sprichwörter oder Zitate.

Methode **Produktionsorientierte Verfahren zum Erschließen von Dramentexten**

In produktionsorientierten Verfahren setzt man sich mit Texten intensiv auseinander, indem neue Texte entstehen, z. B.:

- **Rollenbiografie, inneren Monolog, Brief, Tagebucheintrag schreiben:** Um sich einer Figur zu nähern, kann es hilfreich sein, sich ausführlich über ihre Gedanken, Gefühle und Beweggründe ihrer Handlungen Klarheit zu verschaffen. Ausgehend von einer genauen Figurenanalyse (Textarbeit) wird in der Ich-Form z. B. ein Selbstporträt, ein Brief oder Tagebucheintrag verfasst.
- **Leerstellen ausfüllen:** Dichter lassen oft bewusst Ereignisse weg bzw. schildern diese lediglich durch einen Bericht einer Figur (z. B. eines Boten). Es kann interessant sein, diese Leerstelle konkret stattfinden zu lassen, sprich: sie in den Dramentext einzufügen, um sich so einem vertieften Verständnis des Textes zu nähern.
- **Verlegen eines Dramentextes in eine andere Zeit oder Umgebung:** Durch das Transponieren eines Dramentextes in die Gegenwart, in die Vergangenheit, an einen anderen Ort oder in eine andere Gesellschaftsschicht kann man die Zeitbedingtheit eines Dramentextes erfahren, die Probleme in einer bestimmten Zeit oder Situation genauer erfassen oder die Aktualität eines vermeintlich „veralteten“ Textes erkennen.

Bertolt Brechts **Der gute Mensch von Sezuan** (1943) – Eine Inhaltsangabe

Vorspiel

Ort: Eine Straße in der Hauptstadt von Sezuan

Der Wasserverkäufer Wang berichtet dem Publikum, er habe gehört, einige Götter seien zur Erde herabgestiegen, um nach dem Rechten zu sehen. Er erwartet sie am Abend am Eingang der Stadt. Die drei Götter, die schließlich auftauchen, wollen beweisen, dass es gute Menschen gibt und dass trotz aller Klagen die Welt so bleiben kann, wie sie ist. Sie sind fürs Erste damit zufrieden, wenigstens einen guten Menschen gefunden zu haben: die Prostituierte Shen Te, die bei Wangs Suche nach einem Nachtlager für die Fremden als Einzige bereit ist, sie aufzunehmen. Zwar hält sie sich nicht immer an die Gebote der Götter, doch sie rechtfertigt das damit, dass sie anders ihre Miete nicht bezahlen könne. Daraufhin geben ihr die Götter als Dank für das Nachtquartier 1000 Silberdollar.

1 *Ort: Ein kleiner Tabakladen*

Mit dem Geld der Götter hat sich Shen Te einen Tabakladen gekauft, um mit ihm Gutes zu tun. Doch sie versorgt bald so viele Arme, die in ihren Laden kommen, dass ihr der Bankrott droht. Auch wird sie vom Schreiner, der ihr die Ladenregale baute, und der Vermieterin unter Druck gesetzt. In ihrer Not erfindet sie auf den Rat einer armen Frau hin einen Vetter Shui Ta, der ihre Schulden übernehmen soll.

Zwischenspiel
Ort: Unter einer Brücke
Die Götter beauftragen Wang, nach Shen Te zu sehen und ihnen von ihr zu berichten.

2 *Ort: Der Tabakladen*
Am nächsten Morgen werden die im Laden schlafenden Leute von einem jungen Herrn geweckt, der sich als Shui Ta vorstellt. Er beschimpft die Armen als Schmarotzer und Diebe und lässt sie durch die Polizei hinauswerfen. Den Schreiner speist er mit einer geringen Summe für dessen Regale ab und die Vermieterin beruhigt er dadurch, dass er eine Heiratsannonce für Shen Te aufgibt.

3 *Ort: Abendlicher Stadtpark*
Der arbeitslose Flieger Sun will sich im Park erhängen. Shen Te kommt herbei und hält ihn davon ab.

Zwischenspiel
Ort: Wangs Nachtlager in einem Kanalrohr
Wang berichtet den erbosten Göttern von Shui Tas Vorgehen.

4 *Ort: Platz vor Shen Tes Tabakladen*
Shen Te wendet sich an das Publikum und schildert begeistert die morgendliche Stadt. Einige Arme haben sich erneut vor ihrem Laden eingefunden. Glück hat sie, weil ein altes Teppichhändlerpaar ihr 200 Silberdollar für die Halbjahresmiete leiht. Sie gibt dieses Geld jedoch weiter an Suns Mutter, da der Sohn Aussicht hat, für 500 Silberdollar eine Postfliegerstelle zu erhalten.

Zwischenspiel
Ort: Vor dem Vorhang
Shen Te tritt auf, in den Händen die Maske und den Anzug Shui Tas. Sie singt das „Lied von der Wehrlosigkeit der Götter und Guten". Während des Liedes setzt sie Shui Tas Maske auf und singt mit dessen Stimme weiter.

5 *Ort: Der Tabakladen*
Shui Ta steht im Laden, als Sun erscheint. Er versichert Shui Ta, dass er Shen Te heiraten und mit ihr in Peking eine neue Existenz aufbauen wolle. Der Laden soll an die Vermieterin verkauft werden, die 300 Silberdollar dafür zahlen würde, genau das Geld, das Sun noch für seine Fliegerstelle fehlt. Als Sun jedoch eröffnet, dass er zunächst allein nach Peking gehen wolle, wird Shui Ta misstrauisch und jagt ihn davon. Um den Laden zu retten, verspricht er dem reichen Barbier Shu Fu seine Kusine. Da kommt Sun zurück, und als Shen Te erscheint, gewinnt er wieder ihr Herz. Sie verlässt mit Sun den Laden.

Zwischenspiel
Ort: Vor dem Vorhang
Shen Te erzählt dem Publikum, dass sie dem alten Paar die geliehenen 200 Silberdollar zurückzahlen und den Laden weiterführen will. Sun würde aus Liebe zu ihr sicher auf die Fliegerstelle verzichten.

6 *Ort: Nebenzimmer eines billigen Restaurants in der Vorstadt*
Shen Te und Sun befinden sich im Kreis ihrer Hochzeitsgesellschaft. Sun wartet auf Shui Ta und auf die 300 Silberdollar aus dem Verkauf des Ladens für seine Fliegerstelle. Er hat zwei Fahrkarten nach Peking gekauft im Glauben, er könne damit Shui Tas Widerstand gegen die Verbindung brechen. Mit der Trauung will er warten, bis Shui Ta mit dem Geld kommt. Dabei hört er nicht auf Shen Te, die Shui Tas Kommen bezweifelt. Zudem brauche sie 200 Silberdollar für das alte Paar. Die Hochzeit fällt aus.

Zwischenspiel
Ort: Wangs Nachtlager
Wang fordert die Götter auf, Shen Te zu helfen, was diese aber ablehnen.

„Der gute Mensch von Sezuan" in der Schaubühne, Berlin 2010

7 *Ort: Hof hinter Shen Tes Tabakladen*
Shen Te muss den Laden endgültig verkaufen. Selbst den Wagen mit ein wenig Hausrat, den sie noch besitzt, würde sie verschenken, um dem verletzten Wasserverkäufer Wang zu helfen. Dem Publikum verrät sie ihre Schwangerschaft; das Kind solle wie der Vater Flieger werden. Den Blankoscheck, den ihr der Barbier Shu Fu, beeindruckt von ihrer Güte, anbietet, zögert sie anzunehmen. Erneut greift Shui Ta ein. Er trägt in den Scheck 10.000 Silberdollar ein und eröffnet eine Tabakfabrik in den Baracken, die der Barbier den Armen als Bleibe angeboten hatte. Die Armen dienen ihm als billige Arbeitskräfte.

Zwischenspiel
Ort: Wangs Nachtlager
Wang bittet die Götter, ihre Erwartungen an Shen Te zu verringern. Dies verweigern sie.

8 *Ort: Shui Tas Tabakfabrik*
In Shui Tas Fabrik werden die Arbeiter rücksichtslos ausgebeutet. Auch Sun stellt er ein, dem er gleich die von Shen Te erhaltenen 200 Silberdollar vom Lohn abzieht. Sun schmeichelt sich jedoch bei Shui Ta ein und wird Aufseher, der die Arbeiter gnadenlos antreibt.

9 *Ort: Shen Tes Tabakladen*
Der dick gewordene Shui Ta kann die Nachfragen von Wang und anderen über Shen Tes Verbleib kaum mehr beantworten. Als Sun erfährt, dass Shen Te bei ihrem Weggang schwanger war, stellt er sich auf die Seite der skeptischen Frager. Wegen Verdachts, Shen Te ermordet zu haben, wird Shui Ta verhaftet.

Zwischenspiel
Ort: Wangs Nachtlager
Die Götter finden keine weiteren guten Menschen. Alle ihre Hoffnungen ruhen auf Shen Te.

10 *Ort: Gerichtslokal*
In den Richterroben stecken die drei Götter. Der von den Zeugen in die Enge getriebene Shui Ta bittet darum, den Saal räumen zu lassen, woraufhin er sich als Shen Te zu erkennen gibt. Sie erklärt, dass man in einer schlechten Welt nicht gut sein könne, wenn man überleben will. Die Götter wollen jedoch in ihr weiter nur den guten Menschen sehen und schweben mit Gesang auf einer rosa Wolke empor zum Himmel.

Epilog
Ein Schauspieler tritt vor den Vorhang und entschuldigt sich beim Publikum, dass man keinen rechten Schluss gefunden habe. So sei der Vorhang nun zu und alle Fragen offen. Vielleicht brauche man andere Götter oder gar keine, um etwas zu ändern. Das Publikum solle sich selbst einen Schluss denken.

---

1 Untersuchen Sie die Inhaltsangabe des Theaterstücks von Brecht in Hinblick auf das Vorhandensein von Verfremdungseffekten (Information, ▸ S. 203 f.).

2 Projekt: Verfassen Sie ein Programmheft zu einer fiktiven Aufführung von Brechts „Der gute Mensch von Sezuan". Ermitteln Sie zuerst anhand anderer Programmhefte, was alles in ein Programmheft gehört. Sammeln Sie dann Bilder etc. und gestalten Sie das Heft.

Zwei Beispiele im Vergleich – „Emilia Galotti“ und „Der gute Mensch von Sezuan“

Bertolt Brecht: **Die dramatische und die epische Form des Theaters** (1938)

Dramatische Form des Theaters	Epische Form des Theaters
Die Bühne „verkörpert“ einen Vorgang	sie erzählt ihn
verwickelt den Zuschauer in eine Aktion und verbraucht seine Aktivität	macht ihn zum Betrachter, aber weckt seine Aktivität
ermöglicht ihm Gefühle	erzwingt von ihm Entscheidungen
vermittelt ihm Erlebnisse	vermittelt ihm Erkenntnisse
der Zuschauer wird in eine Handlung hineinversetzt	er wird ihr gegenübergesetzt
es wird mit Suggestion gearbeitet	es wird mit Argumenten gearbeitet
die Empfindungen werden konserviert	bis zu Erkenntnissen getrieben
der Mensch wird als bekannt vorausgesetzt	der Mensch ist Gegenstand der Untersuchung
der unveränderliche Mensch	der veränderliche und verändernde Mensch
Spannung auf den Ausgang	Spannung auf den Gang
eine Szene für die andere	jede Szene für sich […]
was der Mensch soll	was der Mensch muß
seine Triebe	seine Beweggründe
das Denken bestimmt das Sein	das gesellschaftliche Sein bestimmt das Denken[1]

R

1 Kernthese der Philosophie von Karl Marx (1818–1883)

1 Wählen Sie drei Gegenüberstellungen aus und erläutern Sie diese mit eigenen Worten. Benutzen Sie bei Ihrer Erläuterung Beispiele aus den beiden Verlaufsübersichten zu „Emilia Galotti (▶ S. 195 f.) und „Der gute Mensch von Sezuan“ (▶ S. 204 f.).

2 **a** Vergleichen Sie die beiden Inhaltsangaben der Dramen unter folgenden Aspekten miteinander:

Vergleichsaspekte	*„Emilia Galotti“*	*„Der gute Mensch von Sezuan“*
Äußerer Aufbau/Gliederung		
Handlungsführung und Spannungsaufbau		
Gestaltung von Anfang und Schluss		
Orte und Zeiträume/zeitliche Zusammenhänge		
Figuren (Herkunft und Stand, Lebensumstände, Leitlinien des Handelns, Eigenschaften) und ihre Konstellation		

b Fassen Sie die Unterschiede der beiden Dramen in eigenen Worten zusammen.

c Erläutern Sie die mögliche Wirkung der beiden Dramenformen auf den Zuschauer.

3 Begründen Sie, welches der beiden Stücke Sie für einen Theaterbesuch auswählen würden.

5.3 Was will das Theater erreichen? – Wirkungsabsichten

Gotthold Ephraim Lessing: **Brief an Friedrich Nicolai über das Trauerspiel** (1756)

Wenn es also wahr ist, dass die ganze Kunst des tragischen Dichters auf die sichere Erregung und Dauer des einzigen Mitleidens geht, so sage ich nunmehr, die Bestimmung der Tragödie ist diese: Sie soll *unsere Fähigkeit, Mitleid zu fühlen,* erweitern. Sie soll uns nicht bloß lehren, gegen diesen oder jenen Unglücklichen Mitleid zu fühlen, sondern sie soll uns so weit fühlbar machen, dass uns der Unglückliche zu allen Zeiten und unter allen Gestalten rühren und für sich einnehmen muss. Und nun berufe ich mich auf einen Satz, den Ihnen Herr Moses[1] vorläufig demonstrieren mag, wenn Sie, Ihrem eignen Gefühl zum Trotz, daran zweifeln wollen. *Der mitleidigste Mensch ist der beste Mensch,* zu allen gesellschaftlichen Tugenden, zu allen Arten der Großmut der aufgelegteste. Wer uns also mitleidig macht, macht uns besser und tugendhafter, und das Trauerspiel, das jenes tut, tut auch dieses, oder – es tut jenes, um dieses tun zu können. Bitten Sie es dem Aristoteles ab, oder widerlegen Sie mich.

1 **Moses Mendelssohn (1729–1786):** Publizist und Philosoph; gilt als Wegbereiter der jüdischen Aufklärung

Bertolt Brecht: **Was ist mit dem epischen Theater gewonnen?** (1939)

Damit ist gewonnen, daß der Zuschauer die Menschen auf der Bühne nicht mehr als ganz unveränderbare, unbeeinflußbare, ihrem Schicksal hilflos ausgelieferte dargestellt sieht. Er sieht: dieser Mensch ist so und so, weil die Verhältnisse so und so sind. Und die Verhältnisse sind so und so, weil der Mensch so und so ist. Er ist aber nicht nur so vorstellbar, wie er ist, sondern auch anders, so wie er sein könnte, und auch die Verhältnisse sind anders vorstellbar, als sie sind. Damit ist gewonnen, daß der Zuschauer im Theater eine neue Haltung bekommt. Er bekommt den Abbildern der Menschenwelt auf der Bühne gegenüber jetzt dieselbe Haltung, die er als Mensch dieses Jahrhunderts der Natur gegenüber hat. Er wird auch im Theater empfangen als der große Änderer, der in die Naturprozesse und die gesellschaftlichen Prozesse einzugreifen vermag, der die Welt nicht mehr nur hinnimmt, sondern sie meistert. Das Theater versucht nicht mehr, ihn besoffen zu machen, ihn mit Illusionen auszustatten, ihn die Welt vergessen zu machen, ihn mit seinem Schicksal auszusöhnen. Das Theater legt ihm nunmehr die Welt vor zum Zugriff. [R]

---

1 Was soll das Theater bewirken? Stellen Sie die Antworten von Lessing und Brecht einander gegenüber.

2 **a** Begründen Sie: Welche Wirkungsabsicht ist der heutigen Zeit angemessener?
b Inwieweit wollen heutige Spielfilme oder Fernsehserien diesen Theorien entsprechend wirken?

Karin Beier (Intendantin Schauspiel Köln): **„Klassiker sind nun mal Klassiker“** (Ein Interview, 2008)

Frage: Sie sind durch Ihre Shakespeare-Inszenierungen bekannt geworden, die die Stücke in moderne Kontexte stellten und die an ungewöhnlichen Spielplätzen stattfanden. Wie aktuell dürfen oder müssen Klassiker inszeniert werden?

K. Beier: Es gibt keine Grenzen, weil das Theater sich anders begreift als andere künstlerische Formen. Die Aufführung existiert ja nur in dem Moment, in dem sie gerade stattfindet, während der Text bleibt. Man wird einen Klassiker immer auf die Frage prüfen müssen: Was hat er heutzutage für uns für eine Bedeutung? Manchmal ist die Bedeutung augenscheinlich, manchmal ist es komplizierter, manchmal nimmt man nur Fragmente des klassischen Textes als Gedankenanstoß. Wenn ich Shakespeare inszeniere, finde ich Komikerszenen, in denen sich Shakespeare mit der elisabethanischen Zeit auseinandersetzt, mit Dingen, die „en vogue" waren oder politisch eine Rolle gespielt haben. Das versteht heute kein Mensch mehr. Man handelt im Geiste des Autors, wenn man die Situationen in einen verstehbaren Kontext stellt, etwa die Frage nach Moral, nach Verantwortung des Einzelnen. Die Diskussion um Werktreue und werkgetreue Interpretation ist müßig und auch etwas veraltet. In der Sekunde, in der ich einen Satz spreche, interpretiere ich ihn bereits, je nachdem, wie ich ihn spreche. Wenn ich das vermeiden möchte, muss ich Bücher verteilen. Wenn ich mir zehn verschiedene „Faust"-Inszenierungen anschaue, dann interessieren mich die zehn verschiedenen Lesarten. Es ist also erklärtermaßen Aufgabe und Anspruch eines Theaters, sich mit unserer Zeit auseinanderzusetzen. Wir sind ja kein Museum. Es geht nicht darum, etwas zu bewahren, sondern vielmehr um „Reibung", es geht darum, die Zuschauer zum Nachdenken anzuregen. Die Leute sollen sich selber auf der Bühne erkennen.

Frage: Gibt es Dramentexte, die sich dafür besonders eignen und die deshalb eine Art Kanonstellung in der Schule haben sollten?

K. Beier: Klassiker sind nun mal Klassiker, weil sie beim Zuschauer etwas treffen, ihn in seinen Grundfesten berühren, Parabelcharakter besitzen, große Themen aufgreifen, die natürlich von Liebe, Macht, Verantwortung oder Identitätsfragen handeln. [...] Auch Schillers „Jungfrau von Orleans" ist ein spannender, moderner Stoff, der etwas über religiösen Fanatismus erzählt. Den kann man nicht in einer historisierenden Inszenierung vermitteln. Schiller würde sich wahrscheinlich im Grabe herumdrehen. Schließlich wollte er selbst die Dinge aufbrechen, wollte Reibung erzeugen. Vielleicht ist dieses Missverständnis der Werktreue ein Grund dafür, dass ich als Schülerin oft die Klassiker nicht gerne gelesen habe. Mich beeindruckte eher Albees „Wer hat Angst vor Virginia Woolf".

Frage: Was zeichnet Ihrer Meinung nach ein gutes modernes Theaterstück aus, das Sie vielleicht in den Spielplan am Kölner Schauspielhaus aufnehmen würden?

K. Beier: Wir haben zum Beispiel sehr häufig das Problem, dass moderne Stücke oder neue Stücke nicht auf der großen Bühne inszeniert werden können, weil sie sprachlich nicht kraftvoll genug sind. Selbstverständlich muss es – genauso wie bei der Wahl des Klassikers – einen Punkt geben, an dem ich sage: Das geht uns was an, das ist wichtig. Ich freue mich, wenn Texte nicht nur versuchen, eine „filmische" Sprache zu entwickeln, weil ich dann doch lieber ins Kino gehe. Nehmen wir die Texte von Yasmina Reza, das ist ja fast eine filmische Sprache. Doch sie beherrscht das Metier, den finsteren und auch bösartigen Blick auf unsere Gesellschaft mit der Komödie zu paaren. Und das funktioniert ganz wunderbar im Theater. Das ist nicht sentimental, sondern scharf im Blick und zugleich voller Humor. [...] Ich persönlich finde es als Regisseurin nicht aufregend, wenn alles schon dasteht. Dann kann man nicht mehr daran „kratzen" und eine weitere Schicht entdecken, und vielleicht noch eine Schicht darunter. Da steht dann genau das, was die Figuren denken, und das sagen die auch so. Interessant ist doch das, was nicht ausgesprochen wird.

---

1 Wie stehen Sie zu modernen Inszenierungen von Klassikern? Stellen Sie ein kurzes Meinungsbild in der Klasse zusammen und vergleichen Sie es mit der Meinung Karin Beiers.

2 Setzen Sie sich in Form eines Leserbriefs mit der Position Karin Beiers auseinander und schreiben Sie über Ihre eigenen Erfahrungen mit Klassikern in Schule und Theater.

6 Lyrik

Silbermond: Das Beste (2004)

Ich habe einen Schatz gefunden
und er trägt deinen Namen
So wunderschön und wertvoll
mit keinem Geld der Welt zu bezahlen
Du schläfst neben mir ein
Ich könnt dich die ganze Nacht betrachten
Sehn, wie du schläfst, hören, wie du atmest
bis wir am Morgen erwachen
[...]
Du bist das Beste, was mir je passiert ist
Es tut so gut, wie du mich liebst
Vergiss den Rest der Welt
wenn du bei mir bist
Du bist das Beste, was mir je passiert ist
Es tut so gut, wie du mich liebst
Ich sag's dir viel zu selten
es ist schön, dass es dich gibt

Glashaus: Wenn das Liebe ist (2001)

Bin unter Tränen eingeschlafen
Bin unter Tränen wieder aufgewacht
Hab über dieselbe beschissene Frage
Zwei Millionen Mal nachgedacht
Hab mich gedreht und mich gewendet
In demselben Scheißproblem
Für dich ist es beendet
Aber ich, ich, ich kann dich sehen
Ich kann dich sehen
[...]
Wenn das Liebe ist
Warum bringt es mich um den Schlaf?
Wenn das Liebe ist
Warum raubt es mir meine Kraft?
Wenn das Liebe ist
Sag mir, was es mit mir macht?
Wenn das Liebe ist
Was, was, was ist dann Hass?
Was ist dann Hass?

1 Lesen Sie die Songtexte durch. Welcher gefällt Ihnen besser? Begründen Sie Ihr Urteil.

2 Was macht einen Songtext zu einem lyrischen Text? Stellen Sie die Aspekte zusammen, die Ihrer Meinung nach hierfür verantwortlich sind.

3 Projekt: Bilden Sie Gruppen und tragen Sie weitere Songtexte aktueller Lieder zusammen, die alle unter einem Oberthema stehen sollen: Natur, Freundschaft oder Sinnsuche. Suchen Sie dann Gedichte zum selben Thema. Vergleichen Sie die Liedtexte mit den Gedichten. Notieren Sie Unterschiede und Gemeinsamkeiten und bewerten Sie die einzelnen Texte begründet. Gestalten Sie ein Portfolio mit Ihrem Material. Ergänzen Sie dies durch Fotos, Gemälde und Zeichnungen.

In diesem Kapitel erwerben Sie folgende Kenntnisse und Kompetenzen:

- einen Zugang zu Gedichten finden, Ideen für die Interpretation entwickeln und ausarbeiten,
- formale und sprachliche Gedichtmerkmale benennen und in ihrer Funktion für Aussage und Wirkung erläutern,
- Kenntnisse über verschiedene literaturgeschichtliche Epochen erwerben und sie für die Interpretation nutzen.

6.1 Die Ballade – Das „Ur-Ei" der Dichtung

Friedrich Schiller: **Der Handschuh** (1797)

Vor seinem Löwengarten,
Das Kampfspiel zu erwarten,
Saß König Franz,
Und um ihn die Großen der Krone,
Und rings auf hohem Balkone
Die Damen in schönem Kranz.

Und wie er winkt mit dem Finger,
Auf tut sich der weite Zwinger,
Und hinein mit bedächtigem Schritt
Ein Löwe tritt,
Und sieht sich stumm
Rings um,
Mit langem Gähnen,
Und schüttelt die Mähnen,
Und streckt die Glieder,
Und legt sich nieder.

Und der König winkt wieder,
Da öffnet sich behend
Ein zweites Tor,
Daraus rennt
Mit wildem Sprunge
Ein Tiger hervor,
Wie der den Löwen erschaut,
Brüllt er laut,
Schlägt mit dem Schweif
Einen furchtbaren Reif,
Und recket die Zunge,
Und im Kreise scheu
Umgeht er den Leu
Grimmig schnurrend,
Drauf streckt er sich murrend
Zur Seite nieder.

Und der König winkt wieder,
Da speit das doppelt geöffnete Haus
Zwei Leoparden auf einmal aus,
Die stürzen mit mutiger Kampfbegier
Auf das Tigertier,
Das packt sie mit seinen grimmigen Tatzen,
Und der Leu mit Gebrüll
Richtet sich auf, da wird's still,
Und herum im Kreis,
Von Mordsucht heiß,
Lagern sich die gräulichen Katzen.

Da fällt von des Altans Rand
Ein Handschuh von schöner Hand
Zwischen den Tiger und den Leu'n
Mitten hinein.

Und zu Ritter Delorges spottender Weis'
Wendet sich Fräulein Kunigund:
„Herr Ritter, ist Eure Lieb' so heiß,
Wie Ihr mir's schwört zu jeder Stund,
Ei, so hebt mir den Handschuh auf."

Und der Ritter in schnellem Lauf
Steigt hinab in den furchtbarn Zwinger
Mit festem Schritte,
Und aus der Ungeheuer Mitte
Nimmt er den Handschuh mit keckem Finger.

Und mit Erstaunen und mit Grauen
Sehen's die Ritter und Edelfrauen,
Und gelassen bringt er den Handschuh zurück,
Da schallt ihm sein Lob aus jedem Munde,
Aber mit zärtlichem Liebesblick –
Er verheißt ihm sein nahes Glück –
Empfängt ihn Fräulein Kunigunde.
Und er wirft ihr den Handschuh ins Gesicht:
„Den Dank, Dame, begehr ich nicht",
Und verlässt sie zur selben Stunde.

1 Verfassen Sie eine kurze Inhaltsangabe zur Ballade „Der Handschuh".

2 Beschreiben Sie, wie die Ballade auf Sie wirkt. Stellen Sie sowohl inhaltliche Überlegungen (z. B.: Wie beurteilen Sie das Verhalten der beiden Protagonisten?) als auch formale Überlegungen (z. B.: Verstärkt der Aufbau die Aussage des Gedichts? Wie wird Spannung aufgebaut? Welche sprachlichen Mittel werden verwendet?) an.

3 Goethe nannte die Ballade 1821 das „lebendige Ur-Ei“ der Dichtung, da in der Ballade das Lyrische, das Epische und das Dramatische noch nicht getrennt sind. Bilden Sie Kleingruppen und untersuchen Sie Schillers Ballade. Ordnen Sie zu, welche Elemente zur Lyrik gehören, welche zur Epik und welche zum Drama.

Information **Die Ballade**

Der Name **Ballade** kommt aus dem Altfranzösischen, von spätlateinisch „ballare“ = „tanzen“. Ursprünglich handelte es sich um Tanzlieder. Heute versteht man unter einer Ballade ein längeres Gedicht, dessen Strophen meist einem festen Metrum folgen. In der Ballade sind lyrische, epische und dramatische Elemente vereint. So ist es typisch für eine Ballade, dass handlungsreiche Geschichten erzählt werden, die durch Rede und Gegenrede vorangetrieben werden.

Hans Magnus Enzensberger: **Misogynie** (1981)

Mein Mund ist ein Beutel voll feuriger Münzen:
Euch, ihr Weiber, spei ich sie zwischen die Zehen.
Kauft euch Töpfe voll Schminke! Töpfe voll Fleisch!
Laßt euch Spottdrosseln braten, Gerichte
aus Eierschalen und Safran. Handelt euch Pelze,
Perücken ein für eure Schädel, für eure Gebeine,
und kauft euch Diener in Himmelblau,
die euch das Süßholz vorkaun, die euch beschlafen!

Prügelt euch um die schönen Münzen,
die unters Bett rollen: Ich gehe,
ich habe den scheckigen Ritus satt,
den Sudelzauber mit Laich, die blinde
Besamung im süßen Schlamm.

Ich kenne die Partitur der Umarmung: Seiten
mit Blut geschwärzt, Mimosen gerädert, Lauch,
und dazwischen Birkenkerne, schwarz
wie vergiftete Tränen. Ich gehe.

Laßt mich allein unter treuen Kristallen,
in der Hut der Sonne, in der Pflege des Windes:
Ich gehe, mir zuzurichten ein wortloses Mahl,
aufzutun eine Seite, die leer ist,
ohne die Spur eurer roten Zähne,
eine Seite, weiß und leer,
wie der Schnee und die Trauer
und das viergestrichene Cis.

R

1 Untersuchen Sie das Gedicht:

a Geben Sie den Inhalt des Gedichts in wenigen Sätzen und eigenen Worten wieder. Beziehen Sie auch den Titel des Gedichts mit ein (Misogynie = Frauenfeindlichkeit, Abneigung gegen Frauen).

b Wie wirkt das Gedicht auf Sie?

c Welche formalen Besonderheiten fallen Ihnen auf?

2 Vergleichen Sie die Ballade „Der Handschuh“ mit dem Gedicht „Misogynie“. Stellen Sie die erarbeiteten formalen und inhaltlichen Unterschiede und Gemeinsamkeiten in einer Tabelle dar.

3 Erfinden Sie eine Handlung, die zu der im Gedicht „Misogynie“ vertretenen Auffassung führen könnte. Verfassen Sie dann eine Ballade mit dieser Handlung.

6.2 Nachdenken über ... – Zur Struktur lyrischer Texte

Das lyrische Ich

Ulla Hahn: **Angstlied** (1981)

Ich hab kein Haus
bin viel zu klein
bläst mich ein Wind
hinaus hinein

Ich hab kein Mann
bin viel zu bang
zünd meinen Himmel
selber an

Ich hab kein Herz
bin viel zu tot
weich warm verschneit
in liebe Not.

Marcel Beyer: **Stiche** (2002)

I
Das also ist mein Kopf, von vorne,
von der Seite, unterm Kinn genäht,
so eine Narbe, wie sie jeder hat,
ich weiß nicht mal, wie viele Stiche,

genäht oder geklammert, ich am Hang
auf meinem Schlitten – schon zu spät,
heute im Badezimmerspiegel nur

mein übliches Hotelgesicht – die
Stoppeln werden dunkler je nach
Licht, ich zeichne mir Gedankenstriche.

Jakob Michael Reinhold Lenz: **An das Herz** (1776)

Kleines Ding, um uns zu quälen,
Hier in diese Brust gelegt!
Ach, wer's vorsäh', was er trägt,
Würde wünschen, tätst ihm fehlen!

Deine Schläge, wie so selten
Mischt sich Lust in sie hinein!
Und wie augenblicks vergelten
Sie ihm jede Lust mit Pein!

Ach! und weder Lust noch Qualen
Sind ihm schrecklicher als das:
Kalt und fühllos! O ihr Strahlen,
Schmelzt es lieber mir zu Glas!

Lieben, hassen, fürchten, zittern,
Hoffen, zagen bis ins Mark,
Kann das Leben zwar verbittern;
Aber ohne sie wär's Quark!

Pablo Picasso: Selbstbildnis, 1907

1 Wie stellt sich das lyrische Ich (Information, ▸ S. 214) jeweils selbst dar? Untersuchen Sie dazu die Sprecher/innen in den Texten.
a Beschreiben Sie, wie und in welchen Kontexten Pronomen verwendet werden.
b Nehmen Sie sich das Gedicht von Lenz gesondert vor. Welche Besonderheit fällt Ihnen bezüglich des lyrischen Ichs auf?

2 Verfassen Sie eine Personenbeschreibung der Sprecher/innen (Alter, Aussehen, Familienstand, Beruf, Charaktereigenschaften).

3 Schreiben Sie einen Tagebucheintrag der jeweiligen Sprecher, der die jeweiligen Befindlichkeiten aufnimmt.

Information **Das lyrische Ich**

Das **lyrische Ich** eines Gedichtes ist nicht mit der Autorin oder dem Autor des Gedichtes gleichzusetzen. So kann es z. B. sein, dass das lyrische Ich eine Frau ist, während der Dichter ein Mann ist oder umgekehrt. Das lyrische Ich gibt sich häufig in den Pronomen (Personalpronomen/Possessivpronomen) zu erkennen. Es kann auch vorkommen, dass es sich nicht zu erkennen gibt, nicht „ich" sagt, dennoch spricht ein lyrisches Ich.

Der Vers – Grundelement des Gedichts

Thomas Brasch: **Lied** (1977)

Was ich habe, will ich nicht verlieren, aber
Wo ich bin, will ich nicht bleiben, aber
Die ich liebe, will ich nicht verlassen, aber
Die ich kenne, will ich nicht mehr sehen, aber
Wo ich lebe, da will ich nicht sterben, aber
Wo ich sterbe, da will ich nicht hin:
Bleiben will ich, wo ich nie gewesen bin.

Eduard Mörike: **In der Frühe** (1828)

Kein Schlaf noch kühlt das Auge mir,
Dort gehet schon der Tag herfür
An meinem Kammerfenster.
Es wühlet mein verstörter Sinn
Noch zwischen Zweifeln her und hin
Und schaffet Nachtgespenster.
– Ängste, quäle
Dich nicht länger, meine Seele!
Freu' dich! schon sind da und dorten
Morgenglocken wach geworden.

Erich Fried: **Dich denken** (1979)

Dich denken und an Dich denken und ganz dich denken und an das Dich-Trinken denken und an das Dich-Lieben denken und an das Hoffen denken und hoffen und hoffen und immer mehr hoffen auf das Dich-immer-Wiedersehen Dich nicht sehen und in Gedanken dich nicht nur denken sondern Dich auch schon trinken und Dich schon lieben Und dann erst die Augen aufmachen und in Gedanken dann erst Dich sehen und dann Dich denken und dann wieder Dich lieben und wieder Dich trinken und dann Dich immer schöner und schöner sehen und dann Dich denken sehen und denken dass ich Dich sehe Und sehen dass ich dich denken kann und Dich spüren auch wenn ich Dich noch lange nicht sehen kann.

---

1 Benennen Sie das jeweilige Thema der Gedichte. Beschreiben Sie auch das momentane Lebensgefühl des lyrischen Ichs, das Sie zu erkennen meinen.

2 Untersuchen Sie die Verse in den ersten beiden Gedichten (Brasch, Mörike):

a Welche stilistischen Mittel (Information, ▸ S. 215) können Sie in ihnen finden? Notieren Sie die Verszeilen und die dazugehörigen Fachbegriffe.

b Notieren Sie daneben, welche Wirkung diese Mittel haben und inwiefern sie bedeutungsunterstützend wirken. Legen Sie einen Schwerpunkt auf die Untersuchung der letzten vier Verse des Gedichts von Mörike.

3 Das Gedicht „Dich denken" von Erich Fried ist als Prosatext abgedruckt. Bilden Sie Kleingruppen und formen Sie diesen Prosatext in ein Gedicht um. Schreiben Sie dazu das Gedicht noch einmal ab. Stellen Sie Ihre Ergebnisse vor und begründen Sie den gewählten Aufbau.

Information **Verhältnis von Vers und Satz im Gedicht**

Lyrische Texte sind in der Regel in Versen abgefasst, d.h., die Zeilen brechen an einer von der Dichterin oder dem Dichter und nicht zufällig vom Buchformat bestimmten Stelle ab. Diese Brechung des Sprachflusses gibt den Wörtern durch ihre Stellung (z.B. am Versanfang oder -ende) eine besondere Akzentuierung. Neben den horizontalen Bezügen, die sich durch die Wort- und Satzfolge ergeben, stellen sich durch die Anordnung der Verse auch vertikale Bezüge her, die durch klangliche oder optische Mittel verstärkt werden können.

- **Zeilenstil:** Satzende und Versende stimmen überein; der Vers schließt mit einer Pause.
- **Enjambement** (frz. Zeilensprung): Der Satz überspringt das Versende und setzt sich im folgenden Vers fort. Am Versende bzw. beim „Sprung" entsteht keine Pause.
- **Hakenstil:** In einer Folge von Enjambements erscheinen die Verse durch die übergreifenden Satzbögen gleichsam verhakt.

Klang, Reim, Rhythmus und Gedichtformen

Wichtig für Wirkung und Sinngehalt eines Gedichts ist die lautliche Ebene. In einigen Extremformen lyrischer Gestaltung, z.B. in der Romantik (► S.228 ff.), wird sie sogar zum Hauptbedeutungsträger. Dann dient die Sprache als Klangmaterial. In Gedichten üblich sind End- und Binnenreime, Alliterationen und Lautmalereien. Des Weiteren sind Gedichte oft metrisch-rhythmisch ausgestaltet. Fallende oder steigende Metren (Versmaße) beeinflussen durch ihre Rhythmisierung (fließend, abgehackt etc.) den Hör- bzw. Leseprozess und damit das Verständnis.

Johann Wolfgang Goethe: **Maifest** (auch bekannt als **Mailied,** 1775)

Wie herrlich leuchtet
Mir die Natur!
Wie glänzt die Sonne!
Wie lacht die Flur!

Es dringen Blüten
Aus jedem Zweig
Und tausend Stimmen
Aus dem Gesträuch

Und Freud und Wonne
Aus jeder Brust.
O Erd', o Sonne,
O Glück, o Lust,

O Lieb', o Liebe,
So golden schön
Wie Morgenwolken
Auf jenen Höhn,

Du segnest herrlich
Das frische Feld,
Im Blütendampfe
Die volle Welt!

O Mädchen, Mädchen,
Wie lieb' ich dich!
Wie blinkt dein Auge,
Wie liebst du mich!

So liebt die Lerche
Gesang und Luft,
Und Morgenblumen
Den Himmelsduft,

Wie ich dich liebe
Mit warmem Blut,
Die du mir Jugend
Und Freud' und Mut

Zu neuen Liedern
Und Tänzen gibst.
Sei ewig glücklich,
Wie du mich liebst.

1 Tragen Sie das Gedicht (▶ S. 215) laut vor. Probieren Sie unterschiedliche Betonungen aus und beurteilen Sie diese.
2 Beschreiben Sie die Stimmung des Gedichts bzw. des lyrischen Ichs mit eigenen Worten.
3 Untersuchen Sie Goethes „Mailied" näher:
  a Bestimmen Sie dazu zunächst Reim und Metrum (Information, ▶ S. 217).
  b Finden Sie sprachliche Mittel (Wortarten, Satzbau, Satzzeichen, Wiederholungen etc.).
  c Klären Sie, welche Funktion und Wirkung Ihre unter a und b gemachten Beobachtungen haben.
  d Welcher Gedichtform ist das Gedicht zuzuordnen (Information, ▶ S. 217)?
4 Tragen Sie das Gedicht nun erneut in der Klasse vor. Betonen Sie bewusst die Ihnen (inhaltlich) wichtig erscheinenden Worte/Textstellen. Besteht ein Unterschied zu den ersten Vorträgen (Aufgabe 1)?

Ulla Hahn: Winterlied (1981)

Als ich heute von dir ging
fiel der erste Schnee
und es machte sich mein Kopf
einen Reim auf Weh.

Denn es war die Kälte nicht
die die Tränen mir
in die Augen trieb es war

Ach da warst du schon zu weit
als ich nach dir rief
und dich fragte wer die Nacht
in deinen Reimen schlief.

Bertolt Brecht: Entdeckung an einer jungen Frau (1913–1926)

Des Morgens nüchterner Abschied, eine Frau
Kühl zwischen Tür und Angel, kühl besehn.
Da sah ich: eine Strähn in ihrem Haar war grau
Ich konnt mich nicht entschließen mehr zu gehn.

Stumm nahm ich ihre Brust, und als sie fragte
Warum ich Nachtgast nach Verlauf der Nacht
Nicht gehen wolle, denn so war's gedacht
Sah ich sie unumwunden an und sagte:

Ist's nur noch eine Nacht, will ich noch bleiben
Doch nütze deine Zeit; Das ist das Schlimme
Daß du so zwischen Tür und Angel stehst.

Und laß uns die Gespräche rascher treiben
Denn wir vergaßen ganz, daß du vergehst.
Und es verschlug Begierde mir die Stimme. R

1 Fassen Sie den Inhalt der beiden Gedichte kurz zusammen. Welches gefällt Ihnen besser? Begründen Sie.
2 Untersuchen Sie nun das Gedicht „Winterlied" genauer:
  a Dem Gedicht fehlt ein Vers. Begründen Sie, an welcher Stelle.
  b Formulieren Sie einen inhaltlich und formal passenden Vers. Recherchieren Sie dann im Internet die Originalversion und vergleichen Sie diese mit Ihrer Ergänzung. Erläutern Sie den Einsatz und die Wirkung von Reim und Rhythmus im Gedicht.
3 Bei dem Gedicht „Entdeckung an einer jungen Frau" handelt es sich um eine besondere Gedichtform.
  a Finden Sie heraus, um welche Gedichtform es sich handelt (Information, ▶ S. 217). Sind die Merkmale dieser Gedichtform alle umgesetzt?
  b Beschreiben Sie den Gang des Geschehens und die verschiedenen Stimmungen des lyrischen Ichs. Untersuchen Sie, ob diese sich auch in der Form des Gedichts niederschlagen.

Information Reim, Metrum, Strophen- und Gedichtformen

Reim

- **Endreim:** Der genaue Gleichklang der Versenden vom letzten betonten Vokal an („See" – „Schnee"; „Wasser" – „blasser"). Endreimschemata können sein:
  - Paarreim: aa
  - Kreuzreim: abab
  - umarmender Reim: abba
  - Schweifreim: aabccb
  - dreifache Reimreihe: abcabc
  - Haufenreim: aaa ...
- **Binnenreim:** Zwei oder mehrere Wörter in ein und demselben Vers reimen sich.
- **Anfangsreim:** Die ersten Wörter zweier Verse reimen sich.
- **Schlagreim:** Zwei unmittelbar aufeinanderfolgende Wörter reimen sich.
- **Unreiner Reim,** auch **Assonanz:** Nur die Vokale, nicht aber die Konsonanten stimmen überein („sagen" – „Raben").
- **Stabreim,** auch **Alliteration:** Mehrere Wörter beginnen mit demselben Buchstaben.
- **Verswaise:** Ein reimloser Vers steht innerhalb einer gereimten Strophe.
- **Kadenz** (Silbenfall am Versschluss). Man unterscheidet:
  - **männlich**/stumpf: einsilbiger Reim, Vers endet mit Hebung („... und fallend gießt")
  - **weiblich**/klingend: zweisilbiger Reim, Vers endet mit Hebung und Senkung („... das andre übersteigend")

Metrum (Versmaß)

Die Abfolge von betonten und unbetonten Silben bestimmt in der gesprochenen Sprache den Rhythmus oder Sprachfluss. Klingt diese Abfolge – wie in vielen Gedichten – regelmäßig, wird von einem Versmaß oder einem Metrum gesprochen. Die Lehre vom Versmaß heißt **Metrik.** Die kleinste rhythmische Einheit einer geregelten Abfolge von betonten (x́: Hebung) und unbetonten Silben (x: Senkung) nennt man Versfuß (Takt):

- **Jambus** (steigend): xx́ z. B. Gedícht
- **Trochäus** (fallend): x́x z. B. Díchter
- **Anapäst** (steigend): xxx́ z. B. Anapä́st
- **Daktylus** (fallend): x́xx z. B. Dáktylus

Gedichtformen

- **Ballade:** Strophisch regelmäßig gegliederte längere Gedichtform mit Reim und Tendenz zu festem Metrum. Wesentlich für die Ballade ist ihr erzählender und dramatischer Charakter.
- **Elegie:** Drückt zumeist eine resignierend wehmütige Stimmung aus.
- **Haiku:** Kurze Gedichtform, die in Japan entstanden ist. Besteht aus drei Versen zu 5 – 7 – 5 Silben. Der strenge Aufbau zwingt zu extremer Verdichtung.
- **Hymne:** Ein der Ode verwandter feierlicher Preis- und Lobgesang. Ausdruck hoher Begeisterung. Dem ekstatischen Ausdruck entsprechend kennt die Hymne keine formalen Regelmäßigkeiten: kein Reim, freie Rhythmen, kein fester Strophenbau.
- **Lied:** Strophisch gebaute Gedichtform mit relativ kurzen Versen und Reimbindung. Reim und Metrum werden oft nicht streng durchgehalten. Zuweilen ist ein **Refrain (Kehrreim)** zu finden, d. h. die regelmäßige Wiederholung eines oder mehrerer Verse.
- **Ode:** Reimlose, strophisch gegliederte lange Gedichtform, die einem festen Metrum folgen kann, aber nicht muss. Typisch für die Ode ist der hohe und pathetische Sprachstil zum Ausdruck der Würde und Größe des behandelten Themas.
- **Sonett:** Zwei vierzeiligen Strophen (Quartetten), meist mit dem Reimschema abba/abba, folgen zwei dreizeilige Strophen (Terzette), wobei letztere in der Regel im Reimschema verbunden sind, z. B. cdc/dcd oder cde/cde oder ccd/eed. Mit der formalen Zäsur (Einschnitt) zwischen Quartetten und Terzetten geht in der Regel auch ein inhaltlicher Schnitt einher.

Rhetorische Figuren – Bildfeld, Metapher und Vergleich

Ein wichtiges Element für die Deutung lyrischer Texte ist ihre Bildlichkeit. Die Art und Weise, wie die sprachlichen Bilder konstruiert und kombiniert sind, bestimmt die Aussage eines Gedichts weitgehend. Es ist deshalb wichtig, ein Gespür für den Umgang mit solchen sprachlichen Mitteln zu entwickeln. Die Funktion und Wirkung der rhetorischen Mittel zu erkennen, ist ein weiterer zentraler Aspekt der sprachlichen Analyse.
Rhetorische Figuren werden keineswegs nur in der Lyrik, sondern in Texten aller Gattungen eingesetzt.

Karin Kiwus: **Fragile** (1979)

Wenn ich jetzt sage
ich liebe dich
übergebe ich nur
vorsichtig das Geschenk
zu einem Fest das wir beide
noch nie gefeiert haben

Und wenn du gleich
wieder allein
deinen Geburtstag
vor Augen hast
und dieses Päckchen
ungeduldig an dich reißt
dann nimmst du schon
die scheppernden Scherben darin
gar nicht mehr wahr

Joseph von Eichendorff: **Der Schiffer** (1871)

Die Lüfte linde fächeln,
Aus stillen Meeres Schaum
Sirenen tauchend lächeln,
Der Schiffer liegt im Traum.

Da fasst der Sturm die Wellen,
Durchwühlt die Einsamkeit:
Wacht auf, ihr Traumgesellen,
Nun ist's nicht Schlafenszeit! –

In jenen stillen Tagen
Wie war ich stolz und klug,
In sichern Glücks Behagen
Mir selber gut genug.

Du hast das Glück zerschlagen;
Nimm wieder, was du gabst,
Ich schweig und will nicht klagen,
Jetzt weiß ich, wie du labst.

Das sind die mächt'gen Stürme,
Die wecken, was da ruht,
Es sinken Land und Türme
Allmählich in die Flut.

Kein Meerweib will sich zeigen,
Kein Laut mehr langt zu mir,
Und in dem weiten Schweigen
Steh ich allein mit dir.

O führe an den Riffen
Allmächtig deine Hand,
Wohin wir alle schiffen,
Uns zu dem Heimatstrand!

Rainer Maria Rilke: **Östliches Taglied** (1906)

Ist dieses Bette nicht wie eine Küste,
ein Küstenstreifen nur, darauf wir liegen?
Nichts ist gewiss als deine hohen Brüste,
die mein Gefühl in Schwindeln übersteigen.

Denn diese Nacht, in der so vieles schrie,
in der sich Tiere rufen und zerreißen,
ist sie uns nicht entsetzlich fremd? Und wie:
was draußen langsam anhebt, Tag geheißen.
ist das uns denn verständlicher als sie?

Man müsse so sich ineinanderlegen
wie Blütenblätter um die Staubgefäße:
so sehr ist überall das Ungemäße
und häuft sich an und stürzt sich uns entgegen.

Doch während wir uns aneinanderdrücken,
um nicht zu sehen, wie es ringsum naht,
kann es aus dir, kann es aus mir sich zücken:
denn unsre Seelen leben von Verrat.

1 Äußern Sie sich spontan zu den Gedichten: Welches gefällt Ihnen, welches nicht? Geben Sie eine erste Begründung für Ihren Eindruck.

2 Untersuchen Sie zunächst die Vergleiche (Information, ▸ S. 220) im Gedicht von Rilke. Erklären Sie die Bedeutung des Vergleichs und erläutern Sie auch, welche Funktion er für das gesamte Gedicht hat.

3 Analysieren Sie nun alle drei Gedichte auf ihre Metaphern hin (Information, ▸ S. 220).

a Schreiben Sie alle Metaphern in eine Tabelle.

b Überlegen Sie sich, welche Bedeutung und Funktion bzw. Wirkung die Metaphern haben, und notieren Sie auch dies in der Tabelle.

	Metapher	*Bedeutung*	*Funktion/Wirkung*
Fragile	*– das Geschenk (Z. 4)* …	…	…
Der Schiffer	*– das Meer (Z. 2)* *– Sturm durchwühlt die Einsamkeit (Z. 5 f.)*	… *– Eine Frau taucht im Leben des Mannes auf und reißt ihn aus seiner emotionalen Ruhe.*	… *– Die Metapher beschreibt die Gefühlswelt des Mannes und verdeutlicht durch „Sturm durchwühlt“ Aufruhr und Bewegung in seinem Leben im Gegensatz zur vormaligen Ruhe.*
Östliches Taglied	…	…	…

4 Sammeln Sie weitere rhetorische Mittel (Information, ▸ S. 313) und klären Sie auch deren Funktion im Gedicht.

5 Projekt: Viele Gedichte von Rilke wurden vertont und unter dem Namen „Rilke-Projekt“ veröffentlicht. Recherchieren Sie im Internet zum Rilke-Projekt. Suchen Sie sich dann einige Gedichte verschiedenster Epochen heraus und vertonen Sie diese ähnlich dem Rilke-Projekt. Sie können dazu Aufnahme- und Schneideprogramme benutzen, die Sie im Internet kostenlos herunterladen können (z. B. Audacity).

Information **Vergleiche und Metaphern**

Der Vergleich: Hier handelt es sich um einen rational nachvollziehbaren Übertragungsvorgang zwischen dem Sach- und dem Bildbereich. Vergleiche sind dadurch erkennbar, dass beide Bereiche durch ein „wie“ miteinander verbunden sind. Beispiel: „Das Leben ist wie ein Jahrmarkt.“
Die Metapher: Eine Metapher ist eine Bedeutungsübertragung ohne das Vergleichswort „wie“. Dabei werden zwei semantische Bereiche sprachlich verknüpft, die gewöhnlich unverbunden sind. Der Bildspender (z. B. ein Fuchs) teilt mit dem Bildempfänger (z. B. Alex) bestimmte Eigenschaften. Beide sind schlau und listig, man sagt: „Alex ist ein Fuchs.“

Mascha Kaléko: Das graue Haar (1945)

Ein welkes Sommerblatt fiel mir zu Füßen.	a
– Dein erstes graues Haar. Es sprach zu mir:	b
Mai ist vorbei. Der erste Schnee läßt grüßen.	a
Es dunkelt schon. Die Nacht steht vor der Tür.	b
Bald wird der Sturmwind an die Scheiben klopfen.	c
Im Lindenbaum, der so voll Singen war,	d
Hockt stumm und düster eine Krähenschar.	d
Hörst Du den Regen von den Dächern tropfen?	c
So sprach zu mir das erste graue Haar.	d
Da aber ward ich deinen Blick gewahr,	d
Da sah ich, Liebster, lächelnd dich im Spiegel.	e
Du nicktest wissend: Ja so wird es sein.	f
Und deine Augen fragten mich, im Spiegel,	e
läßt mich die Nachtigall im Herbst allein?	f
Und meine Augen sagten dir, im Spiegel:	e
Kommt, Wind und Regen, kommt! Wir sind zu zwein.	f
Das graue Haar, ich suche es im Spiegel.	e
Der erste Kuß darauf, das war mein Siegel. R	e

– Wiederholung

– Personifikation

– Bilder, die vom Herbst/Winter sprechen → Herbst/Winter des Lebens

aus ich und du wird → wir

Anapher → vorantreibend, bedeutungsverstärkend

1 Beschreiben Sie, wie das Gedicht von Mascha Kaléko auf Sie wirkt. Begründen Sie.

2 **a** Das Gedicht ist bereits bearbeitet worden. Vollziehen Sie die Auszeichnungen nach und ergänzen Sie sie mit eigenen Beobachtungen, indem Sie eine Folie benutzen.

b Nutzen Sie die Gedichtbearbeitung für einen eigenen Interpretationstext. Denken Sie stets daran, die formalen und sprachlichen Beobachtungen sowohl auf ihre Funktion innerhalb des Gedichts hin auszulegen als auch zu deuten.

Eine Übersicht der wichtigsten rhetorischen Figuren finden Sie im Kapitel D4 Rhetorik (Information, ► S. 313).

Sarah Kirsch: Wintermusik (1992)

Bin einmal eine rote Füchsin ge-
Wesen mit hohen Sprüngen
Holte ich mir was ich wollte.

Grau bin ich jetzt grauer Regen.
Ich kam bis nach Grönland
In meinem Herzen.

An der Küste leuchtet ein Stein
Darauf steht: Keiner kehrt wieder.
Der Stein verkürzt mir das Leben.

Die vier Enden der Welt
Sind voller Leid. Liebe
Ist wie das Brechen des Rückgrats.

1 Beschreiben Sie das lyrische Ich des Gedichts „Wintermusik". Gestalten Sie nach Ihren Vorstellungen ein Porträt.
2 Bestimmen Sie die rhetorischen Mittel (Information, ▶ S. 313) des Gedichts, beschreiben Sie deren Funktion und deuten Sie diese.
3 Benennen Sie die Hauptaussage des Gedichts und belegen Sie dies am Text.

Christian Hofmann von Hofmannswaldau: Beschreibung vollkommener Schönheit (1695)

Ein Haar, so kühnlich Trotz der Berenice[1] spricht,
Ein Mund, der Rosen führt und Perlen in sich heget,
Ein Zünglein, so ein Gift vor tausend Herzen träget,
Zwo Brüste, wo Rubin durch Alabaster[2] bricht,

Ein Hals, der Schwanenschnee weit, weit zurücke sticht,
Zwei Wangen, wo die Pracht der Flora[3] sich beweget,
Ein Blick, der Blitze führt und Männer niederleget,
Zwei Armen, deren Kraft oft Leuen[4] hingericht,

Ein Herz, aus welchem nichts als mein Verderben quillet,
Ein Wort, so himmlisch ist und mich verdammen kann,
Zwei Hände, deren Grimm mich in den Bann getan,

Und durch ein süßes Gift die Seele selbst umhüllet,
Ein Zierrat, wie es scheint, im Paradies gemacht,
Hat mich um meinen Witz und meine Freiheit bracht.

1 **Berenice:** Ehefrau eines ägyptischen Königs. Sie war so dankbar darüber, dass ihr Mann aus dem Krieg zurückgekehrt war, dass sie ihr Haar der Aphrodite opferte.
2 **Alabaster:** Gipsart, die aussieht wie Marmor.
3 **Flora:** römische Göttin der Blumen und Blüten
4 **Leu:** Löwe

Pierre Mignard: Françoise-Marguerite de Grignan, Comtesse de Grignan (1670)

1 Analysieren und interpretieren Sie das Gedicht „Beschreibung vollkommener Schönheit".
   a Bestimmen Sie zunächst die Hauptaussage des Gedichts.
   b Tragen Sie die formalen bzw. sprachlichen Auffälligkeiten zusammen (Strophenform, Reim, rhetorische Mittel etc.).
   c Welche Funktionen erfüllen die formalen Aspekte in Hinblick auf die inhaltliche Aussage?

6.3 Vergänglichkeit der Liebe – Ein Motiv in verschiedenen Epochen

1 Handelt es sich Ihrer Meinung nach um ein Bild der Liebe? Tauschen Sie sich aus.
2 Erstellen Sie eine Bildcollage zum Thema „Liebe". Berücksichtigen Sie dabei heutige wie auch vergangene Vorstellungen von Liebe.
3 „Liebe ist ..." Verfassen Sie ein Gedicht über die Liebe. Beginnen Sie mit einer Stoffsammlung und strukturieren Sie Ihre Gedanken und Empfindungen damit vor.

Information **Literarisches Motiv**

Ein **literarisches Motiv** ist ein thematisches Element, das innerhalb eines Textes immer wieder auftritt oder das in vielen anderen Werken auch vorkommt. Ein Motiv wäre zum Beispiel das der Vergänglichkeit, das in der Barocklyrik häufig anzutreffen ist. Das Vorkommen von Motiven macht es dem Rezipienten leichter, den Text einzuordnen und zu verstehen.

Barock

A. Pereda y Sagaldo: Traum des Ritters (1655)

1 Beschreiben und deuten Sie das Bild: Was ist abgebildet? Wie passen die Gegenstände zusammen? Was könnte die Bedeutung des Gemäldes sein?

Andreas Gryphius: **Es ist alles eitel** (1636)

Du siehst / wohin du siehst nur Eitelkeit auf Erden.
Was dieser heute baut / reißt jener morgen ein:
Wo itzund Städte stehn / wird eine Wiese sein /
Auf der ein Schäferskind wird spielen mit den Herden.

Was itzund prächtig blüht / soll bald zertreten werden,
Was itzt so pocht und trotzt ist morgen Asch und Bein /
Nichts ist / das ewig sei / kein Erz / kein Marmorstein.
Itzt lacht das Glück uns an / bald donnern die Beschwerden.

Der hohen Taten Ruhm muss wie ein Traum vergehn.
Soll denn das Spiel der Zeit / der leichte Mensch bestehn?
Ach! / was ist alles dies / was wir vor köstlich achten /

Als schlechte Nichtigkeit / als Schatten / Staub und Wind;
Als eine Wiesenblum / die man nicht wiederfind't.
Noch will was ewig ist kein einig Mensch betrachten!

Christian Hofmann von Hofmannswaldau: **Vergänglichkeit der Schönheit** (1695)

Es wird der bleiche tod mit seiner kalten hand
Dir endlich mit der zeit umb deine Brüste streichen /
Der liebliche corall der lippen wird verbleichen;
Der schultern warmer schnee wird werden kalter sand /

Der augen süsser blitz / die kräffte deiner hand /
Für welchen solches fällt / die werden zeitlich weichen /
Das haar / das itztund kan des goldes glantz erreichen /
Tilgt endlich tag und jahr als ein gemeines band.

Der wohlgesetzte fuß / die lieblichen gebärden /
Die werden theils zu staub / theils nichts und nichtig werden
Denn opfert keiner mehr der gottheit deiner pracht.

Diß und noch mehr als diß muß endlich untergehen /
Dein hertze kan allein zu aller zeit bestehen /
Dieweil es die natur aus diamant gemacht.

Hans Baldung, genannt Grien: Die drei Lebensalter und der Tod (um 1510)

1 **a** Üben Sie eine Rezitation ein und tragen Sie die Gedichte wirkungsvoll vor.
b Welchen Eindruck haben Sie beim Hören der beiden Gedichte (Reim, Metrum) gewonnen?

2 Vergleichen Sie die beiden Gedichte miteinander und finden Sie inhaltliche Gemeinsamkeiten und Unterschiede. Stellen Sie auch Bezüge zum Bild von Hans Baldung her.

3 Analysieren Sie die Gedichte:
a An welchen Adressaten wendet sich das lyrische Ich?
b Um welche Gedichtform (Information, ► S. 217) handelt es sich?
c Untersuchen Sie die Metaphern, mit denen die Gedichte arbeiten. Erläutern Sie, wie diese gestaltet sind, welche Verknüpfungen bestehen und welche Wirkung diese Bilder auf Sie haben.

4 Auf Seite 216 haben Sie bereits ein anderes Gedicht gleicher Form genauer betrachtet: „Entdeckung an einer jungen Frau“ von Brecht. Vergleichen Sie dieses Gedicht mit „Vergänglichkeit der Schönheit“.

5 Projekt: Bilden Sie zwei (oder vier) Gruppen. Die eine Gruppe fertigt eine Bildcollage zur Epoche des Barocks an, etwa mit Gemälden und passenden Abbildungen. Die andere Gruppe gestaltet eine Galerie mit Barockgedichten. „Lustwandeln“ Sie durch die Ergebnisse der Gruppenarbeit.

Information **Epochenüberblick: Barock (ca. 1600 – ca. 1750)**

Geschichtlicher Hintergrund: Das zentrale Ereignis in Deutschland war der **Dreißigjährige Krieg** (1618–1648), der große Verwüstung hinterlassen hatte. Ein Drittel der Bevölkerung war im Krieg umgekommen, in manchen Gebieten sogar die Hälfte. Für den Wiederaufbau mussten Kräfte vereint werden, was in den einzelnen deutschen Fürstentümern zur Entwicklung des Absolutismus führte. Charakteristisch für den **Absolutismus** ist, dass ein Herrscher ohne Mitwirkung anderer gesellschaftlicher Institutionen die Entscheidungsgewalt in seiner Person vereint. Dessen berühmtester Vertreter war der französische **König Ludwig XIV.** Sein Hof von Versailles war ein Symbol der Macht, und die deutschen Fürsten versuchten, ihm nachzueifern. Die Gesellschaft war weiterhin eine Ständegesellschaft, in der der Adel die meisten Privilegien hatte.

Weltbild und Lebensauffassung: Die religiöse Einheit Deutschlands war durch die Reformation und die Gegenreformation zerstört. Die Macht der Kirche war ins Wanken geraten, u.a. aufgrund des Dreißigjährigen Krieges, der zunächst ein Religionskrieg war und den Glauben gespalten hatte. Die Religion war weiterhin sehr wichtig für die Menschen, doch man wandte sich mehr und mehr auch den Genüssen des Diesseits zu, was zu einer **Zerrissenheit zwischen Jenseitshoffnung und Diesseitsorientierung** führte. Die Lebensfreude zeigt sich vor allem in der **barocken Mode** und der **barocken Kunst**: alles war sehr prunkvoll und überladen. Die Mathematik und die Naturwissenschaften erlebten mit dem Rationalismus (**René Descartes**, 1596–1650) und der neuzeitlichen Physik (**Isaac Newton**, 1642–1727) einen Aufschwung.

Literatur: West- und südeuropäische Autoren hatten lange als Vorbilder gedient, doch nun fanden die deutschen Dichter Anschluss an deren hohen Standard. Die Fürstenhöfe waren literarische Zentren, oft hatte ein Fürst einen Hofpoeten, den er förderte. Auch Städte mit Schulen und Universitäten waren literarische Hochburgen. Im Barock wurde die neuhochdeutsche Literatursprache entwickelt und die meisten der bis heute wichtigen literarischen Gattungen und Formen. **Poetiken** wurden als normative Regelwerke und Anleitung für Dichtung verfasst. Sie stellten die Kunst als erlernbar dar. Festgelegt wurden in ihnen u.a. die Themen und Stoffe, die den Gattungen zuzuordnen waren (z. B. der Epik die Darstellung ländlicher Idyllen und Schäferspiele, der Lyrik die Leitideen „memento mori“, „vanitas“ und „carpe diem“; in allen Gattungen finden sich Huldigungen an Herrscher). Die Poesie wendet sich hauptsächlich an den Verstand, nicht an das Gefühl. Die Vorliebe für Metaphern, Allegorien und Embleme als Darstellungsmittel führte zum so genannten barocken „Schwulst“. Dadurch wird die Dichtung zu einem Spiel des Verschlüsselns (auf Seiten des Dichters) und **Entschlüsselns** (auf Seiten des Lesers).

Wichtige Autorinnen und Autoren: **Martin Opitz** (1597–1639), **Simone Dach** (1605–1659), **Paul Fleming** (1609–1640), **Andreas Gryphius** (1616–1664), **Johann Jakob Christoffel von Grimmelshausen** (1622–1676), **Christian Hofmann von Hofmannswaldau** (1622–1676)

Sturm und Drang und Klassik am Beispiel von Goethes Liebeslyrik

Georg Oswald May: Bildnis des Johann Wolfgang Goethe (1779)

Johann Heinrich Wilhelm Tischbein: Goethe in der Campagna di Roma (1786/87)

1 Auf dem linken Bild sehen Sie Goethe in jungen Jahren und rechts ein Gemälde, das Goethe auf seiner italienischen Reise zeigt. Informieren Sie sich im Internet, in Literaturgeschichten und anderen Nachschlagewerken und verfassen Sie einen Lebenslauf Goethes.

2 Sortieren Sie sowohl die Bilder als auch die beiden nachfolgenden Gedichte in den Lebenslauf Goethes ein. Welches Gedicht hat der junge Goethe verfasst und welches von beiden wirkt auf Sie, als hätte es Goethe erst in späteren Jahren geschrieben? Begründen Sie Ihre Vermutung. Recherchieren Sie danach die Entstehungsjahre der Gedichte.

3 **a** Das Gedicht „Willkomm und Abschied" schrieb Goethe an eine reale Geliebte. Finden Sie heraus an wen und skizzieren Sie kurz die Beziehung zu dieser Dame.

b Von diesem Gedicht gibt es eine weitere Fassung. Recherchieren Sie diese und vergleichen Sie. Stellen Sie Vermutungen an, weshalb Goethe dieses Gedicht verändert hat.

Johann Wolfgang Goethe: **Willkomm und Abschied**

Es schlug mein Herz, geschwind zu Pferde!
Es war getan, fast eh gedacht;
Der Abend wiegte schon die Erde,
Und an den Bergen hing die Nacht:
Schon stand im Nebelkleid die Eiche,
Ein aufgetürmter Riese, da,
Wo Finsternis aus dem Gesträuche
Mit hundert schwarzen Augen sah.

Der Mond von einem Wolkenhügel
Sah kläglich aus dem Duft hervor,
Die Winde schwangen leise Flügel,
Umsausten schauerlich mein Ohr;
Die Nacht schuf tausend Ungeheuer;
Doch frisch und fröhlich war mein Mut:
In meinen Adern welches Feuer!
In meinem Herzen welche Glut!

Dich sah ich, und die milde Freude
Floss von dem süßen Blick auf mich;
Ganz war mein Herz an deiner Seite
Und jeder Atemzug für dich.
Ein rosenfarbnes Frühlingswetter
Umgab das liebliche Gesicht,
Und Zärtlichkeit für mich – ihr Götter!
Ich hofft es, ich verdient es nicht!

Doch ach, schon mit der Morgensonne
Verengt der Abschied mir das Herz:
In deinen Küssen welche Wonne!
In deinem Auge welcher Schmerz!
Ich ging, du standst und sahst zur Erden,
Und sahst mir nach mit nassem Blick:
Und doch, welch Glück, geliebt zu werden!
Und lieben, Götter, welch ein Glück!

Johann Wolfgang Goethe: **Römische Elegie V**

Froh empfind ich mich nun auf klassischem Boden begeistert;
Vor- und Mitwelt spricht lauter und reizender mir.
Hier befolg ich den Rat, durchblättre die Werke der Alten
Mit geschäftiger Hand, täglich mit neuem Genuss.
Aber die Nächte hindurch hält Amor mich anders beschäftigt;
Werd ich auch halb nur gelehrt, bin ich doch doppelt beglückt.
Und belehr ich mich nicht, indem ich des lieblichen Busens
Formen spähe, die Hand leite die Hüften hinab?
Dann versteh ich den Marmor erst recht; ich denk und vergleiche,
Sehe mit fühlendem Aug', fühle mit sehender Hand.
Raubt die Liebste denn gleich mir einige Stunden des Tages;
Gibt sie Stunden der Nacht mir zur Entschädigung hin.
Wird doch nicht immer geküsst, es wird vernünftig gesprochen;
Überfällt sie der Schlaf, lieg ich und denke mir viel.
Oftmals hab ich auch schon in ihren Armen gedichtet
Und des Hexameters Maß, leise mit fingernder Hand,
Ihr auf den Rücken gezählt. Sie atmet in lieblichem Schlummer
Und es durchglühet ihr Hauch mir bis ins Tiefste die Brust.
Amor schüret die Lamp' indes und denket der Zeiten,
Da er den nämlichen Dienst seinen Triumvirn[1] getan.

1 **Triumvirn:** damit sind die römischen Dichter Catull (87–54 v.Chr.), Tibull (ca. 55–19 v.Chr.) und Properz (50–15 v.Chr.) gemeint.

4 Vergleichen Sie die beiden Gedichte:
a Inwiefern unterscheiden Sie sich inhaltlich voneinander? Welches Bild der Liebe wird in beiden gezeichnet? Welche Welt- bzw. Lebensauffassung vertritt das lyrische Ich?
b Welche Unterschiede können Sie im Aufbau und in der Verwendung der sprachlichen Mittel feststellen? Inwiefern unterstützen sie den inhaltlichen Unterschied?
c Verfassen Sie ein zusammenfassendes Resümee zu Ihrem Gedichtvergleich.

5 Das „Mailied" von Goethe (▸S. 215) ist ebenso wie „Willkomm und Abschied" ein Gedicht aus der Epoche des Sturm und Drang. Vergleichen Sie die beiden Gedichte und finden Sie Gemeinsamkeiten. Begründen Sie auch die Epochenzugehörigkeit (▸Information).

Information **Epochenüberblick: Sturm und Drang und Weimarer Klassik**

Sturm und Drang (1765–1785): Der Sturm und Drang ist eine literarische Bewegung innerhalb der Epoche der Aufklärung. Der Begriff „Sturm und Drang" wurde von **Maximilian Klinger** (1752–1831) geprägt, der ein Drama mit gleichlautendem Titel geschrieben hatte. In ihm lehnt sich ein tugendhafter junger Mann gegen die Generation der Väter auf. Neben dem Protest gegen eine verkrustete Welt gelten den Autoren des Sturm und Drang Emotionen, Affekte, Gefühle als Grundlage humaner Selbstverwirklichung. Am deutlichsten kommt dieser neue Humanismus in der Philosophie des **Pantheismus** zum Ausdruck. Gott ist danach eine in der Natur wirkende schöpferische Kraft, die der Mensch über sein Gefühl für die Wunder der Natur im unendlich Großen und unendlich Kleinen erfährt.

Wesentliche Charakteristika der Sturm-und-Drang-Literatur sind:

- der **Geniegedanke**: Der schöpferische Mensch ist ein Kind der Natur und wie diese folgt er Regeln, die er in sich spürt. Er hält sich nicht an Autoritäten und rebelliert gegen Dogmatismus, Zwang und Reglement.
- der **Naturenthusiasmus**: Die Mutter Natur gilt als schöpferisches und göttliches Prinzip. Das Leben nach und in der Natur gilt als Lebensideal und gesellschaftliche Norm.
- der **Liebes- und Freundschaftskult**
- das **Freiheitspathos** und der **gefühlsbetonte Patriotismus**

Weimarer Klassik (ca. 1786 – ca. 1805)

Mit dem Begriff Klassik wird allgemein die Phase der höchsten Vollendung einer Kultur bezeichnet. Die **deutsche Klassik** wird meist von 1786–1805 datiert, d. h. von **Johann Wolfgang Goethes** (1749–1832) Reise nach Italien, auf der er sich intensiv mit der Antike auseinandersetzte, bis zum Tod **Friedrich Schillers** (1759–1805). Die deutsche Klassik bleibt im Wesentlichen auf die Werke dieser beiden Autoren, **Goethe** und **Schiller**, beschränkt. Zeitgleich entstandene Werke anderer Autoren werden in der Regel der **Aufklärung** oder der **Romantik** zugerechnet oder gar keiner Epoche zugeordnet (**Wieland, Hölderlin, Jean Paul, Kleist**). Nach **Goethes** Italienreise hatte sich sein künstlerisches und wissenschaftliches Bewusstsein verändert. Auch seinem **Menschenbild** lagen nun andere Werte zugrunde: Durch die Ausbildung der Vernunft und Selbstkontrolle sowie durch sittliche Läuterung sollte eine allseits gebildete, alle humanen Kräfte und Fähigkeiten harmonisch in Einklang bringende Persönlichkeit geformt werden. Die Werke **Goethes** und **Schillers**, die diese „Erziehungsarbeit" vollbringen sollten, machen die deutsche Klassik aus. Die Literatur orientierte sich formal an antiken Vorbildern. Durch Maß, Gesetz und Formstrenge wollten beide Klassiker das **vollendete Schöne** formen. Die Anschauung des Schönen sollte den Menschen zum **Wahren und Guten** führen. Schönheit wird dabei als Harmonie zwischen dem Sinnlichen und dem Gesetz der Vernunft verstanden. Ein vollkommener Ausgleich zwischen Vernunft und Gefühl, Geist und Natur, Gesetz und Freiheit wurde angestrebt. Nach den Vorstellungen der Klassik liegen allem Sichtbaren und Vergänglichen zeitlos gültige Gesetzmäßigkeiten und Urbilder (Ideale) zugrunde, die es in der Dichtung aufzuzeigen gilt.

Johann Wolfgang Goethe: **Natur und Kunst** (1800)

Natur und Kunst, sie scheinen sich zu fliehen
Und haben sich, eh' man es denkt, gefunden;
Der Widerwille ist auch mir verschwunden,
Und beide scheinen gleich mich anzuziehen.

Es gilt wohl nur ein redliches Bemühen!
Und wenn wir erst in abgemessnen Stunden
Mit Geist und Fleiß uns an die Kunst gebunden,
Mag frei Natur im Herzen wieder glühen.

So ist's mit aller Bildung auch beschaffen:
Vergebens werden ungebundne Geister
Nach der Vollendung reiner Höhe streben.

Wer Großes will, muss sich zusammenraffen;
In der Beschränkung zeigt sich erst der Meister,
Und das Gesetz nur kann uns Freiheit geben.

1 **a** Untersuchen Sie das Gedicht genauer: In welchem Verhältnis stehen Natur und Kunst? Wie soll Kunst beschaffen sein? Welche Parallelen werden zur Bildung gezogen?

b Begründen Sie, weshalb das Gedicht eindeutig der Klassik zuzuordnen ist.

2 Verfassen Sie einen Text, in dem Sie den Natur- und Kunst-Begriff der Klassik dem des Sturm und Drang vergleichend gegenüberstellen.

Romantik

Caspar David Friedrich: Mondaufgang am Meer (1822)

1 Beschreiben Sie die Bildkomposition. Achten Sie dabei auf den Bildaufbau, die Farbgebung etc.

2 Schreiben Sie einen inneren Monolog aus der Perspektive einer der drei Figuren.

3 Das Bild entstammt der Epoche der Romantik:

a Was verstehen Sie unter den Begriffen „Romantik" bzw. „romantisch"? Erstellen Sie eine Ideensammlung mittels eines Clusters.

b Ergänzen Sie das Cluster um Ihr Wissen zur Epoche der Romantik.

4 Passen Ihre Ergebnisse zu obigem Bild? Überlegen Sie, was das Gemälde so geeignet macht, um die Epoche der Romantik abzubilden. Suchen Sie weitere Gemälde aus der Romantik.

Joseph von Eichendorff: **Das zerbrochene Ringlein** (1810)

In einem kühlen Grunde,
Da geht ein Mühlenrad,
Mein' Liebste ist verschwunden,
Die dort gewohnet hat.

Sie hat mir Treu versprochen,
Gab mir ein'n Ring dabei,
Sie hat die Treu gebrochen,
Mein Ringlein sprang entzwei.

Ich möcht als Spielmann reisen
Weit in die Welt hinaus
Und singen meine Weisen
Und gehn von Haus zu Haus.

Ich möcht als Reiter fliegen
Wohl in die blut'ge Schlacht,
Um stille Feuer liegen
Im Feld bei dunkler Nacht.

Hör ich das Mühlrad gehen,
Ich weiß nicht, was ich will,
Ich möcht am liebsten sterben,
Da wär's auf einmal still.

Karoline von Günderode: **Liebe** (1804)

O reiche Armut! Gebend, seliges Empfangen!
In Zagheit Mut! in Freiheit doch gefangen.
In Stummheit Sprache,
Schüchtern bei Tage,
Siegend mit zaghaftem Bangen!
Lebendiger Tod, im Einen sel'ges Leben
Schwelgend in Not, im Widerstand ergeben,
Genießend schmachten,
Nie satt betrachten
Leben im Traum und doppelt Leben.

Heinrich Heine: **Ich weiß nicht, was soll es bedeuten** (1823)

Ich weiß nicht, was soll es bedeuten,
Dass ich so traurig bin;
Ein Märchen aus alten Zeiten,
Das kommt mir nicht aus dem Sinn.

Die Luft ist kühl und es dunkelt,
Und ruhig fließt der Rhein;
Der Gipfel des Berges funkelt
Im Abendsonnenschein.

Die schönste Jungfrau sitzet
Dort oben wunderbar;
Ihr goldnes Geschmeide blitzet,
Sie kämmt ihr goldenes Haar.

Sie kämmt es mit goldenem Kamme
Und singt ein Lied dabei;
Das hat eine wundersame,
Gewaltige Melodei.

Den Schiffer im kleinen Schiffe
Ergreift es mit wildem Weh;
Er schaut nicht die Felsenriffe,
Er schaut nur hinauf in die Höh.

Ich glaube, die Wellen verschlingen
Am Ende Schiffer und Kahn;
Und das hat mit ihrem Singen
Die Lore-Ley getan.

---

1 Beschreiben Sie die Arten der Liebe, die in den Gedichten zum Ausdruck kommen.
2 Wählen Sie ein Gedicht aus und interpretieren Sie es.
 a Stellen Sie inhaltliche, sprachliche und formale Betrachtungen an.
 b Begründen Sie, weshalb das Gedicht der Romantik zugeordnet wird (Information, ▶ S. 230).
3 Wandeln Sie das Gedicht von Eichendorff oder von Heine in eine spannende bzw. tragische Erzählung um.

Novalis: **Wenn nicht mehr Zahlen und Figuren** (1800)

Georg Friedrich von Hardenberg (1772–1801) studierte Bergbau. „Novalis" ist sein Pseudonym als Dichter.

Wenn nicht mehr Zahlen und Figuren
Sind Schlüssel aller Kreaturen,
Wenn die, so singen oder küssen,
Mehr als die Tiefgelehrten wissen,
Wenn sich die Welt ins freie Leben
Und in die Welt wird zurückbegeben,
Wenn dann sich wieder Licht und Schatten
Zu echter Klarheit werden gatten,
Und man in Märchen und Gedichten
Erkennt die ew'gen Weltgeschichten,
Dann fliegt vor *einem* geheimen Wort
Das ganze verkehrte Wesen fort.

---

1 Das Gedicht von Novalis sagt einiges über die Literaturauffassung der Romantik. Schreiben Sie ein gut verständliches Literaturprogramm der Epoche.
2 Vergleichen Sie „Wenn nicht mehr Zahlen und Figuren" mit Goethes „Natur und Kunst" (▶ S. 227). Welche unterschiedlichen Literaturkonzepte der Klassik und der Romantik können Sie erkennen? Tragen Sie Ihre Ergebnisse stichpunktartig in eine vergleichende Tabelle ein.

Information Epochenüberblick: Romantik (ca. 1795 – ca. 1835)

Geschichtlicher Hintergrund: Die Zeit war geprägt durch die **Revolutions- und die napoleonischen Kriege**. Zunächst gelang es **Napoleon**, West- und Mitteleuropa unter französischer Vormacht weitgehend umzugestalten. Dies gilt besonders auch für Deutschland, das seit dem Ende des Heiligen Römischen Reiches Deutscher Nation und der Niederlage Preußens 1806 unter französischer Oberhoheit stand. Doch Napoleons Herrschaft brach nach schwerwiegenden militärischen Niederlagen zusammen und mit dem **Wiener Kongress** (1815) begann die Epoche der **Restauration**, die die alte Staatenordnung neu etablierte. Die Fürstentümer regierten wieder in alter absolutistischer Manier, alle freiheitlichen Bestrebungen wurden unterdrückt und die Hoffnung auf die Bildung eines deutschen Nationalstaates mit liberaler Verfassung wurde bitter enttäuscht.

Weltbild und Lebensauffassung: Diese Zeit wurde von den fortschrittlichen Kräften als Krisenzeit erlebt. Alle Hoffnungen auf einen Wandel der politischen Verhältnisse hatten sich zerschlagen. Hinzu kam die Erkenntnis, dass im Zuge der **Industrialisierung** der Mensch immer mehr als Rädchen im Getriebe angesehen wurde und weniger als ein Individuum mit dem Recht auf Selbstverwirklichung. Das romantische Ich suchte den Weg nach innen. Es schuf sich Fluchträume in einer idyllisch verklärten Natur, in der Fiktion eines ursprünglichen Lebens in der geordneten, heilen Welt des Mittelalters. Man beschäftigte sich daher wieder mit mittelalterlicher Dichtung, woraus sich die philologische Erforschung der deutschen Sprache und Literatur entwickelte und die Germanistik als Wissenschaft geboren wurde. Sehnsucht war das bestimmende Gefühl der Epoche, dabei hatte die **romantische Sehnsucht** kein konkret benennbares Ziel, wollte eigentlich auch nie an ein Ziel kommen, sondern speiste sich aus sich selbst heraus und konnte hingebungsvoll genossen werden.

Literatur: Die Literatur poetisierte bzw. romantisierte die Welt. Die Romantiker liebten Märchen und fantastische Erzählungen. Daneben war die Lyrik die bevorzugte Gattung, konnte man sich hier doch intensiv seinen Gefühlen widmen und in ihnen schwelgen. An dem Versuch, die Welt ganzheitlich zu erfassen, scheiterten die Romantiker. Viele Werke blieben Fragmente. Frauen begannen, eine wichtige Rolle in der Literatur zu spielen. Sie traten nun als Vermittlerinnen und Produzentinnen von Literatur hervor. Man traf sich in Salons, in denen Literatur und Philosophie diskutiert wurde.

Wichtige Autorinnen und Autoren: **Jean Paul** (1763–1825), **Friedrich Hölderlin** (1770–1843), **Novalis** (1772–1801), **E.T.A. Hoffmann** (1776–1822), **Karoline von Günderode** (1780–1806), **Bettina von Arnim** (1785–1859), **Jacob Grimm** (1785–1863) und **Wilhelm Grimm** (1786–859), **Joseph von Eichendorff** (1788–1857), **Heinrich Heine** (1797–1856)

1 Vergleichen Sie Ihren Begriff der Romantik und des Romantischen (▶ S. 228) mit demjenigen aus der Information.
2 Gestalten Sie eine Wandzeitung zur Romantik und stellen Sie diese in der Klasse aus.

Expressionismus

Edvard Munch: Der Schrei (1893)

Else Lasker-Schüler: **Ein Liebeslied** (1909)

Komm zu mir in der Nacht – wir schlafen engverschlungen.
Müde bin ich sehr, vom Wachen einsam.
Ein fremder Vogel hat in dunkler Frühe schon gesungen,
Als noch mein Traum mit sich und mir gerungen.

Es öffnen Blumen sich vor allen Quellen
Und färben sich mit deiner Augen Immortellen.

Komm zu mir in der Nacht auf Siebensternenschuhen
Und Liebe eingehüllt spät in mein Zelt.
Es steigen Monde aus verstaubten Himmelstruhen.

Wir wollen wie zwei seltene Tiere liebesruhen
Im hohen Rohre hinter dieser Welt.

Gottfried Benn: **Hier ist kein Trost** (1912/1913)

Keiner wird mein Wegrand sein.
Lass deine Blüten nur verblühen.
Mein Weg flutet und geht allein.

Zwei Hände sind eine zu kleine Schale.
Ein Herz ist ein zu kleiner Hügel,
um dran zu ruhn.

Du, ich lebe immer am Strand
und unter dem Blütenfall des Meeres,
Ägypten liegt vor meinem Herzen,
Asien dämmert auf.

Mein einer Arm liegt immer im Feuer.
Mein Blut ist Asche. Ich schluchze immer
Vorbei an Brüsten und Gebeinen
Den tyrrhenischen Inseln zu:

Dämmert ein Tal mit weißen Pappeln
ein Ilyssos mit Wiesenufern
Eden und Adam und eine Erde
aus Nihilismus und Musik.

---

1 Zwischen Gottried Benn und Else Lasker-Schüler bestand eine besondere Verbindung. Finden Sie heraus, welche.

2 **a** Was fällt Ihnen an diesen Gedichten besonders auf? Welche Stimmung wird vermittelt?

b Bestimmen Sie das jeweilige Thema der Gedichte.

c Schlagen Sie unbekannte Begriffe nach und stellen Sie diese Begriffe in den Gesamtzusammenhang. Welche Bedeutung ergibt sich für die letzten beiden Strophen bei Benn?

d Gehen Sie in Partnerarbeit Strophe für Strophe durch und klären Sie Ihr Verständnis. Fassen Sie den Inhalt kurz zusammen.

e Legen Sie eine Tabelle an und tragen Sie die sprachlichen Mittel (Information, ▸ S. 313), deren Bedeutung und Funktion/Wirkung ein (vgl. S. 219).

3 Erläutern Sie die Frage, ob es sich bei den beiden Beispielen um typisch expressionistische Gedichte handelt (Information, ▸ S. 232).

4 Erstellen Sie eine Collage zum Expressionismus mit Beispielen aus Literatur, Malerei und Architektur.

Information **Epochenüberblick: Expressionismus (ca. 1910 – ca. 1925)**

Geschichtlicher Hintergrund: **Kaiser Wilhelm II.** wollte das neu gegründete Deutsche Reich als wichtige politische Größe unter den Weltmächten positionieren. Aus diesem Grunde trieb er die Kolonialpolitik und den Ausbau der deutschen Flotte voran. Infolge des Attentats 1914 auf den österreichischen Thronfolger und seine Frau kam es zum **Ersten Weltkrieg**, in dem durch technisch-militärische Neuerungen in noch nie dagewesenem Maße Menschen verstümmelt und getötet wurden. Der Krieg endete 1918 mit der Niederlage Deutschlands.

Weltbild und Lebensauffassung: Die Zeit um 1900 wurde von der um 1880 geborenen Generation oft als verkrustet empfunden. Technischen Neuerungen stand sie skeptisch gegenüber. Man meinte, dass das Alte zugrunde gehen müsse, damit Neues entstehen könne. Verschiedene Ereignisse galten daher als Vorboten eines nahen Weltuntergangs, einer Apokalypse, wie zum Beispiel der Untergang der Titanic (1912). Mit dem Ersten Weltkrieg brach dann die erwartete **Apokalypse**, besonders für die junge Generation, herein.

Literatur: Ein radikaler Bruch mit den bisherigen ästhetischen Darstellungsweisen wurde vollzogen. Man versuchte, neu und visionär auf Zukünftiges zu blicken. Kennzeichen des Expressionismus sind Wortneuschöpfungen, das Aufbrechen grammatikalischer Strukturen bis hin zum Stammeln, der Reihungsstil, eine starke, einprägsame Bildlichkeit sowie eine drastische Farbsymbolik. In der Literatur orientierte man sich an der Malerei, die sich vom Gegenständlichen abwendete und zunehmend abstrakter wurde.

Wichtige Autorinnen und Autoren: **Else Lasker-Schüler** (1869–1945), **Gottfried Benn** (1886–1956), **Georg Heym** (1887–1912), **Georg Trakl** (1887–1914), **Franz Werfel** (1890–1945)

Nach 1945 bis heute

Rose Ausländer: **Das Schönste** (1984)

Ich flüchte
in dein Zauberzelt
Liebe

im atmenden Wald
wo Grasspitzen
sich verneigen

weil
es nichts Schöneres gibt

Reiner Kunze: **Auf dich im blauen Mantel** (1974)

Für Elisabeth

Von neuem lese ich von vorn
die häuserzeile suche

dich das blaue komma das
sinn gibt

1 Beschreiben Sie, wie die Liebe in den beiden Gedichten empfunden wird.
2 Was fällt Ihnen an der formalen Gestaltung der Gedichte auf? Welche Wirkung hat diese auf Sie?
3 Sammeln Sie Liebeslyrik der Gegenwart und gestalten Sie ein Plakat mit Ihren Lieblingsgedichten.
4 Notieren Sie in einer Tabelle Unterschiede zwischen der heutigen Lyrik und der fernerer Epochen.

Information **Epochenüberblick: Literatur nach 1945 bis in die Gegenwart**

Das Kriegsende 1945 markiert einen tiefen Einschnitt in der deutschen Geschichte. Das in **Besatzungszonen** aufgeteilte Deutschland stand vor der Aufgabe, in Auseinandersetzung mit der Schuld an Krieg und Völkermord einen politisch-gesellschaftlich-kulturellen Neuanfang zu finden. Aus den Besatzungszonen wurden im Zuge des **Kalten Krieges** zwischen den Siegermächten zwei deutsche Staaten, die **Bundesrepublik Deutschland und die Deutsche Demokratische Republik**. Es entwickelten sich zwei deutsche Literaturen, zwischen denen es jedoch auch Verbindungen und Bezüge gab. Mit der **deutschen Wiedervereinigung** 1990 ergab sich wiederum eine neue Situation für die Literatur. Nach eher unpolitischen Tendenzen in der Literatur der 1980er-Jahre entstand nach der Wende eine Fülle von Literatur zur Wiedervereinigung. Insgesamt ist die gegenwärtige Literatur gekennzeichnet von einer Vielfalt der Formen und Schreibstile, die es fast unmöglich macht, einheitliche Epochenmerkmale zu definieren.

Einen Poetry-Slam veranstalten

Alexandra Becht: **Koexistenz** (2002) – Auszug

[...]
ich bin mir nicht sicher – sicher ist nur der Tod
in einer Koexistenz von Realität und Schein
mach ich eine Tugend aus der Not
und sage: nur ich selbst ergebe Reim.

Information **Poetry-Slam – Wettstreit der Dichterinnen und Dichter**

Poetry-Slam (to slam: zuknallen, schlagen) ist eine aus den USA kommende Form eines Wettstreits zwischen Autorinnen und Autoren und mittlerweile auch in Deutschland sehr verbreitet. In über 70 Städten finden regelmäßig „Slam-Happenings" statt, bei denen – nach festgelegten Regeln (s. u.) – meist junge Poetinnen und Poeten in Konkurrenz zueinander ihre Texte in einer bestimmten Zeit einem Publikum vortragen. Bewertet werden sowohl Inhalt als auch Art des Vortrags. Wer gewinnt, entscheidet das Publikum.

Regeln:
- Alle bringen eigene Texte auf die Bühne: gelesen, performt, gerappt ..., jedoch ohne Musik.
- Das Los entscheidet über die Reihenfolge des Auftretens.
- Das Publikum entscheidet, indem es z. B. mit Stimmkarten Punkte für Text und Vortrag vergibt.

1 Bereiten Sie in Ihrer Klasse einen Poetry-Slam zum Thema „Liebe" vor.
 a Schreiben Sie dazu zunächst eigene Texte oder greifen Sie auf bereits geschriebene zurück.
 b Suchen Sie sich ein Gedicht aus und probieren Sie verschiedene Vortragsweisen.
 c Gestalten Sie das Klassenzimmer, als wäre der Poetry-Slam ein richtiges Event. Die Stimmung ist entscheidend für das Gelingen des Slams.
 d Legen Sie eine Reihenfolge der Vortragenden fest. Teilen Sie Stimmkarten aus.

7.1 Epochenbegriffe – Funktion und Kritik

Auf den kleinsten Nenner gebracht, stellt die Geschichtsschreibung der Literatur zwischen verschiedenen Texten einen Zusammenhang her: entweder durch äußere Reihung, deren Sinn im Erfassen der Gegenstände liegt, oder durch das Aufzeigen einer inneren Logik in ihrer zeitlichen Abfolge. [...] Immer aber kommt zu diesen Aufgaben die dritte hinzu: die Kenntnisse oder Erkenntnisse an andere zu vermitteln und ihnen eine sachgerechte Darstellung zu geben.

Albert Meier, Literaturgeschichtsschreibung, 1996

Geschichtsschreibung ist Aufklärung – Aufklärung über historische Entwicklungen, welche die Gegenwart prägen. In diesem Sinne versteht sich auch die Beschreibung der sechs Jahrhunderte neuerer deutscher Literaturgeschichte [...]: Sie will die literarischen Entwicklungslinien vergegenwärtigen, die in die heutige Zeit hineinführen.

Peter J. Brenner, Neue deutsche Literaturgeschichte, 1996

Aufgrund der Interpretation des Literaturhistorikers soll dem Leser ermöglicht werden, sich eine subjektiv begrenzte, fragmentarische, aber kritisch abgesicherte Erfahrung der Vergangenheit zu erarbeiten.

Ehrhard Bahr, Geschichte der deutschen Literatur, 1987

1 Schauen Sie sich die oben abgebildeten Buchtitel an: Was erwarten Sie jeweils von den Büchern? Was verbinden Sie mit den Begriffen „Literaturgeschichte" und „Epoche"?

2 Welche Aufgaben und Funktionen hat eine Literaturgeschichte? Sammeln Sie Aspekte aus den Textauszügen.

3 Aus welchem Grund würden Sie eine Literaturgeschichte zur Hand nehmen?

4 **a** Tragen Sie in einer Mindmap ihr Wissen über unterschiedliche Epochen der deutschen Literaturgeschichte zusammen. Nach einem ersten Brainstorming können Sie auch die Epochenschleife auf S. 418 f. und die Innenumschlagseiten zu Rate ziehen.

b Wählen Sie mit Ihrer Gruppe eine Epoche aus und gestalten Sie ein Plakat dazu.

Karl Otto Conrady: **Von der Verführung durch vertraute Epochenbegriffe** (1983)

Es muss zu einem Urbedürfnis des Menschen, zumal des Wissenschaftlers, gehören, ungeordnete Vielfalt zu ordnen und lange zeitliche Abläufe zu gliedern. Anders ist die hingebungsvolle Mühe nicht zu begreifen, die Literaturwissenschaftler aufwenden, um Epochen aufzubauen. Und obgleich längst jeder noch so sorgfältig ausgeführten Konzeption einer Epoche mit triftigen Argumenten widersprochen werden kann, lassen wir von dem geistvoll-nutzlosen Spiel nicht ab. [...]

Offensichtlich bezeichnen Epochenbegriffe etwas, was es so in der Realität überhaupt nicht gibt. Sie sind nachträglich gestanzte Spielmarken kluger Konstrukteure. Epochenbezeichnungen, die mit qualifizierenden Bedeutungen belastet sind (die wir ihnen auch nicht austreiben können), können der realen Fülle und Vielgestaltigkeit des im betreffenden Zeitraum Hervorgebrachten nicht gerecht werden. Immer herrscht die Gleichzeitigkeit des Verschiedenen, der eine Epochenbezeichnung nicht entspricht. [...]

Öffnet eigentlich die Bemühung um Epochenbestimmungen besser begehbare Wege zu den einzelnen Werken, die der Leser dann gern beschreitet? Geht von Epochengliederungen und den Diskussionen über sie Motivation für den Leser aus? Die Frage stellen heißt, sie nicht einfach bejahen zu können. Wenn in bildungspolitischen Erklärungen vom Deutschunterricht gefordert wird, er müsse endlich wieder (wie es heißt) den Schülern die Kenntnis etwa der deutschen Klassik und der anderen wichtigen Epochen der Geschichte der deutschen Literatur beibringen, dann müsste zugleich ernsthaft erwogen werden, wozu solche Kenntnis gut ist, welche Einsichten sie fördert oder vielleicht verstellt und ob sie die Freude am Lesen (für uns etwas allzu Selbstverständliches), die Motivation, sich auf Fernes und Fremdes einzulassen, verstärkt oder vermindert. [...]

Um auf unsere Epochen zurückzukommen: Wenn die geläufigen Kennmarken schon nicht durch schlichte Zahlen ersetzt werden können (damit kein Text von vornherein in einem bestimmten Fach abgelegt wird), müsste die Beschäftigung mit ihnen nicht tradierbares Wissen vermitteln wollen, sondern die Implikationen und Konsequenzen aufzuspüren suchen, die mit Herausbildung, Durchsetzung und Gebrauch der Epochennamen verbunden sind.

1 Zeigen Sie mit Hilfe des Textes auf, welcher Nutzen und welche Gefahren in der Verwendung von Epochenbegriffen liegen. Stimmen Sie dem Autor zu?

2 Vergleichen Sie unterschiedliche Epochenbegriffe miteinander, indem Sie ihre Herkunft klären (z. B. Aufklärung, Sturm und Drang, Expressionismus). Schlagen Sie dazu u. a. im Buch nach.

7.2 Literaturkritik und literarischer Kanon

Frank Dietschreit: **Zum Wiederlesen empfohlen** (2009)

Bernhard Schlinks Roman *Der Vorleser* wurde in 22 Sprachen übersetzt und avancierte zum internationalen Bestseller. Jetzt läuft in den deutschen Kinos Stephen Daldrys Filmversion des Romans. Für die Rolle der Hanna Schmitz, die als KZ-Wächterin für die Tode vieler Menschen verantwortlich war und sich in der Bundesrepublik der Nachkriegszeit auf eine verbotene Liebschaft mit einem 15-jährigen Jungen einlässt, hat Hollywood-Star Kate Winslet soeben einen Oscar bekommen.

Doch die Situation ist paradox: Denn einerseits

ist es ein bemerkenswerter Film geworden, der sich relativ eng an den Roman anschmiegt und dort, wo es wirkliche Handlung gibt, auch stimmige Bilder findet. Aber andererseits hat der Film auf die Meta-Ebene des Romans, auf das Grübeln über Recht und Unrecht, Schuld und Sühne, Wahrheit und Lüge, Verrat und Liebe, keine rechte Antwort gefunden. Der Roman beschreibt, dass der 15-jährige Michael Berg fasziniert ist von einer Frau, die mehr als doppelt so alt ist wie er und seine Mutter sein könnte. Michael, der dieser Frau, Hanna Schmitz, immer etwas vorlesen muss, bevor sie zusammen erst in die Badewanne und dann ins Bett steigen. Erst viel später, als Jura-Student und Beobachter der Auschwitz-Prozesse, erfährt er, dass sie als KZ-Aufseherin Teil der Holocaust-Vernichtungsmaschinerie war, dass sie Analphabetin ist und sich viele ihrer Handlungen aus diesem Makel erklären.

Bernhard Schlink ist nur im Nebenberuf Schriftsteller, im Hauptberuf ist er, wie sein Ich-Erzähler Michael Berg, Jurist, und so besteht der Roman in weiten Teilen aus juristischen Reflexionen und ethischen Fragen. Dabei geht es auch um das schwierige Verhältnis der Kinder zu ihren Eltern und zu Menschen, die man liebt, die einen fürs Leben prägen, zu denen man aufschaut, von denen man dann aber erfährt, dass sie in der Nazi-Zeit Opportunisten oder sogar Täter waren. Diese philosophisch-moralische Ebene des Romans wird im Film höchstens angedeutet. Um dem Film jeden Anschein von intellektueller Belehrung zu nehmen, wird die Erzähl-Konstruktion geändert, gibt es keinen Ich-Erzähler, dessen Stimme aus dem Off ertönt. Erst in der letzten Szene kommt der Film zum Roman zurück, beginnt Michael Berg seiner Tochter seine ganze Lebensgeschichte zu erzählen, die wir vorher im Film gesehen haben.

Zum Filmstart geht auch wieder eine Debatte los, die es bereits bei Erscheinen des Romans gab: „Der Vorleser“ heißt es, sei „Holocaust-Revisionismus“ und spiele die Verantwortung der Deutschen für den Massenmord an den Juden herunter. Die Debatte zeigt, dass wir uns immer noch schwertun, die Geschichte des Holocaust anders als aus der Perspektive der Opfer zu erzählen. Aber um den Massenmord zu verstehen und in Zukunft zu verhindern, müssen wir auch etwas über die Täter wissen, müssen wir verstehen, wie oft ganz normale Bürger zu Mitläufern und Mördern werden. Und wir müssen verstehen, wie der Virus der Schuld sich von Generation zu Generation fortpflanzt. Es ist das Verdienst von Bernhard Schlink, den Finger in diese Wunden zu legen, zu zeigen, wie die Liebe eines unschuldigen Jungen zu einer Täterin das Leben des Jungen für immer verändert. Und es ist Schlinks Verdienst, zu zeigen, dass eine Täterin nicht als Monster geboren wird, sondern auch – aufgrund von Naivität, Dummheit oder eines Makels – sich nicht gegen die Verlockungen des Bösen wehren kann, sie aber zumindest bereit ist, im Prozess nicht – wie ihre Mitangeklagten – zu leugnen, sondern Schuld und Sühne als gerecht anzunehmen.

[...] Ich-Erzähler Michael Berg bricht nicht mit Hanna Schmitz, als er von ihrer Vergangenheit und ihrer Schuld erfährt, denn er hat das Gefühl, durch die Liebe, die er einst zu Hanna empfand, auch in ihre Schuld verstrickt zu sein. Er spürt, dass Menschen, die monströse Taten begangen haben, nicht immer Monster sind, die anders sind als wir und uns ganz fremd bleiben, sondern dass diese Monster auch ein menschliches Antlitz und vieles mit uns gemeinsam haben. Dass Schlink das ausspricht, mögen manche als Skandal empfinden. Aber seit der Holocaust-Überlebende Imre Kertész in seinem *Roman eines Schicksallosen* schrieb, dass es auch in den Konzentrationslagern, „in der Pause zwischen den Qualen“, etwas gab, „das dem Glück ähnlich war“, und seit Roberto Benigni mit seinem Film *Das Leben ist schön* versuchte, mit den Mitteln der Komödie eine authentische Sprache für Auschwitz zu finden, ahnen wir, dass wir noch manches Tabu brechen müssen, bis wir das Monströse des Holocaust wirklich verstanden haben. Schlinks *Vorleser* ist vielleicht der wichtigste deutsche Beitrag zu dem Versuch, das alles endlich zu verstehen.

1 a Gliedern Sie die Rezension. Fassen Sie dabei zusammen, um welche Aspekte es in den jeweiligen Abschnitten geht. Notieren Sie auch, wo wertend und wo neutral beschrieben wird.
b Welche Funktion und welche Wirkung schreiben Sie dieser Rezension zu? Begründen Sie.
2 Sammeln Sie in Zeitungen und Zeitschriften Filmrezensionen, Buchbesprechungen und Buchempfehlungen. Listen Sie tabellarisch die Unterschiede zwischen den verschiedenen Texten auf.
3 Verfassen Sie selbst eine Rezension zu einem Ihnen bekannten Buch oder Film.

Walter Hanel: Der Buchkritiker (1983)

4 Beschreiben und interpretieren Sie die Karikatur.
5 a Vergleichen Sie Ihre Ergebnisse zur Karikatur mit den von Ihnen gesammelten Rezensionen. Stimmen Sie dem Karikaturisten zu?
b Erörtern Sie die Frage: Sollte ein Kritiker unverhohlen seine Meinung zu einem Buch/Film äußern oder muss auch er sich an die Formen des höflichen Umgangs halten? Beziehen Sie die Position des Autors/Regisseurs und die des Lesers mit ein.

Information **Literaturkritik**

Buchrezensionen erfüllen zwei Zwecke: **Orientierung** für den Leser und **Werbung** für den Autor oder den Verlag. Man findet sie im Kulturteil von Tages- oder Wochenzeitungen, in Zeitschriften, im Internet oder im Fernsehen und Radio. Sie sind eine gängige Form der Literaturkritik.
Eine Rezension besteht in der Regel aus Informationen über Inhalt und Form des Buches, Wissenswertem über die Autorin oder den Autor, aus Vergleichen mit anderen Werken oder aus Werturteilen, die auf ästhetischen, moralischen oder weltanschaulichen Maßstäben beruhen. Meist sind Rezensionen sehr subjektiv, da es keinen Regelkatalog gibt, den man abhaken und so herausfinden kann, ob ein Buch nun unter die Kategorie „gut“ fällt oder nicht. In erster Linie hängt die Rezension ab vom Geschmack des Rezensenten oder vom erwarteten Geschmack der Zielgruppe, die dieser mit seiner Rezension erreichen möchte.

Literarischer Kanon

Eine andere Form literarischer Wertung stellt der so genannte Kanon dar. Es handelt sich dabei um eine Gruppe von Werken, auf die in einer Gesellschaft immer wieder Bezug genommen wird. Entsprechend sieht man deren Kenntnis als wesentlichen Bestandteil von Bildung an. So bildet der Kanon auch die Basis für die Lektürepläne an den Schulen bzw. wird gleichzeitig durch sie fortgesetzt.

Marcel Reich-Ranicki: **Brauchen wir einen Kanon?** (2001) – Interview

Spiegel: Herr Reich-Ranicki, Sie haben für den „Spiegel" Ihren persönlichen literarischen Kanon zusammengestellt. Gibt es überhaupt einen Bedarf für eine solche Liste literarischer Pflichtlektüre?

Reich-Ranicki: Die Frage ist mir unverständlich, denn der Verzicht auf einen Kanon würde den Rückfall in die Barbarei bedeuten.

Spiegel: Was soll denn die Schule bei der Vermittlung von Literatur leisten?

Reich-Ranicki: Dem Schüler soll gezeigt und bewiesen werden, welche Aufgabe Literatur vor allem hat: Sie soll den Menschen Freude, Vergnügen und Spaß bereiten und sogar Glück.

Spiegel: Und der gewaltige Goethe – was sollte davon in den Unterricht gelangen?

Reich-Ranicki: Da muss man rigoros und konsequent sein. Man muss Zeit haben vor allem für „Faust I" und für die Lyrik aus den verschiedenen Zeitabschnitten, insgesamt nicht weniger als zwanzig bis dreißig Gedichte. Ferner sollte man auch den „Werther" gründlich behandeln und Auszüge aus „Dichtung und Wahrheit". Ob man die heutigen Schüler für den „Tasso" oder ein so herrliches Stück wie die „Iphigenie" begeistern kann, weiß ich nicht. [...]

Spiegel: Und was ist mit den typischen deutschen Nachkriegsautoren, mit denen Sie sich als Kritiker zeitlebens beschäftigt haben – bleibt davon für Ihren Kanon nichts übrig?

Reich-Ranicki: Ja, hier muss man sehr vorsichtig sein – und da bleibt in der Tat nur wenig. Ich habe viel über große deutsche Schriftsteller der Vergangenheit geschrieben, aber zugleich so gut wie nie die deutsche Literatur der Gegenwart vernachlässigt oder gar ignoriert. Darunter waren nicht nur wenige gute oder zumindest brauchbare Bücher, die zu Recht viel diskutiert und zehn oder vielleicht zwanzig Jahre lang sogar gelesen wurden. Aber sie haben sich überlebt. [...] es wäre falsch und auch schädlich, wollten wir diese Werke in den Kanon aufnehmen.

Spiegel: Könnten Sie zehn oder zwölf Bücher nennen, die ein Abiturient unbedingt kennen sollte?

Reich-Ranicki: Sehr ungern, aber meinetwegen: „Werther", „Effi Briest", „Buddenbrooks", „Der Prozess", „Faust I", je ein Band mit ausgewählten Dramen von Schiller und Kleist, je ein Band mit ausgewählten Gedichten von Goethe, Heine und Brecht. Und wenn Sie mir noch zwei Titel genehmigen sollten, schlage ich einen Band mit den Werken von Büchner vor und einen Auswahlband mit der Lyrik der deutschen Romantiker.

---

1 **a** Notieren Sie die Argumente Reich-Ranickis für einen literarischen Kanon.
b Sammeln Sie weitere Pro-Argumente und notieren Sie ebenfalls Kontra-Argumente.
c Bilden Sie zwei Gruppen und führen Sie eine Debatte (Information, ▶ S. 46) durch.

2 Recherchieren Sie nach dem Kanon Reich-Ranickis. Welche Bücher haben Sie gelesen, welche wollen Sie noch lesen? Empfinden Sie es als Mangel, bestimmte Werke nicht gelesen zu haben?

3 Erstellen Sie einen eigenen Kanon aus epischen, lyrischen und dramatischen Werken, die man Ihrer Meinung nach gelesen haben sollte. Vergleichen Sie Ihr Ergebnis mit dem Kanon Marcel Reich-Ranickis.

C Medien

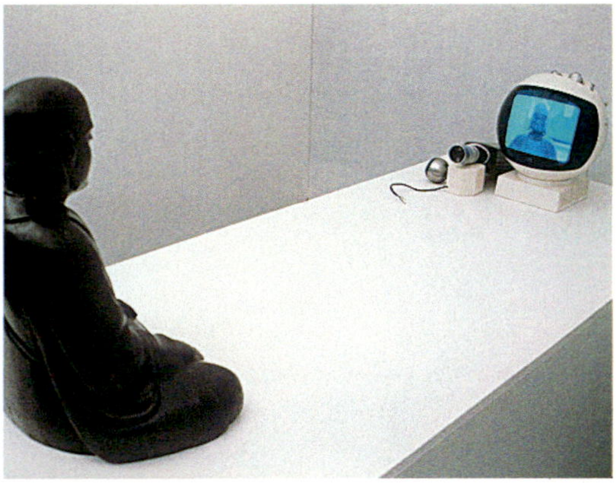

Werke von Nam June Paik: Videoroller, 1994 (oben links), TV Buddha, 1974 (oben rechts), Videowand, 1995 (unten rechts)

1 **a** Wählen Sie eines der Bilder aus und überlegen Sie, welche Bedeutung das abgebildete Kunstwerk haben könnte. Beziehen Sie mindestens zwei der drei Kapitelüberschriften dieses Bereichs mit in Ihre Überlegungen ein: Mediennutzung, Medienanalyse, Medienkritik.
b Finden Sie sich in Kleingruppen zusammen, und zwar mit Mitschülerinnen und Mitschülern, die die gleiche Abbildung gewählt haben wie Sie. Tauschen Sie sich aus.
c Zu jedem Bild stellt nun eine Kleingruppe ihre Überlegungen der gesamten Lerngruppe vor.

2 Nam June Paik ist einer der bekanntesten Video-Künstler. Kennen Sie weitere Künstler aus diesem Bereich? Wie stehen Sie zu dieser Art von Medienkunst? Tauschen Sie sich aus.

3 **a** Stellen Sie selbst relativ unaufwändige Kunstwerke zum Thema „Medien im 21. Jahrhundert“ her: Gestalten Sie ein Bild am Computer, filmen Sie eine kurze Sequenz mit einer Videokamera oder basteln Sie ein Plakat mit Bildern und Texten aus dem Internet.
b Stellen Sie Ihre Werke vor.

1 Mediennutzung

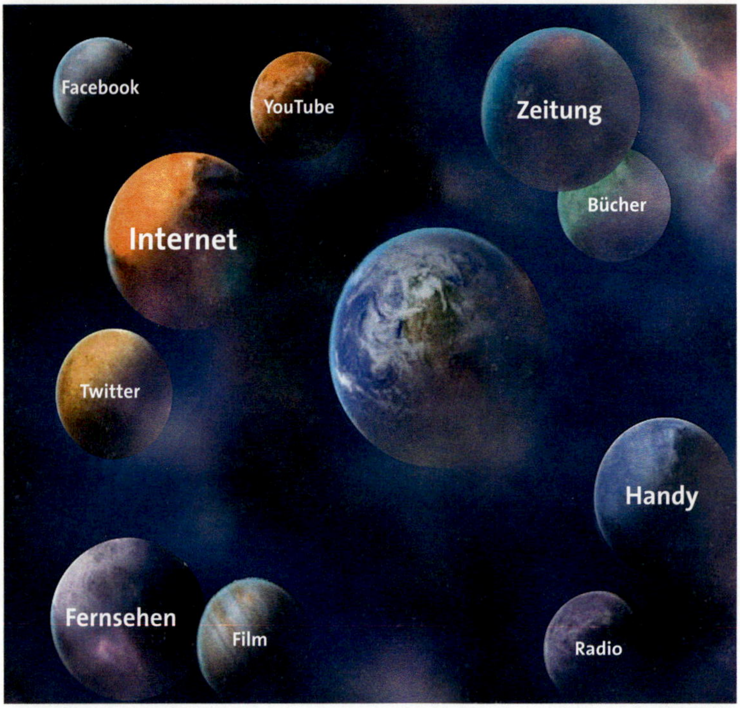

Gutenberg-Galaxis

Der Begriff der Gutenberg-Galaxis wurde von Marshall McLuhan bereits 1962 geprägt; er bezeichnet eine Welt, die grundlegend vom Buch als Leitmedium geprägt ist:
„Der Buchdruck neigte dazu, die Sprache von einem Mittel der Wahrnehmung zu einer tragbaren Ware zu verändern. Der Buchdruck ist nicht nur eine Technologie, sondern selbst ein natürliches Vorkommen oder Rohmaterial wie Baumwolle oder Holz oder das Radio; und wie jedes Rohmaterial formt es nicht nur die persönlichen Sinnesverhältnisse, sondern auch die Muster gemeinschaftlicher Wechselwirkung.“

1 Geben Sie in eigenen Worten wieder, welche Bedeutung McLuhan dem Buchdruck zugeschrieben hat. Beziehen Sie das Wort „Gutenberg-Galaxis“ in Ihre Erläuterungen ein.
2 Inzwischen müsste man statt von einer „Gutenberg-Galaxis“ eher von einer „Medien-Galaxis“ sprechen. Lassen Sie sich von der Abbildung anregen und tauschen Sie Ihre Vorstellungen aus.
3 Diskutieren Sie: Welche Erwartungen haben Sie an einen medienorientierten Deutschunterricht?

In diesem Kapitel erwerben Sie folgende Kenntnisse und Kompetenzen:

- den eigenen Medienkonsum untersuchen und bewerten,
- die Einflüsse von Medien auf unseren Alltag erkennen und beurteilen,
- Möglichkeiten und Chancen moderner Massenkommunikation nutzen,
- eine Internetrecherche durchführen und die Rechercheergebnisse bewerten,
- Medienwirklichkeiten kritisch hinterfragen.

1.1 Den eigenen Medienkonsum erforschen

Frank Schätzing: **Die zweite Welt** (2009)

Der Roman „Limit", aus dem der Auszug stammt, spielt im Jahr 2025. Multinationale Firmen streiten um neue Energieressourcen. Weltweite und uneingeschränkte Datennutzung und Medienvernetzung sind mittlerweile selbstverständlich.

Seit Mitte des vergangenen Jahrzehnts, als sich Second Life nach dem zu erwartenden Zusammenbruch neu strukturiert hatte, gab es keinen zentralen Knotenpunkt mehr, ebenso wenig wie die Raumzeit einen realen Mittelpunkt kannte, sondern nur Beobachterposten in unendlich hoher Zahl, deren jeder die Illusion des Mittelpunktes schuf, etwa so wie ein Erdbewohner seinen Standort als fix und das große Ganze als etwas empfand, das um ihn herum rotierte, sich von ihm fort oder auf ihn zu bewegte. Nicht anders fühlte ein Astronaut auf dem Mond und jedes Lebewesen im Universum, wo immer es sich aufhielt. Im realen Universum war die Gesamtheit aller Teilchen vernetzt, wodurch jedes Teilchen dessen relative Mitte einnehmen konnte.

In ähnlicher Weise hatte sich Second Life zu einem Peer-to-Peer-Netzwerk gewandelt, einem quasi-unendlichen, dezentralisierten und selbstorganisierenden System, in dem jeder Server – gleich einem Planeten – einen Knotenpunkt bildete, der über beliebig viele Schnittstellen mit jedem anderen Knotenpunkt verbunden war. Jeder Teilnehmer war automatisch Gastgeber und Nutzer der Welten anderer. Wie viele Planeten Second Life umfasste, wer sie bewohnte oder kontrollierte, war unbekannt. Natürlich gab es Verzeichnisse, kybernetische Karten, bekannte Reiserouten und Protokolle, die es ermöglichten, sich im virtuellen Universum überhaupt erst zu verwirklichen, ebenso wie das äußere Universum physikalischen Randbedingungen unterworfen war. Im Rahmen dieser Standards reisten Avatare[1] zu jedem Ort im Web, der ihnen bekannt war und zu dem sie Zugang erhielten. Nur gab es eben niemanden mehr, dem alles bekannt war. [...]

Die Darstellung der Welt, wie sie sein konnte, wurde zur Welt selbst, mit allen Licht- und Schattenseiten des wahren Daseins – und erbrachte den Beweis, wer am globalen Missstand schuld war. [...]

1 **Avatar:** eine Kunstfigur im Internet, die den Internetnutzer (z. B. in einem Chat) darstellt

---

1 Beschreiben Sie, welchen Stellenwert die Medien in der beschriebenen Welt einnehmen. Welche Aspekte gelten bereits für die Gegenwart? Bei welchen handelt es sich um Zukunftsvisionen?

2 Notieren Sie Stichpunkte zum Text, und zwar zu folgenden Reizwörtern: *Unterhaltung, Verfügbarkeit, Abhängigkeit, Normalität, Emanzipation, Wirklichkeit, Information.*

3 Welchen Einfluss haben Medien auf Ihren Alltag?

a Beobachten Sie sich einige Tage selbst und notieren Sie jeden Medienkontakt. Legen Sie dazu folgende Tabelle an, die Sie mehrfach kopieren (für jeden Tag ein Blatt).

Medienkontakt am Mittwoch, den 17.9.

Medium	Zeit	Tagesgesamtzeit
Handy	7.45 h – 7.49 h; 13.05 – …	44 Minuten
Internet	…	…
…	…	…

b Errechnen Sie mit Hilfe der Zahlen Ihrer Tabellen die durchschnittliche Tagesnutzungszeit für jedes von Ihnen verwendete Medium.

c Vergleichen Sie Ihre Werte in der Lerngruppe und erstellen Sie anschließend ein Ranking über die Bedeutsamkeit einzelner Medien.

4 **a** Diskutieren Sie auf der Grundlage Ihrer Selbstbeobachtung folgende Fragen in einer Kleingruppe:
- Welchen Einfluss haben Medien auf unser Leben?
- Welche besonderen Möglichkeiten und Chancen und welche Risiken bergen heutige Medien?
- Wie würde sich das Leben in der Gesellschaft ohne moderne Medien gestalten?
- Welche Konsequenzen hätte es insbesondere, wenn das Internet plötzlich nicht mehr funktionieren würde?

b Verfassen Sie ein Thesenpapier (Methode, ▸ S. 63) zum Thema: „Medien im 21. Jahrhundert – Chancen und Risiken".

Jugendliche sehen auch im Internetzeitalter fern (JIM-Studie, 2009)

Stuttgart/Mannheim, 27. November 2009 – Im Alltag von Jugendlichen werden Fernseher und Internet in nahezu identischem Umfang genutzt. Und das, obwohl drei Viertel der 12- bis 19-Jährigen einen eigenen Computer und nur noch 60 Prozent ein eigenes Fernsehgerät haben. 90 Prozent sehen mindestens mehrmals pro Woche fern, ebenso häufig wird das Internet genutzt. Ihre tägliche Nutzungsdauer für das Fernsehen schätzen die Jugendlichen mit 137 Minuten sogar noch etwas höher ein als die Zeit, die sie mit dem Internet verbringen (134 Minuten). Zur Information über das aktuelle Zeitgeschehen, Bundespolitik, Sport und Stars bleibt das Fernsehen vor dem Internet Medium der ersten Wahl. „Es zeigt sich, dass Fernsehen und Internet weniger stark in Konkurrenz zueinander stehen, als gemeinhin angenommen wird. Das Fernsehen als Informationsmedium hat nach wie vor einen hohen Stellenwert", so Thomas Langheinrich, Präsident der Landesanstalt für Kommunikation, in Mannheim. [...]

Zwar erfreuen sich die Videoportale großer Beliebtheit und werden von zwei Dritteln der 12- bis 19-Jährigen regelmäßig im Internet aufgesucht, nur ein Drittel sieht aber auch häufig Fernsehausschnitte im Internet an. Live oder zeitversetzt werden Fernsehinhalte nur von einer Minderheit aktiv aufgesucht und regelmäßig genutzt. Die eher passive Nutzung des vorstrukturierten Fernsehprogramms empfinden zwei Drittel als Vorteil.

Die bevorzugte Informationsquelle beim Thema Musik ist das Internet, aber auch Informationen zu Ausbildung und Beruf, Computerspielen, Handy oder persönlichen Problemen werden vor allem online gesucht. Das Internet bleibt für Jugendliche vor allem Kommunikationsmedium, knapp die Hälfte ihrer Nutzungszeit verbringen sie in sozialen Netzwerken, halten Kontakt über Instant Messenger, schicken Mails oder chatten. Dabei hat sich vor allem die Organisation und Darstellung in den Online-Communities im Vergleich zum Vorjahr deutlich erhöht. Allerdings hat nach Angaben der Jugendlichen nicht einmal die Hälfte die Privacy-Option aktiviert, die eingestellte Informationen nur einem selbst definierten Nutzerkreis zugänglich macht. Und das, obwohl immer häufiger persönliche Informationen, Fotos und Filme im Internet hinterlegt werden.

Mediennutzung von Teenagern: Facebook statt FAZ (chip.de, 2010)

Trendanalyse: Jugendliche ziehen das Surfen im Web dem Fernsehen vor. Surfen statt Fernsehen – so lautet das Fazit der 16. Timescout-Studie über das Mediennutzungs-Verhalten von Jugendlichen in Deutschland.

Über 1.200 Personen hat das Markforschungs-Unternehmen tfactory für seine Analyse befragt. Dabei kam heraus, dass 68 Prozent der Jugendlichen und jungen Erwachsenen in Deutschland sich in ihrer Freizeit häufig mit dem Internet beschäftigen. Dementsprechend groß ist auch der Anteil, den das Internet am gesamten Medienbudget einnimmt: 44 Prozent der Zeit, in der Jugendliche Medien nutzen, entfallen auf das Netz.
Abgeschlagen auf dem zweiten Platz der jugendlichen Mediennutzung landet laut tfactory das Fernsehen: 24 Prozent der jungen Leute nutzen dieses Medium. [...] Radio hören nur noch 12 Prozent der Jugendlichen, in Printmedien lesen 10 Prozent von ihnen. Auf andere Medien, etwa Spielkonsolen oder Mobiltelefone, entfallen nur 11 Prozent des Medienbudgets.
84 Prozent der 15- bis 24-Jährigen nutzen soziale Netzwerke wie Facebook oder haben zumindest ein Profil in einer Social Community. Zum Vergleich: Von den 30- bis 39-Jährigen nutzen lediglich die Hälfte solche Anwendungen aktiv. Unter den sozialen Netzwerken konnte vor allem Facebook seinen Nutzeranteil in den letzten 18 Monaten massiv ausbauen: Über 50 Prozent der befragten Jugendlichen waren im Dezember 2009 in Facebook aktiv. Eineinhalb Jahre vorher lag der Anteil noch bei etwa 20 Prozent.

---

1 **a** Stellen Sie die Daten aus den beiden Texten einander in einer Tabelle gegenüber.
b Welche Informationen ergänzen, welche widersprechen sich? Wie kann es zu solchen Widersprüchen kommen?
c Vergleichen Sie die Daten mit der Beobachtung zu Ihrer eigenen Mediennutzung (▸ S. 241 f.). Gibt es Übereinstimmungen oder Unterschiede?
2 Visualisieren Sie die Daten aus dem Text „Mediennutzung von Teenagern ...“ in einem Diagramm (Information, ▸ S. 96; Methode, ▸ S. 97).

1.2 Information – Hypertexte und Internetrecherche

Hypertexte als Informationsquelle

Suchmaschinen und Hypertexte

Das Internet ist ein unorganisierter Informationspool. Informationen werden ins Netz gestellt; es gibt keine zentrale Kontrolle oder Systematisierung. Die Gesamtzahl der Webseiten wird auf ca. 10 Milliarden geschätzt. Die Betreiber von Suchmaschinen haben es sich zur Aufgabe gemacht, diese Webseiten zu erfassen, zu strukturieren und für die gezielte Suche nutzbar zu machen.

Heutige Suchmaschinen müssen sehr hohe Seitenzahlen und sehr viele Informationen für ihre Benutzer bereithalten. Um die enormen Datenmengen verwalten und verarbeiten zu können, werden Rechner zu einem Rechnerverbund (Cluster) zusammengeschaltet. Die einzelnen Rechner sammeln die benötigten Daten, verarbeiten diese und halten die so gewonnenen Informationen bereit. Eine ankommende

Suchanfrage wird im Cluster von vielen Rechnern mit Daten beantwortet und die Suchergebnisse werden von einem Webservercluster als Ergebnisseiten weitergeleitet.
Texte im Internet sind Hypertexte, die mit Hilfe von Links miteinander verbunden sind und so auf vielfältige Weise aufeinander verweisen. Ein Link kann auf jede Art von Dokument verweisen und dieses Dokument kann selbst wiederum mit anderen Dokumenten verknüpft sein, so dass ein unüberschaubares Textgewebe entsteht. Resultat dieser Struktur ist, dass die Informationssuche jeden Nutzer irgendwann auf ungeplante Wege verschlägt und er Texte liest, die in dieser Kombination vielleicht noch niemand vor ihm gelesen hat.

Information **Hypertext**

Hypertexte sind Texte, die durch Hyperlinks miteinander verknüpft sind und so eine netzartige Struktur von Informationen bilden. Man geht davon aus, dass die Hypertextstruktur stärker dem menschlichen Denken mit seiner Fähigkeit zur Assoziation entspricht als lineare Texte. Die Auffindbarkeit von speziellen Informationen stellt jedoch häufig ein Problem dar und auch die Überladung des Lesers mit ungeordneten Informationen kann ein Nachteil sein.
Die Idee des Hypertextes ist älter als das Internet, denn jedes Verweissystem (Inhaltsverzeichnis, Fußnoten etc.) entspricht funktional einem Hypertext.

1 Stellen Sie die Unterschiede von linearen Texten und Hypertexten einander gegenüber.

2 **a** Tragen Sie in Partnerarbeit Vor- und Nachteile von Hypertexten zusammen: Für welche Informationen ist ein Hypertextaufbau sinnvoll und vorteilhaft? Wann ist ein linearer Text geeigneter?
b Diskutieren Sie vor dem Hintergrund Ihrer Überlegungen die Frage, ob Hypertexte Ihrer Meinung nach der Art und Weise des menschlichen Denkens eher entsprechen.

3 Projekt: Erstellen Sie in Gruppenarbeit einen Hypertext bzw. eine Internetseite.
a Wählen Sie sich ein Thema, zu dem Sie Texte schreiben möchten, z.B. zu Ihrer Klasse, zur letzten Klassenfahrt oder zu einem literarischen Text, den Sie kommentieren und weiterschreiben wollen.
b Ermitteln Sie in einem Brainstorming (Methode, ▶ S.76) Unterthemen und strukturieren Sie den Aufbau Ihres Hypertextes mit Hilfe eines Strukturdiagramms. Günstig ist es, die Struktur auf eine Wandzeitung zu bringen, damit alle Teilnehmer sie ständig vor Augen haben.
c Verfassen Sie die Texte und sammeln Sie Bilder etc.
d Erstellen Sie den Hypertext mit einem geeigneten Programm. Verfassen Sie dabei zuerst eine Indexseite, die Ihr Thema vorstellt und zu den Unterthemen Verbindungen anbietet.

Internetrecherche

1 Führen Sie in Kleingruppen eine Internetrecherche (Methode, ▶ S.245) zu einem der folgenden Themen durch: *Veränderung in der Arbeitswelt – Werbetechniken im Internet – Politische Parteien in Deutschland*
a Sammeln Sie sinnvolle Suchbegriffe. Finden Sie auch Synonyme für die Begriffe, zu denen Sie Informationen suchen, und verwenden Sie diese.
b Benutzen Sie verschiedene Suchmaschinen und vergleichen Sie die Ergebnisse (Trefferzahl, Sortierung, Qualität der gefundenen Seiten). Welche Unterschiede zwischen einzelnen Suchmaschinen werden deutlich?

Methode **Planung einer Internetrecherche**

Leitfragen	**Suchmöglichkeiten**
Aus welchem Bereich möchte ich Informationen erhalten?	... evtl. spezialisierte Suchmaschine für diesen Bereich benutzen
Gibt es in dem Bereich, in dem ich suche, bestimmte Organisationen, die ich kenne?	... den Namen als Internetadresse eingeben
In welchem sprachlichen und/oder geografischen Raum möchte ich suchen?	... Suche nach Sprache und Raum einschränken (z. B. nur auf deutschen Seiten suchen)
Sind die Informationen von besonderer Art?	... Suche in speziellen Foren

- Grenzen Sie Ihre Themenstellung ein und sammeln Sie mit Hilfe geeigneter Methoden (Brainstorming, Mindmap) möglichst viele Suchbegriffe (auch Synonyme).
- Kombinieren Sie mehrere Suchbegriffe oder schließen Sie bestimmte Begriffe aus. Die Suchmaschinen geben Ihnen nähere Informationen, wie Sie vorgehen müssen (unter Links wie „erweiterte Suche", „Profisuche" o. Ä.).
- Schauen Sie sich nicht ausschließlich die ersten zehn Treffer an, auch niederrangige Treffer können Ihnen weiterhelfen.
- Aktuelle Informationen finden Sie oft noch nicht über Suchmaschinen. Hier müssen Sie spezielle Internetseiten kennen, die entsprechende Informationen anbieten, oder aber auf andere Medien ausweichen (Radio, Zeitung usw.).

2 **a** Wählen Sie mindestens drei der gefundenen Seiten zu Ihrem Thema aus und bewerten Sie sie mit folgendem Fragenkatalog (▸ Information).
b Präsentieren Sie Ihre Ergebnisse in einem Kurzreferat.

Information **Fragenkatalog zur Bewertung von Internetseiten**

- Passen die gefundenen Informationen zum Suchbegriff?
- Sind die Informationen verständlich formuliert?
- Wie aktuell sind die präsentierten Informationen/ist die Seite?
- Ist die Seite seriös aufbereitet oder gibt es viel Werbung oder Pop-ups etc.?
- Welche Intention verfolgt die Seite (z. B. politische, kommerzielle Interessen)?
- Ist das Sprachniveau angemessen?
- Werden die Quellen der Seite angegeben? Wer sind die Verantwortlichen der Seite?
- Sind die Quellen und Informationen vertrauenswürdig?
- Ist eine Kontaktaufnahme möglich?
- Werden die Informationen durch andere Quellen bestätigt?

3 Recherchieren Sie bei Wikipedia, welche Standards und Bedingungen die Betreiber des Lexikons an ihre eigenen Einträge stellen.

4 Erstellen Sie für Bereiche, in denen Sie häufig Informationen benötigen, eine Liste mit Suchbegriffen und zuverlässigen Anbietern.

Verantwortungsvoller Umgang mit Quellen

Schamlose Generation Internet (Spiegel online, 2006)

Sebastian Sattler glaubt nicht mehr an das Gute im Studenten: Für seine Abschlussarbeit fragte er Kommilitonen, ob sie für Hausarbeiten unerlaubt fremde Texte kopieren würden. 90 Prozent sagten ja. Im Interview mit Spiegel online erklärt er, wieso daran auch die Schule schuld sei.

Spiegel online: Sind Studenten eine ehrlose Bande?

Sattler: Das kann man so nicht sagen. Gerade die eigene Moral hält sie davon ab, ein Plagiat anzufertigen. Leute, die angeben, Scham- und Peinlichkeitsgefühle zu haben, tun es eigentlich seltener. [...] In Deutschland gibt es fast keine Befunde. Aber aus anderen Ländern weiß man, dass Plagiate nicht nur ein Problem der Geisteswissenschaften sind. Allerdings werden natürlich nicht in allen Fachbereichen Hausarbeiten geschrieben. Im naturwissenschaftlichen Bereich müssen zum Beispiel oft Protokolle von Laborexperimenten geschrieben werden. Da ist es vielleicht schwieriger, fremde Texte aus dem Internet zu kopieren. Aus Erzählungen weiß ich aber, dass das Protokoll vom Nachbarn durchaus eine wichtige Denk- und Arbeitsvorlage darstellen kann. Außerdem besteht hier die Gefahr der Datenfälschung und -manipulation.

Spiegel online: Die Hälfte aller von Ihnen Befragten gab an, schon für Arbeiten in der Schule munter draufloskopiert zu haben. Haben die Lehrer der Generation Internet versagt?

Sattler: Ja, und zwar beim Vermitteln von Kenntnissen zum wissenschaftlichen Arbeiten. Leute, denen diese Fähigkeit fehlt, sind viel eher bereit, unerlaubt abzuschreiben. Solche Fähigkeiten sollten meiner Meinung nach nicht erst im Studium gelehrt werden, sondern auch in der Schule. Und dort ist das Thema bisher nicht ernst genug genommen worden. [...]

Spiegel online: Und wie sieht es an den Unis aus?

Sattler: [...] viele Universitäten setzen mittlerweile Software zur Erkennung von Plagiaten ein. Und weil immer mehr Texte im Internet zu finden sind, haben diese Programme mehr Quellen, auf die sie zurückgreifen können, wenn sie nach Originalen für kopierte Hausarbeiten suchen. Plagiatoren werden es also zunehmend schwerer haben, wenn sie aus dem Internet abschreiben.

Spiegel online: Wird sich das Problem irgendwann von selbst lösen?

Sattler: Ich denke nicht. Denn viele Texte bleiben unzugänglich für die Software. Man denke nur an die elektronischen Zeitschriftendatenbanken, die für die wissenschaftliche Arbeit sehr wichtig sind. Diese sind meist kommerziell, und der Volltext ist für die großen Suchmaschinen nicht zu erreichen. Für die Plagiat-Programme ist es schwierig, in den Datenbanken nach Vorlagen für Kopien zu suchen. Außerdem können Studierende ganz einfach Texte aus anderen Sprachen übersetzen – jeder fünfte ist bereit, dies zu tun. Dann ist die Suchsoftware vollends machtlos. Auch den Austausch von Arbeiten unter den Studierenden, der sehr beliebt zu sein scheint, kann man nur schwer unterbinden.

---

1 a Klären Sie, was der Begriff „Plagiat“ bedeutet.

b Fassen Sie anschließend die Aussagen des Textes thesenartig zusammen.

2 Tragen Sie Ihre eigenen Erfahrungen in Kleingruppen zusammen: Bei welchen Gelegenheiten greifen Sie auf Quellen aus dem Internet zurück? Wie gehen Sie mit diesen um? Welche gesicherten Kenntnisse haben Sie zum korrekten Zitieren von Quellen? Wobei sind Sie unsicher?

3 Sammeln Sie Beispiele für Zitierweisen und Quellenangaben und leiten Sie daraus Regeln ab. Verfassen Sie mit Ihren Ergebnissen ein Merkblatt.

1.3 Kommunikation – Twitter und Blog

Harald Martenstein: **Angst vor der Twitteratur** (Die Zeit, 2009)

Bei einer Party habe ich Sascha Lobo kennengelernt, einen Propheten des Internetzeitalters. Er betreibt mit anderen das Blog Riesenmaschine und scheint ein sympathischer Typ zu sein. Ein paar Tage später schalte ich den Fernseher ein, wer sitzt da, Sascha Lobo. Er wird interviewt. Er sagt, dass wir alle demnächst wissen werden, wo unsere Freunde sich gerade aufhalten. Das läuft übers Handy, wir können pausenlos senden, empfangen und am Leben der anderen teilhaben. Er findet das toll.

Mir ist aufgefallen, dass die finsteren Visionen von Romanen wie 1984 und Schöne neue Welt allmählich Wirklichkeit werden. Da herrscht auch permanente Beobachtung. Ich halte es für widersprüchlich, wenn man gegen Videokameras in Umkleidekabinen ist und gleichzeitig die totale Vernetzung als Fortschritt feiert.

Jetzt reden alle über das Twittern. Es sind Mitteilungen von maximal 140 Zeichen, die man in die Welt schickt, an die Handys und Computer seiner persönlichen Abonnenten, die sogenannten „Follower". Politiker und Japaner sind besonders eifrige Twitterer. Es gibt auch schon literarische Texte, die „Twitteratur" heißen. Ich habe mir die Twitter-Mitteilungen von Kordula Schulz-Asche angesehen, der Vorsitzenden der hessischen Grünen. Sie schreibt an ihre Follower: „Das war – wie jedes Jahr – ein wundervoller Grüner Aschermittwoch in Hattersheim. Nur der Rollmops liegt mir schwer im Magen." Ein anderes Mal setzt sie ihre Follower in Kenntnis, sie sei „heute morgen ein bisschen träge. Woran es wohl liegt? Wahrscheinlich am Wetter."

Falls ich jemals aus dem Grund grün wählen sollte, dass Grüne ungern Rollmops essen oder weil sie wetterfühlig sind, dann soll meine Familie mich bitte für unzurechnungsfähig erklären lassen, und dies, obwohl auch ich Rollmops nicht sonderlich mag. [...]

Wenn ich wollte, könnte ich ununterbrochen mithilfe moderner Maschinen kommunizieren und Menschen, die ich kaum kenne, inhaltsarme Minitexte senden. Ich brauche aber hin und wieder Zeit zum Nachdenken, ich lese auch ganz gerne mal einen längeren Text. Dazu muss ich mich konzentrieren, ich kann nicht gleichzeitig simsen. Was mich, Twitter betreffend, besonders misstrauisch macht, ist der Hype, also die allgemeine Aufregung. Ein Kenner sagt am Telefon: „Das ist das nächste heiße Ding im Netz! Es wird alles noch schneller!" Wenn irgendwas als „das nächste heiße Ding" gehandelt wird, bedeutet dies mit 90-prozentiger Sicherheit, dass es demnächst den Bach runtergeht, genau wie ein ganz heißer Immobilienfonds. Lernen die Menschen niemals?

Außerdem begreife ich den Kult um die Geschwindigkeit nicht. Beim Essen und beim Sex heißt es, man soll immer schön langsam und gründlich machen – bei der Kommunikation, der schönsten Nebensache der Welt, ist es umgekehrt? Beschleunigung, das ist doch völlig out, das ist doch achtziger Jahre. Sich kurz zu fassen, finde ich dagegen okay, das kenne ich von früher, da sollte man sich in den Telefonzellen immer kurz fassen. Als die Twitter-Erfinder neulich einen Preis bekamen, hielt ihr Sprecher folgende Rede: „Wir würden uns gern in 140 Zeichen oder weniger bedanken. Was wir hiermit getan haben." Das fand ich gut.

---

1 **a** Antworten Sie auf die Glosse von Harald Martenstein, indem Sie kurze Pro- und Kontra-Statements jeweils auf eine Karteikarte schreiben. Beziehen Sie Ihre Erfahrungen mit ein.

b Sammeln und sortieren Sie die Ergebnisse an einer Wandzeitung bzw. an der Tafel.

c Verfassen Sie selbst einen lustigen Text zum Thema, indem Sie einige der formulierten Argumente mit Beispielen versehen, die übertrieben und zugespitzt sein sollten.

Mein Profil

Yoani Sánchez, geb. 1975 in Havanna
Ich studierte zwei Jahre am Pädagogischen Institut spanische Literatur. Im Jahr 1995 (im August dieses Jahres war gerade mein Sohn geboren worden) wechselte ich an die Fakultät für Geisteswissenschaften und Kunst, wo ich nach fünf Jahren meinen Abschluss in hispanischer Philologie machte. [...]
Zu dieser Zeit entdeckte ich das Berufsfeld, dem ich mich bis heute widme: die Informatik. Ich stellte fest, dass der binäre Code eine größere Klarheit aufweist als die gekünstelte Intellektualität. Ich könnte es mit den langen Ketten der HTML-Sprache wenigstens einmal versuchen (Latein lag mir doch sowieso nicht). [...]
Im April 2007 ließ ich mich auf das Abenteuer ein, einen Blog namens „Generation Y" zu schreiben, den ich für mich als „feige Art der Protestausübung" definiert habe. Damit ist es mir gestattet, auf dieser Plattform das zu sagen, was mir als Staatsbürgerin sonst verboten ist. Ich lebe zusammen mit dem Journalisten Reinaldo Escobar in Havanna. Ich habe mich dafür entschieden zu bleiben. [...]

Kuba fürchtet den Blog (2008)

Die Verweigerung der Ausreise zu einer Preisverleihung nach Spanien ist für die kubanische Bloggerin Yoani Sánchez Enttäuschung und Ansporn zugleich. „Wenn ich darüber schreiben würde, wäre das vielleicht mein wahrhaftigster Blogeintrag über die Lage des Bürgers und über seine Beziehung zum Staat", sagte die Internetautorin kürzlich am Telefon. Gerade hatte sie erfahren, dass ihr die Genehmigung, Kuba zu verlassen, nicht erteilt werde. [...]
Doch hat die Führung mit dieser Maßnahme das Gegenteil erreicht. Um die Philologin, die seit April 2007 von ihrem kleinen Appartement im obersten Stock eines großen Wohnhauses in Havanna den Blog Generación Y verbreitet, ist ein regelrechter Boom entstanden. Generación Y ist ein Tagebuch, in dem Yoani Sánchez die kubanische Realität aus ihrer Sicht beschreibt. [...]

Am 8.10.2010 kommentiert Yoani Sánchez in ihrem Blog die Vergabe des Literaturnobelpreises:

Mario Vargas Llosa: Ein lange verzögerter Nobelpreis

Das literarische Werk von Mario Vargas Llosa hat in meinem Leben mehrere grundlegende Wendungen hervorgerufen. Die erste ergab sich vor 17 Jahren, in einem Sommer mit Stromabschaltungen und der ökonomischen Krise. Unter dem Vorwand, das Buch „Der Krieg am Ende der Welt" zu bekommen, sprach ich einen Journalisten an, der wegen ideologischer Probleme entlassen worden war, mit dem ich heute noch mein Leben teile. Ich bewahre jenes Exemplar mit zerfleddertem Deckblatt und gelben Seiten auf, weil Dutzende von Lesern mit ihm diesen peruanischen Autor, der in den offiziellen Buchhandlungen zensiert war, entdeckten.

1 Lesen Sie die drei Texte und arbeiten Sie heraus, welche Funktion der Blog der Autorin Yoani Sánchez erfüllt. Kennen Sie weitere Beispiele mit ähnlicher Funktion und Intention?

2 Suchen Sie im Internet nach Blogs unterschiedlicher Art und vergleichen und beurteilen Sie sie mit Hilfe folgender Fragestellungen:
- Welche Inhalte werden mitgeteilt?
- Auf welcher Sprachebene wird geschrieben (Umgangssprache, mündlicher Sprachgebrauch etc.)?
- Was soll erreicht werden (Intention)?
- Wie beurteilen Sie abschließend die Blogs?

Information **Blog**

Ein Blog ist ein auf einer Website geführtes, öffentliches Tagebuch oder Journal. Die Autorin/Der Autor schildert – meistens aus der Ich-Perspektive – Sachverhalte, Erlebnisse oder persönliche Gedanken und Meinungen des eigenen Lebens. Auch ein Austausch ist über einen Blog möglich, insofern dient er der Information und der Kommunikation.

3 In Chats, beim Bloggen und Twittern, aber auch beim Schreiben von E-Mails sollte man sich an bestimmte Regeln halten, die unter dem Stichwort „Netiquette“ zusammengefasst werden.

a Recherchieren Sie im Internet, welche Regeln sich hinter dem Begriff „Netiquette“ verbergen.

b Beurteilen Sie folgende Aussagen zur Kommunikation im Internet:
- Chats sollen unterhalten, deshalb schreibe ich alles, was ich erlebt habe, hinein.
- Ich bin ziemlich misstrauisch und gebe persönliche Dinge nur unter einem Pseudonym preis.
- Ich stelle gerne Fotos und Berichte von Urlauben, Partys etc. für meine Freunde ins Netz. Andere interessiert es ja nicht, was ich zu sagen habe, da kann man etwas freizügiger sein.

4 Erstellen Sie abschließend eine PowerPoint-Präsentation unter der Überschrift „Regeln im Netz“. Unterscheiden Sie dabei ggf. nach Nutzungsarten (Chat – Twitter – E-Mail usw.).

Themen der Online-Kommunikation

Es haben sich im Internet mit anderen ausgetauscht über –

Thema	Bevölkerung insgesamt (%)	14- bis 17-Jährige (%)
Verabredungen treffen, Termine ausmachen	54	75
Was man im Augenblick so macht, wie es einem geht	52	78
Arbeit, Schule, Beruf, Ausbildung	44	74
Was man in letzter Zeit erlebt hat	44	69
Neuigkeiten aus dem Freundes- und Bekanntenkreis	43	73
Dinge, über die man sich gefreut hat, schöne Erlebnisse	33	45
Dinge, über die man sich geärgert hat	32	59
Was man in den nächsten Tagen vorhat	32	59
Hobbys	31	54
Kino, Fernsehen, Musik	27	65
Dinge, die einen bewegen, über die man viel nachdenkt	22	31

Basis: Bundesrepublik Deutschland, Personen ab 14 Jahre, die sich mit anderen über das Internet austauschen; Quelle: „Gesprächskultur 2.0“, Studie des Institut für Demoskopie Allensbach im Auftrag von Jacobs Krönung und Bild der Frau, Januar 2010; © ifD-Allensbach

1 Werten Sie die Informationsgrafik aus und verfassen Sie eine entsprechende Pressemeldung zum Thema „Kommunikation im Internet“.

1.4 Unterhaltung – Dokusoaps und Scripted Reality

Frank Aures: **Scripted Reality: Fast wie im richtigen Leben** (2009)

Aber eben nur fast: Immer mehr Dokusoaps arbeiten mit Laiendarstellern und Drehbuch. Mittlerweile beherrscht die Scripted Reality den TV-Nachmittag.

Nachmittags ist in deutschen Wohnzimmern die Hölle los. Man geht sich an die Kehle, weint sich die Seele aus dem Leib, sagt sich die Meinung, dass es kracht. [...]

Scripted Reality heißt das Genre, das bei RTL, Pro Sieben und Sat.1 den Nachmittag beherrscht: Laiendarsteller spielen nach einem Drehbuch Beziehungsdramen. Die Themen sind schrill, die Darstellung simpel, das Geschehen ist durch erklärende Einblendungen und einen Sprecher auch dann problemlos zu verstehen, wenn man nebenbei bügelt, kurz einnickt oder zwischendurch einkaufen geht.

Es kann so passieren, muss aber nicht

[...] Neu ist aber zum einen der mit wackeliger Handkamera erzeugte Dokulook und auch die schiere Fülle der Formate. Nachdem RTL im vergangenen Herbst seinen Nachmittag äußerst erfolgreich mit Scripted-Formaten wie „Verdachtsfälle" oder „Familien im Brennpunkt" aufgepeppt hat – mehr als dreißig Prozent der jungen Zuschauer sehen regelmäßig zu –, zieht Pro Sieben gerade mit einer ganzen Reihe neuer Scripted Soaps nach, die zunächst testweise ausgestrahlt werden.

Wer sich da durchzappt, bekommt Drama satt. Bei RTL das vom Vater, der denkt, sein Sohn sei schwul (es aber nicht ist, er steht auf seine minderjährige Schwester), bei Sat.1 die Desaster eines Mädchens, das seinen Freund betrog und nun schwanger ist (tatsächlich aber unter Drogen von wer weiß wie vielen Männern vergewaltigt wurde). [...] Oder von der jungen Frau, die von ihrem Exfreund verfolgt wird, der auch noch behauptet, von ihrem aktuellen Freund zusammengeschlagen worden zu sein („Love Diary", Pro Sieben). Kann alles tatsächlich passieren. Allerdings wohl kaum in dieser Intensität und Dichte. Das ist Reality Reloaded, wahres Leben auf Steroiden. Diese „verdichtete Erzählweise" sei der große Vorteil der Scripted-Formate gegenüber Dokusoaps, erklärt Felix Wesseler von der Produktionsfirma Filmpool [...]. „Wir können so eine Dramaturgie aufbauen, können Wendepunkte, Konflikte und Lösungen selbst bestimmen."

Das Fiktive läuft besser als das Reale

Im Unterschied zu den Dokusoaps behaupten diese gescripteten Sendungen nicht, tatsächliche Begebenheiten nachzuerzählen. Wer sich allerdings in die laufende Show einschaltet und nicht bis zum Abspann wartet, wird den Unterschied zur realen Dokusoap nicht bemerken. Besonders dann nicht, wenn ein Format wie „Mitten im Leben!" von RTL in einer Episode einen wahren Fall nachstellt und in der nächsten frei Erfundenes auftischt. [...]

„Nach unseren Erkenntnissen interessiert den Zuschauer nicht, ob es sich um Real-Dokusoaps oder um gescriptete mit Laiendarstellern handelt. Sie wollen interessante Geschichten sehen, die Machart ist nicht entscheidend", sagt Tom Sänger, Unterhaltungschef bei RTL. [...]

Niveaulos, aber harmlos

Man kann diese Sendungen mit ihren überzogenen, verdichteten Handlungen getrost als niveaulos, vielleicht sogar verdummend abtun. Das würde das aus Hausfrauen, Schülern und Studenten bestehende Publikum wahrscheinlich sogar bestätigen.

Zumindest aber kommt bei ihrer Herstellung niemand zu Schaden, wie das bei vielen Dokusoaps der Fall ist. Deren Real-Aufnahmen müssen nämlich auch einer Dramaturgie folgen, brauchen starke Charaktere, eine Auflösung und einen Konflikt. Und wenn sich der bei den Dreharbeiten nicht von allein ergibt, wird er eben vom Filmteam erzeugt. Mit echten Menschen, die sich dann, als Dummkopf oder Zicke inszeniert, tatsächlich streiten – und hinterher mit den Folgen leben müssen. [...]

1 Welche Formate schauen Sie? Wie regelmäßig verfolgen Sie diese und warum sehen Sie sie gern?

2 Beschreiben Sie nach der Lektüre des Textes den Unterschied zwischen Scripted Reality und Dokusoap und beantworten Sie die Frage, weshalb die Sender Ihrer Meinung nach neben der Dokusoap ein weiteres Format ähnlicher Ausrichtung anbieten.

3 Nehmen Sie einige Scripted-Reality-Shows und Dokusoaps auf.

a Untersuchen Sie in Kleingruppen ein Format. Berücksichtigen Sie dabei folgende Teilaspekte:
- **Dramaturgie:** Inwieweit folgen diese Sendungen dem dramaturgischen Konzept von Gustav Freytag (Information, ▶ S. 200)? Erreicht die Handlung einen Höhepunkt und wie wird er inszeniert? Sind diese Sendungen „dramatisch" im eigentlichen Sinn?
- **Plot:** Welche Personen treten auf und welche Charaktere bzw. Funktionen haben sie? Inwieweit entsprechen die Personen gesellschaftlichen Klischees?
- **Räume und Requisiten:** Welche Räume werden dargestellt und welche Funktionen übernehmen diese Räume? Welche Kleidung, Wohnaccessoires, Ausstattung der Figuren wird genutzt? Wofür steht diese Ausstattung?
- **Kameraführung und Bildsprache:** Welche Einstellungsgrößen sind vorherrschend? Welche Kamerabewegungen dominieren? (Vgl. weitere Aspekte ▶ S. 181–183.)

Verwenden Sie im Zusammenhang mit Ihrer Analyse einen Sequenzplan (▶ S. 175).

b Stellen Sie Ihre Untersuchungsergebnisse den anderen Kleingruppen vor.

c Vergleichen Sie die beiden Sendeformate und klären Sie die Unterschiede und Gemeinsamkeiten.

d Werten Sie Ihre Ergebnisse aus und beantworten Sie dabei folgende Fragen:
- Inwiefern wird die Zuschauerin/der Zuschauer in beiden Formaten Teil einer Handlung?
- Weshalb sind diese Sendeformate so erfolgreich?

4 Projekt: Entwickeln Sie ein Konzept für eine eigene Soap zum Thema „Schule".
- Fotografieren Sie geeignete Personen und ordnen Sie diese bestimmten Rollenmustern zu.
- Erfinden Sie einen Plot: In welcher Beziehung stehen die Personen zueinander? Welche Konflikte sollen thematisiert werden? Berücksichtigen Sie dabei aktuelle Gesellschaftsthemen für die Zielgruppe(n).
- Stellen Sie Ihr Ergebnis in Form eines Fotoskripts (Plakat) dar.

Bild	Eigenschaften	Beziehung zu ...	aktueller Konflikt	Kommentar

2 Medienanalyse

1 In Deutschland ist beinahe überall Werbung an Schulen grundsätzlich verboten – mit Ausnahme der Schülerzeitungen und des Schulsponsorings. Die Industrie setzt sich in den letzten Jahren verstärkt für die Aufhebung dieses strikten Werbeverbots ein. Was halten Sie von dem offiziellen Werbeverbot an Schulen? Wenden Sie zu dieser Frage die Placemat-Methode (▸ S. 11) an.

2 Diskutieren Sie, für welches Produkt oder für welche Dienstleistung an dieser Stelle des Schulbuches eine Werbeanzeige platziert werden könnte. Geben Sie auch an, welche Aspekte Ihre Entscheidung beeinflussen.

3 Werbung ist allgegenwärtig. Man begegnet ihr fast überall. Sich dem Einfluss dieses Massenphänomens entziehen zu wollen, ist praktisch unmöglich. Dennoch – oder vielleicht gerade deswegen – gehen in der Flut von Werbung einzelne Anzeigen oder Spots unter. Wie muss Werbung beschaffen sein, damit sie von Ihnen bewusst wahrgenommen wird? Erstellen Sie einen Kriterienkatalog für eine solche Werbung. Gehen Sie dabei nach der Methode „Think – Pair – Share" (Information, ▸ S. 73 f.) vor.

In diesem Kapitel erwerben Sie folgende Kenntnisse und Kompetenzen:

- die sprachlichen und bildlichen Elemente von Werbeanzeigen in ihrer Funktion und Wirkung erkennen und beschreiben,
- Werbung als Form der Massenkommunikation verstehen,
- Werbeanzeigen analysieren und eine Anzeigenanalyse verfassen,
- Nachrichtenformate untersuchen und vergleichen.

2.1 Werbung analysieren

1 Überlegen Sie, wo Sie auf diese Werbung stoßen könnten. Begründen Sie Ihre Vermutungen.

2 Sie haben in der Aufgabe 3 auf S. 252 Kriterien für eine die Aufmerksamkeit erregende Werbung entwickelt. Prüfen Sie, inwiefern die vorliegende Werbung diesen Kriterien genügt.

3 a Analysieren Sie mit Hilfe der Lasswell-Formel (Information, ▸ S. 254 o.) die oben abgedruckte Werbeanzeige. Übernehmen Sie dazu die schematisierte Darstellung der Lasswell-Formel aus dem Informationskasten in Ihr Heft.

b Beschreiben Sie, welchen Beitrag Text und Bild jeweils für die Übermittlung der Werbebotschaft leisten.

c Diskutieren Sie, ob und inwieweit die Lasswell-Formel ausreicht, um Werbung als (Massen-) Kommunikation zu beschreiben und zu analysieren.

Information **Werbung als (Massen-) Kommunikation**

Das Ziel von Werbung ist die Beeinflussung von Einstellungen und Verhaltensweisen. Dies setzt die Kontaktaufnahme mit der Zielgruppe voraus, die durch den planvollen Einsatz von Werbemitteln erreicht werden soll. Bei Werbung handelt es sich demnach um einen typischen Kommunikationsprozess. Da die werbliche Ansprache der Zielgruppe in aller Regel über Massenkommunikationsmedien (Fernsehen, Internet, Zeitungen, Zeitschriften usw.) geschieht, kann man Werbung auch als eine Form der Massenkommunikation sehen.
Ein grundlegendes Modell der Massenkommunikation hat der US-amerikanische Kommunikationswissenschaftler **Harold D. Lasswell** (1902–1978) entwickelt. Seine bereits 1948 formulierte, später **Lasswell-Formel** genannte Aussage lautet: „Who says what in which channel to whom with what effect?" Die Lasswell-Formel kann auch für die Werbeanalyse genutzt werden:

WER	→ Sender/Kommunikator	→ Werbender (Anbieter)
sagt		
WAS	→ Inhalt	→ Werbebotschaft
zu		
WEM	→ Empfänger, Zuhörer	→ Umworbene(r) (Zielgruppe)
auf welchem		
KANAL	→ Medien	→ Werbemittel (Anzeigen, Plakate, Werbespots usw.) und Werbeträger (Zeitungen, Fernsehen, Plakatsäulen usw.)
mit		
WELCHER WIRKUNG?	→ Effekt	→ Werbewirkung

4 Suchen Sie in Zeitungen, Zeitschriften oder im Internet nach aktuellen Werbeanzeigen.
a Beschriften Sie in drei möglichst unterschiedlichen Werbeanzeigen die Bestandteile (vgl. Beispiel ► S. 253 und ► Information unten).
b Bestimmen Sie jeweils die Auftraggeber, die vermutete Zielgruppe, die Werbebotschaft und die Werbewirkung. Begründen Sie Ihre Festlegungen.
c Stellen Sie sich in Partnerarbeit wechselseitig eine ausgewählte Werbeanzeige vor.

Information **Bestandteile einer Werbeanzeige**

Werbeanzeigen sind komplexe Texte, die bildliche und sprachliche Elemente zu einer Aussageeinheit zusammenfassen. Zur Beschreibung dieser Elemente und ihres Zusammenspiels existieren Fachbegriffe. Obwohl Werbeanzeigen recht unterschiedlich gestaltet werden, können folgende Anzeigenelemente unterschieden werden, die jedoch nicht alle in jeder Werbeanzeige enthalten sein müssen:

Visual (Bild)	Drei Bildelemente einer Werbeanzeige werden unterschieden: **a) Key-Visual:** das „Schlüsselbild" der Werbeanzeige, das das beworbene Produkt konkret, abstrakt oder sinnbildlich abbildet

	b) Catch-Visual: die situative Szene, die das beworbene Produkt umgibt und den Blick auf das Key-Visual lenkt **c) Focus-Visual:** einzeln stehende, kleinere Bildelemente, die eine besonders wichtige Produkteigenschaft herausgreifen
Headline (Schlagzeile)	Hauptschlagzeile einer Werbeanzeige; manchmal sind zusätzlich zur Headline noch eine **Topline** (Kopfzeile) oder eine **Subline** (Unter-/Zwischenüberschrift) enthalten
Body Copy (Fließtext)	Haupttext der Werbeanzeige; je nach Länge des Fließtextes lassen sich unterscheiden: **a) Shortcopy:** Haupttexte, die durch Textblöcke bis zu fünf Sätzen und ohne erkennbare Gliederung sowie durch einfache Sätze ohne komplizierten Inhalt gekennzeichnet sind **b) Longcopy:** längere Texte mit erkennbaren Gliederungsmerkmalen wie Vorspann, Absätzen, Zwischenüberschriften usw.
Claim (Anzeigenabbinder)	Sinn- oder Merkspruch am Ende eines Fließtextes, der die Werbeaussage kurz und prägnant zusammenfasst
Slogan	kurze, einprägsame Werbeaussage, die auf allen Werbemitteln immer wieder erscheint; der Slogan erscheint meist als grafisch isolierte Textzeile und wird häufig dem Logo zugeordnet
Produkt-, Marken-, Firmenname	Bezeichnung für das beworbene Produkt oder die beworbene Marke oder das werbende Unternehmen
Logo	Zeichen für ein Unternehmen, eine Marke oder ein Produkt

5 Diskutieren Sie, welchem Prototyp die Werbeanzeige (▸ S. 253) zuzuordnen ist. Orientieren Sie sich dabei an folgender Information.

Information **Prototypen der Werbeanzeige**

Werbeanzeigen gehören zur Gruppe der appellierenden Texte. Es lassen sich im Allgemeinen drei Prototypen von Werbeanzeigen unterscheiden:

- **Produktwerbung:** Die Produktwerbung, die auch die Werbung für Dienstleistungen mit einschließt, ist ein weit verbreiteter und wichtiger Prototyp. Werbeanzeigen dieses Typs verfolgen mindestens zwei Zielsetzungen: Sie wollen zum einen über die Existenz und die Beschaffenheit des Produkts oder der Dienstleistung informieren und sie wollen zum anderen zum Kauf oder zur Nutzung des Produkts oder der Dienstleistung bewegen.
- **Imagewerbung:** Mit dieser Art von Werbeanzeigen soll in erster Linie das Prestige des werbenden Unternehmens aufgewertet werden.
- **Taktische Aktionswerbung:** Dieser Prototyp zielt darauf ab, zur Teilnahme an einer Werbeaktion zu bewegen (z. B. Sommerschlussverkauf, Gewinnspiele, Tag der offenen Tür).

Sowohl die Imagewerbung als auch die taktische Aktionswerbung treten häufig zusammen mit der Produktwerbung auf. Zuweilen werden auch alle drei Prototypen miteinander kombiniert.

6 Übertragen Sie auf der Tafel die drei Prototypen der Werbeanzeigen an die Eckpunkte eines Dreiecks. Ordnen Sie anschließend eine Ihrer bearbeiteten Werbeanzeigen (vgl. Aufgabe 4) einem Prototyp zu, indem Sie sie anheften. Nutzen Sie gegebenenfalls für Mischformen die Dreiecksfläche. Diskutieren Sie Zweifelsfälle in der Lerngruppe.

Aufmerksamkeitssteuerung und Text-Bild-Relation untersuchen

Untersuchungen darüber, wie die Augen über eine Werbeanzeige wandern, ergeben typische Blickmuster. Die Visuals und Headlines werden beim Betrachten einer Anzeige zuerst wahrgenommen; erst danach wird der Fließtext beachtet – dies jedoch nur, wenn der Betrachter sich für den Inhalt der Anzeige interessiert.
Die typische Blickrichtung beim Betrachten einer Werbeanzeige verläuft von der Mitte zu den Seiten: Bilder und Texte, die sich in der Mitte der Anzeige befinden, werden zuerst angeschaut (siehe Beispiel rechts).

1 **a** Erläutern Sie, inwieweit die Art der Bild- und Textgestaltung der Werbeanzeige auf S. 253 den typischen Blickverlauf unterstützt.
b Betrachten Sie die Anzeige des Deutschen Sportbundes (▶ S. 257). Rekonstruieren Sie Ihren Blickverlauf und Ihre Fixationspunkte. Legen Sie dazu eine Folie auf die Anzeige und zeichnen Sie Ihren Blickverlauf nach.
c Diskutieren Sie Ihre Ergebnisse und überlegen Sie, mit welchen Mitteln der Aufmerksamkeitssteuerung in dieser Werbeanzeige gearbeitet worden ist (▶ Information).

Information **Mittel der Aufmerksamkeitssteuerung**

Als **Eyecatcher** (Blickfang) bezeichnet man in der Werbung Gestaltungsmittel, die die Aufmerksamkeit des Betrachters auf einen bestimmten Bereich lenken. Dazu werden Grafik- oder Textelemente eingesetzt, z. B. Bilder, Piktogramme oder Slogans in auffälliger Schriftform. Eyecatcher werden genutzt, um die Aufmerksamkeit des Betrachters unmittelbar zu erregen oder seine Sehgewohnheiten zu durchkreuzen bzw. den Betrachter zu irritieren. Die jeweilige Werbebotschaft soll möglichst schnell registriert und einem bestimmten Produkt oder einer bestimmten Idee zugeordnet werden können.
Für die gezielte Aktivierung von Aufmerksamkeit und Informationsverarbeitung beim Umworbenen stehen eine ganze Reihe von Reizen zur Verfügung. Man unterscheidet:

- **physische Reizwirkungen**: z. B. Signalfarben, große Anzeigen, große und kontrastreiche Headline, „Störer", z. B. auffälliger Stempel über dem Motiv der Anzeige: „Aktion nur bis 31.12."
- **kognitive Reizwirkungen**: Widersprüche, (visuelle) Überraschungen (z. B. ungewöhnliche Kombination von Bildmotiven), Verfremdungen, bewusste Verstöße gegen Wahrnehmungs- und Gestaltgesetze, gedankliche Konflikte usw.
- **emotionale Reizwirkungen**: Schlüsselreize (z. B. Kindchenschema, erotische Motive, Augen, Mimik), Archetypen (Clown, Hexe, Held usw.) u. a.

2 Analysieren Sie die Anzeige des Deutschen Sportbundes:
  a Benennen Sie die Bestandteile der Anzeige.
  b Wenden Sie die Lasswell-Formel (▸Information, S. 254) an.
  c Ordnen Sie die Anzeige einem der drei Prototypen der Werbeanzeige (▸Information, S. 255) zu.

3 Bestimmen Sie für die Werbeanzeige oben die Art der Text-Bild-Relation (▸Information). Prüfen Sie, ob bei der Werbeanzeige der Text zur besseren Verständlichkeit des Bildes dient (bildzentrierte Werbung) oder ob der Text ganz weggelassen werden könnte (bilddominante Werbung).

4 Hinsichtlich der Farben bestehen bei Menschen desselben Kulturkreises durch Tradition und Erziehung viele Gemeinsamkeiten, durch individuelle Erfahrungen ergeben sich aber immer wieder auch Unterschiede. Die psychologischen Wirkungen der Farbwahrnehmung werden – intuitiv oder bewusst – für Effekte bei der künstlerischen Gestaltung in der Mode- ebenso wie in der Werbebranche genutzt.
  a Recherchieren Sie, welche Gefühlswirkungen und symbolischen Bedeutungen den einzelnen Farben im westlichen Kulturkreis zugeordnet werden.
  b Analysieren Sie die Farbgestaltung in der Werbeanzeige des Deutschen Sportbundes und in derjenigen auf S. 253.

5 Sie haben bereits drei Werbeanzeigen herausgesucht und bearbeitet (▸S. 254, Aufgabe 4). Bestimmen Sie für diese Anzeigen jeweils den Eyecatcher und die Art der Aufmerksamkeitssteuerung, die Text-Bild-Relation und die Farbgestaltung.

Information **Text-Bild-Relationen in der Werbeanzeige**

Werbeanzeigen werden heute fast immer aus bildlichen und sprachlichen Textteilen zusammengesetzt. Das Verhältnis von Texten zu Bildern variiert jedoch.
Die Sprachwissenschaftlerin Nina Janich geht von folgenden möglichen Text-Bild-Relationen in Bezug auf die Werbebotschaft aus:

Verhältnis von Textinformation und Bildinformation		
textdominante Werbung	**annähernd gleiches Verhältnis von Bild- und Textinformationen**	**bilddominante Werbung**
■ Der Text steht im Vordergrund und ist an sich, also auch ohne Bild, verständlich. ■ Das Bild dient nicht der Veranschaulichung, sondern nur der Ergänzung des Textes. ■ Das Bild hat keinen direkten Bezug zur Textinformation, sondern ist nur Stimmungselement (z.B. Bild eines verliebten Paars).	■ Bild und Text drücken weitgehend dasselbe aus; der Text steht jedoch wegen seines höheren Informationsgehaltes im Vordergrund (textzentrierte Werbung). ■ Bild und Text drücken weitgehend dasselbe aus; das Bild spielt die wichtigere Rolle und der Text erläutert und ergänzt die Bildaussage (bildzentrierte Werbung) ■ oder die Werbebotschaft ist nur durch das Miteinander von Bild und Text erkennbar.	■ Das Bild steht im Vordergrund und vermittelt die eigentliche Werbebotschaft. ■ Der Text erscheint meist nur als Slogan und/oder als Marken-/ Produktname.

Die sprachliche Gestaltung einer Werbeanzeige analysieren

Mirja Pape: **Unverständliche Werbeslogans** (Spiegel online, 2009)

Der Slogan ist kurz und knapp – und er soll ein Lebensgefühl ausdrücken: Mit „live unbuttoned" bewirbt der Klamotten-Hersteller Levi's seine Jeans. Wer sie trägt, kann frei und ungezwungen leben, kann er selbst sein, wollen die Marketing-Verantwortlichen damit suggerieren. Das Problem: Die deutschen Kunden verstehen nur „Knopf". Gerade mal 15 Prozent der Befragten konnten den Slogan sinngemäß übersetzen, die anderen fühlten sich durch ihn zu einem „Leben ohne Knöpfe", zu einem „Leben am Knopf" oder gar zu einem „unbekleideten Leben" aufgerufen. Das ist das Ergebnis einer Studie der Namensagentur Endmark, die untersucht hat, inwieweit englische Werbeslogans von deutschen Kunden verstanden werden.

Das Ergebnis ist kurios: Von den 1014 befragten Personen der werberelevanten Zielgruppe von 14 bis 49 Jahren in Hamburg, Köln, Leipzig und München versteht im Schnitt nur jeder Vierte die vom Werber beabsichtigte Botschaft. Und das sorgt für skurrile Übersetzungen: Den Slogan des Internetvideoanbieters YouTube[1] verstanden Teilnehmer der Studie als „Mache Deinen Brotkasten selbst" oder „Füttere Dich selbst". Aus dem Opel-Slogan „Explore the City Limits" wurden „Explosionen an der Stadtgrenze" oder „Das Stadtlimit explodiert".

Bernd Samland überrascht das Resultat nicht. Der Chef von Endmark hat die Studie nun bereits zum dritten Mal veröffentlicht. Auch 2003 und 2006 verstand eine satte Mehrheit die aktuellen englischen Werbeslogans nicht. Der Klassiker: „Come in and find out" der Parfümeriekette Douglas wurde von den Kunden als „Komm rein und finde wieder raus" interpretiert. Nach Bekanntwerden der Studie ersetzte Douglas den englischen Slogan durch einen deutschen.

Viel gelernt haben die Konzerne aus den beiden Studien allerdings nicht – zumal sie auf Anfrage oft nicht einmal selbst klar sagen konnten, wofür ihre Slogans stehen. Laut Samland war man weder bei Opel noch bei YouTube in der Lage, ihm eine Übersetzung zu liefern. Bei Braun hieß es gar, die Übersetzung des Claims „Design Desire" sei eine vertrauliche Information. Kein Wunder also, dass auch die potenziellen Kunden den Werbespruch nicht verstehen. Bleibt die Frage, ob die Konsumenten die Slogans überhaupt verstehen müssen, damit sie funktionieren. Denn tatsächlich behaupten Befürworter englischsprachiger Claims, das sei nicht notwendig. „In Einzelfällen funktioniert das, etwa wenn bewusst Bedeutungsvagheiten konstruiert werden oder der Markenname im Slogan vorkommt", sagt auch Samland. Beispiele seien etwa „Do you yahoo?" oder „It's not a trick, it's a Sony", da funktioniere der Slogan auch ohne ein Verständnis der Botschaft. [...]

1) Der Slogan von YouTube lautet: „Broadcast yourself."

1 **a** Die Übersetzung der englischsprachigen Slogans bzw. Claims fällt vielen Menschen schwer. Auch die Autorin Mirja Pape bietet für die angeführten Beispiele keine Übersetzung an. Versuchen Sie, für die genannten Slogans bzw. Claims eine angemessene Entsprechung auf Deutsch zu finden, oder paraphrasieren Sie den Inhalt in einem Satz: *„Live unbuttoned." (Levi's 501, Bekleidung, 2009); „Broadcast yourself." (YouTube, Medien, 2008); „Explore the City Limits." (Opel, Verkehrsmittel); „Come in and find out." (Douglas, Kosmetik, 1996); „Design Desire" (Braun, Elektrogeräte); „Do you yahoo?" (Yahoo!, Internetdienste, 2000); „It's not a trick, it's a Sony" (Sony, Elektronik, 2003)*

b Überlegen Sie, warum das Marketing einiger Firmen sich trotz der Verständnisschwierigkeiten bei deutschsprachigen Kunden manchmal für englischsprachige Slogans entscheidet.

c Suchen Sie nach einem aktuellen Beispiel für einen englischsprachigen Slogan in einer Werbeanzeige und erläutern Sie die Funktion dieses Slogans.

2 **a** Geben Sie für die nachfolgenden Slogans an, für welches Produkt geworben wird:

- „Alles Müller, ... oder was?"
- „Nichts ist unmöglich."
- „Wohnst du noch oder lebst du schon?"
- „Bitte ein Bit!"
- „Gute Preise. Gute Besserung."
- „Quadratisch. Praktisch. Gut."
- „Das einzig Wahre"
- „Wir machen den Weg frei."

b Die Slogans sind teilweise über 50 Jahre alt. Stellen Sie Vermutungen dazu an, warum die Slogans so bekannt und erfolgreich sind.

3 Rhetorische Figuren (Information, ▶ S. 313) werden keineswegs nur in der Lyrik oder Rede eingesetzt, sondern auch in der Werbung. Ihr Einsatz dient der Veranschaulichung, Ausdrucksverstärkung, Hervorhebung, Kontrastierung, Bewertung, Einbeziehung des Lesers usw. Bestimmen Sie für die nachfolgenden Slogans, welche rhetorischen Figuren benutzt werden.

Nr.	Slogan (Marke, Branche, Jahr)
1	„Die beste Zeit des Tages." (Sat.1, Medien (TV-Sender), 1993)
2	„Mars macht mobil bei Arbeit, Sport und Spiel." (Mars, Ernährung, 1975)
3	„Viel zu gucken. Viel zu lesen. Viel zu staunen." (Gala, Medien (Zeitschrift), 1994)
4	„200 x Media Markt, 200 x sparnünftiger." (Media Markt, Einzelhandel, 2005)
5	„Einfach riesig, der Kleine" (Peugeot 106, Verkehrsmittel, 1993)
6	„Persil bleibt Persil." (Persil, Chemie (Waschmittel), 1913)
7	„Ist die Katze gesund, freut sich der Mensch." (Kitekat, Tiernahrung, 1982)
8	„Genial einfach. Einfach genial." (Bosch, Elektrogeräte, 1998)
9	„Heute ein König!" (König-Pilsener, Getränke (Bier), 1990)

4 Wählen Sie eine textdominante aktuelle Werbung aus und ermitteln Sie die rhetorischen Figuren.

5 Produkte oder Dienstleistungen werden häufig durch Werbesprache semantisch aufgewertet (Information, ▶ S. 260). Analysieren Sie die Textelemente in der von Ihnen gewählten aktuellen Werbeanzeige im Hinblick auf die semantische Aufwertung.

Information **Semantische Aufwertung als Mittel der Werbesprache**

Die Sprachwissenschaftlerin Ruth Römer versteht unter **semantischer Aufwertung** die Tatsache, dass „von den angebotenen Waren mit Worten gesprochen wird, die bei einem ausgewogenen Verhältnis zwischen Wort und Sache nicht gewählt würden". Sie hat die Sprache in der Anzeigenwerbung genauer untersucht und unterscheidet sechs Möglichkeiten der semantischen Aufwertung:

- **steigernde Komposition**: Die Steigerung erfolgt durch den Einsatz von steigernden Vorsilben, Substantiven oder Adjektiven, z. B.: *fein*geräuchert, *Verwöhn*aroma, *Traum*rasur, *Spitzen*kaffee, *hoch*modern, *Marken*butter, *Mikro*fasertuch, *ultra*fein.
- **Entkonkretisierung**: An die Stelle von konkreten Produktbezeichnungen treten Abstrakta oder andere Konkreta mit höherem Eindruckswert, z. B.: Haarwaschmittel wird zu Haar*pflege*, Zahnpasta zu Zahn*creme* oder Zahn*kosmetik*.
- **aufwertende Appellative**: Es werden Wörter ausgewählt, die eine größere Ausdehnung, Wirkung oder Leistung versprechen, z. B.: Wasch*salon* statt Wäscherei, Blumen-*Studio* statt Blumenladen, Haut*aktivator* statt Hautpflegemittel.
- **Benennung mit Hochwertwörtern**: Die Produkte werden mit Wörtern bezeichnet, die positive Assoziationen hervorrufen, z. B.: Krone (Zigaretten), Sir (Kosmetika), Pushkin (Wodka).
- **Charakterisierung durch aufwertende oder superlativische Adjektive:** „AEG – Aus Erfahrung gut"; „Vollkommener Genuss" (Efes Pilsener)
- **Superlativ und Komparativ:** Die Superlativwerbung kann erreicht werden durch
  - den grammatischen Superlativ („Das *beste* Persil aller Zeiten"),
  - den Elativ/den absoluten Superlativ („Giotto – Knabbergenuss auf *höchstem* Niveau"),
  - den bestimmten Artikel („Fanta, *die* klare Erfrischung"),
  - sinngemäß superlativische Ausdrücke („König Pilsener – Das *König* der Biere"),
  - den Komparativ („Kabel Digital – Endlich *besseres* Fernsehen").

Werbekonzepte verstehen

Bevor eine Werbekampagne mit Werbeanzeigen, Plakaten, TV-Spots usw. gestartet wird, entwickeln die Werbeagenturen die so genannte **Copy-Strategie**. Die Copy-Strategie ist als grundlegende Leitstrategie der „rote Faden" der Werbeanzeige; sie sollte zu vier Bereichen Auskunft geben:

- **Aussagen zum Nutzenversprechen (Consumer Benefit):** Sie beschreiben wesentliche Leistungen eines Produktes und grenzen es somit von möglichen Konkurrenzprodukten ab. Sie formulieren ein Nutzenversprechen und zielen bewusst auf die Wünsche und Bedürfnisse der Zielgruppe ab.
- **Begründung zum Nutzenversprechen (Reason Why):** Das Ziel sollte es sein, den potenziellen Verbraucher darin zu bestärken oder zu bestätigen, dass er beim Kauf eines bestimmten Produktes rational richtig handeln wird.
- **Zielgruppe:** Werbebotschaften sind in der Regel nicht an ein anonymes Publikum gerichtet, sondern versuchen, bestimmte, für das Beworbene als Käufer in Frage kommende soziale Gruppen zu erreichen.
- **Gestaltungsstil der Werbebotschaft (Tonality):** Mit ihr wird der kreative, verbale und visuelle Stil der Werbeanzeige festgelegt. Die Tonality beschreibt die Atmosphäre, in welcher das Produkt präsentiert wird.

1 Im Folgenden finden Sie die ersten beiden Punkte der Copy-Strategie der Werbeanzeige auf S. 253 aufgedeckt. Ergänzen Sie die fehlenden Bereiche.

Consumer Benefit (Produktversprechen):
Die Benutzung von Bussen und Bahnen – statt privater PKWs – ist ein aktiver Beitrag zum Klimaschutz (rationaler Zusatznutzen) und zugleich durch den Zuwachs an Handlungsmöglichkeiten auch eine Bereicherung (egoistischer Zusatznutzen).
Reason Why (Begründung):
Der öffentliche Personennahverkehr ist eine umweltfreundliche Alternative, weil Busse und Bahnen vergleichsweise weniger klimaschädliche Treibgase produzieren (Textargument). Die Benutzung des öffentlichen Personennahverkehrs ist eine wohlstandssteigernde Ergänzung der privaten Mobilitätsmittel wie PKW und Fahrrad und bewirkt keine Einschränkung der Mobilität, sondern eine Erweiterung der Handlungsmöglichkeiten (Bildargument). ...

a Beschreiben Sie die Tonality der Anzeige. Wählen Sie dazu aus der nachfolgenden Liste fünf Begriffe aus, die nach Ihrer Ansicht den Gestaltungsstil am besten beschreiben: *aggressiv · altmodisch · belehrend · bieder · bio · bombastisch · dramatisch · elegant · ernst · exklusiv · frech · genussvoll · humorvoll · informativ · jugendlich · konservativ · künstlich · modern · modisch · nobel · prollig · romantisch · seriös · sportlich · technisch · überraschend · wissenschaftlich · witzig*

b Bestimmen und beschreiben Sie die Zielgruppe der Werbeanzeige und geben Sie an, an welchen Gestaltungselementen Sie Ihre Lösung festmachen.

2 Analysieren Sie die Copy-Strategie
- der Werbeanzeige des Deutschen Sportbundes (▸ S. 257)
- der drei von Ihnen herausgesuchten aktuellen Werbeanzeigen (▸ S. 254, Aufgabe 4).

3 Zwei weit verbreitete Konzepte zur Gestaltung der Werbebotschaft sind die AIDA-Formel und das PPPP-Prinzip.

a Informieren Sie sich in der nachfolgenden Information über die beiden Werbekonzepte.

b Bilden Sie mindestens vier Kleingruppen, von denen jeweils die eine Hälfte die Anzeige auf S. 253 und die andere Hälfte die Anzeige auf S. 257 bearbeitet. Überprüfen Sie für Ihre Anzeige, welches der beiden Werbekonzepte (AIDA oder PPPP) sich besser zur Analyse der Anzeige eignet.

c Diskutieren Sie die Tauglichkeit der beiden Werbekonzepte im Hinblick auf die Werbeanalyse.

Information **Werbekonzepte: AIDA-Formel und PPPP-Prinzip**

Zu den bekanntesten Werbekonzepten gehört die AIDA-Formel. Die Buchstaben stehen für die Schritte, die mittels einer Werbebotschaft beim Rezipienten ausgelöst werden sollen. Das PPPP-Prinzip sieht besonders im Bild das wichtigste Mittel, um beim Rezipienten Aufmerksamkeit zu erreichen.

A = Attention	→ Aufmerksamkeit erregen	**P** = Picture	→ bildliche Darstellung verwenden
I = Interest	→ Interesse am Produkt wecken	**P** = Promise	→ Versprechen ableiten
D = Desire	→ Besitz- und Kaufwunsch auslösen	**P** = Prove	→ Beweis(e) liefern
A = Action	→ Handlung hervorrufen	**P** = Push	→ Anstoß zum Handeln geben

Eine Werbeanzeige schriftlich analysieren

1 Verfassen Sie eine vollständige Anzeigenanalyse zu einer der beiden vorliegenden Werbeanzeigen (▶ S. 253, 257). Nutzen Sie dazu die Hilfsfragen aus der unten stehenden Checkliste.

Information **Checkliste für die Analyse von Werbeanzeigen**

Kontext der Werbeanzeige
- ☑ Wer wirbt wofür (Werbeobjekt)?
- ☑ Welcher Prototyp von Werbung liegt vor?
- ☑ Wann und wo ist die Werbeanzeige erschienen?

Gesamtaufbau der Werbeanzeige
- ☑ Welche Elemente enthält die Werbeanzeige?
- ☑ Wie sind Bild- und Textteile angeordnet? Wie ist das Verhältnis von Bild zu Text?
- ☑ Inwieweit lassen sich die AIDA-Formel und/oder das PPPP-Prinzip anwenden?

Grafische und bildliche Darstellungsmittel
- ☑ Was dient als Eyecatcher der Werbeanzeige? Welche anderen Mittel der Aufmerksamkeitssteuerung werden eingesetzt? Wie ist der Blickverlauf in der Anzeige?
- ☑ Was ist auf den Bildelementen dargestellt (Menschen, Objekte)? Mit welcher Funktion?
- ☑ Welche Farben werden eingesetzt? Wie wirken sie?

Sprache des Werbetextes
- ☑ Welche rhetorischen Mittel werden eingesetzt? Welche Wirkung haben sie?
- ☑ Wie wirkt der Slogan? Wodurch wird die Wirkung erzeugt?
- ☑ An welchen Stellen wird eine semantische Aufwertung vorgenommen?
- ☑ Welchen Eindruck macht die Wortwahl (alltäglich, sachlich, pathetisch, stimmungsvoll)?

Copy-Strategie
- ☑ Welches Produktversprechen wird gegeben (Consumer Benefit)?
- ☑ Wie wird das Produktversprechen begründet (Reason Why)?
- ☑ Wie ist die Tonality der Werbeanzeige?
- ☑ An wen wendet sich die Werbeanzeige (Zielgruppe)?

Beurteilung
- ☑ Sind die einzelnen Elemente der Werbeanzeige sinnvoll aufeinander bezogen?
- ☑ Warum wirkt die Anzeige auf Sie persönlich ansprechend oder weniger ansprechend?
- ☑ Sind die vermittelten Wertvorstellungen oder Leitbilder erstrebenswert oder nicht?
- ☑ Wie glaubwürdig ist die Werbeanzeige? Entsprechen die Werbeaussagen der Wahrheit?

2.2 Nachrichtenformate vergleichen

Projekt: Täglich werden hunderte von Nachrichten über die unterschiedlichsten Kanäle zu den Kunden gebracht. Jede Zeitung, jeder Sender, jedes Internetportal trifft bei der Aufbereitung der Nachricht eine Reihe von Entscheidungen über die Art und Weise, wie diese der jeweiligen Zielgruppe präsentiert werden soll. Finden Sie im Vergleich die Unterschiede und deren Bedeutung heraus.

- Finden Sie sich in Kleingruppen zusammen und wählen Sie ein Thema, das in der letzten Zeit für Nachrichten gesorgt hat und Sie interessiert.

- Suchen Sie in allen Ihnen zur Verfügung stehenden Medien Nachrichten über das von Ihnen gewählte Thema. Achten Sie dabei darauf, dass es sich um Nachrichten des gleichen Tages handelt.
- Vergleichen Sie die unterschiedlichen Aspekte und ihre jeweiligen Funktionen und Wirkungen: Informationsgehalt, Sprache (Satzarten und -länge, Wortarten, Stil, rhetorische Mittel etc.), Schrift, Farbgebung, Bebilderung, Text-Bild-Relation, Tonfall, Mimik und Gestik der Sprecher etc.
- Untersuchen Sie zu Übungszwecken die folgenden Beispiele. Das erste wurde der Bild Zeitung entnommen (Bild.de, 11.07.2010), das zweite entstammt der Frankfurter Rundschau (fr-online.de, 11.07.2010).

HITZEDRAMA IN ICE

Bis zu 70 Grad im Zug?

27 SCHÜLER KOLLABIEREN +++ NEUN PERSONEN IM KRANKENHAUS +++ RUND 1000 FAHRGÄSTE VON AUSFALL DER KLIMAANLAGEN BETROFFEN +++ BAHN BESTÄTIGT PROBLEME IN MEHREREN ZÜGEN +++ BUNDESPOLIZEI ERMITTELT: VERDACHT AUF FAHRLÄSSIGE KÖRPERVERLETZUNG

Bei 40 Grad Außentemperatur fiel am Samstag in einem ICE ausgerechnet die Klimaanlage aus. Im Zug wurde es über 50 Grad heiß. 27 Schüler erlitten einen Hitzekollaps! Die begleitende Lehrerin spricht sogar von Schätzungen von bis zu 70 Grad!

Die 16 bis 18 Jahre alten Jugendlichen aus Remscheid und Willich (Nordrhein-Westfalen) hatten eine fröhliche Klassenreise nach Berlin hinter sich. Doch die Rückfahrt wurde für die Gymnasiasten zum Höllentrip.

Schon im ersten ICE, mit dem die Gruppe in Berlin losfuhr, funktionierte die Klimaanlage nicht. Nach Informationen der Zeitung „Neue Westfälische" mussten die Schüler deshalb in Hannover in einen anderen ICE umsteigen.

DOCH DIESER ZUG WAR ÜBERFÜLLT, DIE KLIMAANLAGE AUCH HIER DEFEKT! […]

Schüler kollabieren in überhitzten ICEs

Bielefeld/Berlin. Hitzeschock im Zug: Weil die Klimaanlage ausgefallen ist, sind etliche Schüler auf dem Rückweg von ihrer Klassenfahrt in einem ICE zusammengebrochen. In dem Zug von Berlin ins Rheinland herrschten Passagieren zufolge Temperaturen zwischen 40 und 50 Grad.

Für die Bahn haben die kaputten Klimaanlagen vielleicht ein juristisches Nachspiel. Die Bundespolizei überprüfe den Verdacht der fahrlässigen Körperverletzung und der unterlassenen Hilfeleistung durch das Zugpersonal, sagte eine Sprecherin der Bundespolizeidirektion St. Augustin, die für den Bahnhof Bielefeld zuständig ist.

Dort war am Samstag ein ICE aus Berlin gestoppt worden, nachdem sich die Situation in dem überhitzten Zug dramatisch zugespitzt hatte. Mehrere Schüler und ältere Menschen erlitten einen Hitzekollaps und lagen dehydriert in den Gängen. Eine verzweifelte Mutter versuchte, eine Fensterscheibe einzuschlagen. Bahnchef Rüdiger Grube entschuldigte sich am Sonntag telefonisch bei Schülern und Lehrern und drückte sein Bedauern aus. […]

- Organisieren Sie Ihre Gruppenarbeit mit Hilfe von Projektplanungsmethoden (Kapitel A 5.2, ▸ S. 75 ff.).
- Wählen Sie eine Form der Präsentation (Kapitel A 4.2, ▸ S. 64 ff.) und bereiten Sie die Materialien entsprechend auf.

1 **a** Lesen Sie die beiden Kurzstatements auf dem Titelblatt des „Süddeutsche Zeitung Magazin" und entscheiden Sie spontan, auf welche Seite Sie sich stellen würden.

b Notieren Sie Argumente, Belege und Beispiele für jede einzelne Aussage beider Statements.

2 Sammeln Sie in verschiedenen Medien (Zeitschriften, Zeitungen, Chatrooms etc.) Beiträge und Positionen zum Thema „Medienkritik". Ordnen und kommentieren Sie Ihre Sammlung in einer Wandzeitung.

3 Formulieren Sie unter der Titelfrage „Gut oder... böse?" zwei vergleichbare Positionen zu den Medien „Fernsehen" und „Handy".

In diesem Kapitel erwerben Sie folgende Kenntnisse und Kompetenzen:

- unterschiedliche Positionen zur Mediendiskussion kennen und bewerten,
- über Öffentlichkeit und Privatsphäre kritisch reflektieren,
- Manipulationen durch Medien erkennen und einen bewussten Umgang damit finden,
- einen verantwortungsvollen Umgang mit einzelnen Medien entwickeln.

3.1 Fernsehen und Computer – Wie beeinflussen sie unser Denken?

Matthias Wörther: **An den Lagerfeuern des 20. Jahrhunderts** (1999)

Über die Seichtheit des Fernsehangebotes lässt sich in der Regel schnell Einigkeit herstellen und folglich muss es oft als Sündenbock für eine Reihe negativer Entwicklungen herhalten. Auf der anderen Seite ist das Fernsehen im Medienensemble[1] das Leitmedium, das von den allermeisten genutzt und dem die meiste Freizeit gewidmet wird.

Neuere Untersuchungen arbeiten heraus, dass Fernsehen offenbar weit mehr ist als eine bloße Unterhaltungsmaschinerie, die womöglich auch noch der Verdummung dient: „Die Hauptaufgabe des Fernsehens – des massivsten Kommunikationsmediums der modernen Gesellschaft – ist es, für die symbolischen Funktionen zu sorgen, die früher nur von den populären Religionen vermittelt wurden. Die weithin voraussagbaren Szenarien von Nachrichten, Fernsehfilmen, Dramen, ‚intimen' Talkshows, denen Millionen zuschauen, können ohne weiteres als die Rituale[2], Kulte[3], Passionsspiele[4] und Mythen[5] der Moderne gelten."

Fernsehen besitzt also neben seinem bloßen Unterhaltungswert auch eine Orientierungs- und Stabilisierungsfunktion. Es bestätigt Jugendliche in ihren Überzeugungen, strukturiert den Tagesablauf und bietet Weltdeutungen an. Es ist die Gesellschaft in ihrer Gesamtheit, die hier den Mythos ihrer Gegenwart formuliert, feiert und sogar reflektiert. Insofern kann es nicht nur falsch sein, wenn sich die Kinder mit ihren Eltern vor den elektronischen Lagerfeuern sammeln.

Beim Fernsehen liegt der Schwerpunkt auf der Alltagskommunikation. In vielerlei Hinsicht

führt es das unablässige Gespräch, in dem wir uns mit unserer Umgebung befinden, auf einer gesamtgesellschaftlichen Ebene fort. Wie das Alltagsgerede ist dieser Strom an Bildern und Worten oft banal, aber trotzdem wichtig und sogar lebensnotwendig. Es versichert uns Tag für Tag und unaufhörlich, dass unsere Welt Bestand hat und man ihrer Normalität vertrauen kann. Deshalb kann man die Freude von Kindern und Jugendlichen an Fernsehserien durchaus auch positiv interpretieren: Sie tauchen in eine Welt ein, die gleichbleibenden und zuverlässigen Regeln folgt und in der sie sich problemlos orientieren können.

1 **Ensemble:** zusammengehörende, aufeinander abgestimmte Gruppe
2 **Ritual:** das Vorgehen nach festgelegter Ordnung (v. a. bei Religionsausübung)
3 **Kult:** Religionsausübung einer Gemeinschaft
4 **Passionsspiel:** volkstümliche dramatische Darstellung der Leiden von Jesus Christus
5 **Mythos** (Pl. Mythen): überlieferte Dichtung, Sage o. Ä. aus der Vorzeit eines Volkes

1 **a** Schreiben Sie die Thesen des Autors heraus und finden Sie Beispiele für seine Behauptungen.
b Welche Funktion erfüllt das Fernsehen für Sie?
c Antworten Sie Matthias Wörther in Form eines Leserbriefs (Information, ▶ S. 137). Erläutern Sie darin die Funktion des Fernsehens im 21. Jahrhundert. Hat sie sich verändert oder gelten die Aussagen des Textes noch heute?

Umberto Eco: Der Verlust der Privatsphäre (2007)

Um es einerseits mit der Konkurrenz des Fernsehens aufzunehmen und andererseits mit der Erfordernis, eine genügend große Anzahl von Seiten zu füllen, um von der Werbung leben zu können, musste auch die so genannte seriöse Presse, einschließlich der Tageszeitungen, sich immer mehr um gesellschaftliche „Events", „Varieties" und „Gossip" kümmern und sah sich vor allem gezwungen, wenn es keine Nachrichten gab, sie zu erfinden. Eine Nachricht zu erfinden, heißt aber nicht, über ein Ereignis zu berichten, das nicht stattgefunden hat, sondern etwas zu einer Nachricht zu machen, das vorher noch keine gewesen war, die unbedachte Äußerung eines Politikers in den Ferien, die kleinen Geschichten in der Welt des Spektakels. So wurde der Klatsch zum verallgemeinerten Nachrichtenmaterial und drang sogar bis in Räume vor, die bisher stets für die neugierigen Blicke der Regenbogenpresse tabu gewesen waren – regierende Monarchen, politische und religiöse Führer, Staatspräsidenten, Wissenschaftler. [...] Das Opfer [des Klatsches] war jetzt nicht mehr eine bemitleidenswerte Person, denn es war ja genau in dem Maße Opfer geworden, in dem es berühmt war. Zum Gegenstand öffentlichen Klatsches zu werden, erschien mehr und mehr als Statussymbol.

An diesem Punkt ging man zu einer zweiten Phase über, als das Fernsehen Sendungen erfand, in denen nicht mehr die Henker über die Opfer klatschten, sondern die Opfer sich bereitwillig und mit Freude in Klatsch über sich selbst ergingen, überzeugt, auf diese Weise den gleichen sozialen Status wie Schauspieler oder Politiker zu erlangen. [...]

Was mir Sorgen macht, ist die Tatsache, dass der durch seinen Auftritt im Fernsehen glorifizierte Tor zu einem universalen Vorbild wird. Er hat sich zur Schau gestellt, also kann jeder andere das auch. Die Zurschaustellung des Toren bringt das Publikum zu der Überzeugung, dass nichts, nicht einmal das schändlichste aller Missgeschicke, das Recht hat, privat zu bleiben, und dass die Zurschaustellung der Deformation selbst prämiert wird. Die Dynamik des Auftritts im Fernsehen bewirkt, dass der Tor, kaum dass er auf dem Bildschirm erscheint, ein berühmter Tor wird, und seine Berühmtheit misst sich in Werbeverträgen, Einladungen zu Kongressen und Festen, manchmal auch in sexuellen Angeboten [...]. Ein ähnliches Phänomen spielt sich im Internet ab. Die Durchsicht vieler Homepages zeigt, dass die Erstellung einer Website oft dazu dient, die eigene schale Normalität zur Schau zu stellen, wenn es sich nicht um Abnormität handelt. Vor einigen Jahren fand ich die Homepage eines Herrn, der ein Foto seines Grimmdarms präsentierte (und vielleicht noch immer präsentiert). [...] Das Problem ist, dass die Grimmdärme aller Menschen (außer in Fällen von Tumor im Endstadium) einander gleichen. Daher kann man sich in gewisser Weise für das Foto des eigenen Grimmdarms interessieren, aber der Anblick des Grimmdarms anderer lässt einen kalt. Dennoch hat der Herr, von dem ich spreche, sich die Mühe gemacht, eine Homepage zu installieren, um aller Welt das Foto seines Grimmdarms zu zeigen. Es handelt sich offensichtlich um jemanden, dem das Leben nichts geschenkt hat, keine Erben, an die er seinen Namen weitergeben kann, keine Partner, die sich für sein Gesicht interessieren, keine Freunde, denen er seine Urlaubsfotos zeigen könnte, so dass er zu dieser letzten verzweifelten Möglichkeit gegriffen hat, um ein Minimum an Sichtbarkeit zu ergattern. In diesen wie anderen Fällen von freiwilligem Verzicht auf Privatheit liegen Abgründe von Verzweiflung, die uns zu einem mitleidigen Wegschauen bringen müssten. Doch der Exhibitionist – und dies ist sein Drama – gestattet uns nicht, seine Schande zu ignorieren.

1 a Erklären Sie, wie Eco den Umbruch in der seriösen Berichterstattung erläutert und begründet.

b Stellen Sie in einem Flussdiagramm (Methode, ▶ S. 96) die von Eco aufgezeigte Entwicklung dar, mit der die Privatsphäre Einzug in die Massenmedien hält.

2 a Bereiten Sie eine Pro-und-Kontra-Diskussion zum Thema „Öffentliche Darstellung des Privaten in den Medien" vor. Arbeiten Sie in Kleingruppen:
- Sammeln Sie Ihnen bekannte Beispiele „öffentlicher Selbstausstellung" in den Medien.
- Überlegen Sie, worin der Reiz der Zurschaustellung für die Betroffenen und für das Publikum besteht.
- Formulieren Sie auf Karteikarten Argumente für jede Position, die Sie mit Beispielen stützen.
- Wählen Sie aus jeder Gruppe je eine/n Vertreter/in für die Pro- und für die Kontra-Position.

b Führen Sie die Diskussion durch. Alle, die nicht teilnehmen, beobachten, wie die Diskutanten ihre Argumente auf verbale und nonverbale Art einbringen. Geben Sie am Ende ein Feedback.

Eduard Erne: **Trash-TV als positive Gehirnwäsche** (2005)

Bestsellerautor Steven Johnson glaubt nicht an die Verdummung durch Popkultur.

Bislang hieß es immer: Fernsehen mache dumm und durch Computerspiele würde man verblöden. Das Gegenteil könnte der Fall sein, folgt man den Thesen des amerikanischen Medientheoretikers und Bestsellerautors Steven Johnson. Für ihn ist jede Art von Medienkonsum eine „positive Gehirnwäsche", wie er schreibt. Johnson liefert keine ästhetische Verteidigung des Trash, sondern argumentiert strukturell: Da die Machart der Medien immer anspruchsvoller werde, erfordere sie vom Publikum einen höheren geistigen Einsatz.

Stellen wir uns vor, wir lebten in einer Zeit ohne Bücher. Seit über 200 Jahren wäre nicht das gedruckte Wort, das Buch, das primäre Medium der Wissensvermittlung, sondern das Fernsehen, Computerspiele und das Internet. Und dann, plötzlich, taucht etwas Neues auf, etwas bislang Unbekanntes: das Buch. Wie würde die Welt reagieren? Welche Kritik würden die ewigen Mahner und Warner üben?

Die Sinne fordern

„Das Lesen von Büchern führt zu einer chronischen Unterforderung der Sinne", schreibt Johnson. „Anders als Computerspiele, die Kinder in eine komplexe Welt voller bewegter Bilder und musikalischer Landschaften führen, sind Bücher einfach nur eine öde Aneinanderreihung von Worten, sie folgen einem festgelegten linearen Pfad. Sie isolieren auf tragische Weise. Während Computerspiele die Jugend in komplexe soziale Bindungen führen, in denen sie virtuelle Welten erforschen, zwingen Bücher das Kind, sich in einen stillen Raum zurückzuziehen, isoliert und passiv konsumierend." Steven Johnson, Autor dieser Zeilen, ist der Schrecken aller Eltern. Oder die lang ersehnte Beruhigungspille für diejenigen, die sich täglich Trash-TV und Computerspiele anschauen. Denn der Bestsellerautor behauptet schlicht: „Alles Schlechte ist gut für Dich!", und meint damit, dass uns die populäre Kultur der Computerspiele, der Talkshows, der TV-Serien nicht verdumme, sondern uns im Gegenteil klüger und intelligenter mache. [...]

Reality-TV als Psycho-Sport

Doch was an Reality- oder Talkshows fördert die Intelligenz des Publikums? Im Vergleich zu früher sind Fernsehshows heute viel komplexer und komplizierter geworden. Eine Art Psycho-Sport ist entstanden, der unsere emotionale Intelligenz – die Fähigkeit, Gedanken, verinnerlichte Gefühle und emotionale Zeichen wahrzunehmen und zu deuten – herausfordert. Fernsehen wird zum Psycho-Labor für die Zuschauer. „Was geschieht in einer Reality-Show?", fragt Johnson. „Man nimmt diese Leute, wirkliche Menschen, und steckt sie in eine künstliche Umgebung, mit Kameras, in einen Container oder auf eine tropische Insel. Aber dann beob-

achtet man, wie sie sich gegenseitig manipulieren, ihre Psychodynamik. Man sieht sie, wie sie den Raum der Reality-Show erforschen. Und da ist etwas psychologisch Interessantes, das im Rahmen des Spiels geschieht."
Fernsehen fördert die emotionale Intelligenz, den „AQ", den Autismus-Quotienten, der beschreibt, wie gut, wie schnell wir im Lesen und Verstehen sozialer und emotionaler Signale sind. Gerade moderne Fernsehserien wie „24" haben nichts mehr von den handgestrickten Dramaturgien früherer Soaps oder Serien wie „Dallas". [...]

Kognitives Fitnesstraining für das 21. Jahrhundert

Doch den prägendsten Einfluss auf kognitive Fähigkeiten – auf Lernen, auf Wahrnehmen von Wirklichkeit – haben Computerspiele. Man lernt, ohne zu realisieren, dass man lernt. Spiele bieten ein System der permanenten Belohnung. Jede Entscheidung kann ein Erfolgserlebnis mit sich bringen. Und das geschieht, während man die Spielwelt erforscht, unterschiedlichste Informationen auf mehreren Ebenen kombiniert. So wird eine neue, nichtlineare Form des Denkens geschult. „Die Arbeitswelten der meisten Menschen, die jetzt heranwachsen, die Milieus, für die sie trainiert werden müssen, sehen eher wie Videospiele des 21. Jahrhunderts aus, und nicht wie Klassenzimmer aus dem 19. Jahrhundert", meint Johnson. „Wir erweisen den Kids einen schlechten Dienst, wenn wir ihnen beibringen, in einer Umgebung wie im 19. Jahrhundert zu überleben. Die Kultur wäre gut beraten, sie für eine Umwelt des 21. Jahrhunderts zu trainieren."
Doch es stellt sich die Frage, für welche Welt im 21. Jahrhundert? All diese Medien sind nicht frei von kommerziellen Interessen und von politischen Einflüssen. Wie kann man sich fit machen für die Zukunft, ohne darüber nachzudenken, wie sie aussieht? Gut, dass es Bücher gibt. Gut, dass Steven Johnson eines geschrieben hat.

Manfred Spitzer: **Vorsicht Bildschirm!** (2005)

Computer- und Videospiele (1) trainieren aktiv (2) durch viele Wiederholungen (3) via Identifikation mit einem Aggressor (4) ganze Handlungssequenzen (5) ohne Pause und (6) mit Belohnung Aggression und Gewalt. Aus diesen Gründen wundert es nicht, dass nach den vorliegenden Daten die Auswirkungen von Video- und Computerspielen mindestens so stark sind wie die Effekte von Gewalt im Fernsehen. Wahrscheinlich sind sie stärker und es kommt zum Erlernen von entsprechenden Emotionen, Gedanken und Verhaltensbereitschaften.
Da das Gehirn immer lernt und bei Kindern und Jugendlichen noch dazu besonders schnell, ist dies gar nicht zu vermeiden [...]. Es lernt, was es tut, d.h., es bildet in Form von synaptischen Verschaltungen in sich ab, was es an Erlebnissen, Erfahrungen und Verhaltensweisen produziert. Es kann gar nicht anders und tut nichts lieber. Wenn also junge Menschen gewalttätige Videospiele spielen, verändern sie ihre Wahrnehmung im Hinblick darauf, dass andere eher als Gegner und Feind betrachtet werden. Sie üben aggressive Gefühle, Gedanken und Verhaltensweisen. Sie verschwenden ihre Zeit, in der sie etwas anderes lernen könnten. Und sie lernen gerade *nicht,* was sie in jungen Jahren lernen sollten, nämlich sich mit anderen gewaltfrei auseinanderzusetzen. [...] Gelernt wird die positive Einstellung gegenüber Gewalt und die Meinung, dass gewalttätige Konfliktlösungen effektiv und sinnvoll sind.

---

1 **a** Fassen Sie die zentralen Thesen und Argumente aus den beiden vorangegangenen Texten zusammen und stellen Sie sie einander gegenüber.

b Beziehen Sie Stellung zu den Positionen Johnsons und Spitzers, indem Sie auch Erfahrungen aus Ihrem eigenen Umgang mit Bildschirmmedien und weitere Ihnen bekannte Positionen beispielhaft heranziehen.

Sascha Lehnartz: **Schlauer schießen** (2007)

[...]

Johnson ist der prominenteste Vertreter einer wachsenden Gemeinde von Medienkritikern, die es wagen, sich der verbreiteten Meinung entgegenzustellen, der Konsum neuer Medien mache zwangsläufig doof, gemein und gefährlich. Ins gleiche Horn stößt der deutsche Journalist David Pfeifer [...]: „Wir alle sind in den letzten fünfzig Jahren nicht dümmer geworden durch das Fernsehen, Computer, Handys, Internet und Videospiele, durch die steigende Menge an Medien, die uns zur Verfügung steht", heißt es dort.

Zu sagen, dass Manfred Spitzer solche Thesen nicht gern hört, ist untertrieben: „Das ist der größte Blödsinn", entrüstet sich der Ulmer Hirnforscher zu den Thesen Johnsons und Pfeifers. [...] „Wären Bildschirme nie erfunden worden, dann gäbe es allein in Amerika jährlich 10 000 Morde und 70 000 Vergewaltigungen weniger sowie 700 000 weniger Gewaltdelikte gegen Personen", lautet eine seiner kühneren Thesen. Spitzer befürwortet ein Verbot von Killerspielen und fordert die Einführung einer Steuer auf Gewaltdarstellungen. Versuche, Kinder zu „Medienkompetenz" zu erziehen, hält er für Unfug: „Das Einzige, was hilft, ist, die Dosis zu reduzieren." [...]

Pfeifer [...] bemüht sich, seine Thesen mit Fakten zu stützen. So erwähnt er etwa den „Flynn-Effekt": Der neuseeländische Politologe James Flynn hatte herausgefunden, dass die Ergebnisse standardisierter IQ-Tests vor allem in westlichen Industrienationen zwischen 1972 und 1989 immer besser geworden waren, vor allem das abstrakte Denken und die visuell-räumliche Vorstellungskraft der Teilnehmer verbesserten sich kontinuierlich. Flynn und nach ihm die Entwicklungspsychologin Patricia M. Greenfield von der University of California in Los Angeles vermuten, dass dieser Anstieg auf die Verbreitung von Computerspielen zurückzuführen sei. [...]

Aber Manfred Spitzer hat keine große Lust, sich mit den Argumenten der Verteidiger von Popkulturtechniken im Detail auseinanderzusetzen. „Der Witz an allen diesen Thesen ist", befindet der Professor, „sie stimmen einfach nicht. Das zeigen nahezu alle wissenschaftlichen Untersuchungen."

Die Fronten sind verhärtet. In ihren jeweiligen Argumentationsgräben verschanzt haben sich auf der einen Seite rigorose Traditionalisten, die glauben, neue Medien beschleunigten den Untergang des Abendlandes; auf der anderen Seite enthusiastische Relativisten, die den Zusammenhang zwischen Medienkonsum und Gewalt vor lauter Pop-Technikbegeisterung gern außer Acht lassen. Moralische, soziologische, neurologische und psychologische Begründungen werden munter aneinander vorbeigereicht, und tatsächlich kann man für jede Position eine hinreichende Anzahl untermauernder wissenschaftlicher Studien finden, wenn man nur lange genug sucht.

2 In welchem Verhältnis steht der Text von Lehnartz zu denen von Erne und Spitzer? Untersuchen Sie den Aufbau des Textes und klären Sie die Intention des Autors.

3 Verfassen Sie abschließend entweder einen argumentierenden Sachtext oder eine Glosse (Information, ▸ S. 122) für eine Ausgabe Ihrer Schülerzeitung, in dem/der Sie die verschiedenen Thesen und Argumente nutzen.

3.2 Wissensmonopol und Manipulation

Der unheimliche Googleator (Süddeutsche Zeitung, 2005)

Nicht Maschinen aus Fleisch und Blut respektive Stahl und Öl werden uns dereinst knechten, sondern ungleich unscheinbarere Wesen, deren Herzen in unverständlichen Algorithmen schlagen: Suchmaschinen, allen voran die Mutter aller Netzordnung, Google.

Harmlos angetan mit dem Kleidchen Unschuld hat sie schon Einzug in unser Allerheiligstes gehalten. In der putzigen Form „googeln" und unter stiller Duldung der Dudenredaktion infiltriert der Wissensdominator unser Kommunikationssystem auch außerhalb des World Wide Web.

Mit jedem der unzähligen Os, die sich auf Millionen Bildschirmen weltweit Wissensbedürftiger runden, öffnet sich ein Tor in die Unfreiheit, droht der Rückschritt zur selbstverschuldeten Unmündigkeit. Hier wirkt sie und hier ist sie, die anonyme Kraft, die die Diskurse ordnet, Hierarchien schafft, Wissen und somit Macht verwaltet.

Hier drohen völlige Unterwerfung und endgültige Herrschaft über das System. Hier findet in den wirren Zeiten globaler Umarmung auch der Streiter für das Recht auf individuelle Entfaltung noch seinen Feind.

Die Gefahr, die von diesem vermeintlich lauschigen Plätzchen einst verzweifelter Sucher, nun glückseliger Finder ausgeht, hat mittlerweile auch die Bundestagsfraktion der Grünen erkannt.

Sie publizierte kürzlich auf ihrer Homepage die Studie „Suchmaschinen: Das Tor zum Netz". Angesichts „intransparenter Algorithmen" und dem ohne Frage verlogenen „Schein der Neutralität" in den „Weiten des Raumes" gemahnt sie: „Vielfalt fördern, Standards halten und Kompetenz stärken". Mit der Forderung „Aufsicht stärken" bringt sich die Politik auch der Mutter aller Infosteuerung wieder als Großmutter in Erinnerung.

Neben der grünen Moralinstanz schafft da ein Satz Beruhigung, der sich in der Weltgeschichte schon häufig bewahrheitet hat: Die Revolution frisst ihre Kinder – oder in Zeiten technischer Umwälzungen: ihre Erzeuger.

Wendet sich nämlich der Netznießer vertrauensvoll an Google mit der Frage, was es mit der drohenden Bemächtigung der Wissensreserven von Seiten der Wissensorganisatoren, kurz: was es mit „Suchmaschinen + Monopol" auf sich hat, so bekommt er mindestens auf den ersten zwanzig Plätzen die raunende Antwort: Das unheimlich heimelige Google könnte uns allen bald gefährlich werden.

---

1 **a** Schreiben Sie unbekannte Begriffe heraus und klären Sie sie mit Hilfe eines Fremdwörterbuchs.
b Geben Sie die Position des Autors kurz wieder.
c Bei dem Text handelt es sich um eine Glosse – woran kann man das erkennen? Begründen Sie Ihre Antwort.

2 Recherchieren Sie im Internet unter den Begriffen „Suchmaschinen + Monopol". Welchen Inhalts sind die Materialien, die Sie unter diesen Begriffen finden?

3 Verfassen Sie einen Artikel mit der Überschrift „Unfrei im Netz – Wie Google unser Wissen steuert". Beziehen Sie den Text, Ihr Wissen aus der Recherche und Ihre persönliche Position mit ein.

Friederike Haupt: Facebook weiß alles über uns (Frankfurter Allgemeine Zeitung, 2010)

Stellt nicht nur gewollte Verbindungen her: das soziale Netzwerk Facebook

Wer Facebook nutzt, schenkt dem Unternehmen hinter dem sozialen Netzwerk viele private Informationen über sich. Und wer es nicht nutzt, behält seine Informationen für sich – könnte man meinen. Dass die Realität inzwischen anders aussieht, belegen immer mehr Erfahrungsberichte von Nichtmitgliedern, die sich von Facebook seltsam durchleuchtet fühlen.

Eine dieser Geschichten geht so: Ein Facebook-Nutzer lädt seinen dort nicht registrierten Kollegen per Facebook-Mail ein, auch Mitglied zu werden. Dieser übersieht die Nachricht, Monate vergehen. Dann erhält der Kollege ohne Zutun des Facebook-Nutzers eine neue Einladung: Und darin „gab es auch einen Abschnitt mit der Überschrift ‚Weitere Personen auf Facebook, die du vielleicht kennst‘ – und der hatte es in sich“, schreibt der Eingeladene auf der Computerseite tweakpc.de.

Tatsächlich kannte er beide vorgeschlagenen Personen: Die eine sei ein Bekannter, der in derselben Straße wie er wohne und mit dem er im Internet noch nie Nachrichten ausgetauscht habe. Die zweite Person kenne er aus einem Verein: „Verbindungen über soziale Netzwerke gibt es nicht. Sie wohnt auch nicht einmal in der gleichen Stadt wie ich, auch nicht in der des Einladenden. Es wurden lediglich ein paar Mails ausgetauscht.“ Der Blogger hörte sich im Freundeskreis um: Gab es ähnliche Erfahrungen? Ein Bekannter meldete sich, der ebenfalls nicht bei Facebook registriert war und eine Einladung dorthin erhalten hatte: „Bei ihm wurde nur eine Person angegeben, aber auch hier staunt man nicht schlecht. Wieder lag Facebook richtig, denn die beiden kennen sich, weil der eine dem anderen mal über eBay-Kleinanzeigen eine Deckenlampe abgekauft hat.“ In vielen dieser Fälle kennt selbst die Person, die die Einladung verschickte, die dem Freund vorgeschlagenen Kontakte nicht.

Versteckte Hinweise

Wie kann Facebook mehr von einem Nichtnutzer kennen als die E-Mail-Adresse, die ein Bekannter in die Einladung geschrieben hat? Die Antwort lautet: Das Netzwerk profitiert davon, dass seine Nutzer ihre Geräte, Netzwerk-Profile und Betriebssysteme flächendeckend verzahnen wollen. Dabei hilft beispielsweise eine beliebte Applikation namens „FriendSync“, die die auf dem iPhone gespeicherten Kontakte einer Person mit seiner Facebook-Freundesliste synchronisiert. Fotos, Vor- und Nachnamen sowie Geburtstage werden abgeglichen – und zu Facebook übertragen, egal, ob die in der Handyliste vermerkten Personen dort registriert sind oder nicht. So weiß man als Facebook-Verweigerer nicht, welche Bekannten auf diese Weise schon die eigenen Daten in das Netzwerk geladen haben. Außerdem können Mitglieder auf Fotos, die sie in Facebook-Alben verwalten, Personen mit vollem Namen markieren, die gar nicht angemeldet sind und somit nichts davon merken [...].

1 Erläutern Sie mit eigenen Worten die Erfahrungen, von denen im Text berichtet wird, sowie das Problematische daran.
2 Welche Netzwerke nutzen Sie? Wo finden sich überall Ihre Daten? Erstellen Sie eine Liste. Recherchieren Sie dazu unter Ihrem Namen im Internet.
3 Tragen Sie in Partnerarbeit zusammen, wofür die Internet-Informationen über Sie ggf. genutzt werden könnten (Arbeitgeber, Datenmissbrauch, Werbezwecke etc.).
4 Suchen Sie nach Chatrooms, in denen das Thema diskutiert wird. Berichten Sie in der Klasse, inwiefern dort ein Problembewusstsein artikuliert und diskutiert wird.

Till Frommann: Was ist „Die Wahrheit“ im Netz? (Kölner Stadtanzeiger, 2006)

[...] Was war das gleich noch mal – Wahrheit? Einfacher ist es, zu sagen, was nicht wahr, was erstunken und erlogen und an den Haaren herbeigezogen ist. Zum Beispiel diese Meldung hier aus dem Internet: „Ehrensenf TV ab Herbst auf RTL.“

Schön wäre es ja schon. Denn die Internetsendung, die täglich auf der Website www.ehrensenf.de und auf „Spiegel Online“ erscheint, ist ungemein witzig und unterhaltsam: Moderatorin Katrin stellt darin kuriose Internetfundstücke und seltsame Konsumgüter vor und kommentiert Zeitungsmeldungen. Die Jury des „Grimme Online Award“ sah ebenfalls die Qualitäten und verlieh „ehrensenf.de“ den Preis in der Kategorie „Kultur und Unterhaltung“. Schön also, dass diese erfolgreiche Internetsendung jetzt bald auf RTL zu sehen sein wird – statt nur ein paar Minuten soll „Ehrensenf TV“ dort wöchentlich eine halbe Stunde lang unterhalten. Außerdem wird die Show vor Publikum produziert werden, es wird auch (so steht es im Internet!) um Seltsames aus dem Fernsehprogramm gehen – Fernsehmurksschnipselchen also à la „TV Total“, nebst Promibesuchen und Musikern.

Doch halt. Das ist alles erlogen.

Andreas Hallerbach hat dies auf seinem Weblog „DonsTag“ (www.donvanone.de) gemeldet – ganz im Stile einer Pressemeldung. Also durchaus glaubhaft. An Glaubwürdigkeit gewinnt diese interessante Nachricht außerdem, weil sie RTL-Pressesprecherin Anke Eickmeyer zitiert, dass das „Ehrensenf“-Team gerade das erweiterte Konzept durchginge und eine Pilotsendung drehen würde. Hallerbach hatte jedoch nie mit der Pressesprecherin gesprochen – sondern per „Google“ den Namen herausgesucht und in seine fiktive Meldung eingebaut. [...]

„Man darf doch nicht alles glauben, was im Internet steht“, sagt dagegen Andreas Hallerbach. Die Meldung zu „Ehrensenf“ sei als „reine Satire gedacht, die überspitzt darstellt, wie ‚Ehrensenf‘ in der heutigen Medienlandschaft aussehen könnte, wenn die Sendung von RTL übernommen würde“. Und man solle sich doch einmal das Umfeld seiner Meldung anschauen, wenn man sich ein Bild über den Wahrheitsgehalt machen wolle. Man müsse doch merken, dass es sich bei seiner Website „nicht um ein Nachrichtenportal“ handle. „Sie ist ein persönliches Weblog, in dem ich manche Aspekte des Lebens aus meinem eigenen Blickwinkel betrachte und oft mit einiger Ironie wiedergebe.“ Der moderne Märchenerzähler beendete seine erfundene Meldung mit den Worten: „Und, habt ihr heute auch so schlecht geträumt? Muss am Vollmond liegen.“ Damit ist der Satire-Aspekt klar erkennbar, meint Hallerbach. „Denn hier betone ich ja, dass das alles nur ein schlechter Traum gewesen ist“, verteidigt er sich.

1 Unterhaltung, Wirklichkeit, Wahrheit – ein Widerspruch? Diskutieren Sie die Frage.

2 **a** Leiten Sie aus dem Beispiel ab, wie Medien die Wirklichkeit verändern.

b Finden Sie dann weitere Beispiele, in denen deutlich wird, welchen Einfluss Medien auf unsere Wahrnehmung von Wirklichkeit haben.

c Untersuchen Sie anhand Ihrer Beispiele die Frage, weshalb Menschen jeweils über die Medien Einfluss auf die Wirklichkeit nehmen bzw. nehmen wollen.

3 Sammeln Sie in einem Brainwriting (Methode, ▶ S. 328) Ideen, wie Sie sich selbst vor Manipulationen durch die Medien schützen bzw. wie Sie Lügen von Wahrheiten unterscheiden könnten.

D Sprache und Rhetorik

Ludwig Wittgenstein:
Philosophische Untersuchungen, §18 (1953)

Unsere Sprache kann man ansehen als eine alte Stadt: Ein Gewinkel von Gässchen und Plätzen, alten und neuen Häusern und Häusern mit Zubauten aus verschiedenen Zeiten; und dies umgeben von einer Menge neuer Vororte mit geraden und regelmäßigen Straßen und mit einförmigen Häusern.

1 Lassen Sie sich von dem Wittgenstein-Zitat inspirieren: Stellen Sie sich die Sprache als eine Stadt vor und skizzieren Sie Ihre „Sprach-Stadt". Sie können dazu z.B. einen Stadtplan zeichnen, einen Spaziergang durch diese Stadt schildern oder die Besonderheiten ihrer Gebäude und Viertel beschreiben.

2 **a** Stellen Sie im Kurs Ihre „Sprach-Städte" vor. Halten Sie Gemeinsamkeiten und Unterschiede fest.

b Formulieren Sie zusammenfassend, welche Ideen und Vorstellungen Sie persönlich mit dem Phänomen Sprache verbinden.

1 Die Struktur der Sprache

1 a Zeichnen Sie auf ein Blatt Papier ein Kästchenraster wie in der Abbildung. Schreiben Sie in jedes Kästchen den zum jeweiligen Gegenstand passenden Begriff.

b Bilden Sie Vierergruppen und vergleichen Sie Ihre Begriffe. Wie oft ist von allen der gleiche Begriff gewählt worden? Bei welchen Bildern gibt es Abweichungen?

c Erörtern Sie, was Ihnen dieses Experiment über die Elemente und Eigenschaften von Sprache vermittelt. Berücksichtigen Sie dabei auch die Frage, wieso Sie bei unterschiedlichen Bildern den gleichen Begriff gewählt haben.

In diesem Kapitel erwerben Sie folgende Kenntnisse und Kompetenzen:

- grundlegende Einsichten in die Struktur von Sprache (insbesondere in ihren Zeichencharakter) gewinnen,
- verschiedene Funktionen von Sprache benennen und unterscheiden,
- Sprachtheorien für die Erläuterung sprachlicher Zusammenhänge im Alltag und in literarischen Texten nutzen.

1.1 Der Zeichencharakter der Sprache – Zeichen unterscheiden

Arthur Conan Doyle: **Studie in Scharlachrot** (1887)

Dr. Watson ist als Militärarzt verwundet aus dem afghanisch-britischen Krieg (1878–80) zurückgekehrt. Von einem Freund wird er Sherlock Holmes vorgestellt, der wie Dr. Watson beabsichtigt, eine Wohnung in London anzumieten. Bei ihrer ersten Begegnung erkennt Holmes sofort, dass Watson aus Afghanistan kommt, was Watson in äußerstes Erstaunen versetzt. Nachdem beide schon eine Weile eine Wohnung in der Baker Street geteilt haben, erklärt Holmes, wie er zu seiner Schlussfolgerung gekommen war.

„Im Geiste zu notieren, was meine Sinne wahrnehmen, ist mir zur zweiten Natur geworden. Sie waren überrascht, als ich Ihnen bei unserer ersten Begegnung auf den Kopf zusagte, Sie kämen aus Afghanistan."

„Das wird Ihnen jemand erzählt haben."

„Keineswegs. Ich wusste es. Durch ständige Schulung ist mein Denkapparat so daran gewöhnt, blitzschnell zu reagieren, dass ich zu meinem Ergebnis gelange, ohne mir der einzelnen Gedankenstufen voll bewusst zu werden. Diese waren bei Ihrem Anblick freilich da und berichteten etwa Folgendes: Dieser Mann sieht wie ein Arzt aus, hat aber etwas Soldatisches in der Haltung. Er wird also Militärarzt sein. Sein dunkles Gesicht deutet darauf hin, dass er eben aus den Tropen zurückgekehrt ist. Den dunklen Teint hat er nicht von Natur, denn an den Handgelenken ist seine Haut fast weiß. Dass er viel mitgemacht hat und nicht gesund ist, verraten seine eingefallenen und abgehärmten Gesichtszüge. Er muss am linken Arm, den er steif und ungelenk hält, verletzt sein. In welchem Teil der Tropen kann sich ein englischer Militärarzt eine solche Verwundung zugezogen haben? Doch nur in Afghanistan. Keine Sekunde dauerten all diese Überlegungen. Daher stellte ich im Handumdrehen fest, Sie kämen aus Afghanistan, was Sie sehr verwunderte."

„Wenn man Ihnen so zuhört, ist es das Selbstverständlichste von der Welt!", erwiderte ich lächelnd. [...]

1 **a** Fassen Sie den Inhalt des Romanauszugs unter Verwendung des Begriffs „Zeichen" kurz zusammen.

b Notieren Sie strukturiert, an welchen Zeichen Sherlock Holmes die bisherigen Lebensumstände Dr. Watsons ablesen konnte.

c Diskutieren Sie, wodurch die körperlichen Merkmale Dr. Watsons zu Zeichen werden. Wieso kann Sherlock Holmes sie lesen?

2 Schildern Sie eigene Erfahrungen: In welchen Situationen haben Sie welche Zeichen wie gedeutet? Hat sich Ihre Deutung bestätigt oder ist sie widerlegt worden?

3 Vergleichen Sie den Gegenstand des Gesprächs zwischen Dr. Watson und Sherlock Holmes mit dem Thema dieses Teilkapitels: „Der Zeichencharakter der Sprache – Zeichen unterscheiden".

4 In der Sprachwissenschaft unterscheidet man zwischen natürlichen und künstlichen Zeichen. Folgen Sie dieser Unterscheidung, indem Sie die Kategorien in der folgenden Tabelle durch eigene Beispiele ergänzen:

Anzeichen (Index)	Bildzeichen (Icon)	Sprachzeichen (Symbol)
Rauch,	*Vorfahrtsschild,*	*Haus,*
...	...	...

Heinz Erhardt: ??? (ca. 1970)

Warum heißt bloß das Eichhorn „Eichhorn“?
Denn weder hinten, geschweige vorn
hat es ein Horn oder dergleichen,
auch sieht man es nicht nur auf Eichen.
Ein Wort erscheint und tritt in Kraft,
sein Sinn jedoch bleibt schleierhaft.

So lässt mich noch etwas nicht ruhn:
Was hat der Mensch mit „Mensch“ zu tun?

„Polizei? Ich möchte einen Ladendiebstahl melden.“

1 **a** Notieren Sie knapp Ihre ersten Eindrücke zu dem Text von Erhardt und zu dem Cartoon.
b Erläutern Sie die Pointen: Mit welchen Worten und Bedeutungen wird hier wie gespielt?
2 Sammeln Sie weitere Beispiele, in denen Wörter oder Sätze mehrdeutig sein können.

Werner Kallmeyer u. a.: **Beliebigkeit und Konventionalität des sprachlichen Zeichens** (1974)

Nach de Saussure[1] ist das sprachliche Zeichen nicht ein Etikett, das auf eine Sache geklebt wird, es ist nicht einfach Name für ein Ding. Ferdinand de Saussure versteht unter sprachlichem *Zeichen* die Verbindung (association) einer Vorstellung mit einem Lautbild. Mit einer bestimmten Lautäußerung sei stets untrennbar eine Vorstellung (concept) verknüpft. Beides gehöre zusammen wie Vorder- und Rückseite einer Münze: Im Zeichen seien *Bezeichnendes* (signifiant) und *Bezeichnetes* (signifié) einander zugeordnet. Ein Zeichen konstituiere sich erst durch die Verbindung eines Bezeichnenden (Zeichenkörper) mit einem Bezeichneten (Zeicheninhalt). Die Doppelseitigkeit des (sprachlichen) Zeichens wird grafisch wie folgt dargestellt:

Beliebigkeit

Definiert man das Zeichen als die Verbindung von Bezeichnendem und Bezeichnetem, so stellt sich die Frage, welcher Art denn diese Verbindung sei. Welchen Zusammenhang gibt es zwischen Lautbild und Vorstellung? Woher kommt es, dass die Mitglieder einer Sprachgesellschaft anscheinend Bezeichnendes und Bezeichnetes in derselben Weise einander zuordnen? Gibt es zwischen beiden einen kausalen[2] oder naturgesetzlichen Zusammenhang?
In diesem Zusammenhang führt man oft Beispiele an, die beweisen sollen, dass selbst innerhalb einer Sprachgemeinschaft verschiedene Lautbilder für ein und dieselbe Vorstellung verwendet werden, z. B.:

Mit unterschiedlichen Lautkörpern werden identische Inhalte verbunden. Offensichtlich gibt es keinen kausalen Zusammenhang zwischen Bezeichnendem und Bezeichnetem. Der Vergleich zwischen verschiedenen Sprachen würde dieses Ergebnis noch bestätigen: Die Verbindung von Bezeichnendem und Bezeichnetem ist *beliebig* (arbitraire). Nichts im Lautbild ist kausal aus der Vorstellung ableitbar und umgekehrt.

Anzeichen

Umgangssprachlich sprechen wir sehr oft von Zeichen, wenn keine beliebige Verbindung von Bezeichnendem und Bezeichnetem vorliegt. Wir sagen z. B., Erröten sei ein Zeichen von Verlegenheit oder das Abreisen der Zugvögel ein Zeichen für den Beginn des Winters. Im Unterschied zum oben definierten Zeichen lässt sich hier die Zuordnung von z. B. Erröten und Verlegenheit nicht willkürlich ändern, sie ist naturgesetzlich festgelegt, d. h., es steht nicht im Ermessen des Menschen, den Zusammenhang festzulegen. Er kann ihn nur unter bestimmten Voraussetzungen erkennen. Solche Fälle, in denen keine „Beliebigkeit" vorliegt, werden auch terminologisch von den anderen unterschieden. Wir interpretieren Phänomene als *Anzeichen*, sofern wir sie als Erklärung oder Indiz für etwas anderes ansehen, ganz gleich, ob dieses andere seinerseits der Beobachtung zugänglich ist oder nicht. Erröten kann also als Anzeichen (Symptom) für Verlegenheit interpretiert werden. Aufgrund von Anzeichen stellt z. B. der Arzt seine Diagnose auf. [...]

Konventionalität

Die oben veranschaulichte Beliebigkeit der Zuordnung von Bezeichnetem (Vorstellung) und Bezeichnendem (Lautbild) könnte zunächst nahe legen, dass man diese Zuordnung willkürlich ändern könnte, da ja im Unterschied zum Anzeichen beim Zeichen nichts im Bezeichnenden als vom Bezeichneten verursacht angesehen werden kann. Und in der Tat lässt sich feststellen, dass sich z. B. mit manchen Wörtern (es seien hier Wörter und Bezeichnendes einmal identisch gesetzt) im Laufe der Zeit andere Vorstellungen verbunden haben, wie beispielsweise mit „Weib" oder „Wagen". Insgesamt weist jedoch die Zuordnung von Bezeichnendem und Bezeichnetem, d. h. das Zeichen, eine relative Stabilität auf. Unter den Zeichenbenutzern besteht gleichsam eine stillschweigende *Konvention* hinsichtlich der Zuordnung von Bezeichnendem und Bezeichnetem. Die Zuordnung hat sich als soziale Übereinkunft verfestigt. Daraus resultiert die *Geltung* der Zeichen in einer bestimmten Gemeinschaft. Diese Geltung lässt sich vom Einzelnen gar nicht, von politischen Gruppen oder Organisationen nur schwer aufheben.

1 **Ferdinand de Saussure (1857–1913):** bedeutender schweizerischer Sprachforscher
2 **kausal:** ursächlich

1 Erschließen Sie den Text von Werner Kallmeyer mit Hilfe der erweiterten „Fünf-Schritt-Lesemethode" (▶ S. 85 ff.). Gehen Sie folgendermaßen vor:
a Verschaffen Sie sich einen Textüberblick. Lesen Sie zügig und notieren Sie Ihren ersten Eindruck.
b Überlegen Sie, mit welchen Fragen Sie an die genauere Lektüre herangehen wollen. Lesen Sie den Text erneut und machen Sie sich entsprechend Ihrer Fragen Notizen in Ihrem Heft.
c Fassen Sie mit eigenen Worten zusammen, was de Saussure unter einem sprachlichen Zeichen versteht. Aus welchen Bestandteilen besteht ein sprachliches Zeichen?
d Erklären Sie, was man unter „Konventionalität des sprachlichen Zeichens" versteht.

2 **a** Erläutern Sie mit eigenen Worten den Zusammenhang zwischen Inhaltsseite (Bezeichnetem) und Ausdrucksseite (Bezeichnung) des sprachlichen Zeichens am Beispiel „Möhre/ Karotte/ Wurzel" aus dem Text.
b Untersuchen Sie entsprechend das Beispiel „Bus" (dt.)/ „bus" (engl.).
c Welches Lautbild ist mit der Vorstellung „" in anderen Sprachen verbunden? Sammeln Sie möglichst viele Beispiele.

3 Überlegen Sie, ob de Saussures Theorie bei der Untersuchung von Wörtern mit gleichem Klang und verschiedenen Bedeutungen (Homonyme), wie z. B. „Schimmel", „Birne", „Ball", greift. Finden Sie weitere Beispiele.

4 Erläutern Sie Ihre Ergebnisse zu den Abbildungen auf S. 274 nun mit Hilfe des Zeichenmodells von de Saussure.

5 **a** Führen Sie mit Blick auf die Beliebigkeit (Arbitrarität) des sprachlichen Zeichens folgendes Experiment durch: Ordnen Sie den Abbildungen die Bezeichnungen „Maluma" und „Takete" zu.
b Vergleichen Sie Ihre Zuordnungen und diskutieren Sie mögliche Erklärungen für Ihr Ergebnis.

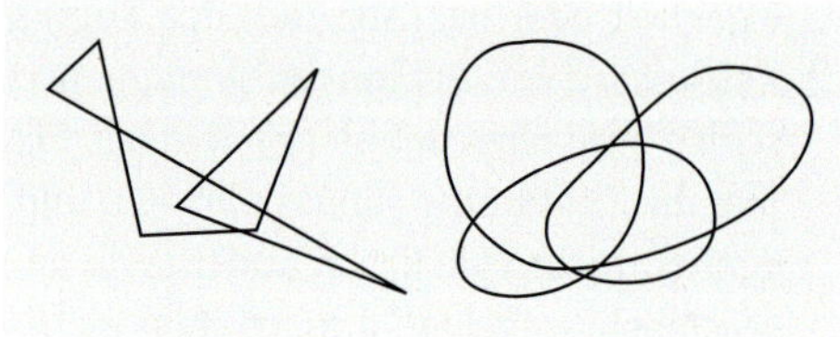

Peter Bichsel: **Ein Tisch ist ein Tisch** (1969)

Ich will von einem alten Mann erzählen, von einem Mann, der kein Wort mehr sagt, ein müdes Gesicht hat zu müd zum Lächeln und zu müd, um böse zu sein. Er wohnt in einer kleinen Stadt am Ende der Straße oder nahe der Kreuzung. Es lohnt sich fast nicht, ihn zu beschreiben, kaum etwas unterscheidet ihn von anderen. Er trägt einen grauen Hut, graue Hosen, einen grauen Rock und im Winter den langen grauen Mantel, und er hat einen dünnen Hals, dessen Haut trocken und runzelig ist, die weißen Hemdkragen sind ihm viel zu weit.

Im obersten Stock des Hauses hat er sein Zimmer, vielleicht war er verheiratet und hatte Kinder, vielleicht wohnte er früher in einer andern Stadt. Bestimmt war er einmal ein Kind, aber das war zu einer Zeit, wo die Kinder wie Erwachsene angezogen waren. Man sieht sie so im Fotoalbum der Großmutter. In seinem Zimmer sind zwei Stühle, ein Tisch, ein Teppich, ein Bett und ein Schrank. Auf einem kleinen Tisch steht ein Wecker, daneben liegen alte Zeitungen und das Fotoalbum, an der Wand hängen ein Spiegel und ein Bild.

Der alte Mann machte morgens einen Spaziergang und nachmittags einen Spaziergang, sprach ein paar Worte mit seinem Nachbarn, und abends saß er an seinem Tisch.

Das änderte sich nie, auch sonntags war das so. Und wenn der Mann am Tisch saß, hörte er den Wecker ticken, immer den Wecker ticken.

Dann gab es einmal einen besonderen Tag, einen Tag mit Sonne, nicht zu heiß, nicht zu kalt, mit Vogelgezwitscher, mit freundlichen Leuten, mit Kindern, die spielten – und das Besondere war, dass das alles dem Mann plötzlich gefiel.

Er lächelte.

„Jetzt wird sich alles ändern", dachte er.

Er öffnete den obersten Hemdknopf, nahm den Hut in die Hand, beschleunigte seinen Gang, wippte sogar beim Gehen in den Knien und freute sich. Er kam in seine Straße, nickte den Kindern zu, ging vor sein Haus, stieg die Treppe hoch, nahm die Schlüssel aus der Tasche und schloss sein Zimmer auf.

Aber im Zimmer war alles gleich, ein Tisch, zwei Stühle, ein Bett. Und wie er sich hinsetzte, hörte er wieder das Ticken, und alle Freude war vorbei, denn nichts hatte sich geändert.

Und den Mann überkam eine große Wut.

Er sah im Spiegel sein Gesicht rot anlaufen, sah, wie er die Augen zukniff; dann verkrampfte er seine Hände zu Fäusten, hob sie und schlug mit ihnen auf die Tischplatte, erst nur ein Schlag, dann noch einen, und dann begann er auf den Tisch zu trommeln und schrie dazu immer wieder: „Es muss sich ändern, es muss sich ändern!"

Und er hörte den Wecker nicht mehr. Dann begannen seine Hände zu schmerzen, seine Stimme versagte, dann hörte er den Wecker wieder, und nichts änderte sich.

„Immer derselbe Tisch", sagte der Mann, „dieselben Stühle, das Bett, das Bild. Und dem

Tisch sage ich Tisch, dem Bild sage ich Bild, das Bett heißt Bett, und den Stuhl nennt man Stuhl. Warum denn eigentlich?“ Die Franzosen sagen dem Bett „li“, dem Tisch „tabl“, nennen das Bild „tablo“ und den Stuhl „schäs“, und sie verstehen sich. Und die Chinesen verstehen sich auch. „Weshalb heißt das Bett nicht Bild“, dachte der Mann und lächelte, dann lachte er, lachte, bis die Nachbarn an die Wand klopften und „Ruhe“ riefen.

„Jetzt ändert es sich“, rief er, und er sagte von nun an dem Bett „Bild“.

„Ich bin müde, ich will ins Bild“, sagte er, und morgens blieb er oft lange im Bild liegen und überlegte, wie er nun dem Stuhl sagen wolle, und er nannte den Stuhl „Wecker“.

Er stand also auf, zog sich an, setzte sich auf den Wecker und stützte die Arme auf den Tisch. Aber der Tisch hieß jetzt nicht mehr Tisch, er hieß jetzt Teppich. Am Morgen verließ also der Mann das Bild, zog sich an, setzte sich an den Teppich auf den Wecker und überlegte, wem er wie sagen könnte.

Dem Bett sagte er Bild.
Dem Tisch sagte er Teppich.
Dem Stuhl sagte er Wecker.
Der Zeitung sagte er Bett.
Dem Spiegel sagte er Stuhl.
Dem Wecker sagte er Fotoalbum.
Dem Schrank sagte er Zeitung.
Dem Teppich sagte er Schrank.
Dem Bild sagte er Tisch.
Und dem Fotoalbum sagte er Spiegel.

Also: Am Morgen blieb der alte Mann lange im Bild liegen, um neun läutete das Fotoalbum, der Mann stand auf und stellte sich auf den Schrank, damit er nicht an den Füßen fror, dann nahm er seine Kleider aus der Zeitung, zog sich an, schaute in den Stuhl an der Wand, setzte sich dann auf den Wecker an den Teppich und blätterte den Spiegel durch, bis er den Tisch seiner Mutter fand.

Der Mann fand das lustig, und er übte den ganzen Tag und prägte sich die neuen Wörter ein. Jetzt wurde alles umbenannt: Er war jetzt kein Mann mehr, sondern ein Fuß, und der Fuß war ein Morgen und der Morgen ein Mann.

Jetzt könnt ihr die Geschichte selbst weiterschreiben. Und dann könnt ihr, so wie es der Mann machte, auch die anderen Wörter austauschen:

läuten heißt stellen,
frieren heißt schauen,
liegen heißt läuten,
stehen heißt frieren,
stellen heißt blättern.

So dass es dann heißt: Am Mann blieb der alte Fuß lange im Bild läuten, um neun stellte das Fotoalbum, der Fuß fror auf und blätterte sich auf den Schrank, damit er nicht an die Morgen schaute.

Der alte Mann kaufte sich blaue Schulhefte und schrieb sie mit den neuen Wörtern voll, und er hatte viel zu tun damit, und man sah ihn nur noch selten auf der Straße.

Dann lernte er für alle Dinge die neuen Bezeichnungen und vergaß dabei mehr und mehr die richtigen. Er hatte jetzt eine neue Sprache, die ihm ganz allein gehörte.

Hie und da träumte er schon in der neuen Sprache, und dann übersetzte er die Lieder aus seiner Schulzeit in seine Sprache, und er sang sie leise vor sich hin.

Aber bald fiel ihm auch das Übersetzen schwer, er hatte seine alte Sprache fast vergessen, und er musste die richtigen Wörter in seinen blauen Heften suchen. Und es machte ihm Angst, mit den Leuten zu sprechen. Er musste lange nachdenken, wie die Leute den Dingen sagen.

Seinem Bild sagen die Leute Bett.
Seinem Teppich sagen die Leute Tisch.
Seinem Wecker sagen die Leute Stuhl.
Seinem Bett sagen die Leute Zeitung.
Seinem Stuhl sagen die Leute Spiegel.
Seinem Fotoalbum sagen die Leute Wecker.
Seiner Zeitung sagen die Leute Schrank.
Seinem Schrank sagen die Leute Teppich.
Seinem Tisch sagen die Leute Bild.
Seinem Spiegel sagen die Leute Fotoalbum.

Und es kam so weit, dass der Mann lachen musste, wenn er die Leute reden hörte.

Er musste lachen, wenn er hörte, wie jemand sagte: „Gehen Sie morgen auch zum Fußballspiel?“ Oder wenn jemand sagte: „Jetzt regnet es schon zwei Monate lang." Oder wenn jemand sagte: „Ich habe einen Onkel in Amerika."

Er musste lachen, weil er all das nicht verstand. Aber eine lustige Geschichte ist das nicht. Sie hat traurig angefangen und hört traurig auf. Der alte Mann im grauen Mantel konnte die Leute nicht mehr verstehen, das war nicht so schlimm. Viel schlimmer war, sie konnten ihn nicht mehr verstehen. Und deshalb sagte er nichts mehr. Er schwieg, sprach nur noch mit sich selbst, grüßte nicht einmal mehr.

1 Lesen Sie die Erzählung „Ein Tisch ist ein Tisch" von Peter Bichsel und fassen Sie die Erzählschritte kurz zusammen. Vergleichen und verbessern Sie Ihre Ergebnisse in Partnerarbeit.

2 Peter Bichsel spielt in dieser Erzählung mit dem Zeichencharakter der Sprache.

a Erläutern Sie dieses Spiel mit Hilfe des Zeichenmodells von de Saussure.

b Untersuchen Sie mit Hilfe der Information, welche Dimensionen sprachlicher Zeichen hierbei eine Rolle spielen.

3 **a** Übersetzen Sie mit Hilfe eines Französisch-Wörterbuchs die Worte auf dem Bild von Magritte.

b Erläutern Sie das Bild, indem Sie die entsprechenden Fachbegriffe aus dem Text von Kallmeyer (▶ S. 276 f.) verwenden.

4 Vergleichen Sie die Textaussage der Geschichte „Ein Tisch ist ein Tisch" mit der Bildaussage von Magrittes Bild „Der Schlüssel der Träume".

René Magritte: Der Schlüssel der Träume (1930)

Information **Die Dreidimensionalität sprachlicher Zeichen** (nach Helmut Seiffert)

Semantische Dimension
Gemeintes: gedankliche Vorstellung und Bezug zum Gegenstand/Sachverhalt (Referent), wofür das Zeichen steht

Pragmatische Dimension
Situativer Kontext

sprachliches Zeichen

Syntaktische Dimension
Beziehung der Zeichen untereinander, Formen und Kombinatorik

5 **a** Erklären Sie mit eigenen Worten, was die Grafik ausdrücken will.

b Veranschaulichen Sie das Modell, indem Sie die Dimensionen des Begriffs „Blech" anhand der Beispiele „Die Dose ist aus Blech", „Rede kein Blech!" und „Da fährt ein Haufen Blech" klären.

1.2 Die grundlegenden Funktionen der Sprache

Das erweiterte Organon-Modell

Der Sprachwissenschaftler **Karl Bühler** (1879–1963) hat in seiner „Sprachtheorie" eine dreifache Leistung jedes Sprechens herausgearbeitet. Jede Äußerung, so erklärt Bühler, sei ein Zusammenwirken der drei Funktionen **Darstellung**, **Ausdruck** und **Appell**. Darstellungs-, Ausdrucks- und Appellfunktion der Sprache seien in verschiedenen Äußerungen jedoch in ganz unterschiedlicher Intensität spürbar.
Sprachwissenschaftler wie **Roman Jakobson** (1896–1982) haben das so genannte Organon-Modell Bühlers weiterentwickelt. Für Jakobson hat die Sprache nämlich über die von Bühler genannten Funktionen hinaus weitere Aufgaben. Sie lassen sich schematisch wie im nebenstehenden Schaubild darstellen. Für Jakobson ist die Aufrechterhaltung des **Kontaktes** zwischen Kommunikationspartnern eine wichtige Funktion des sprachlichen Zeichens. Der Wissenschaftler betont hier die soziale Funktion der Sprache. Weiterhin führt er eine **metasprachliche Funktion** der Sprache an. Damit ist gemeint, dass sprachliche Äußerungen auch dazu dienen können, sich auf die Sprache selbst zu beziehen.

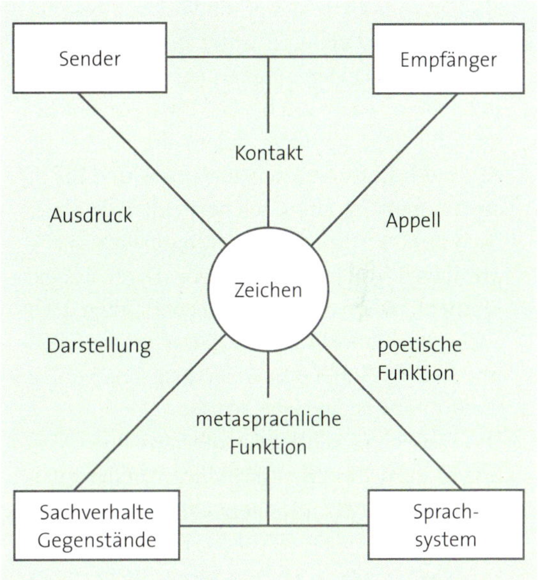

Die **poetische Funktion** der Sprache erläutert **Umberto Eco** (*1932): „Als dichterisch gilt für gewöhnlich jene Redeweise, die, indem sie Laut und Begriff, Laute und Wörter in ein völlig neues Verhältnis zueinander bringt und Sätze in ungewohnter Weise zusammenfügt, zugleich mit einer bestimmten Bedeutung auch eine neuartige Emotion vermittelt; und dies so sehr, dass die Emotion auch dann entsteht, wenn die Bedeutung nicht sofort klar wird."
Im folgenden Text (▸ S. 282) verwendet der Autor die Begriffe Bühlers in leicht variierter Form.

---

1 **a** Erläutern Sie mit eigenen Worten und Beispielen, was mit „Kontaktfunktion", „metasprachlicher Funktion" und „poetischer Funktion" der Sprache gemeint ist.
b Vergleichen Sie das oben dargestellte erweiterte Organon-Modell mit dem ursprünglichen Modell von Bühler (▸ S. 23 f.) und diskutieren Sie, ob Ihnen die Erweiterungen sinnvoll und notwendig erscheinen.
c Beziehen Sie in Ihre Diskussion das Kommunikationsmodell von Schulz von Thun (▸ S. 25 f.) mit ein.

2 Untersuchen sie, inwiefern in Bichsels Erzählung „Ein Tisch ist ein Tisch" (▸ S. 278 ff.) die soziale Funktion („Kontakt") sowie die poetische Funktion der Sprache eine Rolle spielen.

3 **a** Funktionen von Sprache – Dimensionen von Sprache: Stellen Sie Beziehungen her zwischen dem erweiterten Organon-Modell und dem Dreidimensionenmodell von Seiffert (Information, ▸ S. 280).
b Erörtern Sie: Stehen die Modelle in Konkurrenz zueinander? Ergänzen sie sich?

4 Erläutern Sie die metasprachliche Funktion von Sprache anhand folgender Textformen: Grammatikbuch, Plakat mit Gesprächsregeln, Kommunikationsratgeber.

Jost Trier: **Sprechabsichten und Leistungen der Sprache**

Wir unterscheiden drei Richtungen des Meinens: Wirken, Ausdrücken, Darstellen. In den primitivsten Sätzen, die es gibt, in den erhaltenen uralten Möglichkeiten der Einwortsätze wie Komm!, Hilfe!, Feuer! sehen wir das Wirkungsmoment am gewaltigsten überwiegen. Feuer! – das meint: Kommt her und helft löschen. Alles scheint auf die Wirkung gestellt. Dennoch sind im und unter dem Wirkungsmoment die beiden anderen (Ausdrücken und Darstellen) doch auch da. Das Ausdrucksmoment ganz deutlich, indem die Sorge, die Angst des Rufenden sich ausspricht und bis in die Lautgebung eines solchen Hilferufs akustisch sich verkörpert. Endlich enthalten solche primitiven Rufsätze sogar ein Darstellungsmoment, indem ein Ruf wie „Feuer!" eben doch auch eine Darstellung der Tatsache gibt, dass im Haus des Rufenden Feuer ausgebrochen ist und ihn und seine Habe bedroht.

Die Sätze eines Lehrbuchs, die Sätze einer Vorlesung werden selbstverständlich von der Richtung des Darstellens beherrscht. Aber nur darstellend sind selbst sie nicht. Es sieht freilich zunächst so aus, als wären sie es. Wenn einer eine Vorlesung über elektrische Lokomotiven hält, dann scheint es nur auf die sachlichen Gegebenheiten anzukommen. Die rein herauszubringen, d.h. darzustellen, scheint die einzige Aufgabe des Lehrenden zu sein. Den Sätzen einer Vorlesung gegenüber scheint nur die Frage zulässig: Ist das, was er sagt, richtig oder falsch – denn dies, die Frage nach richtig oder falsch, ist die Frage, deren vorzügliche Anwendbarkeit den darstellenden Satz kennzeichnet. Dennoch schwingt auch in den scheinbar rein darstellenden Sätzen der Vorlesung das Moment des Ausdrucks mit. Denn diese Sätze bringen ja auch zum Ausdruck, was die wissenschaftliche Überzeugung des Vortragenden ist. Insofern sie dies tun (oder auch nicht tun), kann man an sie eine ganz andere Frage richten, eine Frage, deren vorzügliche Anwendbarkeit den Satz mit Ausdrucksmoment kennzeichnet. Und das ist die Frage nicht nach richtig oder falsch, sondern nach wahr oder unwahr, d.h. übereinstimmend mit der persönlichen Überzeugung des Vortragenden oder nicht mit ihr übereinstimmend. Endlich erhalten die Sätze einer Vorlesung oder eines Lehrbuches auch das Moment der Wirkung. Denn sie würden ja gar nicht gesprochen oder geschrieben, wenn mit ihnen keine Wirkung, kein Zweck beabsichtigt wäre.

Sie wollen dahin wirken, dass der Hörer oder Leser seine Aufmerksamkeit den dargestellten Dingen zuwendet, sie sich mitdenkend zu eigen macht, sie seinem Kenntnisschatz einbaut. Diesem Wirkungsmoment gegenüber gilt nicht die Frage richtig oder falsch, auch nicht die Frage wahr oder nicht wahr, unwahr, gelogen, sondern dem Wirkungsmoment gegenüber gilt allein die Frage zweckmäßig oder unzweckmäßig, geschickt oder ungeschickt. [...]

Der Bauer sitzt am Sonntag hinterm Ofen und liest die Zeitung. Die Bäuerin kommt etwas heftig in die Tür, und indem sie die noch offene an der Klinke festhält und im Türrahmen so stehen bleibt, sagt sie: „Ein Has ist im Garten und frisst am Kohl." Dies sagt sie und nichts weiter. Sie schweigt, aber sie behält ihre Stellung in der geöffneten Tür bei, die Hand an der Klinke. – [...] Wir sind, wenn wir nur den Satz als Satz betrachten und die Gesamtszenerie und die Haltung der Personen dabei vernachlässigen, zunächst geneigt, diesem Satz eine überwiegend darstellende Funktion zuzuschreiben. Schön, da ist also ein Hase, und der frisst den Kohl. Vortrefflich. Möge es ihm munden. Ein behagliches Winterbild. Übrigens ein korrekt dargestellter, objektiver Sachverhalt. An der Richtigkeit zu zweifeln, haben wir keinen Grund. Auch an der Wahrheit nicht. Bei weiterer Vertiefung merken selbst wir in unserer Ferne von der Gesamtlage, dass Emotionen mitschwingen, recht deutlich sogar mitschwingen. Wir kommen darauf, dass möglicherweise das Ausdrucksmoment das Darstellungsmoment überwiegt, indem ja die Bäuerin ihrer Empörung über die Frechheit des Hasen und ihrer Sorge ob des schon eingetretenen und weiterhin zu erwartenden Schadens Ausdruck gibt. Der Ausdruck ist offenbar wichtiger als die Darstellung, obwohl der Satz als isoliertes sprachliches Gebilde und abgesehen von der Situation, in der er gesprochen wird, sich wie ein wesentlich darstellender Satz gebärdet. Indem wir zu dieser Einsicht vordringen, haben wir die Gesamtszenerie in die Betrachtung hineingezogen.

Wenn wir einmal so weit gegangen sind, so kann uns nicht entgehen, dass die Gesamtszenerie noch viel mehr sagt. Der Garten ist dicht beim Haus. Es kostet nur ein paar Schritte, hinauszugehen. Der Bauer hat gerade nichts Dringendes zu tun. Die Bäuerin ist in der Tür stehen geblieben. Sie erwartet etwas, offensichtlich. Deshalb hat sie die Tür nicht geschlossen. Sie verharrt in der Haltung dessen, der vom Angesprochenen eine augenblickliche Reaktion verlangt. Sie hat eine Mitteilung gemacht, etwas dargestellt, aber nicht, um dies nur darzustellen, auch nicht nur, um ihrer Empörung zum Ausdruck zu verhelfen, sondern was sie eigentlich will, ist etwas, das, wenn es mit Redemitteln gesagt würde, etwa die Worte ergeben würde: „So nimm doch schon deine Flinte und brenn ihm eins auf den Pelz!" Das aber sagt sie nicht, das lässt sie von der Lage sagen.

Sie lässt den Bauern selbst aus der Lage finden, was jetzt zu tun ist. Sie selbst schweigt von dem Augenblick an, in welchem ihre scheinbar nur ausdrucksgetönte Darstellung beendet ist. Was aber die Lage sagt, ist ein Imperativ, zum Mindesten ein Adhortativ[1]. Hier ist das Wirkungsmoment nicht wie bei der Vorlesung oder im Lehrbuch der Gehilfe, der Diener des Darstellungsmoments, sondern umgekehrt die Darstellung nur ein Hilfsmittel des Wirkungswillens. Es liegt der Fall eines so genannten impliziten oder implizierten Imperativs vor.

1 **Adhortativ:** Möglichkeitsform mit ermahnender Bedeutung

1 a Untersuchen Sie die Sprachfunktionen bei dem Ausruf „Hilfe!" entsprechend dem im ersten Abschnitt ausgeführten Beispiel „Feuer!".

b Erläutern Sie, ob und ggf. wie sich Triers Beispiel „Vorlesung" (Z. 21-63) auf die Unterrichtssituationen Lehrervortrag und Referat übertragen lässt.

2 a Stellen Sie den Satz, den die Bäuerin spricht (Z. 68 f.), mit Hilfe der Abb. auf S. 281 grafisch dar.

b Schreiben Sie zu der Szene auf dem Bauernhof eine kurze Geschichte, in der auch die Kontaktfunktion der Sprache (▶ S. 281) deutlich wird.

c Lesen Sie sich in Dreiergruppen Ihre Geschichten vor und klären Sie, worin sich darin die poetische Funktion von Sprache (▶ S. 281) zeigt.

3 Untersuchen Sie das Wortfeld „sprechen" hinsichtlich der drei Sprachfunktionen nach Bühler: Sammeln Sie (auch mit Hilfe der Wortschatzfunktion eines Computerprogramms) möglichst viele Verben, die zu diesem Wortfeld gehören, und ordnen Sie sie entsprechend dem Modell Bühlers.

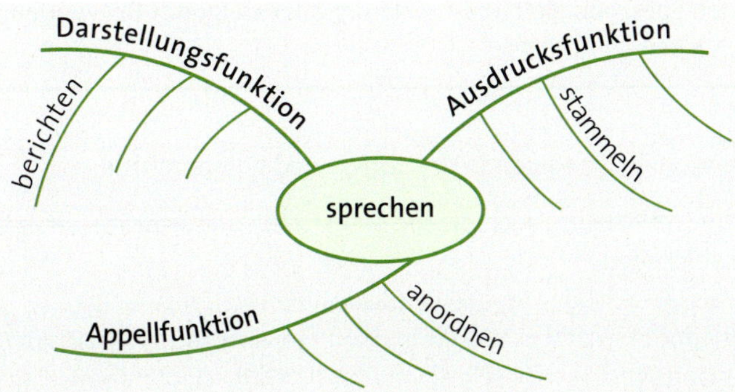

2 Sprachwandel

Lucas van Valckenborch: Turmbau zu Babel (1590)

1 **a** Der „Turmbau zu Babel" ist ein bekannter biblischer Mythos über die Entstehung der Sprachenvielfalt. Lesen Sie ihn im Alten Testament (Buch Genesis, Kapitel 11, Vers 1–9) nach und erzählen Sie ihn mit eigenen Worten.

b Erörtern Sie, ob die Existenz vieler verschiedener Sprachen tatsächlich etwas Negatives – eine „Strafe" – ist.

c Kennen Sie andere Sprachentstehungsmythen oder -theorien?

2 **a** Notieren Sie eigene Vermutungen zum Urspung der Sprache und zur Vielsprachigkeit: Wie entstand Sprache? Warum entstand sie? Wann entstand sie? Wie entwickeln sich Nationalsprachen?

b Tauschen Sie Ihre Vermutungen aus und diskutieren Sie Ihre Hypothesen.

3 Stellen Sie Prognosen für die Sprachenvielfalt auf: Wird es jemals eine Einheitssprache geben? Ist die Zahl der lebenden Sprachen weltweit rückläufig oder steigend? Begründen Sie Ihre Ansichten und recherchieren Sie Belege für diese.

In diesem Kapitel erwerben Sie folgende Kenntnisse und Kompetenzen:

- die geschichtliche Entwicklung von Sprache reflektieren und Aspekte der Entwicklung des Deutschen nachvollziehen,
- Sprachkontakte als Ursache des Sprachwandels an Beispielen aufzeigen,
- den Bedeutungswandel einzelner Wörter im Rahmen verwandter Sprachen untersuchen,
- aktuelle Sprachwandelprozesse beschreiben und sich kritisch damit auseinandersetzen.

2.1 Sprachgeschichte – Ursprung und Entwicklung von Sprache(n)

Harald Haarmann: Weltgeschichte der Sprache – Die Anfänge der Sprachevolution (2006)

Die Entstehung von Sprache und Kultur ist nicht abrupt, sondern in evolutionären[1] Schüben erfolgt, und die Entwicklungsdynamik war auch zu verschiedenen Zeiten unterschiedlich intensiv. Die längste Spanne in der Geschichte der Sprachen liegt im Dunkel der Vorgeschichte, also in einer Zeit, als es noch keine schriftliche Überlieferung gab. […]

[…] aus der Frühzeit gibt es allerlei visuelle Manifestationen des menschlichen Geistes, und indirekt kann aus den Bildern und Symbolen, die die Menschen auf Felswände gemalt […] haben, auf den Entwicklungsstand des abstrakten Denkens ihrer Schöpfer geschlossen werden. Sprache ist ein Produkt des abstrakten Denkens, denn die Verwendung von Sprache setzt die Fähigkeit voraus, lautlichen Ausdrucksformen eine symbolische Bedeutung beizumessen. Aber bevor sich dieser Symbolgebrauch als effektives Kommunikationssystem voll entfaltet hatte, musste erst eine Reihe von Entwicklungsstadien durchlaufen werden.

Die Geschichte von Sprache beginnt nicht erst mit dem modernen Menschen (Homo sapiens sapiens). […] [D]ie evolutiven Anfänge sprachlicher Kommunikationen waren eingebunden in ältere, nonverbale[2] Interaktionsstrategien (Gesten, Posen, Mimik, also Körper-„Sprache"), aus deren Vielfalt sich sprachliche Mittel als selbstständiges System spezialisierten. […]

1 **evolutionär:** sich allmählich entwickelnd
2 **nonverbal:** nicht sprachlich

---

1 **a** Haarmann beschäftigt sich mit der auch heute noch nicht gelösten Frage nach dem Ursprung der Sprache. Aus welchem Blickwinkel muss nach Haarmann diese Frage untersucht werden?
b Geben Sie den Text mit eigenen Worten wieder.

2 Sichten Sie noch einmal Ihre eigenen Vermutungen zum Ursprung der Sprache (▸ S. 284, Aufgabe 2). Inwiefern werden diese durch den Text bestätigt, widerlegt oder ergänzt?

Die Entwicklung des Deutschen – Sprache(n) im Kontakt

Die Geschichte des Deutschen kann vor allem als eine Geschichte des Sprach(en)kontakts angesehen werden. Insbesondere seit Julius Caesar (100–44 v. Chr.) stand die „deutsche Sprache" bzw. ihr Wortbestand unter dem Einfluss des Lateinischen. Im 15. und 16. Jh. wurden darüber hinaus auch griechische Wörter entlehnt und aus dem Arabischen einzelne Wissenschaftsfachbegriffe übernommen. Im 17. Jh. war es das Französische, das die deutsche Sprache beeinflusste, während seit dem 20. Jh. vornehmlich das Angloamerikanische starken Einfluss ausübt.

---

1 Stellen Sie beim Betrachten der Abbildung Vermutungen zur Wortgeschichte von „Kappe" (dt.) an. Wie hat sich der mittelhochdeutsche (mhd.) Begriff „kappe" (von spätlateinisch „cap[p]a") fortentwickelt?

2 Prüfen Sie mit Hilfe eines Herkunftswörterbuchs (etymologisches Wörterbuch), wie sich „kappe"/„kappa" zu „cape"/„Kapuze" usw. verhält. Erläutern Sie die Bedeutungsunterschiede.

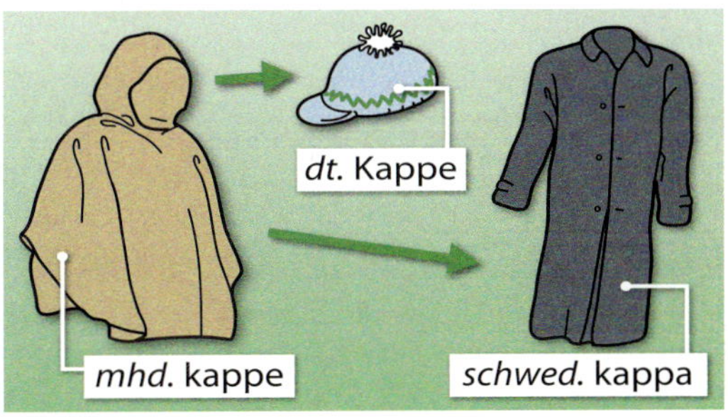

Information **Fremdwort und Lehnwort**

Ein **Fremdwort** ist ein Wort, das aus einer fremden Sprache ins Deutsche gelangt ist und seine ursprüngliche Lautung (Aussprache), Schreibung und Flexion (Beugung) zum Teil noch bewahrt hat. Beispiel: (engl.) *download*, Pl. *downloads* → (dt.) *der Download*, Pl. *die Downloads*.
Ein **Lehnwort** (entlehnen = entleihen) stammt aus einer Fremdsprache, hat sich jedoch dem Deutschen in Lautung, Schreibung und Flexion so weit angepasst, dass es nicht mehr als Fremdwort erkannt wird. Beispiel: (lat.) *murus*, Pl. *muri* → (dt.) *die Mauer*, Pl. *die Mauern*.

3 Erörtern Sie, ob es sich bei den Wörtern „Rhythmus", „Niveau", „Fenster" (von lat. „fenestra"), „Komödie" (von lat. „comoedia") jeweils um ein Fremdwort oder um ein Lehnwort handelt. Begründen Sie mit Lautung, Schreibung und Flexion sowie Ihrem eigenen Sprachempfinden. Beachten Sie, dass der Übergang vom Fremdwort zum Lehnwort fließend sein kann.

4 **a** „Sprachen im Kontakt": Welche Kontaktsituationen sind heute für das Deutsche wichtig? Übertragen Sie die Grafik auf ein Plakat und ergänzen Sie sie durch weitere Sprach- und Wortbeispiele.

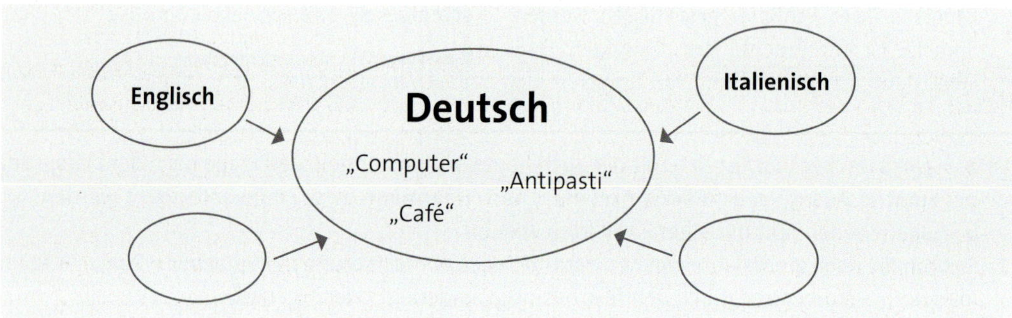

b Überlegen Sie, auf welchen Wegen Fremdwörter in die deutsche Sprache gelangen.

Karl-Wilhelm Weeber: **Romdeutsch** (2006)

Im Unterschied zu anderen Ländern hat sich das Lateinische im germanischen Sprachraum als Volkssprache nicht durchsetzen können. Auf der Iberischen Halbinsel hatte die Sprache der Eroberer länger Zeit, sich zu etablieren, ebenfalls im früher unterworfenen südfranzösischen Raum: Die „Provence" trägt noch heute den Namen der römischen *provincia*. Das übrige Gallien hatte, von Caesar in den fünfziger Jahren des 1. Jahrhunderts v. Chr. unterworfen, zum Teil nur wenige Jahrzehnte „Vorsprung" vor der dauerhaften Expansion Roms im Westen und Süden Germaniens. Das reichte, um später das Französische als Tochtersprache auszubilden, die aus dem Vulgärlatein, der Sprache der einfachen Leute, hervorging – so wie sich das Italienische in Italien und Spanisch und Portugiesisch auf der Iberischen Halbinsel als romanische Sprachen aus dem Lateinischen entwickelt haben.

In „Germanien" – das war im Übrigen ein römischer Sammelname für zahlreiche Stämme, die sich keineswegs als gemeinsame „Nation" definierten – fasste das Lateinische nur als Sprache der Kolonisatoren Fuß. Die Romanisierung großer Teile des linksrheinischen Germaniens war, was die materielle Kultur angeht, beeindruckend. Sprachlich aber passten sich

die Germanen nur an, indem sie lateinische Begriffe übernahmen und sie als Lehnwörter „germanisierten“. Eine grundsätzliche Übernahme des „Römischen“ kam für sie nicht in Frage. [...]
Zurückhaltend waren die Germanen auch gegenüber dem Christentum. [...] Die Zahl der frühen christlichen Lehnwörter ist sehr gering. Einige davon sind zudem noch Übernahmen aus dem Griechischen. [...] Gegenüber den rund 600 Lehnwörtern, die zu Zeiten der Germania Romana ins vordeutsche Sprachgut eingegangen sind, war der Sprachtransfer christlicher Lateinvokabeln wenig intensiv. Das sollte sich ein paar Jahrhunderte später ändern. [...]

Claudia Maria Riehl: **Das 18. Jahrhundert – Französisch als Sprache der Höfe** (2004)

Vor und nach Ludwig XIV. (1650–1770) ist Frankreich die führende Nation. Adel und gehobenes Bürgertum orientieren sich an der Mode (à la mode) von Paris und am französischen Königshof. Um 1700 ist in diesen Schichten Zweisprachigkeit absolut üblich. Die Sprache des Hofes und damit Prestigesprache ist das Französische. Viel zitiert ist folgender Ausspruch von Voltaire, der 1750 vom Hofe Friedrichs II. schreibt: „Man spricht nur unsere Sprache. Das Deutsche ist für die Soldaten und die Pferde.“ [...]
Aus dieser Zeit des Sprachkontakts resultieren wieder eine ganze Reihe von Lehnwörtern:
- im Bereich Mode: *Mode, Kostüm, Weste, Parfüm, frisieren, Perücke*
- im Bereich der Küche: *Bouillon, Omelette, Ragout, Torte, Serviette, Tasse*
- in der Wohnkultur: *Balkon, Salon, Hotel, Gardine, Sofa, Büfett*
- im Gesellschaftsleben: *Maskerade, Billard, Karussell, Promenade*

Neben Substantiven findet sich hier auch eine ganze Reihe von Adjektiven *(galant, charmant, curiös, nobel, nett, interessant)* und Verben *(amüsieren, spendieren, parlieren, maskieren)*. [...]
Während es sich bei diesen Wörtern häufig um einen sog. „Bedürfniswortschatz“ handelt (neue Bezeichnungen werden mit der jeweiligen Sachwelt übernommen), geht der Lehneinfluss so weit, dass auch der Grundwortschatz betroffen ist. Aus dem Französischen übernommene Verwandtschaftsbezeichnungen wie *Papa, Mama, Onkel, Tante, Cousin, Cousine* verdrängen die ursprünglichen deutschen Begriffe [vgl. *Oheim, Base, Muhme*].

1 Formulieren Sie in eigenen Worten die wichtigsten Aussagen aus den Texten zu Sprachkontaktsituationen mit dem Lateinischen und dem Französischen.
2 Halten Sie **Kurzvorträge** (▶ S. 58–63) zu den folgenden Fachwortgruppen aus den Fächern Deutsch, Geschichte und Mathematik: *Medium/Massenmedium, Mentalität/Epoche, Ziffer/Chiffre/Null/Zero.*

Information **Sprachursprung und Sprachkontakt**

Die Frage nach dem Ursprung menschlicher Sprache ist bis heute nicht zu beantworten. Angenommen wird ein grundsätzliches **Sprachvermögen**, mit dem die Menschen im Dialog miteinander die Welt beschreiben und deuten. Sprachforscher vertreten die Ansicht, dass eine gemeinsame Sprache Ausdruck einer bestimmten Kultur bzw. Weltsicht ist, die des Kontakts mit anderen Sprachen und Kulturen bedarf, um sich weiterzuentwickeln.
Auch die Geschichte des Deutschen zeigt, dass es keine einzigartige und statische Sprache ist, sondern sich im **Sprachkontakt** – vor allem mit dem Lateinischen, Französischen und Angloamerikanischen – über Jahrhunderte hinweg erweitert und gewandelt hat und dies weiterhin tut.

2.2 Entwicklungen der Gegenwartssprache

Beobachtungen am Gegenwartsdeutsch – Neologismen

Nikolaus Nützel: **Neuen Wörtern auf der Spur** (2007)

Es ist ein besonderer Tag in der Redaktion des Wahrig-Wörterbuchs in Gütersloh. [...] Ein neues Wort der deutschen Sprache konnte dingfest gemacht werden. Es ist kein besonders herausragendes, auffälliges Wort. Im Gegenteil. Aber wenige Jahre zuvor hatte noch niemand im deutschen Sprachraum das Wort „schwächeln“ gesagt oder gehört. Dann hat es sich irgendwann jemand ausgedacht und in den Sprachgebrauch seiner Umgebung eingeschleust. Von dort aus hat es sich weiterverbreitet. Die Spur des neuen Begriffs aufnehmen konnten die Wörterdetektive jedoch erst, als das Wort seinen Weg in Zeitungstexte fand.

Rund 500 Millionen Wörter aus aktuellen Zeitungen und Zeitschriften lässt die Wörterbuchredaktion von Fachleuten der Universität Saarbrücken untersuchen. Mit Hilfe von Computerprogrammen durchleuchten sie Texte, um herauszufinden, ob sich neue Wörter finden oder ob alte Wörter auf eine neue Weise verwendet werden. Die Computer gleichen die Wortlisten mit bereits bestehenden Wörterbüchern ab. Dann filtern sie heraus, ob vermeintlich neue Wörter vielleicht nur falsch geschrieben wurden. Es wäre ja denkbar, dass beim Wörtchen „schwächeln“ jemand nur aus Versehen ein „l“ getippt hat und eigentlich das alte Wort „schwächen“ meinte. Das lässt sich aber schnell ausschließen. Denn ein Satz wie „Der Stürmer schwächelte in der zweiten Halbzeit“ zeigt ganz klar: Hier liegt kein Tippfehler vor.

Wenn ein Wort als Neuschöpfung identifiziert ist, wird es jedoch noch nicht automatisch in der nächsten Wörterbuch-Auflage abgedruckt [...]. Zunächst kommen neue Begriffe unter „Beobachtung“. Dort bleiben sie einige Monate oder Jahre. Erst wenn die Fachleute, die bei Wahrig zusammenarbeiten, ganz sicher sind, dass ein Wort in den allgemeinen Sprachgebrauch aufgenommen ist, kommt es auch ins Wörterbuch.

---

1 Beschreiben Sie mit Hilfe des Textes, wie ein neues Wort ins Wörterbuch kommt.

2 **a** Besorgen Sie sich ein älteres und ein aktuelles Wörterbuch. Untersuchen Sie in Gruppenarbeit die jeweils erste Seite zu verschiedenen Buchstaben: Welche neuen Einträge finden Sie? Sind auch Begriffe verschwunden?

b Suchen Sie Erklärungen für die Veränderungen.

3 Sprache verändert sich in unterschiedlichen Bereichen: im Wortschatz, in der Grammatik, bei der Bedeutung von Wörtern. Sammeln Sie Beispiele zu diesen Bereichen aus Ihrem Sprachgebrauch.

Information **Web-Kommunikation – Sprachwandel durch die Neuen Medien**

Als „**Web-Kommunikation**“ werden hier all jene Formen verstanden, die einen interaktiven Text-Bild-Dialog ermöglichen. Dazu gehören E-Mails, Chats, Blogs, Newsgroups, SMS und ins Netz gestellte Hypertexte. Von Sprachwissenschaftlern werden diese besonders unter den Aspekten der Textkohärenz (des Textzusammenhangs) und der Verstehbarkeit als Teil des aktuellen Sprachwandels untersucht. Unter dem Stichwort „**Sprachwandel durch die Neuen Medien**“ wurden an mehreren Universitäten Forschungsprojekte durchgeführt. Danach zeichne sich die Kommunikation im Netz durch folgende Tendenzen aus:

- Plauderton/Parlando: Übertragung des privaten Plaudertons bei Chats in Schreibprodukte von Jugendlichen außerhalb des Netzes, z. B.: *„Hasse das gehört?“*, *„Ja, so isses.“*
- Zusammenziehungen, Auslassungen: Laute oder Redeteile werden ausgespart, weil man sich auf ein gemeinsames Situationswissen bezieht, z. B.: *„Nich gut das.“*
- Elliptisierung der Syntax: unvollständige Sätze, z. B.: *„Bin dabei.“*
- Aufgeben von Kohärenznormen: Darbietung nicht zusammenhängender Textteile und schnelle gedankliche und sprachliche Wechsel, so genannte „turns“.
- Veränderte Schriftgewohnheiten:
  - Vermischung von Zeichen zu Zahlen- und Buchstabenzeichen, z. B.: *„1halt“*, *„4u“*,
  - Mischungen zwischen Groß- und Kleinschreibung, Großbuchstaben zur Hervorhebung,
  - Zunahme von Floskeln, Akronymen/Abkürzungen, z. B.: *„lol“* (laughing out loud),
  - Verwendung von Emoticons, Smileys und Inflektiven, z. B: ;-), ☺, *„seufz“*, *„gähn“*.

---

1 Berichten Sie über Ihre Erfahrungen mit der Web-Kommunikation. Führen Sie Beispiele an.

2 Überlegen Sie, ob Sie in Schule oder Elternhaus schon einmal kritisiert wurden, als Sie Elemente der Web-Kommunikation in Ihrer gesprochenen oder geschriebenen Sprache verwendeten. Was könnten die Gründe dafür sein?

3 Verfassen Sie zum Thema „Sprachwandel durch Computerisierung – Was Jugendliche davon halten“ einen argumentativen Text (▸ S. 361 ff.) für eine Jugendzeitschrift.

Titus Arnu: **Der Branding-Experte** (1997)

Als Manfred Gotta noch bei einer Frankfurter Werbeagentur angestellt war, musste er einmal ein neues Tierfutter bewerben, das „Katzenschmaus“ heißen sollte. Das Wort klingt für Deutsche ein wenig beknackt, aber für Franzosen und Amerikaner ist es schlicht unaussprechbar. Der Hersteller beharrte auf dem Titel, und der Werbefachmann kündigte. Gotta beschloss, sich fortan hauptberuflich Namen für neue Produkte auszudenken. Freunde und Kollegen hielten ihn für verrückt.

Mittlerweile verdient der 50-jährige Manfred Gotta mit dem Erfinden von Fantasiebegriffen gutes Geld. Er benannte eine Luxuslimousine mit dem seltsamen Wort „Xedos“, einen kleinen Flitzer taufte er „Twingo“, einen Mittelklassewagen „Vectra“, ein neuartiges Waschpulver „Megaperls“. [...] Der Name ist maßgeblich beteiligt am Image und somit oft wichtiger als Farbe und Form des Produktes.

Wie im Wilden Westen, wo die Cowboys ihre Kühe brandmarkten, um sie unverwechselbar zu machen, ist es in der freien Marktwirtschaft absolut notwendig, ein Produkt einmalig erscheinen zu lassen – obwohl es nur eines unter tausend gleichen ist. Ein guter Name, erklärt der professionelle Namensgeber, „weckt positive Assoziationen, ist international verwendbar und einzigartig“. Das gilt sowohl für japanische Autos, die in Europa und Amerika Käufer finden sollen, als auch für deutsches Bier, das in alle Welt exportiert wird. „Als global arbeitendes Unternehmen muss man an eine globale Identität denken“, sagt Manfred Gotta. Ein neues Produkt muss auffallen um fast jeden Preis. Je exotischer und unbekannter ein Begriff ist, desto mehr Neugier weckt er. Sperrige Wörter wie „Xedos“ oder „Kelts“ müssen dabei um Gottes willen kein Hindernis sein, im Gegenteil: „Besser ein eckiges Etwas als ein rundes Nichts.“

Gotta [...] schließt sich eine viertel bis halbe Stunde lang mit dem namenlosen Objekt in ein Zimmer ein, betrachtet das Ding eingehend, versucht, dessen Wesen in Worte zu fassen. Bei diesem Brainstorming entstehen meistens mehrere Variationen eines Namens, die Gotta anschließend mit seinen Mitarbeitern diskutiert.

Der kreative Teil ist aber erst der Anfang einer Wortschöpfung. Wochenlang recherchieren Gottas Mitarbeiter dann, ob die Rechte für einen Namen weltweit frei sind, ob das Wort in irgendeiner Sprache schlecht auszusprechen ist oder zufällig eine anzügliche oder beleidigende Bedeutung hat. Mitsubishi hatte mit seinem „Pajero" in spanischsprachigen Ländern zum Beispiel wenig Glück, weil das Wort dort ein übles Schimpfwort ist.

Im Idealfall klingt ein Markenname weltweit sinnfrei und passt zum Produkt.

1 Erläutern Sie den Begriff „Branding" mit Hilfe der Informationen im Text.

2 Listen Sie die im Text genannten Kriterien für einen erfolgreichen Produktnamen auf.

3 **Planspiel: Produktnamen entwickeln**

a Bilden Sie Teams, die als konkurrierende „Branding-Agenturen" arbeiten sollen. Einigen Sie sich zunächst auf eine bestimmte Art von Produkten (z. B. Lebensmittel, Autos oder eine andere, für Ihre berufliche Richtung typische Produktgruppe), für die anschließend in den „Agenturen" neue Markennamen entwickelt werden sollen.

b **Erste Spielphase:** Die Arbeit der „Branding-Agenturen" (Arbeitsgruppen)

- Überlegen und notieren Sie gemeinsam, was an Ihrem Produkt besonders charakteristisch sein könnte und durch einen Markennamen unterstrichen werden soll.
- Jedes Gruppenmitglied schreibt nun – für die anderen nicht sichtbar und ohne lange Überlegung – auf kleine Zettel alle Namen, die ihm spontan zu dem Produkt einfallen.
- Legen Sie nach einigen Minuten alle Zettel auf einem Tisch aus. Gehen Sie die Vorschläge anhand der Kriterienliste (▸ Aufgabe 2) durch und einigen Sie sich auf einen Namen.
- Schreiben Sie den Namen groß und gut lesbar auf ein großes Blatt.

c **Zweite Spielphase:** Wie bewähren sich die neuen Namen? (Gesamtgruppe/Plenum)

- Alle Gruppen legen dem Plenum ihr Arbeitsergebnis vor. Erläuterungen werden nicht gegeben.
- Ziehen Sie anhand der Namen Rückschlüsse auf die Art und auf charakteristische Merkmale der Produkte. Welche Arbeitsgruppe erzielt das eindeutigste Ergebnis?
- Erklären Sie, wie Sie die Namen gebildet haben: Handelt es sich um reine Fantasienamen oder haben Sie auf existierende Wörter zurückgegriffen? Nutzen Sie die folgende Tabelle.

Neologismen – Sprachliche Neubildungen auf der Basis von:

vorhandenen Mitteln und Regeln der Wortbildung	*Bedeutungsübertragung*	*Entlehnungen oder Übernahmen aus anderen Sprachen*	*Zusammensetzungen mit einem Wortbestandteil, der als Metapher verwendet wird*
z. B. „Entsorgung" (Wortbildung entsprechend „Entbindung", „Entscheidung")	*z. B. „Linse" (Hülsenfrucht → optische Linse)*	*z. B. „Team" (aus dem Englischen)*	*z. B. „Müllschlucker"*
…	…	…	…

4 a Ordnen Sie die folgenden Neologismen aus einem „Wörterbuch der Jugendsprache“ in die Tabelle ein. Beachten Sie, dass sich manche Neologismen zwei Kategorien zuordnen lassen: *anbraten* (= flirten), *Blechpickel* (= Piercing), *cruisen* (= ziellos herumfahren), *fitnieren* (= im Fitnesscenter trainieren), *Laufwerk* (= Gehirn), *verhängen* (= vermasseln, vergessen).

b Sammeln Sie sprachliche Veränderungen oder Neuerungen aus verschiedenen Berufsrichtungen (z. B. Banken, Gaststättengewerbe, Tourismus, Textilbranche). Erweitern Sie, wenn nötig, die Tabelle um zusätzliche Kategorien.

5 Diskutieren Sie, welchen Einfluss die Sprache von Jugendlichen auf den Sprachwandel hat.

Information **Neologismen**

Mit dem Begriff **Neologismus** werden sprachliche Neuschöpfungen bezeichnet. Neologismen entstehen häufig dort, wo neue Dinge oder Sachverhalte eine Bezeichnung brauchen. Neue Wörter können z. B. durch Kombination vorhandener Wörter („Brötchentaste“), Nutzung von Wortbildungsmustern („schnabulieren“), Bedeutungsübertragung („Maus“ beim PC) oder Entlehnungen aus anderen Sprachen („Weblog“) entstehen. Besonders viele Neologismen werden in der **Jugendsprache**, in der **Sprache der Werbung** und in der **Mediensprache** entwickelt.

Sprachkritik – Anglizismen in der Diskussion

Die Sprachentwicklung des Deutschen ist heute in erster Linie durch den Eingang englischsprachiger Wörter (Anglizismen) geprägt. Technik-, Wirtschafts- und Wissenschaftsgeschichte machen deutlich, wie seit dem 19. Jh. die technischen Fachsprachen erheblich an Bedeutung gewonnen haben und auf die Sprache des Alltags einwirkten. Besonders an der Computerfachsprache kann man das Entwicklungstempo und die Internationalisierung beobachten. Inzwischen werden Computerfachwörter aus dem Angloamerikanischen kaum noch in das Laut- bzw. Formengefüge der aufnehmenden Sprachen integriert. Die Forschung spricht von einer kaum noch bewusst werdenden „inneren Anglifizierung“ in Form von:

- Übernahmen aus dem Angloamerikanischen ohne Veränderung, z. B.: *Software,*
- Hybridbildungen als Verschmelzung von Elementen aus dem Englischen und dem Deutschen, z. B.: *Setup-Programm, Sound-Karte,*
- Lehnübersetzungen, z. B.: *Netzwerk* von *network,*
- deutschen Verben, die zu „Computer-Termini“ werden, z. B.: *speichern, laden,*
- Abkürzungen unterschiedlichster Art, häufig als Initialwörter, z. B.: *HTML,*
- Abkürzungen, die in phonetischer Bindung auftreten, z. B.: *LAN = Local Area Network,*
- Kürzungen als Silbenwörter mit besonderer Schreibweise, z. B.: *CompuServe,*
- Metaphern in Übersetzungen, z. B.: *Datenautobahn,* oder in direkten Übernahmen, z. B.: *Server.*

1 Ergänzen Sie die Liste durch weitere Beispiele und erklären Sie deren Bedeutung.

2 Erläutern Sie die folgenden Einschätzungen („Die Entwicklung des Deutschen ...“, ► S. 285):
- Die Internationalität der Fachsprachen beruhte früher meistens auf Wörtern lateinischen und griechischen Ursprungs. Heutzutage erfüllen englische Wörter eine ähnliche Funktion.
- Der Wandel in den Fachsprachen reflektiert eine gesellschaftlich-kulturelle bzw. wissenschaftliche Entwicklung.

Christian Deysson: **Werbung – Beschleuniger beim Sprachtransport** (1995)

„Hier wird deutsch gespuckt.“ So spottete der Wiener Kulturkritiker Karl Kraus vor 90 Jahren über den Sprachpurismus im Deutschen Kaiserreich, wo der Gebrauch von Fremdwörtern fast schon an Vaterlandsverrat grenzte. Die deutsche Sprache sei zwar die tiefste, die deutsche Rede jedoch die seichteste, krittelte der scharfzüngige Österreicher. Dieses Ungleichgewicht ist jetzt endlich beseitigt. Die deutsche Rede ist immer noch seicht – doch die deutsche Sprache ist es inzwischen auch. Im globalisierten Deutschland wird deutsch gespeakt.

Die Werbetexter machen uns täglich vor, wie so etwas geht: „Sign. Oder nicht sein.“ Mit diesem haarsträubenden deutsch-englischen Wortspiel warb kürzlich eine Technologiefirma mit dem urdeutschen Namen HighwayOne für ihre Aktienemission am Neuen Markt. [...]

„Die Werbung spielt eine Verstärker- und Beschleunigerrolle beim Sprachtransport und bei der Verbreitung von Sprachen“, sagt der Düsseldorfer Werbeberater Peter Zernisch, ein alter Meister des Metiers. Kein Wunder also, dass kaum ein Großkonzern (von Internetunternehmern ganz zu schweigen) heute darauf verzichten mag, reichlich englische und amerikanische Brocken in seine Werbung einzusprenkeln – oder seine Botschaft gleich ganz auf Englisch zu verkünden. [...]

Doch ähnlich wie Schlagertexte und Künstlernamen wirken auch Plattitüden auf Englisch nicht ganz so peinlich kleinkariert wie im heimischen Idiom. [...] Insofern hat Englisch einen ähnlichen Effekt wie gewisse Sonnenbrillen, die alles ein wenig intensiver, aufregender, großzügiger wirken lassen, indem sie sozusagen das Banale aus dem Sichtbaren herausfiltern. Den Sonnenbrilleneffekt des Anglophonen setzen die Werber gekonnt ein. [...]

So irritierend die Inflation der Anglizismen und Amerikanismen auf Menschen mit Kultur auch wirken mag, so sinnlos ist der Versuch, die Sprache durch staatliche Eingriffe schützen zu wollen. Sprachen sind lebende Organismen, die sich dem gesellschaftlichen und kulturellen Wandel der jeweiligen Sprachräume anpassen. Wäre dies nicht so, würde die Sprache den Weg der Saurier gehen.

Sprachen sind wie Märkte. Abschotten hilft nicht. Das Beispiel Frankreichs zeigt die Nutzlosigkeit solcher Unterfangen. Trotz des linguistischen Hegeinstinkts der Regierung, strengen Sprachgesetzen und Strafandrohung bis zu sechs Monaten Haft [...] setzt sich der Vormarsch der Mischsprache Franglais fort.

„Treffen zwei Sprachen aufeinander, behält das Englische die Oberhand“, sagt der [texanische] Sprachforscher McCormack. Diese Regel bewahrheitet sich heute noch mehr als früher. [...] Die englische Sprache [...] ist das ideale Vehikel für eine von Geschwindigkeit, Ökonomisierung, Technisierung und Versportung geprägte Zeit.

Die meisten englischen Wörter sind einsilbig, kurz und knapp. Damit wird Englisch zum Esperanto einer Welt, in der die Kommunikationstechnik immer perfekter, aber das Mitgeteilte immer dürftiger wird. Die englische Sprache ist auch wie geschaffen für ein Technikzeitalter, das „Wörter zusammenschlägt und durch Silbenamputation auf Kürzel reduziert“ (Zernisch). Es ist gleichsam die Turbosprache für eine Gesellschaft, die sich am liebsten in verknappten Zeichen und Formeln verständigt.

---

1 **a** Listen Sie die Erklärungen auf, mit denen der Autor den Einfluss des Englischen auf das Deutsche begründet.

b Formulieren Sie eigene Hypothesen zur Begründung der „Anglifizierung“.

2 Benennen Sie die Textstellen, an denen die Meinung des Autors deutlich wird. Formulieren Sie seine Standpunkte thesenartig.

3 Diskutieren Sie, ob es wünschenswert ist, Anglizismen möglichst zu vermeiden.

Dieter E. Zimmer: Alles eine Sache des Geschmacks? Von wegen! (Die Zeit, 2007)

Die deutsche Sprache, und nicht nur sie, macht zurzeit den größten und schnellsten Veränderungsschub ihrer Geschichte durch. [...] Die offensichtlichste Veränderung ist der Einstrom von Internationalismen[1], meist Anglizismen, und logischerweise ist er es, der den Bürger am meisten irritiert, im Positiven wie im Negativen. Er bildet den Hauptgegenstand öffentlicher Sprachkritik, sei es beim Latte macchiato oder in den Medien.

Was ist davon zu halten? Die Wissenschaft, die es wissen sollte, hält sich bedeckt. Die akademische Linguistik[2] scheint schon die Vorstellung, ein Sprachgebrauch könnte besser sein als der andere, albern zu finden. Nahezu unisono schweigen die Sprachforscher oder wiegeln ab: Alles schon einmal da gewesen, alles halb so schlimm, [...] die Sprache reguliert sich selbst und braucht keine Belehrungen.

Aber der Einzelne sieht sich auf Schritt und Tritt mit sprachlichen Äußerungen konfrontiert, die in kein gelerntes Schema richtigen Sprachgebrauchs passen wollen. Er ist verunsichert. Sagt man heute wirklich: *Bei dem Geldinstitut werden Money Girokonten problemlos administriert?* Oder: *Die Software personalisiert den intelligenten Agenten mit einem Gesicht?* Muss man es gar so sagen? Kann man es nur so sagen? Ist es gut gesagt? [...]

Wer Sprachbewusstsein besitzt, wird sich in jedem Fall sein eigenes Urteil vorbehalten. Letztlich die einzige Art, Einfluss auf den allgemeinen Sprachgebrauch zu nehmen, besteht darin, selbst nicht mitzumachen, was einem nicht einleuchtet. [...]

[W]as tun angesichts des massiven Einstroms von Internationalismen, meist Anglizismen? Sich verweigern, weil sie jedenfalls kein Deutsch sind und damit nie und nimmer „gutes Deutsch" ergeben können? Nachgeben, weil sie unsere alte Sprache aufmischen oder weil gegen sie sowieso kein Kraut gewachsen ist?

Der deutsche Fremdwortbegriff, hinter dem eine illusionäre Vorstellung von sprachrassiger Reinheit steht, führt uns in die Irre. Wir sollten endlich einsehen, dass wir ein Einwanderungsland sind und schon immer waren. Aber die Fremdwörter müssen sich – grammatisch – integrieren lassen! Viel von dem crazyen trendyen downgeloadeten und geupdateten Material ist kaum integrierbar und müsste wieder outgesourct werden. Aber willkommen sind die neuen fremden Wörter und Wendungen dort, wo sie ausdrücken, wofür Deutsch bisher gar keinen Ausdruck hatte, oder keinen so klaren und knappen *(Scan, scannen)*; wo sie eine semantische Nuance hereinbringen, die ihre Wörterbuchübersetzung nicht hat *(Team* ist eben nicht dasselbe wie *Mannschaft* oder *Belegschaft)*; [...] wo sie der Sprache eine gewisse globale Beweglichkeit verleihen – über dieselben Gegenstände redet man international besser mit deckungsgleichen Begriffen und womöglich gar ähnlich lautenden Wörtern. Manche dieser Wortimporte sind so notwendig und nützlich, dass man sogar über ihre mangelnde Integrationsneigung hinwegsehen muss.

1 **Internationalismen:** international gebräuchliche Wörter
2 **Linguistik:** Sprachwissenschaft

1 Stellen Sie, z.B. in Form einer Tabelle, dar, welche Sachverhalte Zimmer benennt, was er an diesen kritisiert und welche Lösungsvorschläge bzw. Verhaltensweisen er formuliert.

2 Diskutieren Sie die Lösungsvorschläge Zimmers im Kurs.

3 Vergleichen Sie die Ansichten Zimmers mit denen von Deysson (▸ S. 292).

4 Suchen Sie nach aktuellen Texten zur Anglizismus- und Sprachschutz-Debatte. Prüfen Sie, wo bei diesen Texten ideologische oder politische Positionen, allgemein sprachkritische, „sprachpflegerische" oder „bewertungsneutrale" Einschätzungen zum Sprachwandel zu finden sind. Markieren Sie die Texte entsprechend und fügen Sie sie zu einer aktuellen Wandzeitung zum Thema „Sprachwandel in der Kritik" zusammen.

3 Sprachliche Varietäten

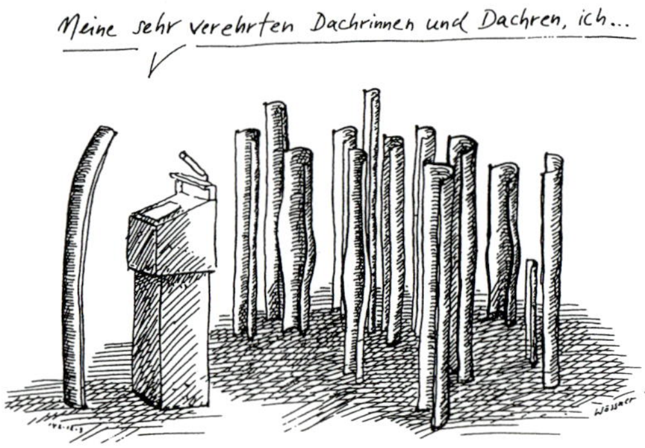

Ich hab datt allet noch vonne Pike auf inne Kolleni bei die ganzen Blagen ausse Nachbarschafft gelärnt. Wenn einer datt richtich sprechen tut – dann ja wohl ich. Wegen den Scheiß ham wa oft genuch vonne Mudda den Arsch versohhlt gekricht – „Mensch, Junge, sprech richtig deutsch“, hatt se immer gesacht – nich imma datt Kohlenpottplatt ... Jau, so wanse früer ebend – die Alten!!!

Seit'n paar jahren kreuz ich hier im laden auf, das geht klar, stimmt auch die mucke, und die kumpel reißen den abend ab, wo sie nischt haben, was sie abhält, arbeit und so, mein ich. Is klar, ne piekfeine schicht mit von morgens bis abends mein ich, und die schule is scheiße, mit deren ihr abgang reißt sich kein bonze nischt um sie.

Die Folie abziehen, während das Band an Teil b festgehalten wird. Die Schutzhülle vorsichtig abnehmen. Die elektrischen Kontakte des Druckkopfes nicht berühren. Nichtbefolgen der obigen Öffnungsanweisung kann zum Auslaufen der Tinte führen, wenn die Schutzkappe abgenommen wird. Nach dem Öffnen die Tintenpatrone sofort in den Drucker einsetzen. Für Kinder unzugänglich aufbewahren.

1 Überlegen Sie, in welchen Situationen Sie die Sprache so gebrauchen, dass sie vom „Hochdeutschen“ abweicht. Führen Sie eine Kartenabfrage durch: Notieren Sie die Situation und ein dazu passendes „Sprechbeispiel“ bzw. Zitat auf jeweils eine Karte. Stellen Sie Ihre Beiträge im Kurs vor, tragen Sie die Zitate vor.

2 Betrachten und lesen Sie die Text-Bild-Collage und stellen Sie erste Vermutungen an zu der Frage: Was sind „Sprachvarietäten“?

In diesem Kapitel erwerben Sie folgende Kenntnisse und Kompetenzen:

- das Sprachbewusstsein schärfen und den eigenen Sprachgebrauch wahrnehmen und kontrollieren,
- verschiedene Dimensionen einer Sprache benennen und an Beispielen veranschaulichen sowie ihre vielfältigen Zusammenhänge erläutern,
- unterschiedliche Positionen zu den Themen „Dialekt“, „Jugendsprache“ und „Ethnolekt“ referieren und selbst dazu Stellung nehmen,
- Merkmale von Fachsprachen beschreiben und mit diesen umgehen können,
- Sachtexte zum Thema „Sprachvarietäten“ erschließen und mit dem eigenen Sprachgebrauch in Verbindung bringen.

3.1 Standardsprache – Umgangssprache – Dialekt

Astrid Stedje: **Die Sprachen in der Sprache** (2007)

Gliederung der Sprache

Die Sprache lässt sich aus verschiedenen Dimensionen gesehen verschieden gliedern. Leider ist die Terminologie aber nicht vereinheitlicht. Für die gleiche Sprachschicht oder den gleichen Bereich werden oft mehrere Bezeichnungen nebeneinander gebraucht, z. B. *Hoch-, Normal-, Gemein-, Allgemein-, Gebrauchs-, Standardsprache* für die überregionale, nicht gruppengebundene Sprache; und manche Begriffe werden in unterschiedlichen Bedeutungen verwendet oder undeutlich definiert (bes. *Umgangssprache*). Vereinfacht lassen sich [...] fünf Dimensionen unterscheiden: Medium [gesprochene oder geschriebene Sprache], historische, regionale, soziale und stilistische Dimension. [...]

[Zur regionalen bzw. dritten Dimension schreibt Stedje:]

Große geografische Unterschiede, vor allem was Wortschatz und Aussprache betrifft, weisen die Mundarten (Dialekte) auf. Nichtregional (oder überregional) ist die Standardsprache (auch Gemeinsprache oder Hochsprache). Zwischen beiden liegen die regional gefärbten Umgangssprachen, die kleinere geografische Variationen aufweisen. [...]

Die überregionale Standardsprache

Die Standardsprache [...] ist [...] das Resultat einer langen Entwicklung. Ihre grammatischen, stilistischen und orthografischen Normen wurden endgültig erst im vorigen Jahrhundert festgelegt. Sie verändern sich jedoch langsam, indem sie sich an den Sprachgebrauch anschließen. Die Standardsprache nähert sich also allmählich der Umgangssprache [...], und sie ist eher eine geschriebene als eine gesprochene Sprache.

Die Mundart

Die Mundart ist die älteste Form der Sprache [...]. Aussprache und Wortschatz wechseln stark von Dialekt zu Dialekt, manchmal sogar von Ort zu Ort. Der Dialekt hat deshalb gegenüber der Standardsprache nur eine begrenzte Reichweite. Da die Mundart hauptsächlich gesprochen wird und ihre Orthografie und Grammatik nicht normiert sind, ist sie leichter veränderlich als die geregelte Standardsprache. [...]

Die Mundarten sind reich an expressiven und anschaulichen Ausdrücken, und der Wortschatz ist teilweise differenzierter und konkreter als in der Standardsprache.

Heute ist die Gesamtzahl der Menschen, die reine Mundart sprechen, stark zurückgegangen, obwohl die meisten Erwachsenen einen Dialekt jedenfalls zum Teil beherrschen. [...]

Hauptsächlich drei Faktoren haben während der letzten 150 Jahre den Rückgang der Dialekte verursacht [...]. Andererseits erleben wir wieder eine gewisse Renaissance der Mundarten. [...]

Die regionale Umgangssprache

Die Umgangssprache steht zwischen Mundart und Standardsprache. Entstanden in fnhd. [frühneuhochdeutscher] Zeit, hat sie sich in der sozialen Oberschicht der Städte entwickelt, unterschiedlich in den verschiedenen Teilen Deutschlands. Auch die Umgangssprache ist hauptsächlich eine gesprochene Sprache. Sie ist überregional verständlich, weist aber mehr oder weniger starke landschaftliche Züge auf, an denen man die Herkunft des Sprechers erkennt, z. B. an

- der Intonation,
- einer regionalen Färbung der Aussprache (z. B. von *r, st, -ig*),
- dem süddeutschen Gebrauch von *sein* bei *liegen, sitzen, stehen* gegenüber nord- und mitteldeutsch *haben,*
- den wortgeografischen Unterschieden, d. h. in Wörtern und Ausdrücken, die als regionale Varianten der Gemeinsprache nebeneinander gelten [...]. Es sind vor allem Berufsbezeichnungen und Ausdrücke auf den Gebieten Küche und Haushalt usw.

In den letzten Jahren ist jedoch die Tendenz zum überlandschaftlichen Ausgleich im Wortgebrauch stärker geworden. U. a. wirken die Nahrungsmittelindustrie und die Werbung hier vereinheitlichend.

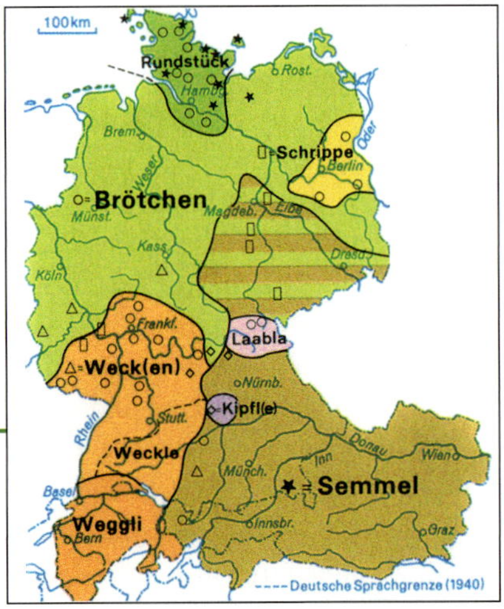

Bezeichnung für Brötchen in den dt. Umgangssprachen

1 Bilden Sie Arbeitsgruppen und bereiten Sie die Informationen des Textes grafisch in Form eines Clusters zu folgenden Teilaspekten auf: „Gliederung der Sprache", „Die überregionale Standardsprache", „Die Mundart", „Die regionale Umgangssprache".

2 Erläutern Sie die Karte „Dialekte in der Bundesrepublik Deutschland" und die Karte „Bezeichnung für Brötchen in den deutschen Umgangssprachen" mit Hilfe Ihres Clusters oder des Textes von Stedje.

3 **a** Welche Faktoren haben Ihrer Vermutung nach zum Rückgang der Dialekte geführt (vgl. Z. 53 ff.)?
b Die Autorin spricht andererseits von einer „Renaissance [Wiedergeburt] der Mundarten" (Z. 60). Können Sie diese Einschätzung teilen? Sammeln Sie Belege.

4 Erörtern Sie, in welchen Bereichen des privaten und öffentlichen Sprechens (Clique, Familie, Schule, Medien, Gericht, Bundestag usw.) Ihnen der Gebrauch von Dialekt oder Mundart angemessen erscheint und in welchen Bereichen nicht.

5 Dialekt in der Schule? Was halten Sie von einem „bilingualen" (zweisprachigen) Unterricht in Mundart und Standardsprache? Führen Sie in Ihrer Schule eine Umfrage (▶ Methode) zu diesem Thema durch.

Methode Eine Umfrage durchführen

Eine Umfrage dient dem Ziel, ein Meinungsbild einer Gruppe von Befragten zu erhalten. Die Aussagen der Befragten dürfen daher sowohl während der Umfrage als auch bei der Auswertung und Darstellung der Umfrageergebnisse nicht manipuliert werden.

1. Phase: Festlegung von Ziel und Art der Umfrage
Klären Sie, worum es Ihnen bei der Umfrage geht. Legen Sie fest, ob die Befragung mündlich erfolgen soll oder durch einen Fragebogen. Überlegen Sie, wie Sie bei einer mündlichen Befragung die Antworten dokumentieren wollen (z. B. Ton-/Videoaufnahme, Mitschrift).

2. Phase: Festlegung des Umfrageortes, der Zielgruppe und des Umfragezeitraums
Beispiel: Ort: Schulhof; Zielgruppe: Jugendliche unter 18 Jahren; Zeit: Montag, erste Pause.

3. Phase: Vorbereitung der Fragen
Die Fragestellung sollte mit Blick auf die spätere Auswertung präzise und zielgerichtet sein. Sind die Fragen zu offen („Was hältst du von Dialekt?"), lassen sich die Ergebnisse kaum auswerten. Ist die Fragestellung jedoch zu eng gefasst („Bist du nicht auch der Meinung, dass ...?"), könnten dadurch die Umfrageergebnisse beeinflusst werden.

4. Phase: Durchführung der Umfrage und Dokumentation der Antworten
Klären Sie höflich das Einverständnis der Person zu ihrer Befragung. Stellen Sie die vorbereiteten Fragen immer in der gleichen Weise, damit die Ergebnisse der Umfrage miteinander verglichen werden können. Dokumentieren Sie die Ergebnisse einheitlich (wie in Phase 1 festgelegt).

5. Phase: Auswertung und Präsentation der Ergebnisse
Sichten und ordnen Sie die Umfrageergebnisse. Bilden Sie Kategorien und gruppieren Sie die Ergebnisse danach. Erstellen Sie eine statistische Auswertung oder stellen Sie die Ergebnisse in einem zusammenfassenden Text dar. Eine grafische Darstellung der Umfrageergebnisse ist bei einer Präsentation gut wahrnehmbar und wirkungsvoll. „Veröffentlichen" Sie die Ergebnisse z. B. in einem Vortrag oder auf einer Wandzeitung.

Bernd Dörries: **I schwätz Hochdeutsch** (Süddeutsche Zeitung, 2005)

Daumen in den Mund, Lippen spitzen: Wie Schwaben üben, ihre Mundart loszuwerden.
Stuttgart, im Juli – Tim P. hat sich in den vergangenen Wochen den Daumen in den Mund gesteckt, beim Sprechen die Lippen zu einem Ring geformt und abends dem Sprecher der Tagesschau genau zugehört. Das waren seine Übungen. Er spricht nun den Satz, der einer der schwierigsten von allen sein soll. „Die Eltern waren Sportler, die Kinder waren Sportreporter." Tim P. ist in Stuttgart geboren und spricht auch so. Er ist 27 Jahre alt, arbeitet in einer großen Bank und [...] versucht, sein Schwäbisch loszuwerden. Dafür besucht er einen Kurs.

Über Jahre hinweg wurde er immer wieder darum gebeten, doch etwas deutlicher zu sprechen und langsamer. Und wenn er abends die Tagesschau sah, dann dachte er, es wäre doch schön, so sprechen zu können. Richtig hochdeutsch. Sauber und erhaben klinge das, sagt er. „Das strahlt schon eine andere Kompetenz aus als Schwäbisch." Das wirke oft etwas dümmlich, hinterwäldlerisch. So möchte er nicht rüberkommen. Deshalb sitzt Tim nun mit fünf anderen Teilnehmern beim Sprachinstitut

„Fon" im Kurs: Ein Unteroffizier ist dabei, eine Lehrerin, ein Bauleiter und eine Software-Spezialistin. Sie alle sagen, dass sie privat gerne schwäbisch sprechen. Nur im Beruf sei es eben eher von Nachteil. [...]

Der Bauleiter sagt, bei Besprechungen stelle er schon fest, dass die Leute besser zuhören, wenn er nun laut und deutlich spreche. Die Lehrerin sagt, sie habe oft Vorwürfe von Schülern und Eltern bekommen, wegen ihres Dialektes. „Die haben schlechte Diktate geschrieben und sagten, es liege an meiner undeutlichen Aussprache." [...]

Hans Kratzer: **Dialekt macht schlau** (2005)

In der Sprache der Münchner Jugendlichen kommt er nicht mehr vor, die Radio- und Fernsehsender meiden ihn wie die Pest, in vielen Firmen, Elternhäusern, Schulen und Universitäten gilt er als primitiv und unzeitgemäß. Doch jetzt hat die aktuelle Pisa-Studie dem Dialekt überraschend zu neuer Aufmerksamkeit verholfen. Dass im Bildungsvergleich ausgerechnet Dialekt-Regionen wie Bayern, Baden-Württemberg, Sachsen und Österreich ganz oben stehen, hat eine Reihe von Fragen aufgeworfen. Sogar die mundartlich wenig inspirierte Bildzeitung titelte etwas ratlos: Macht uns der Dialekt so schlau?

Größere Sprachkompetenz dank Dialekt

Mundart-Experte Hans Triebel beantwortet diese Frage klipp und klar mit Ja. „Unsere Kinder san ja net so gscheit, weil bei uns die CSU regiert, sondern weil sie von Grund auf zwei Sprachen lernen, den Dialekt als Muttersprache und das Schriftdeutsche als Standardsprache", sagt Triebel. Tatsächlich lassen wissenschaftliche Untersuchungen den Schluss zu, dass Kinder, die mit dem Dialekt aufwachsen und sich dann erst die Standardsprache aneignen, eine größere Sprachkompetenz entwickeln.

Heinz-Peter Meidinger, der Vorsitzende des Deutschen Philologenverbandes, nennt folgenden Grund für dieses Phänomen: „Dialektsprecher lernen früh, zwischen verschiedenen Sprachebenen zu unterscheiden. Das trainiert die Auffassungsgabe und das abstrakte Denken." Nach Ansicht von Josef Kraus, dem Präsidenten des Deutschen Lehrerverbandes, profitieren Dialektsprecher vor allem in Deutsch und Mathematik von ihrem guten sprachanalytischen Verständnis.

Weniger Rechtschreibfehler bei Dialektsprechern

Ludwig Zehetner, der an der Universität Regensburg bairische Dialektologie lehrt, verweist überdies auf jüngste Erkenntnisse in der Hirnforschung. Aus denen gehe hervor, dass sich bei Kindern, die mehrere Sprachen beherrschen, das zuständige Zentrum im Gehirn besser ausbilde. „Der Dialekt ist für ein Kind die optimale Voraussetzung für jegliche weitere Entfaltung auf sprachlichem Gebiet", sagt Zehetner. Dazu passt die These von Reinhold Steininger, dass zwar der Gebrauch des Dialekts rapide zurückgehe, die Beherrschung der Schriftsprache aber in gleichem Maße abnehme.

Interessant ist in diesem Zusammenhang eine Untersuchung der Universität Oldenburg, die Aufsätze von Dritt- bis Sechstklässlern über Jahre hinweg auswertete und zu dem Ergebnis kam, dass die Dialektsprecher 30 Prozent weniger Rechtschreibfehler produzierten. [...]

---

1 **a** „Dialekt in der Schule": Sammeln Sie die Pro- und Kontra-Argumente der beiden Texte (▶ S. 297 f.).
b Ergänzen Sie weitere Pro- und Kontra-Argumente und fertigen Sie Info-Plakate (z. B. in Form eines Clusters) an.
c Untersuchen Sie die Argumentationsstruktur in beiden Texten (Methode, ▶ S. 116).

2 Beschaffen Sie sich Sprachproben zu unterschiedlichen Dialekten des Deutschen (z. B. beim „Dialektatlas" der Deutschen Welle oder im Deutschen Spracharchiv des Instituts für Deutsche Sprache).
a Beschreiben Sie möglichst differenziert die Wirkung, die verschiedene Dialekte auf Sie haben.
b Erörtern Sie die These, dass die klangliche Qualität der Dialekte etwas mit ihrem unterschiedlichen Prestige bzw. ihrer jeweiligen Akzeptanz zu tun habe.

3 Mundart und Komik gehen – freiwillig oder unfreiwillig – oft einher: Diskutieren Sie mögliche Gründe anhand von Beispielen aus dem Alltag und aus den Unterhaltungsmedien (z. B. Comedy).

3.2 Jugendsprachen und Ethnolekt – Sprachkontakt und Code-Switching

Nikolaus Nützel: **Wenn Digger endkrass dissen – Oder: Sprechen Jugendliche eine eigene Sprache?** (2007)

Sechzehnjährige sprechen anders als Sechzigjährige – man muss kein Sprachforscher sein, um das bestätigen zu können. Doch ob es wirklich eine eigene „Jugendsprache" gibt, darüber können sich Sprachwissenschaftler die Köpfe heißreden. Am Ende solcher Debatten steht dann meist das Ergebnis: „Ja, es gibt eine Jugendsprache, aber irgendwie auch wieder nicht." Die Sprachforschung tut sich enorm schwer zu beschreiben, was man hört, wenn Jugendliche den Mund aufmachen.

Immerhin: Alle Experten können sich darauf einigen, dass es Besonderheiten gibt, die man eher von Jugendlichen als von Rentnern hört:

- Jugendliche haben eigene Wörter beim Grüßen, sie sagen eher „Hey, Digger" oder „Was geht, Alter" als „Guten Tag, mein lieber Freund". (Sprachforscher reden von *sondersprachlichen Grußformeln.*)
- Jugendliche kleben Silben an Wörter, wie es Erwachsene nicht tun würden: „Ich war endsauer." (Sprachforscher reden von *expressiver Steigerung durch Präfigierung.*)
- Jugendliche verwenden noch mehr Begriffe aus dem Englischen, als es Erwachsene ohnehin schon tun: „cruisen", „chillen", „scratchen" usw. (Sprachforscher reden von *Entlehnung.*) [...]
- Jugendliche verwenden Wörter, die viele Erwachsene als anstößig empfinden: Rudelpisser, Fressbrett, Analhusten. (Sprachforscher reden von *diastratisch* [gesellschaftlich] *niedrig markierten Lexemen.*)
- Jugendliche malen mit ihrer Sprache gerne Bilder: Münzmallorca (Solarium), Taschentiger (Katze), behaarte Bifi (kleiner Hund). (Sprachforscher reden von *metaphorischer Sprechweise.*)
- Jugendliche lassen Wörter aus: „Ich geh nachher Karstadt, kommst du?" – „Auf jeden!" (Sprachforscher reden von *elliptischer Sprechweise.*)

- Jugendliche verwenden gebräuchliche Wörter mit neuem Sinn: Biotonne für Vegetarier [...]. (Sprachforscher reden von *Verfremdung, die zur Polysemie führt.*)
- Jugendliche verwenden die Regeln der Grammatik völlig neu: Sie nehmen beispielsweise die Vorsilbe „un-", steigern sie (was eigentlich in der deutschen Grammatik nicht erlaubt ist) und erschaffen somit ein neues Wort: unst oder unsten. (Sprachforscher reden von *paradoxer Superlativbildung zu einem Präfix.*)
- Jugendliche verwenden gerne Füllwörter: „irgendwie", „und so", „na ja". (Sprachforscher reden von *Abtönungspartikeln.*)
- Jugendliche schneiden Wörter hinten oder auch vorne ab: Alk (statt Alkohol), türlich (statt natürlich). (Sprachforscher sprechen von *Kopfwörtern und Schwanzwörtern.*)

Alles in allem sprechen Jugendliche also anders. Und man kann dieses andere Sprechen sogar mit hochwissenschaftlichen Fachbegriffen beschreiben. Aber eine eigene Sprache, die wirklich durchgängig unverständlich für Erwachsene wäre, sprechen junge Leute wohl doch nicht. Das, was typisch ist für die Sprache der Jugendlichen, macht nur einen kleinen Teil von dem aus, was sie erzählen, beklagen, belachen. Sprachstatistiker haben errechnet, dass sich Jugendsprache zu weniger als einem Prozent von der durchschnittlichen Erwachsenensprache unterscheidet. [...]

Neben der Jugendsprache, mit der sich die einschlägigen Lexika und Bücher von Professoren der Sprachwissenschaft beschäftigen, gibt es eine weitere Spielart des jugendlichen Sprechens – und sie wird in den letzten Jahren immer wichtiger: die Sprache der Jungen und Mädchen in Deutschland, deren Eltern einen türkischen, bosnischen oder russischen Pass haben oder die selbst von den deutschen Gesetzen als Ausländer behandelt werden (obwohl sie in Deutschland geboren wurden).

Die „Kanak Sprak“, wie sie der gebürtige Kurde Feridun Zaimoglu getauft hat, ist extremer als die rein deutsche Jugendsprache. Die jungen Alis und Ayshas kennen noch mehr Spezialbegriffe. Sie bilden noch unvollständigere Sätze. Sie mischen Deutsch mit Türkisch. Sie rollen das „r“ im Wörtchen „krrrrass“ noch stärker. Sie machen gerne aus einem „ch“ ein „sch“. Und vor allem bildet die „Kanak Sprak“ ihr eigenes Universum. Aber sie hat offenbar auch einen besonderen Unterhaltungswert. Die kommerziell aufgepeppte Kanak Sprak, mit der Erkan und Stefan oder auch der „Was-guckst-du?!“-Moderator Kaya Yanar ihre Comedys bestücken, hat ihre Schöpfer reich gemacht. Das hätten sich die ersten Jugendlichen, die im 19. Jahrhundert anfingen, eine Jugend-Sondersprache zu basteln, wohl nicht träumen lassen, dass man damit mal richtig Geld (also Cash, Kohle, Asche, Kies, Money, Flocken, Heu, Steine usw., usf.) verdienen könnte.

1 Suchen Sie für jedes von Nützel genannte Merkmal für Jugendsprache (Z. 15–61) weitere Beispiele.

2 **a** Berichten Sie über Ihre Erfahrungen mit „Türkendeutsch“ – einerseits im Alltag, andererseits in den Medien.

b Vergleichen Sie Ihre Erfahrungen mit Nützels und Androutsopoulos' (▸ Text unten) Aussagen.

3 Sammeln Sie Beispiele zur Veranschaulichung der Fachbegriffe in folgender Information:

Information **Sprachkontakt und Code-Switching**

Wenn in derselben Gruppe zwei oder mehrere Sprachen gebraucht werden, spricht man in der Soziolinguistik von **„Sprachkontakt“.** Der Übergang von einer Sprachvarietät oder Sprache in die andere innerhalb eines Gesprächs wird als **„Code-Switching“** bezeichnet.

Jannis Androutsopoulos: **Ultra korregd Alder! Zur medialen Stilisierung und Aneignung von „Türkendeutsch“** (2001)

Im Varietätengefüge des Deutschen steht „Türkendeutsch“ für eine neue Varietät[1], die ansatzweise herausgebildet, aber noch nicht stabilisiert ist. Sie wird durch Medientexte nicht erst kreiert, sondern vielmehr propagiert, sichtbar und verfügbar gemacht. Obwohl Ethnolekte vielen Muttersprachlern auch aus dem direkten Kontakt bekannt sind, werden sie erst in ihrer medial stilisierten Form zu einer kommunikativen Ressource[2] für die gesamte Sprachgemeinschaft. Festzuhalten ist daher, dass die massenmediale Verarbeitung ethnolektaler Muster die öffentliche Wahrnehmung dieser Varietäten beeinflusst und damit die soziolinguistische[3] Sprachbewusstheit der Sprachgemeinschaft verändert. [...]

Allerdings hängt die Popularität von „Türkendeutsch“ auch mit tieferen Prozessen sozialen Wandels in der Bundesrepublik zusammen. In der Entwicklung von der Arbeitsmigration der 60er Jahre zur tendenziell pluriethnischen[4] Gesellschaft der 90er Jahre wird die Mehrheitsgesellschaft mit neuen Lebenswelten und sozialen Typen konfrontiert. Medientexte, vor allem

Kunstformen wie Comedy und Spielfilme, haben in diesem Zusammenhang die Funktion, Facetten dieser neuen Wirklichkeit zu thematisieren, neuartige und vielleicht als bedrohlich empfundene Milieus und Menschentypen in dramatisierter oder übertriebener Form zu porträtieren. Für die Rezipienten sind diese Darstellungen auch Anlässe und Ressourcen, um dieselben sozialen Entwicklungen in ihrer eigenen Alltagskommunikation zu verarbeiten. Vor diesem Hintergrund ist die Art und Weise der Aneignung von „Türkendeutsch" letztlich auch als ideologische[5] Stellungnahme zu verstehen. Die kritische Frage, ob die Reproduktion[6] medialer Ethnolekte einem verdeckten Alltagsrassismus gleichkommt, ist m. E. nicht einheitlich zu beantworten. Durch „Türkendeutsch" im Alltag kann man sowohl Akzeptanz als auch Ablehnung einer pluriethnischen, mehrsprachigen Gesellschaft signalisieren, je nach Art der medialen Vorlage und vor allem je nach der spezifischen Verarbeitung. Die Popularität des medialen „Türkendeutsch" führt jedenfalls dazu, dass ethnolektale Varietäten des Deutschen nicht (mehr) ignoriert werden. Der Comedy-Künstler Erkan bringt dies folgendermaßen zum Ausdruck: *Jetzt kannst du auch Witz drüber machen, kannst du auch Comedy mit machen, kannst du karikieren, kannst du zelebrieren, aber kommt drauf an, wie du's machst.*

1 **Varietät:** (sprachliche) Variante, Form, Erscheinungsweise
2 **Ressource:** Quelle
3 **soziolinguistisch:** den unterschiedlichen Sprachgebrauch verschiedener gesellschaftlicher Schichten betreffend
4 **pluriethnisch:** mehrere oder viele Ethnien (Bevölkerungsgruppen) umfassend
5 **ideologisch:** von einer bestimmten Ideologie (politischen Anschauung) geprägt
6 **Reproduktion:** Wiedergabe, Wiederholung

1. Erläutern Sie den Zusammenhang, den der Autor zwischen „Türkendeutsch" und seiner Verwendung und Funktion in den Medien herstellt.
2. Androutsopoulos stellt die Frage, ob die Wiedergabe medialer Ethnolekte möglicherweise als verdeckter Alltagsrassismus verstanden werden kann (Z. 38 f.). Erläutern und diskutieren Sie dies. Beziehen Sie dabei auch die Zeilen 51–54 des Textes mit ein. Was meint Erkan, wenn er sagt: „ ... kommt drauf an, wie du's machst"?
3. „Kanak Sprak" und „Koppstoff": In diesen beiden literarischen Werken porträtiert der Schriftsteller Feridun Zaimoglu junge türkischstämmige Männer und Frauen.
   Informieren Sie sich, wie diese Bücher entstanden sind, und besorgen Sie sich Leseproben aus den beiden Werken. Untersuchen Sie daran die Sprache der Figuren in ihren Monologen. Beziehen Sie dabei den Begriff „Code-Switching" (Information, ► S. 300) mit ein.

Information **Ethnolekt**

Als Ethnolekt bezeichnet man eine **Sprachvarietät, die innerhalb einer Sprache von einer ethnisch fremden Gruppe verwendet wird** und sich durch bestimmte Merkmale (z. B. Weglassen der Artikel, veränderte Verbstellung) von der regulären Hochsprache unterscheidet (z. B. die deutsche Sprechweise von italienischen oder polnischen Einwanderern in Deutschland). In Wechselwirkung zu diesem **primären Ethnolekt** sind der sekundäre und der tertiäre Ethnolekt zu unterscheiden.

- **Sekundärer Ethnolekt:** die Art und Weise, wie der primäre Ethnolekt durch die Medien aufgegriffen und nachgeahmt wird, z. B. zur Charakterisierung von Serien- oder Filmfiguren oder als Mittel der Komik in Comedy-Sendungen, also meistens zu Unterhaltungszwecken.
- **Tertiärer Ethnolekt:** der in den Medien präsentierte sekundäre Ethnolekt, der wiederum in den Sprachgebrauch von Sprecherinnen und Sprechern einfließt, obwohl diese gar keinen unmittelbaren Kontakt mit der ursprünglichen ethnischen Gruppe haben.

3.3 Fachsprache

§2 Schulträger

(1) Schulträger ist, wer für die Errichtung, Organisation und Verwaltungsführung der einzelnen Schule rechtlich unmittelbar die Verantwortung trägt und zur Unterhaltung der Schule eigene Leistungen erbringt.

(2) Schulträger können nur juristische oder natürliche Personen sein.

Der VPL-VW90ES genannte Bildwerfer zeigt die plastischen Bilder mit der uneingeschränkten HD-Auflösung von 1080 Zeilen im Vollbildmodus. Zur genussvollen Betrachtung bedarf es derselben Shutterbrillen, die auch für 3D-Fernseher zur Pflichtausrüstung zählen. Die Bildfrequenz von 240 Hertz sorgt für glatte, ruckfreie Bewegungsabläufe.

Der Cournotsche Punkt ist der Punkt auf dem Graphen der Preisabsatzfunktion eines Monopolisten, der an der Stelle der gewinnmaximalen Ausbringungsmenge liegt und den zu ihr gehörenden Preis angibt.

1 Lesen Sie die Zitate und ordnen Sie sie bestimmten Fachbereichen und Textformen zu.

2 **a** Geben Sie den Inhalt der Zitate mit eigenen Worten wieder und erläutern sie ihn.
b Benennen Sie die Schwierigkeiten, die Sie dabei haben. Welche Möglichkeiten haben Sie, diese Schwierigkeiten zu überwinden?

3 Nennen Sie Situationen aus Ihrem Alltag, in denen Sie mit Fachsprachen konfrontiert werden.

Information **Fachsprachen und Fachbegriffe**

Fachsprachen ermöglichen eine differenzierte Darstellung fachlicher Zusammenhänge und eine präzise Kommunikation von Fachleuten und Spezialisten in Forschung und Wissenschaft, Betrieb, Produktion und Verkauf. Von der Standardsprache unterscheiden sich Fachsprachen vor allem durch einen eigenen Wortschatz. Ein **Fachbegriff** ist ein Wort, dessen Bedeutung für Fachleute eines Gebietes eindeutig definiert ist, teilweise in Abgrenzung zu seiner Verwendung in der Alltagssprache. Häufig werden **Fremdwörter** als Fachbegriffe verwendet. Fachbegriffe können aber auch Kunstwörter oder **Neologismen** (▶ S. 291) sein. Auch **Abkürzungen** werden in Fachsprachen häufig verwendet. – Im Austausch mit Laien können sich Fachsprachen als Kommunikationsbarrieren erweisen. Übertriebener Gebrauch eines Fachvokabulars kann imponieren, einschüchtern oder sogar manipulierend wirken.

4 Sammeln Sie Fachbegriffe aus verschiedenen Fachgebieten nach folgendem Muster:

	spezifisch definierter Begriff	*Fremdwort*	*Neologismus*	*Abkürzung*
Wirtschaft	…	*global*	*Hartz IV*	…
Technik	*Rechner*			*IT*

Fachbegriffe und Alltagssprache

Autonomie | Autorität | Kompetenz | Motivation | Reifung | Identität

1 **a** Bilden Sie möglichst unterschiedliche Sätze, in denen jeweils einer der Begriffe vorkommt.
b Leiten Sie aus Ihren Beispielsätzen Begriffserläuterungen ab. Formulieren Sie diese schriftlich.
c Besorgen Sie sich ein Lexikon der Pädagogik und vergleichen Sie dessen Definitionen mit Ihren Begriffserläuterungen. Arbeiten Sie die fachsprachliche Besonderheit bei jedem Begriff heraus.

2 Überprüfen Sie, ob der Begriff „Autonomie“ im pädagogischen Kontext mit der folgenden Begriffsbestimmung von „Selbstbestimmung“ übereinstimmt.

„Größtmögliche (optimale) Selbstbestimmung des Kindes“ ist eines der bedeutenden Erziehungsziele in sozialpädagogischen Einrichtungen. Das Kind soll, wenn immer möglich und sinnvoll, sein Handeln selbst entscheiden und verantworten (was allerdings nicht mit **Laisser-faire-Erziehungsstil** in Verbindung gebracht werden darf). Ein Kind, das sich immer gehorsam fügt und alle Erwartungen ausführt, ohne eigene Überlegungen oder Wünsche einzubringen, handelt nicht selbstbestimmt. ?

Selbstbestimmung ist nicht mit Selbstständigkeit gleichzusetzen. Ein Kind kann selbstständig sein, z.B. sich aus- und anziehen oder jeden Tag die Pflanzen unaufgefordert gießen (weil es den Auftrag hat), aber im Bereich der Entscheidungen (selbst sein Handeln zu bestimmen) sich von anderen übermäßig leiten lassen.

Das Gegenteil von Selbstbestimmung ist Fremdbestimmung. Autoritäre Erzieherpersonen können eine starke Fremdbestimmung über das Kind ausüben (**autoritärer Erziehungsstil**). ? Ihr Handeln, ihr Vorhandensein oder ihre Verstärkungen wie z.B. Lob geben dem Kind möglicherweise keinen ausreichenden Freiraum für Selbstbestimmung. *(Freya Pausewang)*

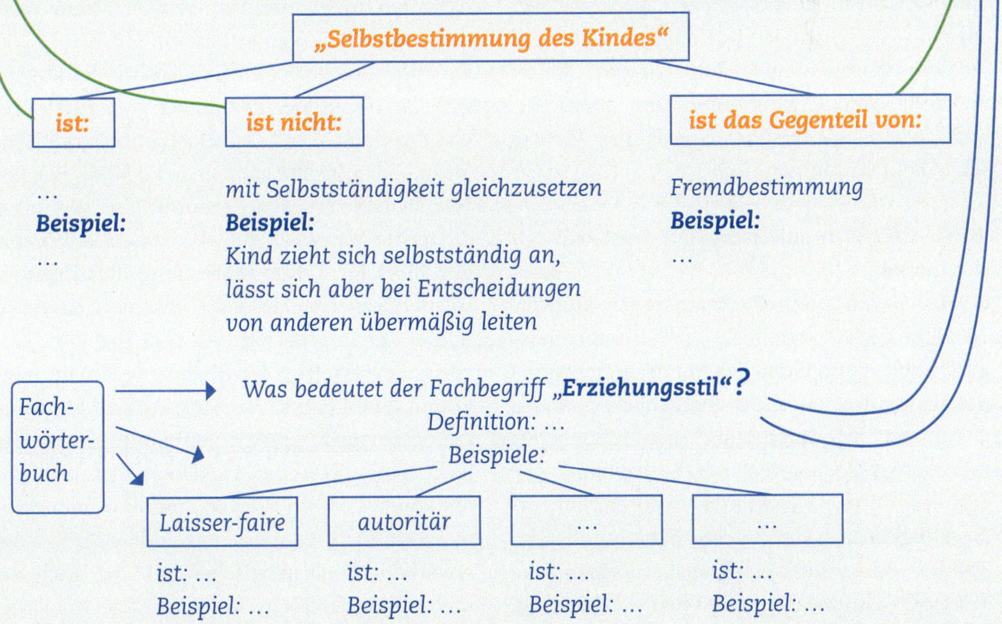

3 **a** Wie geht Freya Pausewang bei der Definition des Begriffes „Selbstbestimmung“ vor? Vergleichen Sie dies mit anderen Definitionen (▶ Aufgabe 1c).
b Diskutieren Sie, welchen Vorteil bei der Definition des Begriffs „Selbstbestimmung“ die Erwähnung von Sachverhalten bietet, die nicht gemeint sind.

4 Das Beispiel zeigt eine Möglichkeit, einen fachsprachlichen Text zu erarbeiten: Beschreiben Sie die Vorgehensweise und vervollständigen Sie das Schaubild auf einer Kopie.

Fachsprache in der Technik – Zum Beispiel Gebrauchsanweisungen

Walter Schmidt: **Schreiben wie ein Prediger** (2000)

Technische Redakteure müssen Kompliziertes mit einfachen Worten erklären

Dass man doch „bitte die Eingangsschnur nicht grausam betreten“ solle, empfiehlt die Gebrauchsanweisung für den neuen CD-Spieler. Im Handbuch für einen Computerbildschirm heißt es rätselhaft: „Wenn der Monitor ein von erkennt, stellen Sie zeitliche Regelung Signale ein, ruft es wieder auf, dass Modus und irgendwelche Gespeicherten Bildschirmanzeigejustage, die Sie eingestellt haben.“ Solchen Unsinn sollen technische Redakteure vermeiden.

Etwa 30.000 technische Redakteure, schätzt die Stuttgarter Gesellschaft für technische Kommunikation (tekom), gibt es in Deutschland. Zwar nennen sich nicht alle so, doch ihr Job ist der gleiche: Sie formulieren Konstruktions- und Bedienungsanleitungen von Laptops, Reiseweckern oder Elektroherden und versuchen sich an einer Antwort auf die Frage: Wie sag ich's meinem Kunden? […]

Ist die Gebrauchsanweisung gut, freut sich der Kunde

Käufer haben einen Rechtsanspruch auf vorhandene und verständliche Produktinformationen. Nach einem Urteil des Bundesgerichtshofs sei ein Kaufvertrag nicht abgeschlossen, wenn die „notwendige Instruktion“ nicht mitgeliefert werde, sagt Godehard Pötter, Sachverständiger für technische Verbraucherinformation in Recklinghausen. Verbraucher hätten in diesem Fall das Recht auf Geldrückgabe, Preisminderung oder Umtausch in vollständige, fehlerfreie Ware. Und nicht nur das: „Wenn etwa nicht ausdrücklich und verständlich beschrieben ist, dass man ein Gerät nicht unter brennbaren Materialien wie Gardinen aufstellen soll, und das Haus in Flammen aufgeht, dann muss der Hersteller meist zahlen“, sagt Pötter.

Weil noch längst nicht jede Gebrauchsanweisung verständlich geschrieben ist und weil zudem immer mehr technische Produkte auf den Markt kommen, bieten sich technischen Redakteuren große Chancen. „Der Arbeitsmarkt für diese Leute boomt“, sagt Gregor Schäfer von der tekom. […] Und dabei haben […] viele Firmen die Bedeutung guter Verbraucherinformationen für Marketing und Kundenbindung noch gar nicht erkannt: Wer ein Regal auch nach drei Anläufen nicht zusammenbauen kann, wird den Hersteller kaum weiterempfehlen.

Zu oft beschreiben Gebrauchsanleitungen, ganz im Sinne detailverliebter Konstrukteure, was ein Gerät alles kann. Doch unbedarfte Käufer haben zunächst ganz nahe liegende Fragen: Wie schließe ich den Computer an? Wofür ist die rechte Maustaste gut? Was mache ich, wenn der Bildschirm flimmert? Beim Beantworten solcher Fragen müssten technische Redakteure unbedingt Sprachschatz, Alltagswissen und Gefahrenbewusstsein der Käufer beachten, sagt Pötter. Das lässt sich lernen. Tekom-Mitglieder bieten beispielsweise Weiterbildungskurse für technisches Personal an, Hochschulabsolventen können bei privaten Instituten in mehrmonatigen Lehrgängen das notwendige Know-how erwerben. Und inzwischen gibt es auch an mehreren Fachhochschulen oder technischen Universitäten spezielle Studiengänge.

1 **a** Sammeln Sie Argumente aus dem Text von Walter Schmidt (▶ S. 304), warum der Berufszweig „technische Dokumentation" Zukunft hat.
b Fassen Sie zusammen, welche Anforderungen an die Verfasser von Gebrauchsanleitungen gestellt werden.
c Erörtern Sie, ob sich die Herstellung von Gebrauchsanleitungen in Länder mit niedrigeren Lohnkosten verlegen lässt.

2 Sie müssen entscheiden, ob die Gebrauchsanleitung für ein neues Produkt Ihres Unternehmens von den eigenen Ingenieurinnen/Ingenieuren oder von einer auf technische Dokumentation spezialisierten Firma verfasst werden soll.
a Sammeln Sie mittels einer Kartenabfrage Argumente für diese Entscheidung, benennen Sie dabei Vor- und Nachteile der Alternativen.
b Bewerten Sie die Argumente, um zu einer Entscheidung zu kommen.

3 Bringen Sie Gebrauchsanweisungen und Packungsbeilagen mit. Beurteilen Sie in Gruppenarbeit deren Verständlichkeit und machen Sie Verbesserungsvorschläge.

Fachsprachen und öffentlicher Sprachgebrauch

Börse Frankfurt
Dax schließt im Minus – Autoaktien kommen unter die Räder

Ifo-Index erreicht Drei-Jahres-Hoch

Der steigende Euro-Kurs macht vielen europäischen Ökonomen Sorge

Zweifel an Rechtmäßigkeit
Regierung prüft Deckelung der Bankerboni

Tarifverhandlungen
Zeitarbeits-Mindestlohn wird wahrscheinlicher

Diskussion um Hartz IV
OECD rügt Lohnaufstockung

Gold als Investment
Glanz im Depot

1 **a** Listen Sie die Fachbegriffe aus dem Bereich Wirtschaft auf, die in diesen Zeitungsschlagzeilen vorkommen.
b Formulieren Sie eine Erläuterung im Stil eines Lexikoneintrags zu jedem der Begriffe.
c Besorgen Sie sich ein Wirtschaftslexikon und vergleichen Sie dessen Erklärungen mit Ihren Definitionen.

2 Bringen Sie verschiedene Tageszeitungen mit in den Unterricht. Wählen Sie aus den Wirtschaftsteilen Artikel zum gleichen Thema aus und untersuchen Sie diese unter den Aspekten „Verwendung von Fachsprache“, „Verständlichkeit“, „Informationsgehalt“.

3 Diskutieren Sie: Ist die Sprache der Werbung (▶ S. 258 ff. und 289 ff.) eine eigene Sprachvarietät? Untersuchen Sie dazu die folgenden und weitere Beispiele für Werbesolgans:

Weltneuheit.
Das erste integrierte Präzisions-Dosiersystem.

Der Herbst steht mir gut:
Mit einer femininen Kollektion, die alles mit sich bringt, was das Modeherz begehrt.

Pflege, die berührt.
Straffere Konturen von den „Lifting-Experten“.

4 **Projekt: Die Sprache des Sports – Sport in der Sprache** (▶ Projektkapitel, S. 75–80)

a Beziehen Sie den zweiteiligen Titel des Projekts auf das Wort- und Textmaterial in den beiden Kästen unten. Klären Sie dabei auch die Bedeutung der Begriffe bzw. die Textaussage.

abtasten – Blutgrätsche – Chancentod – Defensivbereich – einlochen – Fahrstuhlmannschaft – Grottenkick – Hattrick – Joker – Kaiser – Libero – Notbremse – Oberhaus – pressen – Raute – Schwalbe – Torfabrik – unabsteigbar – verwandeln – Wühler – zustellen

Gerhard Delling: Fußball und Politik

[...] Natürlich ist jede Partei im Wahlkampf bemüht, mannschaftliche Geschlossenheit zu demonstrieren und bis zur letzten Minute zu kämpfen. Und trotzdem passieren immer wieder Fehler, die zur Steilvorlage für den Gegner werden. Darüber hinaus wird verbal so manches Eigentor geschossen.

b Untersuchen Sie für den Bereich Sport allgemein oder für eine bestimmte Sportart (z. B. Fußball, Boxen, Tanzen) Besonderheiten des Sprachgebrauchs. Sammeln Sie dazu Sprachmaterial in verschiedenen Medien. Erheben Sie weiteres Sprachmaterial unter der Frage, inwiefern in anderen Zusammenhängen (z. B. Politik, Wirtschaft) in metaphorischer Weise auf die Sondersprache des Sports/ der Sportart zurückgegriffen wird.

Information Sprachvarietäten

Mit dem Begriff Sprachvarietäten werden **verschiedene Varianten, Erscheinungsweisen einer Sprache** bezeichnet. Solche Varianten gibt es vor allem

- durch Unterschiede zwischen der geschriebenen und der gesprochenen Sprache,
- in Form der **Dialekte** in verschiedenen Regionen z. B. des deutschsprachigen Raums,
- in Form zahlreicher **Fachsprachen,**
- durch unterschiedliche Sprachverwendung je nach sozialer Gruppe/Situation (**Soziolekte**),
- durch die – unter dem Einfluss der eigenen Muttersprache – von den Regeln abweichende Sprachverwendung von Sprechern, für die die Sprache eine Zweitsprache ist (**Ethnolekte**).

In der Forschung werden außerdem die Fragen diskutiert, inwiefern es geschlechtsbezogene Varietäten („Frauensprache“, „Männersprache“) und altersbezogene Varietäten („Jugendsprache“) gibt. Regionale, soziale, situative und weitere besondere, ggf. auch ethnische Merkmale verbinden sich bei jedem Einzelnen zu einer individuellen Sprechweise (**Idiolekt**).

Bundeskanzlerin Angela Merkel während einer Rede im Bundestag (2010)

Der Schauspieler Armin Müller-Stahl bei der Eröffnung eines Filmfestivals (2009)

1 Beschreiben und vergleichen Sie die Redesituationen. Benennen Sie dabei Unterschiede und Gemeinsamkeiten im Hinblick auf Situation, Raum, Publikum und möglichen Zweck der Rede.

2 Berichten Sie über Ihre eigenen Rede-Erfahrungen: Wie ist es Ihnen aus welchen Gründen bei einer eigenen oder einer gehörten Rede ergangen?

3 **a** Stellen Sie in Kleingruppen fünf Ratschläge für eine gute Rednerin/einen guten Redner auf.
b Bilden Sie neue Gruppen mit je einem Mitglied aus den ersten Gruppen. Stellen Sie Ihre Ratschläge vor, vergleichen und überarbeiten Sie sie. Diskutieren Sie abschließend Ihre Ergebnisse im Kurs.

In diesem Kapitel erwerben Sie folgende Kompetenzen:

- Redesituation, Argumentationsaufbau, Redeabsicht, Funktionen sprachlich-rhetorischer Mittel sowie Strategien der Beeinflussung in einer Rede untersuchen,
- rhetorische Gestaltung und inhaltlich-argumentative Überzeugungskraft bei der Beurteilung von Reden unterscheiden,
- Reden unterschiedlicher Zeiten hinsichtlich ihrer zeitgebundenen und überzeitlichen Aussageform und Aussagekraft analysieren und bewerten,
- die Bedeutung des Sprachgebrauchs und der Redekunst (Rhetorik) für die Wahrheits- und Entscheidungsfindung wahrnehmen und einschätzen,
- selbst eine Rede verfassen und vortragen.

4.1 Redestrategien und rhetorische Mittel – Eine Rede analysieren

Die folgende Rede hielt der damalige Bundespräsident Horst Köhler am 21. September 2006 in der Kepler-Oberschule, einer Hauptschule in Berlin-Neukölln.

Horst Köhler: **Bildung für alle** (2006)

Im vergangenen Jahr erreichten in Deutschland 80 000 Jungen und Mädchen keinen Schulabschluss. Es fehlen Ausbildungsplätze – in diesem Herbst wahrscheinlich 30 000. Klingt Ihnen das zu abstrakt? Dann nehmen Sie das Beispiel dieser Schule, der Kepler-Oberschule in Berlin-Neukölln: Am 4. Juli haben hier 51 Schüler ihr Abschlusszeugnis bekommen. Nur einer von ihnen – ich wiederhole: EINER – hatte zu diesem Zeitpunkt eine Lehrstelle gefunden.

Weiter: In Deutschland erwerben vergleichsweise wenig junge Menschen die Hochschulreife und zu wenige schließen ein Studium ab. Andere Nationen wandeln sich mit Begeisterung zu Wissensgesellschaften, in denen Lernen und Können als Auszeichnung gelten – Deutschland tut sich schwer damit.

Wir hören von Schulen, in denen Gleichgültigkeit, Disziplinlosigkeit, ja Gewalt den Alltag bestimmen. Auch dadurch verliert unser Land intellektuell und sozial jedes Jahr einen Teil seiner jungen Generation.

Und: Ein Kind aus einer Facharbeiterfamilie hat im Vergleich zu dem Kind eines Akademikerpaares nur ein Viertel der Chancen, aufs Gymnasium zu kommen. Die Ursachen dafür mögen vielschichtig sein; der Befund ist beschämend. Bildungschancen sind Lebenschancen, sie dürfen nicht von der Herkunft abhängen. Darum werde ich immer auf der Seite derer sein, die leidenschaftlich eintreten für eine Gesellschaft, die offen und durchlässig ist und dem Ziel gerecht wird: Bildung für alle.

Auf dieses Ziel müssen wir hinarbeiten. Und es gibt ja viel Gutes, an das wir anknüpfen können. Engagierte Pädagogen machen immer noch das Beste auch aus schwierigen Bedingungen, und deutsche Schulen, Universitäten und Forschungseinrichtungen bringen immer noch Spitzenleistungen hervor. Aber mit „immer noch“ dürfen wir uns nicht länger zufriedengeben. Gerade in Sachen Bildung müssen wir im Interesse aller viel ehrgeiziger sein. Konzentrieren wir uns also auf das Wesentliche. Konzentrieren wir uns auf Bildung. [...]

Bildung bedeutet nicht nur Wissen und Qualifikation, sondern auch Orientierung und Urteilskraft. Bildung gibt uns einen inneren Kompass. Sie befähigt uns, zwischen wichtig und unwichtig und zwischen Gut und Böse zu unterscheiden. Bildung hilft, die Welt und sich selbst darin kennen zu lernen. Aus dem Wissen um das Eigene kann der Respekt für das Andere, das Fremde wachsen. Und sich im Nächsten selbst erkennen heißt auch: fähig sein zu Empathie und Solidarität. Bildung ohne Herzensbildung ist keine Bildung. Erst wenn Wissen und Wertebewusstsein zusammenkommen, erst dann ist der Mensch fähig, verantwortungsbewusst zu handeln. Und das ist vielleicht das höchste Ziel von Bildung. [...]

Auch darum ist das Bildungswesen Sache des ganzen Volkes. In den Familien, im Kindergarten, in der Schule, der Lehrwerkstatt und der Universität entscheidet sich, in welcher Gesellschaft wir künftig zusammenleben: Wir wünschen uns doch eine offene und tolerante Gesellschaft. Wir wollen doch unter Mitbürgern leben, die gerechtigkeitsliebend, wissbegierig und kreativ sind, die Ideen haben und bereit sind, Verantwortung zu übernehmen. Es liegt zu einem großen Teil an uns selbst, ob sich dieser Wunsch erfüllt. [...]

Ich bin in unserem Land vielen Menschen begegnet, die lernen und etwas aus sich machen wollen. Ich habe mit Schülern und Lehrern, mit Studenten und Professoren, mit Azubis und Handwerksmeistern gesprochen, die eine genaue Vorstellung davon haben, was sie sich von

Bildung erhoffen, was sie persönlich dafür leisten wollen und wo es in unserem Bildungswesen noch hakt. Alle diese Menschen haben Anspruch darauf, dass unser Land die besten Voraussetzungen für Bildung schafft. Dafür kommt es auf uns alle an, auf unsere Einstellung, auf unsere Anstrengung, auf unser Vorbild. Bildung für alle – das gelingt am besten, wenn sich alle dafür einsetzen, wenn wir alle uns bewegen. Was hindert uns? Auf geht's!

---

1 **a** Lesen Sie Horst Köhlers Rede mehrmals und bereiten Sie sie für einen Vortrag (▶ S. 319 f.) vor.
b Tragen Sie die Rede in einer Weise vor, wie sie Ihrer Meinung nach zu einem Bundespräsidenten und zum Inhalt passt.

2 Sammeln Sie Ihre ersten Eindrücke von der Rede: Positives, Negatives, Schwieriges ...

3 Erörtern Sie, ob sich die Rede einer bestimmten Redegattung zuordnen lässt (▶ Information).

Information **Rhetorik – Redegattungen**

Rhetorik heißt „Redekunst". „Kunst" hat dabei die Bedeutung von „Wissenschaft". Rhetorik ist also die Lehre von der (richtigen) Rede. Seit der Antike ist Rhetorik im öffentlichen Leben von großer Bedeutung. Im alten Griechenland war die wichtigste Form der öffentlichen Rede die Gerichtsrede. Später hat man drei Redegattungen unterschieden:

- die **Gerichtsrede**
- die **beratende, politische (Entscheidungs-) Rede**
- die **Lob- und Festrede**

Allen Redeformen ist gemeinsam, dass ihre wichtigste Funktion der Appell (▶ S. 23) ist.

Wer, worüber, wo, wann? – Thema und Redesituation wiedergeben

---

1 Notieren Sie in einem möglichst prägnanten Satz, mit welchem Thema sich Köhler befasst.

2 Prüfen Sie, welche der folgenden Fragen zur Redesituation Sie auf Köhlers Rede beziehen können. Recherchieren Sie mehr Hintergrundinformationen zu dieser Rede.

Methode **Eine Rede analysieren I – Redesituation**

Hinweis: Die Leitfragen können Sie für gedruckte Redetexte, aber auch zur Analyse von Redeaufzeichnungen (Fernsehen, DVDs, Internet) verwenden. Diese und die folgenden Listen decken daher auch Aspekte ab, die für abgedruckte Reden nicht anwendbar sind.

- Gibt es einen besonderen Anlass für die Rede? Wie wird dieser aufgegriffen?
- An welchem Ort wird die Rede gehalten? Welche Bedeutung hat dieser Ort für Redner/in und Zuhörer/innen?
- Welche Art von Publikum hört und sieht zu (soziale Schichten, Bildungsniveau, Fach- oder Laienpublikum)? Wie stellt die Rednerin/der Redner sich darauf ein?
- Wie ist die Raumsituation: Blickkontakt zwischen Redner/in und Publikum, erhöhte Position der Rednerin/des Redners, Raumarrangement/-gestaltung (Fahnen) usw.?
- Welche Übertragungsmedien sind einbezogen und welche Folgen hat das?

Die Problemstellung erfassen – Inhalt und Argumentationsaufbau darstellen

1 **a** Gliedern Sie Köhlers Rede in größere Sinnabschnitte.
b Legen Sie drei bis fünf Schlüsselaussagen fest und geben Sie diese mit eigenen Worten wieder.

2 Unterscheiden Sie Einleitung, Hauptteil und Schlussteil der Rede und erklären Sie deren Funktion.

3 Nutzen Sie die folgenden Leitfragen, um den Inhalt und den Argumentationsaufbau der Rede weiter zu analysieren. Beantworten Sie die Fragen schriftlich und stellen Sie einen gedanklichen Zusammenhang zwischen Ihren Antworten her.

Methode **Eine Rede analysieren II – Inhalt und Argumentationsaufbau**

- Auf welches Problem konzentriert sich die Rednerin/der Redner?
- Wie ist die Rede gegliedert? Entspricht der Redeaufbau dem üblichen Muster:
  - Einleitung: die Aufmerksamkeit der Zuhörer/innen gewinnen
  - Hauptteil: argumentative Entfaltung des Themas
  - Schlussteil: abschließender Versuch, die Zuhörenden für die vorgestellte Sicht zu gewinnen oder zu entsprechendem Handeln zu bewegen, oft direkter Appell
- Welche Hauptaussagen enthält die Rede und in welchem gedanklichen Zusammenhang stehen diese?
- Mit welchen Argumenten und Beispielen (► S. 41) werden die Aussagen untermauert?
- Welche weltanschaulichen Positionen werden in der Rede vertreten?
- Von welchen anderen Positionen grenzt die Rednerin/der Redner sich ab?

Die Redeabsicht erkennen – Strategien der Beeinflussung darstellen

1 Öffentliche Reden verfolgen ein Ziel: In der Regel streben sie eine Beeinflussung des Publikums an.
a Erarbeiten Sie anhand der folgenden Leitfragen die Redeabsichten (Intentionen) Köhlers.
b Formulieren Sie in einem Satz, welche Absicht er Ihrer Meinung nach hauptsächlich verfolgt.

Methode **Eine Rede analysieren III – Redeabsicht und Argumentationsweise**

- Welche Wirkung soll mit der Rede erzielt werden? Woran ist das zu erkennen?
- Auf welche Vorbilder bzw. Autoritäten beruft sich die Rednerin/der Redner?
- Werden in der Rede die eigenen Interessen und Ziele offengelegt?
- Will die Rednerin/der Redner eher informieren oder belehren/aufrütteln/motivieren, angreifen oder sich/andere verteidigen, Gegensätze ausgleichen oder verschärfen, vermitteln oder spalten, überzeugen (aufklären bzw. zum Nachdenken anregen) oder überreden (manipulieren), diffamieren oder sachlich kritisieren?
- Wer sind die Adressaten von Kritik, Vorwürfen, Appellen, Forderungen usw.?
- Welche Argumenttypen (► S. 118 f.) werden häufig verwendet? Wie hängt das mit der Redeabsicht zusammen?
- Welche rhetorischen Strategien der Beeinflussung (Information, ► S. 311) enthält die Rede? Welche Wirkung haben diese?

Information **Rhetorische Strategien der Beeinflussung**

Strategien der Beeinflussung findet man außer in politischen Reden und Debatten v.a. in der Alltagskommunikation. Meist handelt es sich um kämpferische Strategien. Bei diesen werden die eigentlichen Ziele in der Regel nicht offengelegt.

Aufwertung der Wir-Gruppe
- eigennützige Ziele oder Gruppeninteressen als Ziele der Allgemeinheit ausgeben
- von einer Sache, die man vertritt, nur günstige Aspekte erwähnen
- Einzelfälle, die für die eigene Ansicht günstig sind, verallgemeinern
- ein „Wir-Gefühl" herstellen (z.B. durch entsprechende Personalpronomen)
- „neutrale" Unterstützer der eigenen Meinung benennen (Autoritätsargument, ▸ S.119)
- der Wir-Gruppe positive Werte (wie Gerechtigkeit, Ehrlichkeit) und positiv besetzte Begriffe, Metaphern und Vergleiche zuschreiben
- Polarisierung durch Freund- und Feindbilder

Abwertung der Gegner
- Desinformation: andere Positionen verzerren oder umdeuten, den Gegner entstellt zitieren
- Verdächtigung, Diffamierung, Schuldzuweisung: dem Gegner Fehler zuschreiben, auch wenn er nicht für diese verantwortlich ist; ihm manipulative Absichten unterstellen
- dem Gegner negative Eigenschaften zuschreiben, abwertende Begriffe und Bilder verwenden, z.B. Krankheits-, Sucht- oder Brandmetaphern
- die gegnerische Gruppe spalten, ihr „Zerstrittenheit" vorwerfen
- Drohung, Kampfansage

Emotionalisierung und Dramatisierung
- Probleme übertreiben
- durch emotionalisierendes Vokabular z.B. Ängste und Befürchtungen wecken
- dramatisierende Metaphern einsetzen, z.B. aus den Bereichen „Krieg" oder „Unfall"

Beschwichtigung und Ablenkung
- problematische Sachverhalte z.B. durch Euphemismen (Beschönigungen) herunterspielen oder sie als „natürlich" bzw. „unabwendbar" darstellen
- mit Hilfe einer „Gemeinschaftsideologie" Interessenunterschiede verdecken
- problematische Sachverhalte tabuisieren, um sie aus der Diskussion herauszuhalten

Überzeugen
- die eigenen Ziele und Maßstäbe offenlegen, zu Kritik und Selbstkritik ermuntern
- mit rationaler Argumentation Denkanstöße liefern
- Brücken bauen und sich um Konsens bemühen
- Appelle in mahnend-unterstützender Form vortragen

Sprachliche Mittel benennen – Funktionen beschreiben

1 **a** Untersuchen Sie die sprachliche Gestaltung von Köhlers Rede (▸ S.308 f.). Achten Sie vor allem auf Bildhaftigkeit, Formen der Wiederholung, Gegenüberstellungen, Ich-/Wir-Aussagen, Satzbau.
b Prüfen Sie, welche Fachbegriffe (Rhetorische Mittel, ▸ S.313) zu Ihrer Sprachanalyse passen.

2 Wählen Sie aus den folgenden Leitfragen weitere aus, die Sie für die Analyse von Köhlers Rede für besonders geeignet halten. Beantworten Sie diese Fragen schriftlich.

Methode **Eine Rede analysieren IV – Sprachliche und rhetorische Mittel**

- Sind die Gedankenverbindungen eher logisch (z. B. durch kausale, konsekutive oder finale Konjunktionen) oder eher assoziativ angelegt? Wie passt das zur Redestrategie?
- Welcher Satzbau, welche Satzarten überwiegen? Welche Funktion und Wirkung haben sie?
- Welche rhetorischen Mittel (Information, ▶ S. 313) finden sich in welcher Funktion?
- Enthält die Rede Leitbegriffe der politischen Auseinandersetzung?
- Aus welchen Bereichen stammen Metaphern (▶ S. 313) und sonstige Bilder? Wie erklärt sich die Auswahl?
- Enthält die Rede Anklänge an bestimmte Sprachschichten („Haus der Stile", ▶ S. 320)?
- Welche anderen sprachlichen Besonderheiten fallen in der Rede auf?
- Wie wird die Rede vorgetragen (Redefluss, Tempo, Lautstärke, Mimik, Gestik)?

Kritisch Stellung nehmen – Eine zentrale Aussage erörtern

1 Setzen Sie sich mit Köhlers Schlüsselaussagen (▶ S. 310, Aufgabe 1) auseinander, z. B. mit der These, Bildung bedeute nicht nur Wissen und Qualifikation, sondern auch Orientierung und Urteilskraft.

2 Vergleichen Sie die Inhalte des folgenden Redeauszugs mit der Rede von Köhler (▶ S. 308 f.) und leiten Sie daraus Kommentare zu Köhlers Rede ab.

Christian Wulff: **Ansprache nach der Vereidigung als Bundespräsident im Deutschen Bundestag** (2.7.2010)

[...] Wann wird es bei uns endlich selbstverständlich sein, dass unabhängig von Herkunft und Wohlstand alle gleich gute Bildungschancen bekommen? Wann wird es selbstverständlich sein, dass unabhängig von Herkunft und Wohlstand nicht nur gleiche Bildungschancen gewährt werden, sondern dass auch alle Kinder, die hier groß werden, die deutsche Sprache beherrschen, auch die deutsche Sprache neben ihrer Muttersprache gut beherrschen? Wann wird es selbstverständlich sein, dass jemand mit den gleichen Noten die gleichen Aussichten bei einer Bewerbung hat, egal ob er Yilmaz oder Krause oder anders heißt? Die Untersuchungen dazu lassen mich jedenfalls nicht ruhen, weil hier großer Handlungsbedarf besteht und weil, vielleicht auch aus Unwissenheit, manche Form fehlender Chancengerechtigkeit bisher hingenommen wird.

Meine Antwort auf solche Fragen lautet: Wenn wir weniger danach fragen, woher einer kommt, als danach, wohin er will, wenn wir nicht mehr danach fragen, was uns trennt, sondern was uns verbindet, auch die monotheistischen[1] Weltreligionen, dann wird das Zusammenleben in unserem Land menschlicher und zugleich erfolgreicher sein. Wenn wir nicht mehr danach suchen, was wir einander voraushaben, sondern was wir voneinander lernen können, dann wird Neues, Gutes entstehen, zum Beispiel aus urdeutscher Disziplin und türkischem Dribbling, aus preußischem Pflichtgefühl und angelsächsischer Nonchalance[2], aus schwäbischer Gründlichkeit und italienischer Lebensart, demnächst vielleicht aus rheinländischer Lebenskunst und chinesischer Bildungsbegeisterung. [...]

1 **monotheistisch:** an einen einzigen Gott glaubend
2 **Nonchalance:** (frz.) Ungezwungenheit

3 Untersuchen Sie detailliert den Einsatz rhetorischer Mittel (Information, ▶ S. 313) in diesen Abschnitten.

Information Rhetorische Mittel

- **Akkumulation**, die: Reihung von Begriffen zu einem – genannten oder nicht genannten – Oberbegriff (z. B. *„die Schwarzen, die Roten, die Grünen“*)
- **Allegorie**, die: konkrete Darstellung abstrakter Begriffe, oft durch Personifikation (z. B. der *„Staat“* als *„Schiff“*, *„Gott Amor“* für *„Liebe“*)
- **Alliteration**, die: Wiederholung des Anfangslauts benachbarter Wörter (z. B. *„Vertrauen und Verantwortung“*, *„Wir alle wissen“*)
- **Anapher**, die: Wiederholung eines oder mehrerer Wörter an Satz- oder Versanfängen (z. B. *„Wir wissen ..., wir müssen..., wir fordern ...“*)
- **Antithese**, die: Entgegenstellung von Gedanken oder Begriffen (z. B. *„Krieg und Frieden“*, *„Himmel und Hölle“*, *„harte und weiche Themen“*)
- **Correctio**, die: Korrektur eines zu schwachen Ausdrucks (z. B. *„es ist gut, es ist viel besser ...“*)
- **Ellipse**, die: unvollständiger Satz (z. B. *„Je früher der Abschied, desto kürzer die Qual.“*)
- **Euphemismus**, der: Beschönigung (z. B. *„entschlafen“* statt *„sterben“*)
- **Hyperbel**, die: starke Übertreibung (z. B. *„sie wartete eine Ewigkeit“*)
- **Inversion**, die: Umkehrung der geläufigen Wortstellung im Satz (z. B. *„Unendlich war die Freude.“*)
- **Ironie**, die: Behauptung, die erkennen lässt, dass das Gegenteil gemeint ist (z. B. *„Du bist mir ein schöner Freund!“*)
- **Klimax**, die: Steigerung, häufig dreigliedrig (z. B. *„Veni, vidi, vici“*, Ich kam, sah und siegte, Julius Cäsar)
- **Metapher**, die: Bedeutungsübertragung; sprachliche Verknüpfung zweier semantischer Bereiche, die gewöhnlich unverbunden sind (z. B. *„Insel der Freiheit“*, *„Klaviatur der Medien“*)
- **Metonymie**, die: Ersetzung eines gebräuchlichen Wortes durch ein anderes, das zu ihm in unmittelbarer Beziehung steht (z. B. Ort für Person, Autor für Werk: *„Er hat den ganzen Goethe gelesen.“*)
- **Neologismus**, der (► S. 291): Wortneuschöpfung (z. B. *„Inszenierungsdemokratie“*)
- **Oxymoron**, das: Verbindung zweier Vorstellungen, die sich ausschließen (z. B. *„schwarze Milch“*, Paul Celan)
- **Onomatopoesie**, die: Lautmalerei (z. B. *„zwitschern und tirilieren“*)
- **Paradoxon**, das: Scheinwiderspruch (z. B. *„Wenn man's im Leben zu etwas bringen will, muss man's zu etwas gebracht haben –!“*, Kurt Tucholsky)
- **Parallelismus**, der: Wiederholung gleicher syntaktischer Fügungen (z. B. *„Das haben wir immer gesagt, das hat sich bewahrheitet.“*)
- **Personifikation**, die: Vermenschlichung (z. B. *„Schläft ein Lied in allen Dingen“*, Joseph von Eichendorff)
- **rhetorische Frage**, die: scheinbare Frage, auf die jeder die Antwort kennt (z. B. *„Wer ist schon perfekt?“*, *„Machen wir nicht alle Fehler?“*)
- **Symbol**, das: Sinnbild, das auf etwas Allgemeines verweist; (z. B. *„Taube“* als Symbol für Frieden, *„Ring“* als Symbol der Treue und der Ewigkeit)
- **Tautologie**, die: Wiederholung eines Begriffs bzw. Ersetzung durch ein sinnverwandtes Wort, „Zwillingsformeln“ (z. B. *„nie und nimmer“*)
- **Vergleich**, der: Verknüpfung zweier semantischer Bereiche durch ein Vergleichswort (*„wie“*, *„gleich“*) zur Hervorhebung des Gemeinsamen (z. B. *„die Debatte verlief wie ein Trauerspiel“*)

4.2 Demagogie und Rhetorik – Politische Appelle kritisch reflektieren

Manipulation durch Sprache – Propaganda im Dritten Reich

Adolf Hitler: Rede an die Hitlerjugend auf dem Reichsparteitag (1935)

Am 14. September 1935 sprach Hitler im Rahmen des „Reichsparteitages der Freiheit" auf dem stadiongleichen Zeppelinfeld in Nürnberg zur Hitlerjugend.

Deutsche Jugend!

[...] *Unser Volk wird zusehends disziplinierter, straffer und strammer, und die Jugend beginnt damit* [...].

Was wir von unserer deutschen Jugend wünschen, ist etwas anderes, als es die Vergangenheit gewünscht hat. In unseren Augen da muss der deutsche Junge der Zukunft schlank und rank sein, flink wie Windhunde, zäh wie Leder und hart wie Kruppstahl. Wir müssen einen neuen Menschen erziehen, auf dass unser Volk nicht an den Degenerationserscheinungen der Zeit zugrunde geht.

Wir reden nicht, sondern wir *handeln*. Wir haben es unternommen, dieses Volk durch eine neue Schule zu erziehen, ihm eine Erziehung zu geben, die schon mit der Jugend anfängt und nimmer enden soll. *Von einer Schule wird in Zukunft der junge Mann in die andere gehoben werden.* Beim Kind beginnt es, und beim alten Kämpfer der Bewegung wird es enden. Keiner soll sagen, dass es für ihn eine Zeit gibt, in der er sich ausschließlich selbst überlassen sein kann. *Jeder ist verpflichtet, seinem Volke zu dienen, jeder ist verpflichtet, sich für diesen Dienst zu rüsten, körperlich zu stählen und geistig vorzubereiten und zu festigen.* [...]

Wir werden uns so stählen, dass jeder Sturm uns stark findet. Wir werden aber auch nie vergessen, dass die Gesamtsumme aller Tugenden und aller Kräfte nur dann wirksam werden kann, wenn sie *einem* Willen und *einem* Befehl untertan ist. Wir stehen jetzt hier, nicht durch Zufall gefügt, nicht weil jeder Einzelne tat, was er wollte, sondern weil euch der Befehl eures Reichsjugendführers hierhergerufen hat und weil dieser Befehl sich umsetzte in tausend einzelne Befehle. Und indem jeder dieser Befehle seinen Gehorsam fand, ist in Deutschland aus Millionen einzelnen deutschen Jungen eine Organisation geworden, und aus Zehntausenden in Deutschland lebenden Kameraden diese heutige Kundgebung, dieser heutige Appell. Nichts ist möglich, wenn nicht *ein* Wille befiehlt, dem immer die anderen zu gehorchen haben, oben beginnend und ganz unten erst endend. Und das ist neben der körperlichen Erziehung und Ertüchtigung die zweite große Aufgabe.

Wir sind eine Gefolgschaft, aber wie das Wort schon sagt, Gefolgschaft heißt folgen, heißt Gefolgschaft leisten. Unser ganzes Volk müssen wir erziehen, dass immer, wenn irgendwo einer bestimmt ist zu befehlen, die anderen ihre Bestimmung erkennen, ihm zu gehorchen, weil schon in der nächsten Stunde vielleicht sie selbst befehlen müssen und es genauso nur dann können, wenn andere wieder Gehorsam üben. Es ist der Ausdruck eines autoritären Staates, nicht einer schwachen, schwätzenden Demokratie, eines autoritären Staates, bei dem jeder stolz ist, gehorchen zu dürfen, weil er weiß: Ich werde, wenn ich befehlen muss, genauso Gehorsam finden. *Deutschland ist kein Hühnerstall, in dem alles durcheinanderläuft und jeder gackert und kräht, sondern wir sind ein Volk, das von klein auf lernt, diszipliniert zu sein.* [...]

Und ihr, meine Jungens und meine Mädchen, ihr seid nun lebendige Zeugen für das Gelingen dieses Werkes. Ihr seid die Zeugen, dass diese Idee im Deutschen Reich lebendig geworden ist. Und ihr seid der Beweis, wie diese Idee nun ihre Verwirklichung erfahren hat. Glaubt mir, es wird einmal eine Zeit kommen, da wird die deutsche Jugend ein wunderbar gesundes und strahlendes Antlitz besitzen, *gesund, offen, aufrichtig, kühn und friedliebend.* Wir sind keine Raufbolde. Wenn uns die übrige Welt in unserer Disziplin verkennt, können wir nicht helfen. *Aus dieser Disziplin werden für die Welt weniger Händel entstehen als aus dem parlamentarisch-demokratischen Durcheinander der heutigen Zeit!* Wir gehen unseren Weg und wollen keines andern Weg durchkreuzen.

[...]

Nie aber wollen wir vergessen, dass Freundschaft nur der Starke verdient und der Starke gewährt. Und so wollen wir uns denn stark machen, das ist unsere Losung.

Und dass dieser Wunsch in Erfüllung geht, dafür seid ihr mir verantwortlich. *Ihr seid die Zukunft der Nation, die Zukunft des Deutschen Reiches.*

---

1 Klären Sie die situativen Bedingungen der Rede. Recherchieren Sie dazu weitere Informationen, z. B. in Ihrem Geschichtsbuch oder im Internet, etwa zu den „Reichsparteitagen".

2 Erstellen Sie einen Überblick über die Themen der Rede und erläutern Sie vom Text her, welche „Werte" die nationalsozialistische Erziehung bestimmen. Nehmen Sie kritisch Stellung.

> „Persuasion ist eine partielle[1] und sporadische[2] Überredungstechnik, mit der situationsbedingt Meinungen und Verhaltensweisen eines Hörers gelenkt werden sollen; Manipulation ist eine globale und langfristige Überrumpelungsstrategie, die auf eine tiefgreifende Bewusstseinsveränderung zielt und dabei die wahren Absichten der Sprecher verschleiert." *(Gerhard Wolff)*
>
> 1 **partiell:** einseitig, zeitweise
> 2 **sporadisch:** vereinzelt, gelegentlich

3 **a** Erläutern Sie die Begriffe „Persuasion" und „Manipulation" mit eigenen Worten.
b Untersuchen Sie, inwieweit Hitler in seiner Rede Mittel der Persuasion und Manipulation einsetzt. Nutzen Sie dafür auch die Information zu Strategien der Beeinflussung (Information, ▶ S. 311).

4 Die Nazi-Sprache ist von speziellen rhetorischen Mitteln (Information, ▶ S. 313) besonders geprägt: von **Neologismen** mit dem Begriff „Volk" (z. B. „Volksschädling"), **Euphemismen** (z. B. „Sonderbehandlung" statt „Exekution"), nochmals gesteigerten **superlativischen Größen** (z. B. „total" → „totaler", „radikal" → „radikaler"), **biologischen Metaphern** (z. B. der „Volkskörper", der durch „Parasiten", „Schmarotzer" gefährdet wird), **Emotionalisierung des Ausdrucks** (z. B. „unerschütterlicher Glaube"), **sakralen Aufwertungen** (z. B. „ewig", „heilig"; „Glaube", „Mission", „Opfer").
a Arbeiten Sie an Hitlers Parteitagsrede diese rhetorischen Mittel heraus.
b Erstellen Sie das Netz der Wörter zu den Begriffen „Volk", „Führer" und „Kampf". In welcher Nachbarschaft zu anderen Wörtern, in welchen typischen Zusammenhängen (Kollokationen) kommen sie im Text vor?

5 Verfassen Sie eine vollständige Redeanalyse zu Hitlers Parteitagsrede. Orientieren Sie sich dabei an den Methoden-Kästen auf den Seiten 309–312.

6 Stellen Sie in Partnerarbeit im Unterschied zu manipulativen Redekonzepten „Anforderungen an einen Redner in einer demokratischen Redekultur" zusammen. Bedenken Sie Faktoren wie „Menschenrechte und Menschenwürde", „Rede- und Meinungsfreiheit", „Konfliktbereitschaft" usw.

Aufruf zum Widerstand – Die Appelle der „Weißen Rose"

„Weiße Rose": **Flugblatt VI**

1942/43 verbreitete eine studentische Widerstandsgruppe – die „Weiße Rose" – in München und im süddeutschen Raum Flugblätter gegen Hitler und das nationalsozialistische Regime. Sie forderte darin zunächst zum passiven Widerstand auf, aber schon bald auch zum Sturz der Regierung. Hans Scholl und Alexander Schmorell bildeten den Kern dieser Gruppe. Christoph Probst, Sophie Scholl, Willi Graf und ihr Mentor Professor Kurt Huber schlossen sich ihnen nach und nach an und beteiligten sich an den regimekritischen Aktionen. – Im Folgenden einige Auszüge aus dem 6. Flugblatt 1943, dessen Verteilung zur Entdeckung der „Weißen Rose", zur Verhaftung und Hinrichtung ihrer Mitglieder führte.

[...] Der Tag der Abrechnung ist gekommen, der Abrechnung der deutschen Jugend mit der verabscheuungswürdigsten Tyrannis, die unser Volk je erduldet hat. Im Namen des ganzen deutschen Volkes fordern wir vom Staat Adolf Hitlers die persönliche Freiheit, das kostbarste Gut der Deutschen, zurück, um das er uns in der erbärmlichsten Weise betrogen hat.

In einem Staat rücksichtsloser Knebelung jeder freien Meinungsäußerung sind wir aufgewachsen. HJ, SA und SS haben uns in den fruchtbarsten Bildungsjahren unseres Lebens zu uniformieren, zu revolutionieren, zu narkotisieren versucht. „Weltanschauliche Schulung" hieß die verächtliche Methode, das aufkeimende Selbstdenken und Selbstwerten in einem Nebel leerer Phrasen zu ersticken. Eine Führerauslese, wie sie teuflischer und zugleich bornierter nicht gedacht werden kann, zieht ihre künftigen Parteibonzen auf Ordensburgen zu gottlosen, schamlosen und gewissenlosen Ausbeutern und Mordbuben heran, zur blinden, stupiden Führergefolgschaft.

[...]

Freiheit und Ehre! Zehn lange Jahre haben Hitler und seine Genossen die beiden herrlichen deutschen Worte bis zum Ekel ausgequetscht, abgedroschen, verdreht, wie es nur Dilettanten vermögen, die die höchsten Werte einer Nation vor die Säue werfen. Was ihnen Freiheit und Ehre gilt, das haben sie in zehn Jahren der Zerstörung aller materiellen und geistigen Freiheit, aller sittlichen Substanz im deutschen Volk genugsam gezeigt. Auch dem dümmsten Deutschen hat das furchtbare Blutbad die Augen geöffnet, das sie im Namen von Freiheit und Ehre der deutschen Nation in ganz Europa angerichtet haben und täglich neu anrichten. Der deutsche Name bleibt für immer geschändet, wenn nicht die deutsche Jugend endlich aufsteht, rächt und sühnt zugleich, ihre Peiniger zerschmettert und ein neues geistiges Europa aufrichtet.

Studentinnen! Studenten! Auf uns sieht das deutsche Volk! Von uns erwartet es, wie 1813 die Brechung des napoleonischen, so 1943 die Brechung des nationalsozialistischen Terrors aus der Macht des Geistes. [...]

Unser Volk steht im Aufbruch gegen die Verknechtung Europas durch den Nationalsozialismus, im neuen gläubigen Durchbruch von Freiheit und Ehre!

---

1 Bestimmen Sie die Textintention und ermitteln Sie Textstellen, die insbesondere dazu geführt haben können, dass die Nazis die Verfasser des Flugblatts zum Tode verurteilten.

2 Analysieren Sie die Sprache des Flugblatts. Nutzen Sie dazu die Informationen auf den Seiten 311, 313.

3 **a** Vergleichen Sie die Hitler-Rede (► S. 314 f.) und das Flugblatt inhaltlich und sprachlich.

b Beziehen Sie die Ergebnisse Ihres Vergleichs auf das folgende Zitat:

Steht also die Fähigkeit des beredten Vortrags, die beim Überzeugen vom Ungerechten wie vom Rechten das meiste vermag, beiden Seiten zur Verfügung, warum eignen die Guten sie sich nicht voller Eifer an, damit sie Kriegsdienst leiste für die Wahrheit, wenn doch die Schlechten sie in der Verfechtung verdrehter und windiger Sachen zum Nutzen der Ungerechtigkeit und des Irrtums ausnutzen.

Augustinus (354–430 n. Chr)

Johannes Rau: **Zum 60. Jahrestag der Hinrichtung der Mitglieder der „Weißen Rose“** (2003)

Auszüge aus einer Rede, die der damalige Bundespräsident Johannes Rau am 30.1.2003 hielt.

[...] Warum haben diese jungen Menschen sich unter den schwierigen Bedingungen der nationalsozialistischen Diktatur anders verhalten als die meisten ihrer Altersgenossen? Wenn wir das verstehen, dann wissen wir auch, worauf es ankommt, damit junge Menschen heute überzeugte und überzeugende Demokraten werden. [...] „Wir sind halt politisch erzogen worden“, so hat Hans Scholl erklärt, was er gemeinsam mit anderen getan hat. Politisch erzogen: Damit meinte er offenbar eigenständiges Denken, die Fähigkeit zur Kritik und die Bereitschaft zur Selbstkritik. Dazu gehören die Achtung und der Respekt vor dem Anderen. So unterschiedlich die Auffassungen der Mitglieder der „Weißen Rose“ in manchem waren: Sie alle verband die Grundüberzeugung, dass jeder einzelne Mensch unvergleichlich und einzigartig ist. Sie alle verband die Grundüberzeugung, dass keine Staatsmacht und keine Weltanschauung das Recht habe, die Würde auch nur eines Menschen anzutasten. Diese Orientierung an grundlegenden Werten macht die „Weiße Rose“ und ihren Widerstand gegen den Terror der Nationalsozialisten so wichtig und noch heute zukunftsweisend.

Bei vielen Entscheidungen ist ja der innere Wertekompass mindestens genauso wichtig wie die so genannten objektiven Fakten. Die Frauen und Männer der „Weißen Rose“ rufen uns in Erinnerung: Jede noch so gute Ausbildung unserer Kinder, jede noch so moderne Bildung bleibt unvollständig, wenn wir uns nicht auch um eine klare ethische Orientierung bemühen. Unsere Kinder müssen eine klare Vorstellung davon haben, dass es jenseits aller Grauzonen eindeutig Richtiges und eindeutig Falsches gibt, und sie müssen ermutigt werden, sich dazu zu bekennen. Das ist die Voraussetzung dafür, dass unseren Kindern ihre Gegenwart und Zukunft nicht gleichgültig bleibt, dass sie an der Gestaltung unserer Zukunft aktiv und engagiert mitwirken und – wenn und wo das nötig ist – gegen den Strom schwimmen. Die Mitglieder der „Weißen Rose“ haben das unter ganz schwierigen Bedingungen getan. Ihr Widerstand hat einigen von ihnen das Leben gekostet und Leid über viele gebracht. Trotzdem waren sie nicht erfolglos. Sie haben mit ihrem Widerstand deutsche Geschichte geschrieben. Das bleibt ein Auftrag an uns alle.

1. Kommentieren Sie in einem Leserbrief Inhalt, Intention, Redemittel und die Wirkung der Rede.
2. Ermitteln Sie aus dem Text Anzeichen dafür, dass es sich um eine Redesituation in einer freiheitlich-demokratischen Gesellschaft handelt, z. B. kritisch-aktuelle Bezüge.
3. Diskutieren Sie, ob bzw. inwiefern Köhlers Vorstellungen von Bildung (► S. 308 f.) auch als Reaktion auf die Erfahrungen mit der Erziehung im Nationalsozialismus zu verstehen sind.
4. Nicht wenige Schulen heißen nach den Geschwistern Scholl. Schreiben Sie aus der Rolle einer Schülersprecherin/eines Schülersprechers eine kurze Rede anlässlich einer solchen Namensgebung an einer Schule. Hilfen zum Verfassen einer Rede finden Sie im folgenden Teilkapitel D 4.3.

4.3 Eine Abschlussrede verfassen und halten – Die IDEMA-Methode

Bereits die Rhetoriker der Antike verwendeten die IDEMA-Methode: fünf Schritte zur Vorbereitung und Durchführung einer Rede. Das Modell bietet auch heute noch eine ausgezeichnete Hilfe, um den Anforderungen beim Planen und Halten einer Rede gerecht zu werden.

→

- I **Inventio:** Das Sammeln von Gedanken und Einfällen zum Thema der Rede
- D **Dispositio:** Die Gliederung des gesammelten Materials
- E **Elocutio:** Die sprachliche Gestaltung und Ausschmückung der Rede
- M **Memoria:** Das Einprägen der Rede
- A **Actio:** Der Redevortrag und seine Gestaltung

→

Von der Inventio zur Dispositio – Sammeln und gliedern

1 Sammeln Sie in Form eines Clusters oder in einer Mindmap geordnete Ideen für eine Rede zum Schulabschluss.

2 Begründen Sie, welcher der folgenden Redeanfänge Sie eher anspricht.
- **a** Erläutern Sie dazu, welche Idee der jeweiligen Rede zu Grunde liegt.
- **b** Untersuchen Sie, inwieweit diese Idee den gedanklichen Aufbau der Rede bestimmt.

3 Strukturieren Sie auf der Grundlage Ihrer Idee den Beginn und den weiteren Aufbau Ihrer Abschlussrede.

Liebe [...],
wir sind heute hier zusammengekommen, weil wir es endlich geschafft haben! Nach all den Anstrengungen dürfen wir nun unsere Abschlusszeugnisse voller Stolz in Empfang nehmen! Doch vorher lasst uns noch einmal schauen, was wir da überhaupt erreicht haben. Zusammen schauen wir nun auf zwei gemeinsam durchlebte Jahre zurück und es wird deutlich, dass wir trotz unvermeidbarer Tiefen und Höhen jetzt alle an den Punkt gekommen sind, an welchem wir mit Stolz behaupten können, die Schule erfolgreich abzuschließen.
Wenn ich mich an unsere ersten Schulstunden in dieser total neuen Schule erinnere [...]

Liebe [...],
Kurt Tucholsky hat einmal gesagt: „Wenn einer eine Ansprache hält, müssen die anderen schweigen – das ist deine Gelegenheit, missbrauche Sie.“ Nun, ich werde diesem Ausspruch mit ein wenig Genugtuung folgen. Das war es also! Dass ich hier nun stehe und ein paar Wörter absondern darf, ist ein ganz untrügliches Zeichen dafür, dass nun ein Kapitel in unserem Leben abgeschlossen ist.
An dieser Stelle möchte ich allen gratulieren, die vom Albrecht-Dürer-Berufskolleg mit ihrem Abschluss entlassen werden. Jeder von uns hat seine Zeit hier anders erlebt und würde an meiner Stelle sicher andere Dinge vorbringen wollen [...]

Die Elocutio – Den Redetext verbessern und ausarbeiten

Professionelle Rednerinnen und Redner, z. B. aus der Politik, feilen manchmal wochenlang an ihren Redetexten, weil sie wissen, dass die erste Fassung selten die beste ist.

1 **a** Untersuchen Sie die sprachliche Gestaltung der Redeauszüge auf S. 318 und des nachstehenden Redeauszugs. Achten Sie vor allem auf
- Ausdrucks- und Grammatikfehler,
- Wiederholungen, die keine Funktion innerhalb der Rede haben,
- die (übermäßige) Verwendung von Floskeln und (abgegriffenen) Redewendungen.

b Erörtern Sie, welcher Stilebene Sie einzelne Aussagen der Redeauszüge zuordnen würden (Haus der Stile, ► S. 320). Diskutieren Sie, welche Stilebene(n) Sie für eine Abschlussrede für angemessen oder möglich erachten.

2 Überarbeiten Sie den folgenden Textauszug.

3 **a** Verfassen Sie Ihre Abschlussrede. Achten Sie darauf, Ihren Redestil der Situation anzupassen.

b Verbessern Sie Ihre Abschlussrede z. B. in einer Schreibkonferenz (► S. 327).

VORSICHT FEHLER!

[…] Und auch Wissen, Aggressionen, Depressionen, Freundschaft, Spaß, Zuversicht und noch vieles mehr haben wir in der Schule spüren und lernen dürfen wo nirgends sonst.

Man kann sagen, die Schule hat uns den Weg für eine erfolgreiche Zukunft geebnet. Doch was bedeutet Erfolg? Laut Wikipedia heißt es: „Erfolg ist als ein positiv empfundenes Resultat eigenen Handelns." Wir haben also ein Ziel erreicht und scheinen glücklich zu sein. Jedoch müssen wir uns fragen: Ist dieses Ziel immer noch dasselbe, das wir bei Schulbeginn vor Augen hatten? [Pause]

Nein, bestimmt nicht! Das Ziel, der Erfolg, der Schulabschluss hat sich auf den letzten Metern verändert. Wir sehen, dass wir das nicht alles allein geschafft haben. Zudem empfinden wir vielleicht gar nicht mehr das Bedürfnis, das so lang erwartete Ziel endlich zu erreichen. Denn ein Ziel erreichen heißt auch: loslassen!

Wir sind eine Gemeinschaft geworden! Die ganzen Aufs und Abs haben uns zusammengeschweißt, und doch heißt es heute Abend Abschied nehmen. Abschied nehmen von Freunden, aber auch von Leuten, mit denen man sich nicht so gut verstanden hat. Abschied nehmen von Mitschülern, die sich zu ihrem Abschluss gekämpft haben und denen jetzt die ganze Welt offensteht. Es heißt ja so schön: „So, Kinder, jetzt beginnt der Ernst des Lebens." Wobei ich immer frage: „Wer ist dieser Ernst und was zum Teufel will der von mir!" […]

Memoria und Actio – Die Rede souverän vortragen

1 Begründen Sie, ob die drei Redehaltungen zu einer Abschlussrede passen.

2 **a** Tragen Sie den Beginn Ihrer Rede vor und erproben Sie selbst verschiedene Haltungen.

b Welche Wirkung wird durch eine bestimmte Körperhaltung und Gestik erzielt?

3 Besprechen Sie, welche der folgenden „Vortragstipps" Ihnen relevant erscheinen.

Methode **Vortragstipps**

- **Kontakt zum Publikum**: Halten Sie Augenkontakt, wann immer es geht.
- **Nonverbales Verhalten**: Stehen Sie betont aufrecht und sicher auf beiden Beinen. Kontrollieren Sie die Bewegungen Ihrer Hände: Weniger ist mehr!
- **Paraverbales Verhalten (Stimmführung und Pausen)**: Reden Sie deutlich und langsam. Planen Sie Pausen ein. Wiederholen Sie Passagen, wenn diese z. B. wegen Applaus untergehen.

4 **a** Proben Sie Ihre Rede mehrmals zu Hause im möglichst freien Vortrag. Üben Sie den Einstieg, Namen, schwierige Redepassagen/Fremdwörter, Pointen und den Schluss besonders gründlich.
b Nehmen Sie Ihre Proben auf Video auf. Üben Sie weniger gelungene Passagen erneut.

5 **a** Sammeln Sie weitere Anlässe für Schülerreden im schulischen Rahmen. Klären Sie die Anforderungen und die relevanten Redefaktoren für ausgewählte Beispiele.
b Schreiben Sie eine Rede zu einem dieser Anlässe.

Information **Haus der Stile**

dichterisch:	sehr gewählte, bisweilen feierlich wirkende, oft bildhafte Ausdrucksweise; z. B.: *Odem* (für Atem), *Lenz* (für Frühling)
bildungssprachlich:	gebildete, gewisse Kenntnisse voraussetzende Ausdrucksweise; z. B.: *fundieren* (statt: mit Argumenten untermauern), *postulieren* (statt: behaupten), *Resümee* (statt: Ergebnis), *evaluieren* (statt: bewerten oder beurteilen)
gehoben:	gepflegt wirkende, in Alltagsgesprächen oft überheblich klingende, in anspruchsvollen Textsorten verwendete Ausdrucksweise; z. B. *wandeln* (für spazieren gehen), *etwas verhehlen* (etwas verschweigen)
amtssprachlich:	unpersönlich wirkende, steif-offizielle Ausdrucksweise; z. B.: *Indienststellung* (für Einstellung), *Verausgabung* (für Ausgabe)
normalsprachlich:	allgemein verwendete Ausdrucksweise, die in den meisten Kommunikationssituationen am wenigsten auffällt; z. B.: *behaupten, Ergebnis, Beispiel*
umgangssprachlich:	locker wirkende, im Alltag verwendete Ausdrucksweise, die in offizielleren Gesprächen unangebracht ist und in den meisten Textformen vermieden wird; z. B.: *meckern* (für kritisieren), *es geregelt kriegen* (statt: etwas bewältigen)
salopp:	emotional gefärbter Alltagsstil, der in vielen Gesprächssituationen und in geschriebenen Texten nicht verwendet werden kann, z. B.: *Zaster, Schotter, Kröten* (für Geld)
jargonhaft:	Ausdrucksweise, die an eine bestimmte soziale Gruppe oder Altersgruppe gebunden ist (z. B. Jugendsprache); z. B.: *supergeil, fett* (für sehr gut)

E Schreiben

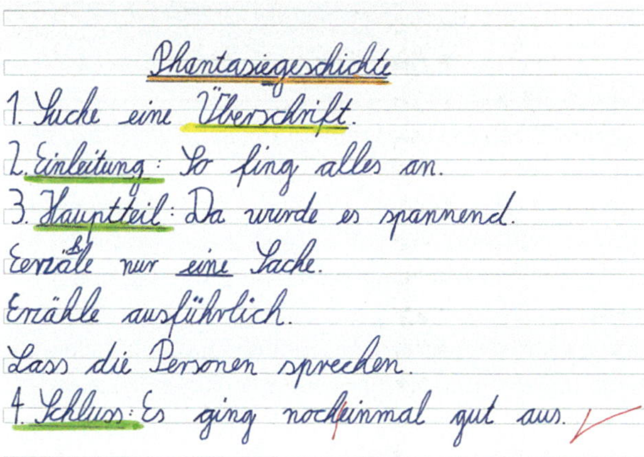

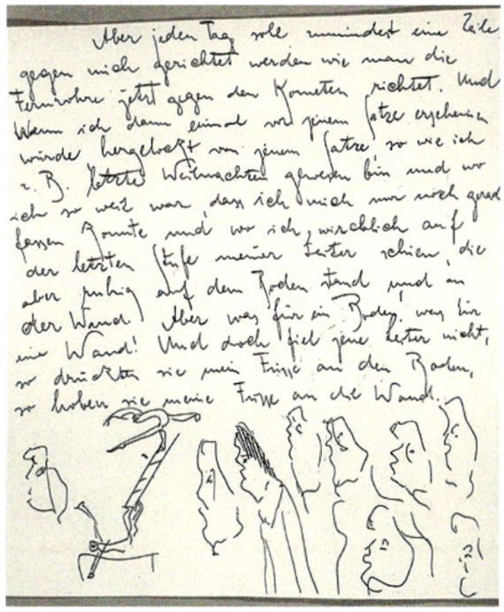

Tagebuchmanuskript von Franz Kafka (1910)

Anne Trubek: **Die Handschrift ist eine unnatürliche Art zu schreiben** (Neue Zürcher Zeitung, 2010)

Wir sollten sie auf den Müllhaufen der Geschichte werfen und nicht mehr unsere Kinder drangsalieren.

[...] Die Handschrift ist nur ein winziger Funke in der Geschichte des Schreibens, und es ist Zeit, diese unnatürliche Art, Buchstaben zu formen, endlich abzuschaffen wie zuvor die Tontafeln, die Rauchzeichen und andere obskure Techniken.

Die meisten von uns wissen es zwar, vergessen aber oft, dass das Schreiben mit der Hand nicht natürlich ist. Es ist uns nicht angeboren wie das Sehen oder das Sprechen. Es gibt keine genetische Grundlage dafür. Schreiben muss unterrichtet werden. [...] Heute erscheint das Aussterben der Handschrift vielen Menschen als das Ende der Individualität und der Beginn einer roboterhaften Zukunft. [...] Wenn sich eine neue Schreibtechnik entwickelt, beginnen wir die vorherige zu verklären. Die ersetzte Technik erscheint uns dann authentischer, weil sie nicht mehr allgegenwärtig ist und ihren offiziellen Charakter verliert. So ist es auch heute. Computer gelten als frei von Emotion und Persönlichkeit. [...]

Die Moral der Geschichte ist, dass wir vom Schreiben erwarten sollten, [...] ein Automatismus zu sein, der uns erlaubt, so schnell wie möglich zu denken [...]. Das ist, was schon die Schreibmaschine Mark Twain ermöglichte. Das ist, was Tippen auf dem Computer Millionen Menschen ermöglicht. Es erlaubt uns, schneller zu sein, nicht weil wir in unserem beschleunigten Zeitalter alles schneller haben wollen, sondern im Gegenteil: weil wir mehr Zeit zum Nachdenken wollen. [...]

1 Berichten Sie von Ihren Erfahrungen beim Erwerb der Schreibkompetenz.

2 **a** Teilen Sie die Auffassung der Autorin vom Ende der Handschrift? Begründen Sie.

b Bei welchen Schreibanlässen bevorzugen Sie handgeschriebene Texte bzw. Computertexte?

1 Schreiben als Prozess

Mit Schreiben und Lesen fängt eigentlich das Leben an.

Eintragung auf einer Wachstafel mit Schulübungen aus Mesopotamien, 4. bis 5. Jahrhundert n. Chr.

1 Schreiben Sie den Satz in die Mitte eines großen Papierbogens und führen Sie in Vierergruppen ein **Schreibgespräch** durch:

a Notieren Sie in einer Ecke des Papierbogens Ihre Assoziationen zu dem Satz. Drehen Sie nach wenigen Minuten das Blatt um 90 Grad, so dass Sie mit dem vorherigen Schreiber in Dialog treten. Setzen Sie das Schreibgespräch fort, bis Sie wieder am Ausgangspunkt angekommen sind.

b Besprechen Sie Ihre Ergebnisse im Plenum.

2 Im Schreibgespräch sind sicher Begriffe wie „Schreiben als Kommunikationsmittel" gefallen. Listen Sie weitere Funktionen des Schreibens auf und ergänzen Sie diese durch konkrete Beispiele.

In diesem Kapitel erwerben Sie folgende Kenntnisse und Kompetenzen:

- den Schreibprozess mit Hilfe eines Schreibplans organisieren und planen,
- Texte sprachlich angemessen verfassen,
- Texte in einer Schreibkonferenz überarbeiten.

Texte planen, schreiben, überarbeiten

Gedankliche Vorgänge sind beim Schreiben miteinander verwoben und nicht linear. Sie lassen sich durch folgende Fragen und Teilkompetenzen systematisieren:

	Was schreibe ich? Inhaltliche Kompetenz	
Warum und für wen schreibe ich? Pragmatische Kompetenz	**Fragen im Schreibprozess**	*Wie formuliere und überarbeite ich den Text?* Formulierungskompetenz
	Wie baue ich den Text auf? Strukturierungskompetenz	

1 Machen Sie sich eigene Schreiberfahrungen und -schwierigkeiten bewusst. Schreiben Sie dazu in der Ich-Form Fragen oder Aussagesätze auf ein gesondertes Blatt, z. B.: *Wie fange ich an? Wie kann ich ein Formulierungsproblem beseitigen? Was hat mir früher geholfen? Diesen Text kann ich ähnlich gliedern wie …, nämlich …*

2 Welche Ihrer Fragen weist auf eigene Stärken oder Schwächen bei welcher Teilkompetenz hin?

3 **a** Listen Sie frühere Schreibanlässe auf und ordnen Sie diesen die folgenden Gesichtspunkte zu: *schulisch/außerschulisch; Schreiben für mich/für andere; Schreiben, um mich auszudrücken/etwas darzustellen/etwas mitzuteilen; Mischformen.*

b Überlegen Sie, welche Unterschiede Sie sehen
- zwischen schulischem und außerschulischem Schreiben,
- zwischen dem Schreiben in Lern- und in Leistungssituationen.

Erster Schritt: Den Schreibanlass analysieren – Einen Schreibplan entwickeln

Methode Einen Schreibplan entwickeln

Schreiben ist ein Prozess, der in drei Phasen abläuft: planen – formulieren – überarbeiten. Der Schreibprozess verläuft meist **nicht linear**, vielmehr ergibt sich während der Arbeit am Text immer wieder die Notwendigkeit, zu den vorausgehenden Phasen zurückzukehren.
Eine intensive **Planungsphase** nimmt viel Zeit in Anspruch, ermöglicht aber eine effiziente Arbeit am Text. Wichtig ist vor allem die Auseinandersetzung mit dem **Schreibanlass**, denn er gibt Aufschluss über die **Schreibabsicht** und bestimmt damit auch die Aufbereitung der Informationen, den Aufbau des Textes und die Wahl von Sprache und Stil. Die Vorüberlegungen zu einem Text werden schriftlich festgehalten.
Erst nach der gründlichen Planung eines Textes folgt die **Formulierungsphase**.
In der **Überprüfungsphase** wird mehrmals Korrektur gelesen. Bei jedem Durchlesen steht ein anderer Aspekt im Vordergrund: **Inhalt** (Vollständigkeit, Logik), **Stil** (angepasst an Schreibanlass und Adressat), **Form** (formale Kriterien wie DIN-Vorgaben), **Sprache** (Rechtschreibung, Zeichensetzung, Grammatik).

Planen ↔	**Formulieren** ↔	**Überarbeiten**
↓	↓	↓
■ Schreibanlass analysieren ■ Informationen sammeln ■ Gliederung/Aufbau planen ■ Sprache und Stil sach- und adressatengerecht planen	■ Inhalt auswählen ■ Aufbau festlegen ■ Text formulieren ■ formale Vorgaben umsetzen	■ Inhalt auf Vollständigkeit und Schlüssigkeit prüfen ■ Sprache und Stil überprüfen ■ Einhaltung formaler Vorgaben kontrollieren

1 Die Planung eines Textes hängt entscheidend davon ab, mit welcher Intention er geschrieben wird und an wen er gerichtet ist. Planen Sie einen privaten Geschäftsbrief mit folgendem Inhalt:

> Sie haben einen Flug nach London gebucht, Abflug von Köln am 02. Mai, 10.00 Uhr. Wegen eines technischen Defekts verzögert sich der Abflug. Die Abflugzeit wird im Lauf des Tages mehrfach korrigiert, schließlich startet die Maschine um 19.30 Uhr. Nach Ihrer Rückkehr wollen Sie Ansprüche an die Fluggesellschaft geltend machen.

a Analysieren Sie die Aufgabe: Welche Absicht verfolgen Sie? Wer ist Adressat Ihres Briefes?
b Welche sprachlichen und formalen Konsequenzen ergeben sich aus den Ergebnissen von a?
c Welche Informationen benötigen Sie für Ihr Vorhaben?

Zweiter Schritt: Die Informationen sammeln

BGH gewährt für verspätete Flüge Pauschalausgleich (Frankfurter Allgemeine Zeitung, 2010)

frs. FRANKFURT, 19. Februar. Der Bundesgerichtshof hat Passagieren, deren Condor-Flug von Toronto nach Frankfurt sich wegen technischer Defekte um 25 Stunden verspätet hatte, Entschädigungen von jeweils 600 Euro zugebilligt. In diesem sowie in vier weiteren Fällen, in denen es ebenfalls um verspätete Flüge ging, richteten sich die Karlsruher Richter dabei nach der seit 2005 geltenden EU-Fluggastrechteverordnung. Diese sieht pauschale Ausgleichsansprüche für Fälle der Annullierung vor, regelt aber nicht ausdrücklich, dass ein pauschaler Ausgleich auch den Gästen verspäteter Flüge zusteht. Der BGH hatte daher 2007 das Verfahren ausgesetzt und den Europäischen Gerichtshof eingeschaltet. Vor drei Monaten entschieden die Luxemburger Richter, dass Passagiere, deren Flüge sich verspäten, und solche, deren Flüge annulliert werden, gleich zu behandeln sind, weil sie „einen ähnlichen Schaden" erlitten. Der Anspruch auf einen pauschalen Ausgleich besteht, wenn sich die Ankunft des Flugs um mindestens drei Stunden verspätet und das nicht auf „außergewöhnliche Umstände" zurückgeht. 250 Euro gibt es bei Reisen bis zu 1500 Kilometern, 400 Euro bei Flügen innerhalb der EU über mehr als 1500 Kilometer und bei anderen Reisen zwischen 1500 und 3500 Kilometern. Gäste verspäteter Langstreckenflüge können 600 Euro verlangen. Condor hatte vor dem BGH argumentiert, dass die Luxemburger Richter im Urteil vom November ihre Kompetenz überschritten und gegen das Montrealer Übereinkommen zur Vereinheitlichung von Vorschriften über die Beförderung im internationalen Luftverkehr verstoßen hätten. Die Karlsruher Richter sahen hingegen keine „für den Streitfall erheblichen neuen Auslegungsfragen" und entschieden daher abschließend zugunsten der Kläger. (Aktenzeichen Xa ZR 95/06)

---

1 Entscheiden Sie, welche Informationen Sie zum einen aus dem Sachverhalt (grauer Kasten, ► S. 323), zum anderen aus dem Artikel der Frankfurter Allgemeinen Zeitung in Ihren Text übernehmen wollen.
2 Notieren Sie die Informationen in einer Mindmap.
3 Schlagen Sie die formalen Vorgaben eines Geschäftsbriefs (Methode, ► S. 330) nach.

Dritter Schritt: Die Gliederung erstellen – Den Aufbau festlegen

---

1 Wie wollen Sie Ihr Schreiben gliedern? Notieren Sie kurz Aufbau und Inhalt der Absätze.

Wie baue ich den Text auf?

Äußerer Aufbau nach DIN-Norm 5008 für Geschäftsbriefe
Inhaltliche Gliederung:
→ Sachverhalt schildern
→ Anspruch auf Entschädigung
→ Begründung
→ Bitte um Ausgleich

Vierter Schritt: Den Text formulieren

1 a Überlegen Sie, welche Anforderungen an Satzbau, Stil, Sprachebene Ihre Aufgabe beinhaltet.

b Begründen Sie, ob Sie die folgenden Sätze in Ihren Text aufnehmen könnten.

- *Leider startete unser Flugzeug mit erheblicher Verspätung von sage und schreibe 9,5 Stunden. Daher müssen Sie eine Entschädigung zahlen, denn die steht uns nach einem BGH-Urteil zu.*
- *Stundenlang mussten wir auf unseren Abflug warten. Das war nicht nur langweilig, sondern auch ziemlich nervig, weil wir mit fortschreitender Zeit wussten, dass wir das Musical am Abend schon mal abschreiben konnten.*
- *Wir fordern von Ihnen daher eine angemessene Entschädigung.*
- *Der Abflug, welcher für 10.00 Uhr geplant war, konnte wegen eines technischen Defekts erst um 19.30 Uhr erfolgen. Für diese Verspätung von 9,5 Stunden steht uns nach einem Urteil des BGH (AZ …) eine Entschädigung zu.*
- *Der BGH hat in einem durchaus nachvollziehbaren Urteil (AZ …) festgelegt, dass Fluggäste im Falle einer Verspätung das Recht auf Entschädigung haben.*

Methode **Checkliste für besseres Schreiben**

Treffende und abwechslungsreiche Verben finden

Der Angestellte der Fluggesellschaft: sagte; führte aus; wies darauf hin; erläuterte; machte deutlich; stellte fest; erklärte; ging davon aus, dass; gab zu verstehen; versicherte; ließ durchblicken; kündigte an; versprach; gab Hinweise

„Gestreckte" Verben vermeiden

Schlüsse ziehen	→	*schließen*
Ankündigungen machen	→	*ankündigen*
Feststellungen treffen	→	*feststellen*

Füllwörter streichen

gewissermaßen, regelrecht, echt, eigentlich, praktisch, quasi …

statt	besser
Die Probleme ergaben sich quasi aus einem technischen Defekt, der einen Start praktisch unmöglich machte.	*Ein technischer Defekt verhinderte den Start.*
Irgendwie können wir vielleicht doch letztendlich zu einer Einigung kommen.	*Wir können uns vielleicht einigen.*

Satzungeheuer aufteilen

statt	besser
Der Abflug, der für 10.00 Uhr vorgesehen war, verzögerte sich, wie uns mitgeteilt wurde, wegen eines technischen Defekts, der so schnell nicht behoben werden konnte, immer wieder.	*Der für 10.00 Uhr vorgesehene Abflug wurde mehrfach verschoben. Als Grund wurde ein technischer Defekt angegeben, der so schnell nicht behoben werden konnte.*

Häufung von Konjunktionen vermeiden

statt	besser
Der Angestellte erläuterte, dass, wenn das Aggregat ausgetauscht sei, der Start sofort erfolgen könne.	*Der Angestellte erläuterte, dass der Start sofort erfolgen könne, wenn das Aggregat ausgetauscht sei.*

Auf den richtigen Bezug achten

statt	richtig
Für den Defekt entschuldigte sich ein Angestellter, der leider nicht zu verhindern war.	*Ein Angestellter entschuldigte sich für den Defekt, der leider nicht zu verhindern gewesen sei.*

2 Überprüfen Sie in Partnerarbeit den folgenden Ausschnitt aus einem privaten Geschäftsbrief auf Stil, Adressatenbezug und Absicht. Vergleichen Sie Ihre Ergebnisse.

Sehr geehrte Damen und Herren,
für die Zeit vom 5. Juni bis 10. Juni dieses Jahres hatten wir bei Ihnen 11 Doppelzimmer und 2 Einzelzimmer im Hotel in London gebucht. Die Zimmer sind in Ihrem Katalog als „sauber" und „zweckmäßig eingerichtet" beschrieben. Leider waren bei unserer Ankunft keine Zweibettzimmer mehr frei, so dass die Unterbringung in Drei- und Vierbettzimmern erfolgte. Die gebuchten Einzelzimmer für die beiden Begleitpersonen standen ebenfalls nicht zur Verfügung. Die Lehrkräfte mussten daher in den Gruppenzimmern untergebracht werden, was für beide Seiten unerfreulich war. Außerdem waren die Unterkünfte weder „sauber" noch „zweckmäßig eingerichtet", sondern eher in einem miserablen Zustand: Die Bettwäsche war verschmutzt und in einigen Zimmern gab es sogar Ungeziefer. Kleiderschränke, die wohl zu der zweckmäßigen Ausstattung eines Hotelzimmers gehören, waren nicht vorhanden, was ein ziemliches Chaos in den Zimmern zur Folge hatte.

3 **a** Schreiben Sie einzeln einen privaten Geschäftsbrief, in dem Sie Ihre Ansprüche auf Entschädigung wegen des verspäteten Abflugs nach London geltend machen.
b Beantworten Sie zur Kontrolle während Ihres Arbeitsprozesses die folgenden Fragen (▸ Methode).

Methode **Fragen stellen während und nach der Niederschrift**

Während der Niederschrift
- Habe ich alle erforderlichen Informationen berücksichtigt?
- Habe ich die Aussagen logisch aufgebaut und sinnvoll verknüpft?
- Sind die Formulierungen stimmig und abwechslungsreich?
- Habe ich Wichtiges (noch einmal) hervorgehoben?
- Habe ich Überleitungen formuliert und Informationen noch einmal zusammengefasst?

Nach der Niederschrift:
- Habe ich die Textteile verknüpft, sind sie stimmig, logisch und sachlich richtig?
- Habe ich die Regeln der Rechtschreibung und Zeichensetzung beachtet?
- Habe ich bei Verbesserungen, Ergänzungen und Umstellungen beachtet, dass Gedankenführung, Grammatik und Zeichensetzung schlüssig bleiben?
- Habe ich zur besseren Leserführung Absätze eingefügt?

Fünfter Schritt: Den Text überarbeiten

1 Lesen Sie Ihren Text nach der Niederschrift mehrmals gründlich durch (Methode, ▶ S. 326).
2 Diskutieren und überarbeiten Sie Ihre Texte in einer Schreibkonferenz (▶ Methode).

Methode Schreibkonferenz

In einer Schreibkonferenz wird ein **Text in der Gruppe überarbeitet**. Dazu werden eigene Texte einem kritischen Publikum vorgestellt, um Typen von Schreibproblemen zu erkennen und voneinander abzugrenzen, Textqualitäten und -schwächen genau zu bezeichnen und Fehlerhaftes sowie Unpassendes gezielt zu verbessern. Gehen Sie so vor:

- Bilden Sie Gruppen mit drei bis fünf Mitgliedern. Die Stärken der Mitglieder sollten sich ergänzen.
- Sammeln Sie erste Reaktionen auf den Text. Kleben Sie dazu Ihren Text auf ein DIN-A3-Blatt, falls Sie nicht beim Schreiben Ihres Textes bereits einen breiten Rand für Anmerkungen gelassen haben.
- Lesen Sie sich Ihre Texte gegenseitig vor. Danach können Einschätzungen bezüglich Wirkung, Kernaussage, Verständlichkeit gegeben und Verbesserungsvorschläge am Textrand oder in einer Tabelle notiert werden:

	Beispiel
Das gefällt mir am Text besonders gut. (Symbol: +)	...
Das gefällt mir nicht. (Symbol: –)	...
Hier fällt mir etwas auf. (Symbol: !)	...
Das habe ich nicht verstanden. ***Oder:*** *Hier habe ich noch Fragen. (Symbol: ?)*	...

  Beachten Sie bei Ihrer Einschätzung folgende Aspekte, die Sie untersuchen sollten:
  - Textaufbau
  - Aufbereitung der Informationen
  - Qualität eigener Formulierungen (Haus der Stile, ▶ S. 320)
  - Vermeiden von Monotonie
  - Prägnanz und Stimmigkeit der verwendeten Begriffe und Aussagen
  - Vermeiden von Widersprüchen, Ungenauigkeiten in der Gedankenführung (Inhalt)
  - Grammatik (z. B. Satzbau, Verwendung des Konjunktivs), Rechtschreibung und Zeichensetzung (▶ S. 400–416). Nutzen Sie die bekannten Korrekturzeichen: Sb, Gr, Bz, A/W ...
- Überarbeiten Sie Ihren eigenen Text unter Berücksichtigung der Verbesserungsvorschläge, sofern Sie diese als begründet ansehen. Es können auch weitere Konferenzrunden einberufen werden, bis die Überarbeitung Ihren Ansprüchen und denen der Gruppe genügt.
- **Tipp:** Bei der handschriftlichen Überarbeitung, z. B. einer Klausur, müssen Sie durch geeignete Zeichen (etwa *) oder Nummerierungen am unteren Textrand das Verbesserte bzw. Hinzugefügte eindeutig markieren.
- Präsentieren Sie Ihre überarbeiteten Texte im Kurs (Vorlesen, Plakat etc.).

2 Berufliches Schreiben

1 Führen Sie ein Brainwriting (►Methode) zum Thema „Schreiben im Beruf" durch.

2 Welche Art von geschäftlicher Korrespondenz haben Sie selbst schon einmal verfasst? Woran haben Sie sich dabei orientiert?

3 Sie werden von einer Behörde oder einem Unternehmen angeschrieben. Welche Erwartungen stellen Sie an die Form und den Inhalt dieses Briefes? Was würden Sie als unangemessen empfinden? Tragen Sie in Kleingruppen einige Punkte zusammen.

Methode **Brainwriting**

Diese Methode ähnelt dem **Brainstorming** (Methode, ►S. 76), jedoch schreiben Sie Ihre Ideen hier spontan und unkommentiert auf ein Blatt Papier, statt sie lediglich zu nennen. Beachten Sie unbedingt, dass Sie keine Selbstzensur Ihrer Gedanken ausüben, sondern tatsächlich alles, was Ihnen spontan einfällt, auch notieren.

In diesem Kapitel erwerben Sie folgende Kenntnisse und Kompetenzen:

- formale, inhaltliche und sprachliche Aspekte von Geschäftsbriefen kennen, anwenden und bewerten,
- moderne Kommunikationsmittel wie z. B. E-Mail, Fax und SMS adressatenorientiert und angemessen einsetzen,
- Gegenstands- und Vorgangsbeschreibung kennen und nutzen,
- einen Praktikumsbericht strukturieren und verfassen,
- ein Bewerbungsportfolio erstellen.

2.1 Briefe

Geschäftsbriefe

Michaela Hansmann 24.05.2011
Peterstraße 3
77789 Großkleinstadt
Tel.: 08671 2211

Wächter Elektronik-Handels-GmbH
Hans Klein
Jagdstraße 25
55116 Mainz

Reklamation eines defekten Notebook der Marke xyz, Typ abc

Sehr geehrter Herr Klein,

auf meine schriftliche Bestellung vom 17. Mai hin erhielt ich am 22. Mai per Post von Ihnen ein Notebook der Marke xyz, Typ abc. Leider ist bei diesem Gerät die Kunststoffummantelung stark beschädigt. In diesem Zustand ist das Gerät nicht zu verwenden und ich schicke es deshalb an Sie zurück.

Bitte senden Sie mir schnellstmöglich ein Notebook gleichen Fabrikats in einwandfreiem Zustand zu. Über eine zügige Erledigung würde ich mich freuen.

Mit freundlichen Grüßen

M. Hansmann

Anlage
1 defektes Notebook der Marke xyz, Typ abc

1 Bewerten Sie den Inhalt, die sprachliche Gestaltung und den Stil des Geschäftsbriefs. Ist das Anliegen klar verständlich? Ist der Sprachstil stets höflich und angemessen?

2 Formal hat Michaela die DIN-Norm 5008 für Geschäftsbriefe eingehalten. Legen Sie mit Hilfe der Vorlage und der Methode (► S. 330) eine Checkliste für Geschäftsbriefe an.

Checkliste für einen Geschäftsbrief

- ☐ *Absenderadresse beginnend in der 5. Zeile, im Block schreiben, ggf. mit Telefonnummer*
- ☐ *Empfängeradresse beginnend in der 16. Zeile, im Block schreiben*
- ☐ …

Methode **Geschäftsbrief**

Für Geschäftsbriefe gilt die DIN-Norm 5008, die die formale Gestaltung von geschäftlichen Briefen regelt (Brief, ► S. 329). Die Briefe müssen neben den formalen noch weitere Kriterien erfüllen. Sie sollten

- **optisch übersichtlich und ansprechend** sein, d. h., dass bereits beim ersten Überfliegen die wesentlichen Inhalte erfassbar sein sollten, z. B. durch gut leserliche Schrift, Hervorhebungen;
- **gut gegliedert** sein, d. h., jeder neue Gedanke gehört in einen eigenen Absatz, die Absätze werden durch passende Überleitungen miteinander verbunden;
- **klar und deutlich formuliert** sein, und zwar durch kurze, prägnante Sätze;
- **höflich und adressatenorientiert** geschrieben sein;
- in **Grammatik, Rechtschreibung und Zeichensetzung fehlerfrei** sein.

Sehr geehrter Herr Menger,

im Rahmen unseres Forderungsmanagements ist uns aufgefallen, dass Sie unsere Rechnung vom 10. Mai über Euro 1.400,00 bis heute noch nicht beglichen haben.

Dies ist sicher Ihrer Aufmerksamkeit entgangen und wir bitten Sie, den Rechnungsbetrag in den nächsten Tagen zu überweisen.

Falls Sie den Rechnungsbetrag inzwischen überwiesen haben, betrachten Sie dieses Schreiben als gegenstandslos.

Mit freundlichen Grüßen

3 Benennen Sie die Teile des Briefes an Herrn Menger, aus denen Sie entnehmen, dass der Kunde bisher überwiegend pünktlich gezahlt hat.

4 Schreiben Sie anhand der folgenden Informationen einen Brief, in dem der Kunde in Stufen (1. bis 3. Mahnung) aufgefordert wird, die Rechnungssumme zu bezahlen:

- *Unsere Rechnung ist noch nicht beglichen. Wir haben die Rechnungsdaten nochmals angegeben. Der Kunde wird gebeten, unsere Angaben zu prüfen und die Rechnungssumme bis zum 30.06.2011 zu bezahlen.*
- *Trotz unserer ersten Mahnung vom 15.06.2011 ist bis zum 30.06.2011 keine Zahlung zum Ausgleich unserer Rechnung Nr. … über Euro 1.400,00 eingegangen. Wir bestehen auf umgehender Zahlung. Weitere Lieferungen sind vom Rechnungsausgleich abhängig.*
- *Auch auf die zweite Mahnung hat der Kunde nicht reagiert und die überfällige Rechnung noch immer nicht beglichen. Wir fordern ihn ein letztes Mal auf, die Rechnungssumme einschließlich Verzugszinsen und Mahngebühren bis zum 25.07.2011 zu überweisen. Wenn die Zahlung nicht zum angegebenen Termin eingeht, wird der Rechtsweg genutzt.*

5 Diskutieren Sie, ob die DIN-Norm 5008 für Geschäftsbriefe gesetzlich vorgeschrieben werden sollte.

6 Arbeiten Sie in Partnerarbeit. Verfassen Sie einen Geschäftsbrief, in dem Sie ein falsch geliefertes Mobiltelefon reklamieren. Der Fehler lag offensichtlich in der Verwechslung zweier Zahlen in der Bestellnummer.

a Erstellen Sie einen Schreibplan (Methode, ▸ S. 323) für den Geschäftsbrief. Nutzen Sie das Briefmuster (▸ S. 329) und beachten Sie die Hinweise in der Methode (▸ S. 330).

b Schreiben Sie zuerst einen Entwurf des Briefes.

c Korrigieren Sie im Anschluss diesen Brief und schreiben Sie dann die endgültige Version.

7 Wählen Sie für weitere Briefe Anlässe aus dem privaten Bereich (z. B. Anforderung von Informationsmaterial, Kündigung eines Zeitschriftenabonnements) oder aus dem beruflichen Bereich (z. B. Mängelrüge). Verfassen Sie einen Brieftext und achten Sie auf das Einhalten der Form.

Fax, E-Mail und SMS

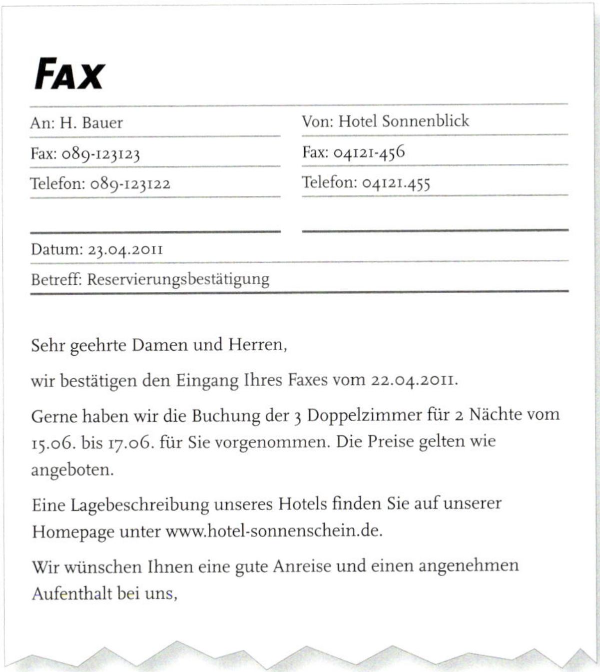

FAX

An: H. Bauer	Von: Hotel Sonnenblick
Fax: 089-123123	Fax: 04121-456
Telefon: 089-123122	Telefon: 04121.455

Datum: 23.04.2011

Betreff: Reservierungsbestätigung

Sehr geehrte Damen und Herren,

wir bestätigen den Eingang Ihres Faxes vom 22.04.2011.

Gerne haben wir die Buchung der 3 Doppelzimmer für 2 Nächte vom 15.06. bis 17.06. für Sie vorgenommen. Die Preise gelten wie angeboten.

Eine Lagebeschreibung unseres Hotels finden Sie auf unserer Homepage unter www.hotel-sonnenschein.de.

Wir wünschen Ihnen eine gute Anreise und einen angenehmen Aufenthalt bei uns,

1 Sie sind kaufmännische/r Mitarbeiter/in in einem Büro. Sie müssen häufig eine Entscheidung darüber treffen, mit welchem Medium Sie Informationen an Geschäftspartner übertragen. Zur Verfügung stehen Ihnen: Telefon, Fax, E-Mail und der Geschäftsbrief. Beraten Sie sich mit einem Partner im Doppelkreis (Methode, ▸ S. 332), welches Medium Sie in den folgenden Situationen am besten verwenden, und notieren Sie Ihr Ergebnis mit einer kurzen Begründung:

- Ein Ausbildungsvertrag soll zur Unterschrift verschickt werden.
- Ein Kollege wird von Ihnen zu einer Fortbildungsveranstaltung angemeldet.
- Sie erhalten per Mail eine Preisanfrage von einem neuen Kunden.
- Sie haben nur noch wenige Stunden Zeit, um auf eine Bestellung bei einem bekannten Lieferanten hohe Rabatte zu erhalten.

Methode **Doppelkreis**

Stellen oder setzen Sie sich einander in einem Innen- und einem Außenkreis gegenüber. Besprechen Sie mit der Partnerin/dem Partner, die/der sich Ihnen im Kreis gegenüber befindet, Ihre Aufgaben und machen Sie sich dazu Notizen. Bei einem akustischen Signal wechseln Sie die Partnerin/den Partner und besprechen erneut die Aufgaben inkl. der Ergebnisse Ihrer letzten Besprechung. Machen Sie sich auch dazu Notizen. Präsentieren und besprechen Sie Ihre Ergebnisse abschließend kurz im Plenum.

2 Recherchieren Sie im Internet und klären Sie folgende Frage: Ist ein gefaxter Vertrag mit einer Unterschrift in jedem Fall rechtsgültig? Erläutern Sie Ihre Antwort.

Information **Fax und E-Mail**

Ein **Fax** (Kurzform von Faksimile) kann von einem analogen Faxgerät aus über das Telefonnetz versendet werden oder aber von bzw. zu einem PC. Die **Vorteile** eines Fax sind:

- Das Dokument enthält eine Unterschrift.
- Das Originalformat des Vordrucks kann übertragen werden.
- Auch handschriftlich ausgefüllte Formulare können übertragen werden.
- Es können Sendeberichte erstellt werden, die das Versenden nachweisen.

Die **Nachteile** eines Fax sind:

- Die Übertragungsqualität von Text, Bildern, Fotos ist abhängig vom Empfängerfaxgerät und häufig nicht sehr hoch.
- Die Unterschriften erscheinen nur als Kopie.
- Ein Sendebericht ist kein rechtssicherer Beweis für den Versand eines Schriftstücks.

Viele Geschäftsbriefe werden per **E-Mail** versandt. Sie erreichen sehr viel schneller, üblicherweise nach Sekunden, den Geschäftspartner, können sofort beantwortet werden und beschleunigen somit die geschäftlichen Vorgänge enorm. Ebenso wie bei Geschäftsbriefen gilt bei geschäftlichen E-Mails die DIN-Norm 5008 und auch Stil und Sprache müssen wie in einem Geschäftbrief verwendet werden.

Formlose Anrede in Geschäftsmails wirkt oft stillos (Wiesbadener Kurier, 2010)

Bei geschäftlichen E-Mails nehmen es manche mit der Form nicht so genau. Eine allzu lockere Anrede kommt aber nicht gut an. Es wirkt stillos, Geschäftspartner bei einem der ersten Kontakte lässig mit „Hallo“ anzuschreiben, sagt Etikettetrainer Horst Hanisch. Auch kommt es schnell komisch an, wenn eine zu intime Anrede gewählt wird. „Liebe Frau Müller“ passt nicht, wenn der Verfasser die Angeschriebene kaum kennt. Dann ist immer noch das förmliche „Sehr geehrte Frau Müller“ die richtige Wahl. Beim Antworten gilt allerdings: So wie man angeschrieben wird, darf man zurückschreiben, sagt Hanisch.

Auch Abkürzungen sind in elektronischer Geschäftspost unbedingt zu vermeiden. Der Etikettetrainer nennt es eine Unart, wenn Angestellte in geschäftlichen Mails statt der Grußformel „Mit freundlichen Grüßen“ aus Bequemlichkeit die Kurzformel „MfG“ gebrauchen. „Noch schlimmer sind nur noch Smileys in E-Mails – so etwas kann man höchstens unter Kollegen verwenden, aber nach außen hin auf keinen Fall.“

3 Stellen Sie die im Zeitungsartikel genannten Formfehler zusammen und formulieren Sie daraus Empfehlungen für geschäftliche Mails.

4 Recherchieren Sie im Internet unter dem Stichwort „Netiquette“ weitere Empfehlungen für den Schriftverkehr im Internet. Fügen Sie die Empfehlungen Ihrer Liste aus Aufgabe 3 hinzu.

Über Kurznachrichten reflektieren

1 Formulieren Sie eine Definition für „SMS“, die Sie z.B. in ein Internetlexikon einstellen könnten.

2 Bilden Sie Kleingruppen und diskutieren Sie folgende Fragen:
- Welche Inhalte verbreiten Sie am häufigsten per SMS, welche eher per E-Mail?
- In welcher Situation würden Sie geschäftliche Informationen per SMS weiterleiten?
- Ist die Kommunikation mit Hilfe der SMS eher eine schriftliche oder eine mündliche?
- Warum ist eine SMS nicht unbedingt für die geschäftliche Kommunikation geeignet?

2.2 Gegenstands- und Vorgangsbeschreibung

Touchpad

Das eingebaute Touchpad ist ein Zeigegerät, das Berührungen seiner Oberfläche wahrnimmt. Dies bedeutet, dass der Cursor jedes Mal reagiert, wenn Sie Ihren Finger über das Touchpad führen. Die zentrale Position in der Mitte der Handablage bietet optimalen Komfort und Unterstützung.

Touchpad-Grundlagen (mit Fingerabdruck-Leser)

Im Folgenden erfahren Sie, wie Sie das Touchpad mit dem Fingerabdruck-Leser [...] verwenden können.
- Streichen Sie mit Ihrem Finger über die Oberfläche des Touchpads (1), um den Cursor zu bewegen.
- Drücken Sie die linke (2) und rechte (4) Taste unterhalb des Touchpads, um Funktionen auszuwählen und auszuführen. Diese beiden Tasten entsprechen der linken und rechten Maustaste. Ein Antippen des Touchpads entspricht dem Klicken mit der Maustaste.

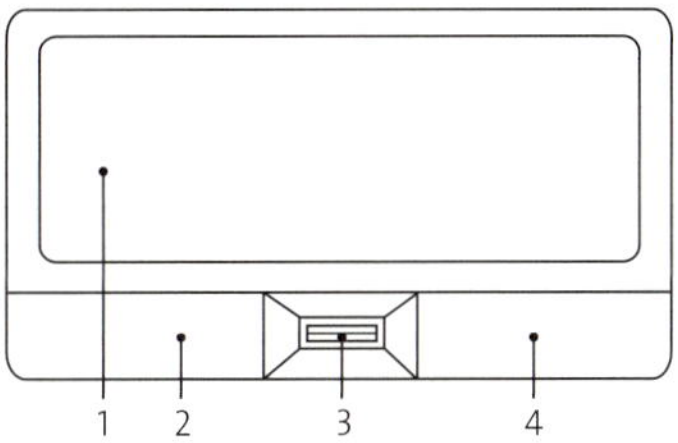

- Verwenden Sie den [...] Fingerabdruckleser (3), der die 4-Wege-Steuerung unterstützt, um nach oben oder unten zu scrollen und auf einer Seite nach links oder rechts zu gehen. Bedienen dieser Taste bzw. des Fingerabdrucklesers entspricht dem Klicken auf die rechte Bildlaufleiste in Windows-Anwendungen.

1 **a** In welchen Textteilen der Beschreibung findet sich die Gegenstandsbeschreibung, in welchen die Vorgangsbeschreibung? Legen Sie eine Folie über den Text und markieren Sie dies mit zwei verschiedenen Farben. Beschreiben Sie dann den Aufbau des Textes und begründen Sie ihn.

b Begründen Sie auch, weshalb die beiden Beschreibungsarten kombiniert werden.

2 Bewerten Sie die Beschreibung des Touchpads: Ist sie verständlich? Sind die Tätigkeiten eindeutig nachvollziehbar dargestellt? Ist die Abbildung hilfreich?

3 Welche besonderen sprachlichen Merkmale kennzeichnen die Beschreibung? Beachten Sie dabei Satzbau, Wortwahl, Zeitform.

4 Verfassen Sie eine kombinierte Gegenstands- und Vorgangsbeschreibung für Ihr Mobiltelefon: Beschreiben Sie wahlweise, wie man eine SMS verschickt oder wie man mit Ihrem Mobiltelefon fotografiert. Anschließend lassen Sie einen Partner die Beschreibung nachvollziehen.

Methode **Gegenstands- und Vorgangsbeschreibung**

Gegenstandsbeschreibungen finden sich häufig in Bedienungsanleitungen, Werbeprospekten sowie Testberichten. Sie sollen der Leserin/dem Leser eine sachgerechte Bedienung ermöglichen bzw. eine konkrete Vorstellung vom Gegenstand vermitteln. Die Gegenstands- und Vorgangsbeschreibung erfordert daher eine möglichst große Genauigkeit. Meist wird zusätzlich eine Zeichnung oder ein Foto mit Beschriftung der einzelnen Teile und Funktionen abgebildet.
Aufbau: Vom Einzelnen zum Ganzen oder umgekehrt.
Sprache: Sachbezogene Nomen (Substantive), Fachbegriffe, anschauliche und erklärende Adjektive.
Zeitform: Präsens als Ausdruck der Allgemeingültigkeit.

2.3 Praktikumsbericht

Information **Praktikumsbericht**

Während und nach einem Betriebspraktikum schreiben Sie einen Praktikumsbericht. Er dient Ihnen als Nachweis dafür, was Sie in der Zeit Ihres Praktikums erlebt haben, außerdem als Grundlage für die Nachbesprechung im Unterricht sowie als Informationsquelle für andere.
Der **erste Teil** des Berichts besteht aus allgemeinen Informationen über den Zeitraum des Praktikums, Name und Anschrift des Praktikumsbetriebs sowie der betreuenden Person.
Im Anschluss daran können Informationen über Branche, Firmengeschichte, Unternehmensgröße, Produkte des Unternehmens etc. stehen. Diese nachprüfbaren Fakten erhalten Sie aus dem Internet, aus Firmenbroschüren oder durch Interviews mit Mitarbeitern.
Im **Hauptteil** folgen die Aufgabenbereiche sowie Kompetenzen und Fähigkeiten des Praktikumsberufs, außerdem Informationen über die Ausbildungs- und Weiterbildungsmöglichkeiten im Praktikumsbetrieb sowie Zukunftsaussichten dieses Berufs. Hier sollten Ihre persönlichen Eindrücke mit einfließen, ebenso wie im nächsten Abschnitt, in dem Sie über die Praktikumsstelle selbst berichten. Interessant sind Ihre Tätigkeiten, die Arbeitsabläufe, die Gestaltung des Arbeitsplatzes, evt. die Arbeitszeit sowie das Arbeitsklima.
Im **Schlussteil** bewerten Sie Ihr Praktikum, indem Sie Ihre Zufriedenheit über die Betreuung während des Praktikums, seine erfreulichen und unerfreulichen Seiten sowie die Konsequenz für Ihre Berufswahl beschreiben. Um den Praktikumsbericht anschaulich zu gestalten, sind Bilder, die Arbeitsabläufe oder Produkte zeigen, sinnvoll.

1 Fertigen Sie mit Hilfe der Information eine Checkliste für Praktikumsberichte an. Ergänzen Sie Ihre Checkliste mit allgemeinen Hinweisen aus der Methode (► S. 335).

Praktikumsbericht

1. Allgemeines zum Unternehmen

Die Parcom GmbH ist eine kleine Werbeagentur und berät als Dienstleister in allen Bereichen des Marketings und der Unternehmenskommunikation. Alle Mittel, Medien und Methoden der Kommunikation bezieht die Parcom GmbH ein, um Firmen und ihre Produkte bekannt zu machen. Hierbei werden die Unternehmensziele genauso wie die besonderen Bedingungen des Marktes und die wirtschaftlichen Möglichkeiten des Auftraggebers beachtet.
In der Agentur arbeiten Mediengestalter/innen und kaufmännische Angestellte als fest angestellte Mitarbeiter. Die kreative Arbeit zur Entwicklung von Marketingkonzepten übernimmt der Inhaber und Geschäftsführer Herr Merger. Er gründete die Agentur vor 15 Jahren. Inzwischen sind namhafte Unternehmen aus der ganzen Bundesrepublik Kunden und Geschäftspartner der Parcom GmbH.
(...)

3. Mein Arbeitsplatz

In der ersten Woche des Praktikums war ich in der Grafikabteilung beschäftigt. An den ersten drei Tagen habe ich nicht in der Abteilung mitgearbeitet, sondern selbstständig an einer Werbestrategie gearbeitet. Meine Aufgabe bestand darin, Ideen für neue Produktnamen zu sammeln und dazu einen Slogan zu erfinden. Es handelte sich um ein Produkt, das als so genannte Zwischenmahlzeit bezeichnet wird und bis jetzt noch nicht auf dem Markt ist. Der Geschäftsführer, Herr Merger, besprach mit mir meine Ideen, ergänzte meine Vorstellungen und zeigte mir Beispiele von ähnlichen Produkten. Ich bin gespannt, wann das Produkt am Markt erscheint und wie die Werbung für dieses Produkt tatsächlich aussehen wird.
Danach konnte ich bei der Gestaltung von Werbung am Computer mitarbeiten. Dabei wurden Texte und Grafiken für Infohefte einer Bank gestaltet. Weiterhin konnte ich Kundenkorrespondenz per E-Mail und Fax abwickeln. Dazu gehörten zum Beispiel Vorschläge und Änderungen für Werbemaßnahmen der Kunden.
In der zweiten Woche habe ich in der kaufmännischen Abteilung gearbeitet. Eigentlich habe ich fast alle Tätigkeiten, die in dieser Abteilung anfallen, mehr und mehr auch selbstständig ausgeführt, so zum Beispiel Lieferscheine und Rechnungen erstellt sowie Aufträge bearbeitet.
(...)

Methode **Schreiben eines Praktikumsberichts**

Ein Praktikumsbericht sollte:
- gut strukturiert und systematisch aufgebaut sein,
- Zusammenhänge klar in sachlicher oder zeitlicher Reihenfolge darstellen,
- eigene Tätigkeiten sachlich präzise beschreiben, Überflüssiges vermeiden,
- sich der Fachsprache bedienen,
- in Rechtschreibung, Zeichensetzung und Grammatik keine Fehler aufweisen,
- im Präteritum bei Rückblicken oder im Präsens bei Vorgangsbeschreibungen geschrieben sein,
- optisch ordentlich zusammengestellt sein.

2 Vergleichen Sie Ihre Checkliste mit dem Auszug aus einem Praktikumsbericht. Welche Punkte entsprechen Ihrer Checkliste? Wo ist der Bericht besonders gut gelungen, an welchen Stellen muss verbessert werden?

2.4 Das Bewerbungsportfolio

Wer bin ich und was kann ich? – Persönlichkeits- und Anforderungsprofil

Der kaufmännische Bereich ist mein Ding. Daher beginne ich nach der Schule eine Ausbildung im Großhandel. Ich wünsche mir, dass ich durch eine verantwortungsvolle Arbeit – ohne Sorge vor Arbeitslosigkeit – ein gutes Einkommen haben werde und ein zufriedenes Leben führen kann.

Ich bin offen für neue Ideen. Ich weiß allerdings noch nicht, in welcher Form ich diese umsetzen kann. Mein Traum wäre es, mich selbstständig zu machen und mein eigener Chef zu sein.

Ich habe tausend Ideen im Kopf. Nur – was soll ich daraus machen? Wer weiß, was ich in zehn Jahren machen werde? Mal abwarten! Ich denke, dass ich meinen Weg finden werde.

Ich suche eine abwechslungsreiche Tätigkeit und möchte mit unterschiedlichen Menschen zusammenarbeiten und Verantwortung übernehmen. Ich möchte Anerkennung in meinem Beruf und die Möglichkeit, mich weiter zu qualifizieren.

Ich will im Medienbereich arbeiten. Musik und Musikvermarktung, aber auch alles andere, was mit Medien zu tun hat, sind Bereiche, die mich interessieren. Ich möchte später selbst bestimmen können, wie ich arbeite.

1 a Kommentieren Sie die Äußerungen aus der Sicht eines Berufsberaters.

b Formulieren Sie Ihre Vorstellungen von Ihrer beruflichen Zukunft.

2 Für eine erfolgreiche Bewerbung müssen Sie Ihre Persönlichkeitsmerkmale (Eigenschaften, Verhaltensweisen, Kenntnisse und Fähigkeiten) kennen und differenziert darstellen können.

a Sammeln Sie Ihre Persönlichkeitsmerkmale in einer Tabelle wie der folgenden.

b Notieren Sie möglichst auch Belege für Ihre Äußerungen hinter den Eintragungen (→).

Ich kann besonders gut …	*Ich bin …*	*Ich bin nicht so gut in …*	*Ich möchte gerne …*
– meine Meinung begründet vertreten → Arbeit in der SV *– …*	*– ausdauernd → regelmäßiges Schwimmtraining für Wettkämpfe* *– …*	*– Englisch* *– …*	*– Verantwortung übernehmen* *– mein Englisch verbessern* *– …*

3 **a** Legen Sie Eltern, Geschwistern, Freunden eine unausgefüllte Tabelle mit den ersten drei Spalten vor und lassen Sie andere Menschen eine Einschätzung Ihrer Person abgeben.
b Vergleichen Sie die Ergebnisse mit Ihrer Selbsteinschätzung. Gibt es starke Abweichungen? Begründen Sie diese.

Erwartungen der Wirtschaft

Mit Hilfe der Bewerbungsunterlagen und des Vorstellungsgesprächs versuchen Arbeitgeber einen Bewerber zu finden, dessen Persönlichkeitsprofil zu ihrem Anforderungsprofil passt. Man kann eine ganze Reihe von Kompetenzen benennen, die fast überall in der Wirtschaft vorausgesetzt werden. Zum einen sind da die fachlichen Anforderungen, die in den einzelnen Schulfächern erworben werden, wie etwa in Deutsch (fehlerfreier und präziser Sprachgebrauch in Wort und Schrift), Englisch (sicherer Umgang), Mathematik (Beherrschung der Grundrechenarten), den Naturwissenschaften (Grundkenntnisse in Chemie, Biologie und Physik) und Informatik (sicherer Umgang mit dem PC). Zum anderen sind es die so genannten „Soft Skills", die bei der Auswahl der Ausbildungsplatzbewerber in den Unternehmen eine wichtige Rolle spielen. Darunter versteht man beispielsweise konzentriertes Arbeitsverhalten, Lernfähigkeit, Selbstständigkeit, Leistungsbereitschaft und Zuverlässigkeit gegenüber anderen Mitarbeitern und dem Arbeitgeber. Immer wichtiger werden Eigenschaften, die dazu befähigen, eine Aufgabe von Beginn bis zum Ende zu organisieren, dabei unterschiedliche Arbeitstechniken zu nutzen und mit anderen zu kooperieren und zu kommunizieren.
Wenn ein Jugendlicher bereits im Schulalltag die erforderlichen Unterlagen und Materialien für den Unterricht ständig vergisst, unpünktlich zur Schule erscheint oder Projektarbeiten und Hausaufgaben nicht fristgerecht fertigstellt, ist davon auszugehen, dass er auch als Auszubildender nicht verlässlich arbeitet. Zuverlässigkeit und Sorgfalt, Ausdauer und Belastbarkeit, Selbstständigkeit und Verantwortungsbereitschaft sowie Lern- und Leistungsbereitschaft lassen sich jedoch erlernen.

1 **a** Schreiben Sie die Kompetenzen heraus, die die Arbeitgeber von ihren Auszubildenden erwarten.
b Klären Sie in Partnerarbeit, was sich hinter den verschiedenen Begrifflichkeiten verbirgt.

2 **a** Recherchieren Sie im Internet nach Informationen zu dem Beruf, den Sie sich ausgesucht haben, z. B. unter www.arbeitsagentur.de, www.ausbildung-plus.de und www.bibb.de.
b Notieren Sie Kompetenzen, die für diesen Beruf notwendig sind.
c Vergleichen Sie die allgemeinen Wünsche der Wirtschaft an die Auszubildenden (Aufgabe 1) und die Anforderungen Ihres Wunschberufs mit Ihrem Persönlichkeitsprofil (▶ S. 336).
d Wiederholen Sie die Schritte a–c für mindestens drei weitere Berufe.

3 **a** Informieren Sie sich über das Organon-Modell (▶ S. 23 f.)
b Wenden Sie das Organon-Modell auf die Bewerbungssituation an, indem Sie das Schaubild mit eigenen Worten erklären.

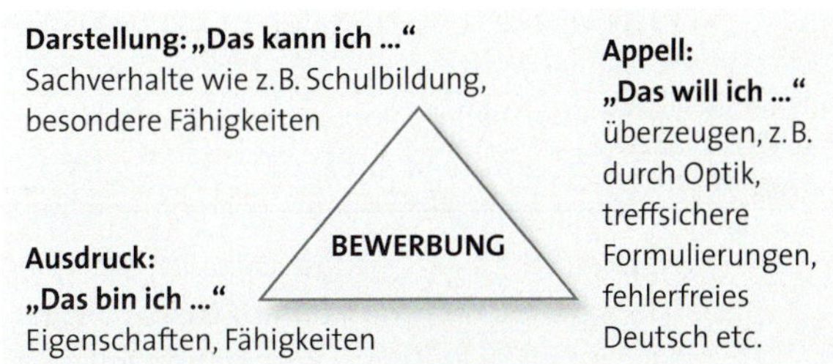

4 Formulieren Sie auf dieser Grundlage thesenartig Zielvorstellungen für eine gelungene Bewerbung.

Eine Stellenanzeige analysieren

Wir sind ein renommiertes, innovatives Unternehmen der Grundstücks- und Wohnungswirtschaft, das seinen Kunden einen Komplettservice rund um die Immobilie bietet.

Wir suchen zur Verstärkung unseres erfolgreichen Teams

eine/n Auszubildende/n
zum/zur Kaufmann/Kauffrau
in der Grundstücks- und Wohnungswirtschaft

Wir bieten ein vielfältiges Aufgabengebiet im Innen- und Außendienst mit sowohl technischen als auch kaufmännischen Tätigkeiten und immer im Umgang mit Menschen an einem attraktiven, mit modernster Bürotechnik ausgestatteten Arbeitsplatz.

Wir erwarten ein gepflegtes Äußeres, Sicherheit im Auftreten und im Umgang mit der deutschen Rechtschreibung.

Wir bitten um Übersendung Ihrer vollständigen Bewerbungsunterlagen an:

Rossmann Immobilien GmbH
Personalabteilung, Frau A. Gabriel
Goethestr. 99
52064 Aachen
E-Mail: rossmann-immobilien@t-online.de

---

1 **a** Gehen Sie die Anzeige mehrfach durch und schreiben Sie die Anforderungen, die an die Bewerber gestellt werden, heraus. Vergleichen Sie Ihre Ergebnisse.
b Überlegen Sie, welche Erwartungen Sie erfüllen können, und notieren Sie Ihre Kompetenzen mit Belegen neben die Anforderungen aus der Anzeige.
c Nicht alles, was Sie vorzuweisen haben, hat auf den ersten Blick etwas mit dem Ausbildungsberuf zu tun. Gehen Sie deshalb die fehlenden Anforderungen nochmals durch und orientieren Sie sich an den Beispielen: *Praktika → Berufsinteresse und erste Berufserfahrung; Aushilfsjobs → Fleiß und Einsatzbereitschaft; Vereinstätigkeit → Teamgeist, Engagement und Verantwortungsbewusstsein; Mannschaftssport → Teamgeist, Ausdauer; Auslandsaufenthalte → Selbstständigkeit und Sprachkenntnisse; Instrument spielen → Kreativität, evtl. Gemeinschaftssinn.*

2 Beurteilen Sie die folgenden Formulierungen aus einer Bewerbung auf die oben angezeigte Ausbildungsstelle. Geht der Schreiber auf die Anforderungen ein? Passt der Satz zur Anzeige? Ist der Stil angemessen?

- *Die beiden Unterrichtsfächer Mathematik und Deutsch waren mir über Jahre hinweg besonders wichtig, was sich in den Bewertungen positiv niedergeschlagen hat.*
- *In meiner Freizeit spiele ich Klavier und betreibe ausgeprägt Individualsportarten, da ich gerne unabhängig von anderen Menschen bin.*
- *Besondere Stärken habe ich in den beiden Fremdsprachen Englisch und Französisch. Darin kommuniziere ich gern und viel, z. B. während meiner beiden Auslandsaufenthalte …*
- *Mit hohem Engagement betreue ich das Computer-Netzwerk des benachbarten Sportvereins, daher würde ich mich freuen, meine Kenntnisse diesbezüglich auch in Ihrem modern ausgestatteten Büro anbringen zu können.*

3 Suchen Sie sich Anzeigen zu weiteren Ausbildungsberufen und gehen Sie vor wie in Aufgabe 1.

Das Anschreiben verfassen

1 **a** Vergleichen Sie das folgende Bewerbungsschreiben von Heiko Heinz mit der Stellenanzeige auf S. 338.

b Beurteilen Sie das Bewerbungsschreiben bezüglich der Passung zur Anzeige, der Aussagekraft über die Person Heiko Heinz und des Stils.

c Begründen Sie, ob Sie diesen Bewerber zu einem Vorstellungsgespräch einladen würden.

Heiko Heinz
Hubertstr. 100
52134 Herzogenrath
Tel. 02406 12345

05.10.2011

Rossmann Immobilien GmbH
Personalabteilung
Frau Gabriel
Goethestr. 99
52064 Aachen

Bewerbung um einen Ausbildungsplatz als Kaufmann in der Grundstücks- und Wohnungswirtschaft

Sehr geehrte Frau Gabriel,

auf Ihr Ausbildungsangebot in der Aachener Zeitung vom 02.10.2011 bin ich durch die interessante Beschreibung des Berufsbildes und Ihrer Firma aufmerksam geworden.
Ich bewerbe mich deshalb um eine Ausbildung zum Kaufmann in der Grundstücks- und Wohnungswirtschaft in Ihrem Haus.

Zurzeit besuche ich die Höhere Berufsfachschule für Wirtschaft und Verwaltung (Höhere Handelsschule) am Berufskolleg Herzogenrath, die ich im Juni 2012 mit der Fachhochschulreife verlassen werde.

Über den von Ihnen angebotenen Ausbildungsberuf habe ich mich im Berufsinformationszentrum und durch die Schriften des Arbeitsamtes kundig gemacht und mein Interesse an dieser Tätigkeit dadurch bestätigt gefunden.

Für die von Ihnen beschriebenen Anforderungen bringe ich entsprechende Voraussetzungen mit: In der Schule interessieren mich Betriebswirtschaftslehre und Informationswirtschaft mit Datenverarbeitung besonders. Daher bin ich mit Standardsoftware wie dem Office-Paket vertraut. Auch in meiner Freizeit beschäftige ich mich mit dem Computer.

Gerne würde ich Ihnen in einem persönlichen Gespräch einen unmittelbaren Eindruck meiner Person und meines Auftretens geben und dabei auch aus erster Hand noch mehr über die Ausbildung in Ihrer Firma erfahren. Über eine Einladung würde ich mich deshalb sehr freuen.

Mit freundlichen Grüßen

Heiko Heinz

Anlagen:
Lebenslauf
Kopie des letzten Zeugnisses
Zeugnis über Aushilfstätigkeit als Kellner

2 Erarbeiten Sie mit Hilfe des Aufbaus der Bewerbung die inhaltliche Abfolge eines Anschreibens, z. B.: *1. Absatz: Hinweis auf den Auslöser der Bewerbung; 2. Absatz: Angaben zur derzeitigen Tätigkeit und zum angestrebten Schulabschluss, 3. Absatz:* ...

3 Entwerfen Sie ein Bewerbungsanschreiben zu einer Stellenanzeige für einen Ausbildungsplatz in Ihrem Wunschberuf (▸ Methode).

Methode **Bewerbungsanschreiben verfassen**

Im Anschreiben eines Bewerbungsportfolios „werben" Sie für Ihre eigene Person und stellen zugleich einen Bezug zu dem Unternehmen her, bei dem Sie sich bewerben. Das sollte in wenigen Sätzen geschehen. Orientieren Sie sich an den folgenden Leitfragen:

- Welche Anforderungen stellt das Unternehmen an die ausgeschriebene Stelle?
- Über welche Qualifikationen (z. B. Schulabschluss) und Kompetenzen (Fähigkeiten) verfüge ich?
- Welche meiner persönlichen Interessen und Vorlieben kann ich konkret einbringen?
- Wie passen meine Kompetenzen und Interessen zum Stellenangebot?

Folgende Punkte sollten Sie bei Ihrem Bewerbungsanschreiben beachten:

- Verfassen Sie für jede Bewerbung ein individuelles, passgenaues Anschreiben.
- Berücksichtigen Sie die in der Stellenanzeige genannten Bewerbungsbedingungen.
- Vermeiden Sie übertriebenes Selbstlob, zeigen Sie sich aber auch selbstbewusst.
- Informieren Sie über Ihre persönlichen Qualifikationen und Kompetenzen.
- Prüfen Sie Rechtschreibung, Zeichensetzung und Grammatik (▸ S. 400–416).
- Setzen Sie Ihre Unterschrift unter das Anschreiben.
- Listen Sie unter dem Stichwort „Anlagen" Ihre im Portfolio enthaltenen Unterlagen auf.

Das Deckblatt

Bewerbungsunterlagen
für einen Ausbildungsplatz als Kaufmann in der Grundstücks- und Wohnungswirtschaft

Rossmann Immobilien GmbH
Frau A. Gabriel
Goethestraße 99
52064 Aachen

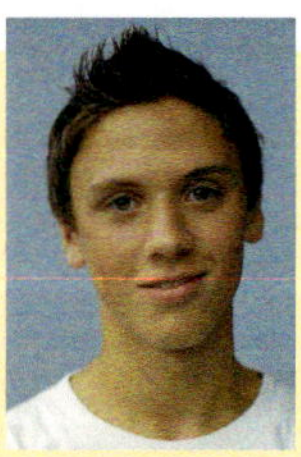

Heiko Heinz
Hubertstr. 100
52134 Herzogenrath
Tel.: 02406/12345
E-Mail: hh@heinz.de

Inhalt:
Anschreiben
Lebenslauf
Zeugnis
Sonstige Leistungsnachweise

1 Gestalten Sie am Computer nach dem nebenstehenden Muster ein Deckblatt für Ihre Portfoliomappe.

Einen Lebenslauf gestalten

LEBENSLAUF

PERSÖNLICHE DATEN

Name:	Heiko Heinz
Geburtsdatum:	30.05.1994
Geburtsort:	Köln
Eltern:	Elisabeth Engelhardt-Heinz
	Andreas Heinz
Staatsangehörigkeit:	Deutsch
Familienstand:	ledig

SCHULISCHE AUSBILDUNG

2000–2004	Grundschule Zülpicher Straße, Köln
2004–2010	Städtisches Gymnasium Herzogenrath
2010–2012	Berufskolleg Herzogenrath
	angestrebter Abschluss: Fachhochschulreife

KENNTNISSE

Fremdsprachen	Englisch (fortgeschritten), Spanisch (Anfänger)
Computerkenntnisse	Word, Excel, PowerPoint, Photoshop

BERUFSERFAHRUNG/PRAKTIKA

2010	dreiwöchiges Schulpraktikum in der kaufmännischen Abteilung der Firma Meyer, Herzogenrath
seit 2010	Aushilfstätigkeit als Kellner in der Gaststätte Sparr, Herzogenrath

PERSÖNLICHE INTERESSEN

Computer, Basketball, Film

Herzogenrath, 05. Oktober 2011

Heiko Heinz

1 Entwerfen Sie Ihren Lebenslauf. Probieren Sie dabei unterschiedliche optische Gestaltungsmöglichkeiten aus und begutachten Sie die Ergebnisse im Kurs. Orientieren Sie sich an dem Beispiel oben.

Die Bewerbungsmappe

Judith Engst: **Professionelles Bewerben – leicht gemacht** (2005)

Für drei Viertel aller Bewerbungen wendet der Personalentscheider zunächst nicht mehr als 30 Sekunden auf. Dabei prüft er zunächst, ob die Bewerbung formalen Kriterien gerecht wird. Bewerbungen, die einfachste Formalkriterien nicht erfüllen, werden am schnellsten aussortiert. Oft sichtet noch nicht einmal der Personalverantwortliche selbst die eingehenden Bewerbungen, sondern ein/e Assistent/in. Hier stehen die Chancen noch schlechter, mit Inhalten zu überzeugen, wenn schon die Form nicht stimmt.

Information **Bewerbungsportfolio – Vollständige Unterlagen und ihre Reihenfolge**

- Anschreiben (▸ S. 339): maximal eine Seite in fehlerlosem Deutsch; nicht eingeheftet, sondern lose auf der Portfoliomappe liegend; formal nach den Regeln des Geschäftsbriefs (▸ S. 329 f.)
- Deckblatt (▸ S. 340): in der Mappe eingeheftet, mit Anschrift und Telefonnummer, damit alle Kontaktdaten für den Arbeitgeber schnell greifbar sind
- Bewerbungsfoto: zwischen 4,5 x 6,5 und 9 x 13 cm; kein Automaten-, Urlaubs- oder Ganzkörperfoto; auf dem Deckblatt oder rechts oben auf dem Lebenslauf fixiert
- Lebenslauf (▸ S. 341): maximal zwei Seiten
- Kopie des Schulzeugnisses: letzter erreichter Abschluss bzw. letztes Versetzungszeugnis; in späteren Bewerbungen: Studien- bzw. Ausbildungszeugnis (nur Kopien)
- Bescheinigungen: Kopien sonstiger Leistungsnachweise oder außerschulischer Engagements, z. B. Praktika, ehrenamtliche Tätigkeiten, Vereinsarbeit, Gutachten
- Das Portfolio befindet sich in einer unbenutzten Bewerbungsmappe in dezenter Farbe. Das Papier sollte stets das gleiche und nicht beschmutzt oder geknickt sein. Anschreiben und Lebenslauf werden immer als Originale mit Unterschrift verschickt, während Zeugnisse stets in Kopie beiliegen.

---

1 Stellen Sie Ihr Bewerbungsportfolio zusammen.

2 Vergleichen Sie Ihre Portfolios innerhalb des Kurses miteinander und beurteilen Sie sie hinsichtlich Layout und Optik, Klarheit des Aufbaus, sprachlicher Gestaltung, Individualität.

Information **Online-Bewerbung**

Von einigen Firmen werden Online-Bewerbungen angeboten oder sogar gefordert. Bewerben Sie sich nur online, wenn die Firmen dies anbieten. Falls es im Internet Formulare gibt, so füllen Sie so viele Felder wie möglich aus, und zwar wahrheitsgemäß (z. B. Zensuren).
Wenn keine Formulare angeboten werden, dann strukturieren Sie Ihre Bewerbung genauso wie ein Bewerbungsschreiben per Post.
Achten Sie beim Anschreiben auf die DIN-Norm 5008 für Geschäftsbriefe und eine seriöse E-Mail-Adresse. Benennen Sie die Dateien eindeutig, z. B. *Lebenslauf Heiko Heinz.doc*. Auch wenn es eine E-Mail ist, bleibt die Sprache die gleiche wie in einer herkömmlichen Bewerbung und auch die Rechtschreibkorrektur sollte so gewissenhaft wie möglich verlaufen.

Das Vorstellungsgespräch – Strategien der Vorbereitung

In einem Vorstellungsgespräch möchten sich Arbeitgeber/innen in der Regel ein Bild über Ihre Persönlichkeit und Ihre Kompetenzen machen. Um sich in kurzer Zeit einen Eindruck zu verschaffen, sind gezielte, für die Befragten z.T. auch unangenehme Fragen üblich. Nach deutschem Arbeitsrecht sind jedoch Fragen nach Partei-, Religions- und Gewerkschaftszugehörigkeit, Heiratsplänen, Kinderwünschen, Schwangerschaft, Vorstrafen und Vermögensverhältnissen nicht zulässig.

Information **Mögliche Fragen im Vorstellungsgespräch**

- Sie haben sich ja sicher schon über unser Unternehmen/unsere Behörde/unsere Institution kundig gemacht. Was wissen Sie über uns?
- Warum bewerben Sie sich ausgerechnet hier bei uns? Was interessiert Sie an uns?
- Sagen Sie doch einmal, was passiert, wenn Sie in Stress geraten? Wie gehen Sie mit Stress um?
- Was macht Ihnen im Moment in der Schule Spaß?
- Was empfinden Sie in der Schule als besondere Belastung?
- Was ist aus Ihrer Sicht entscheidend für eine gute Zusammenarbeit?
- Wann haben Sie den Eindruck, dass Sie gute Arbeit geleistet haben?
- Was sind Ihre größten persönlichen Stärken?
- Was sind Ihre größten Schwächen?
- Was sind Ihre weiteren Ziele? Was möchten Sie in den nächsten fünf bis zehn Jahren erreichen?

1 Gehen Sie in Gedanken ein Vorstellungsgespräch durch, in dem Sie mit den in der Information oben genannten Fragen konfrontiert werden.

2 Klären Sie, wo Sie recherchieren können, um auf einige dieser Fragen besser vorbereitet zu sein.

3 Einige dieser Fragen erfordern ein offenes, aber auch geschicktes Verhalten. Proben Sie in **Rollenspielen** die folgenden Verhaltensempfehlungen (▸ Methode).

Methode **Strategien im Vorstellungsgespräch – Verhaltensempfehlungen**

- Achten Sie darauf, dass Sie pünktlich, ausgeruht und in angemessener Kleidung erscheinen.
- Nehmen Sie Kopien Ihrer Bewerbungsunterlagen mit, so dass Sie diese einsehen können, sofern es Nachfragen dazu gibt.
- Gehen Sie auf Fragen zu Ihren Schwächen ein, indem Sie sich beispielhaft mit nur einer dieser Schwächen kritisch auseinandersetzen und darstellen, wie Sie diese positiv behoben haben.
- Antworten Sie auf Fragen zu Ihrer Person offen, vermeiden Sie jedoch zu große Offenheit in privaten Dingen.
- Stellen Sie eigene Fragen. Überlegen Sie sich im Vorfeld mindestens eine Frage zu den erwartbaren Arbeitsabläufen bei der angestrebten Ausbildung bzw. Tätigkeit.

3 Analysierendes, interpretierendes und erörterndes Schreiben

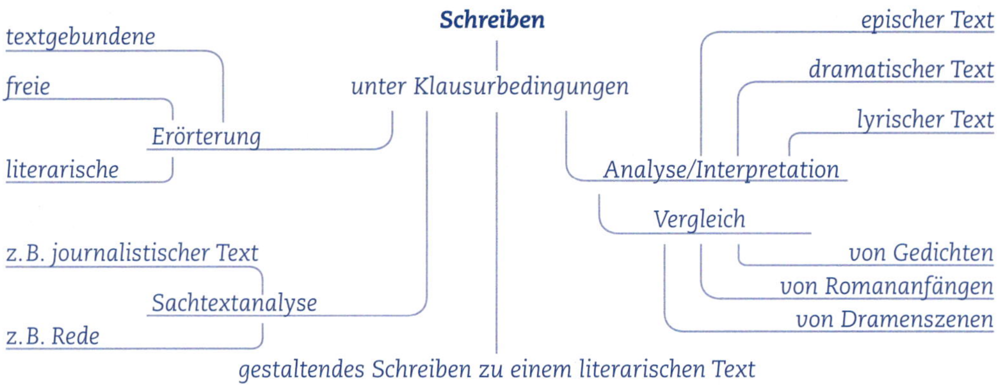

1 **a** In diesem Abschnitt trainieren Sie Schreib- und Aufsatzformen, die Sie in der Oberstufe bei Klausuren und vor allem in der Abschlussprüfung zu bewältigen haben. Notieren Sie für sich, welche Erfahrungen und Voraussetzungen Sie an welche Aufsatzform knüpfen.

b Tauschen Sie sich über Ihre Notizen aus. Einigen Sie sich gegebenenfalls auf eine der Aufsatzformen, die Sie noch einmal gemeinsam ganz besonders üben sollten.

2 **a** Suchen Sie sich eine Aufsatzform aus der Mindmap oben aus und bereiten Sie in Partnerarbeit einen Kurzvortrag von fünf Minuten zu dieser Schreibform vor. Beantworten Sie darin folgende Fragen, die Sie auch mit Hilfe der folgenden Seiten klären können:

- Wie ist der Aufsatz aufgebaut?
- Was muss in den verschiedenen Teilen des Aufsatzes besonders beachtet werden, worauf sollten Schwerpunkte liegen?
- In welcher Form sollten Sie Ihre Aussagen mit der Textvorlage in Verbindung bringen?
- Wie runden Sie Ihren Aufsatz am besten ab?

b Tragen Sie sich Ihre Ergebnisse zu den unterschiedlichen Aufsatzformen wechselseitig vor.

3.1 Sachtexte analysieren

In diesem Kapitel erwerben Sie folgende Kenntnisse und Kompetenzen:

- Aufgabenstellungen verstehen,
- die Argumentationsstruktur und die sprachliche Gestaltung eines Sachtextes analysieren und schriftlich darstellen,
- eine Sachtextanalyse sinnvoll aufbauen und verfassen,
- den gedanklich-logischen Zusammenhang eines Aufsatzes überprüfen und sprachlich verbessern.

Aufgabenstellung
Analysieren Sie den Text „Du sollst den Kern nicht spalten" von Franz Alt unter Berücksichtigung seiner Argumentationsstruktur, seiner situativen Bezüge und der verwendeten sprachlichen Mittel.

Franz Alt: **Du sollst den Kern nicht spalten** (Die Welt, 31.07.2008)

Als Junge-Union-Kreisvorsitzender in Karlsruhe und CDU-Kandidat bei Landtagswahlen war ich in den 60er-Jahren und später ein Befürworter der Atomenergie. Ich glaubte jenen Fachleuten, die uns erzählten: Atomenergie ist sicher! Allenfalls alle 10.000 Jahre könne etwas passieren!

Und dann passierte Tschernobyl[1]. Ich begann endlich, intensiv zu recherchieren. Schon vor Tschernobyl waren in Sellafield[2] (England), in Tscheljabinsk[3] (UdSSR[4]) und in Harrisburg[5] (USA) Nuklearunfälle passiert, die nach Ansicht der Fachleute niemals hätten eintreten dürfen. Also: Was alle 10.000 Jahre hätte passieren sollen, ist alle zehn Jahre passiert. So schnell vergeht die Zeit nach den Berechnungen der Atomfreunde. Sollten die drei Atomstörfälle der letzten Wochen allein in Frankreich oder die letztjährige Pannenserie an deutschen AKWs[6] nicht auch die bisherigen Atombefürworter zum Nachdenken und Umdenken bewegen? Hat die unvorstellbare Schlamperei im „vorläufigen Endlager" Asse[7] nicht erneut bewiesen, dass es nahezu unmöglich ist, Atommüll über Zehntausende von Jahren endzulagern?

Auch Atombefürworter gestehen: Es gibt nach 50 Jahren Forschung und Suchen kein einziges atomares Endlager auf der Welt. Das höchste US-Gericht hat festgelegt, dass ein Endlager nur genehmigt wird, wenn der Betreiber eine Sicherheit für eine Million Jahre garantieren kann. Wer aber könnte das? Auch in Deutschland ist „atomares Restrisiko" eine Realität, die uns jeden Tag „den Rest" geben kann.

In Zeiten des Terrorismus kommt hinzu, dass Schurkenstaaten in AKWs Zielscheiben erkannt haben. Wer diese zunehmende Gefahr ignoriert, lebt im Wolkenkuckucksheim[8], aber nicht in dieser real existierenden Welt. Er oder sie kann keine verantwortliche Politik machen. Was werden uns die Befürworter der Atomenergie nach dem nächsten Unfall oder nach dem ersten Terroranschlag an Ausreden präsentieren? Die Kampagne gegen Atomkraft war und ist nicht töricht, sondern richtig und realistisch.

Mit erneuerbaren Energien – sagt Al Gore[9] – kann die USA schon in zehn Jahren allen Strom sicher, preiswert, ohne Klimaschäden und ohne neue Atomkraftwerke produzieren. Sowohl Barack Obama wie auch John McCain[10] haben ihm zugestimmt. Wenn die 100-prozentige Stromwende in den USA möglich ist, warum soll sie in Deutschland und in Europa dann nicht möglich sein? Präsident John F. Kennedy sagte Anfang der Sechziger: „Am Ende des Jahrzehnts wird der erste US-Amerikaner auf dem Mond sein.“ Kennedy wurde verlacht. Nur acht Jahre später war es so weit. [...]

Die viel beschworene „Renaissance der Atomkraft“ findet real nirgendwo statt. Zumindest bisher nicht. Die Fakten: In den letzten acht Jahren wurden weltweit sechs AKWs geschlossen und zwei neue ans Netz gebracht. Frankreich hat im letzten Jahrhundert seinen Atomstromanteil innerhalb von 16 Jahren von null auf 75 Prozent hochgefahren. Wenn dies mit einer einzigen Energiequelle möglich war, warum soll dann im 21. Jahrhundert der 100-Prozent-Umstieg mit sechs erneuerbaren Energiequellen (Sonne, Wind, Bioenergie, Wasserkraft, Meeresenergie und Erdwärme) nicht in ähnlicher Zeit auch möglich sein? Warum so viel Technik-Kleinmut und Technik-Bedenkenträgerei?

Unser Hauptproblem in der gegenwärtigen Energiediskussion ist die sträfliche Unterschätzung der erneuerbaren Energien und die leichtsinnige Überschätzung der rasch zu Ende gehenden alten Energien, einschließlich des Urans als Brennstoff für Atomkraftwerke. Allein die Sonne schickt uns jeden Augenblick 15.000-mal mehr Energie, als zurzeit alle Menschen verbrauchen. Es gibt gar kein Energieproblem, es gibt nur falsches Energieverhalten. Aber das können wir ändern. Dabei fehlt es nicht mehr an Techniken, sondern ausschließlich am politischen Willen. Was möglich ist, zeigen einige deutsche Beispiele: Kassel und Nürnberg werden schon heute zu 100 Prozent mit erneuerbarem Strom versorgt. Die rund 500.000 Ostfriesen produzieren 96 Prozent ihres Stroms bereits aus erneuerbaren Energiequellen. Die Landesregierung von Schleswig-Holstein geht davon aus, dass das Land bis 2020 mehr Ökostrom produziert, als alle Schleswig-Holsteiner verbrauchen werden.

Wir brauchen weder längere Laufzeiten für Atomkraftwerke noch neue Kohlekraftwerke. Allerdings: Die Politik muss sich mehr zutrauen als heute. [...]

Bis heute kann uns kein Atomfreund sagen, wohin mit dem Atommüll. Wir wissen nur, dass er 100.000 Jahre strahlt. Wir hinterlassen 1.000 Generationen unseren gefährlichen Abfall. Für mich ist das so verantwortlich wie in ein Flugzeug zu steigen, dessen Kapitän zwar starten kann, aber keine Landebahn kennt. Wer würde so etwas tun? Meine Lebenserfahrung nach Tschernobyl sagt mir, dass es kein Fehler ist, Fehler zu machen, aber ein ganz großer Fehler, aus Fehlern nichts zu lernen. Heute weiß ich, dass die Nutzung von Kernenergie schöpfungswidrig ist. Vielleicht müssen wir uns im Atomzeitalter an einem 11. Gebot orientieren: Du sollst den Kern nicht spalten!

1 Tschernobyl: eine Stadt im Norden der Ukraine. Bekannt wurde Tschernobyl durch einen Reaktorunfall, der sich am 26. April 1986 im Kernkraftwerk Tschernobyl ereignete. Er gilt als der schwerste nukleare Unfall und als eine der schlimmsten Umweltkatastrophen aller Zeiten.

2 Sellafield (früher Windscale): ein weltweit bekannter Nuklearkomplex in Nordwestengland. Der Komplex wurde durch häufige nukleare Störfälle bekannt und unter anderem deshalb auch von Windscale in Sellafield umbenannt. Am 10. Oktober 1957 ereignete sich dort einer der schwerwiegendsten Atomunfälle vor der Katastrophe von Tschernobyl.

3 Tscheljabinsk: eine russische Stadt am Ural. 150 km von der Stadt entfernt ereignete sich am 29. September 1957 ein Nuklearunfall in der kerntechnischen Anlage Majak, bei dem größere Mengen an radioaktivem Material als bei der Katastrophe des Reaktors von Tschernobyl freigesetzt wurden. Dieser Vorfall wurde erst 1989 von der sowjetischen Regierung zugegeben.

4 UdSSR: Abkürzung für Union der Sozialistischen Sowjetrepubliken, die amtliche Bezeichnung der Sowjetunion. Die Sowjetunion war ein zentralistisch regierter, föderativer Einparteienstaat. Sie wurde am 30. Dezember 1922 gegründet und am 21. Dezember 1991 als Union aufgelöst.

5 Harrisburg: die Hauptstadt des US-Bundesstaates Pennsylvania. Die Stadt Harrisburg ist durch den Kernschmelzunfall vom 28. März 1979 im Kernkraftwerk Three Mile Island in der Nachbarstadt Middletown weltbekannt geworden.

6 AKW: Atomkraftwerk

7 Asse: Die Schachtanlage Asse ist ein ehemaliges Salzbergwerk in Niedersachsen, das seit 1965 als Forschungsbergwerk betrieben wird und in dem zwischen 1967 und 1978 die Endlagerung radioaktiver Abfälle großtechnisch erprobt und praktiziert wurde.

8 Wolkenkuckucksheim: Der Begriff wird ähnlich wie der des Luftschlosses verwendet: als eine Utopie ohne Bodenhaftung, also ohne Realitätssinn.

9 Robert Arnold „Al“ Gore (*1948): US-amerikanischer Politiker (Demokrat), Unternehmer, Umweltschützer sowie Friedensnobelpreisträger des Jahres 2007. Von 1993 bis 2001 war er der 45. Vizepräsident der Vereinigten Staaten unter Präsident Bill Clinton.

10 John McCain (* 1936): US-amerikanischer Politiker (Republikaner) und Präsidentschaftskandidat 2008

Erster Schritt: Die Aufgabenstellung verstehen

1 **a** Unterstreichen Sie (nur in eigenen Büchern oder auf einer Kopie) in der Aufgabenstellung die für Sie zentralen Schlüsselbegriffe.
b Notieren Sie, welche Tätigkeiten der Operator „analysieren" beinhaltet.
c Formulieren Sie in eigenen Worten, was Sie laut Aufgabenstellung leisten müssen.
d Gestalten Sie eine Mindmap mit den Ergebnissen aus den Schritten a bis c.

Zweiter Schritt: Einen Textzugang erschließen – Vorwissen aktivieren

1 **a** Erschließen Sie sich einen Textzugang, indem Sie Ihre Vorkenntnisse zum Themengebiet „Energie und Umweltschutz" aktivieren. Legen Sie dazu ein Cluster oder eine Mindmap an.
b Markieren Sie Themen und Begriffe in Ihrem Cluster/Ihrer Mindmap, auf die Sie in Ihrem Analyseaufsatz Bezug nehmen wollen.

2 Halten Sie fest, welche Assoziationen der Titel „Du sollst den Kern nicht spalten" bei Ihnen weckt.

Dritter Schritt: Thema und These des Textes erfassen und die Thematik in Beziehung zum öffentlichen Diskurs setzen

1 Lesen Sie nun Franz Alts Text aktiv durch (Methode, ► S. 88 f.). Erschließen Sie fremde Begriffe aus dem Kontext oder mit Hilfe von Wörterbüchern.

2 Um das Thema eines argumentativen Textes zu erfassen, bietet es sich an, das Thema in Form einer Entscheidungsfrage zu formulieren, zu der der Autor Position bezieht. Entscheiden Sie, welche der nachfolgenden Fragen Ihrer Meinung nach das Thema des Textes von Franz Alt am besten trifft. Belegen Sie Ihre Antwort am Text.
- Kann eine Renaissance der Atomkraft gelingen?
- Ist der Betrieb von Atomkraftwerken sicher genug?
- Kann man den Energiebedarf der Zukunft mit Atomkraft abdecken?
- Soll man auch weiterhin auf Atomkraft als Energieform setzen?
- Sind die erneuerbaren Energien der Energie aus Atomkraft überlegen?

3 Geben Sie Franz Alts Position (These) in einem Satz wieder und klären Sie, ob es sich dabei um eine explizite oder implizite These handelt (► Information).

Information **Explizite und implizite Thesen**

Formuliert der Autor/die Autorin seinen/ihren Standpunkt ausdrücklich, so dass die Behauptung (These) im Text wörtlich zitierbar vorliegt, handelt es sich um eine explizite These. Wenn die Position des Autors/der Autorin jedoch nur indirekt aus dem Textganzen zu erschließen ist, so liegt eine implizite These vor.

4 Argumentative Texte stehen nicht für sich allein, sondern immer im Zusammenhang mit gesellschaftlichen, politischen Debatten (öffentlicher Diskurs). Ermitteln Sie, auf welche in der Gesellschaft diskutierten Problemstellungen der Text von Franz Alt Bezug nimmt.
Tipp: Nutzen Sie auch die übrigen Texte zum Thema, die Sie in diesem Buch finden (► S. 114 f., 117 ff., 119 f.).

Vierter Schritt: Den Inhalt des Textes erfassen, den gedanklichen Aufbau und die Argumentationsstruktur herausarbeiten

1 Bei argumentativen Texten ist eine Visualisierung des Argumentationsganges hilfreich. Verschaffen Sie sich eine strukturierte Übersicht über die Argumentation, indem Sie zu dem Text von Franz Alt eine vollständige Argumentationspyramide (Methode, ▸ S. 116; Beispiel, ▸ S. 115) erstellen.
Tipp: Wenn Sie nach den Argumenten eines Sachtextes suchen, dann geht es darum, diejenigen Aussagen zu finden, die sich logisch an die These mit den Konjunktionen „weil" oder „denn" anschließen lassen. Konkret geht es in dem Kommentar von Franz Alt darum, diejenigen Aussagen im Text zu finden, mit denen der Autor seine Meinung begründet, warum der Widerstand gegen Atomkraft „richtig und realistisch" (Z. 45) sei.

2 Tragen Sie in die Argumentationspyramide auch die Typen von Argumenten und Argumentationsstützen ein (Information, ▸ S. 118 f.).

Information **Analyse der argumentativen Struktur**

Argumentative Texte sind ihrer Natur nach thetische Texte. Das bedeutet, dass der Text eine Fülle von Behauptungen enthält, die im Gegensatz zu Tatsachenaussagen begründet und diskutiert werden müssen. Je nach Verwendungszusammenhang können solche Behauptungen, die man allgemein auch **Thesen** nennt, als Urteile, Meinungen, Forderungen oder Prognosen formuliert sein. **Argumente** wiederum sind Aussagen, durch die die Thesen begründet oder glaubhaft gemacht werden. Um Argumente zu untermauern oder zu belegen, werden so genannte **Argumentationsstützen** eingesetzt.
Argumentationsstützen sind Aussagen, die ein Argument wirkungsvoll untermauern oder belegen sollen. Hierbei kann es sich um Beispiele handeln, um Zitate, um Vergleiche oder Analogieschlüsse, um Erläuterungen oder Umschreibungen, um das Nennen von Daten und Fakten, um das Verweisen auf Normen und Regeln ebenso wie auf Autoritäten (zum Beispiel Wissenschaftler, Schriftsteller, Politiker), um das Aufzeigen von Konsquenzen usw.
Die Schwierigkeit der Analyse argumentativer Texte besteht darin, genau zwischen Thesen, Argumenten und Argumentationsstützen zu unterscheiden. Denn sowohl bei Thesen als auch bei Argumenten und Argumentationsstützen handelt es sich in der Regel um Aussagen, die oft begründungsbedürftig sind und häufig im Text auch begründet werden: Eine Aussage wird durch eine andere Aussage begründet, die wiederum durch eine dritte Aussage begründet wird (oder begründet werden müsste) usw. Man kann also sagen, dass ein argumentativer Text aus vielen Thesen besteht. Eine so unspezifische Analyse hilft jedoch nicht weiter. Es ist nicht zuletzt begrifflich zu differenzieren; deshalb wird die erste Aussage These, die zweite Argument und die dritte Argumentationsstütze (Subargument) genannt. Aussagen, die den Argumentationsstützen untergeordnet sind, haben keine eigene Bezeichnung; sie werden wie Argumentationsstützen behandelt.
In der Praxis kommen Texte vor, in denen manche Argumente keine Stützen haben, während anderen Argumenten gleich mehrere absichernde Aussagen zugeordnet sind.
Zusammenfassend kann man sagen: Die Analyse argumentativer Texte zielt darauf, die **Struktur der Textaussagen** zu ermitteln, den **funktionalen Zusammenhang** der Textaussagen zu erfassen, zu beschreiben und zuletzt auch zu beurteilen.

Fünfter Schritt: Die sprachlichen Gestaltungsmittel und Besonderheiten beschreiben und deren Funktionen erläutern

1 **a** Wählen Sie aus den angebotenen Begriffen diejenigen aus, die die Sprachhaltung des Textes am treffendsten kennzeichnen. Sie können auch eigene Begriffe ergänzen. Mit „Sprachhaltung" ist die im sprachlichen Ton sich ausdrückende Haltung eines Autors/einer Autorin zu dem in seinem/ihrem Text behandelten Sachverhalt oder Thema gemeint.
sachlich · kritisch · ablehnend · zustimmend · engagiert · ironisch · pessimistisch · nüchtern · optimistisch · realistisch · abwertend · polemisch · appellativ · distanziert · humorvoll · begeistert · unentschieden · neutral
b Begründen Sie Ihre Charakterisierung kurz und verweisen Sie dabei auf entsprechende Textstellen.

2 Ordnen Sie den Text von Franz Alt in das „Haus der Stile" (Information, ▸ S. 320) ein. Berücksichtigen Sie, dass eine Zuordnung einzelner Passagen zu verschiedenen „Räumen" bzw. „Etagen" möglich ist.

3 **a** Untersuchen Sie den Text mit Hilfe einer Leselupe (Methode, ▸ S. 122 f.) auf seine sprachlichen Mittel.
b Zeigen Sie anhand ausgewählter sprachlich-stilistischer Gestaltungsmittel und rhetorischer Figuren (Information, ▸ S. 313), welche Wirkungsakzente (▸ Information) der Text von Franz Alt setzt.
c Analysieren Sie den Text auch auf rhetorische Strategien der Beeinflussung hin (▸ S. 311).

Information **Die Wirkungsakzente sprachlich-stilistischer Gestaltungsmittel**

Die sprachliche Gestaltung eines Textes ist von seiner inhaltlichen Aussage nicht zu trennen: Ohne den sprachlichen Ausdruck gäbe es keine Aussage, und jede Veränderung der sprachlichen Gestaltung bewirkt eine gewisse Bedeutungsverschiebung. Gerade in argumentativen Texten besteht oft eine wirkungsmächtige Wechselbeziehung zwischen inhaltlich-logischer Argumentation und dem Einsatz rhetorischer Mittel. Sich mit der sprachlichen Gestaltung eines Textes zu beschäftigen, heißt also nicht, nach oder zusätzlich zu der inhaltlichen Analyse eine zweite, unabhängige Untersuchung durchzuführen. Vielmehr wird das Verständnis der Textaussage und der Textwirkung durch den Blick auf die sprachliche Gestaltung begründet und geschärft.
Heinz Lemmermann unterscheidet fünf Wirkungsakzente sprachlich-stilistischer Gestaltungsmittel (Information Rhetorische Mittel, ▸ S. 313):

Wirkungsakzent	Beispiele für sprachlich-stilistische Gestaltungsmittel
■ Eindringlichkeit	Wiederholung, Verdeutlichung, Raffung, Ausruf, Zitat, Aufzählung, parataktischer Satzbau, Anapher ...
■ Anschaulichkeit	Beispiel, Einzelheit, Vergleich, Metapher, Symbol, Tautologie ...
■ Spannung	Klimax, Antithese, Überraschung, Ankündigung, Verschweigen, Vertiefung, Häufung ...
■ ästhetische Anschaulichkeit	Wortspiel, Anspielung (Allusion), Hyperbel, Paradoxon, Ironie ...
■ Adressatenkontakt/ Kommunikation	Anrede, Einschub, Vorgriff, Vorwegnahme eines Einwands, rhetorische Frage ...

Sechster Schritt: Den Text bewerten

1 **a** Bewerten Sie den Text, indem Sie überprüfen, inwieweit Franz Alt in seinem Text seine Position schlüssig und überzeugend vertritt. Orientieren Sie sich dabei an den nachfolgenden Kriterien (▶ Information).

b Beziehen Sie in Ihre Bewertung auch die Ergebnisse der Sprachanalyse ein. Entscheiden Sie, welche Beobachtung Sie für Ihren Schlussteil nutzen wollen.

Information **Kriterien zur Beurteilung argumentativer Texte**

- **Allgemeingültigkeit:** Argumente und Argumentationsstützen entsprechen dem Erfahrungshorizont des Hörers/Lesers.
- **Nachvollziehbarkeit/Plausibilität:** Argumente und Argumentationsstützen widersprechen zumindest nicht den Erwartungen und Vorstellungen des Hörers/Lesers.
- **Relevanz:** Argumente und Argumentationsstützen haben einen erkennbaren Zusammenhang mit dem Thema.
- **Überprüfbarkeit/Richtigkeit:** Argumente und Argumentationsstützen erscheinen richtig und überprüfbar.
- **Aktualität:** Argumente und Argumentationsstützen haben für die gegenwärtige Situation des Hörers/Lesers oder für einen laufenden öffentlichen Diskurs Bedeutung.
- **Adressatenorientierung:** Argumente und Argumentationsstützen sind adressatengerecht ausgewählt und formuliert.

Siebenter Schritt: Eine vollständige Textanalyse verfassen

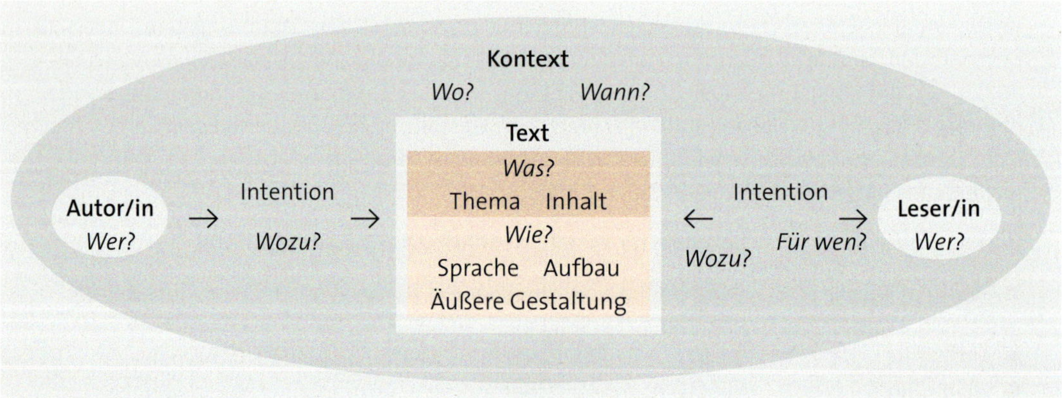

1 Bevor Sie Ihre Sachtextanalyse formulieren, kontrollieren Sie, ob Sie alle Aspekte vorbereitend geklärt haben. Beantworten Sie dazu alle W-Fragen, die in der Grafik gestellt werden.

2 Formulieren Sie auf der Grundlage Ihrer in sechs Schritten gewonnenen Untersuchungsergebnisse eine vollständige und zusammenhängende Analyse von Franz Alts Text „Du sollst den Kern nicht spalten". Berücksichtigen Sie dabei den Aufbau einer Sachtextanalyse (Methode, ▶ S. 351) und die in der Aufgabenstellung (▶ S. 345) geforderten Schwerpunkte.

Methode **Aufbau einer schriftlichen Analyse zu einem argumentativen Text**

Einleitung

- **Einstieg:** kurze Einführung in die Problematik, die Gegenstand des Textes ist, z. B. mit Hilfe
  - von Fragen zum Thema, mit denen sich die Autorin/der Autor auseinandersetzt,
  - einer Anknüpfung an ein aktuelles Ereignis,
  - der Definition eines Begriffs, der im Text eine zentrale Rolle spielt.
- **Überblicksinformation:** Angaben zu Autor/in, Titel, Textsorte, Erscheinungsdatum, ggf. Publikationsorgan, (mutmaßlicher) Adressatenkreis, situativem Kontext (Anlass), Thema und (zentraler) These des Textes

Hauptteil: strukturierte, aspektorientierte Darstellung der Analyseergebnisse:

- strukturierte Inhaltswiedergabe, inkl. Argumentationsstruktur – Sprache (Sprachhaltung, Stilebene, Sprachbilder, rhetorische Figuren, Wortwahl usw.)
- äußere Gestaltung (z. B. kontinuierlicher/diskontinuierlicher Text, Textdesign)
- Zusammenhang von Intention und vermuteter Wirkung auf Adressatenkreis, Rolle des Kontextes

Schluss

- **Bewertung des Textes** anhand der Kriterien zur Beurteilung argumentativer Texte (Information, ▸ S. 350)
- **Einschätzung** des persönlichen Nutzens (z. B. für Wissenszuwachs oder Meinungsbildung)

Achter Schritt: Die Textanalyse überarbeiten

1 Prüfen Sie anhand der Checkliste unten, ob Sie Ihren Analyseaufsatz weiter überarbeiten müssen.

2 Kontrollieren Sie Ihren Analyseaufsatz im Hinblick auf seine sprachliche Richtigkeit (Rechtschreibung, Grammatik und Zeichensetzung, ▸ S. 400–416).

Methode **Checkliste für einen Analyseaufsatz**

- ☑ Ist der Analyseaufsatz mit Blick auf die Aufgabenstellung schlüssig und vollständig?
- ☑ Wird reines Paraphrasieren vermieden, d. h., geht der Analyseaufsatz bei der Darstellung des Aufbaus, der Argumentationsstruktur und der sprachlichen Gestaltung des vorliegenden Sachtextes aspektorientiert vor?
- ☑ Besteht der Analyseaufsatz aus Einleitung, Hauptteil und Schluss? Sind diese Teile durch einen Absatz bzw. Leerzeilen deutlich voneinander getrennt?
- ☑ Sind alle notwendigen Bestandteile in Einleitung, Hauptteil und Schluss vorhanden?
- ☑ Sind die Sinnabschnitte – vor allem im Hauptteil – durch Absätze oder sprachliche Hinweise und Erkennungszeichen wie Konjunktionen deutlich voneinander abgehoben?
- ☑ Werden für logische Zusammenhänge geeignete sprachliche Verknüpfungen gefunden?
- ☑ Werden Analyseergebnisse am Text durch korrekte und funktionsgerechte Zitate belegt (▸ S. 396 f.)?
- ☑ Werden die für die Sachtextanalyse wichtigen Fachbegriffe richtig verwendet?
- ☑ Wird im Analyseaufsatz klar zwischen beschreibenden und bewertenden Passagen unterschieden?

3.2 Textgebundene Erörterung

Information **Schriftliche Formen der Erörterung**

Eine Erörterung ist eine Textform, die der Meinungsbildung und Entscheidungsfindung dient. Erörtert werden strittige Wertungsfragen oder noch nicht hinreichend geklärte Sachfragen. Sowohl für Alltagsdiskussionen als auch für die wissenschaftliche und journalistische Arbeit ist die mündliche und schriftliche Erörterung von grundlegender Bedeutung. Im schulischen Unterricht wird zwischen zwei schriftlichen Formen unterschieden:

- Die **textgebundene Erörterung** stellt dar, auf welche Weise ein Text ein Problem aufwirft und erschließt. Erfasst werden sollen die zentrale Problemstellung des Textes, der gedankliche Zusammenhang der Thesen, Argumente und Argumentationsstützen (Erläuterungen, Belege, Beispiele usw.), außerdem die Strukturierung des Textes (Argumentationsstruktur) und seine sprachlich-rhetorische Gestaltung. Geklärt wird also, mit welchen Positionen eine Autorin/ein Autor in einen Meinungsstreit eingreift und welche Mittel sie/er dabei nutzt. An die Analyse der Textvorlage schließt sich in der Regel eine zweite Aufgabe an, in der Sie aufgefordert werden, auf der Grundlage eigener Kenntnisse (z.B. aus dem Unterricht) zu einer aus dem Text abgeleiteten Problemstellung eine eigene Stellungnahme zu entwickeln. Diese soll bestimmten Argumentationsstandards entsprechen.
- In einer **freien Erörterung,** auch **Problemerörterung** genannt, tragen Sie ohne eine Textvorlage Positionen und Gegenpositionen zu einem in der Aufgabenstellung genannten Problem selbstständig in geordneter Form vor, gewichten die aufgeführten Argumente und gelangen schließlich zu einem wertenden Fazit.

In diesem Kapitel erwerben Sie folgende Kenntnisse und Kompetenzen:

- die Aufgabenstellung verstehen und für die Arbeitsplanung nutzen,
- den Aufbau einer Argumentation mit These, Argument und Argumentationsstütze analysieren, dabei Grundtypen der kritischen Texterörterung erkennen und selbst anwenden,
- einen Schreibplan für eine Erörterung entwickeln und Formulierungsmöglichkeiten nutzen,
- eine Erörterung überarbeiten.

Aufgabenstellung

1. Stellen Sie die Kernaussagen des Autors dar und analysieren Sie die Argumentationsstruktur des Textes. (Gewichtung: 1/3)
2. Erörtern Sie anschließend die Position des Autors. (Gewichtung: 2/3)

Christian Bangel: **Nur was für Große** (Die Zeit, 2007)

Die Grünen und die CDU hatten bisher nicht viel gemein. Sie standen in allen möglichen gesellschaftlichen Fragen auf unterschiedlichen Seiten der Barrikade. Irgendwann aber könnte ihr gemeinsames Motiv das gefühlte Rentenalter sein. Das zeigt eine Idee, die Innenpolitiker beider Parteien befürworten. Erst ab 18 Jahren, so der Vorschlag, sollen Jugendliche Alkohol trinken dürfen. Nur auf diese Weise, so meinen sie, könne der von ihnen ausgemachte Trend zum „Komasaufen“ gestoppt werden.
Doch eine solche Maßnahme würde das Problem bestenfalls nach hinten verschieben. Fast jeder kann das an seinen alten Schulzeugnissen

nachvollziehen: Um die neunte, zehnte Klasse herum sacken die Noten ab. Die Zeugnisempfänger befinden sich in einer Experimentierphase. Sie finden heraus, dass Blue Curaçao auf keinen Fall wie Bier gekippt werden sollte. Dass süßer Schnaps nicht einfacher zu verdauen ist als anderer Alkohol. Noch mehr: Sie merken, dass Alkohol beflügelt, dass viele Zäune in der Welt überflüssig sind. Sie werden übermütig, fallen auf die Nase und lernen, dass manche Grenzen respektiert werden können. Und es keine Kunst ist, betrunken zu sein. Fast alle machen das durch, fast alle finden schließlich ihren Umgang mit Alkohol. Was würde es nutzen, diese Phase auf die Zeit der Volljährigkeit zu verlegen? Sollen Menschen wirklich erst mit achtzehn, neunzehn Jahren einen reifen Umgang mit Alkohol erlernen? Das Resultat wäre ein neuer Rekord an Ausbildungs- und Studienabbrechern. Und ganz bestimmt nicht weniger Besäufnisse.

Alkohol wird sie alle für den Rest ihres Lebens umgeben. Er unterstützt die deutsche Nationalmannschaft, er ist deutsche Kultur, er schafft Arbeitsplätze, er hält die Menschen vom Rebellieren ab. Er ist der Kleister, der alles zusammen hält. Er ist die Bedingung, unter der die meisten Menschen bereit sind, ihr Leben in elf von zwölf Monaten mit neun Stunden Arbeit und drei Stunden Fernsehen zuzubringen. [...] „Die Jugend von heute" länger vom Alkohol fernzuhalten, ist ein bequemer Vorschlag, aber was soll er bringen? Die Wahrheit ist schmerzlicher: Wir alle müssen irgendwann von dem Zeug wegkommen. Wenn gerade schon die andere Volkssucht, das Rauchen, so offensiv bekämpft wird: Wie wäre es, jetzt auch den Alkoholkonsum für alle langsam einzudämmen? In Schweden ist Alkohol nur in Kneipen oder in staatlichen Verkaufsstellen erhältlich, letztere haben am Wochenende geschlossen. Und wäre Alkohol auch bei uns so teuer wie in Skandinavien, würden uns irgendwann Faulheit oder der Geiz dazu bringen, weniger zu trinken.

Schnell wären Auswirkungen spürbar. Die Scheidungsrate würde steigen, man würde mehr Menschen in den Wohnungen streiten hören. Fällt der Alkohol als Fernsehabendverschönerer weg, wären aber auch die Straßen abends belebter, die Menschen würden sich treffen, diskutieren und zusammen essen. Viele von ihnen würden sich vielleicht Zeit nehmen, ihre Ehe, ihre berufliche Lage zu durchdenken. Deutschland wäre ein Ort von reflektierten, vernünftigen Menschen.

Natürlich ist das ein Hirngespinst. Aber nur ein kleiner Schritt dorthin wäre ein Fortschritt. Und einen positiven Nebeneffekt gäbe es in jedem Fall: Je weniger Alkohol im Alltag eine Rolle spielt, desto weniger würden auch die Jugendlichen trinken.

1. Den Aufsatz planen

Die Aufgabenstellung verstehen

1 Geben Sie die Schlüsselbegriffe in der Aufgabenstellung auf S. 352 an.

2 Die Aufgabenstellung enthält zwei verschiedene Anforderungen: Zum einen soll der Text analysiert und erschlossen werden (Aufgabe 1), zum anderen soll eine Auseinandersetzung mit der Position Bangels erfolgen (Aufgabe 2). Überlegen Sie in Partnerarbeit, welche Methoden Sie zur Bearbeitung der beiden Schritte wählen sollten, z. B.:

- *Zur Texterschließung unterstreicht man in einem ersten Schritt Schlüsselwörter und unterteilt den Text in Sinnabschnitte, die ...*
- *Um den argumentativen Aufbau des Textes zu untersuchen ...*
- *Die Erörterung der Position des Autors sollte man wie eine Argumentation vorbereiten ...*

Die Einleitung planen: Die Textsorte bestimmen, die Themenstellung erfassen und in Beziehung zum öffentlichen Diskurs setzen

1 Tragen Sie folgende Informationen für die Einleitung zusammen: Autor/in, Titel, Textsorte, evtl. das Erscheinungsjahr.

2 Lesen Sie den Text und benennen Sie sein Thema in ein bis zwei Sätzen.

3 Planen Sie eine kurze Einführung in die Problemstellung. Dies könnten z. B. Fragen zum Thema sein, die auf die Problematik hinlenken, oder die Anbindung an eine aktuelle Diskussion, ein aktuelles Ereignis. Formulieren Sie dabei weder zu eng noch zu weit und bedenken Sie, dass Sie mit diesem Satz das Interesse der Leserinnen und Leser wecken wollen.

Den Hauptteil planen: Von der zentralen These ausgehen – Aussagen wiedergeben

1 Legen Sie die zentrale These Bangels fest.

2 **a** Prüfen Sie, inwieweit der Autor seine These ausführt. Unterteilen Sie dazu den Text in Sinnabschnitte (nur in eigenen Büchern mit Querstrichen, ansonsten durch Zeilenangaben).

b Visualisieren Sie den Text mit Hilfe einer Argumentationspyramide (Methode, ▶ S. 116), um den gedanklichen Zusammenhang des Textes herauszuarbeiten.

3 Geben Sie schriftlich den gedanklichen Zusammenhang mit eigenen Worten wieder, indem Sie eine Paraphrase (▶ Information und Schülerbeispiel) anfertigen. Verwenden Sie den Konjunktiv der indirekten Rede (▶ S. 407 f.).

Schülerbeispiel

In seinem ersten Argument – einem indirekten Argument – legt der Autor dar, dass ein Alkoholverbot für Minderjährige das so genannte Komasaufen keinesfalls verhindern, sondern dieses Problem nur in eine spätere Lebensphase verschieben würde (vgl. Z. 12 f.). Dieses Argument stützt der Autor ab, indem er erläutert, dass der massive Alkoholkonsum der 12- bis 18-Jährigen im Wesentlichen auf deren Lust am Austesten und Experimentieren zurückzuführen sei (vgl. Z. 17 ff.). Diese Phase sei jedoch notwendig, so führt der Autor weiter aus, um den „reifen Umgang mit Alkohol“ (Z. 31 f.) überhaupt erst zu erlernen. Würde diese Experimentierphase nun in die Zeit der Volljährigkeit verschoben, würde sich nach Ansicht des Autors die Zahl der „Besäufnisse“ (Z. 35) keineswegs verkleinern, sondern es ergäben sich neuartige Probleme, weil die jungen Menschen sich dann in neuen Lebenssituationen befänden und die Alkoholprobleme sich nachteilig auf ihre Berufsausbildung oder ihr Studium auswirkten (vgl. Z. 32 ff.).

Information **Mit eigenen Worten wiedergeben – Die Paraphrase**

Die Paraphrase ist die **Umschreibung einer Textaussage mit eigenen Worten.** Anders als beim Zitat, das einen Text wörtlich wiedergibt, löst sich die Paraphrase von der Wörtlichkeit des Textes; dennoch versucht sie, die Aussage des Ausgangstextes so genau wie möglich zu treffen. In einer Paraphrase wird erkennbar, inwieweit eine Textaussage genau verstanden worden ist. Positionen des Ausgangstextes werden in indirekter Rede oder mit entsprechenden sprachlichen Signalen wiedergegeben, z. B.: *Der Autor fordert …; Er begründet dies mit …; Er unterstreicht die Aussage durch …; Mit Beispielen wie … untermauert er seine These zur … .*

Die Argumentationsstruktur untersuchen – Die sprachliche Gestaltung berücksichtigen

1 Untersuchen Sie mit Hilfe der Modelle „Argumentationsbausteine“ bzw. „Argumentationszirkel“ (► Methode), wie Bangel seine Argumentation aufbaut:

a Notieren Sie, inwieweit er Thesen, Argumente, Beispiele, Belege und Erläuterungen verwendet.

b Untersuchen Sie auch, auf welche Argumenttypen (Information, ► S. 118 f.) er zurückgreift, und erläutern Sie deren Funktion.

2 Beurteilen Sie die Argumentationsweise insgesamt.

Methode **Argumentationsbausteine und Argumentationszirkel**

Muster I: Argumentationsbausteine

These (Meinung, Behauptung, Werturteil, Empfehlung bzw. Forderung)
z. B.: *Ein generelles Alkoholverbot für Jugendliche ist unsinnig.*

→ **Argumente** (Begründungen für eine These in Form von Fakten, Grundsätzen)
z. B.: *Das Problem des ‚Komasaufens' würde dadurch bestenfalls zeitlich nach hinten verschoben werden (vgl. Z. 12 f.).*

→ **Beispiele** veranschaulichende Fälle

→ oder **Belege**, z. B. Zitate

→ oder **Erläuterungen** verdeutlichende Zusätze
→ z. B.: *Der massive Alkoholkonsum der 12- bis 18-Jährigen ist im Wesentlichen auf deren Lust am Austesten und Experimentieren zurückzuführen (vgl. Z. 16 ff.).*

Muster II: Argumentationszirkel

These:
Ein generelles Alkoholverbot für Jugendliche ist unsinnig.

Begründung:
Das Problem des ‚Komasaufens' würde dadurch bestenfalls zeitlich nach hinten verschoben werden (vgl. Z. 12 f.).

Erläuterung:
Der massive Alkoholkonsum der 12- bis 18-Jährigen ist im Wesentlichen auf deren Lust am Austesten und Experimentieren zurückzuführen (vgl. Z. 16 ff.).

Beispiel:
Sie finden heraus, dass Blue Curaçao auf keinen Fall wie Bier gekippt werden sollte (Z. 18 f.).

Folgerung/Ergebnis:
Jugendliche sollten nicht ‚erst mit achtzehn, neunzehn Jahren einen reifen Umgang mit Alkohol erlernen' (Z. 30 ff.).

3 Tragen Sie die Argumente Bangels zusammen, die Sie für Ihren Aufsatz nutzen wollen.

4 Neben der Argumentationsstruktur spielt für die Wirkung auch die Art und Weise, wie etwas gesagt oder dargestellt wird, eine große Rolle: Benennen Sie sprachliche Besonderheiten des Textes.

Eine Erörterung vorbereiten: Sich mit der Position des Autors/der Autorin auseinandersetzen

1 a Lesen Sie den Text von Bangel noch einmal kritisch bzw. nehmen Sie die von Ihnen zusammengetragenen Argumente Bangels vor. Notieren Sie dann stichpunktartig:
- mögliche Gegenpositionen zu Bangel,
- bestätigende Zusatzargumente für Bangels Position,
- gedankliche Erweiterungen.

b Wählen Sie mit Hilfe der folgenden Übersicht einen Grundtyp für Ihre Texterörterung aus.

Information **Grundtypen kritischer Texterörterung**

In einer Erörterung können Sie mit einem vorgelegten Text auf unterschiedliche Weise umgehen, um einen eigenständigen Gedankengang zu entwickeln. Am anspruchsvollsten sind ein begründeter Widerspruch (Grundtyp I) und eine weiterführende Problematisierung (Grundtyp IV).

Grundtyp I: Begründeter Widerspruch/kritische Distanzierung

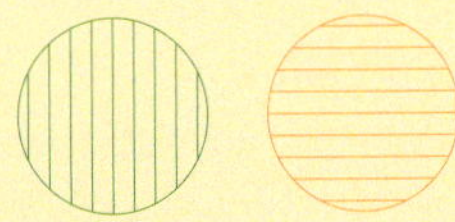

Stimmen Sie mit zentralen Aussagen eines Textes nicht überein, sollte es Ihr Ziel sein, die Argumentation zu entkräften und eine Gegenargumentation aufzubauen. Das kann wie folgt gelingen:

- Sie ziehen die Stichhaltigkeit einer These im Text durch **Gegenargumente** und/oder **Gegenbeispiele** in Zweifel. Dazu können Sie z. B. die Ihnen bekannten **Gegenpositionen** anderer Autoren referieren oder eigene **Gegenerfahrungen** anführen.
- Weniger weitreichend ist das Verfahren, Thesen im Text teilweise gelten zu lassen, indem Sie deren **Geltungsbereich eingrenzen** und so die Position differenzieren („Sowohl-als-auch-Methode").
- Sie setzen sich kritisch mit dem **Begründungsverfahren** auseinander, indem Sie z. B. den behaupteten Zusammenhang zwischen einer These und einem zugehörigen Argument oder Beispiel darstellen und in Zweifel ziehen. Sie können z. B. den logischen Schritt von einem Einzelfall oder einzelnen Argumenten zu einer These mit allgemeinem Anspruch als nicht zureichend problematisieren.

Grundtyp II: Teilweise Übereinstimmung

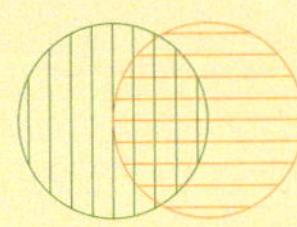

Dieses Verfahren stellt eine Mischung der Grundtypen I und III dar. Es eignet sich dann, wenn Sie mit einigen der im Text vertretenen Positionen übereinstimmen, mit anderen aber nicht.

Grundtyp III: Begründete Zustimmung

Falls Sie keine stichhaltigen Gegenargumente zu der im Text vertretenen Position finden, können Sie den darin dargestellten Gedankengang argumentativ erweitern. Das kann wie folgt gelingen:

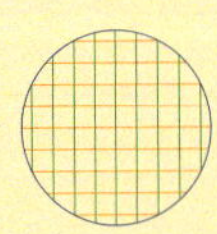

- Sie unterstützen die Positionen mit **weiteren Argumenten** und **eigenen (Erfahrungs-)Beispielen.**
- Sie benennen mögliche **Gegenpositionen** und **entkräften** diese mit Argumenten und Beispielen.
- Sie weisen die Folgerichtigkeit der im Text vertretenen Position durch eine **persönliche Rekonstruktion der Hauptgedanken** nach.

Grundtyp IV: Weiterführende Problematisierung

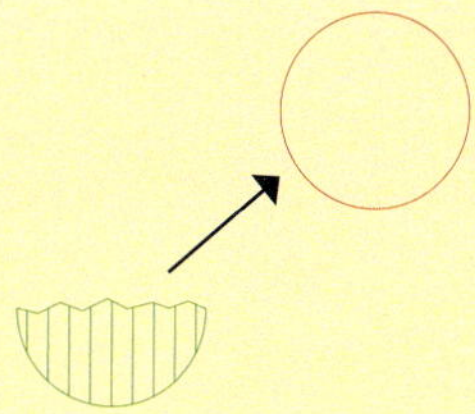

Oft sollen Sie eine Textaussage erörtern, die in ein Ihnen gut bekanntes Sachgebiet fällt. In diesem Fall können Sie die im Text vertretene Position in einen größeren gedanklichen Zusammenhang einordnen, indem Sie Fragen, die der Text aufwirft, auf eine neue Ebene heben und so den Blick weiten. Dieses Verfahren setzt einen souveränen Umgang mit einem Thema voraus. Das kann wie folgt gelingen:

- Sie sehen den Text als einen Beitrag zu einer **vertiefenden Problemstellung.** Sie umreißen dieses Problemfeld und machen deutlich, was der Text evtl. zur Klärung beitragen kann.
- Zu der im Text aufgeworfenen Problemstellung bringen Sie **zusätzliche Problemdimensionen** zur Sprache, die im Text nicht formuliert sind. Schweifen Sie jedoch nicht vom Thema ab.
- Sie stellen **nicht mitgedachte Konsequenzen** der im Text vertretenen Position dar.

Den erörternden Teil strukturieren – Den eigenen Standpunkt argumentativ entfalten

1 Nachdem Sie den zu Ihrer Position passenden Grundtyp für Ihre Erörterung festgelegt haben, gilt es, sich im Hinblick auf die Lösung der zweiten Aufgabenstellung zu entscheiden, wie Sie Ihren Erörterungsaufsatz insgesamt strukturieren wollen. Wählen Sie dazu ein Aufbauschema aus:

Methode **Strukturierung einer Erörterung – Steigernder und dialektischer Aufbau**

Modell I: Steigernder (linearer) Aufbau

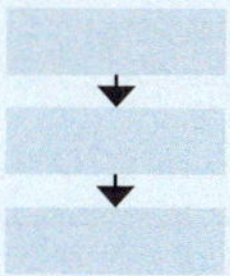

Sie reihen die Argumente für Ihre Position aneinander, so dass sich eine Steigerung ergibt, d.h., das stichhaltigste Argument steht am Ende Ihrer Argumentationskette, bevor Sie ein Fazit ziehen.

Modell II: Dialektischer Pro-und-Kontra-Aufbau in Blöcken („Sanduhr-Prinzip")

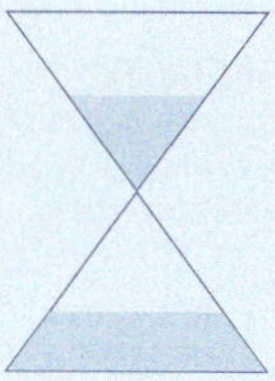

Bei diesem Modell werden zwei sich widersprechende Positionen systematisch aufgearbeitet und einander gegenübergestellt: Zuerst führen Sie Argumente, Beispiele etc. auf, die Ihrer eigenen Position widersprechen. Es folgen Argumente etc., die die Gegenposition entkräften und die eigene Position bestärken. Auch hierbei sollte das in Ihrem Sinne stärkste Argument am Schluss Ihrer Argumentation stehen. Gegenüber Modell III ist es übersichtlicher, kann jedoch weniger lebendig wirken.

Mögliche Formulierungsbausteine:

■ *Ich vertrete die Ansicht, dass ...*	These
■ *Zwar ..., aber ...*	Gegenargument
■ *Ich gebe aber zu bedenken, dass ...*	Entkräftung des Gegenarguments
■ *Ich berufe mich hier auf den Wissenschaftler ...*	Autoritätsargument
■ *Hinzu kommt, dass ...; Erinnert sei auch an ...*	Beispiele/Belege
■ *Am wichtigsten ist sicherlich das Argument, dass ...*	Schlussargument
■ *Alles in allem kann man sagen, dass ...*	Fazit/Bestätigung der These

Modell III: Fortlaufender antithetischer Pro-und-Kontra-Aufbau („Pingpong-Prinzip")

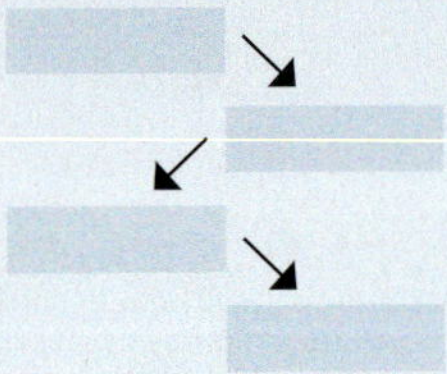

Bei diesem Modell führen Sie die Argumente, Beispiele etc. gegen und für Ihre Position in laufendem Wechsel auf, wobei die Gegenpositionen sofort entkräftet werden. Auch hier steht das für Sie stichhaltigste Argument, das die eigene Position stützt, am Schluss. Dieses Verfahren kommt der Alltagskommunikation mit ihrer Abfolge von Rede und Gegenrede nahe und wirkt daher in der Regel besonders lebendig. Es ist jedoch oft schwierig, passende gedankliche Übergänge zu finden.

Mögliche Formulierungsbausteine:

■ *Ich bin der Überzeugung, dass ...*	These
■ *Unumstritten ist eine solche Position nicht: ...*	Gegenargument
■ *Allerdings muss man auch hier fragen, ...*	Entkräftung
■ *Ich stütze mich hier auf die Tatsache, dass ...*	Faktenargument
■ *Eingewendet werden könnte auch, dass ...*	weiteres Gegenargument
■ *Dem steht jedoch gegenüber ...*	Entkräftung
■ *Allerdings sollte auch bedacht werden, dass ...*	Gegenbeispiel/Gegenbeleg
■ *Vergleicht man beide Aspekte, so ...*	Gewichtung
■ *Abschließend komme ich zu dem Ergebnis, dass ...*	Fazit

2 Gleichgültig, ob Sie einen steigernden oder einen dialektischen Aufbau für Ihre Erörterung wählen, Sie müssen sich in jedem Fall über Ihre eigene Position im Klaren sein.

a Gehen Sie die Argumentationsbeispiele aus dem Text, die Sie notiert haben, nochmals durch.

b Notieren Sie je nach Grundtyp und Struktur Ihrer Erörterung weitere Argumente, Bestätigungen, Ergänzungen etc. So stellen Sie sicher, dass auch Ihre eigene Position ausreichend Raum einnimmt.

2. Eine vollständige Texterörterung verfassen

1 Verfassen Sie eine Erörterung nach dem von Ihnen gewählten Aufbauschema, indem Sie:

a eine vollständige Einleitung schreiben,

b die für Ihre Erörterung relevanten Ergebnisse der Textuntersuchung mit Hilfe der unten stehenden Formulierungsbausteine zusammenfassen,

c dann die eigene Argumentation aufbauen und

d abschließend Pro und Kontra abwägen und ein Fazit ziehen.

Formulierungsbausteine: Struktur und Sprache einer Argumentation beschreiben

- *Seine Position entwickelt der Autor Schritt für Schritt/teilt der Autor einleitend sofort mit.*
- *Gegenpositionen werden ausführlich/gar nicht vorgestellt/referiert/zur Sprache gebracht.*
- *Insgesamt verfügt der Text über eine geringe/hohe/auffällige Argumentdichte.*
- *Aufschlussreich ist, welche Argumenttypen vorzugsweise gewählt wurden: Mit einer Reihe von Autoritätsargumenten wird der Zweck verfolgt, ...*
- *Verifizierbare Tatsachenaussagen kommen in dem Text gar nicht/kaum/häufig vor.*
- *Der Autor nutzt sprachliche Besonderheiten wie Redensarten und Sprichwörter, um ...*

3. Die Texterörterung überarbeiten

1 Überprüfen Sie die Qualität Ihres Aufsatzes anhand der folgenden Fehlerliste:

Information **Häufige Fehler in Erörterungsaufsätzen**

- **sachliche Fehler:** Im Aufsatz werden z. B. Aussagen oder Fakten falsch wiedergegeben.
- **zu wenig analytische Substanz:** Ihr Aufsatz stellt mehr oder weniger eine Paraphrase des vorgelegten Textes dar und führt weitgehend keine eigene gedankliche Anstrengung vor.
- **mangelnde Stringenz:** Die Gedankenführung im Aufsatz ist sprunghaft.
- **mangelnde Kohärenz:** Ihre Aussagen sind sprachlich kaum miteinander verknüpft.
- **Redundanz:** Aussagen werden im Aufsatz in unnötiger Weise wiederholt.
- **mangelnde Prägnanz:** Ihr Aufsatz enthält Ungenauigkeiten im Ausdruck.
- **unangemessener Stil:** Sie schreiben im Stil der gesprochenen Sprache oder verwenden eine andere nicht angemessene Stilebene (Information, ▸ S. 320).

2 Stellen Sie abschließend fest, ob Sie alle notwendigen Arbeitsschritte in der richtigen Reihenfolge vollzogen haben. Nutzen Sie dazu die folgende Übersicht:

Methode **Arbeitsschritte zur Anfertigung einer textgebundenen Erörterung**

Arbeitsschritte	Besondere Anforderungen
Vorbereiten	
Klärung der Aufgabenstellung	
■ die thematischen Schwerpunkte der gestellten Aufgabe nachvollziehen und die Anforderungen erfassen und abgrenzen ■ die Aufgabengewichtung beachten	■ mit einer ersten Planung Vorsorge treffen, dass vom Thema nicht abgewichen wird ■ auf die geforderte Schwerpunktsetzung achten
Gedankliche Erschließung des vorgelegten Sachtextes	
■ den Text mehrmals aktiv lesen, Thesen und Argumente mit verschiedenen Farben markieren, am Rand möglichst viele Notizen machen, z. B. zu Argumenttypen ■ durch intensives Lesen erste Analyseergebnisse prüfen und durch Zitatmarkierung absichern ■ eigene kritische Notizen machen	■ den Text distanziert und intensiv im Hinblick auf die Aufgabenstellung lesen ■ überblicken, wie das Thema entfaltet wird: Welche Aspekte werden hervorgehoben, welche eher am Rand behandelt? ■ zwischen wichtigen und weniger wichtigen Aussagen unterscheiden ■ den Kernaussagen und den gedanklichen Zusammenhängen nachspüren ■ Aussageabsicht und Ansprache ermitteln
Gedankliche Vorbereitung der Erörterung	
■ Gesichtspunkte zur Lösung der Aufgabe übersichtlich zusammenstellen	■ das Vorwissen nur aufgabenspezifisch notieren

- Vorwissen aktivieren
- einen Grundtyp der Erörterung festlegen (z. B. begründete Zustimmung, Ablehnung oder weiterführende Problematisierung)
- Schreibplan/Gliederung festlegen

- Vorwissen und Textaussage miteinander konfrontieren, um weiterführende Reflexion anzustoßen
- die Vorbereitung gründlich prüfen und das Material sinnvoll gliedern

Schreiben

Einleitung des Aufsatzes

- Autor/in, Titel, Textsorte, Thema und evtl. Erscheinungsjahr angeben
- kurz in die Problemstellung einführen

- das Thema weder zu weit noch zu eng fassen
- Scheinaktualisierungen vermeiden

Textanalyse (Argumentation und Sprache)

- die im Text vorgestellte Problemsicht umreißen
- Thesen und Argumente in ihrem gedanklichen Zusammenhang klar darstellen
- wichtige Aussagen wiedergeben
- die spezifische Argumentationsstruktur darstellen und belegen
- die sprachlichen Besonderheiten herausarbeiten

- Textaussagen ohne Vermischung mit eigenen Wertungen wiedergeben
- Einzelaussagen nicht nur aneinanderreihen, sondern ihren sachlich-logischen Zusammenhang herausarbeiten
- Gedankensprünge vermeiden
- Wiederholung unwichtiger Aussagen vermeiden
- Fachbegriffe überlegt einsetzen

Erörterung und Fazit

- zu dem in der Aufgabenstellung aufgeworfenen Thema eine klar strukturierte Stellungnahme abgeben
- zur eigenen Orientierung das in der Vorbereitungsphase gewählte Gliederungsprinzip und die Materialgliederung nutzen

- eigene Thesen, Argumente, Beispiele, Belege und Erläuterungen schlüssig zuordnen
- bei fortlaufender Argumentation die Argumente so formulieren, dass sie aufeinander Bezug nehmen
- die Hauptargumente am Schluss nennen
- verschiedene Konjunktionen verwenden

Überarbeiten

Textkontrolle/Textüberarbeitung

- den Aufsatz insbesondere in Hinblick auf Ausdruck, Rechtschreibung, Zeichensetzung überprüfen

- die Ausführungen Satz für Satz (ggf. vom Ende her) überprüfen

Information **Allgemeine Hinweise – Textwiedergabe, Tempus, Zitate**

- Bei der Textwiedergabe wird das Präsens verwendet.
- Wird bei der Wiedergabe von Textäußerungen keine indirekte Rede mit Konjunktiv verwendet, sollte mit Redewendungen wie „Nach Ansicht der Autorin/des Autors ist …“ klargestellt werden, dass es sich um die Wiedergabe einer Fremdposition handelt.

3.3 Freie Erörterung

In diesem Kapitel erwerben Sie folgende Kenntnisse und Kompetenzen:

- Methoden der Aspekte- und Stoffsammlung erproben,
- Argumenttypen funktional einsetzen,
- einen Erörterungsaufsatz strukturieren und verfassen.

Information **Die freie Erörterung**

Erörterungen, die **nicht an Texte gebunden** sind, werden auch **Problemerörterungen** genannt. Das Thema wird in diesem Fall „frei" gestellt, es bezieht sich jedoch meist auf unterrichtliche Schwerpunkte. Das freie Erörtern wie z. B. in einem Artikel für die Schülerzeitung ist der Alltagskommunikation näher als eine textgebundene Arbeitsweise. Beide Textformen bestehen in ihrem Kern aus Argumentationen. Während sich Pro und Kontra in mündlichen Formen der Erörterung jedoch meist auf verschiedene Kommunikationspartner/innen verteilen, wird in einer schriftlichen Problemerörterung von Ihnen erwartet, dass Sie **kontroverse Standpunkte** zum Thema miteinander verbinden und dann eine begründete **Entscheidung** treffen.

Thema und Aufgabenstellung

Im Sommer 2010 hat die japanische Regierung im Zuge der weltweiten Bemühungen um eine CO_2-Reduktion eine Kampagne gestartet, die die Menschen in Japan davon überzeugen soll, abends früher ins Bett zu gehen. Auf diese Weise könne viel Strom für die abendliche Beleuchtung und beispielsweise das nächtliche Fernsehen eingespart werden. Im Gegenzug solle man morgens eher aufstehen, um das natürliche Sonnenlicht auszunutzen.
Erörtern Sie die Frage, wie sinnvoll eine solche Maßnahme ist.

Erster Schritt: Das Thema erfassen

1 Fassen Sie den Sachverhalt in einem kurzen Satz mit eigenen Worten zusammen.
2 Sie sollen das Thema erörtern. Diskutieren Sie mit einem Partner, was von Ihnen erwartet wird.

Zweiter Schritt: Ideen sammeln und ordnen (Stoffsammlung anlegen)

Methode **Möglichkeiten der Aspekte- und Stoffsammlung**

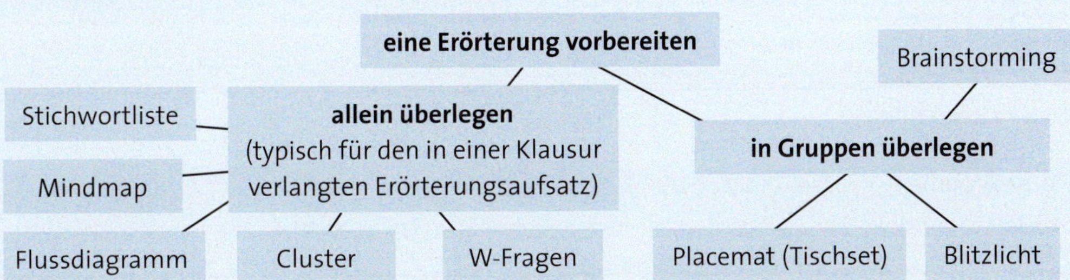

1 Wählen Sie eine der Möglichkeiten aus (Methode, ► S. 361), mit der Sie Ihre Erörterung vorbereiten wollen, und sammeln Sie möglichst viele Gesichtspunkte.
Tipp: Für die Simulation des „Klausurernstfalls" sollten Sie „allein überlegen".

2 Entscheiden Sie sich, ob Sie die zu erörternde Frage positiv, negativ oder mit einer „Sowohl-als-auch-Position" beantworten wollen. Erstellen Sie eine Tabelle und führen Sie zu einer etwaigen positiven oder negativen Beantwortung auch stets mögliche Gegenargumente auf, um sie später in Ihrer Erörterung zu entkräften. Lassen Sie die Beispiel-Spalte zunächst frei.

CO_2-Reduktion durch frühes Zubettgehen?

Pro-Argumente	*Beispiel*	*Kontra-Argumente*	*Beispiel*
– *Umweltschutz geht alle an, daher muss auch jeder seinen Beitrag leisten.*		– *Die Vorgabe der Zubettgehzeit ist ein Eingriff in die persönliche Freiheit.*	
– …		– *Es ist nicht erwiesen, ob eine Umstellung des Lebenswandels tatsächlich zu einer CO_2-Reduktion führt.*	

Dritter Schritt: Eine Gliederung erstellen

1 Informieren Sie sich über die Struktur eines Erörterungsaufsatzes (Methode, ► S. 357).

2 Sortieren Sie Ihre Argumente nach der Metaplan-Technik (Methode, ► S. 42) und verfassen Sie eine Argumentationskette. Gehen Sie dabei folgendermaßen vor:

a Prüfen Sie, welche Argumenttypen (Information, ► S. 118 f.) Sie in Ihrer Tabelle gesammelt haben und welches Gewicht Ihre Argumente haben.

b Sortieren Sie die Argumente nach ihrer Überzeugungskraft steigernd an.

c Bilden Sie zum Abschluss eine Argumentationskette mit Pro- und Kontra-Argumenten im Block oder im Wechsel (► Methode).

Methode **Anordnung der Argumente bei der dialektischen Erörterung**

Pro und Kontra **im Block**

1. These (Behauptung/Forderung/Urteil)
   1.1 Argument
   1.2 Argument
   1.3 Argument
2. Gegenthese
   2.1 Argument
   2.2 Argument
   2.3 Argument
   usw.

Pro und Kontra **im Wechsel**

1. Erläuterung von These und Gegenthese
2. Argumente

Argument These ↘
Argument Gegenthese
↙ Argument These ↘
Argument Gegenthese
usw.

Vierter Schritt: Eine freie Erörterung schriftlich ausarbeiten – Selbst argumentieren

1 Argumente müssen belegt werden, z. B. mit einem Zitat, einer Erläuterung oder einem Beispiel. Da Sie im Falle einer Klausur keine Materialien zur Verfügung haben, werden Beispiele die häufigste Form des Belegs sein. Füllen Sie die Beispiel-Spalte in Ihrer Tabelle bzw. auf den Metaplan-Karten aus. Finden Sie möglichst zu jedem Argument ein Beispiel.

2 Legen Sie eine zentrale These fest, die Sie in Ihrer Erörterung vertreten wollen und der Sie die gesammelten Argumente und Beispiele logisch zuordnen können.

3 Schreiben Sie einen Erörterungsaufsatz, in dem Sie Ihre zentrale These möglichst durch verschiedene Argumenttypen, Beispiele etc. untermauern. Verfassen Sie auch die Einleitung, die Entscheidung und den Schluss.
Tipp: Weitere Hilfestellungen erhalten Sie auf der Seite 355 zum Aufbau von Argumentationsbausteinen und auf den Seiten 359–360 zum Arbeitsplan für einen Erörterungsaufsatz.

Methode — Aufbau einer freien Erörterung

A) Einleitung, z. B. eine der folgenden Möglichkeiten:
- Anlass der Fragestellung
- Hinweis auf Beitrag in Medien
- persönliche Erfahrung
- historischer Rückblick

B) Hauptteil
Formulierung der Argumente

C) Entscheidung

D) Schluss, z. B.:
- Ausblick
- Voraussetzungen für die Realisierung der Entscheidung

Fünfter Schritt: Die Erörterung überarbeiten

1 Greifen Sie auf die Information auf S. 359 („Häufige Fehler in Erörterungsaufsätzen") zurück und gehen Sie Ihren Aufsatz daraufhin nochmals durch.

2 Prüfen Sie anhand der Checkliste unten, ob Sie Ihren Aufsatz weiter überarbeiten müssen.

3 Kontrollieren Sie Ihren Aufsatz auf Rechtschreib-, Grammatik- und Zeichensetzungsfehler.

Methode — Checkliste für einen Erörterungsaufsatz

☑ Werden die Argumente in steigernder Form – die wichtigsten am Schluss – angeführt?
☑ Sind die Gedanken inhaltlich schlüssig verknüpft?
☑ Sind die einzelnen Abschnitte durch Überleitungen verbunden? Hierfür bieten sich vor allem Konjunktionen und Adverbien an wie *aber, dennoch, außerdem, weiterhin*.

3.4 Analyse eines kurzen Prosatextes – „Die Küchenuhr“ von Wolfgang Borchert

In diesem Kapitel erwerben Sie folgende Kenntnisse und Kompetenzen:

- prüfungs- oder klausurrelevante Aufgabenstellungen erfassen,
- den Aufbau und die Elemente eines Analyse-/Interpretationsaufsatzes (Einleitungssatz, Interpretationsthesen etc.) erarbeiten,
- einen kurzen Prosatext auf außertextliche Informationen beziehen und so eine vertiefende Deutung entwickeln.

Aufgabenstellung

Analysieren/Interpretieren Sie die Kurzgeschichte „Die Küchenuhr“ von Wolfgang Borchert. Beziehen Sie bei der Interpretation der Kurzgeschichte die Entstehungszeit und deren literarischen Strömungen mit ein.

Wolfgang Borchert: **Die Küchenuhr** (1947)

Sie sahen ihn schon von weitem auf sich zukommen, denn er fiel auf. Er hatte ein ganz altes Gesicht, aber wie er ging, daran sah man, dass er erst zwanzig war. Er setzte sich mit seinem alten Gesicht zu ihnen auf die Bank. Und dann zeigte er ihnen, was er in der Hand trug.

Das war unsere Küchenuhr, sagte er und sah sie alle der Reihe nach an, die auf der Bank in der Sonne saßen. Ja, ich habe sie noch gefunden. Sie ist übrig geblieben. Er hielt eine runde tellerweiße Küchenuhr vor sich hin und tupfte mit dem Finger die blau gemalten Zahlen ab.

Sie hat weiter keinen Wert, meinte er entschuldigend, das weiß ich auch. Und sie ist auch nicht besonders schön. Sie ist nur wie ein Teller, so mit weißem Lack. Aber die blauen Zahlen sehen doch ganz hübsch aus, finde ich. Die Zeiger sind natürlich nur aus Blech. Und nun gehen sie auch nicht mehr. Nein. Innerlich ist sie kaputt, das steht fest. Aber sie sieht noch aus wie immer. Auch wenn sie jetzt nicht mehr geht.

Er machte mit der Fingerspitze einen vorsichtigen Kreis auf dem Rand der Telleruhr entlang. Und er sagte leise: Und sie ist übrig geblieben.

Die auf der Bank in der Sonne saßen, sahen ihn nicht an. Einer sah auf seine Schuhe und die Frau sah in ihren Kinderwagen. Dann sagte jemand:

Sie haben wohl alles verloren?

Ja, ja, sagte er freudig, denken Sie, aber auch alles! Nur sie hier, sie ist übrig. Und er hob die Uhr wieder hoch, als ob die anderen sie noch nicht kannten.

Aber sie geht doch nicht mehr, sagte die Frau.

Nein, nein, das nicht. Kaputt ist sie, das weiß ich wohl. Aber sonst ist sie doch noch ganz wie immer: weiß und blau. Und wieder zeigte er ihnen seine Uhr. Und was das Schönste ist, fuhr er aufgeregt fort, das habe ich Ihnen ja noch überhaupt nicht erzählt. Das Schönste kommt nämlich noch: Denken Sie mal, sie ist um halb drei stehen geblieben. Ausgerechnet um halb drei, denken Sie mal.

Dann wurde Ihr Haus sicher um halb drei getroffen, sagte der Mann und schob wichtig die Unterlippe vor. Das habe ich schon oft gehört. Wenn die Bombe runtergeht, bleiben die Uhren stehen. Das kommt von dem Druck.

Er sah seine Uhr an und schüttelte den Kopf. Nein, lieber Herr, nein, da irren Sie sich. Das hat mit den Bomben nichts zu tun. Sie müssen nicht immer von den Bomben reden. Nein. Um halb drei war etwas ganz anderes, das wissen Sie nur nicht. Das ist nämlich der Witz, dass sie gerade um halb drei stehen geblieben ist. Und nicht um Viertel nach vier oder um sieben. Um halb drei kam ich nämlich immer nach Hause. Nachts, meine ich. Fast immer um halb drei. Das ist ja gerade der Witz.

Er sah die anderen an, aber sie hatten ihre Augen von ihm weggenommen. Er fand sie nicht. Da nickte er seiner Uhr zu: Dann hatte ich natürlich Hunger, nicht wahr? Und ich ging immer gleich in die Küche. Da war es dann fast immer halb drei. Und dann, dann kam nämlich meine Mutter. Ich konnte noch so leise die Tür aufmachen, sie hat mich immer gehört. Und wenn ich in der dunklen Küche etwas zu essen suchte, ging plötzlich das Licht an. Dann stand sie da in ihrer Wolljacke und mit einem roten Schal um. Und barfuß. Und dabei war unsere Küche gekachelt. Und sie machte ihre Augen ganz klein, weil ihr das Licht so hell war. Denn sie hatte ja schon geschlafen. Es war ja Nacht.

So spät wieder, sagte sie dann. Mehr sagte sie nie. Nur: So spät wieder. Und dann machte sie mir das Abendbrot warm und sah zu, wie ich aß. Dabei scheuerte sie immer die Füße aneinander, weil die Kacheln so kalt waren. Schuhe zog sie nachts nie an. Und sie saß so lange bei mir, bis ich satt war. Und dann hörte ich sie noch die Teller wegsetzen, wenn ich in meinem Zimmer schon das Licht ausgemacht hatte. Jede Nacht war es so. Und meistens immer um halb drei. Das war ganz selbstverständlich, fand ich, dass sie mir nachts um halb drei in der Küche das Essen machte. Ich fand das ganz selbstverständlich. Sie tat das ja immer. Und sie hat nie mehr gesagt als: So spät wieder. Aber das sagte sie jedes Mal. Und ich dachte, das könnte nie aufhören. Es war mir so selbstverständlich. das alles war doch immer so gewesen.

Einen Atemzug lang war es still auf der Bank. Dann sagte er leise: Und jetzt? Er sah die anderen an. Aber er fand sie nicht. Da sagte er der Uhr leise ins weißblaue runde Gesicht: Jetzt, jetzt weiß ich, dass es das Paradies war. Das richtige Paradies. Auf der Bank war es ganz still. Dann fragte die Frau: Und Ihre Familie?

Er lächelte sie verlegen an: Ach, Sie meinen meine Eltern? Ja, die sind auch mit weg. Alles ist weg. Alles, stellen Sie sich vor. Alles weg.

Er lächelte verlegen von einem zum anderen. Aber sie sahen ihn nicht an. Da hob er wieder die Uhr hoch und lachte. Er lachte: Nur sie hier. Sie ist übrig. Und das Schönste ist ja, dass sie ausgerechnet um halb drei stehen geblieben ist. Ausgerechnet um halb drei.

Dann sagte er nichts mehr. Aber er hatte ein ganz altes Gesicht. Und der Mann, der neben ihm saß, sah auf seine Schuhe. Aber er sah seine Schuhe nicht. Er dachte immerzu an das Wort Paradies.

1. Den Aufsatz planen

Ein Interpretationsaufsatz folgt immer einem bestimmten Aufbau. Durch Einhalten dieses Aufbaus ist der Grundstein gelegt für einen logisch durchdachten und gut gegliederten Aufsatz.

Methode **Der Aufbau eines Interpretationsaufsatzes**

Ein Interpretationsaufsatz gliedert sich in

- **Einleitung:** In der Einleitung müssen Autorin/Autor, Titel des Textes und die Textsorte (z.B. Kurzgeschichte, Parabel, Fabel etc.) genannt werden. Auch das Thema und – soweit bekannt – das Erscheinungsjahr sollten in einem kurzen Einleitungssatz stehen, ebenso wie die zentrale Interpretationsthese.
- **Hauptteil:** Eine kurze Textbeschreibung bildet den Anfang des Hauptteils, dann folgt die lineare oder aspektorientierte (Methode, ► S. 367) Analyse/Interpretation des Textes (je nach Aufgabenstellung). Beschreibung, Analyse und Interpretation sollten stets aufeinander bezogen sein. Zum Beispiel bei einer Figurencharakterisierung: Wie verhält sich die Figur

(Beschreibung), welche sprachlichen Mittel unterstützen die Einschätzung (sprachliche Analyse) und warum verhält sich die Figur so (Deutung)?

- **Schlussteil:** Der Schlussteil rundet den Text ab, indem ein Fazit gezogen und eine Stellungnahme oder Wertung zum Text abgegeben werden.

Die Aufgabenstellung verstehen

Dieser erste Schritt ist entscheidend für das Gelingen des ganzen Aufsatzes. Suchen Sie die Schlüsselwörter der Aufgabenstellung. Hier sind es:

Analysieren **Interpretieren** **Entstehungszeit und deren literarischen Strömungen**

Diese Begriffe zeigen an, dass Sie sowohl formale und sprachliche Aspekte analysieren – z. B. Erzählverhalten, Erzählstruktur, rhetorische Mittel (z. B. Symbole, Metaphern) etc. – als auch diese mit Ihren Interpretationsthesen in Verbindung bringen müssen. Form-, Sprach- und Inhaltsbetrachtungen sollten in einer Interpretation stets zusammengehen. Der letzte Teil Ihres Aufsatzes sollte die Einordnung der Kurzgeschichte in die Nachkriegszeit mit ihren literarischen Strömungen beinhalten. Hier können Sie zeigen, was Sie über den zeitgeschichtlichen Hintergrund wissen, in diesem Fall z. B über die Situation in Deutschland nach dem Zweiten Weltkrieg und über die Trümmerliteratur und deren typische Merkmale, die wichtig für die Interpretation der Kurzgeschichte sind.

Information Interpretieren

Eine Interpretation ist das Ergebnis eines komplexen Verstehensprozesses. Will man einen Text richtig verstehen, muss man sich intensiv mit den Inhalten und Strukturen desselben befassen. Bei genauerer Auseinandersetzung mit dem Text durch die **werkimmanente Analyse** (Information, ▸ S. 376 f.) gewinnt man Erkenntnisse, die man sinnvoll zueinander in Beziehung setzen muss, ähnlich den Teilen eines Puzzles, um ein Gesamtbild zu bekommen. Aber auch andere, **werkübergreifende Informationen**, über die man verfügt, sollten berücksichtigt werden. Dies sind Informationen zu der Entstehungszeit des Textes, zur Biografie des Autors oder zu Charakteristika und Merkmalen der literarischen Epoche, in der der Text verfasst wurde.

1 Nachdem Sie die Aufgabenstellung geklärt haben, lesen Sie nun den Text durch. Verschaffen Sie sich zunächst einen Überblick und berücksichtigen Sie beim wiederholten Lesen und Markieren bereits die Aufgabenschwerpunkte.

2 Notieren Sie Stichwörter (evtl. in Form einer Mindmap), die Sie zur Entstehungszeit und zu den literarischen Strömungen in Ihren Aufsatz einarbeiten wollen.

Die Einleitung planen, die zentrale Interpretationsthese aufstellen

1 Stellen Sie die Informationen zusammen, die Sie für die Einleitung benötigen:

- Autor/in
- Titel
- Textsorte
- Thema
- Erscheinungsdatum (falls angegeben)

2 Formulieren Sie eine zentrale Interpretationsthese. Diese soll Sie durch Ihren Aufsatz leiten und kann am Ende der Untersuchung, falls sie sich als falsch herausstellt, auch verworfen werden.

a Lesen Sie sich die folgenden Interpretationsthesen durch und diskutieren Sie, welche Ihnen geeignet erscheint und welche nicht:
- *Die Kurzgeschichte handelt von einem Mann, der traurig ist, weil seine Küchenuhr im Krieg zerstört wurde.*
- *Die Kurzgeschichte handelt von einem jungen Mann, der im Krieg alles verloren hat.*
- *In der Kurzgeschichte geht es um die Grausamkeit des Krieges.*
- *Die Kurzgeschichte thematisiert die Leiden der Menschen, die der Krieg verursacht hat.*
- *In der Kurzgeschichte geht es um Kommunikationsschwierigkeiten zwischen Fremden.*
- *Die Kurzgeschichte handelt von der Grausamkeit des Krieges und der Traumatisierung der Menschen.*

b Begründen Sie, weshalb die folgende Interpretationsthese als Leitfaden für den Interpretationsaufsatz gut geeignet ist: *In der Kurzgeschichte geht es um eine Küchenuhr, die für das alte Leben des jungen Mannes steht und so zum Symbol der Schrecken und Leiden des Krieges wird.*

c Formulieren Sie selbst eine Interpretationsthese oder wählen Sie eine passende aus den oben formulierten aus.

Den Hauptteil planen – Weitere Interpretationsthesen erarbeiten

Wenn Sie einen Prosatext insgesamt interpretieren sollen, was die hier vorliegende Aufgabenstellung von Ihnen verlangt, dann müssen Sie sich zwischen zwei grundlegenden Methoden entscheiden (▸ Methode). Haben Sie bereits eine strukturierende Aufgabenstellung, ergibt sich daraus die aspektorientierte Interpretation.
Ein Analyse-/Interpretationsaufsatz enthält neben der maßgeblichen zentralen Interpretationsthese in seinem Hauptteil meist weitere Interpretationsthesen zu Inhalt sowie Form, die den Interpretationsschwerpunkt abbilden. Diese müssen an Textstellen belegt und gedeutet werden.

Methode **Verfahren der Interpretation – Linear oder aspektorientiert**

- **Das lineare Verfahren** besteht darin, den Text Schritt für Schritt, Zeile für Zeile zu interpretieren. Der Gedankengang der Deutung folgt dem Lesegang. Das Verfahren ist besonders für kurze Prosatexte, wie z. B. Kurzgeschichten, oder für die Interpretation von Lyrik geeignet. Es wird meist in der Sekundarstufe I für die ersten Versuche der Textinterpretation bevorzugt und kommt in der Sekundarstufe II seltener vor.
- **Das aspektorientierte Verfahren** zielt auf eine Deutung, die an Interpretationsschwerpunkten orientiert ist und das Material systematisiert. Beim Lesen des Textes werden Gesichtspunkte festgelegt, die bei der Interpretation eine besondere Rolle spielen sollen und bereits bei der Aufstellung der Thesen verwendet werden. Dann werden alle Textbeobachtungen zusammengezogen, die sich den verschiedenen Gesichtspunkten zuordnen lassen. Dieses Verfahren ist für die Langformen der Epik (Roman) oder für die Dramenanalyse besonders geeignet.

1 Untersuchen Sie den Text zur Erarbeitung der Interpretationsthesen genau, indem Sie inhaltliche, formale und sprachliche Beobachtungen markieren bzw. notieren. Bedenken Sie bei Ihrer erneuten Lektüre stets, welche Schwerpunkte und Beobachtungen Sie in Bezug auf Ihre zentrale Interpretationsthese nutzen können.

a Übertragen Sie die Tabelle in Ihr Heft. Notieren Sie weitere Aspekte, die Ihnen bei nochmaliger Lektüre wichtig erscheinen. Auch Streichungen von weniger wichtigen Aspekten können Sie vornehmen.

b Füllen Sie jeweils die Spalten zur Beschreibung und Funktion der genannten Aspekte aus.

wichtige Aspekte des Textes	Beschreibung	Funktion
der junge Mann	altes Gesicht (Z.3)...	zeigt, dass er Schlimmes erlebt hat
die Uhr	kaputt, stehen geblieben auf halb drei (Z.37–45)	regt jungen Mann dazu an, die nächtliche Situation in der Küche zu schildern.
die anderen Leute	...	Kontrast zum jungen Mann
Stimmung	...	...
Farben		
Ort und Zeit		
sprachliche Besonderheiten		
...		

c Untersuchen Sie die Markierungen im folgenden Text und überlegen Sie, inwiefern Sie die Beobachtungen zur Unterstützung der zentralen Interpretationsthese nutzen können. Gehen Sie im Rest des Textes (► S. 364 f.) ähnlich vor.

Das war unsere Küchenuhr, sagte er und sah sie alle der Reihe nach an, die auf der Bank in der Sonne saßen. Ja, ich habe sie noch gefunden. Sie ist übrig geblieben. Er hielt eine runde tellerweiße Küchenuhr vor sich hin und tupfte mit dem Finger die blau gemalten Zahlen ab.

Sie hat weiter keinen Wert, meinte er entschuldigend, das weiß ich auch. Und sie ist auch nicht besonders schön. Sie ist nur wie ein Teller, so mit weißem Lack. Aber die blauen Zahlen sehen doch ganz hübsch aus, finde ich. Die Zeiger sind natürlich nur aus Blech. Und nun gehen sie auch nicht mehr. Nein. Innerlich ist sie kaputt, das steht fest. Aber sie sieht noch aus wie immer. Auch wenn sie jetzt nicht mehr geht.

Er machte mit der Fingerspitze einen vorsichtigen Kreis auf dem Rand der Telleruhr entlang. Und er sagte leise: Und sie ist übrig geblieben.

_ → keine Anführungszeichen

◯ Häufung des Pronoms „sie"

☐ → Satzwiederholung
→ kurze Sätze

_ → Verwendung von Adjektiven zur Beschreibung der Uhr

_ → Zustandsbeschreibung
→ alles kaputt

2 Verdichten Sie Ihre Untersuchungsergebnisse zu Interpretationsthesen für den Hauptteil.

3 Bringen Sie Ihre Thesen und Analyseergebnisse in eine sinnvolle Reihenfolge, in der Sie sie im Hauptteil verwenden wollen.

Kontextwissen anwenden

1 Der zweite Teil der Aufgabe verlangt von Ihnen, dass Sie Ihr Wissen über die Entstehungszeit der Kurzgeschichte (Information, ▸ S. 143, 148 f.) in die Interpretation einbeziehen.
a Nutzen Sie Ihre Mindmap zur Nachkriegszeit und -literatur und Ihre Untersuchungsergebnisse zum Text. Welche zeitgeschichtlichen Informationen können Sie zur Unterstützung Ihrer Thesen verwenden, welche bieten weiterführendes Wissen?
b Sammeln Sie auch relevante Aspekte zur Untergattung „Kurzgeschichte" (Information, ▸ S. 141). Was zeichnet diese aus? Weshalb wurden in der Nachkriegszeit so viele Kurzgeschichten geschrieben? Welche Verbindung zu der hier vorliegenden Kurzgeschichte besteht?

2. Den Aufsatz verfassen

Den Aufsatz eröffnen – Von der Einleitung zum Hauptteil

1 Schreiben Sie einen Einleitungssatz zu Ihrem Interpretationsaufsatz. Überprüfen Sie zuvor Ihre zentrale Interpretationsthese und optimieren Sie sie gegebenenfalls.

Formulierungsbausteine: Einleitungssätze
- *Im Jahr ... erschien ...s Erzählung ..., in der thematisch ... im Mittelpunkt steht/es thematisch um ... geht. Im vorliegenden Textauszug wird insbesondere dargestellt, wie ...*
- *Die Erzählung ... von ... wurde ... veröffentlicht. Thema ist ...*

2 Verfassen Sie eine Textbeschreibung (▸ Information). Gehen Sie folgendermaßen vor:
a Gliedern Sie den Text in Sinnabschnitte.
b Fassen Sie die Sinnabschnitte in einem Satz oder mit Schlüsselbegriffen zusammen. Heben Sie dabei bereits den Aspekt hervor, der für Ihre Interpretation wichtig ist.
c Verfassen Sie einen kurzen, zusammenfassenden Text, der die Leser einerseits über den vorliegenden Text informiert und andererseits zu Ihrem eigentlichen Aufsatz hinleitet.

Information **Textbeschreibung**

Zu Beginn des Hauptteils steht eine so genannte Textbeschreibung. Wenn es sich um einen kurzen Text, wie etwa bei einer Kurzgeschichte, handelt, dann ähnelt die Textbeschreibung einer Inhaltszusammenfassung. Jedoch sollte der Inhalt aspektorientiert wiedergegeben werden, also nur das erwähnen, was für den Interpretationsaufsatz von Interesse sein wird. Anders verhält es sich bei der Textbeschreibung zu einem Dramen- oder Romanauszug, denn hier muss zusätzlich eine Einordnung der Szene oder des Auszugs ins Gesamtwerk geleistet werden.
Da sich die Textbeschreibung zwischen der Einleitung und dem Hauptteil befindet, kommt sie – anders als die Inhaltsangabe – ohne eigenen Einleitungs- und Schlusssatz aus.

3 Formulieren Sie nun im Hauptteil Ihre Interpretationsthesen aus (Information, ▸ S. 370). Verwenden Sie dazu passende Textbelege und Analyseergebnisse. Orientieren Sie sich an Ihrer bei der Planung gewählten Reihenfolge.

Information **Interpretationsthesen ausführen**

Mit einer oder mehreren Interpretationsthesen benennen Sie Ihr persönliches, vertieftes Textverständnis, das Sie auf der Grundlage Ihrer mehrfachen Lektüre, Ihres Leseeindrucks und der daran orientierten systematischen Analyse gewonnen haben. Mit Hilfe von Interpretationsthesen deuten Sie einen Text aspektorientiert, wobei diese Deutung zu belegen und zu erläutern ist.

These ↓	deuten, behaupten
Beleg für die These Textzitat und/oder Beschreibung eines Gestaltungsphänomens, evtl. mit Zeilenangabe ↓	zitieren, beschreiben
Deutung des Belegs gedankliche Erschließung des Textbelegs ↓	erklären, interpretieren
abschließende gedankliche Rückbindung an die These (→ zurück zur These)	resümieren

These: *Die Küchenuhr steht für die Vergangenheit, in der das Leben friedlich und geborgen verlief.*
Beleg: *„Da war es dann fast immer halb drei. Und dann, dann kam nämlich meine Mutter. Ich konnte noch so leise die Tür aufmachen, sie hat mich immer gehört." (Z. 66 ff., vgl. auch Z. 82)*
Deutung: *Weit nach Mitternacht ver- und umsorgt die Mutter mit großer Selbstverständlichkeit ihren erwachsenen Sohn. Es scheint, als sei diese nächtliche Begegnung eine Alltäglichkeit, doch im Rückblick handelt es sich um sehr glückliche Momente.*
Rückbindung: *Die Mutter gibt ihm mit ihrem Verhalten ein Gefühl von Heimat und Aufgehobensein. Er fühlt sich nach getaner Arbeit in seinem Elternhaus geborgen, erhält Aufmerksamkeit und menschliche Wärme.*

4 Schaffen Sie geeignete Überleitungen von einer ausgeführten These zur anderen. Beziehen Sie dabei auch die Vorarbeiten zum Kontextwissen mit ein.
Folgende Formulierungsbausteine können Ihnen dabei helfen:

Formulierungsbausteine: Verknüpfungssätze

- **Gelenkstelle These – Textbeleg:** *Ein Beleg für diese Behauptung ist z. B. in Zeile ... zu finden. Hier wird ... als ... bezeichnet. Die Formulierung „ ..." (Z. ...) lässt z. B. eine solche Deutung zu. Auch die Wortwahl/der Hinweis/das Detail in Z. ... stützt diese Deutung, dort heißt es nämlich: „... ".*
- **Gelenkstelle Textbeleg – Deutung des Belegs:** *Diese Textstelle lässt erkennen, dass ... . Damit wird hervorgehoben, dass ... . Diese Formulierung kann im Textzusammenhang als Kritik an .../Hinweis auf .../Kommentar zu ... verstanden werden; sie besagt, dass ...*
- **Gelenkstelle gedankliche Erschließung – Rückbindung an die These:** *Die zitierten Textstellen belegen beispielhaft, dass ... . Auch diese Formulierungen/Gestaltungsphänomene/inhaltlichen Akzentuierungen untermauern/stützen die Ausgangsthese, dass ...*

5 Wichtig ist auch der Bezug von Form und Inhalt. Überprüfen Sie Ihre Thesen daraufhin, ob Sie beides zueinander in Beziehung gesetzt haben. Folgende Formulierungen können Ihnen helfen:

Formulierungsbausteine: Inhalt-Form-Bezug
In der Erzählung wird durch ... dargestellt, wie ... Formal wird diese Aussage unterstrichen durch ... Bei der Darstellung der ... herrscht die ... Erzählform vor. Dadurch entsteht ein/e ..., der/die plausibel erscheint, denn ... Eine formale Besonderheit, die in der Erzählung auffällt, ist ... Diese formale Eigenheit des Textes korrespondiert auf der inhaltlichen Ebene mit ...

Den Schluss verfassen – Ein Resümee ziehen

1 Beurteilen Sie folgende Schlusssätze:
- *Mir hat die Geschichte gut gefallen, denn sie war interessant und spricht viele Probleme an, die heute auch noch wichtig sind.*
- *Die Kurzgeschichte ist nicht besonders interessant. Sie hat mit mir nichts zu tun.*
- *Die Kurzgeschichte zeigt eindrucksvoll, wie schlimm der Krieg war.*
- *Die Geschichte ist sehr gut und vom Autor auch fantastisch geschrieben.*
- *Zusammenfassend lässt sich sagen, dass diese Kurzgeschichte am Beispiel eines jungen Mannes auf eindrucksvolle und sehr traurig stimmende Art und Weise den Leser teilhaben lässt an den Schrecken des Krieges und daran, was der Krieg mit den einzelnen Menschen angestellt hat.*

2 Verfassen Sie den Schluss Ihres Aufsatzes, indem Sie ein Fazit ziehen, kurz Stellung nehmen und eine Wertung abgeben. Nutzen Sie die folgenden Hilfestellungen.

Formulierungsbausteine: Schlussgedanken
- *Meine zentrale Interpretationsthese, dass ..., konnte insbesondere durch ... belegt werden.*
- *Alles in allem ergibt die werkimmanente Betrachtung des Textauszugs, dass ...*
- *Als Resümee der Analyse ergibt sich, dass ...*

Information **Leitfragen für den Schluss eines Interpretationsaufsatzes**

Folgende Fragestellungen können Ihnen eine Anregung für Ihren Schlussteil geben:
- Passen inhaltliche Aussage und formale Gestaltung zusammen?
- Ist die gedankliche Entfaltung der Aussage überzeugend oder gibt es Gedankensprünge, Abschweifungen, Wiederholungen etc., die die Aussagekraft des Textes schmälern?
- Ist der Text mit anderen Werken derselben Zeit oder mit themengleichen Werken vergleichbar?
- Ist die Sichtweise des Erzählers akzeptabel? Ist der Text heute noch aktuell?
- Ist die Wirklichkeitsdarstellung, der weltanschauliche Standpunkt aus heutiger Sicht noch nachvollziehbar oder gar unterstützenswert?

3. Den Aufsatz überarbeiten

1 Lesen Sie sich Ihren Aufsatz noch einmal aufmerksam durch und verbessern Sie Rechtschreib- und Zeichensetzungsfehler. Tipp: Lesen Sie Ihren Aufsatz doch einmal von hinten nach vorne, Sie werden erstaunt sein, wie viele Fehler Sie finden, wenn Sie die Wörter nicht im Satzzusammenhang lesen.

2 Überprüfen Sie Ihren Aufsatz auf unpräzise Formulierungen (Information, ► S. 372).

Information **Typische Denk- und Formulierungsfehler**

falsch	richtig
In Borcherts Geschichte „Die Küchenuhr“ ... = falsche Textsorte	*In Wolfgang Borcherts Kurzgeschichte „Die Küchenuhr“ ...*
Borchert zeigt den jungen Mann ... = nicht zwischen Autor und Erzähler unterschieden	*Der Erzähler beschreibt den jungen Mann ...*
Der junge Mann ist total durch den Wind. = Stil (umgangssprachlich)	*Der junge Mann wirkt verwirrt.*
In Zeile 32f. sagt der junge Mann, dass ... = falscher Verweis	*Der junge Mann sagt, dass ... (Z. 32f.).*

Methode **Grundlegende Probleme – und wie man sie lösen kann**

Problem	Lösung
■ wichtige Sachverhalte vergessen	■ **Gliederung:** vor der Niederschrift eines Aufsatzes alle wichtigen Aspekte in einer Gliederung zusammenstellen und die Gliederungspunkte bei der Niederschrift abhaken
■ sich in nicht beweisbaren Spekulationen verlieren	■ **aktives Lesen:** nach der Festlegung von Interpretationsthesen den Text erneut gründlich lesen; die Interpretationsthesen dabei auf den Gesamttext beziehen und nicht nur auf eine einzige passende Stelle
■ die Gedanken ungeordnet wiedergeben und vieles nachträglich ergänzen	■ **Schreibplanung:** den Text beim aktiven Lesen mit Notizen versehen; diese den einzelnen Gliederungspunkten mit verschiedenfarbigen Markern zuordnen und sie so bündeln; jedes „Bündel“ abarbeiten, bevor der nächste Gliederungsaspekt in Angriff genommen wird
■ beschreibende und deutende Aussagen ohne Bezug zueinander lassen	■ **Schreibplanung:** nach gründlichem Durcharbeiten des Textes Interpretationsthesen formulieren und Teilergebnisse immer auf diese übergreifenden Thesen beziehen

Methode **Checkliste für einen Interpretationsaufsatz**

- ☑ Werden in der Einleitung Autor/in, Titel, Textsorte und Thema genannt?
- ☑ Endet die Einleitung mit einer zentralen Interpretationsthese?
- ☑ Ist die Textbeschreibung aspektorientiert, knapp und präzise?
- ☑ Ist die Überleitung zum Interpretationsteil fließend gestaltet?
- ☑ Werden die Interpretationsthesen durch Textbelege unterstützt?
- ☑ Werden formale und sprachliche Aspekte herangezogen?
- ☑ Wird richtig zitiert?
- ☑ Enthält der Schluss ein Fazit, eine Stellungnahme und evtl. eine Wertung?
- ☑ Ist der Aufsatz überarbeitet und korrigiert?

3.5 Analyse eines Romanauszugs – „Effi Briest" von Th. Fontane

In diesem Kapitel erwerben Sie folgende Kenntnisse und Kompetenzen:

- prüfungs- und klausurrelevante Aufgabenstellungen erfassen,
- einen Romanauszug in den Gesamtzusammenhang stellen,
- Methoden der Textdeutung kennen lernen und anwenden,
- einen Interpretationsaufsatz planen, verfassen und überarbeiten.

Aufgabenstellung

1. Legen Sie dar, was Effi am Ende des 24. Kapitels in Theodor Fontanes Roman „Effi Briest" zu dem Selbstgespräch veranlasst.
2. Analysieren/Interpretieren Sie die Textstelle; beziehen Sie dabei die sprachliche und erzählerische Gestaltung ein.

Theodor Fontane: **Effi Briest** (1895) – Ende des vierundzwanzigsten Kapitels

Sie erhob sich und ging auf die Tür zu und horchte; Roswitha schlief schon und Annie auch.

Und mit einem Male, während sie das Kind so vor sich hatte, traten ungerufen allerlei Bilder aus den Kessiner Tagen wieder vor ihre Seele: das landrätliche Haus mit seinem Giebel und die Veranda mit dem Blick auf die Plantage, und sie saß im Schaukelstuhl und wiegte sich; und nun trat Crampas an sie heran, um sie zu begrüßen, und dann kam Roswitha mit dem Kinde, und sie nahm es und hob es hoch in die Höhe und küsste es.

„Das war der erste Tag; da fing es an." Und während sie dem nachhing, verließ sie das Zimmer, drin die beiden schliefen, und setzte sich wieder an das offene Fenster und sah in die stille Nacht hinaus.

„Ich kann es nicht loswerden", sagte sie. „Und was das Schlimmste ist und mich ganz irre macht an mir selbst ..."

In diesem Augenblicke setzte die Turmuhr drüben ein, und Effi zählte die Schläge.

„Zehn ... Und morgen um diese Stunde bin ich in Berlin. Und wir sprechen davon, dass unser Hochzeitstag sei, und er sagt mir Liebes und Freundliches und vielleicht Zärtliches. Und ich sitze dabei und höre es und habe die Schuld auf meiner Seele."

Und sie stützte den Kopf auf ihre Hand und starrte vor sich hin und schwieg.

„Und habe die Schuld auf meiner Seele?", wiederholte sie. „Ja, da hab ich sie. Aber *lastet* sie auch auf meiner Seele? Nein. Und das ist es, warum ich vor mir selbst erschrecke. Was da lastet, das ist etwas ganz anderes – Angst, Todesangst und die ewige Furcht: es kommt doch am Ende noch an den Tag. Und dann außer der Angst ... Scham. Ich schäme mich. Aber wie ich nicht die rechte Reue habe, so hab ich auch nicht die rechte Scham. Ich schäme mich bloß von wegen dem ewigen Lug und Trug; immer war es mein Stolz, dass ich nicht lügen könne und auch nicht zu lügen brauche, lügen ist so gemein, und nun habe ich doch immer lügen müssen, vor ihm und vor aller Welt, im Großen und im Kleinen, und Rummschüttel hat es gemerkt und hat die Achseln gezuckt, und wer weiß, was er von mir denkt, jedenfalls nicht das Beste. Ja, Angst quält mich und dazu Scham über mein Lügenspiel. Aber Scham über meine Schuld, die hab ich *nicht* oder doch nicht so recht oder doch nicht genug, und das bringt mich um, dass ich sie nicht habe. Wenn alle Weiber so sind, dann ist es schrecklich, und wenn sie nicht so sind, wie ich hoffe, dann steht es schlecht um mich, dann ist etwas nicht in Ordnung in meiner Seele, dann fehlt mir das richtige Gefühl. Und das hat mir der alte Niemeyer in seinen guten Tagen noch, als ich noch ein halbes Kind war, mal gesagt: auf ein richtiges Gefühl, darauf käme es an, und wenn man das habe, dann könne einem das Schlimmste nicht passieren, und wenn man es nicht habe, dann sei man in einer ewigen Gefahr, und das, was man den Teufel nenne, das habe dann eine sichere Macht über uns. Um Gottes Barmherzigkeit willen, steht es so mit mir?"

Und sie legte den Kopf in ihre Arme und weinte bitterlich.

Als sie sich wieder aufrichtete, war sie ruhiger geworden und sah wieder in den Garten hinaus. Alles war so still, und ein leiser, feiner Ton, wie wenn es regnete, traf von den Platanen her ihr Ohr.

Information **Aufbau eines Analyseaufsatzes zu einem Textauszug (Roman/Drama)**

Bei der Analyse eines Romanauszugs oder einer Dramenszene ist lediglich ein Teil des Ganzen der Untersuchungsgegenstand. Jedoch wird dieser Teil immer vor dem Hintergrund des gesamten Werks betrachtet.
Grundsätzlich entspricht der **Aufbau** des Aufsatzes demjenigen zur Kurzprosa (Methode, ▸ S. 365 f.). Zu beachten sind darüber hinaus Bezüge zum Gesamttext, zu weiteren Textstellen oder zu Besonderheiten der Figuren. Als Überleitung zur **Textbeschreibung** sollte der vorliegende Auszug in den Zusammenhang des Gesamttextes eingeordnet werden, indem der Entwicklungsstand des Geschehens bis zum Auszug kurz dargelegt wird. In der weiteren Textbeschreibung werden die vorkommenden Figuren vorgestellt und eine knappe Darstellung des inhaltlichen Schwerpunkts des Auszuges gegeben. Außerdem sind die erzähltechnischen Merkmale und Besonderheiten im Bezug zum Gesamttext zu beschreiben und aufzudecken.
Bei der **Deutung** sollten die durch die Aufgabenstellung vorgegebenen Aspekte im Mittelpunkt stehen. Denkbar sind unter anderem Vergleiche mit ähnlich gelagerten Textauszügen, das Aufdecken von Besonderheiten im Handlungsverlauf oder die Charakterisierung besonderer Verhaltensweisen der handelnden Figuren. Auch der Bezug zur Epoche, in der das Werk entstanden ist und die es ggf. in besonderer Weise geprägt hat, sollte hergestellt werden.
Aus dem Schwerpunkt der Deutung ergeben sich die zentralen Ansatzpunkte der **Wertung**, die sich auf die Aspekte der Aufgabenstellung und der zentralen Interpretationsthese beziehen sollten.

1. Den Aufsatz planen

Die Aufgabenstellung verstehen

1 Entnehmen Sie der Aufgabenstellung die Schlüsselbegriffe und notieren Sie, welche Anforderungen darin enthalten sind.

2 Lesen Sie den Text ein erstes Mal. Machen Sie sich bereits Notizen (auf einer Kopie) und markieren Sie wichtige Stellen.

Die Einleitung planen, die zentrale Interpretationsthese aufstellen

1 Notieren Sie die wesentlichen Informationen für den Einleitungssatz (Methode, ▸ S. 365).

2 **a** Bilden Sie eine zentrale Interpretationsthese, die die Ausrichtung Ihrer Interpretation im

Hauptteil bestimmen wird (Worum geht es im Textauszug? Welche Bedeutung hat es für die Gesamthandlung?).

b Vergleichen Sie Ihre Interpretationsthese mit denen Ihrer Mitschülerinnen und Mitschüler und beurteilen Sie jeweils die Tauglichkeit. Achten Sie darauf, dass die Thesen über eine bloße Beschreibung hinausgehen und nicht zu eng formuliert sind.

Die Textbeschreibung als Hinführung zum Hauptteil

1 **a** Legen Sie eine Stichwortliste dazu an, was bis zum abgedruckten Textauszug passiert ist bzw. was der Leser wissen muss, um die Situation zu verstehen. Dazu müssen Sie nicht jedes Detail nennen, sondern nur die Aspekte, die wichtig sind für den zu interpretierenden Textauszug.

b Sammeln Sie des Weiteren Aspekte, die auf den Textauszug folgen und von ihm vorbereitet werden.

2 Verfassen Sie eine prägnante Textbeschreibung. Teilen Sie hierzu den Text in Sinnabschnitte ein, die Sie kurz zusammenfassen.

Information **Einordnung des Ausschnitts in das Gesamtwerk**

Die Einordnung des Textauszugs in das Werk ist bei Romanen und Dramen ähnlich. Je nach Aufgabenstellung und zentraler Interpretationsthese sollte vor der knappen Wiedergabe des Textauszuges (Textbeschreibung) auch das zum Verständnis dieses Ausschnitts relevante Geschehen davor und danach dargestellt werden. Den Leserinnen und Lesern wird damit das Verständnis des Textauszugs erleichtert. Ihnen als Schreiberin/Schreiber des Aufsatzes gibt es die Möglichkeit, die Besonderheit des Auszuges im Vergleich zu den anderen Teilen des Romans/Dramas herauszustellen.

Den Hauptteil planen – Interpretationsthesen erarbeiten

1 Analysieren Sie den Auszug aus „Effi Briest“ systematisch. Legen Sie eine Tabelle an, in die Sie die inhaltlichen Aspekte eintragen, die Ihnen bei Ihrer Lektüre besonders aufgefallen sind (vgl. auch Tabelle, ► S. 368).

wichtige Aspekte des Textes	*Beschreibung/Textbeleg*	*Deutung*
– *Effis Schuldgefühle*	– *Die Kirchturmuhr löst einen Gedankenstrom aus, der in Schuldgefühlen endet (Z. 22–29).* – *Effi stützt den Kopf in die Hand und starrt vor sich hin (Z. 30 f.).*	– … – *Ihre Körperhaltung zeigt, dass etwas schwer auf ihrem Gewissen lastet.*
– …		

2 Untersuchen Sie die Erzählweise. Beantworten Sie dazu folgende Fragen:
- Welche Erzählstrategie herrscht vor?
- In welchem Raum spielt das Geschehen?
- Gibt es Zeitsprünge?
- In welchem Verhältnis stehen erzählte Zeit und Erzählzeit?

Schlagen Sie hierzu auch die Informationen auf den Seiten 165–170 nach.

3 a Führen Sie nun eine Sprachanalyse durch. Gehen Sie hierzu ähnlich vor wie im folgenden Textauszug.

b Legen Sie zur Auswertung Ihrer Untersuchungsergebnisse eine vergleichbare Tabelle an.

Und mit einem Male, während sie das Kind so vor sich hatte, traten ungerufen allerlei Bilder aus den Kessiner Tagen wieder vor ihre Seele: das landrätliche Haus mit seinem Giebel und die Veranda mit dem Blick auf die Plantage, und sie saß im Schaukelstuhl und wiegte sich; und nun trat Crampas an sie heran, um sie zu begrüßen, und dann kam Roswitha mit dem Kinde, und sie nahm es und hob es hoch in die Höhe und küsste es.

Text	**Beschreibung**	**Deutung/Wirkung**
„Und mit einem Male …"(Z. 4)	*ungewöhnlicher Satzbau*	*plötzlich, wie Erinnerungen kommen, erinnert sich Effi an die Vergangenheit*
„Und … küsste es." (Z. 4–13)	*ein langer Satz mit Einschiebungen*	*lange, stete Reihe von Handlungen, die Effis Leben ausmachen; ruhig, häuslich, geordnet*
und (Z. 4ff.)	*Aufzählung von Tätigkeiten, z.T. Hauptsätze aneinandergereiht*	*…*
Verwendung von Doppelpunkt und Semikolon	*unabgeschlossene Reihung, Sätze stehen gleichwertig nebeneinander*	*Handlungen als langer Strom von Alltagsaktivitäten, eine so wichtig wie die andere*

4 Bilden Sie Interpretationsthesen zu Ihren Textbeobachtungen und führen Sie sie aus (Information, ► S. 370).

Methode **Werkimmanente Interpretation literarischer Texte**

Bei der Interpretation epischer oder dramatischer Texte wie auch bei der Gedichtinterpretation sind unterschiedliche Ansätze möglich. Die verschiedenen Methoden ergänzen sich zum Teil sehr gut. In der Schule wird vorrangig werkimmanent interpretiert.

Werkimmanente Methode: Für die Interpretation wird allein der Text zu Rate gezogen und nicht z.B. die Biografie des Autors oder der geschichtliche Hintergrund etc. Der Text wird also aus sich selbst heraus verstanden, was bedeutet, dass verschiedene Leser verschiedene Deutungen finden können.

Die folgenden Schritte gehören zur werkimmanenten Methode:

- Unterschieden wird zunächst zwischen **Form** und **Inhalt** des Textes, wobei unter Form sowohl die Struktur (z. B. Erzählstrategie, Versmaß, Dialogform) als auch die sprachliche Gestaltung (z. B. Wortwahl, Bilder, rhetorische Figuren) verstanden werden.
- Man betrachtet weiterhin das **Verhältnis von Inhalt und Form**. Beide können sich in ihren Besonderheiten unterstützen oder in einem Spannungsverhältnis zueinander stehen.
- Grundsätzlich wird angenommen, dass die Unendlichkeit der Welt mit der Endlichkeit der Wörter nicht darzustellen ist. Ein Text bietet so von vornherein **Leerstellen**. Entsprechend ist es die Aufgabe der Leser, relevante Unbestimmtheitsstellen zu finden und ggf. auszufüllen. Diese Leerstellen können von einer Autorin/einem Autor bewusst gesetzt worden sein oder sich aus der jeweils individuellen Art des Lesens ergeben. Wichtig ist, dass die Deutung anhand des Textes nachgewiesen wird.

Der/Die Deutende versucht, zunächst möglichst viele Einzelaspekte des Textes auf der inhaltlichen und formalen Ebene zu erschließen und diese dann intensiv verstehend aufeinander zu beziehen, um so zu einer breit abgesicherten Deutung zu gelangen. Die werkimmanente Methode sollte die Basis für jede weiterführende Interpretation sein.

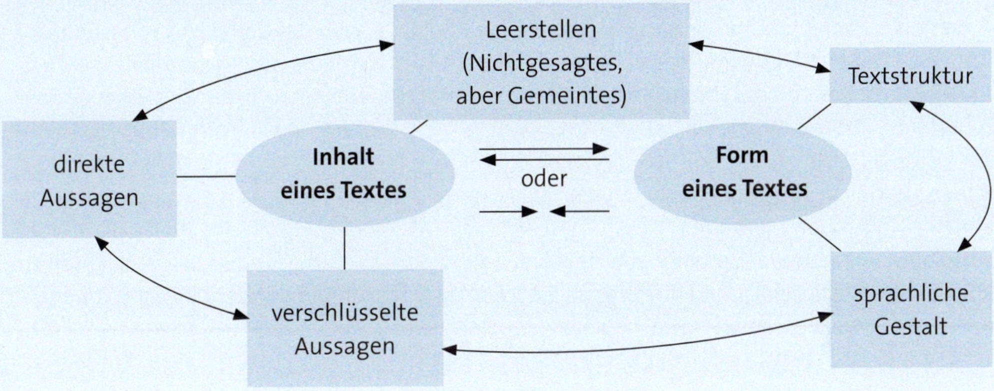

Methode Werkübergreifende Interpretation literarischer Texte

- **Literaturgeschichtliche Methode:** Hierbei richtet man das Augenmerk auf Epochenzusammenhänge und Epochenumbrüche, in die ein literarischer Text eingeordnet werden kann. Geprüft wird, ob literaturprogrammatische Äußerungen die Autorin/den Autor beeinflusst haben. Die Methode erlaubt es, Aussagen darüber zu machen, ob ein Werk für eine Epoche stilbildend und richtungweisend war, ob es seiner Zeit voraus war oder eher andere Werke nachahmte. Dazu müssen literarische Werke in ihrer zeitlichen Abfolge betrachtet werden.
- **Mentalitätsgeschichtliche Methode:** Ein Werk wird – über die Literatur hinausgehend – als Episode einer geschichtlichen Entwicklung von Stoffen, Denk- und Formmustern betrachtet, zu der im Laufe der Zeit viele Werke insbesondere aus den Bereichen Literatur, Philosophie, Kunst, Musik, Gesellschaftslehre, aber auch aus den Naturwissenschaften und der Architektur beigetragen haben. Geprüft wird, ob und wie solche kulturellen Trends und Traditionen einen Text in seiner Entstehung beeinflusst haben.

- **Rezeptionsästhetische und rezeptionsgeschichtliche Methode:** Mit dieser Methode wird das Verhältnis zwischen Text und Leser/in untersucht. Die Grundannahme ist die, dass literarische Texte mit ihren tendenziell offenen, nicht festgelegten Aussagen auf Leserdeutung angewiesen sind. Geprüft wird auch, wie Leserinnen und Leser unterschiedlicher sozialer Herkunft auf ein und denselben Text reagieren. Die Rezeptionsgeschichte geht der Frage nach, wie sich Leserreaktionen auf einen Text über längere Zeiträume entwickelt haben und inwiefern solche Erfahrungen zeitgeschichtlich bedingt sind.
- **Biografische/psychoanalytische Methode:** Die biografische Methode zieht die Lebensgeschichte der Autorin/des Autors – und besonders eigene Lebenszeugnisse wie Tagebücher, Briefe etc. – für die Textdeutung heran. Geprüft wird, ob und in welcher Weise sich bestimmte Lebenserfahrungen von Autorinnen und Autoren auf die Themenwahl, die inhaltliche Akzentuierung und die Darstellungsweise ihrer Werke ausgewirkt haben. Dabei kann die persönliche Verarbeitung realgeschichtlicher Ereignisse im Zentrum stehen, aber auch die literarische Darstellung privater Erfahrungen; diese können auch mit Begriffen der Psychoanalyse untersucht werden.
- **Literatursoziologische Methode:** Dieses Verfahren geht davon aus, dass es nicht reicht, die geistigen Einflüsse zu betrachten, die auf eine Autorin/einen Autor gewirkt haben können. Vielmehr werden Fakten aus der Realgeschichte (der politischen und der Sozialgeschichte) herangezogen, um eine Deutung aufzubauen. Untersucht wird das Verhältnis von Literatur und Gesellschaft. Es wird überprüft, wie die Autorin/der Autor die gesellschaftliche Wirklichkeit erarbeitet und mit ihren/seinen Texten in die Auseinandersetzung der Zeit eingegriffen hat.

5 Bilden Sie Kleingruppen und recherchieren Sie Material zu „Effi Briest" für die Interpretation mit einer der folgenden Methoden: literaturgeschichtliche Methode, biografische Methode, literatursoziologische Methode. Ziehen Sie das Internet, Lexika oder Literatur- und Sozialgeschichten zu Rate. Stellen Sie anschließend Ihre Ergebnisse und Ihre Erfahrungen mit der Methode vor.

2. Den Aufsatz verfassen und überarbeiten

1 Verfassen Sie den Aufsatz zur Aufgabenstellung auf S. 373. Beachten Sie dabei auch die Hinweise zum Schlussteil auf S. 371.

2 **a** Überprüfen Sie Ihren Aufsatz auf unpräzise Formulierungen und stilistische Schwächen hin.
b Kontrollieren Sie, ob Sie die Fachbegriffe zur Analyse erzählender Texte (Information, ▸ S. 166–170) richtig verwendet haben.

3 Kontrollieren Sie Ihren Text auch im Hinblick auf Rechtschreib-, Grammatik- und Zeichensetzungsfehler. Achten Sie besonders auf korrektes Zitieren und Belegen.

4 Überprüfen Sie abschließend Ihren Aufsatz mit Hilfe der Checkliste auf S. 372. Bei Übungssituationen im Unterricht können Sie dazu auch die Methode „Schreibkonferenz" (▸ S. 327) nutzen.

3.6 Analyse eines Dramenauszugs – „Emilia Galotti“ von Gotthold Ephraim Lessing

In diesem Kapitel erwerben Sie folgende Kenntnisse und Kompetenzen:

- prüfungs- und klausurrelevante Aufgabenstellungen erfassen,
- eine Figurencharakterisierung verfassen,
- zwei dramatische Figuren miteinander vergleichen,
- einen Interpretationsaufsatz zu einer Dramenszene verfassen und überarbeiten.

Aufgabenstellung

1. Interpretieren Sie die vorliegende Szene I/6 aus Lessings bürgerlichem Trauerspiel „Emilia Galotti“. Legen Sie einen Schwerpunkt auf die Figurencharakterisierung des Prinzen.
2. Vergleichen Sie anschließend den Prinzen mit dem Grafen Appiani. Nutzen Sie dazu vor allem die zweite abgedruckte Szene II/7.

Gotthold Ephraim Lessing: **Emilia Galotti** (1772) – Auszug aus I/6

Marinelli. Der Prinz

DER PRINZ: [...] Was haben wir Neues, Marinelli?

MARINELLI: Nichts von Belang, das ich wüsste. – Die Gräfin Orsina ist gestern zur Stadt gekommen.

DER PRINZ: Hier liegt auch schon ihr guter Morgen (*auf ihren Brief zeigend*) oder was es sonst sein mag! Ich bin gar nicht neugierig darauf – Sie haben sie gesprochen?

MARINELLI: Bin ich, leider, nicht ihr Vertrauter? – Aber, wenn ich es wieder von einer Dame werde, der es einkömmt, Sie in gutem Ernste zu lieben, Prinz: so –

DER PRINZ: Nichts verschworen, Marinelli!

MARINELLI: Ja? In der Tat, Prinz? Könnt' es doch kommen? – Oh! so mag die Gräfin auch so Unrecht nicht haben.

DER PRINZ: Allerdings, sehr Unrecht! – Meine nahe Vermählung mit der Prinzessin von Massa will durchaus, dass ich all dergleichen Händel fürs Erste abbreche.

MARINELLI: Wenn es nur das wäre: so müsste freilich Orsina sich in ihr Schicksal ebenso wohl zu finden wissen als der Prinz in seines.

DER PRINZ: Das unstreitig härter ist als ihres. Mein Herz wird das Opfer eines elenden Staatsinteresses. Ihres darf sie nur zurücknehmen, aber nicht wider Willen verschenken.

MARINELLI: Zurücknehmen? Warum zurücknehmen?, fragt die Gräfin: wenn es weiter nichts als eine Gemahlin ist, die dem Prinzen nicht die Liebe, sondern die Politik zuführet? Neben so einer Gemahlin sieht die Geliebte noch immer ihren Platz. Nicht so einer Gemahlin fürchtet sie aufgeopfert zu sein, sondern –

DER PRINZ: Einer neuen Geliebten – Nun denn? Wollen Sie mir daraus ein Verbrechen machen, Marinelli?

MARINELLI: Ich? – Oh! vermengen Sie mich ja nicht, mein Prinz, mit der Närrin, deren Wort ich führe, aus Mitleid führe. [...]

[In der folgenden Unterhaltung erfährt der Prinz, dass Graf Appiani und Emilia am selben Tag auf einem Landgut in der Nähe von Sabionetta heiraten werden. Gleich nach der Hochzeit wollen sich die beiden auf ein Gut zurückziehen, das weit entfernt liegt. Der Prinz hakt nach, ob es sich um die Emilia handelt, in die er sich verliebt hat. Marinelli bestätigt dies und der Prinz ist am Boden zerstört.]

DER PRINZ (*der sich voll Verzweiflung in einen Stuhl wirft*): So bin ich verloren! – So will ich nicht leben!

Marinelli: Aber was ist Ihnen, gnädiger Herr?

Der Prinz (*der gegen ihn wieder aufspringt*): Verräter! – was mir ist? – Nun ja, ich liebe sie; ich bete sie an. Mögt ihr es doch wissen! Mögt ihr es doch längst gewusst haben, [...] – Nur dass Sie, Marinelli, der Sie so oft mich Ihrer innigsten Freundschaft versicherten – O ein Fürst hat keinen Freund! kann keinen Freund haben! – dass Sie, Sie, so treulos, so hämisch mir bis auf diesen Augenblick die Gefahr verhehlen dürfen, die meiner Liebe drohte: wenn ich Ihnen jemals das vergebe – so werde mir meiner Sünden keine vergeben!

Marinelli: Ich weiß kaum Worte zu finden, Prinz – wenn sie mich auch dazu kommen ließen – , Ihnen mein Erstaunen zu bezeigen. – Sie lieben Emilia Galotti? – Schwur dann gegen Schwur: Wenn ich von dieser Liebe das Geringste gewusst, das Geringste vermutet habe, so möge weder Engel noch Heiliger von mir wissen! [...]

Der Prinz: So verzeihen Sie mir, Marinelli – (*indem er sich ihm in die Arme wirft*) und bedauern Sie mich. [...]

Der Prinz: Ach! Marinelli, wie konnt' ich Ihnen vertrauen, was ich mir selbst kaum gestehen wollte?

Marinelli: Und also wohl noch weniger der Urheberin Ihrer Qual gestanden haben?

Der Prinz: Ihr? – Alle meine Mühe ist vergebens gewesen, sie ein zweites Mal zu sprechen.

Marinelli: Und das erste Mal –

Der Prinz: Sprach ich sie – Oh, ich komme von Sinnen! Und ich soll Ihnen noch lange erzählen? – Sie sehen mich einen Raub der Wellen: was fragen Sie viel, wie ich es geworden? Retten Sie mich, wenn Sie können: und fragen Sie dann.

Marinelli: Retten? Ist da viel zu retten? – Was Sie versäumt haben, gnädiger Herr, der Emilia Galotti zu bekennen, das bekennen Sie nun der Gräfin Appiani. Waren, die man aus der ersten Hand nicht haben kann, kauft man aus der zweiten: – und solche Waren nicht selten aus der zweiten um so viel wohlfeiler.

Der Prinz: Ernsthaft, Marinelli, ernsthaft, oder –

Marinelli: Freilich, auch um so viel schlechter –

Der Prinz: Sie werden unverschämt!

Marinelli: Und dazu will der Graf damit aus dem Lande. – Ja, so müsste man auf etwas anders denken.

Der Prinz: Und auf was? – Liebster, bester Marinelli, denken Sie für mich. Was würden Sie tun, wenn Sie an meiner Stelle wären?

Marinelli: Vor allen Dingen, eine Kleinigkeit als eine Kleinigkeit ansehen, – und mir sagen, dass ich nicht vergebens sein wolle, was ich bin – Herr!

Der Prinz: Schmeicheln Sie mir nicht mit einer Gewalt, von der ich hier keinen Gebrauch absehe. – Heute, sagen Sie? schon heute?

Marinelli: Erst heute – soll es geschehen. Und nur geschehenen Dingen ist nicht zu raten. – (*Nach einer kurzen Überlegung.*) Wollen Sie mir freie Hand lassen, Prinz? Wollen Sie alles genehmigen, was ich tue?

Der Prinz: Alles, Marinelli, alles, was diesen Streich abwenden kann.

Marinelli: So lassen Sie uns keine Zeit verlieren. Aber bleiben Sie nicht in der Stadt. Fahren Sie sogleich nach Ihrem Lustschlosse, nach Dosalo. Der Weg nach Sabionetta geht da vorbei. Wenn es mir nicht gelingt, den Grafen augenblicklich zu entfernen: so denk ich – Doch, doch; ich glaube, er geht in diese Falle gewiss. Sie wollen ja, Prinz, wegen Ihrer Vermählung einen Gesandten nach Massa schicken? Lassen Sie den Grafen dieser Gesandte sein; mit dem Bedinge, dass er heute noch abreiset. –

Der Prinz: Vortrefflich! – Bringen Sie ihn zu mir heraus. Gehen Sie, eilen Sie. Ich werfe mich sogleich in den Wagen.

(Marinelli geht ab.)

1. Den Aufsatz planen

Die Aufgabenstellung verstehen

1 Entnehmen Sie der Aufgabenstellung die Schlüsselbegriffe und notieren Sie, welche Anforderungen darin enthalten sind.

2 Lesen Sie den Text ein erstes Mal. Machen Sie sich bereits Notizen (auf einer Kopie) und markieren Sie wichtige Stellen.

Von der Einleitung zum Hauptteil

1 Notieren Sie die wesentlichen Informationen für den Einleitungssatz (Methode, ▸ S. 365).

2 **a** Bilden Sie eine vorläufige zentrale Interpretationsthese, die die Ausrichtung Ihrer Interpretation im Hauptteil bestimmen wird (Was sagt die Szene I/6 über den Prinzen aus?).

b Vergleichen Sie Ihre Interpretationsthese mit denen Ihrer Mitschülerinnen und Mitschüler und beurteilen Sie jeweils die Tauglichkeit. Achten Sie darauf, dass die Thesen über eine bloße Beschreibung hinausgehen und nicht zu eng formuliert sind.

3 **a** Die abgedruckte Szene findet sich im ersten Akt. Der Prinz ist von Beginn an auf der Bühne. Was haben Sie bereits über ihn erfahren?

b In Ihrer vorläufigen Interpretationsthese sollten Sie eine Behauptung über den Prinzen aufgestellt haben. Was bestätigt diese Behauptung im folgenden Drama? Notieren Sie kurz die Aspekte zum weiteren Verlauf, die für Ihre Analyse wichtig sind.

4 Verfassen Sie eine Textbeschreibung (Information, ▸ S. 369), in der Sie die abgedruckte Szene in den Gesamtkontext stellen (Information, ▸ S. 375).

Methode **Dramenanalyse/-interpretation – Den Hauptteil planen**

- Angaben zur szenischen Form (Monolog, Dialog, Art der Dialogführung etc. ▸ S. 194)
- Einordnung der Szene in den Handlungszusammenhang (u. a. kurze Vorstellung der in der Szene handelnden und erwähnten Figur/en, Entwicklungsstand der Handlung/des Konflikts)
  Tipp: Beachten Sie die Darstellung des „pyramidalen Baus klassischer Dramen" (▸ S. 200).
- kurze Wiedergabe des Szeneninhalts (Reflexionen, Argumentationen, Wendepunkt etc.)
  Tipp: Verwenden Sie bei ihrer Darstellung den Konjunktiv der indirekten Rede (▸ S. 407).

Figuren charakterisieren und miteinander vergleichen

1 **a** Tragen Sie zunächst so viele Informationen zum Prinzen wie möglich aus der vorliegenden Textstelle (▸ S. 379 f.) zusammen. Markieren Sie hierzu entweder entsprechende Stellen im Text (Kopie) oder machen Sie sich separat Notizen. Folgende Fragen können dabei weiterhelfen:

- Was lässt sich über Stand und Vorgeschichte der Figur sagen?
- Welche Gedanken, Gefühle, Eigenschaften der Figur werden deutlich?
- Was sind ihre offensichtlichen und verborgenen Absichten und Handlungsmotive?
- Welche typischen Verhaltensweisen und Gebärden zeigt die Figur und was drücken diese aus?

- Wie sind die Beziehungen zu anderen Figuren?
- Welche sprachlichen Auffälligkeiten charakterisieren die Figur?

b Sortieren Sie Ihre Notizen.

2 Gewinnbringend für eine Figurencharakteristik kann auch eine Dialoganalyse sein. Schlagen Sie dazu im Dramenkapitel auf Seite 194 nach.

3 **a** Tragen Sie in eine Tabelle ein, was Sie bereits über den Prinzen herausgefunden haben.
b Lesen Sie die zweite zu berücksichtigende Szene II/7 aus „Emilia Galotti“ und gehen Sie genauso bei der Charakterisierung Appianis vor.

Prinz	**Appiani**
…	…
Gemeinsamkeiten	
…	
Unterschiede	
Der Prinz ist …	*Appiani ist …*
Fazit	
…	

Gotthold Ephraim Lessing: **Emilia Galotti** (1772) – Auszug aus II/7

[Graf Appiani. Claudia und Emilia Galotti]

APPIANI (*tritt tiefsinnig, mit vor sich hin geschlagenen Augen herein und kömmt näher, ohne sie zu erblicken; bis Emilia ihm entgegenspringt*): Ah, meine Teuerste! – Ich war mir Sie in dem Vorzimmer nicht vermutend.

EMILIA: Ich wünschte Sie heiter, Herr Graf, auch wo Sie mich nicht vermuten. – So feierlich? so ernsthaft? – Ist dieser Tag keiner freudigern Aufwallung wert?

APPIANI: Er ist mehr wert als mein ganzes Leben. Aber schwanger mit so viel Glückseligkeit für mich – mag es wohl diese Glückseligkeit selbst sein, die mich so ernst, die mich, wie Sie es nennen, mein Fräulein, so feierlich macht. – (*Indem er die Mutter erblickt.*) Ha! auch Sie hier, meine gnädige Frau! – nun bald mir mit einem innigern Namen zu verehrende!

CLAUDIA: Der mein größter Stolz sein wird! – Wie glücklich bist du, meine Emilia! – Warum hat dein Vater unsere Entzückung nicht teilen wollen?

APPIANI: Eben habe ich mich aus seinen Armen gerissen: – oder vielmehr, er sich aus meinen. – Welch ein Mann, meine Emilia, Ihr Vater! Das Muster aller männlichen Tugend! Zu was für Gesinnungen erhebt sich meine Seele in seiner Gegenwart! Nie ist mein Entschluss, immer gut, immer edel zu sein, lebendiger, als wenn ich ihn sehe – wenn ich ihn mir denke. Und womit sonst als mit der Erfüllung dieses Entschlusses kann ich mich der Ehre würdig machen, sein Sohn zu heißen – der Ihrige zu sein, meine Emilia?

EMILIA: Und er wollte mich nicht erwarten!

APPIANI: Ich urteile, weil ihn seine Emilia, für diesen augenblicklichen Besuch, zu sehr erschüttert, zu sehr sich seiner ganzen Seele bemächtiget hätte.

CLAUDIA: Er glaubte dich mit deinem Brautschmucke beschäftiget zu finden und hörte –

Appiani: Was ich mit der zärtlichsten Bewunderung wieder von ihm gehört habe. – So recht, meine Emilia! Ich werde eine fromme Frau an Ihnen haben, und die nicht stolz auf ihre Frömmigkeit ist.

Claudia: Aber, meine Kinder, eines tun und das andere nicht lassen! – Nun ist es hohe Zeit; nun mach, Emilia!

Appiani: Was? meine gnädige Frau.

Claudia: Sie wollen sie doch nicht so, Herr Graf – so wie sie da ist, zum Altare führen?

Appiani: Wahrlich, das werd ich nun erst gewahr. – Wer kann Sie sehen, Emilia, und auch auf Ihren Putz achten? – Und warum nicht so, so wie sie da ist?

Emilia: Nein, mein lieber Graf, nicht so; nicht ganz so. Aber auch nicht viel prächtiger, nicht viel. – Husch, husch, und ich bin fertig! – Nichts, gar nichts von dem Geschmeide, dem letzten Geschenke Ihrer verschwenderischen Großmut! Nichts, gar nichts, was sich nur zu solchem Geschmeide schickte! – Ich könnte ihm gram sein, diesem Geschmeide, wenn es nicht von Ihnen wäre. Denn dreimal hat mir von ihm geträumt –

Claudia: Nun! davon weiß ich ja nichts.

Emilia: Als ob ich es trüge, und als ob plötzlich sich jeder Stein desselben in eine Perle verwandele. – Perlen aber, meine Mutter, Perlen bedeuten Tränen.

Claudia: Kind! – Die Bedeutung ist träumerischer als der Traum. – Warest du nicht von jeher eine größere Liebhaberin von Perlen als von Steinen? –

Emilia: Freilich, meine Mutter, freilich –

Appiani (*nachdenkend und schwermütig*): Bedeuten Tränen – bedeuten Tränen!

Emilia: Wie? Ihnen fällt das auf? Ihnen?

Appiani: Jawohl, ich sollte mich schämen. – Aber, wenn die Einbildungskraft einmal zu traurigen Bildern gestimmt ist –

Emilia: Warum ist sie das auch? – Und was meinen Sie, das ich mir ausgedacht habe? – Was trug ich, wie sah ich, als ich Ihnen zuerst gefiel? - Wissen Sie es noch?

Appiani: Ob ich es noch weiß? Ich sehe Sie in Gedanken nie anders als so; und sehe Sie so, auch wenn ich Sie nicht so sehe.

Emilia: Also, ein Kleid von der nämlichen Farbe, von dem nämlichen Schnitte; fliegend und frei –

Appiani: Vortrefflich!

Emilia: Und das Haar –

Appiani: In seinem eignen braunen Glanze; in Locken, wie sie die Natur schlug –

Emilia: Die Rose darin nicht zu vergessen! Recht! recht! – Eine kleine Geduld, und ich stehe so vor Ihnen da!

4 Arbeiten Sie sprachliche Besonderheiten der beiden Textauszüge heraus. Wenden Sie sich vor allem den Redebeiträgen der zu charakterisierenden Figuren zu:

a Untersuchen Sie beispielhaft die Markierungen in folgendem Text und klären Sie deren Bedeutung.

> **Appiani:** Eben habe ich mich aus seinen Armen gerissen: – oder vielmehr, er sich aus meinen. – Welch ein Mann, meine Emilia, Ihr Vater! Das Muster aller männlichen Tugend! Zu was für Gesinnungen erhebt sich meine Seele in seiner Gegenwart! Nie ist mein Entschluss, **immer** gut, **immer** edel zu sein, lebendiger, als **wenn ich ihn** sehe – **wenn ich ihn** mir denke. Und womit sonst als mit der Erfüllung dieses Entschlusses kann ich mich der Ehre würdig machen, sein Sohn zu heißen – der Ihrige zu sein, meine Emilia?

b Bearbeiten Sie die Redebeiträge Appianis und des Prinzen in ähnlicher Weise. Legen Sie dazu eine Tabelle wie auf S. 376 an.

5 Die Aufgabenstellung verlangt, dass Sie den Auszug aus der Szene I/6 insgesamt interpretieren. Bearbeiten Sie dazu folgende Fragen:

– In welcher Weise wird das Thema des Dramas in der Szene entfaltet?

- Welche Bedeutung hat die Szene für die Ausgestaltung oder Veränderung des Charakters der Hauptfigur? In welchem Sinne gelangt die Hauptfigur in der Szene in eine bedeutsame Entscheidungssituation?
- Welche Wirkung erzielt die Szene im Zusammenhang des Dramas?

6 a Führen Sie Ihre Untersuchungsergebnisse zu Interpretationsthesen zusammen.
b Gestalten Sie Ihre Thesen aus (Information, ► S. 370).

2. Den Aufsatz verfassen

Grundsätzlich sollten Sie nun so vorgehen wie im Kapitel 3.4 „Analyse eines kurzen Prosatextes" (► S. 369 ff.). Allerdings ist es im Falle der hier vorliegenden, komplexeren Aufgabenstellung ratsam, die zentrale Interpretationsthese nach der Planung des Hauptteils nochmals eingehend zu überprüfen und ggf. anzupassen. Setzen Sie dabei den Fokus unbedingt auf den Prinzen, denn das verlangt die Aufgabenstellung.
Auch hier gilt wieder: Die von Ihnen aufgestellten Behauptungen und formulierten Beschreibungen müssen an Textstellen belegt werden. Auch eine sprachliche Analyse muss stattfinden.

1 Verfassen Sie den Analyseaufsatz. Berücksichtigen Sie dabei insbesondere die Figurencharakterisierung des Prinzen. Formulieren Sie auch einen prägnanten Schlussteil.

Formulierungsbausteine: Eine Figur charakterisieren
– *Die Figur zeigt mit ihrem Verhalten, dass ...*
– *Der Zuschauer erfährt durch diesen Auftritt, dass die Figur ...*
– *Als wesentliche Charaktereigenschaft der Figur erscheint ...*
– *Die Figur präsentiert sich in einem Monolog/Dialog auf ... Weise ...*
– *Die Figur zeichnet sich durch gewisse Widersprüche aus, die darin bestehen, dass ...*
– *Man kann bei dieser Figur eine Entwicklung beobachten, insofern ...*

3. Den Aufsatz überarbeiten

1 Bei der Interpretation von Dramen stellt die Verwendung der Fachbegriffe zur Beschreibung der Dramenform und der dramaturgischen Elemente eine besondere Schwierigkeit dar.
a Überprüfen Sie, ob in den folgenden Beispielen die Fachbegriffe richtig verwendet werden.
b Überprüfen Sie auch, ob das Gemeinte sprachlich zutreffend ausgedrückt wird.

Beispiel 1: Die Szene aus dem ersten Dramenkapitel ist die Exposition. Sie dient hauptsächlich dazu, die Figuren zu beschreiben und kennen zu lernen.
Beispiel 2: In der zweiten Textstelle befindet sich die erregende Handlung, wie es für das Theater von Aristoteles typisch ist.

2 Überarbeiten Sie nun Ihren eigenen Aufsatz mit Hilfe des Kapitel E 5.4 (► S. 416).
3 Überprüfen Sie abschließend Ihren Aufsatz mit Hilfe der Checkliste auf S. 372.

3.7 Analyse eines Gedichts

In diesem Kapitel erwerben Sie folgende Kenntnisse und Kompetenzen:

- ein Gedicht durch intensives Lesen erfassen,
- eine Deutung zu einem Gedicht erarbeiten,
- einen Interpretationsaufsatz verfassen.

Aufgabenstellung

1. Analysieren und interpretieren Sie das Gedicht „Bildlich gesprochen" von Ulla Hahn.

Ulla Hahn: **Bildlich gesprochen** (1981)

Wär ich ein Baum ich wüchse
dir in die hohle Hand
und wärst du das Meer ich baute
dir weiße Burgen aus Sand.

Wärst du eine Blume ich grübe
dich mit allen Wurzeln aus
wär ich ein Feuer ich legte
in sanfte Asche dein Haus.

Wär ich eine Nixe ich saugte
dich auf den Grund hinab
und wärst du ein Stern ich knallte
dich vom Himmel ab.

Erste Leseeindrücke sammeln

Gedichte drücken ihre Aussage in wenigen Zeilen in einer meist kunstvollen und bilderreichen Sprache aus und sind daher besonders interpretationsbedürftige Gebilde. Grundsätzlich gelten auch für die Gedichtanalyse die Arbeitsschritte und Methoden, die für die Prosa beschrieben worden sind (► S. 364–372). Zusätzlich sollen Ihnen hier einige weitere Methoden vorgestellt werden, die den Zugang zu und die Analyse von Gedichten erleichtern können.

1 Planen Sie die Einleitung und die Textbeschreibung, die der Interpretation vorangestellt werden.

Methode **Aspekte des Hauptteils einer Gedichtinterpretation**

Der Hauptteil einer Gedichtanalyse gliedert sich folgendermaßen:

- Angaben zur Gedichtform und zum Aufbau
- gegliederte Wiedergabe des Inhalts mit eigenen Worten (z. B. ein Satz zu jeder Strophe mit Angaben zur Stimmung des lyrischen Ichs oder zur jeweiligen Variation des Themas)
- Anmerkungen zur Haltung des lyrischen Ichs/des Sprechers (z. B. distanziert, ironisch etc.)
- Betrachtungen zur Form, sprachlichen und inhaltlichen Gestaltung
- Rückbezüge der inhaltlichen und formalen Aspekte zur Epoche

2 Erläutern Sie die Markierungen und Randkommentare zu dem Gedicht auf der folgenden Seite. Gleichen Sie ab, welche der folgenden Fragen damit behandelt werden.

3 **a** Probieren Sie unterschiedliche Möglichkeiten aus, die Fragen zu gruppieren bzw. in Beziehung zueinander zu setzen.

b Untersuchen Sie auch das Gedicht der Klausuraufgabe(► S. 385) mit Hilfe der Fragen. Bringen Sie die Ergebnisse in eine schlüssige Reihenfolge.

Fragen an das Gedicht stellen

Aus wie vielen Strophen besteht das Gedicht? Welche Form haben die Strophen? Wie viele Verse? Reimschema? Reime über Strophen hinweg? Gibt es einen Refrain?

(Wie) Lässt sich der Inhalt des Gedichts abschnittsweise zusammenfassen?

Werden Vergleiche oder Metaphern benutzt? Aus welchen Lebensbereichen stammen sie? Was bewirken sie?

Wie ist die Sprache des Gedichts: einfach oder kunstvoll? Umgangssprache, Dialekt, Fachsprache, Hochsprache, poetische Sprache?

Stellt das Gedicht etwas in Frage? Fordert es zu etwas auf? Will es Gefühle wecken?

Aus welcher Perspektive ist das Gedicht geschrieben?

Wie sind die Sätze gebaut? Hauptsätze, Nebensätze, Fragen, Ausrufe, wörtliche Rede, Zeilensprung, ungewöhnliche Stellung der Satzglieder ...?

Nennt das Gedicht Dinge, Personen, Ereignisse usw. direkt beim Namen? Oder umschreibt es sie? Werden sie nur verhüllt genannt?

Wie ist die Sprechweise: feierlich, ironisch, belehrend, anklagend, kritisch, gefühlvoll, nüchtern, distanziert ...?

Gibt es einen Sprecher, ein „lyrisches Ich"? Um was für eine Person handelt es sich dabei?

Welche Wörter fallen besonders auf, sind besonders bedeutungsvoll?

Finden Sie weitere rhetorische Mittel? Welche Funktion haben sie?

Hat das Gedicht einen logischen (argumentativen) Aufbau? Gibt es eine Entwicklung? Eine Pointe? Oder einen Rahmen (Anfang und Ende des Gedichts rahmen den Mittelteil ein)?

Ulla Hahn: Ich bin die Frau (1983)

Ich bin die Frau ...
die man wieder mal anrufen könnte
wenn das Fernsehen langweilt

Ich bin die Frau ...
die man wieder mal einladen könnte
wenn jemand abgesagt hat

Ich bin die Frau ...
die man lieber nicht einlädt
zur Hochzeit

Ich bin die Frau ...
die man lieber nicht fragt
nach einem Foto vom Kind

Ich bin die Frau ...
die keine Frau ist
fürs Leben.

– alle Strophen beginnen mit Titelzeile + 2. Satz: Relativsatz ≙ nähere Bestimmung
– man = Außensicht: was andere von ihr denken → Gegensatz zur Ich-Form

Strophe I + II: positiv = was man tun könnte (nur scheinbar positiv)
Strophe III + IV: negativ = was man nicht tun sollte
Strophe V: auch negativ (keine), etwas kürzer = Fazit

Paradoxon

= Redewendung wird aufgelöst

Unterschiedliche Deutungsmöglichkeiten:
1) Schuldbekenntnis?
2) Werbung für sich selbst?

2. Vers jeweils zunächst positiv

3. Vers dann Wendung ins Negative: Lückenbüßerin, kein wirkliches Interesse, „2. Wahl“

Warum nicht? – Rücksichtnahme, die auf bemitleidenswerten Zustand schließen lässt.

→ Ursache:
– kein Glück mit Männern
– nicht attraktiv genug
– keine feste Bindung möglich?

Pointe

Pointe

Enjambement
Pointe

einziges Satzzeichen = Schluss. Punkt. So ist es. Aus.

Den Interpretationsaufsatz schreiben und überarbeiten

1 Legen Sie auf der Grundlage Ihrer Untersuchungsergebnisse Interpretationsschwerpunkte fest.

2 **a** Formulieren Sie zu den Schwerpunkten Interpretationsthesen.

b Arbeiten Sie die Thesen aus. Wichtig ist, dass Sie stets Inhalt, Form und sprachliche Gestaltung aufeinander beziehen, am Text belegen und Ihre Aussagen deuten. Behalten Sie dabei sowohl die These, die Sie ausarbeiten, als auch die zentrale Interpretationsthese im Blick.

3 Verfassen Sie den Aufsatz mit Einleitung, Hauptteil und Schluss.

4 **a** Überarbeiten Sie Ihren Aufsatz nach Rechtschreibung, Zeichensetzung, Grammatik und Stil.

b Beachten Sie auch die Hinweise in der Checkliste (▶ S. 372). Besonders in der Gedichtanalyse ist es wichtig, dass Sie Ihren Aufsatz noch einmal dahingehend überprüfen, ob Sie die inhaltlichen und die gestalterischen Besonderheiten zueinander in Bezug gesetzt haben.

3.8 Analyse literarischer Texte: Schritt für Schritt zum Aufsatz

Methode **Arbeitsschritte zur Anfertigung eines Interpretationsaufsatzes**

Arbeitsschritte	Besondere Anforderungen
Planen	
1. Phase: Die Aufgabenstellung verstehen	
■ die thematischen Schwerpunkte der Aufgabe nachvollziehen ■ Anforderungen der in der Aufgabe genannten Operatoren (z. B analysieren, vergleichen) erfassen	■ mit einer stichwortartigen Schreibplanung Vorsorge treffen, dass vom Thema nicht abgewichen wird ■ durch die Prüfung der Operatoren die richtigen Schwerpunkte setzen
2. Phase: Erstes Lesen/Spontanreaktion	
■ erstes Lesen des Textes ■ Spontanreaktion festhalten	■ vorsichtig mit ersten Markierungen umgehen, nicht zu viel markieren
3. Phase: Die Einleitung planen, die zentrale Interpretationsthese aufstellen	
■ mehrmaliges Lesen des Textes ■ dabei Verstehensprozesse in Notizen und Markierungen umsetzen ■ die anfänglichen Spontanreaktionen jetzt als Ideen-Steinbruch verwenden und die zentrale Interpretationsthese aufstellen ■ Informationen für die Einleitung zusammenstellen	■ dem Drang zum verfrühten Beginn des Interpretationsaufsatzes widerstehen ■ den Inhalt erfassen (Einleitung), das Wesentliche erkennen (Interpretationsthese)
4. Phase: Den Hauptteil planen: Interpretationsthesen erarbeiten	
■ die zentralen Aussagen des Textes mit eigenen Worten knapp und treffend schriftlich festhalten („Wegweiser" für die spätere Niederschrift in Form von Thesen) ■ Thesen ausarbeiten, belegen, deuten und die Deutung auf die These zurückführen ■ Beobachtungen zu Inhalt, Form und Sprache aufeinander beziehen	■ die Thesen so formulieren, dass sie über eine Beschreibung des Textes hinausgehen ■ inhaltliche Überschneidungen vermeiden ■ die formalen und sprachlichen Eigenheiten des Textes nicht vernachlässigen ■ nicht nur Details betrachten, sondern die Elemente in ihrer gedanklichen Verknüpfung rekonstruieren
Schreiben	
5. Phase: Die Einleitung	
■ Formulierung einer Einleitung (Autor/in, Titel, Textsorte, evtl. Erscheinungsjahr) und kurze Skizzierung des Inhalts ■ die zentrale Interpretationsthese formulieren	■ die zentrale Interpretationsthese nicht zu eng fassen und über eine reine Beschreibung inhaltlicher Aspekte hinausführen

6. Phase: Textbeschreibung

- kurze Wiedergabe des Inhalts und der Struktur des Textes
- Einbettung des Romanauszugs/der Dramenszene in den Gesamtzusammenhang des Werks

- schwerpunktmäßig die wesentlichen Aspekte im Präsens wiedergeben
- mit eigenen Worten formulieren
- die Einbettung erfolgt danach, was für den Auszug/die Szene wichtig ist
- keine textbezogenen Informationen einfach voraussetzen

7. Phase: Geordnete Wiedergabe der Textanalyse im Hauptteil

- schriftliche Wiedergabe der Analyseergebnisse
- Nutzung der zentralen Aussagen/Interpretationsthesen zur Abschnittbildung und als „roter Faden" (Reihenfolge: 1. Textaussage = beschreibende Ausführung, 2. textanalytische Erläuterungen dazu mit Textbeleg, 3. Deutung = interpretierende Erläuterung mit Rückbindung an die These)

- keine bloße Textwiedergabe; nicht zu eng an der Wörtlichkeit des Textes „kleben", den Text gedanklich rekonstruieren und in die eigene Sprache „übersetzen"
- den Gedankengang immer bis zur Deutung vorantreiben
- interpretatorische Behauptungen nicht ohne „Beweis" lassen
- Fachbegriffe verwenden
- nicht mit der Länge des Aufsatzes beeindrucken wollen, sondern mit Präzision, Stichhaltigkeit und gründlicher Entfaltung des eigenen analytischen Gedankens

8. Phase: Kontextuierung

- eventuell Wissen über eine literarische Epoche, die Biografie des Autors/der Autorin, politisch-soziale, geistesgeschichtliche und sonstige Hintergründe des Textes zur weiterführenden Kommentierung nutzen
- mit dem eigenen Text verknüpfen

- den von der Aufgabenstellung geforderten Textbezug beachten, d.h., nicht nur „Wissensgepäck" abladen (Kriterium für die Verwendung von Hintergrundwissen ist, ob sich damit die Deutung des Textes weiter entfalten lässt)

9. Phase: Den Schluss verfassen – Ein Resümee ziehen

- Formulierung eines Textabschlusses in Form eines Resümees mit Stellungnahme oder Wertung

- nicht auf formelhafte Wendungen ausweichen
- wörtliche Wiederholungen von Ausführungen aus den Phasen 6–8 vermeiden

Überarbeiten

10. Phase: Textkontrolle/Textüberarbeitung

- Prüfung des Aufsatzes, insbesondere im Hinblick auf Fehler in sprachlichem Ausdruck, Rechtschreibung und Zeichensetzung sowie korrektes Zitieren (unveränderter Wortlaut, Einpassen des Zitats in die eigene Syntax, Zeilen- oder Seitenbeleg)

- grammatikalische und orthografische Sicherheit
- um einem Aufmerksamkeitsverlust entgegenzuwirken, die Ausführungen Satz für Satz (ggf. vom Ende her) überprüfen

3.9 Gestaltendes Interpretieren – „Ein netter Kerl“ von Gabriele Wohmann

Information **Gestaltendes Interpretieren**

Beim gestaltenden Interpretieren beweisen Sie Ihr Textverständnis dadurch, dass Sie selbst einen fiktionalen Text schreiben, der einen literarischen Ausgangstext auf sinnvolle Weise ergänzt oder weiterführt. Das gestaltende Interpretieren hat daher nichts mit dem freien Schreiben oder der freien Umgestaltung literarischer Vorlagen zu tun. Das eigene literarische Produkt muss inhaltlich und formal zu der Textvorlage passen, setzt also ein vertieftes Textverständnis voraus, das Sie aufgrund einer vorhergehenden Analyse gewonnen haben.

In diesem Kapitel erwerben Sie folgende Kenntnisse und Kompetenzen:

- Leerstellen füllen bzw. die Innenwelt einer literarischen Figur weiterentwickeln,
- die gestaltende Interpretation eines literarischen Textes strukturieren,
- Kriterien für eine stimmige Ausführung der gestaltenden Interpretation beachten.

Aufgabenstellung

1. Analysieren/Interpretieren Sie die Kurzgeschichte „Ein netter Kerl“ von Gabriele Wohmann auf S. 141 f.
2. Rita trifft sich am nächsten Tag mit einer Freundin in einem Café, um ihr vom Besuch ihres Verlobten bei ihrer Familie zu erzählen. Schreiben Sie den Dialog.

Die Aufgabenstellung verstehen

1 **a** Geben Sie die entscheidenden Schlüsselbegriffe der Aufgabenstellung an (▶ S. 366).
b Gehen Sie die folgenden Anforderungen der zweiten Aufgabe mit einem Partner durch: die Reaktion von Rita auf das Erlebnis stimmig zu den Analyseergebnissen erfinden; dabei den Zwiespalt zwischen Freund und Familie beachten; Informationen über die Figur Rita nutzen und das Gespräch daran anlehnen (Sprachduktus, Reaktion der Familie).

Bei der Erarbeitung der ersten Teilaufgabe gehen Sie vor wie in Kapitel 3.4 (▶ S. 364–372) beschrieben. Im Folgenden werden Sie zur Erarbeitung der zweiten Teilaufgabe angeleitet.

Den Text analysieren – Den Dialog planen, schreiben und überarbeiten

1 **a** Legen Sie eine aspektorientierte Tabelle an und tragen Sie Ihre Textbeobachtungen dort ein. Notieren Sie auch Analyseergebnisse zur Sprache der Personen.
b Sammeln Sie in der rechten Spalte Anknüpfungsmöglichkeiten aus dem Text für Ihren Dialog.

Rita	*Ritas Verlobter (indirekte Beschreibung)*	*Ritas Familie*	*Textstellen, die im Gespräch erwähnt werden müssen*
– ...	– ...	– ...	– ...

2 Sammeln Sie Ideen für den Anschlusstext (Dialog), indem Sie Ihre Untersuchungsergebnisse in Aussagen umformen, die Rita ihrer Freundin gegenüber machen könnte. Bleiben Sie bei den im Text beschriebenen Ereignissen und überlegen Sie, wie Rita diese empfunden haben muss.

Methode **Gestaltendes Interpretieren – Gedanken und Äußerungen einer Figur entwickeln**

- Die Figur denkt über Beobachtungen nach, die sie gemacht hat.
- Sie ruft sich eigene emotionale Reaktionen in Erinnerung und kommentiert sie.
- Sie denkt über die eigene Vergangenheit und Zukunft nach und stellt sich Fragen.
- Sie reflektiert über die Beziehung zu den anderen Menschen.
- Die Figur reagiert auf die Äußerungen einer anderen Figur.

3 Machen Sie sich Gedanken über Ritas Freundin: Wie reagiert sie auf das Erzählte? Wie nah steht sie Rita? Stellen Sie weitere Fragen und machen Sie sich Stichworte.

4 Planen Sie das Gespräch, damit der Dialog später keine unlogischen Brüche und Sprünge enthält. Erstellen Sie dazu eine kleine Verlaufsskizze des Dialogs.

Verlaufsskizze zum Gespräch:
1. *Rita kommt ins Café. Die Freundin sitzt schon da. Begrüßung und Austausch über…*
2. *Die Freundin fragt Rita, wie es ihr geht. Rita gesteht, dass es nicht …*
3. …

5 Vergleichen Sie Ihre Notizen noch einmal mit dem Ausgangstext und überarbeiten oder streichen Sie Punkte, die nicht stimmig sind. Verfassen Sie dann den Dialog der beiden Freundinnen.

6 Nutzen Sie die folgende Checkliste, um Ihren Text zu überarbeiten.

7 Korrigieren Sie auch Grammatik, Rechtschreibung und Zeichensetzung (▶ S. 400–416).

Methode **Checkliste für Aufgaben zum „Gestaltenden Interpretieren“**

Stimmigkeit
- ☑ Setzen meine Ausführungen die Machart des Ausgangstextes fort?
- ☑ Sind die prägenden Elemente des Textes, die ich analysiert habe, berücksichtigt worden?
- ☑ Passt das Denken und Handeln meiner Figur zur Figur (Charakter) des Ausgangstextes?
- ☑ Passen meine Ausführungen in Inhalt und Form zu der Textsorte, die verlangt wird?

Entfaltungsgrad
- ☑ Habe ich meinen Text an den für mich wichtigen Stellen detailliert ausgestaltet oder bleibt alles oberflächlich, da ich eigentlich keine weiterführenden Aspekte finden konnte?
- ☑ Habe ich gemäß meinen Voruntersuchungen einen zur Figur passenden Schreibstil gewählt?
- ☑ Konnte ich Empfindungen der Figur der Situation gemäß ausdrücken?

Prägnanz
- ☑ Stimmt mein Text mit dem Stil des Ausgangstextes überein?
- ☑ Kann ich etwaige Abweichungen vom Ausgangsstil im Hinblick auf die Wirkung begründen?
- ☑ Habe ich Formulierungen gewählt, die zum Denken und Handeln der Figur passen?
- ☑ Inwiefern habe ich die von mir untersuchte Atmosphäre und die Stimmungslage des Ausgangstextes aufgegriffen und gegebenenfalls weiter fortgeführt?

4 Die Facharbeit

Mit einer Facharbeit oder einer anderen umfangreichen schriftlichen Arbeit erproben Sie an einem anspruchsvollen Gegenstand das selbstständige wissenschaftliche Arbeiten. Von einer Lehrkraft beraten, aber ansonsten auf sich allein gestellt, beschaffen Sie sich Informationen, werten diese aus, verarbeiten sie gedanklich und gestalten Ihre Erkenntnisse in Form eines umfangreichen Textes. Dieser Text muss bestimmten wissenschaftlichen Standards genügen. Zu diesen Standards gehören z. B. die korrekte Angabe der Quellen, die richtige Technik des Zitierens sowie ein systematischer Arbeitsprozess, der von der Themenfestsetzung über die gezielte Recherche bis hin zur Gliederung des Materials und der Präsentation der Arbeit reicht.

1 Haben Sie sich schon einmal mit einer wissenschaftlichen Arbeit beschäftigt? Was ist Ihnen daran aufgefallen? Tauschen Sie sich aus.

2 **a** Sie erhalten die Aufgabe, eine Facharbeit zu schreiben, die wissenschaftliche Ansprüche erfüllt: Sammeln Sie Ihre Fragen zu dieser Aufgabe.

b Bilden Sie Kleingruppen und versuchen Sie, einige Ihrer Fragen zu klären.

In diesem Kapitel erwerben Sie folgende Kenntnisse und Kompetenzen:

- Themen für Facharbeiten finden und angemessen eingrenzen,
- themenbezogene Informationen beschaffen und auswerten,
- Informationen sinnvoll gliedern, Textentwürfe schreiben und überarbeiten,
- Regeln des Zitierens anwenden,
- einen Abstract und ein Inhaltsverzeichnis der Facharbeit verfassen.

Themen finden – Bereiche abgrenzen

Information **Facharbeit Deutsch – Mögliche Themenbereiche**

- Leben und Werk zeitgenössischer Autorinnen und Autoren
- eine Autorin oder ein Autor aus früheren Epochen der Literaturgeschichte
- Entstehung und Rezeption eines Theaterstücks, Romans etc.
- Untersuchungen zur Sprache, zur Sprachgeschichte oder zu einem lokalen Dialekt
- (lokale/regionale) Medien
- aktuelle Theaterinszenierungen
- Romanverfilmungen
- ...

1 Wählen Sie einen Themenbereich aus, der Sie besonders interessiert.

2 Grenzen Sie den Themenbereich ein, z. B. durch Festlegung auf eine bestimmte Autorin oder einen bestimmten Autor, einen neu erschienenen Roman, eine bestimmte Epoche etc.
Trainieren Sie diese Themeneingrenzung am Beispiel der folgenden Themenvorschläge. Klären Sie, welche Vorschläge in sinnvoller Weise eingegrenzt sind und welche nicht:

(a) Die Parabel „Der Nachbar“ von Franz Kafka
(b) Leben und Werk Wolfgang Borcherts
(c) Frauenfiguren in den Kurzgeschichten Gabriele Wohmanns
(d) Kommunikation in Kurzgeschichten
(e) Bertolt Brechts Kalendergeschichte „Der Augsburger Kreidekreis“ im Vergleich zur biblischen Vorlage (Altes Testament, Kap.3, Verse 16–28)

3 **a** Legen Sie Ihren Themenvorschlag Ihrer betreuenden Lehrkraft vor, damit diese das Thema evtl. weiter eingrenzen und unter Berücksichtigung fachlicher Anforderungen prüfen kann.
b Besprechen Sie auch den Umfang der Arbeit, den Zeitrahmen, die formalen Vorgaben (Schrifttyp und -größe, Zeilenabstand etc.) sowie das methodische Vorgehen zur Informationsbeschaffung und -auswertung (z .B. Suche im Internet, Literaturrecherche in Bibliotheken etc.).

Die Arbeitszeit planen – Phasen der Facharbeit

Methode **Arbeitsphasen einer Facharbeit**

Für Facharbeiten gibt es in der Regel einen festen Abgabetermin. Um am Ende des Arbeitsprozesses nicht in Schwierigkeiten zu geraten, sollten Sie die Phasen der Erarbeitung gründlich planen und für jede Phase den zeitlichen Umfang festlegen, und zwar für
- die Erkundung von Informationsquellen (Wo? Wann? Wer? Materialbestände?)
- die konkrete Recherche
- die Dokumentation und Prüfung der Informationen
- die Informationsauswertung und Stoffgliederung
- das Schreiben des Textentwurfs und die Einarbeitung von Zitaten etc.

- das Erstellen einer Bibliografie
- die Gestaltung der Arbeit inkl. Materialanhang
- die Textüberarbeitung
- den Ausdruck der gesamten Arbeit

Arbeitsphasen	**geplante Zeit**	**benötigte Zeit**
1. *Erkundung von Informationsquellen*	*½ Tag*	*1½ Tage*
2. …		

1 Nutzen Sie die in der Methode (► S. 393 f.) genannten Phasen für Ihr Zeitmanagement. Legen Sie eine dreispaltige Tabelle an und ordnen Sie im Rahmen der Ihnen vorgegebenen Gesamtzeit jeder Arbeitsphase eine Anzahl von Tagen zu.
Tipp: Planen Sie genügend Zeit (bis zu einer Woche) für die Überarbeitung und den Ausdruck ein.

2 Legen Sie den Zeitplan Ihrer betreuenden Lehrkraft vor und bitten Sie um kritische Kommentierung.

3 Prüfen Sie während der Erarbeitung laufend, ob Sie noch im Zeitplan sind. Tragen Sie dazu in einer weiteren Spalte die tatsächlich benötigte Zeit ein. Berechnen Sie dann die Differenz zwischen geplanter Zeit und tatsächlichem Zeitaufwand und ziehen Sie Konsequenzen für die restlichen Arbeitsphasen.

Informationen beschaffen – Quellen prüfen und protokollieren

Für die Informationsbeschaffung stehen Ihnen verschiedene Möglichkeiten zur Verfügung – nicht nur das Internet. Bei der Vorbereitung einer Facharbeit sollten Sie sich auf ein breites Quellenspektrum stützen. Je nach Informationsquelle ist allerdings ein unterschiedlich hoher Zeitaufwand einzuplanen.

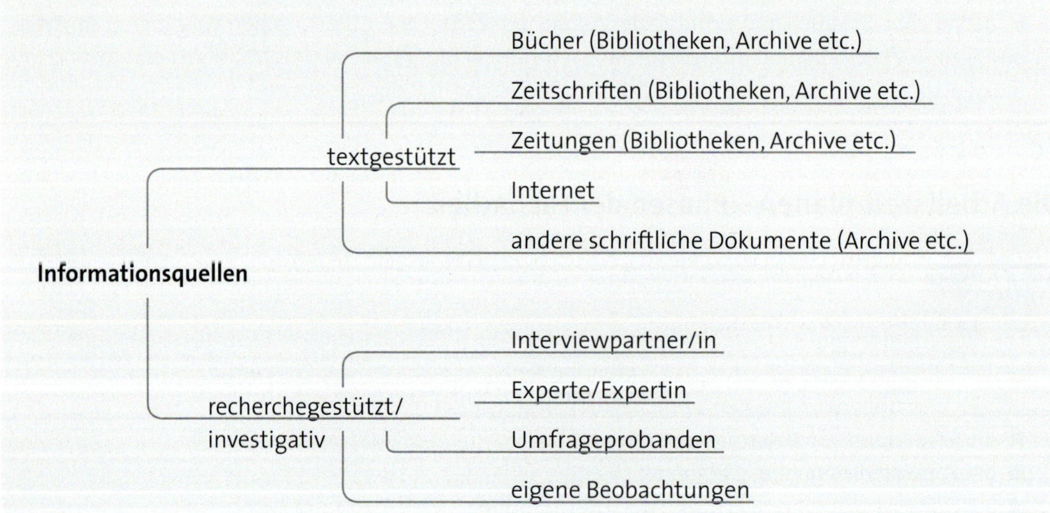

1 Entscheiden Sie, welche Quellen Sie für Ihr Thema sinnvoll und effizient nutzen könnten.
2 a Erkunden Sie die konkreten Zugangsbedingungen der in Frage kommenden Quellen, z. B. Standorte und Öffnungszeiten von Bibliotheken sowie Archiven.
b Stellen Sie im Falle notwendiger Befragungen Kontakte her. Sprechen Sie Termine ab.
3 Führen Sie Ihre Recherchen durch.
4 a Nutzen Sie die Strategien des überfliegenden (diagonalen) und selektiven (punktuellen) Lesens (▸ S. 84), um eine erste Quellenauswahl für Ihre Arbeit zu treffen.
b Kopieren bzw. exzerpieren (▸ S. 89) Sie wichtige Seiten. Speichern Sie Informationen aus dem Internet in einem eigenen Ordner ab und halten Sie das Datum des Downloads fest.
5 Prüfen Sie die Qualität Ihrer Quellen, besonders der Internetquellen (Information, ▸ S. 245).
6 Notieren Sie zu jedem Text die für wissenschaftliche Arbeiten nötigen Quellenangaben. Achten Sie auf deren Vollständigkeit (▸ S. 398). Nutzen Sie z. B. Quellenprotokolle der folgenden Art:

Quellenprotokoll

Bibliografische Angaben	**Wichtiger Aspekt für die Facharbeit**
▪ Verfasser/in: *Alt, Peter-André* ▪ Quelle (Buch/Zeitschrift/Internetadresse): *Der ewige Sohn. Eine Biografie* ▪ (Verlag), Erscheinungsort und -jahr: *Beck Verlag, München 2005* ▪ Seitenzahl/wichtigste Seiten zum Thema: *762, v. a. S. 320–366*	*lebensgeschichtliche Hintergründe zu Kafkas Werk* **Kurze Notizen zum Inhalt** *Erfahrungen mit einem übermächtigen Vater; Erfahrungen der Einsamkeit, eingeschränkter Lebensraum; Angst, sich zu binden*

Informationen auswerten – Die Gliederung

1 Arbeiten Sie die von Ihnen zusammengetragenen Texte kritisch durch:
a Nutzen Sie die 5-Schritt-Lesemethode (Methode, ▸ S. 85).
b Notieren Sie inhaltliche Beziehungen (z. B. Thesen und Gegenthesen) zwischen den Texten.
c Ergänzen Sie Ihr Textstudium durch eigene Gedanken.
d Gestalten Sie zuerst eine Mindmap mit Überschriften und Untergliederungspunkten zu Ihrem Material. Fertigen Sie daraus eine erste grobe Gliederung.
2 Entwerfen Sie am Computer eine Gesamtgliederung Ihrer Arbeit: entweder als gemischte Gliederung (Großbuchstaben und arabische Ziffern) oder als numerische Gliederung, z. B.:

Leben und Werk Wolfgang Borcherts

1 Borcherts Leben
1.1 Kindheit und Jugend
1.2 Kriegserfahrungen
1.2.1 Erfahrungen im Gefängnis
1.2.2 …
2 …

3 Das Werk
3.1 Kurzgeschichten
3.1.1 Die Hundeblume
3.2 Hörspiel
3.3 …

4 Erfolge nach Borcherts Tod

Textentwürfe schreiben – Schreibstrategien

1 Schreiben Sie auf der Grundlage Ihrer Vorarbeiten die erste Fassung Ihres Textes.
2 Legen Sie Ihren Text einer Freundin/einem Freund zur kritischen Durchsicht vor.

Methode **Die erste Fassung – Schreibstrategien**

- Beginnen Sie mit denjenigen Kapiteln, die Sie Ihrer Meinung nach gedanklich am besten vorbereitet haben. Formulieren Sie Ihre Überlegungen jeweils unter den vorbereiteten Kapitelüberschriften (▶ S. 395).
- Schreiben Sie die einzelnen Textteile zunächst ins „Unreine".
- Beim Schreiben stellen sich ab und zu wichtige neue Einsichten zum Thema ein. Prüfen Sie, ob die Überlegungen, die Sie bereits schriftlich festgehalten haben, entsprechend überarbeitet bzw. neu formuliert werden müssen.
- Stellen Sie Ihre einzelnen Textbausteine zu einem Gesamttext zusammen. Achten Sie auf einen einheitlichen Stil (▶ Haus der Stile, S. 320) und auf eine konsequente Verwendung der Fachbegriffe.

Fremdaussagen integrieren – Zitieren und Paraphrasieren

1 In einer Facharbeit werden Sie in der Regel andere Autoren zitieren. Dabei müssen Sie bestimmte Regeln beachten. Ordnen Sie den folgenden Zitaten jeweils passende Regeln des Zitierens zu.

Zitatbeispiele	Regeln des Zitierens
(a) „Wolfgang Borchert war achtzehn Jahre alt, als der Krieg ausbrach, vierundzwanzig als er zu Ende war. [...] Er starb [...] sechsundzwanzig Jahre alt." (Böll: Die Stimme Wolfgang Borcherts, S. 352).	**I** Zitate, die in einen eigenen Satz eingefügt werden, müssen evtl. grammatisch angepasst werden. Veränderungen sind in eckigen Klammern anzuzeigen.
(b) Heinrich Böll schrieb über Wolfgang Borchert, er zähle „zu den Opfern des Krieges" (ebd., S. 353), denen nur eine kurze Zeit verblieben war, den Nachfolgegenerationen ihre Haltung zum Krieg mitzuteilen.	**II** Vollständig zitierte Sätze werden allein gestellt und durch einen Doppelpunkt abgetrennt. Werden in solchen Zitaten Wörter ausgelassen, ist das durch drei Punkte in eckigen Klammern zu kennzeichnen.
(c) Das Kind vertreibt die dunklen Gestalten, denn es „stemmte [...] seine Beine gegen [die] Brust [der Mutter] und schrie so kräftig", dass die drei Männer hinausschleichen. (Wolfgang Borchert: Die drei dunklen Könige, Das Gesamtwerk, S. 308)	**III** Zitate werden am Anfang und am Ende durch Anführungszeichen kenntlich gemacht. Nach einem Zitat wird am Ende des Satzes oder Abschnitts in einer Klammer die Quelle in Kurzform angegeben.

(d) Storjohann schrieb am 17.10.2001 an Burgess: „Doch leider [...] blieb er für die meisten ein schöner Traum. Der Preis war viel zu hoch.“	**IV** Kurze Zitate werden in einen selbst formulierten Satz integriert. Wird eine Quelle wiederholt, kann der Kurztitel durch „ebd.“ ersetzt werden.

Tipp: Die vollständige Quelle ist in der Bibliografie (▶ S. 398) anzugeben. Sie können aber auch hinter das Zitat eine hochgestellte Zahl einfügen und die Quelle in einer Fußnote vermerken.

2 Vermeiden Sie beim Zitieren die nachstehend aufgeführten, häufig auftretenden Fehler. Prüfen Sie in Ihrem Text, ob Ihre Zitierweise den Regeln entspricht.

Methode **Checkliste – Zu vermeidende Fehler beim Zitieren**

- ☑ **Verfälschung:** Durch Herauslösung einzelner Begriffe oder Schlagwörter aus dem Zusammenhang besteht die Gefahr der Veränderung der ursprünglichen Aussage. Das Zitat muss auch außerhalb seines originalen Kontextes seinen Sinn bewahren.
- ☑ **Nicht korrekte Grammatik:** Das in den eigenen Text eingefügte Zitat passt nicht in den Satzzusammenhang. Zitate und eigener Fließtext sollten stets richtige Sätze ergeben.
- ☑ **Fehlende Kommentierung:** (Lange) Zitate werden nicht ausführlich kommentiert. Zitate können nicht die eigene gedankliche Leistung ersetzen.
- ☑ **Unnötiges Zitieren:** Eher selbstverständliche Äußerungen bzw. nebensächliche Aussagen brauchen in der Regel nicht zitiert zu werden. Zitate sollten die Kernaussagen des Textes beinhalten.

3 An Stelle von Zitaten können Sie Fremdpositionen auch in Form einer **Paraphrase** (Umschreibung, sinngemäße Übernahme; Information, ▶ S. 354) in Ihren Text einfügen. Wählen Sie einige Informationen aus und übernehmen Sie diese unter Beachtung der folgenden Regeln in Ihre Arbeit.

Methode **Checkliste – Texte wiedergeben**

- ☑ Sind die Aussagen der Autorin/des Autors sinngemäß richtig wiedergegeben?
- ☑ Sind Gedankenübernahmen sprachlich gekennzeichnet, z. B. durch den Konjunktiv der indirekten Rede oder Formulierungen wie *„Der Autor ist der Meinung, dass...“*?
- ☑ Wird auf die Quelle verwiesen? (z. B.: *„vgl. Böll, 1961, S. 12“*).

Information **Fußnoten**

Eine Fußnote ist eine Anmerkung, Bemerkung, Quellenangabe oder weiterführende Erklärung zu einem Text oder Bild. Sie wird aus dem Fluss des Textes ausgelagert. Dies gestaltet den Text leichter lesbar. Die hochgestellte Ziffer steht, wenn die Fußnote nur auf ein Wort bzw. eine Wortgruppe Bezug nimmt, direkt hinter dem letzten Bezugswort (und damit vor einem eventuell folgenden Satzzeichen). Bezieht sich die Fußnote auf einen durch Satzzeichen (z. B. Punkt, Komma oder Semikolon) eingeschlossenen Satzteil oder einen ganzen Satz, so steht die hochgestellte Ziffer stets nach dem letzen Satzzeichen. Diese Ziffer wird vor der eigentlichen Fußnote wiederholt. Der Text in der Fußnote wird kleiner gesetzt.

4 **a** Untersuchen Sie die Funktion der Fußnoten in diesem Buch, z. B. auf den Seiten 53, 82, 114 f., 121 f.
b Sammeln Sie weitere Fußnoten aus anderen Büchern und überprüfen Sie deren Funktionen.

Bibliografie – Quellen vollständig angeben

Zum wissenschaftlichen Arbeiten gehört der Nachweis der von Ihnen verwendeten Quellen in Form einer nach Nachnamen alphabetisch sortierten Bibliografie (Literaturverzeichnis). Damit stellen Sie zum einen wichtige Literatur zum Thema zusammen und zum anderen bieten Sie die Möglichkeit, dass Ihre Zitate und Textverweise überprüft werden können. Innerhalb der Bibliografie sollte man Primärliteratur (z. B. von Borchert) und Sekundärliteratur (z. B. Texte über Borchert) sowie verschiedene Quellentypen (▸ Information) unterscheiden. Nutzen Sie Ihre Quellenprotokolle (▸ S. 395).

Information **Quellentypen**

- Buchveröffentlichung eines Autors oder mehrerer Autoren
- Text aus einem von der Autorin/vom Autor selbst veröffentlichten Sammelwerk
- Sammelwerk, das einen oder mehrere Herausgeber hat
- Zeitschriftenaufsatz (Fachzeitschrift)
- Zeitungstext
- Internetquelle

1 Untersuchen Sie das Textquellenverzeichnis dieses Buches (▸ S. 422): Wie werden Fundstellen in Büchern, Zeitschriften etc. angegeben?
<u>Tipp</u>: Beachten Sie, dass in Bibliografien außerhalb von schulischen Lehrwerken Lebensdaten von Autorinnen und Autoren in der Regel nicht angegeben werden.

2 Stellen Sie anhand des Quellenverzeichnisses (▸ S. 422) für die verschiedenen Quellentypen eine Gliederungssystematik nach dem folgenden Muster zusammen.

Gliederungssystematik – Bibliografische Angaben
1. Buchveröffentlichung einer Autorin/eines Autors:
Nachname der Autorin/des Autors, Vorname: Titel des Buches. Untertitel. (evtl. Verlag), Verlagsort und Publikationsjahr, Seite(n)
2. ...
3. Text aus einem von der Autorin/vom Autor selbst veröffentlichten Sammelwerk:
Nachname der Autorin/des Autors, Vorname: Titel des Textes. Aus: Titel des Buches ...

Die Facharbeit überarbeiten

1 Überprüfen Sie Ihre Textfassung mit Hilfe der Checkliste (▸ Methode).

Methode **Checkliste zur Prüfung und Überarbeitung einer Facharbeit**

☑ Ist mein methodisches Vorgehen begründet und in der Arbeit benannt?
☑ Berücksichtige ich wichtige Veröffentlichungen zum Thema? Bin ich – im Rahmen meiner Möglichkeiten – auf der Höhe der fachlichen Diskussion?
☑ Stelle ich den Gegenstand meiner Arbeit sachlich und aus kritischer Distanz dar?

- ☑ Ist die Arbeit vollständig: Inhaltsverzeichnis, Bibliografie, Selbstständigkeitserklärung, in der ich versichere, dass ich die Arbeit selbstständig verfasst habe, etc.?
- ☑ Sind Schriftbild, Seitenaufbau, Systematik der (Zwischen-) Überschriften etc. einheitlich und entsprechen sie den schulischen Vorgaben?
- ☑ Ist meine Arbeit in der Standardsprache und in einem angemessenen Stil verfasst?
- ☑ Habe ich Ausdruck, Rechtschreibung, Grammatik und Zeichensetzung überprüft?
- ☑ Fasse ich die Ergebnisse meiner Untersuchung am Ende prägnant zusammen?

2 Untersuchen Sie, nachdem Sie Ihre Arbeit fertiggestellt haben, wie Sie sich als Autorin/Autor wahrnehmen, indem Sie folgende Fragen beantworten: Welche Strategien haben Sie vor dem Schreiben, beim Schreiben und nach dem Schreiben angewandt? Was haben Sie über sich als Autorin/Autor gelernt? (Haben Sie es z. B. geschafft, unterschiedliche Themenbereiche in einen Zusammenhang zu setzen?)

Einen Abstract verfassen und das Inhaltsverzeichnis anlegen

1 Schreiben Sie einen Abstract zu Ihrer Facharbeit (▸ Methode).

Methode **Einen Abstract verfassen**

Ein Abstract ist eine kurze und aussagekräftige Beschreibung einer (Fach) Arbeit bzw. eines Artikels. Er sollte den thematischen Umfang, das Ziel, die Informationsquellen und Methoden sowie die Schlussfolgerungen der Facharbeit enthalten. Der Abstract kann das Überfliegen des Textes ersetzen. Beim Verfassen sollten Sie folgende Fragestellungen beantworten:

- **Motivation des Textes:** Warum sollte Ihre Facharbeit gelesen werden (Bedeutung)?
- **Fragestellung:** Welche Fragestellung(en) versucht Ihre Facharbeit zu beantworten, was sind Ihre zentralen Argumente und Behauptungen?
- **Methodik:** Welche Methoden und Informationsquellen haben Sie genutzt?
- **Ergebnisse:** Zu welchen Ergebnissen/Schlussfolgerungen kommen Sie in Ihrer Facharbeit?

2 Besorgen Sie sich (z. B. bei älteren Mitschülern) Beispiele für Inhaltsverzeichnisse von Facharbeiten und vergleichen Sie, wie diese angelegt sind.

3 Legen Sie mit Hilfe Ihrer Gliederung (▸ S. 395) ein Inhaltsverzeichnis zu Ihrer Facharbeit an.

Die Facharbeit präsentieren

1 Wählen Sie für die Präsentation (▸ Präsentationen, S. 64–68) Ihrer Facharbeit eine der angegebenen Möglichkeiten aus:
- PowerPoint-Präsentation zur Facharbeit im Unterricht,
- Veröffentlichung auf der Homepage der Schule (evtl. in Teilen),
- freier Vortrag im eigenen Kurs,
- Ausstellung von Teilergebnissen an Präsentationswänden in der Schule.

5 Grammatik, Rechtschreibung, Zeichensetzung – Sprachkompetenzen festigen

VORSICHT FEHLER!

Sehr beehrte Dame und Herren,
wenngleich die Post kommt, um dieses schreiben mit zunehmen, Blicke ich auf ein ein halb Stunden konzentrische Tätlichkeit am Schreibtisch zurück. Solange habe ich nämlich zur Verfassung dieses Schriebs gebracht.
Das Fern-See-Gerät, dass ich mir von ihrer Firma vor fasst zwei Jahren an schuf, ist unbewegt defekt, weil es mal zu Boden viel. Gleich wohl habe ich mich bis her noch nicht an sie Gewand und Alles selber bezahlt. Aber das jetzt mein Mohrhuhn Video nur mehr schwarz weiß kommt, dass lässt mich für die Zukunft Gans schwarzsehen. Ich biete Sie also, mich als Kulanzfall an zusehen, so, das ich nicht zufiel bezahlen muss.
Fiele Güsse,
Ihr Dick Tat

1 a Kommentieren Sie den Text: Welche Fehler fallen schon beim Hören auf, welche erst beim Lesen? Lassen sich Kategorien von Fehlern bilden?
b Vergleichen Sie dies mit Ihren eigenen Schwierigkeiten im schriftlichen Sprachgebrauch.
2 Finden und korrigieren Sie alle im Text enthaltenen Fehler.
3 Klären Sie, warum die Rechtschreibhilfe am Computer die meisten dieser Fehler nicht anzeigt.

In diesem Kapitel erwerben Sie folgende Kenntnisse und Kompetenzen:

- Wortarten erkennen und voneinander abgrenzen,
- Fachbegriffe im Bereich der Deklination und Konjugation festigen,
- Satzglieder und Gliedsätze unterscheiden und bestimmen,
- den Konjunktiv I und II bilden und anwenden können,
- schwierige Bereiche der Rechtschreibung und Zeichensetzung beherrschen.

5.1 Grammatik und Stil – Fachbegriffe und Funktionen

Wortarten

Mark Twain: **Ein Amerikaner lernt Deutsch – Die schreckliche deutsche Sprache** (1880)

Es gibt zehn Wortarten, und alle sind sie schwierig. Ein Durchschnittssatz in einer deutschen Zeitung ist eine erhabene und Ehrfurcht gebietende Kuriosität; er nimmt eine Viertelspalte ein; er enthält alle zehn Wortarten – nicht in der gehörigen Reihenfolge, sondern alle durcheinandergewürfelt. Er ist hauptsächlich aus zusammengesetzten Wörtern gebaut, die der Schreiber an Ort und Stelle konstruiert hat und die in keinem Wörterbuch zu finden sind – sechs oder sieben in eines zusammengepresste Wörter ohne Naht oder Gelenk – das heißt ohne Bindestriche. […]

1 Veranschaulichen Sie Mark Twains Kritik an der deutschen Sprache anhand seines eigenen Textes.

2 Bestimmen Sie die Wortart aller Wörter im ersten Satz des Textes von Mark Twain mit Hilfe der folgenden Information.

Information **Überblick über die Wortarten**

Der Wortschatz unserer Sprache (ca. 350.000 Wörter) wird in Wortarten eingeteilt. Unterscheidungskriterien sind die Bedeutung, die Form bzw. Formbarkeit und die Verwendung im Satz.

flektierbar (veränderlich)				
Konjugation	**Deklination**			
Verb (Zeit-/Tätigkeitswort)	**Nomen (Substantiv)** (Hauptwort)	**Adjektiv** (Eigenschaftswort)	**Artikel** (Geschlechtswort)	**Pronomen** (Fürwort)
lesen, gehen, werden, sein, wollen	*Buch, Schüler, Bedeutung, Computer, Karin*	*groß, rot, lieblich, bedeutsam* dazu zählen **Zahladjektive:** *zwei, dritte, wenig*	*der, die, das, ein, eine*	*ich, du, sie, mein, dein, dieser, jener, der, welcher, man, jeder, wer, was?*
Hauptwortarten (90% des Gesamtwortschatzes)			Begleiter und Stellvertreter des Nomens (Substantivs)	

nicht flektierbar (unveränderlich)			
Adverb (Umstandswort)	**Präposition** (Verhältnisiwort)	**Konjunktion** (Bindewort)	**Interjektion** (Ausrufewort)
dort, heute, gern, sehr, hoffentlich, deshalb	*an, auf, in, vor, nach, während, wegen, ohne*	*und, aber, denn, als, dass, weil*	*ach!, oh!, au!, bitte?*
Partikeln			

3 Beschreiben Sie in den beiden folgenden Sätzen die Wörter unter Gesichtspunkten der Grammatik:

Jeder, der die deutsche Sprache lernt, macht die Erfahrung, dass ihre Grammatik schwierig ist.
Er sagte, jeder Lerner des Deutschen erfahre die Schwierigkeiten ihrer Grammatik.

a Ordnen Sie jedes Wort einer Wortart zu und vergleichen Sie Wörter mit gleichem Wortstamm.

b Bestimmen Sie die Formen der Prädikate und der Nomen (Substantive) mit Hilfe der Information auf S. 402, z. B.:
lernt: 3. Person Singular Indikativ Präsens Aktiv; Sprache: Akkusativ Singular Femininum …

Information **Verb und Nomen (Substantiv) – Übersicht über ihre grammatischen Funktionen**

Wortarten übernehmen in Sätzen verschiedene Funktionen. Dazu werden sie grammatisch verändert (flektiert): Verben werden konjugiert, andere veränderliche Wortarten werden dekliniert.

Verb

Wortstamm

- **Tempus** (Präsens, Perfekt, Präteritum, Plusquamperfekt, Futur I u. II)
- **Person** (1., 2., 3.)
- **Numerus** (Singular, Plural)
- **Modus** (Indikativ, Konjunktiv, Imperativ)
- **Genus Verbi** (Aktiv, Passiv)

Nomen (Substantiv)

Wortstamm

- **Genus** (Maskulinum, Femininum, Neutrum)
- **Numerus** (Singular, Plural)
- **Kasus** (Nominativ, Genitiv, Dativ, Akkusativ)

Satzglieder

Carol Kloeppel: **Dear Germany. Eine Amerikanerin in Deutschland** (2008)

Die höchste Klippe, die es zu umschiffen gilt, ist die Aussprache. Mir war früh klar: Akzentfrei würde ich nie sprechen können. Aber dass ich die größten Probleme mit dem Wort „Brötchen" haben würde, hätte ich nicht gedacht. Schon in meines Vaters Lehrbuch steht: „Ö has no similar sound in English" und [es] empfiehlt, die Mundstellung für ein langes „O" einzunehmen, dann aber „E" zu sagen. Ähnlich schwer fällt es wohl den meisten Deutschen, wenn sie das englische „th" lernen müssen ...

Es kostete mich auch viel Zeit, die deutsche Satzstellung zu verinnerlichen, denn in meiner Muttersprache taucht das Verb sehr früh in einem Satz auf, im Deutschen dagegen wird es gerne am Satzende versteckt. Dafür ist die Zusammensetzung der Wörter einfacher: Weiß man, was „krank" bedeutet, dann lassen sich „Krankenhaus", „Krankenwagen" oder „Krankenschwester" leicht ableiten – während dafür im Englischen drei völlig unterschiedliche Wörter (hospital, ambulance, nurse) existieren.

Nur scheinbare Nebensächlichkeiten sind die Vorsilben. Einmal bat ich den Fahrer eines Möbeltransporters, meine Einfahrt frei zu machen, ich müsse zum Arzt, meine Tochter sei „erstochen" worden. Der arme Mann war völlig aus dem Häuschen. Ich meinte natürlich: von einer Biene „ge-stochen". [...]

1 Vergleichen Sie die Schwierigkeiten der Autorin beim Lernen des Deutschen mit denen von Mark Twain (▸ S. 400).

2 Testen Sie die Umstellprobe (Methode, ▸ S. 403) an den folgenden Sätzen aus dem Text. Achten Sie auf Veränderungen in der Betonung und in der Wirkung, die sich durch die Umstellung ergeben:
„Mir war früh klar: Akzentfrei würde ich nie sprechen können." (Z. 2 f.)
„Nur scheinbare Nebensächlichkeiten sind die Vorsilben." (Z. 23 f.)

3 Bestimmen Sie die Satzglieder (Information, ▸ S. 403) in diesen Sätzen.

Methode **Proben zur Ermittlung von Satzgliedern**

Durch **Umstellproben** kann man feststellen, welche Wörter ein Satzglied bilden, z. B.:

- *Dafür* **ist** *die Zusammensetzung der Wörter einfacher.*
- *Einfacher* **ist** *dafür die Zusammensetzung der Wörter.*
- *Die Zusammensetzung der Wörter* **ist** *dafür einfacher.*

Die Bestimmung von Satzgliedern ist wichtig, um Attribute (= Teile von Satzgliedern) von adverbialen Bestimmungen und Objekten (= selbstständige Satzglieder) zu unterscheiden.

Frageprobe: Satzglieder lassen sich durch Fragen (▸ Information) bestimmen, z. B.:

- ***Wer oder was** ist gestochen worden? Meine Tochter → **Subjekt***
- ***Wem** fällt das „th" in der Aussprache schwer? Den Deutschen → **Dativobjekt***

4 a Untersuchen Sie mit Hilfe der Umstell- und der Frageprobe die Satzglieder folgender Sätze:
Die Tochter der Frau kam ins Krankenhaus. – Der Arzt erklärte der Frau den Befund.
Das Auto in der Einfahrt gehört der Frau. – Die Frau parkt das Auto in der Einfahrt.

b Bilden Sie weitere Satzpaare und lassen Sie die Satzglieder von einem Partner bestimmen.

Information **Satzglieder**

Frage	Satzglied/Satzgliedteil	Besonderheit
Wer? Was?	**Subjekt** *Das Geplapper* regt mich auf.	ersetzbar durch Subjektsatz: *Dass geplappert wird*, regt mich auf.
Was ist? Was geschieht?	**Prädikat** (Satzkern) Ich *denke*.	oft mehrgliedrig: Das *hätte* ich nicht *gedacht*.
Wen? Was?	**Akkusativobjekt** *Diesen Fehler* vermeide ich.	ersetzbar durch Objektsatz: Ich vermeide, dass mir dieser Fehler passiert.
Wem?	**Dativobjekt** Sie folgt *dem Ratschlag*.	–
Wessen?	**Genitivobjekt** Ich nehme mich *des Auftrags* an.	sehr selten
Auf/für/über ... wen/was? usw.	**Präpositionalobjekt** Er freut sich *über das Buch*.	ersetzbar durch Pronominaladverbien: Er freut sich *darüber*.
Was für ein?	**Attribut** die *schwierige* Sprache	**Teil eines Satzglieds,** ersetzbar durch Relativsatz: die Sprache, *die schwierig ist*
–	**Prädikatsnomen/Prädikativ** Er ist *ein Freund*. Es wird *kalt*.	Ergänzungen zu den Verben „sein", „bleiben", „werden"
Wann? Wo? Warum? usw.	**adverbiale Bestimmung** (der Zeit, des Ortes, des Grundes usw.) Sie kommt *nach der Schule*.	ersetzbar durch Adverbialsatz: *Sobald die Schule aus ist*, kommt sie.

Satzformen

Gerald Asamoah: **Abstoß, Anstoß** (2009)

Anstoß, Abstoß: (1) Die Worte „Anstoß“ und „Abstoß“ waren mir lange ein Rätsel: (2) Anstoß heißt im Englischen „kick-off“. (3) Wenn man das deutsche Wort davon ableitet, landet man aber beim Abstoß. Völlig unlogisch! [...]

Halb eins: (4) Ich habe ewig nicht kapiert, wie hier die Uhrzeiten bezeichnet werden. (5) Auf Englisch bedeutet „halb eins“ 13 Uhr 30. (6) Wenn wir uns samstags zum Spiel getroffen haben, bin ich immer zu spät gekommen. (7) Blöd war das bei Auswärtsspielen, wenn die Mannschaft schon abgefahren war. (8) Das ging so weit, dass unser Trainer Guido Schustereit mich von zu Hause abgeholt hat.

Schlaflosigkeit: (9) In Beipackzetteln von Medikamenten gab es immer wieder Wörter, mit denen ich nichts anfangen konnte: (10) „Schlaflosigkeit“ war so ein Wort. (11) Schlaf, okay, das kannte ich. (12) Aber was bitte ist „Losigkeit“? (13) Das findet man ja auch in keinem Wörterbuch! [...]

---

1 Erläutern Sie die von Gerald Asamoah beschriebenen Schwierigkeiten mit der deutschen Sprache und suchen Sie zu jedem Fall vergleichbare Beispiele.

2 An welchen Stellen gibt es Merkmale des mündlichen Sprachgebrauchs (Wortschatz, Satzbau)?

Information **Satzreihe und Satzgefüge**

Satzform

- **einfacher Satz**
  Nicht jedes Wort steht im Wörterbuch.
- **zusammengesetzter Satz**
  - **Satzreihe**
    (Hauptsatz + Hauptsatz)
    Der Schiedsrichter pfeift, das Spiel beginnt.
  - **Satzgefüge**
    (Hauptsatz + mind. 1 Nebensatz)
    Der Trainer jubelt, als das Tor fällt.

Ein **Hauptsatz** kann allein stehen. Die Personalform des Verbs steht im Hauptsatz an der zweiten Satzgliedstelle. Ein **Nebensatz** ist vom Hauptsatz oder einem weiteren Nebensatz abhängig und kann in der Regel nicht alleine stehen. Nebensätze werden meist mit einer unterordnenden Konjunktion oder einem Relativpronomen eingeleitet. Die Personalform des Verbs steht im eingeleiteten Nebensatz an letzter Stelle.

3 **a** Klären Sie im Text von Asamoah für jeden nummerierten Satz, ob es sich um einen einfachen Satz, eine Satzreihe oder ein Satzgefüge handelt.

b Bestimmen Sie die im Text markierten Nebensätze mit Hilfe der Information auf S. 405.

4 Untersuchen Sie die folgenden Satzpaare und fassen Sie Ihre Beobachtungen mit den entsprechenden Fachbegriffen zusammen:

Als ich hier ankam, sprach ich kaum Deutsch. – Bei meiner Ankunft hier sprach ich kaum Deutsch.
Der von mir besuchte Deutschkurs half mir. – Der Deutschkurs, den ich besuchte, half mir.
Dass ich mehrere Sprachen kenne, war mir von Nutzen. – Meine Sprachkenntnisse waren mir von Nutzen.

Information **Gliedsätze und Attributsätze**

Nebensätze, die die Stellung eines Satzgliedes einnehmen, werden auch Gliedsätze genannt. Gliedsätze, die ein Subjekt oder Objekt vertreten, lassen sich auch wie diese erfragen:

- **Subjektsatz:** *Wer Deutsch lernen will, sollte einen Sprachkurs besuchen.*
  Wer sollte einen Sprachkurs besuchen? → Wer Deutsch lernen will.
- **Objektsatz:** *Viele wissen nicht, dass das Deutsche und das Englische verwandt sind.*
  Was wissen viele nicht? → Dass das Deutsche und das Englische verwandt sind.

Auch adverbiale Bestimmungen können in Form eines **Adverbialsatzes** vorkommen.

Art des Gliedsatzes	Häufig verwendete Konjunktionen	Beispielsatz
Temporalsatz (Zeit)	*als, während, bevor, nachdem, bis u.a.*	*Bis das klappt,* musst du noch viel üben.
Kausalsatz (Grund)	*weil, da, zumal*	*Weil ich nichts verstehe,* frage ich nach.
Konsekutivsatz (Folge)	*dass, so dass*	Er erklärt es so, *dass ich es verstehe.*
Finalsatz (Zweck, Absicht)	*damit, auf dass, dass*	Ich notiere es, *damit ich es behalte.*
Konditionalsatz (Bedingung)	*wenn, falls, sofern*	*Wenn ich es schaffe,* freue ich mich.
Konzessivsatz (Einräumung)	*obwohl, wenngleich, obschon, obgleich*	*Obwohl es schwerfällt,* halten wir durch.
Modalsatz (Art und Weise)	*dadurch dass, indem, ohne dass*	Du hilfst mir, *indem du da bist.*
Adversativsatz (Gegensatz)	*anstatt dass, während*	Du träumst, *anstatt dass du aufpasst.*
Komparativsatz (Vergleich)	*wie, als, als ob, als wenn, wie wenn*	Es ist leichter, *als ich gedacht habe.*

Bestimmt der Nebensatz ein Bezugswort im Hauptsatz näher, vertritt er also ein Attribut, so handelt es sich um einen **Attributsatz**.
Relativsätze sind Attributsätze: „Das sind Erfahrungen, *auf die man nicht verzichten kann.*"

5 **a** Versuchen Sie, die Adverbialsätze in der Information oben, wenn möglich, zu adverbialen Bestimmungen umzuformen (z.B. *Du hilfst mir, indem du da bist. → Durch deine Anwesenheit hilfst du mir.*).

b Vergleichen und kommentieren Sie Ihre Probleme und Ergebnisse in Gruppen.

c Welche Vor- und Nachteile kann die Verwendung von Adverbialsätzen gegenüber der Verwendung von adverbialen Bestimmungen haben?

Tempusformen und Tempusgebrauch

Axel Hacke: **Panini** (2008)

Seit vielen Jahren gibt es bei meinem Bäcker um die Ecke eine Art großer länglicher Semmeln, die früher immer irgendeinen Namen hatten, den ich vergessen habe, [kann] sein, dass es „Krusties“ war. Ich habe das Wort nie im Leben über die Lippen gebracht, „Krusties“ kann ich einfach nicht sagen, ich bekomme dann einen Lippenkrampf. Immer sage ich: „Zwei von den großen Semmeln dort.“

Jedenfalls: Neuerdings heißen diese Semmeln „Panini“, ein Wort, das ich aber auch nicht benutze, ich weiß nicht, warum. Immer noch sage ich: „Diese großen Semmeln dort.“ Und die Verkäuferin sagt: „Ja, Panini.“ „Ja“, sage ich. Aber neulich, ich weiß nicht, warum, ging ich doch in den Bäckerladen und sagte: „Ein Panino bitte.“ „Des san Panini“, sagte die Verkäuferin, eine rundlich-freundliche Dame. „Ein Panino, zwei Panini“, sagte ich und ...

1 Schreiben Sie eine kurze Fortsetzung der Anekdote: *Morgen werde ich ...*

2 Untersuchen Sie, wie die Anekdote verschiedene zeitliche Ebenen miteinander verknüpft:

a Bestimmen Sie für jedes Prädikat dessen Tempus.

b Erläutern Sie den Gebrauch der Tempusformen (▸ Information).

c Überprüfen Sie auch den Gebrauch der Tempusformen in Ihrer Fortsetzung der Anekdote.

Information **Funktionen der Tempusformen**

- **Präsens:** Mit dem Präsens drücken wir aus, was im Augenblick geschieht. (*Ich esse gerade.*) Auch allgemeingültige Aussagen stehen im Präsens. (*Die Deutschen essen am liebsten Brötchen zum Frühstück.*) Man kann das Präsens auch verwenden, um etwas Zukünftiges auszudrücken (meistens mit einer Zeitangabe). (*Morgen kaufe ich Semmeln.*)
- **Perfekt:** Mit dem Perfekt drücken wir etwas in der Vergangenheit Abgeschlossenes aus, das noch in der Gegenwart fortwirkt. Es wird meistens in mündlichen Erzählungen verwendet. (*Ich habe mir nichts dabei gedacht.*)
- **Präteritum:** Mit dem Präteritum drücken wir etwas Vergangenes aus. Es wird bei schriftlichen Erzählungen und Berichten verwendet. (*Sie öffnete den Laden um sechs.*)
- **Plusquamperfekt:** Mit dem Plusquamperfekt drücken wir etwas Vergangenes aus, das einem anderen, ebenfalls in der Vergangenheit liegendem Ereignis vorausgeht. (*Bevor er den Laden betrat, hatte er sich seine Worte genau überlegt.*)
- **Futur I:** Mit dem Futur I drücken wir etwas in der Zukunft Geschehendes oder vielleicht Geschehendes aus. (*Ich werde Ihnen das morgen genauer erklären.*)
- **Futur II:** Mit dem Futur II drücken wir aus, dass etwas in der Zukunft abgeschlossen sein wird. (*Morgen um diese Zeit werde ich das Problem schon gelöst haben.*)

3 Klären Sie, welches Tempus in der Regel bei folgenden Textarten verwendet wird: Protokoll, Bericht, Textanalyse, Erzählung, Beschreibung, Textzusammenfassung/Inhaltsangabe.

4 Korrigieren Sie den Tempusgebrauch im folgenden Schülertext (▸ Information oben und S. 407 o.).
Die Anekdote von Axel Hacke hat den fehlerhaften Gebrauch von Fremdwörtern im Deutschen karikiert. Der Autor erzählte, wie er in einer Bäckerei Brötchen hatte kaufen wollen. Dort sagt man jetzt Panini dazu, was ihm aber nicht gefiel. Nachdem er das Wort doch einmal benutzt hat, ließ er sich auf eine Diskussion mit der Verkäuferin ein.

Information **Tempusfolge im Satzgefüge**

Zur Darstellung des zeitlichen Nacheinanders im Satzgefüge gilt eine festgelegte Tempusfolge:

- Perfekt vorzeitig zum Präsens: *Sobald ich gefrühstückt habe, mache ich mich an die Arbeit.*
- Plusquamperfekt vorzeitig zum Präteritum: *Nachdem er es der Verkäuferin erklärt hatte, kaufte er noch zwei andere Brötchen.*

Konjunktiv und Redewiedergabe

Max Fellmann, Jan Heidtmann: **Die Schlussredaktion** (2009)

Ihr seid für korrektes Deutsch in den Texten zuständig, für Rechtschreibung und Grammatik, aber auf Themen und Aussagen habt ihr im Grunde keinen Einfluss. Stört euch das?

Kössler: Das nicht – aber wir sind ja im Prinzip die ersten Leser, und da denke ich schon manchmal: Da hätte ich mehr erwartet! Da wäre ich gerne begeistert worden! [...]

Gibt es notorische Fehler von Kollegen in der Redaktion?

Ptok: Seit der Rechtschreibreform kommt offenbar keiner mehr mit dem „ß“ zurecht. Manche denken, das „ß“ gäbe es gar nicht mehr – was ja nun nicht stimmt. [...]

Sprache ist ständig in Bewegung. Müsste sich also nicht auch die Orthografie immer anpassen?

Ptok: Das wurde ja mit der Reform versucht. Aber eben ganz theoretisch [...].

Wie viele Regeln wisst ihr eigentlich auswendig? Und wie viel müsst ihr nachschlagen?

Ptok: Beim Konjunktiv werden so viele Fehler gemacht, da schauen wir zur Sicherheit noch nach: „Er sagt, er habe keine Zeit“ – da verwenden viele Redakteure den Konjunktiv II: „Er sagt, er hätte keine Zeit.“ Aber in anderen Fällen darf dann wieder Konjunktiv II statt Konjunktiv I stehen ... da tut ihr euch manchmal etwas schwer. [...]

1 Beschreiben Sie die Arbeit eines Schlussredakteurs. Gibt es Parallelen zum Schreiben in der Schule?

2 **a** Bestimmen Sie die markierten Verbformen und begründen Sie den gewählten Modus.

b Setzen Sie die markierten Verbformen in den Konjunktiv I und in den Indikativ Präteritum. Leiten Sie Regeln zur Bildung der Konjunktivformen ab.

3 Erläutern Sie das Beispiel in Z. 23: Warum ist hier der Konjunktiv I richtig? In welchen Fällen darf der Konjunktiv II stehen?

Information **Regeln zum Konjunktiv in der indirekten Rede**

Bei der indirekten Rede steht die Personalform des Verbs im Konjunktiv I. Wenn sich der Konjunktiv I nicht vom Indikativ Präsens unterscheidet, verwendet man den Konjunktiv II als Ersatzform oder die Umschreibung mit „würde“. Ist der Konjunktiv II formgleich mit dem Indikativ Präteritum, muss die würde-Form gewählt werden, z. B.:

- *Die Redakteurin sagt, sie **machen** keine Ausnahme.* (Konjunktiv I)
- *Die Redakteurin sagt, sie **machten** keine Ausnahme.* (Konjunktiv II)
- *Die Redakteurin sagt, sie **würden** keine Ausnahme machen.* (Umschreibung mit „würde“)

Auf die Ersatzform mit „würde“ kann man auch zurückgreifen, wenn der Konjunktiv II als ungebräuchlich oder unschön empfunden wird.

Vural Öger: **Bockwurst** (2009)

Bockwurst: Mein erstes Mittagessen in Deutschland waren Bockwürste. Für mich war das eigenartig: Das türkische Wort „Bok“ hat eine sehr unfeine Bedeutung – das Sch…-Schimpfwort.

Heizölrückstoßdämpfung: Das längste Wort der deutschen Sprache, in dem sich kein einziger Buchstabe wiederholt. So was lernt man im Deutschkurs am Goethe-Institut. Ich habe einige Tage gebraucht, um es aussprechen zu können.

Grüß Gott: Eine schöne Redewendung. Im Türkischen gibt es auch so viele Üs und Ös. Ich war stolz, dass ich diese Wörter so gut aussprechen konnte – im Vergleich zu den Engländern und Amerikanern in der Klasse. Die hatten Probleme: Aber ich? Konnte alles: „Übermacht“, „Übergröße“, „Überschwang“! Herrlich!

---

1 Formulieren Sie die Aussagen von Öger in einen Text um, der diesen in indirekter Rede zitiert:
Vural Öger erzählt, sein erstes Mittagessen in Deutschland seien Bockwürste gewesen. …

2 **a** Notieren Sie eigene Erfahrungen mit Wörtern oder Redewendungen in einer fremden Sprache.
b Tauschen Sie Ihre Erfahrungen in Dreiergruppen aus. Geben Sie jeweils die Erfahrungen eines anderen Gruppenmitglieds in indirekter Rede wieder.

Information **Indirekte Rede – Regeln zur Redewiedergabe**

In einem einleitenden Hauptsatz wird gesagt, wessen Äußerung wiedergegeben wird. Anschließend folgt die Äußerung
- in einem uneingeleiteten Nebensatz mit Konjunktiv: *Die Schülerin sagt, sie sei fertig.*
- in einem dass-Satz mit oder ohne Konjunktiv: *Die Schülerin sagt, dass sie fertig sei.*
  Die Schülerin sagt, dass sie fertig ist.

Axel Hacke: **Hirnforscher und Grammatik** (2008)

Einmal las ich, im Tagesspiegel, ein Interview mit dem berühmten Hirnforscher Manfred Spitzer. Er sagte unter anderem, es gefalle ihm nicht, dass in unseren Schulen die Dinge nur abstrakt behandelt und die Regeln immer gleich als Regeln gepaukt würden. Für ihn, den Hirnforscher, bedeute Lernen, sich die Regeln selbst anhand von Beispielen zu erarbeiten. Wer sich immer wieder mit Konkretem befasse, dessen Hirn lerne die dahinterstehenden Regeln automatisch, unbewusst, „in der Grammatik unserer Muttersprache“ etwa. „Ein Beispiel?“, fragten die Interviewer. Der Hirnforscher sagte: „Meine Lieblingsregel der deutschen Grammatik lautet: Verben auf -ieren bilden das Partizip ohne ge-: interessieren – interessiert; spazieren – spaziert. Das machen Sie richtig, ohne nachzudenken.“ […] Der Hirnforscher sagte, er könne den Interviewern sofort beweisen, dass auch deren Unterbewusstsein die Regel mit den Partizipien auf -ieren beherrsche. Er forderte sie auf, das Partizip von quangen zu bilden. „Gequangt“, sagten die Interviewer. „Und von patieren?“, fragte der Hirnforscher. „Patiert.“ „Sehen Sie!“, sagte der Hirnforscher, so gehe das. „Sie können Wörter beugen, die es nicht mal gibt.“

---

1 Erörtern Sie, wo die Grenzen eines intuitiv richtigen Sprachgebrauchs liegen.

2 Beschreiben Sie, wie der Autor Axel Hacke die Textzitate aus dem Zeitungsartikel in seinen eigenen Text einbaut. Vergleichen Sie dies mit der Information auf S. 407 unten.

5.2 Rechtschreibung und Zeichensetzung – Regeln und Tipps

Urs Widmer: **Top Dogs** (1997)

3. DIE SCHLACHT DER WÖRTER

Jenkins/Wrage Slump; slump, slump.
Müller Management-buy-out.
Krause Break-even-point.
Wrage Kreativität.
Neuenschwander Point-of-no-return.
Deér Competition.
Müller New-public-Management.
Deér Cash-flow.
Jenkins Unternehmensphilosophie.
Wrage Firmenkultur.
Neuenschwander Anforderungsprofil.
Müller Marketingstrategie.
Krause Produktqualität.
Tschudi Einsatz.
Müller Finanzrahmen.
Deér Revolution.
Krause Umstrukturierung.
Jenkins Umsatzwachstum.
Bihler Produktionsausstoß.
Neuenschwander Leistungsanreiz.
Deér Projektmanagement.
Bihler Kostenkontrolle.
Krause Motivation.
Tschudi Belastbarkeit.
Wrage Kostenvorgabe.
Krause Produkttraining.
Deér Investitionsstrategie. […]

VORSICHT FEHLER!

In seinem 1997 veröffentlichten Theaterstück „Top Dogs“, beschäftigt sich der schweizer Autor Urs Widmer mit den Strukturen unserer modernen Wirtschaft. Anders als man vielleicht erwarten könnte richtet er seinen Blick allerdings nicht auf die breite Masse der schlecht verdienenden kleinen Arbeiter und Angestellten sondern auf die großen des Systems, dass heißt die Manager (und Managerinnen). Er zeigt das auch sie zu den Verlierern gehören können weil auch sie von der Erfahrung des entlassen worden sein und des arbeitslos sein nicht verschont werden. Dann reagieren die Einen mit Depressionen, die Anderen mit Aggressionen. In der dritten Szene des Stückes, die „die Schlacht der Wörter“ heißt lässt Widmer die Figuren eine lange Liste von marktwirtschaftlichen Begriffen sprechen. Die Wörter bezeichnen sowohl Anforderungen, die an Manager gestellt werden (z.B. „Kreativität“ „Einsatz“ „Motivation“, sowie „Belastbarkeit“) als auch verschiedene Marketing-Strategien wie „New-public-Management“ u.v.a. Besonders wenn man sich die Szene in einer Inszenierung anschaut wird deutlich, das es sich hier um wirkliche „Schlagwörter“ handelt. Widmer zeigt das mit hilfe von Sprache sowohl Macht, als auch Gewalt ausgeübt werden kann. Nicht durch äußere Gewalt sondern allein durch das gezielte einsetzen von Begriffen wird die Wirtschaftswelt, und damit das Leben der darin arbeitenden bestimmt. Vor allem Dank der Beschönigungen und Verharmlosungen (z.B. „Management by love“) gelingt es dem Autor außerdem die Scheinheiligkeit und Falschheit dieses Systems zu entlarven.

1 **a** Lesen Sie die Szene aus Widmers Stück „Top Dogs“ mit verteilten Rollen. Probieren Sie verschiedene Ausdrucksformen.
b Suchen Sie einen Oberbegriff für alle genannten Begriffe und klären Sie deren Bedeutung.

2 **a** Legen Sie eine Folie über den Schülertext und markieren Sie darauf alle Rechtschreib- und Zeichensetzungsfehler.
b Erstellen Sie ein Fehlerprofil, indem Sie die Fehler in Fehlerkategorien (z.B. Groß- und Kleinschreibung, Kommasetzung usw.) einordnen. Welche Fehlerschwerpunkte stellen Sie fest?

3 a Ordnen Sie auch die Fehler aus Ihren letzten drei Deutschklausuren in Fehlerkategorien (▶ Beispiel Fehlerprofil) und bestimmen Sie so Ihre persönlichen Fehlerschwerpunkte.

b Klären Sie, welche Funktion es hat, ein solches „Fehlerprofil" zu erstellen.

Mein Fehlerprofil — *Fach: DEUTSCH*

	1. Klausur	2. Klausur	3. Klausur	Fehlerschwerpunkt?
1. Rechtschreibung				
Großschreibung				
getrennt/zusammen				
das/dass				
s/ß/ss				
Sonstiges				
2. Zeichensetzung				
Kommas				
Zeichen bei Zitaten				
Sonstiges				
3. Grammatik				
Satzbau				
Konjunktiv				
Tempus				
Kasus				

Zeichensetzung: Kommafehler vermeiden

1 a Sortieren Sie alle Kommafehler im Schülertext auf S. 409 zunächst nach diesen zwei Fehlerarten: zu viel gesetzte Kommas – fehlende Kommas.

b Klären Sie, gegen welche Regel (▶ Information) jeweils verstoßen wurde.

2 a Überprüfen Sie anhand Ihrer Klausuren und Hausaufgaben, wo *Ihre* Kommaschwächen liegen.

b Entwerfen Sie einen „Warnzettel", auf dem Sie zu Ihren drei häufigsten Kommafehlern die Regel und Beispiele festhalten. Nutzen Sie den Warnzettel immer, wenn Sie einen Text schreiben.

Information **Kommafehler vermeiden**

Die häufigsten Kommafehler können Sie vermeiden, wenn Sie folgende fünf Regeln beachten:

Kommas

(1) stehen bei den entgegensetzenden oder einschränkenden Konjunktionen *aber, sondern, doch, jedoch, einerseits ..., andererseits.*

(2) trennen **Haupt- und Nebensatz**. Eingeschobene Nebensätze werden von Kommas eingeschlossen.

(3) müssen bei **Infinitivsätzen** meistens gesetzt werden.

Kein Komma

(4) steht, wenn gleichrangige Teilsätze, Wortgruppen oder Wörter verbunden werden durch *und, oder, sowie, beziehungsweise, entweder ... oder, sowohl ... als auch, weder ... noch.*

(5) steht bei Vergleichen mit *wie* oder *als*, wenn nur Wörter oder Wortgruppen in den Vergleich einbezogen sind, also durch *wie* oder *als* kein Nebensatz eingeleitet wird.

3 Schreiben Sie den folgenden Text ab und setzen Sie dabei die fehlenden Kommas. Achten Sie dabei auf die in der Information (▶ S. 410) genannten Regeln sowie auf die Tipps (▶ Information unten). Schlagen Sie gegebenenfalls weitere Regeln im Regelteil eines Wörterbuchs nach.

VORSICHT FEHLER!

Urs Widmer: **Aussagen zu „Top Dogs"** (Anhang)

(1) Sie die bis vor Kurzem noch unangreifbar schienen werden nun plötzlich entlassen weil Unternehmen umstrukturiert redimensioniert oder geschlossen werden. (2) Der Text ist das Echo vieler Gespräche die wir mit Betroffenen und Beratern geführt haben. (3) Ja man kann sagen dass diese an dem Stück mitgeschrieben haben auch wenn kein Interview im Maßstab 1:1 im Stück auftaucht. (4) Und dies nicht nur aus Gründen der Diskretion sondern auch aus künstlerischen. (5) Aber auch die Verdichtung und poetische Verwandlung dessen was uns erzählt worden ist enthält immer noch Wahrheiten und Informationen die nicht unserer Fantasie entsprungen sind. (6) Vielleicht sensibilisiert „Top Dogs" die Zuschauer für Vorgänge die bei vielen Betroffenen Scham auslösen obwohl sie durchaus wissen dass sie keine Schuld trifft. (7) Wir arbeiteten bei unserer Inszenierung mit beweglichen Zuschauertribünen die immer neue Räume schufen. (8) So gab es Szenen die den ganzen großen Theaterraum brauchten und andere die die Szenen in die äußerste Intimität trieben indem die Schauspieler die Schauspielerinnen den Zuschauern radikal nahe kamen.

Information **Kommasetzung beim Nebensatz**

- Die Satzlänge allein ist kein (!) Kriterium dafür, dass ein Komma gesetzt werden muss!
- **Signalwörter für Nebensätze** sind vor allem die Relativpronomen *der, die, das* und Konjunktionen, die den Nebensatz einleiten: *dass, weil, obwohl, damit, so dass, nachdem, als, sobald* usw.
- Besondere Probleme bereitet häufig das zweite Komma beim eingeschobenen Nebensatz – also nicht vergessen!

---

1 **a** Schreiben Sie die folgenden Thesen ab, markieren Sie jeweils den erweiterten Infinitiv und setzen Sie entsprechend ein Komma.
Man kann eine Theateraufführung auch beurteilen ohne das Stück gelesen zu haben.
Man geht ins Theater um sich unterhalten zu lassen.
Anstatt ins Theater zu gehen sollte man sich einfach eine Aufführung auf DVD anschauen.
Die schauspielerische Darstellung hilft einem dabei sich die Figuren besser vorstellen zu können.
Es besteht immer die Gefahr von einer Inszenierung enttäuscht zu werden.
b Welche Arten von erweitertem Infinitiv lassen sich unterscheiden? Bilden Sie jeweils zwei weitere Beispiele zu jeder Kategorie.

2 Diskutieren Sie die Thesen, gegebenenfalls vor dem Hintergrund Ihrer eigenen Theatererfahrungen.

Methode **Kommasetzung beim erweiterten Infinitiv**

Infinitivgruppen („erweiterter Infinitiv" = Infinitiv + *zu* + mindestens ein weiteres Wort) sollte man durch Komma vom Rest des Satzes abtrennen. Es gibt Sonderregelungen, wann ein Komma gesetzt werden *muss* (z. B. vor *um* + Infinitiv mit *zu*). Es *kann* aber immer ein Komma gesetzt werden. Um Fehler zu vermeiden, empfiehlt es sich deshalb, generell ein Komma zu setzen.

das oder dass?

Urs Widmer: **Top Dogs** (Auszüge)

(1) Aber *** gibt es doch gar nicht *** einer *** nicht hört.

(2) Wir führen sogar *** Senior-Executive-Programm *** von Konzernchefs in Anspruch genommen wird.

(3) Ich bin die Hand oder *** Bein *** können Sie nicht so einfach wegamputieren.

(4) Wer sagt wenn man mir einen Flammenwerfer gibt *** ich *** nicht kann?

(5) Er hat *** Schicksal gefunden *** ihm seine ganze Belegschaft gewünscht hat.

(6) *** geht echt verloren in einer Arbeitsbeziehung *** hinter jedem Projekt immer auch ein Mensch steht.

1 **a** Schreiben Sie die Zitate aus „Top Dogs" ab und fügen Sie „das" oder „dass" ein. Ordnen Sie dazu jedes „das" bzw. „dass" den grammatischen Kategorien in der ► Information zu und wenden Sie die Ersatzprobe an.

b Setzen Sie auch die notwendigen Kommas.

Information **„das" – „dass"**

Die richtige Schreibung von *das* und *dass* kann man häufig durch Ersatzproben ermitteln.

- ***das* als Artikel:** ***Das*** *Thema könnte brisanter gar nicht sein.*
  Der Artikel *das* kann durch *dieses* ersetzt werden.
- ***das* als Demonstrativpronomen:** *Business,* ***das*** *ist Krieg, Blut und Tränen. So ist* ***das****.*
  Das Demonstrativpronomen *das* kann durch *dieses* ersetzt werden.
- ***das* als Relativpronomen:** *... ein Honorar,* ***das*** *sich nach der Vermittlungsdauer richtet.*
  Das Relativpronomen *das* kann durch *welches* ersetzt werden.
- **die Konjunktion *dass*:** *Wichtig ist,* ***dass*** *der Kopf die Fortsetzung der Wirbelsäule ist.*
  Die Konjunktion *dass*, die einen Nebensatz einleitet, kann nicht ersetzt werden.

2 Überprüfen Sie im Schülertext auf S. 409 alle Stellen, an denen „das" oder „dass" verwendet werden muss. Wenden Sie zur Kontrolle die Ersatzproben (► Information) an.

Schreibung des s-Lauts

1 **a** *Der Chef* ***entlässt*** *seinen Stellvertreter. – Der Chef* ***entließ*** *seinen Stellvertreter.*
Erklären Sie die unterschiedliche Schreibung des s-Lauts beim gleichen Verb (Information, ► S. 413).

b Suchen Sie möglichst viele verwandte Wörter zu folgenden Wortstämmen. Achten Sie auf die – gegebenenfalls unterschiedliche – Schreibung des s-Lauts.
-gieß- *-fließ-* *-pass-* *-mess-* *-süß-* *-schloss-*

c Leiten Sie aus Ihren Ergebnissen zu den Aufgaben a und b eine Regel ab.

2 Schreiben Sie den folgenden Satz ab und ergänzen Sie jeweils den richtigen s-Laut:
Ich wei, da* Wei*heit mit Wi*en zu tun hat, aber ich wü*te auch gerne, ob ich Wei*heit schreiben kann, wenn ich von der wei*en Farbe der Wand spreche.*

Information **Schreibung des s-Lauts**

Vorfeld des s-Lauts: nach ...	Aussprache	Schreibung	Anmerkungen
kurzem betontem Vokal	stimmlos	*ss* z. B.: *Hass*	Ausnahme: Kurzwörter, z. B. *das, was, bis*
langem Vokal oder Diphthong (au, eu, ei)	stimmhaft	*s* z. B.: *Apfelmus, Gras, Eisen*	Manchmal wird ein Laut erst durch eine Verlängerungsprobe stimmhaft, z. B. *Gras → Gräser.*
langem Vokal oder Diphthong (au, eu, ei)	stimmlos	*ß* z. B.: *beißen, Spaß*	Steht der s-Laut am Wortende, bleibt er auch in der Verlängerungsprobe stimmlos.

Groß- und Kleinschreibung

ich stelle mir vor, dass das inszenieren und aufführen dieses stückes für die regie führenden wie für die spielenden dank vieler ungewöhnlicher einfälle des autors etwas besonderes ist, eine besondere herausforderung.

1 Schreiben Sie den Satz mit der richtigen Groß- und Kleinschreibung ab und begründen Sie an schwierigen Stellen Ihre Schreibung.

Methode **Nomen (Substantive) erkennen – Artikelprobe**

Nomen (Substantive) werden immer großgeschrieben. Sie erkennen sie daran, dass Artikel, Pronomen oder Adjektive bzw. Zahladjektive (Wortarten, ▸ S. 401) sie begleiten können, z. B. ***eine** Managerin, **diese** Aufführung, **seine** Inszenierung, **großer** Beifall, **viel** Interessantes.*
Findet sich kein Artikel oder Pronomen, ist die Artikelprobe hilfreich, z. B. *Durchatmen hilft gegen Aufregung. → Das Durchatmen hilft gegen die Aufregung.*

2 Überprüfen Sie, ob die unterstrichenen Wörter Merkmale von Nomen (Substantiven) aufweisen. Entscheiden Sie danach, ob sie groß- oder kleingeschrieben werden:
die <u>großen/Großen</u> des Systems – <u>dank/Dank</u> der Beschönigungen – das gezielte <u>einsetzen/Einsetzen</u> von Begriffen – wenige <u>bekannte/Bekannte</u>

Information **Nominalisierungen und Denominalisierungen**

- Wörter anderer Wortarten schreibt man groß, wenn sie als Nomen (Substantiv) gebraucht werden (**Nominalisierung**): *Alles **Gute**, im **Folgenden**, das **Lesen**, ein absolutes **Muss.***
- Klein schreibt man Wörter, die formgleich als Nomen (Substantiv) vorkommen, aber zu Präpositionen geworden sind (**Denominalisierung**): *Sie bewirkte dies **kraft** ihres Amtes. Er trieb **zeit** seines Lebens Sport.*

Getrennt- und Zusammenschreibung

Was würden Sie tun, wenn Sie morgen Ihren Arbeitsplatz räumen müssten?
„Mir würde das nicht Leid tun/leidtun und Nichtstun würde mir leicht fallen/leichtfallen."
„Ich würde im Büro sitzen bleiben/sitzenbleiben, bis mich jemand weg räumt/wegräumt."
„Ich würde es genießen, mehr mit meiner Familie zusammen sein/zusammensein zu können."
„Es fällt schwer, voraus zu sagen/vorauszusagen, wie ich mich verhalten würde."
„Ich würde die Gelegenheit nutzen, mich einmal richtig gehen zu lassen/gehenzulassen."

---

1 Klären Sie die richtige Schreibweise mit Hilfe der Information unten.

2 Trainieren Sie Ihre Fähigkeiten im Umgang mit dem Wörterbuch, indem Sie klären, ob folgende Ausdrücke zusammen- oder getrennt geschrieben werden müssen oder ob es beide Möglichkeiten gibt – unter Umständen mit unterschiedlicher Bedeutung:

> Heim kommen/heimkommen – frei sprechen/freisprechen – zunichte machen/zunichtemachen – klein schreiben/kleinschreiben – Gewinn bringend/gewinnbringend – Schlange stehen/schlangestehen

3 Schreiben Sie den folgenden Text in der richtigen Schreibung ab. Achten Sie auf Getrennt- und Zusammenschreibung, Groß- und Kleinschreibung sowie auf die richtige Zeichensetzung.

> Arbeitslosigkeitisteinschwerwiegendesproblemdurchdassichjederinseinerexistenzinfragegestelltfühltniemandmöchtedenganzentagnurspazierengehensichvonseinempartnerfreihaltenlassenmüssenundinderarbeitsagenturschlangestehenumanderarbeitsgesellschaftteilhabenzukönnenisteinequalifizierteausbildungeineerfolgversprechendevoraussetzung

Information **Regeln zur Getrennt- und Zusammenschreibung**

- Verbindungen mit „sein" werden immer getrennt geschrieben, z. B. *beisammen sein, fertig sein.*
- Verbindungen aus zwei Verben werden in der Regel getrennt geschrieben, z. B. *spazieren gehen.*
- Zusammensetzungen aus einem Verb und einem kaum noch als Nomen (Substantiv) erkennbaren Bestandteil werden zusammen- und kleingeschrieben, z. B. *leidtun, teilnehmen, standhalten, stattfinden* usw.
- Verbindungen aus Verben mit Präpositionen oder Adverbien werden meist zusammengeschrieben, z. B. *abfahren, zwischenrufen, durchsagen, hereinkommen, voraussagen, rückwärtslaufen* usw.
- Adjektiv und Verb bzw. Verb und Verb werden zusammengeschrieben, wenn sich daraus eine neue Gesamtbedeutung ergibt, z. B. *schwerfallen* (Mühe haben), *schwarzfahren* (ohne Fahrschein fahren), *sitzenbleiben* (nicht versetzt werden) usw.

4 **a** Sammeln Sie zu jeder in der Information genannten Teilregel drei Beispiele. Diktieren Sie diese wechselseitig einer Partnerin/einem Partner.
b Begründen Sie jeweils die richtige Schreibweise.

5.3 Umgang mit dem Wörterbuch

Ele|ment, das; -[e]s, -e <lat.> (Urstoff; Grundbestandteil; chem. Grundstoff; Naturgewalt; ein elektr. Gerät; *meist Plur.: abwertend für* zwielichtige Person; *vgl.* Elemente); er ist, fühlt sich in seinem Element

Haus, das; -es, Häuser
- Haus halten *od.* haushalten; *vgl.* haushalten
- außer [dem] Hause; außer Haus; im Hause, *auch* Haus (*Abk.* i. H.)
- von Hause, von Haus, *auch* Hause aus; von Haus zu Haus; Lieferung frei Haus
- nach Haus[e] *od.* nachhause
- zu Hause *od.* zuhause
- von zu Hause *od.* zuhause

Vgl. Zuhause

Nerd [nøɐ̯t], der; -s, -s <engl. „Schwachkopf“> (*Jargon abwertend für* sehr intelligenter, aber sozial isolierter Computerfan)

wi|der (*meist geh. für* [ent]gegen); *Präp. mit Akk.:* das war wider meinen ausdrücklichen Wunsch; wider [alles] Erwarten; wider Willen; *vgl. aber* wieder; das Für und [das] Wider

---

1 Welche Informationen können Sie den Einträgen entnehmen? Klären Sie Zeichen und Abkürzungen.

2 Erläutern Sie sich gegenseitig, wann und wie Sie mit einem Wörterbuch umgehen: Bei welchen Problemen suchen Sie dort Hilfe? Wie gehen Sie bei Ihrer Suche vor?

3 Stellen Sie in einer ausführlichen Übersicht zusammen, was Ihr Wörterbuch zusätzlich zur alphabetischen Liste der Wörter an Hilfen, Regeln, Verzeichnissen usw. bietet.

Methode **Im Wörterbuch nachschlagen**

- Beachten Sie: Die Wörter sind nicht nur nach ihrem Anfangsbuchstaben alphabetisch sortiert, sondern auch nach allen folgenden Buchstaben.
- Wenn Sie ein Wort nicht auf Anhieb finden, sollten Sie eine andere möglich erscheinende Schreibweise überlegen und darunter nachschlagen.
- Neben der alphabetischen Wörterliste gibt es in Wörterbüchern auch andere Hilfen, z. B. einen Teil mit Regeln und Beispielen. Hier können Sie etwa Fragen zur Zeichensetzung nachschlagen.

4 Die folgenden Wörter stammen aus der Szene „Die Schlacht der Wörter“ in Urs Widmers Theaterstück „Top Dogs“, das 1997 erschien:
Job-Sharing – Marketingstrategie – Task-Force – Hot-line – Corporate Identity – Know-how – Joint-ventures – Outsourcing – Break-even-point – Lean-management – Training-on-the-Job – Cash-flow

a Kontrollieren Sie mit Hilfe eines Wörterbuchs, ob diese Wörter auch nach der heute gültigen Rechtschreibung so richtig geschrieben sind.

b Klären Sie die Bedeutung der Begriffe.

5 Suchen Sie im Regelteil des Wörterbuchs die Regeln, nach denen Sie bei Fremdwörtern entscheiden können, ob sie mit oder ohne Bindestrich, groß- oder kleingeschrieben werden.

6 **a** Diktieren Sie sich die folgenden Begriffe aus dem Deutschunterricht im Partnerdiktat:
Apostroph – Brainstorming – Essay – Euphemismus – Feuilleton – Genus – Jambus – lyrisches Ich – Metrum – Modus – Parallelismus – Ressort – Sitcom – Sonett – Talkshow – Theater – Trochäus

b Erläutern Sie die Bedeutung der Begriffe und setzen Sie sie, wenn möglich, in den Plural. Wenn Sie unsicher sind, schlagen Sie in einem Wörterbuch nach!

5.4 Textüberarbeitung – Sprachrichtigkeit und Stil

VORSICHT FEHLER!

Liebes SZ_Magasin
Vor 3 Jahren habe ich die Kurse zum Lesen und Schreiben angefagen. Ich war in der Schulzeit schlecht. Nach der Schulzeit wollte ich weiter in die Schule gehen aber ging nicht, weil des andest kamm. Ich habe nicht richtig gelerent weil ich als Kind lange krank war. Und meine Eltern konnten nicht helfen. Ich hate immer Sehsucht nach hilfe zum Lernen. ich habe oft gesagt das ich Schwiegkeiten habe, aber neiman hat geholfen. Vor 3 Jahren habe meine Angst überwurden, habe mich angemeldet. Jetzt ist mein Angst weg und ich kann gut Lesen und Lerne besser schreiben.
Es ist nicht immer Leicht aber ich will weiter Lernen und sichrer werden
Viele Güsse von Rosi

(Rosi T., 46, Laborgehilfin, besucht Lese- und Schreibkurse seit 2006)

1 Beurteilen Sie Rosis Brief vor dem Hintergrund der darin geschilderten Geschichte.

2 Überarbeiten Sie den Text mit Hilfe der Checkliste (▶ Methode) auf unterschiedlichen Ebenen: Zeichensetzung und Rechtschreibung, Grammatik und Ausdrucksweise.

3 **a** Ist es wichtig, fehlerfrei schreiben zu können? Schreiben Sie eine freie Erörterung (▶ S. 361–363) zu dieser Frage.

b Überarbeiten Sie Ihre Erörterungen anhand der Checkliste in einer Schreibkonferenz (▶ S. 327).

4 **a** Erläutern Sie an folgendem Beispiel, was man unter „Nominalstil" versteht:
Beim Erlernen von Fähigkeiten im Schreiben und Lesen erst nach Erreichen des Erwachsenenalters kommt es zu einer Erhöhung der Schwierigkeiten.

b Drücken Sie das Gemeinte in einem besser formulierten Satz aus.

Methode **Checkliste: Sprachrichtigkeit und Stil selbst verfasster Texte**

1. Zeichensetzung
- ☑ Kommas (vor allem bei „dass"-Sätzen und Nebensätzen)
- ☑ Satzschlusszeichen
- ☑ Satzzeichen bei der wörtlichen Rede

2. Zitate
- ☑ Mit Anführungszeichen gekennzeichnet und mit Zeilen-/Seitenangabe versehen?
- ☑ Bei indirekter Rede Konjunktiv benutzt?

3. Rechtschreibung
- ☑ dass/das
- ☑ s-Laute
- ☑ Groß- und Kleinschreibung
- ☑ Getrennt- und Zusammenschreibung

4. Satzbau
- ☑ Sind alle Sätze vollständig und in ihrer Konstruktion korrekt?
- ☑ Keine „Bandwurmsätze"?
- ☑ Kein übertriebener Nominalstil?
- ☑ Richtige Tempusform gewählt?
- ☑ Korrekte grammatische Endungen gebildet?

5. Ausdruck
- ☑ Keine Umgangssprache verwendet?
- ☑ Passende Wörter und Fachbegriffe benutzt?
- ☑ Angemessene Stilebene gewählt?

ARBEITSTECHNIKEN UND METHODEN

Literarische Epochen und Strömungen im Überblick

Beginn und Ende literarischer Epochen und Strömungen lassen sich nur selten konkreten Jahreszahlen zuordnen, die chronologische Einteilung dient aber der Orientierung. Die folgende Übersicht gibt daher einen groben Überblick über die gängige Einteilung der Literaturgeschichte.

Anfänge der deutschen Literatur – Mittelalter (750–1470)
- religiöse Dichtung: Legende, Mystik
- höfische Dichtung: Minnesang, Epos z. B. **Walther von der Vogelweide**

Frühe Neuzeit (1450–1600)
- Volksbuch und Schwank, z. B. „Till Eulenspiegel“
- Fastnachtspiel, z. B. **Sachs**
- Kirchenlied, z. B. **Luther**

Barock (1600–1750, ► S. 222–224)
- Epik: Roman, z. B. **Grimmelshausen**
- Lyrik: Bildgedicht und Emblem, Sonett (► S. 223), z. B. **Gryphius**
- Poetik, z. B. **Opitz**: „Buch von der Deutschen Poeterey“

Aufklärung (1720–1800, ► S. 197–198)
- Epik: Fabel (► S. 151), Parabel, z. B. **Lessing**
- Drama: Bürgerliches Trauerspiel (► S. 193–196), z. B. **Lessing**
- Philosophische Schriften (► S. 198), z. B. **Kant**

Empfindsamkeit (1740–1780)
- Epik: Brief- und Bildungsroman, z. B. **La Roche:** Geschichte des Fräuleins von Sternheim
- Lyrik: Naturlyrik, z. B. **Klopstock**, **Claudius**

Sturm und Drang (1770–1785, ► S. 225–227)
- Drama: Bürgerliches Trauerspiel, z. B. **Schiller**
- Lyrik: Hymne, z. B. **Goethe**, politische Lyrik, z. B. **Bürger**

Weimarer Klassik (1786–1805, ► S. 225–227)
- Dramen von **Goethe** und **Schiller**
- Lyrik: Distichen, Ideenlyrik, Balladen von **Goethe** und **Schiller**

Romantik (1795–1835, ► S. 228–230)
- Epik: Roman, z. B. **Tieck**
- Novelle/Erzählung, z. B. **E. T. A. Hoffmann**
- Kunstmärchen, z. B. **Hauff**
- Lyrik: Lied (► S. 228–229), z. B. **Novalis**, **Brentano**, **Eichendorff**
- Sammlungen von Volksliedern und Volksmärchen, z. B. **Brüder Grimm**

Biedermeier (1820–1850)
- Epik: Novelle, Erzählung, z. B. **Mörike**, **Stifter**
- Lyrik, z. B. **Droste-Hülshoff**

Vormärz (1830–1848)
- Lyrik: politische Lyrik, z. B. **Heine**
- Flugblatt, journalistische Schriften, z. B. **Büchner**, **Heine**

1880 · 1890 — Moderne / Epochenumbruch 1900

Poetischer/bürgerlicher Realismus (1850–1890, ► S. 156–160)
- Epik: Roman (► S. 156–158), Novelle, z. B. **Keller**, **Fontane**

Naturalismus (1880–1900)
- Epik: Novelle, Roman, z. B. **Holz/Schlaf**
- Drama, z. B. **Hauptmann**

1900 · 1910 — Moderne / Epochenumbruch 1900

Ästhetizismus – Fin de siècle (1890–1920): Impressionismus, Jugendstil, Décadence, Sezession, Neoromantik, Surrealismus
- Epik: Roman, z. B. **Musil**, Erzählung, Novelle, z. B. **Th. Mann**
- Lyrik, z. B. **Rilke**

Expressionismus (1910–1925, ► S. 231–232)
- Drama, z. B. **G. Kaiser**: „Die Bürger von Calais“
- Lyrik (► S. 231–232), z. B. **Benn**, **Heym**, **Trakl**

Wichtiger Autor zur Zeit des Expressionismus: **Kafka** (► S. 20 f., 152)

1920 · 1925 · 1933 · 1945

Literatur der Weimarer Republik (1919–1933, ► S. 161–163): z. B. Neue Sachlichkeit
- Epik: Roman (► S. 161), z. B. **Keun**
- Drama: episches Theater, z. B. **Brecht**: „Die Dreigroschenoper“
- Lyrik: Gebrauchslyrik
- Journalistische Texte: Reportagen, z. B. **Kisch**

Exilliteratur (1933–1945)
- Epik: Roman, z. B. **Seghers**, **K. Mann**
- Drama: episches Theater (► S. 201–207), z. B. **Brecht**
- Lyrik: Gebrauchslyrik
- Journalistische Texte, z. B. **Tucholsky**, **E. Mann**

1960 · 1980 · 1989 — Vielfalt der Stile

Nachkriegsliteratur (1945–1960, ► S. 143–149)
- Epik: Kurzgeschichte (► S. 143–147), z. B. **Borchert**, **Böll**
- Lyrik: konkrete Poesie, z. B. **Gomringer**, **Rühm**

Literatur der BRD und der DDR zwischen 1960 und 1989
- Epik: postmoderner Roman, z. B. **Süskind**
- Drama: politisches Dokumentartheater, z. B. **Weiss**
- Lyrik: politische Lyrik, z. B. **Enzenzberger**, **Rühmkorf**, **Biermann**

Vielfalt der Stile/Postmoderne, Neorealismus, Popliteratur (1989–Gegenwart)
- Epik: postmoderne Erzählliteratur (► S. 163–165), z. B. **B. Strauß**, **Ransmayr**, **Zeh**, neorealistische Erzählliteratur, z. B. **Grass**, **M. Walser**, Popliteratur, z. B. **Berg**, **R. Goetz**

Gattungen und Textsorten

Die traditionelle Gliederung der (literarischen) Gattungen unterscheidet im Rückgriff auf die aristotelische Poetik **Epik**, **Dramatik** und **Lyrik**. Im „Informationszeitalter" gewinnt die Gattung der Sachtexte immer mehr an Bedeutung.

Gattungen	**Epik** (Kapitel B3, S.138–171) Der Begriff Epik umfasst viele Formen erzählender Literatur, heute in der Regel Prosatexte.			**Dramatik** (Kapitel B5, S.186–209) Dramen sind meist für eine Theateraufführung verfasst, die Handlung wird in Form von Dialogen und Monologen der Figuren vorangetrieben.	
	Epische Großformen	Mittlere Formen	Epische Kleinformen	Klassisches (aristotelisches) Drama	Modernes Drama (offene Form)
Textsorten	– Roman (▸ S.155–165) – Epos	– Erzählung – Novelle (▸ S.171)	– Kurzgeschichte (▸ S.139–149) – Parabel (▸ S.152–153) – Fabel (▸ S.150–151) – Anekdote – Kalendergeschichte – Märchen – Schwank	– klassische Tragödie – klassische Komödie – bürgerliches Trauerspiel (▸ S.193–196)	– episches Theater (▸ S.202–206) – Dokumentartheater – absurdes Theater – experimentelles Theater

<table>
<tr>
<td rowspan="2">Lyrik (Kapitel B 6, S. 210–233) Kennzeichen für lyrische Texte sind die Verdichtung der sprachlichen Gestaltungsmittel und eine häufig in Versen gebundene Sprache.</td>
<td colspan="5">Sachtexte (Kapitel B 2, S. 102–137) Sachtexte haben im Unterschied zu fiktionalen Textsorten einen pragmatischen Zweck. Dabei kommen in einem Text häufig verschiedene Intentionen zum Tragen, es lassen sich jedoch Schwerpunkte bestimmen.</td>
</tr>
<tr>
<td>informativ: darstellende Intention</td>
<td>argumentativ: darstellende, appellative Intention</td>
<td>appellativ: adressatenbezogene, appellative Intention</td>
<td>normativ: darstellende, sach- und adressatenbezogene Intention</td>
<td>ausdrucksbetont: expressive Intention</td>
</tr>
<tr>
<td>– Ballade (▶ S. 211–212)
– Romanze
– Elegie (▶ S. 217)
– Hymne (▶ S. 217)
– Sonett (▶ S. 217, 221)
– Lied (▶ S. 217)
– Figurengedicht
– Konkrete Poesie</td>
<td>– wissenschaftliche Texte (▶ S. 111)
– Bericht (▶ S. 107)
– Lexikonartikel (▶ S. 178–179)
– Dokumentation
– Protokoll (▶ S. 70–71)</td>
<td>– Rezension (▶ S. 183–185)
– Essay
– Kommentar (▶ S. 111–112, 114–115)
– Erörterung
– Interpretation
– Leserbrief</td>
<td>– Wahlaufruf
– Werbetext (▶ S. 253, 257)
– Rede (▶ S. 314–315, 317)
– Flugblatt (▶ S. 316)</td>
<td>– Hausordnung
– Anordnung
– Gesetz (▶ S. 125)</td>
<td>– Tagebuch
– Liebesbrief</td>
</tr>
</table>

Textquellenverzeichnis

Aesop: Zeus und der Fuchs, S. 150. In: Aesop Fabeln, Hg./Übersetzung B. Hack, Hauswedell & Co., Hamburg 1949

Allmendinger, Jutta/Rauner, Felix: Brauchen wir mehr Studenten? S. 39 f. In: Die Zeit, Nr. 11, 11.03.2010, S. 67

Alt, Franz: Arbeit und Wohlstand durch erneuerbare Energie, S. 117 f. In: http://www.sonnenseite.com/Erneuerbare+Energien,Arbeit+und+Wohlstand+durch+Erneuerbare+Energien,5,a15676.html [07.01.2011]; Du sollst den Kern nicht spalten, S. 345 f. In: Die Welt, 31.07.2008

Androutsopoulos, Jannis: *Ultra korregd Alder! Zur medialen Stilisierung und Aneignung von „Türkendeutsch"*, S. 300 f. In: Deutsche Sprache. Erich Schmidt, Berlin 29/2001, S. 321–338

Aristoteles: *Kennzeichen der Tragödie*, S. 199. In: Theorie des Dramas: Aristoteles. Hg. v. Ulrich Staehle. Reclam, Stuttgart 1973, S. 8-12

Arnu, Titus: *Der Branding-Experte*, S. 289 f. In: In Gottes Namen. Lufthansa Bordbuch 6/1997, S. 69

Asamoah, Gerald: *Abstoß, Anstoß*, S. 404. In: SZ Magazin, Nr. 30, 24.07.2009

Auge, Bernhard: *Unsterblich werden mit einem freiwilligen Eigentor*, S. 106. In: http://www.faz.net/s/RubB9EEEB8472F64991AD7D-FD4BB9D27302/Doc~EF930388B58D94976A78407148BFB6F4C~ATpl~Ekom~SKom~Arub4kom~E%7BAE3E0805-439F-4801-B267-2A9891EAC6BF%7D~Apge~E2.html [04.08.2010]

Aures, Frank: *Scripted Reality: Fast wie im richtigen Leben*, S. 250 f. In: TV Spielfilm, Heft 4/10 (*Wie im richtigen Leben*)

Ausländer, Rose: *Das Schönste*, S. 232. In: Regenwörter. Gedichte. Hg. v. Helmut Braun. Reclam, Ditzingen 1994

Bangel, Christian: *Nur was für Große*, S. 352 f. In: Zeit online, 11/2007. In: http://zuender.zeit.de/2007/11/alkohol-ab-18-kommentar [15.05.2010]

Becht, Alexandra: *Koexistenz*, S. 233. In: Planet Slam 1. Hg. v. Bylanski, Ko, Patzak, Rayl. Yedermann, Riemerling 2002

Beier, Karin: *„Klassiker sind nun mal Klassiker"*, S. 208 f. Interview für TTS mit Norbert Pabelick, 2008

Benn Gottfried: *Hier ist kein Trost*, S. 231. In: Gesammelte Werke. Klett-Cotta, Stuttgart 1978, Bd. 3: Gedichte

Beyer, Marcel: *Stiche*, S. 213. In: Erdkunde. Gedichte. DuMont, Köln 2002, S. 28

Biermann, Kai: *Der Stoff ist das Problem, nicht der Dealer*, S. 114 f. In: ZEITonline, 24.06.2010. In: http://www.zeit.de/wirtschaft/2010-06/bp-byokott-contra [25.07.2010]

Birker, Klaus: *Vorwürfe sind verunglückte Wünsche*, S. 27. In: Betriebliche Kommunikation. Cornelsen-Giradet, Berlin 1998, S. 49 f.

Bichsel, Peter: *Das Lesen*, S. 83. In: Der Leser. Das Erzählen. Frankfurter Poetik Vorlesungen. Suhrkamp, Frankfurt/M. 1997, S. 40; *Ein Tisch ist ein Tisch*, S. 278 ff. In: Kindergeschichten. Luchterhand, Darmstadt/Neuwied 1969

Blech, Jörg u. a.: *„Wow, was für ein Gefühl!"* S. 47. In: Der Spiegel, Nr. 44/2009, S. 46 ff.

Böll, Heinrich: *Anekdote zur Senkung der Arbeitsmoral*, S. 98 f. In: Aufsätze, Kritiken, Reden II. dtv, Köln 1967, S. 182; *Mein teures Bein*, S. 145 ff. In: Erzählungen. Hg. v. Viktor Böll u. Karl Heiner Busse. Kiepenheuer & Witsch, Köln 1994, S. 226 ff.

Bönisch, Julia: *Richtig reden*, S. 62. In: Süddeutsche Zeitung, 02.09.2009

Borchert, Wolfgang: *Die drei dunklen Könige*, S. 143 f. In: Das Gesamtwerk, Rowohlt, Hamburg 1959, S. 304-308; 185 ff.; *Die Küchenuhr*, S. 364 f. In: Ebd., S. 201-204

Brasch, Thomas: *Lied*, S. 214. In: Kargo. Suhrkamp, Frankfurt/M. 1977

Brecht, Bertolt: *Die Bühne begann zu erzählen*, S. 201. In: Über eine nicht-aristotelische Dramatik. Gesammelte Werke in 20 Bdn. Suhrkamp, Frankfurt/M. 1967, Bd. 15, S. 264 f.; *Der gute Mensch von Sezuan*, S. 202 f. In: Ebd., Bd. 4, S. 1489-1494; *Die dramatische und die epische Form des Theaters*, S. 207. In: Schriften zum Theater. Über eine nicht-aristotelische Dramatik. Suhrkamp, Frankfurt/M. 1957, S. 19-20; *Was ist mit dem epischen Theater gewonnen?*, S. 208. In: Gesammelte Werke in 20 Bdn. Suhrkamp, Frankfurt/M. 1967, Bd. 15, S. 302 f. *Entdeckung an einer jungen Frau*, S. 216. In: Ebd. Bd. 8, S. 182 f.

Conrady, Karl Otto: *Von der Verführung durch vertraute Epochenbegriffe*, S. 235. In: Literatur und Sprache im historischen Prozess. Vorträge des Deutschen Germanistentages Aachen 1982. Hg. v. Thomas Cramer. Niemeyer, Tübingen 1983, Bd. 1, S. 19 f.

Dettmer, Marcus u. a.: *Ära der Unsicherheit*, S. 86 f. In: Der Spiegel, Nr. 12, 22.03.2010, S. 82 ff.

Deysson, Christian: *Werbung – Beschleuniger beim Sprachtransport*, S. 292. In: Für Soldat und Pferd. Wirtschaftswoche, Nr. 24, 8.6.2000, S. 92–95

Dietschreit, Frank: *Zum Wiederlesen empfohlen*, S. 235 f. In: http://www.kulturradio.de/rezensionen/buch/2009/bernhard_schlink_.listall.on.printView.true.html [16.06.2010]

Dische, Irene: *Liebe Mom, lieber Dad*, S. 139 f. In: Loves. Lieben. Hoffmann und Campe, Hamburg 2007, S. 149 ff.

Döblin, Alfred: *Berlin Alexanderplatz*, S. 161. In: Berlin Alexanderplatz. Walter, Olten 1961, S. 265 f.

Dörries, Bernd: *I schwätz Hochdeutsch*, S. 297. In: Süddeutsche Zeitung, 12.07.2005

Dohnanyi, Klaus von: *„Der Prozess der ..."*, S. 44. In: „Wir stehen erst am Anfang der großen Probleme". Interview. In: Welt online v. 23.07.2007, www.welt.de/hamburg/article/048524/Wir_stehen_erst_am_Anfang_der_großen_Probleme.html [20.05.2008]

Doyle, Arthur Conan: *Studie in Scharlachrot*, S. 275. In:Studie in Scharlach

Eco, Umberto: *Der Verlust der Privatsphäre*, S. 266. In: Im Krebsgang voran. Heiße Kriege und medialer Populismus. Aus dem Ital. v. Burkhart Kroeber. Hanser, München 2007, S. 79-84.

Eichendorff, Joseph von: *Der Schiffer*, S. 218. In: Werke und Schriften. Bd. 1: Gedichte. Epen. Dramen. Hg. v. G. Baumann. Cotta, Stuttgart 1953; *Das zerbrochene Ringlein*, S. 228. In: Ebd.

Eichinger, Ludwig: *„Tatsächlich macht die ..."*, S. 44. In: „Sprache fließt". Interview. www.abc-der-menschheit.de/coremedia/generator/wj/de/07_aktuell_Interwiew/Interview_20Ludwig_20Eichinger.html [20.05.2008]

Engst, Judith: *Professionelles Bewerben – leicht gemacht*, S. 342. In: Duden – Professionelles Bewerben – leicht gemacht. Dudenverlag, Mannheim 2007, S. 48

Enzensberger, Hans Magnus: *Altes Medium*, S. 82. In: Kiosk – Neue Gedichte. Suhrkamp, Frankfurt/M. 1995; Misogynie, S. 212. In: Verteidigung der Wölfe: Gedichte. Suhrkamp, Frankfurt/M. 1981

Erhardt, Heinz: *???*, S. 276. In: Das große Heinz Erhardt Buch. Fackelträger, Hannover 1970, S. 474

Erne, Eduard: *Trash-TV als positive Gehirnwäsche*, S. 267 f. In: Kulturzeit/dr/3sat, 18.07.2005. In: http://www.3sat.de/dynamic/sitegen/bin/sitegen.php?tab=2&source=/kulturzeit/lesezeit/81441/index.html

Fallada, Hans: *Pinnebergs Verkaufserfolg*, S. 53 f. In: Kleiner Mann, was nun? Rowohlt, Reinbek 1950, S. 117 ff.

Fellmann, Max /Heidtmann, Jan: *Die Schlussredaktion*, S. 407. In: SZ Magazin, Nr. 30, 24.07.2009, S. 17–19

Fontane, Theodor: *Effi Briest*, S. 156 ff.; S. 373 f. In: Große Brandenburgische Ausgabe. Das erzählerische Werk. Hg. v. Gotthard Erler u. Christine Hehle. Aufbau, Berlin 1998, S. 5-9

Fried, Erich: *Dich denken*, S. 214. In: Liebesgedichte. Wagenbach, Berlin 1995

Frommann, Till: *Was ist „Die Wahrheit" im Netz*, S. 272. In: Kölner Stadtanzeiger, 06.06.2006

Gernhardt, Robert: ..., -, S. 102. In: Gesammelt Gedichte 1954-2004. Fischer, Frankfurt/M. 2005, S. 99

Glashaus: *Wenn das Liebe ist*, S. 210. Hanseatic Musikverlag GmbH & Co. KG, Hamburg (Pelham, Moses Peter)

Goethe, Johann Wolfgang: *Maifest*, S. 215. In: Werke. Hamburger Ausgabe. Durchges. u. kom. v. Erich Trunz. dtv, München 1998, Bd. 1, S. 30 f.; *Willkomm und Abschied*, S. 225. In: Sämtliche Werke. Bd. 2. Hg. v. Karl Eibl. Deutscher Klassiker Verlag, Frankfurt/M., S. 45; Römische Elegie V, S. 226. In: Ebd., S. 154 ff.; *Natur und Kunst*, S. 227. In: Werke. Hamburger Ausgabe. Durchges. u. kom. v. Erich Trunz. dtv, München 1998, Bd. 1, S. 245

Goldmann, Michael: *Ein klares Nein! ...*, S. 117. In: die tageszeitung, 09.01.2010

Grass, Günter: *Die Blechtrommel*, S. 165. In: Die Blechtrommel, Steidl, Göttingen 1993, S. 6

Gryphius, Andreas: *Es ist alles eitel*, S. 223. In: Werke in einem Band. Aufbau, Berlin u. a. 1969, S. 5

Günderode, Karoline von: *Liebe,* S. 229. In: Sämtliche Werke und ausgewählte Studien. Stroemfeld/Roter Stern, Frankfurt/M. 1991.

Haarmann, Harald: *Weltgeschichte der Sprache – Die Anfänge der Sprachevolution,* S. 285. In: Weltgeschichte der Sprache. Von der Frühzeit des Menschen bis zur Gegenwart. C. H. Beck, München 2006, S. 27 f.

Haas, Sibylle: *Auf das Klima kommt es an,* S. 107. In: http://www.sueddeutsche.de/ karriere/motivation-auf-das-klima-kommt-es-an-1.292284 [22.12.12010]

Hacke, Axel: *Panini,* S. 406. In: Wortstoffhof. Sprachgeschichten von Äh bis Zeitfenster. Verlag Antje Kunstmann, München 2008, S. 152; Hirnforscher und Grammatik, S. 408. In: Ebd., S. 85–87

Hahn, Ulla: *Angstlied,* S. 213. In: Herz über Kopf. Gedichte. Deutsche Verlagsanstalt, Stuttgart 1981, S. 57; *Winterlied,* S. 216. In: Ebd., S. 27; *Bildliche gesprochen,* S. 385. In: Ebd., S. 48; *Ich bin die Frau,* In: Spielende. Deutsche Verlagsanstalt, Stuttgart 1988

Haupt, Friederike: *Facebook weiß alles über uns,* S. 271. In: Frankfurter Allgemeine Zeitung, 09.02.2010

Hein, Christoph: *Der fremde Freund,* S. 169. In: Der fremde Freund. Suhrkamp, Frankfurt/M. 2002, S. 11

Heine, Heinrich: *Ich weiß nicht, was soll das bedeuten,* S. 229. In: Sämtliche Schriften in 12 Bdn. Hg. v. Klaus Briegleb. Ullstein, Frankfurt/M. 1981, Bd. 1, S. 107

Hitler, Adolf: *Rede an die Hitlerjugend auf dem Reichsparteitag 1935,* S. 314 f. In: Die Reden Hitlers am Parteitag der Freiheit 1935. Franz Eher Nachf., München 1935, S. 351 f.

Höhn, Bärbel: *Es gibt viele Gründe …,* S. 116. In: die tageszeitung, 09.01.2010

Hofmann von Hofmannswaldau, Christian: *Beschreibung vollkommener Schönheit,* S. 221. In: Deutsche Dichtung des Barock. Hg. v. Karl Pörnbacher. Hanser, München [6]1979; *Vergänglichkeit der Schönheit,* S. 223. In: Gedichte. Ausgew. v. Helmut Heißenbüttel. S. Fischer, Frankfurt/M. 1968, S. 68

Holzheu, Harry: *Aktives Zuhören: Rückkopplung schafft Klarheit,* S. 32. In: Aktiv zuhören – besser verkaufen. Verkaufsgespräche menschlicher führen. moderne industrie, Landsberg 1992, S. 29-33

Horeni, Michael: *4:1 gegen England,* S. 106. In: http://www.faz.net/s/RubB9EEEB8472F64991AD7DFD4BB9D27302/Doc~EF930388B58D94976A78407148BFB6F4C~ATpl~Ekom~SKom~Arub4kom~-E%7BAE3E0805-439F-4801-B267-2A9891EAC6BF%7D~Apge~E2.html [04.08.2010]

Horsch, Evelyn: *Das „innere Team": Wie Selbstgespräche unsere Kommunikation steuern,* S. 36 f. In: Psychologie heute, März 1999, S. 56-57

Illner, Maybritt: *Gluthitze hier, Ölpest da – Nimmt die Natur Rache an uns?* S. 44 f. Aus: Fernsehdiskussion vom 22.07.2010, ZDF (Auszug)

Kafka, Franz: *Der Nachbar,* S. 20 f. In: Sämtliche Erzählungen. Hg. v. Paul Raabe. Fischer, Frankfurt/M. 1972, S. 100 f.; *Kleine Fabel,* S. 151. In: Gesammelte Werke. Hg. v. Max Brod. Fischer, Frankfurt/M. 1983, S. 91; *Vor dem Gesetz,* S. 152. In: Werke. Hg. v. Max Brod. Fischer, Frankfurt/M. 1986, Bd. 4, S. 120 f.

Kaléko, Mascha: *Das graue Haar,* S. 220. In: Verse für Zeitgenossen. Hrsg. u. mit einem Nachw. vers. v. Gisela Zoch-Westphal. Rowohlt, Reinbek [20]2005, S. 36

Kallmeyer, Werner/Klein, W./Meyer-Hermann, R./Netzer, K./Siebert, H. J.: *Beliebigkeit und Konventionalität des sprachlichen Zeichens,* S. 276 f. In: Lektürekolleg zur Textlinguistik. Bd. 1. Athenäum Fischer Taschenbuch Verlag, Frankfurt/M. 1974, S. 5–7

Kant, Immanuel: *Beantwortung der Frage: Was ist Aufklärung?,* S. 198. In: Was ist Aufklärung? Thesen und Definitionen. Hg. v. Erhard Bahr. Reclam, Stuttgart 1974, S. 9 ff.

Karschnick, Ruben: *„Spielend zum Abi",* S. 73. In: Die Zeit, Nr. 21, 15.05.2008

Kastura, Thomas: *Der Klimawandel in der deutschen Literatur,* S. 121 f. In: Readers Edition – ein Blogform-Projekt, 12.06.2007. In: https://www.readers-edition.de/2007/06/12/glosse-der-klimawandel-in-der-deutschen-literatur [07.01.2011]

Kehlmann, Daniel: *Die Vermessung der Welt,* S. 170. In: Die Vermessung der Welt. Rowohlt, Reinbek 2005, S. 42 f.

Kirsch, Sarah: *Wintermusik,* S. 221. In: Erkönigs Tochter. Deutsche Verlagsanstalt, Stuttgart 1981, S. 48

Kiwus, Karin: *Fragile,* S. 218. In: Angenommen später. Gedichte. Suhrkamp, Frankfurt/M. 1979, S. 15

Kloeppel, Carol: *Dear Germany. Eine Amerikanerin in Deutschland,* S. 402. In: man spricht deutsch. Museumsmagazin. Hg. v. Haus der Geschichte der Bundesrepublik Deutschland. Sonderheft 2008, S. 30 f.

Kloss, Stefanie/Nowak, Andreas/Stolle, Thomas/Stolle, Johannes: *Das Beste,* S. 210. EMI Songs Musikverlag GmbH, Hamburg; Arabella Musikverlag GmbH, Berlin (s. a. Silbermond)

Klossek, Susann: *Ökomanie,* S. 124. In: Open Report, 27.08.2009. In: http://www.open-report.de/artikel/%D6komanie/5640.html [07.01.2011]

Köhler, Horst: *Bildung für alle,* S. 308 f. In: www.bundespraesident.de/-,2.633054/Berliner_Rede_von_bundespraesi.htm [20.05.2008]

Kratzer, Hans: *Dialekt macht schlau,* S. 298. In: Süddeutsche Zeitung, 18.7.2005

Kunze, Reiner: *Auf dich im blauen Mantel,* S. 232. In: Brief mit blauem Siegel. Reclam, Leipzig 1974, S. 20

Lasker-Schüler, Else: *Ein Liebeslied,* S. 231. In: Sämtliche Werke. Hg. v. Friedhelm Kemp. Kösel, München 1966

Lehnartz, Sascha: *Schlauer schießen,* S. 269. In: Frankfurter Allgemeine Sonntagszeitung, Nr. 8, 25.02.2007, S. 51

Lenz, Jakob Michael Reinhold: *An das Herz,* S. 213. In: Werke und Briefe in 3 Bdn. Hg. v. Sigrid Damm. Hanser, München 1987, Bd. 3, S. 105 f.

Lessing, Gotthold Ephraim: *Die Wasserschlange,* S. 151. In: Lessings Werke in 5. Bdn. Ausgew. v. Karl Balser. Hg. v. der Nationalen Forschungs- und Gedenkstätte der klassischen deutschen Literatur in Weimar. Aufbau, Berlin u. a. 1978, Bd. 5, S. 137 f.;
Emilia Galotti, S. 193 f.; S. 379 f.; S. 382 f. In: Ebd., Bd. 1, S. 303 ff.;
Brief an Friedrich Nicolai über das Trauerspiel, S. 208. In: Ausgewählte Werke. Ausgew. v. Wolfgang Stammler. Hanser, München o. J. Bd. 3, S. 269 f.

Mann, Thomas: *Der Zauberberg,* S. 169. In: Der Zauberberg. In: Der Zauberberg. Roman. Fischer Tb, Frankfurt/M. 1993. S. 9

Martenstein, Harald: *Angst vor der Twitteratur,* S. 247. In: Die Zeit, Nr. 12, 12.03.2009

Mende, Jens: *Ein Spiel für die Geschichtsbücher,* S. 103. In: General-Anzeiger, 28.06.2010, S. 22

Mörike, Eduard: *In der Frühe,* S. 214. In: Werke und Briefe. Historisch-kritische Gesamtausgabe. Bd. 1: Gedichte. Ausgabe von 1867. Klett-Cotta, Stuttgart 2003, S. 40

Müller, Jan Christian: *Jahrhundertspiel,* S. 105 f. In: http://www.fr-online.de/ in_und_ausland /sport/ fussball_wm_2010/?em_cnt=-2793215&em_loc=3829 [05.7.2010]

Novalis (d. i. Georg Philipp Friedrich von Hardenberg): *Wenn nicht mehr Zahlen und Figuren,* S. 229. In: Werke in 1 Bd. Aufbau, Berlin u. a. 1984, S. 264 f.

Nützel, Nikolaus: *Neuen Wörtern auf der Spur,* S. 288. In: Sprache oder Was den Mensch [sic!] zum Menschen macht. cbj, München 2007, S. 85 f.; *Wenn Digger endkrass dissen – Oder: Sprechen Jugendliche eine eigene Sprache?,* S. 299 f. In: Ebd., S. 85 f.

Öger, Vural: *Bockwurst,* S. 408. In: SZ Magazin, Nr. 30, 24.07.2009, S. 13

Padysz, Margarethe: *Eine Frau mit schlimmem Geheimnis als Objekt der Begierde,* S. 183 f. In: filmrezension.de – Onlinemagazin für Filmkritik, 02.03.2009. In: http://www.filmrezension.de/+frame.shtml?/filme/der_vorleser.shtml [07.01.2011]

Pape, Mirja: *Unverständliche Werbeslogans,* S. 258 f. In: Spiegel online, 16.10.2009. In: http://www.spiegel.de/wirtschaft/unternehmen/0,1518,655050,00.html [07.01.2011]

Pausewang, Freya: *Größtmögliche (optimale) Selbstbestimmung des Kindes,* S. 303. In: Ziele suchen – Wege finden. Cornelsen, Berlin 1988, S. 93

Pelham, Moses Peter: *Wenn das Liebe ist,* S. 210. Hanseatic Musikverlag GmbH & Co. KG, Hamburg (s. a. Glashaus)

Pöhm, Matthias: *„Präsentieren Sie noch oder faszinieren Sie schon?"* S. 65 f. In: Präsentieren Sie noch oder faszinieren Sie schon? mvg, München [6]2009, S. 21 ff.

Johannes Rau: *Zum 60. Jahrestag der Hinrichtung der Mitglieder der „Weißen Rose" (30.1.2003),* S. 317. In: www.bundespraesident.de/dokumente/-,2.91449/Rede/dokument.htm

Reich-Ranicki, Marcel: *Brauchen wir einen Kanon?,* S. 238. In: Der Spiegel, 25/2001, S. 212 ff.

Reuter, Benjamin: *Mehr Licht,* S. 136 f. In: Die Zeit, Nr. 36, 2.09.2010
Reza, Yasmina: *Der Gott des Gemetzels,* S. 22 f. In: Der Gott des Gemetzels. Libelle, Lengwil am Bodensee 2006, S. 13-16
Riehl, Claudia Maria: *Das 18. Jahrhundert – Französisch als Sprache der Höfe,* S. 287. In: Sprachkontaktforschung. Eine Einführung. Narr, Tübingen 2004, S. 180
Rilke, Rainer Maria: *Östliches Taglied,* S. 219. In: Sämtliche Gedichte. Insel, Frankfurt 1983
Roedenbeck, Maja: *Ein Hoch auf die Antriebslosigkeit,* S. 111 f. In: sueddeutsche.de, 11.05.2008. In: http://www.sueddeutsche.de/karriere/motivation-ein-hoch-auf-die-antriebslosigkeit-1.198099 [07.01.2011]
Sánchez, Yoani: *Mario Vargas Llosa ...,* S. 248. In: http://www.desdecuba.com/generationy_de/?m=20101008 [07.01.2011]
Schätzing, Frank: *Die zweite Welt,* S. 241. In: Limit. Kiepenheuer & Witsch, Köln 2009
Schiller, Friedrich: *Die Räuber,* S. 187 f.; 189; 190 f. In: Sämtliche Werke in 20 Bänden. dtv-Gesamtausgabe. Hg. v. Gerhard Fricke. dtv, München 1965, S. 17-19; 16; 76-78; *Der Handschuh,* S. 211. In: Friedrich Schiller. Gedichte. Hg. v. Georg Kurscheidt. Deutscher Klassiker Verlag, Frankfurt/M. 1992, S. 248 ff.
Schlink, Bernhard: *Der Vorleser,* S. 173; 179 f. In: Der Vorleser. Diogenes, Zürich 1997, S. 15-17; 109-112
Schmidt, Walter: *Schreiben wie ein Prediger,* S. 304. In: Die Zeit, Nr. 24/2000
Schulz-Ojala, Jan: *Der Vorleser: Die Unmoral der Liebe,* S. 184 f. In: Der Tagesspiegel, 26.02.2009
Schulz von Thun, Friedemann: *Die vier Seiten einer Nachricht,* S. 25 f. In: Miteinander reden, Bd. 1. Rowohlt, Reinbek 1981, S. 26-29 (gekürzt)
Silbermond: *Das Beste,* S. 210. EMI Songs Musikverlag GmbH, Hamburg; Arabella Musikverlag GmbH, Berlin (Kloss, Stefanie/Nowak, Andreas/Stolle, Thomas/Stolle, Johannes)
Sinn, Hans-Werner: *Tanken statt Essen?,* S. 119 f. In: Wirtschafts-Woche, Nr. 36, 03.09.2007, S. 162
Spitzer, Manfred: *Vorsicht Bildschirm!,* S. 268. In: Vorsicht Bildschirm! Dtv, München 2005, S. 217 ff.
Staun, Harald: *Wir wollen: Drama, Aufregung und Chaos,* S. 41. In: faz.net, 03.05.2010. In: http://www.faz.net/s/Rub475F682E3FC24868A8A5276D4FB916D7/Doc~E4E641433C9B642D6B59E14503E4A4CDA~ATpl~Ecommon~Scontent.html [22.12.2010]
Stedje, Astrid: *Die Sprachen in der Sprache,* S. 295 f. In: Deutsche Sprache gestern und heute. Einführung in Sprachgeschichte und Sprachkunde. Wilhelm Fink, Paderborn 62007, S. 150–153, 235–240
Stiglitz, Joseph: *„Sowohl in den Industriestaaten ...“,* S. 44. In: Kritik an Globalisierung. „Bush versteht keine zivile Sprache“. Interview v. 04.06.2007, www.spiegel.de/witschaft/0,1518,486590,00.html [20.05.2008]
Storm, Theodor: *Der Schimmelreiter,* S. 171. In: Storms Werke in sechs Teilen. Hg. v. Felix Lorenz. Deutsches Verlagshaus Bong & Co, Berlin, Leipzig o. J., S. 202 f.
Streeruwitz, Marlene: *Verführungen,* S. 92 f. In: Verführungen. 3. Folge. Frauenjahre. Suhrkamp, Frankfurt/M. 1996, S. 38 ff.
Tischendorf, Anja: *So sieht Deutschland in 50 Jahren aus,* S. 128 In: Bild am Sonntag, 16.01.2005
Trier, Jost: *Sprechabsichten und Leistungen der Sprache,* S. 282 f. In: Die deutsche Sprache im 20. Jahrhundert. Vandenhoek und Ruprecht, Göttingen, S. 112–113
Trubek, Anne: *Die Handschrift ist eine unnatürliche Art zu schreiben,* S. 321. In: Neue Zürcher Zeitung, 10.01.2010
Tucholsky, Kurt: *Schloss Gripsholm,* S. 170. In: Schloss Gripsholm. Rowohlt, Hamburg 2000, S. 44 f.
Twain, Mark: (eigentlich Samuel Langhorne Clemens): *Ein Amerikaner lernt Deutsch – Die schreckliche deutsche Sprache,* S. 400. In: The Awful German language. Die schreckliche deutsche Sprache. 8., erw. Aufl.: Manuscriptum, Waltrop, Leipzig 2003, S. 9–11
Watzlawick, Paul u. a.: *Menschliche Kommunikation,* S. 19. In: Menschliche Kommunikation, Formen, Störungen, Paradoxien. Ueberreuter, Bern u. a. 1969/70, S. 52-70
Weeber, Karl-Wilhelm: *Romdeutsch,* S. 286 f. In: Romdeutsch. Warum wir alle lateinisch reden, ohne es zu wissen. Eichborn, Frankfurt/M. 2006, S. 22 ff.
„Weiße Rose“: Flugblatt VI, S. 316. In: www.bpb.de/themen/JOELCK,0,0,Flugblatt_VI.html [28.4.2008]
Widmer, Urs: *Top Dogs,* S. 409. In: Top Dogs. Verlag der Autoren, Frankfurt/M. 1997, S. 24 f.; Aussagen zu „Top Dogs“, S. 411. In: Ebd., S. 87–89
Wittgenstein, Ludwig: *Philosophische Untersuchungen, § 18,* S. 273. In: Philosophische Untersuchungen. Werkausgabe. Suhrkamp, Frankfurt/M. 1984, Bd. 1, S. 235
Wörther, Matthias: *An den Lagerfeuern des 20. Jahrhunderts,* S. 265. In: Lupe, Heft 2, 1999
Wohmann, Gabriele: *Der Rivale,* S. 30 f. In: Scherben hätten Glück gebracht. Aufbau, Berlin 2006, S. 171 ff.; *Was hat mich zum Lesen gebracht?* S. 83 f. In: Leselieben. Hg. v. der Deutschen Lesegesellschaft. Nürnberg 1987, S. 11-12; *Ein netter Kerl,* S. 141 f. In: Habgier. Erzählungen. Rowohlt Tb, Reinbek 1978, S. 68-70
Wulff, Christian: *Ansprache nach der Vereidigung als Bundespräsident im Deutschen Bundestag (2.7.2010),* 312. In: www.bundespraesident.de/-,2.664919/Ansprache-nach-der-Vereidigung.htm [09.09.2010]
Yunus, Muhammad: *„Ich unterstütze Globalisierung ...“,* S. 44. In: „Wir können Armut in die Museen verbannen“. Interview v. 05.06.2007, www.spiegel.de/wirtschaft/0,1518,486746,00.html [20.05.2008]
Zeh, Juli: *Spieltrieb,* S. 163 f. In: Spieltrieb. Schöffling, Frankfurt/M. 52005, S. 257 ff.
Zimmer, Dieter E.: *Alles eine Sache des Geschmacks? Von wegen!,* S. 293. In: Die Zeit, Nr. 31, 26.7.2007, S. 43

Unbenannte/unbekannte Autorinnen und Autoren

Als Wembley-Tor wird im deutschen Fußball ..., S. 105. In: http://de.wikipedia.org/wiki/Wembleytor [05.07.2010]
Alterndes Deutschland nur mit Miniwachstum, S. 94 f. In: Frankfurter Allgemeine Zeitung, 03.07.2010, S. 11
BGH gewährt für verspätete Flüge Pauschalausgleich, S. 324. In: Frankfurter Allgemeine Zeitung, 20.02.2010
Der Begriff „Schuld“ ..., S. 178 f. In: Brockhaus Enzyklopädie, Bd. 19, Bibliographisches Institut, Mannheim 1992, S. 538-540
Der Cournotsche Punkt ist ...., S. 302. In: Schöwe, Rolf u. a.: Fachhochschulreife Mathematik. Wirtschaft. Cornelsen, Berlin 2007, S. 307
Der unheimliche Googleator, S. 270. In: Süddeutsche Zeitung, 23.03.2005
Der VPL-VW90ES genannte Bildwerfer ..., S. 302. In: Frankfurter Allgemeine Sonntagszeitung, 5.9.2010, Nr. 35, S. V10
Deutsche vermissen ihren Schreibtisch, S. 110. In: http://www.sueddeutsche.de/ karriere/ arbeit-und-urlaub-deutsche-vermissen-ihren-schreibtisch-1.595417 [22.12.2010]
Die Bedürfnispyramide von Maslow, S. 111. In: http://www.intrinsische-mitarbeitermotivation.de/seite-8.html [07.01.2011]
Dumme Sprüche ziehen nicht – Flirten ist ein Spiel ohne feste Regeln, S. 14 f. In: http://www.psychotherapie.de/psychotherapie/sex/00021201.html [21.01.2010]
Element, Haus, Nerd, wider, S. 415. In: Duden. Bd. 1: Die deutsche Rechtschreibung. 24., völlig neu bearbeitete und erweiterte Auflage, Dudenverlag, Mannheim u. a. 2006
Formlose Anrede in Geschäftsmails wirkt oft stillos, S. 332. In: Wiesbadener Kurier, 26.02.2010
Frage: Was haben Sie gedacht, als ..., S. 105. In: http://www.morgenpost.de/sport/ fussball-wm/article1335966/Urs-Meier-hatte-ein-zweites-Wembley-Tor-erwartet.html [22.12.2010]
Frust im Büro, S. 109. In: http://www.sueddeutsche.de/karriere/arbeitszufriedenheit-frust-im-buero-1.220013 [22.12.2010]
Gesetz gegen den unlauteren Wettbewerb (UWG), § 6, S. 125. In: http://www.gesetze-im-internet.de/uwg_2004/BJNR141400004.html#BJNR141400004BJNG000101140 [07.01.2011]
Hitzedrama in ICE ..., S. 263, In: Bild.de, 11.07.2010. In: http://www.bild.de/BILD/news/2010/07/11/hitze-alarm-im-ice-zug/27-schueler-kollabiert.html [07.01.2011]
Jugendliche sehen auch im Internetzeitalter fern, S. 242. In: Jim-Studie 2009. http://www.mpfs.de/index.php?id=161 [07.01.2011]
Kuba fürchtet den Blog, S. 248. In: heise online, 09.05.2008. In: http://www.heise.de/newsticker/meldung/Kuba-fuerchtet-den-Blog-Yoani-Sanchez-darf-nicht-reisen-206576.html [07.01.2011]
Liebes SZ-Magasin ..., S. 416 von Rosi T. In: SZ Magazin, Nr. 30, 24.7.2009, S. 23

Mediennutzung von Teenagern: Facebook statt FAZ, S. 243. In: chip-online.de, 07.04.2010. In: http://www.chip.de/news/Mediennutzung-von-Teenagern-Facebook-statt-FAZ_42318968.html [07.01.2011]
Mein Profil, S. 248. In: http://desdecuba.com/generationy_de/?page_id=190 [07.01.2011]
§2 Schulträger. ..., S. 302. In: Schulverwaltungsgesetz, zitiert nach: Rechtsvorschriften. Schul- und Dienstrecht NRW. Hg. v. vlbs und vLw. 2004, S. 3
Persönlichkeitsurteile, S. 17. In: http://www.psych.uni-mainz.de/abteil/pp/projekte.html [22.12.2010]
Pressemeldung des Statistischen Bundesamtes vom 14.10.2009, S. 97. In: http://www.presseportal.de/pm/32102/1492894/statistisches_bundesamt [29.03.2010]
Regel 10 – Wie ein Tor erzielt wird, S. 103. In: Fußballregeln 2009/2010. Hg. v. Deutscher Fußball-Bund. Aus: http://www.dfb.de/fileadmin/user_upload/2009/07/*Fussballregeln_2009_2010.pdf,* S. 69-70 [08.07.2010]
Schamlose Generation Internet, S. 246. In: Spiegel online, 18.10.2006. In: http://www.spiegel.de/unispiegel/studium/0,1518,442883,00.html [07.01.2011]
Schüler kollabieren in überhitzten ICEs, S. 263. In: fr-online.de, 11.07.2010. In: http://www.fr-online.de/politik/schueler-kollabieren-in-ueberhitzten-ices/-/1472596/4400792/-/index.htm [18.11.2010]
Seit'n paar jahren ..., S. 294. In: Zaimoglu, Feridun: [Zitat aus] Kanak Sprak. 24 Misstöne vom Rande der Gesellschaft. Rotbuch, Hamburg 1995, S. 115/118
Touchpad ..., S. 333. In: Acer Empowering Technology, *Sprache Deutsch,* S. 17
Wenn der Zeuge sich irrt, S. 17. In: Die Zeit, Nr. 51, 10.12.2009
WDR-Sportreporter Armin Lehmann ..., S. 105. In: http://www.sportschau.de/sp/layout/jsp/komponente/mediaseite/index.jsp?page=14&id=101004&fifawm2010=true#mbContent (transkribierter Text)

Bildquellenverzeichnis

S. 11/1/Fotofinder/Bilderbox, **S. 11/2**/Uli Stein, **S. 11/3**/Gerhard Mester, **S. 11/4**/shutterstock/K.Chagin, **S. 12**/The Art Institut of Chicago (WV), **S. 13**/Corbis/C.Strauss, **S. 14**/Fotofinder/Stock4B, **S. 16**/Klaus Staeck/VG-Bildkunst, **S. 16/2**/Picture Alliance/photoshot, **S. 18/1**/Werner Bartsch, **S. 18/2**/Picture Alliance/Steffen Kugler, **S. 20**/SZ, **S. 20**/Kay Nietfeld, **S. 20/2**/Picture Alliance/M.Kappeler, **S. 22**/Picture Alliance, **S. 30**/Fotofinder/vario images, **S. 39**/Fotofinder/Weisflog, **S. 40**/Matthias Bein, **S44**/Picture Alliance/H.Müller-Stauffenberg, **S48/1**/shutterstock, **S48/2**/Picture Alliance/P.Pleul, **S. 48/3**/Picture Alliance/Design Pics, **S48/4**/K.Remmers, **S. 50**/Alamy/WoodyStock, **S. 52**/www.bildagentur-online.com, **S. 59**/Ullstein bild/Imagno, **S. 72**/Thomas Schulz (WV), **S. 73**/Fotofinder/photothek/T.Trutschel, **S. 79**/Thomas Schulz (WV), **S. 81/1**/AKG images, **S. 81/2**/Collection Walker Arts Centre, Minneapolis, **S. 81/3**/Corbis/G.Clements, **S. 81/4**/Philadelphia Museum of Art, **S. 82**/Lajos Major, **S. 83/1**/Picture Alliance/U. Zucci, **S. 83/2**/Picture Alliance/F.Rumpenhorst, **S. 86**/Fotofinder/P.Albaum, **S. 92**/Uli Deck, **S. 94**/Corbis, **S. 97**/Corbis/Image Source, **S. 98**/Fotofinder/Alimdi.net/Andreas Pollok, **S. 102/1**/Fotofinder/Keystone/V. Schulz, **S. 102/2**/Fotofinder/Keystone/V.Schulz, **S. 102/3**/Fotofinder/Keystone/V.Schulz, **S. 102/5**/Fotofinder/Stadtlandfluss, **S. 102/6**/Picture Alliance/A.Warmuth, **S102/7**/Goscinny/Uderzo/Ehapa Comic Collection, **S. 102/8**/Picture Alliance/C.Ohde, **S. 102/9**/Fotofinder/vario images, **S. 103**/Picture Alliance/John Hrusa, **S. 105**/WDR, **S. 105**/WikipediaLogo, **S. 105**/2/Picture Alliance, **S. 106**/Frankfurter Allgemeine, **S. 109**/Fotofinder/beyond foto, **S. 113**/Der Spiegel, Focus, Axel Springer AG/Hörzu, Stern, Wirtschaftswoche, **S. 116**/Picture Alliance/Ingo Wagner, **S. 122**/shutterstock, **S. 125**/Fotofinder/version-foto.de, **S. 127**/Fotofinder/F1online, **S. 128**/Picture Alliance/Globus-Grafik, **S. 129**/Picture Alliance (2), **S. 133**/Picture Alliance/Globus-Grafik, **S. 134**/Picture Alliance/Globus-Grafik, **S. 136**/Bundesministerium für Wirtschaft und Technologie, **S. 137**/shutterstock, **S. 138**/Mauritius Images (WV), **S. 143**/AKG images, **S. 143/2**/Judaica-Sammlung, **S. 144**/Ullstein bild (WV), **S. 146**/AKG images (WV), **S. 149**/wikipedia, **S. 152**/Picture Alliance, **S. 155**/Fischer Verlag, **S. 155**/Folio, **S. 156** btb-Verlag, **S. 157**/cinetext, **S. 159**/Picture Alliance, **S. 162**/Akg images (WV), **S. 172**/Diogenes Verlag, **S. 172/2**/cinetext, **S. 174**, **S. 176**, **S. 177**, **S. 178**/Der Vorleser, **S. 186**/Barbara Koeppe, **S. 186/2**/C.Esch-Kenkel, **S. 189**/Barbara Gindl, **S. 191**/cinetext/D.Falke, **S. 193**/Picture Alliance, **S. 196**/Picture Alliance/Tass Matveyev, **S. 198**/pbk Berlin (WV), **S. 199**/Picture Alliance, **S. 201**/Picture Alliance, **S. 206**/eventpress Hoensch, **S210**/Ullstein bild (WV), **S. 212**/shutterstock, **S. 213**/AKG-images (WV), **S. 215**/AKG-images, **S. 218**/shutterstock, **S. 221**/AKG-images, **S. 222**/Fotex/R.Zorin, **S222/2**/AKG-images, **S. 223**/AKG-images (WV), **S. 225**/wikipedia, **S. 225/2**/Picture Alliance (WV), **S. 228**/AKG-images, **S. 231**/Artothek, Weilheim/The Munch Museum/Munch Elingen Group (WV), **S. 233**/www.malzkornfoto.de (WV), **S. 234**/Deutsche Literatur in Epochen/Max Hueber Verlag (WV), **S. 234**/Peter Nusser/Deutsche Literatur von 1500 bis 1800/Alfred Kröner Verlag (WV), **S. 234**/A New History of german Literature/David E.Wellbery/Editor in Chief/Harvard University Press, **S. 234**/Frauen Literatur Geschichte/Metzler Verlag, **S. 239/1**/Picture Alliance/R.Vennenbernd, **S. 239/2**/Lehtikuva Oy, **S. 239/3**/H.Hollemann, **S. 242**/Alamy/UberFoto, **S. 248**/Picture Alliance/epa efe A.Ernesto, **S. 250**/RTL Television GmbH, **S. 252**/Fotofinder/Visum/V.Musi, **S. 253,256**/www.deutschland-bleibt-mobil.de, **S. 257**/Deutscher Sportbund, **S. 264**/Magazin Verlagsgesellschaft Süddeutsche Zeitung mbH, München, **S. 265**/Alamy/IE321, **S. 270**/Alamy/Alix Minde, **S. 272**/ravenrocker GbR, **S. 273**/www.altrofoto.de (WV), **S. 276**/Haitzinger (WV), **S. 280**/AKG-images (WV), **S. 284**/AKG-images (WV), **S. 294**/Wössner (WV), **S. 296**/dtv-Atlas Deutsche Sprache/Deutscher Taschenbuch Verlag (WV), **S. 307/1**/Fotofinder/vario images, **S. 307/2**/Picture Alliance/Daniel Karmann, **S. 307/3**/Picture Alliance/Malte Ossowski, **S. 314**/AKG-images, **S. 316**/AKG-images/wittenstein, **S. 318**/www.Bilderbox.com/E.Wodicka (WV), **S. 321**/AKG-images, **S. 322**/AKG-images (WV), **S. 328/1**/AKG-images, **S. 328/2**/Stock4B/Jan Baumann, **S. 336/1-5**/Julian Janßen, **S. 340**/Thomas Schulz (WV), **S. 392/1-3**/Thomas Schulz (WV)

Nicht in allen Fällen war es möglich, die Rechteinhaber der Abbildungen ausfindig zu machen. Berechtigte Ansprüche werden im Rahmen der üblichen Vereinbarungen abgegolten.

Textartenverzeichnis

Rezensionen/Klappentexte

Romanauszüge

Sachtexte

Sprach- und kommunikationstheoretische Texte

Werbeanzeigen

Zeitungs-/Zeitschriftenartikel

Das Buch wurde erarbeitet auf der Grundlage der Ausgabe von Lisa Böcker, Gerd Brenner, Hans-Joachim Cornelißen, Dietrich Erlach, Karlheinz Fingerhut, Margret Fingerhut, Heinz Gierlich, Cordula Grunow, Markus Langner, Angela Mielke, Norbert Pabelick, Stefanie Schäfers, Bernd Schurf, Angelika Thönneßen und Andrea Wagener

Redaktion: Anja Köpper (verantwortlich), Christa Jordan
Bildrecherche: Gertha Maly
Illustration: Reto Flückiger, Winterthur
Umschlaggestaltung: Rosendahl Grafikdesign, Berlin
Layoutkonzept: Katrin Tengler, Berlin
Layout und technische Umsetzung: EYES-OPEN, Berlin

www.cornelsen.de
Die Links zu externen Webseiten Dritter, die in diesem Lehrwerk angegeben sind,
wurden vor Drucklegung sorgfältig auf ihre Aktualität geprüft. Der Verlag übernimmt keine Gewähr
für die Aktualität und den Inhalt dieser Seiten oder solcher, die mit ihnen verlinkt sind.

Dieses Werk berücksichtigt die Regeln der reformierten Rechtschreibung und Zeichensetzung.
Bei den mit [R] gekennzeichneten Texten haben die Rechteinhaber einer Anpassung widersprochen.

1. Auflage, 1. Druck 2011

Alle Drucke dieser Auflage sind inhaltlich unverändert
und können im Unterricht nebeneinander verwendet werden.

Druck: CS-Druck CornelsenStürtz, Berlin

ISBN 978-3-06-450424-0

Inhalt gedruckt auf säurefreiem Papier aus nachhaltiger Forstwirtschaft.

Allgemeine Geschichte	Deutsche Literaturgeschichte (Groborientierung)

Allgemeine Geschichte

1849 Ende der Frankfurter Nationalversammlung
1866 Preußisch-österreichischer „Bruderkrieg“; Gründung des Norddeutschen Bundes unter preußischer Führung
1870–1871 **Deutsch-Französischer Krieg,** 1871 wird der preuß. König Wilhelm I. in Versailles zum dt. Kaiser proklamiert („klein-dt. Lösung“)
1871 **O. v. Bismarck** dt. Reichskanzler (bis 1890); „Kulturkampf“ mit dem Ziel der Trennung Kirche – Staat
1878 „Gesetz gegen die Ausschreitungen der Sozialdemokratie“
1888 Wilhelm II. dt. Kaiser; im Zeitalter des Imperialismus Bemühungen des Dt. Reiches um einen „Platz an der Sonne“ (Kolonien)

Deutsche Literaturgeschichte (Groborientierung)

Poetischer Realismus 1848–1890

F. Hebbel (1813–1863): „Maria Magdalene“; G. Freytag; **Th. Storm** (1817–1888): „Der Schimmelreiter“; **Th. Fontane** (1819–1898): „Effi Briest“; **G. Keller** (1819–1890): „Der grüne Heinrich“; C. F. Meyer; W. Raabe; W. Busch

Naturalismus 1880–1900

G. Hauptmann: „Die Weber“ (1892); A. Holz, J. Schlaf

Ästhetizismus – Fin de Siècle (1890–1920)

A. Schnitzler (1862–1931); H. v. Hofmannsthal (1874–1929);

St. George (1868–1933); **R. M. Rilke** (1875–1926); H. Hesse (1877–1962);

Th. Mann erste Werke: „Buddenbrooks“ (1901), „Der Tod in Venedig“ (1912)

1905 Marokko-Krise (1906 nach dt. Zurückweichen beigelegt)
1911 Das Dt. Reich sendet zwecks Einschüchterung ein Kanonenboot nach Agadir („Kanonenboot-Politik“)
1914–1918 **Erster Weltkrieg**
1917 Oktoberrevolution in Russland
1918 revolutionäre Unruhen in Deutschland

Expressionismus 1910–1925

E. Lasker-Schüler, A. Stramm, G. Benn, G. Heym, G. Trakl, F. Werfel 1919: **„Menschheitsdämmerung“** als expressionist. Gedichtsammlung; **Franz Kafka** (1883–1924)

1918 allgemeines Wahlrecht für Frauen
1919 Weimarer Nationalversammlung/**Weimarer Republik**; Unterzeichnung des Friedensvertrages in Versailles
1920 Kapp-Putsch (von rechts) in Berlin, Freikorps, kommunistische Aufstände
1929 **„Schwarzer Freitag“** an der New-Yorker Börse, Weltwirtschaftskrise

seit 1926 entwickelt **Bertolt Brecht** (1898–1956) das **„epische Theater“**; E. M. Remarque: „Im Westen nichts Neues“ (1929); große **Romane der Moderne** von H. Mann (1871–1950), **Th. Mann** (1875–1955), A. Döblin (1878–1957), R. Musil (1880–1942); Reportagen von Egon Erwin Kisch (1889–1948); Literatur der sozialistischen Bewegung: W. Bredel, E. Mühsam

---

1933 **Hitlers „Machtergreifung“**
1939–1945 **Zweiter Weltkrieg**
Potsdamer Abkommen: Deutschland wird in vier Besatzungszonen unterteilt
1945 **Atombombenabwürfe** über Hiroshima und Nagasaki durch die Amerikaner

„Literatur unterm Hakenkreuz“: W. Vesper u. a.; **„Innere Emigration“:** I. Seidel, W. Bergengruen, Benn u. a.; **Exilliteratur:** Th. u. H. Mann, B. Brecht, L. Feuchtwanger; M. Horkheimer/Th. W. Adorno: „Dialektik der Aufklärung“ (ersch. 1947 in Amsterdam); **„Trümmerliteratur“:** W. Borchert: „Draußen vor der Tür“ (1947), H. Böll

---

1948 UNO-Erklärung der Menschenrechte
1949 **Gründung der Bundesrepublik Deutschland und der Deutschen Demokratischen Republik**
1958 EWG-Vertrag tritt in Kraft
1961 **Bau der Berliner Mauer**
1968 Studentenunruhen in der Bundesrepublik
1970 **„Ostpolitik“** (Willy Brandt)
ab 1985 Liberalisierung Osteuropas (Gorbatschow)
ab 1986 verschärftes Bewusstsein der Umweltprobleme
ab 1989 Reformprozess auch in der DDR
1990 **3. Oktober 1990 Deutsche Einheit**
1991 1. Golfkrieg; Zerfall der UdSSR und des Ostblocks
1999 **Europäische Währungsunion**
2001 Terroranschlag auf das World-Trade-Center in New York (11.09.2001)
2002 Einführung des Euro als gesetzliches Zahlungsmittel
2003 2. Golfkrieg; Erstarken der Wirtschaftsmacht China
ab 2007 Finanz- und Wirtschaftskrise

Zwei deutsche Literaturen: BRD – DDR (1949–1989)

Gruppe 47 (–1967) Richter, Eich, Bachmann, Böll u. a.; **Sozialistischer Realismus** der DDR-Literatur; **F. Dürrenmatt** (Schweiz): „Besuch der alten Dame“ (1956); **M. Frisch** (Schweiz): „Homo faber“ (1957); **G. Grass:** „Die Blechtrommel“ (1959); 1960–1970: **Politisierung** der bundesdeutschen Literatur; seit 1970: **„Neue Subjektivität und Innerlichkeit“;** 1972: **H. Böll Nobelpreis;**

Vielfalt der Stile (seit 1980): Postmoderne, Neorealismus, Popliteratur

Thomas Brussig, Durs Grünbein, Rainald Götz, Julia Franck, Ulla Hahn, Judith Hermann, Daniel Kehlmann, Sarah Kirsch, Heiner Müller, Ingo Schulze, Bernhard Schlink, Botho Strauß, Uwe Tellkamp, Uwe Timm, Hans-Ulrich Treichel, Christa Wolf, Feridun Zaimoglu, Juli Zeh; 1999: **G. Grass;** 2009: **Herta Müller, Literaturnobelpreis**